住房和城乡建设领域专业人员岗位培训考核系列用书

资料员专业基础知识

江苏省建设教育协会　组织编写

中国建筑工业出版社

图书在版编目(CIP)数据

资料员专业基础知识/江苏省建设教育协会组织编写. —北京：中国建筑工业出版社，2014.4
住房和城乡建设领域专业人员岗位培训考核系列用书
ISBN 978-7-112-16606-0

Ⅰ.①资… Ⅱ.①江… Ⅲ.①建筑工程—技术档案—档案管理—资格考试—自学参考资料 Ⅳ.①G275.3

中国版本图书馆CIP数据核字(2014)第055053号

本书是《住房和城乡建设领域专业人员岗位培训考核系列用书》中的一本，依据《建筑与市政工程施工现场专业人员职业标准》编写。全书共分8章，包括第1章建筑识图；第2章建筑工程材料；第3章工程构造；第4章施工技术；第5章建筑工程定额与预算；第6章施工项目管理；第7章公文写作与处理；第8章职业道德。本书可作为资料员岗位考试的指导用书，又可作为施工现场相关专业人员的实用手册，也可供职业院校师生和相关专业技术人员参考使用。

责任编辑：刘 江 岳建光 张伯熙
责任设计：李志立
责任校对：张 颖 党 蕾

住房和城乡建设领域专业人员岗位培训考核系列用书
资料员专业基础知识
江苏省建设教育协会 组织编写

*

中国建筑工业出版社出版、发行(北京西郊百万庄)
各地新华书店、建筑书店经销
北京天成排版公司制版
北京市密东印刷有限公司印刷

*

开本：787×1092毫米 1/16 印张：30 字数：726千字
2014年9月第一版 2014年11月第二次印刷
定价：**77.00**元
ISBN 978-7-112-16606-0
(25346)

版权所有 翻印必究
如有印装质量问题，可寄本社退换
(邮政编码 100037)

住房和城乡建设领域专业人员岗位培训考核系列用书

编 审 委 员 会

主　任：杜学伦

副主任：章小刚　陈　曦　曹达双　漆贯学
　　　　金少军　高　枫　陈文志

委　员：王宇旻　成　宁　金孝权　郭清平
　　　　马　记　金广谦　陈从建　杨　志
　　　　魏偲燕　惠文荣　刘建忠　冯汉国
　　　　金　强　王　飞

出版说明

为加强住房城乡建设领域人才队伍建设，住房和城乡建设部组织编制了住房城乡建设领域专业人员职业标准。实施新颁职业标准，有利于进一步完善建设领域生产一线岗位培训考核工作，不断提高建设从业人员队伍素质，更好地保障施工质量和安全生产。第一部职业标准——《建筑与市政工程施工现场专业人员职业标准》（以下简称《职业标准》），已于2012年1月1日实施，其余职业标准也在制定中，并将陆续发布实施。

为贯彻落实《职业标准》，受江苏省住房和城乡建设厅委托，江苏省建设教育协会组织了具有较高理论水平和丰富实践经验的专家和学者，以职业标准为指导，结合一线专业人员的岗位工作实际，按照综合性、实用性、科学性和前瞻性的要求，编写了这套《住房和城乡建设领域专业人员岗位培训考核系列用书》（以下简称《考核系列用书》）。

本套《考核系列用书》覆盖施工员、质量员、资料员、机械员、材料员、劳务员等《职业标准》涉及的岗位(其中，施工员、质量员分为土建施工、装饰装修、设备安装和市政工程四个子专业)，并根据实际需求增加了试验员、城建档案管理员岗位；每个岗位结合其职业特点以及培训考核的要求，包括《专业基础知识》、《专业管理实务》和《考试大纲·习题集》三个分册。随着住房城乡建设领域专业人员职业标准的陆续发布实施和岗位的需求，本套《考核系列用书》还将不断补充和完善。

本套《考核系列用书》系统性、针对性较强，通俗易懂，图文并茂，深入浅出，配以考试大纲和习题集，力求做到易学、易懂、易记、易操作。既是相关岗位培训考核的指导用书，又是一线专业人员的实用手册；既可供建设单位、施工单位及相关高、中等职业院校教学培训使用，又可供相关专业技术人员自学参考使用。

本套《考核系列用书》在编写过程中，虽经多次推敲修改，但由于时间仓促，加之编者水平有限，如有疏漏之处，恳请广大读者批评指正(相关意见和建议请发送至 JYXH05@163.com)，以便我们认真加以修改，不断完善。

本书编写委员会

主　　编：卞正军
副 主 编：魏傀燕
编写人员：卞正军　李永红　金　强　魏傀燕
　　　　　单春明　徐　芸　李燕秋　夏建国
　　　　　陈　扬　杜成仁　张晓岩　黄　艳
　　　　　黄一珍

前 言

为贯彻落实住房城乡建设领域专业人员新颁职业标准，受江苏省住房和城乡建设厅委托，江苏省建设教育协会组织编写了《住房和城乡建设领域专业人员岗位培训考核系列用书》，本书为其中的一本。

资料员培训考核用书包括《资料员专业基础知识》、《资料员专业管理实务》、《资料员考试大纲·习题集》三本，根据国家现行规范、规程、标准，并以资料收集整理、资料归档管理和资料管理应用为主线，不仅涵盖了现场资料管理人员应掌握的通用知识、基础知识和岗位知识，还涉及新工艺、新材料等方面的知识。

本书为《资料员专业基础知识》分册。全书共分8章，内容包括：建筑识图；建设工程材料；工程构造；施工技术；建筑工程定额与预算；施工项目管理；公文写作与处理；职业道德。

本书部分内容参考了江苏省建设专业管理人员岗位培训教材，对原培训教材作者的辛勤劳动和对本书出版工作的支持表示衷心感谢！

本书既可作为资料员岗位培训考核的指导用书，又可作为施工现场相关专业人员的实用手册，也可供职业院校师生和相关专业技术人员参考使用。

目 录

第1章 建筑识图 ... 1
- 1.1 建筑工程图的形成 ... 1
- 1.2 建筑制图国家标准 ... 16
- 1.3 建筑工程图的识读 ... 26

第2章 建筑工程材料 ... 62
- 2.1 土建工程材料 ... 62
- 2.2 水暖卫生工程材料 ... 98
- 2.3 电气工程材料 ... 100
- 2.4 常用建筑材料检测组批及取样 ... 103

第3章 工程构造 ... 117
- 3.1 房屋建筑构造 ... 117
- 3.2 市政工程构造 ... 165
- 3.3 建筑设备工程构造 ... 177
- 3.4 建筑装饰工程构造 ... 191

第4章 施工技术 ... 224
- 4.1 建筑施工测量 ... 224
- 4.2 土方工程 ... 229
- 4.3 地基处理与桩基础工程 ... 237
- 4.4 主体结构工程 ... 243
- 4.5 防水工程 ... 262
- 4.6 建筑装饰工程 ... 267
- 4.7 建筑安装工程 ... 283
- 4.8 市政公用工程 ... 299

第5章 建筑工程定额与预算 ... 315
- 5.1 建筑工程定额概述 ... 315
- 5.2 建筑安装工程费用项目组成 ... 324
- 5.3 建筑安装工程费用计算 ... 332
- 5.4 工程量清单计价 ... 335

第6章 施工项目管理 … 347

6.1 施工项目管理概论 … 347
6.2 施工项目质量管理 … 358
6.3 施工项目进度管理 … 386
6.4 施工项目成本管理 … 402
6.5 施工项目安全管理 … 417

第7章 公文写作与处理 … 431

7.1 公文概论 … 431
7.2 指挥类公文写作 … 437
7.3 知照类公文写作 … 442
7.4 报请类公文写作 … 448
7.5 公文处理 … 450

第8章 职业道德 … 454

8.1 概述 … 454
8.2 建设行业从业人员的职业道德 … 458
8.3 建设行业职业道德的核心内容 … 462
8.4 建设行业职业道德建设的现状、特点与措施 … 465
8.5 加强职业道德修养 … 468

参考文献 … 470

第1章 建筑识图

1.1 建筑工程图的形成

在三维空间里,一切物体都有长、宽、高三个方向的尺度,要在一张只有长度和宽度的图纸上准确、全面反映物体的形状和大小,必须借助于投影原理进行制图和识图。因此,将语言文字和图样相结合即形成建筑工程图,它是表达建筑工程设计的重要技术资料,是施工的依据。

1.1.1 投影

1. 投影的概念

当有光线照射物体时,在地面或墙面上会出现影子。人们从这些现象中认识到光线、物体和影子之间存在一定的内在联系,并从中总结出一些规律,作为制图的方法和理论依据,即投影原理。

2. 投影的分类

用投影表示物体的形状和大小的方法称为投影法。投影可分为中心投影和平行投影两类:

(1) 中心投影即当投影线集中于一点,用该投影线做出的物体的投影叫中心投影,见图1-1。

(2) 平行投影即当投影线互相平行,用该投影线做出物体的投影叫平行投影。又分为两种:

① 斜投影:投影方向倾斜于投影面,所得到的平行投影叫斜投影,见图1-2。

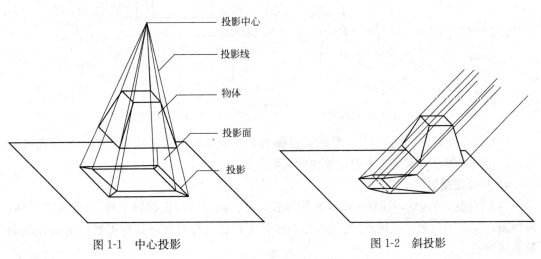

图 1-1 中心投影 　　　　　　　　图 1-2 斜投影

② 正投影：投影方向垂直于投影面，所得到的平行投影叫正投影，见图1-3。

3. 工程常用的图示方法

在建筑工程中，根据不同的需要，可选择以上所述的投影方法，形成四种常见投影图。

（1）透视投影图，见图1-4。是用中心投影法绘制的单面投影图。其图形逼真、富有立体感，但形体的尺寸不能直接在图中度量，仅用于建筑设计方案的比较及工艺美术和宣传广告画等。

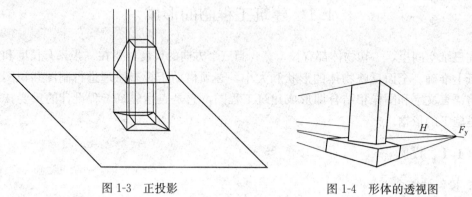

图1-3　正投影　　　　　　　　图1-4　形体的透视图

（2）轴测投影图，见图1-5。是用平行投影法将物体投射到投影面上所得到的单面投影图。这种图的优点是立体感强、非常直观，但表面形状在图中往往失真、度量性差，多用作辅助图样。

（3）正投影图，见图1-6，是用正投影的方法将物体分别投射到两个或两个以上互相垂直的投影面上。它的优点是作图简便、能够准确反映物体的形状和大小、度量性好，是绘制工程施工图的主要图示方法。

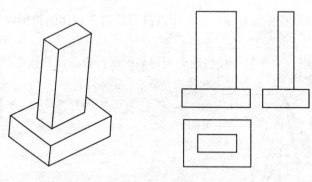

图1-5　形体的轴测投影图　　　图1-6　形体的正投影图

（4）标高投影图，见图1-7，是用正投影的方法绘制的带有高度数字标记的单面投影图。在建筑工程上，常用它来表示地面的高低起伏状态。

4. 三面正投影图

（1）三面图的建立，能够正确反映物体长、宽、高尺寸的正投影工程图（又称主视图，俯视图，左视图三个基本视图）为三面图，这是工程界一种对物体几何形状约定俗成的抽象表达方式。

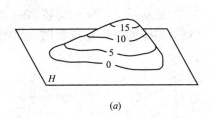
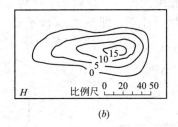

图 1-7 标高投影图

如图 1-8 所示，两个物体它们在主视图(V 面)和俯视图(H 面)上的正投影均相同，在左视图(W 面)的投影有区别，如图 1-9 所示；通过这三个面上的投影，物体的形状和大小就明确了，这就是三投影面体系。

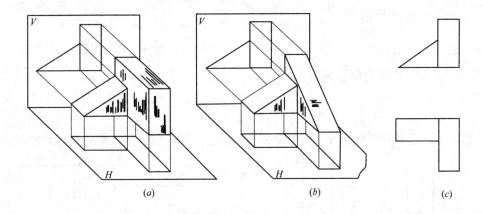

图 1-8 物体的两面投影

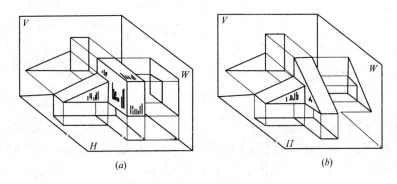

图 1-9 物体的三面投影

(2) 三面图的形成

如图 1-10 所示，在三投影面体系中，我们把三个投影面的交线称为投影轴，H 面和 V 面的交线称为 OX 轴，H 面和 W 面的交线称为 OY 轴，V 面和 W 面的交线称为 OZ 轴；三个投影轴 OX、OY、OZ 的交点称为原点。

3

为了把空间的三个投影面上所得的投影画在一个平面(纸面)上,我们将三个相互垂直的投影面展开摊平,即 V 面保持不动,H 面、W 面分别向下、向后旋转 90°,如图 1-11(a)所示,并去掉表示投影面的边框,这样便得到了物体的三面正投影图,如图 1-11(b)所示。

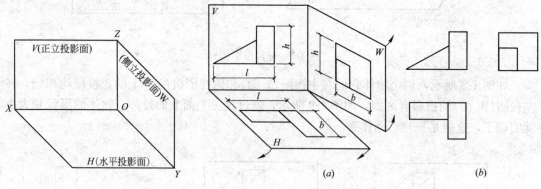

图 1-10 三投影面的建立　　　　　图 1-11 物体的三面投影图

（3）三面正投影图的投影规律

从图 1-12 中可以看出,三面投影图关系可归纳为:V 面、H 面长对正(等长);V 面、W 面高平齐(等高);H 面、W 面宽相等(等宽)。

"长对正、高平齐、宽相等"的三等关系反映了三面正投影图之间的投影对应规律。

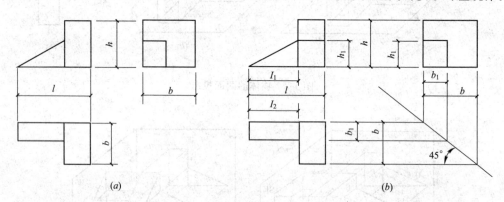

图 1-12 投影对应规律

（4）点的三面投影

点是构成空间形体的最小元素,如图 1-13 所示,A 为空间一点,在 V 面、H 面和 W 面上的投影分别为 a、a'、a''。从图中可以看出,点在三投影面体系中的规律为:点的三面投影仍然是点。

（5）直线的三面投影

按照"两点决定一条直线"原则,直线投影可分为三种形式:一般位置线、平行线和垂直线。

① 平行线:指空间中的直线平行于一个投影面,倾斜于另外两个投影面。投影面平行线可分为正平线、水平线、侧平线,如表 1-1 所示。

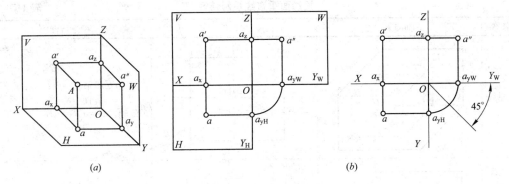

图 1-13 点的三面投影

投影面平行线投影特性 表 1-1

名称	轴测图	投影图	投影特性
正平线			1. $a'b'=AB$，反映 α、γ 角； 2. $ab//OX$ 轴，$a''b''//OZ$ 轴
水平线			1. $cd=CD$，反映 β、γ 角； 2. $c'd'//OX$ 轴，$c''d''//OY_W$ 轴
侧平线			1. $e'f'=EF$，反映 α、β 角； 2. $e'f'//OE$ 轴，$ef//OY_H$ 轴

投影面平行线的投影特性：a) 直线在与其平行的投影面上的投影，反映该线段的实长和其他两个投影面的倾角；b) 直线在其他两个投影面上的投影分别平行于相应的投影轴，且比线段的实长短。

由表 1-1 可以对平行线空间位置进行判别："一斜两直线，定是平行线，斜线在哪个面，平行哪个面。"

② 垂直线：指空间中的直线垂直于一个投影面，而平行于另外两个投影面，垂直线可分为正垂线、铅垂线、侧垂线，如表 1-2 所示。

投影面垂直线投影特性 表 1-2

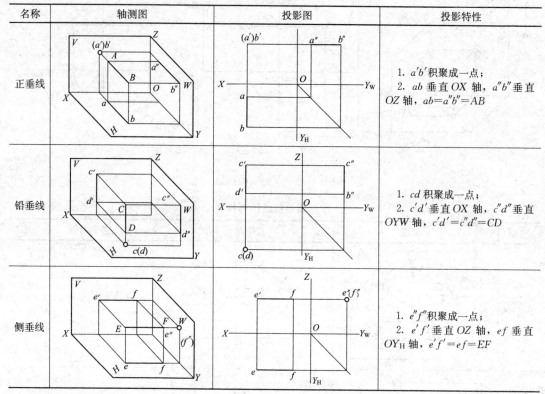

名称	轴测图	投影图	投影特性
正垂线			1. $a'b'$ 积聚成一点； 2. ab 垂直 OX 轴，$a''b''$ 垂直 OZ 轴，$ab=a''b''=AB$
铅垂线			1. cd 积聚成一点； 2. $c'd'$ 垂直 OX 轴，$c''d''$ 垂直 OY_W 轴，$c'd'=c''d''=CD$
侧垂线			1. $e''f''$ 积聚成一点； 2. $e'f'$ 垂直 OZ 轴，ef 垂直 OY_H 轴，$e'f'=ef=EF$

投影面垂直线的投影特性：a）直线在与其所垂直的投影面上的投影积聚成一点；b）直线在其他两个投影面上的投影分别垂直于相应的投影轴，且反映该线段的实长。

由表 1-2 可知垂直线空间位置的判别："一点两直线，定是垂直线，点在哪个面，垂直哪个面。"

③ 一般位置直线：指该线在三面投影都倾斜于投影轴，投影长度均比实长短，且不能反映直线与投影面倾角的真实大小。

（6）平面的三面投影

平面分为三种形式：投影面平行面、投影面垂直面和一般位置平面。

① 投影面平行面，指空间中的平面平行于一个投影面，同时垂直于另外两个投影面。投影面平行面可分为正平面、水平面、侧平面，如表 1-3 所示。

投影面平行面的投影特性 表 1-3

名称	轴测图	投影图	投影特性
水平面			1. p 反映平面实形； 2. p' 和 p'' 均具有积聚性，且 $p'//OX$ 轴，$p''//OY_W$ 轴

续表

名称	轴测图	投影图	投影特性
正平面	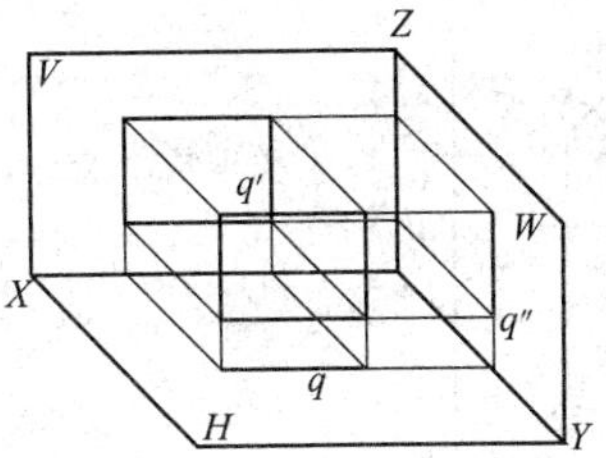	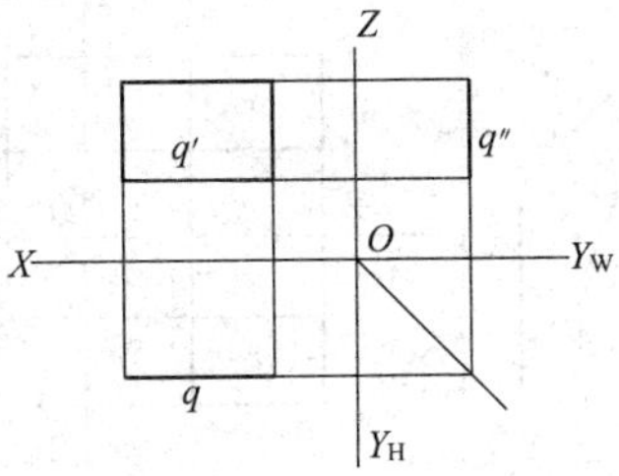	1. q'反映平面实形； 2. q和q''均具有积聚性，且$q//OX$轴，$q''//OZ$轴
侧平面	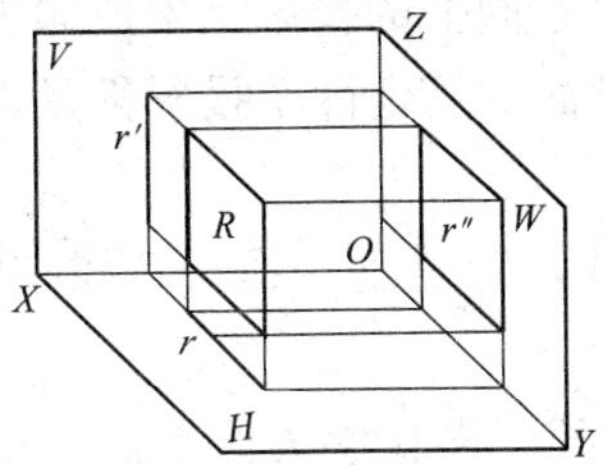	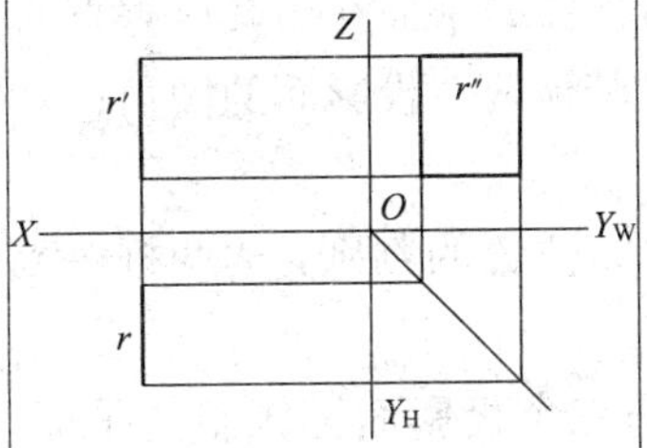	1. r''反映平面实形； 2. r'和r均具有积聚性，且$r'//OZ$轴，$r''//OY_H$轴

投影面平行面的投影特性：a)平面在与其平行的投影面上的投影反映平面图形的实形；b)平面在其他两个投影面上的投影均积聚成平行于相应投影轴的直线。

由表1-3可以对平行面空间位置进行判别："一框两直线，定是平行面；框在哪个面，平行哪个面。"

② 投影面垂直面，指空间中的平面垂直于一个投影面，同时倾斜于另外两个投影面。可以分为铅垂面、正垂面、侧垂面，如表1-4所示。

投影面的垂直面投影特性　　表1-4

名称	轴测图	投影图	投影特性
铅垂面	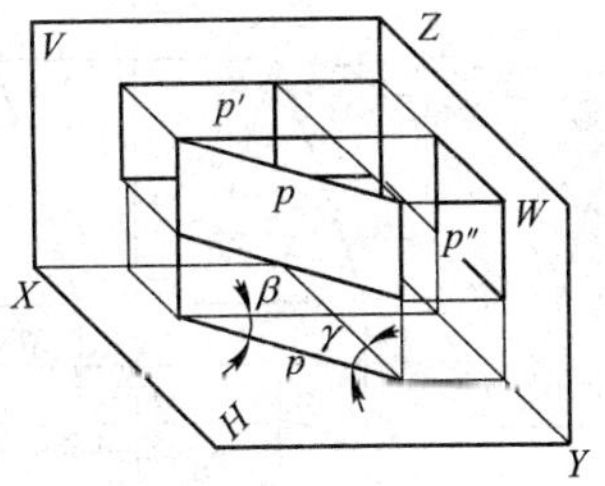	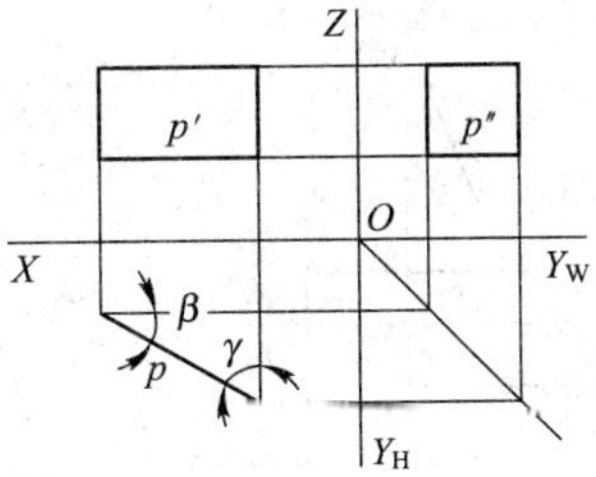	1. p积聚成一直线，反映β、γ角； 2. p'和p''均为原图形的类似形
正垂面	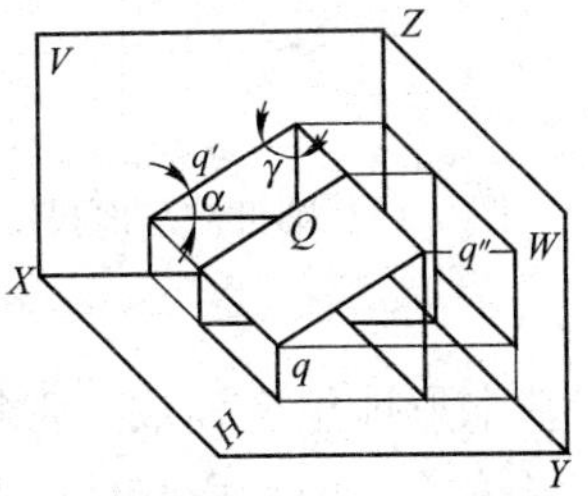	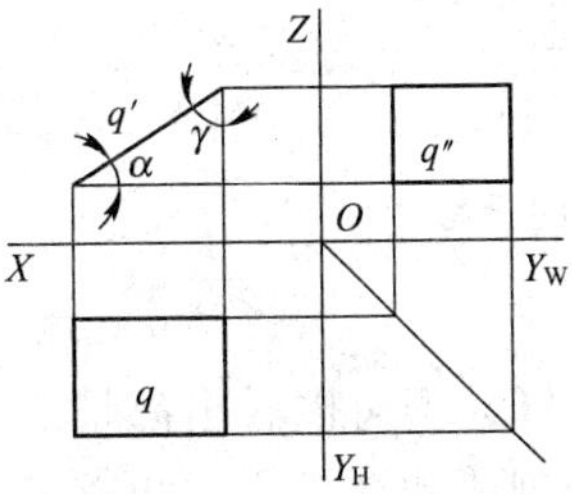	1. q'积聚成一直线，反映α、γ角； 2. q和q''均为原图形的类似形

续表

名称	轴测图	投影图	投影特性
侧垂面			1. r'' 积聚成一直线，反映 α、β 角； 2. r' 和 r 均为原图形的类似形

投影面垂直面的投影特性：$a)$ 平面在与其所垂直的投影面上的投影积聚成倾斜于投影轴的直线，并反映该平面对其他两个投影面的倾角；$b)$ 平面的其他两个投影都是面积小于原平面图形的类似形。

由表 1-4 可知垂直面空间位置的判别："两框一斜线，定是垂直面；斜线在哪个面，垂直哪个面。"

③ 一般位置平面，即与三个投影面都倾斜的平面，其三面投影为原平面图形的类似形，面积均比实形小。

(7) 形体的三面投影

① 基本形体的三面投影

按照形体的表面几何性质，基本几何形体可以分为平面立体和曲面立体两大类。

由若干平面围成的基本几何体称为平面立体，平面立体有棱柱体、棱锥体和棱台等。由曲面或由平面和曲面围成的基本几何体叫做曲面体，曲面体有圆柱、圆锥、圆台和球体等。

基本形体是由对应的点、直线和平面组成的，点、直线和平面的投影特性决定了基本形体的三面投影特性，如图 1-14 所示为正四棱锥三面投影，图 1-15 为圆锥三面投影。

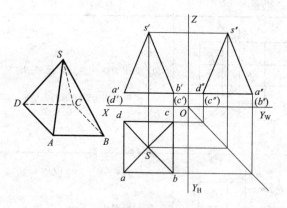

图 1-14 正四棱锥的三面投影

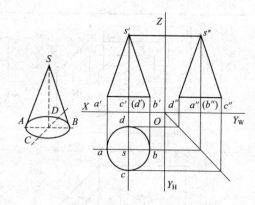

图 1-15 圆锥的三面投影

② 组合体的三面投影

建筑物的形状虽然多种多样，但可以看出都是由一些基本形体组合而成，常见组合形式有三种，分别为叠加式、切割式和综合式。知道了基本形体的三面投影特性，则组合体的三面投影就能很方便地绘制和识读。

如图1-16所示所示的挡土墙，可以看成是由三个基本形体叠加组成，即底板(长方体)、挡板(长方体)和肋板(三棱柱)。以图示M方向作为正面图的投影方向，先画出底板的三面图(图1-17a所示)，再将挡板叠加到底板上的三面图(图1-17b所示)，最后将肋板叠加上去，形成完整挡土墙的三面图(图1-17c所示)。

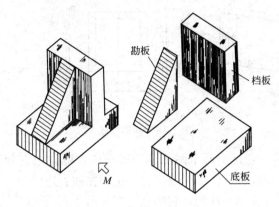

图1-16 挡土墙直观图

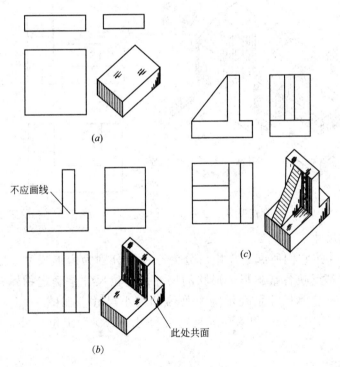

图1-17 挡土墙的三面投影

如图1-18(a)所示杯形基础，可把它看成是一正四棱柱，在其顶面中央切割出一倒置的四棱台形的杯口形成。图1-18(b)是它的三面图。在正面图和侧面图中，因四棱台杯口是看不见的，所以都画成虚线。

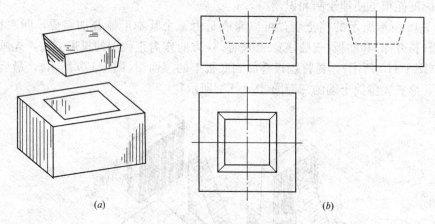

图 1-18 杯形基础

如图 1-19 是一台阶，它是由两个踏步和边墙组成，可以把它看成是第一踏步为一正四棱柱切去一个小的正四棱柱、第二个踏步为一正四棱柱、边墙为一正四棱柱切去一正三棱柱，然后将这三个部分叠加形成的，它的三面图如图 1-20 所示。

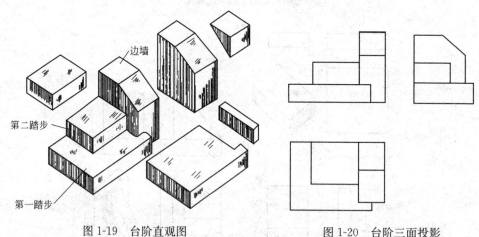

图 1-19 台阶直观图　　　　　　图 1-20 台阶三面投影

③ 组合体的尺寸

组合体的尺寸按它们所起的作用可分为三种，分别为定形尺寸、定位尺寸和总体尺寸。定形尺寸是反映各基本形体形状的尺寸；定位尺寸是确定物体各组成部分之间相互位置的尺寸；总体尺寸是表示整个物体的大小尺寸。如图 1-21 所示水池的尺寸标注，图中 440、340、320 和 φ40 等是定形尺寸，160 为定位尺寸，600、500、400 为总尺寸。

5. 轴测投影图

(1) 轴测投影的概念

如图 1-22 所示，将物体连同确定物体长、宽、高三个尺度的直角坐标轴，用平行投影的方法一起投影到一个投影面(轴测投影面)上所得到的投影，称为轴测投影图，简称轴测图。

(2) 轴测投影的术语

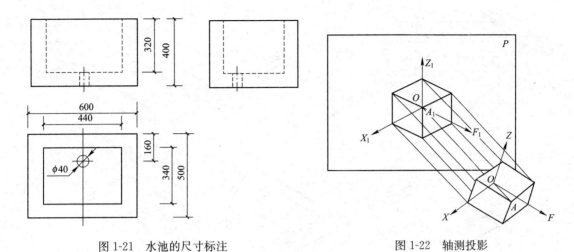

图 1-21 水池的尺寸标注　　　　图 1-22 轴测投影

① 轴测投影面：承载轴测图的投影面叫轴测投影面。

② 轴测轴：空间直角坐标轴 OX、OY、OZ 在轴测投影面上的投影 O_1X_1、O_1Y_1、O_1Z_1 称为轴测轴。

③ 轴间角：轴测轴之间的夹角称为轴间角。

④ 轴向伸缩系数：轴测投影轴上的长度与空间直角坐标轴上对应长度的比值称为轴间伸缩系数，OX、OY、OZ 方向的轴向伸缩系数分别用 p_1、q_1、r_1 来表示。

(3) 轴测投影图的分类

① 按照投影方向与轴测投影面的夹角不同可将轴测投影图分类为正等测图和斜轴测图。

② 按照轴向伸缩系数的不同可将轴测投影图分类为：

正（或斜）等测轴测图：$p_1=q_1=r_1$，简称正（或斜）等测图。

正（或斜）二等测轴测图：$p_1=q_1\neq r_1$，简称正（或斜）二测图。

正（或斜）三测轴测图：$p_1\neq q_1\neq r_1$，简称正（或斜）三测图。

(4) 轴测图的基本性质

① 物体上相互平行的线段，在轴测图上仍相互平行。

② 物体上平行于坐标轴的线段，在轴测图中仍平行于相应的轴测轴，且同一轴向所有线段的轴向伸缩系数相同。

③ 物体上不平行于坐标轴的线段，可以用坐标法确定其两个端点然后连线画出。

④ 物体上不平行于轴测投影面的平面图形，在轴测图中变成原形的类似形。

(5) 轴测图的画法

画轴测图时，首先应对物体（或所给定的物体的正投影图）作初步分析，然后确定坐标轴，按轴测轴方向及轴向伸缩系数确定物体各顶点及主要轮廓线的位置，最后画出物体的轴测投影。

根据物体各个部位的组成及特点，通过分析可选择不同的作图方法，一般有叠加法、切割法和坐标法。图 1-23 是用坐标法绘制混凝土独立基础的正等测图的步骤。如要绘制其他轴测图，只要改变轴间角和轴向伸缩系数，按照同样的方法即可得到，但要注意坐标轴的合适方位。

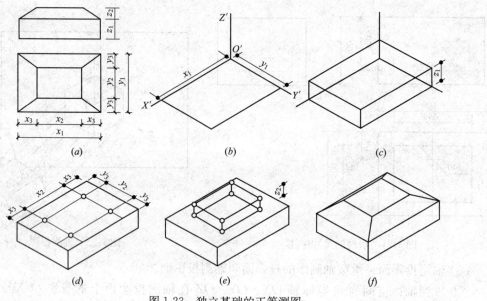

图 1-23 独立基础的正等测图

1.1.2 视图

1. 基本视图

为了将形状比较复杂的建筑表达清楚，我们在三面投影体系中增设三个投影面，即在 V 面、H 面和 W 面的相对方向加设 V_1 面、H_1 面和 W_1 面三个投影面，使形体位于六个投影面所围成的正六面体中，然后将形体向上述六个投影面进行正投影，这样就得到六个视图，见图 1-24，并规定视图的名称及投影方向如下：

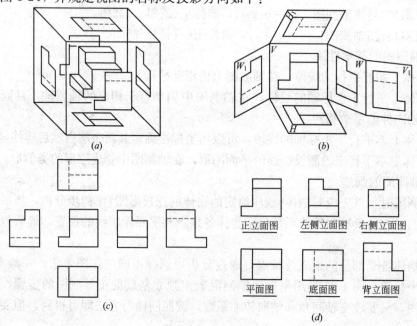

图 1-24 基本视图

正立面图，自前向后投影得到的视图；左侧立面图，自左向右投影得到的视图；右侧立面图，自右向左投影得到的视图；平面图，自上向下投影得到的视图；底面图，自下向上投影得到的视图；背立面图，自后向前投影得到的视图。

2. 剖面图与断面图

利用正投影作形体的投影图时，为了准确反映形体的内部形状和构造，便于理解和识读，常需绘制剖面图和断面图。

(1) 剖面图

① 剖面图的概念

用一个假想的平行于投影面的剖切平面在适当的位置将物体剖切开，移去位于观察者和剖切平面之间的部分，作出剩余部分的正投影图叫做剖面图。

② 剖面图的画图步骤

A. 确定剖切平面的位置和数量。作形体剖面图时，首先应确定剖切平面的位置，使剖切后画出的图形能确切、全面地反映所要表达部分的真实形状。因此，选择代表性的剖切位置，确定剖切平面的数量。

B. 剖面图线型的使用。《房屋建筑制图统一标准》(GB/T 50001—2010)规定(以下简称制图标准)，被剖切平面剖切到的部分轮廓线用粗实线绘制，未被剖切平面剖切到但可见部分的轮廓线用中粗实线绘制，不可见的部分可以不画。

C. 画剖切符号。制图标准规定剖切符号由剖切位置线和剖视方向线组成，剖切位置线是长度为6～10mm的粗实线，剖视方向线是4～6mm的粗实线，剖切位置线与剖视方向线垂直相交，并在剖视方向线旁边加注编号。

D. 最后在画好的剖面图下方写上带有编号的图名，如"×—×剖面图"。如图1-25所示。

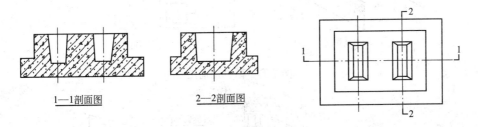

图1-25 剖面图的画法

③ 剖面图的种类和应用

在建筑工程图中，常用的剖面图有全剖面图、半剖面图、阶梯剖面图、展开剖面图和局部剖面图等。用一个剖切平面将形体完整地剖切开得到的剖面图，叫做全剖面图。如果形体对称，画图时常把投影图一半画成剖面图，另一半画成外观图，这样组合而成的投影图叫做半剖面图；这种作图方法可以同时了解到形体的外形和内部构造，如图1-26所示。当形体内部的形态比较复杂，而且又分布在不同的层次上时，则采用几个相互平行的剖切平面对形体进行剖切，然后将各剖切平面所切到的形状同时画在一个剖面图上，所得到的剖面图叫做阶梯剖面图；但需注意：在画出的剖面图中不可画出剖切平面转折处的投影轮廓，如图1-27所示。用两个或两个以上相交剖切平面剖切形体，所得到的剖面图称作展开剖面图；如图1-28所示的楼梯，用两个相交的剖切平面进行剖切，移去剖切平面前面的部分，将剩余楼梯的右面旋转至与正立投影面平行后，便可得到展开剖面图。展开剖面图的图名后应加注"展开"字样。当仅需要表达形体的某局部内部构造时，可以只将该局部剖切开，只作该部分的剖面图，称为局部剖面图如图1-29所示。

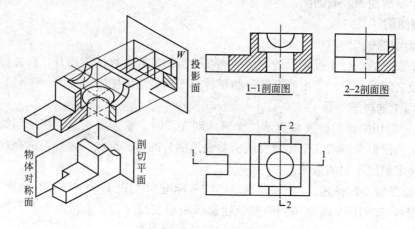

图1-26 形体的半剖面图

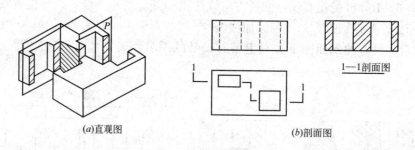

图1-27 阶梯剖面图

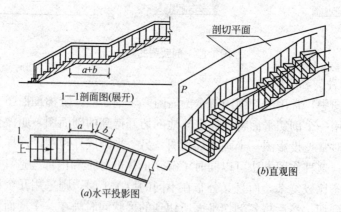

图1-28 展开剖面图

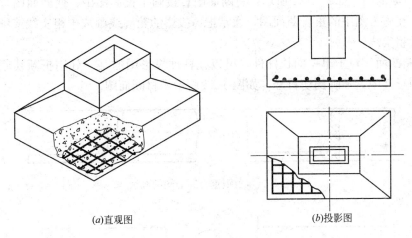

(a)直观图　　　　　　　　(b)投影图

图 1-29　基础的局部剖面图

（2）断面图

① 断面图的概念

用一个假想的剖切平面将物体剖切开，仅画出该剖切面与物体接触部分的正投影图，叫做断面图。

② 断面图与剖面图的区别有两点

A. 概念不同。断面图只画与剖切平面接触的部分，而剖面图不仅画剖切平面与形体接触的部分，而且还要画出剖切平面后面余下部分的投影。

B. 剖切符号不同。断面图的剖切符号是一条长度为 6~10mm 的粗实线，没有剖视方向线，剖切符号旁编号所在的一侧是剖视方向；而剖面图还需在剖切位置线的两端加上垂直粗短线，以表明投影方向。

③ 断面图的种类

由于构件的形状不同，采用断面图的剖切位置和范围也不同，一般断面图有 3 种形式。

A. 移出断面。如图 1-30 所示，将断面图画在构件投影图的外面，断面图的轮廓线用粗实线，标注图例符号，在建筑施工图中运用较多。

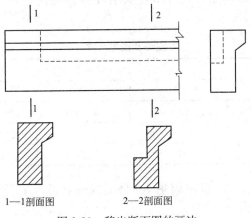

1—1剖面图　　2—2剖面图

图 1-30　移出断面图的画法

B. 重合断面图。如图 1-31 所示,将断面图直接画于投影图中,使断面图与投影图重合在一起。在施工图中的重合断面图,通常把原投影的轮廓线画成中粗实线或细实线,而断面图画成粗实线。

C. 中断断面。对于单一的长杆件,可以在杆件投影图的某一处用折断线断开,然后将断面图画于其中,不画剖切符号,如图 1-32 所示木材断面图。

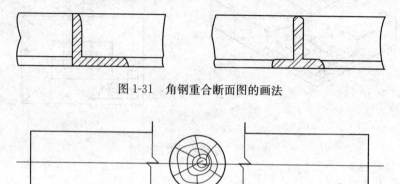

图 1-31 角钢重合断面图的画法

图 1-32 中断断面图的画法

1.2 建筑制图国家标准

为了使工程图纸规格统一、线条图例符号规范、图面清晰简明,符合工程设计、施工、管理、存档的要求,由住房和城乡建设部会同有关部门共同对《房屋建筑制图统一标准》等六项标准进行修订,批准并颁布了《房屋建筑制图统一标准》(GB/T 50001—2010)、《总图制图标准》(GB/T 50103—2010)、《建筑制图标准》(GB/T 50104—2010)、《建筑结构制图标准》(GB/T 50105—2010)、《给水排水制图标准》(GB/T 50106—2010)和《暖通空调制图标准》(GB/T 50114—2010)。

1. 图纸幅面

建筑工程图纸的幅面及图框尺寸应符合表 1-5 的规定,尺寸代号的意义如图 1-33 所示。

图幅及图框尺寸　　　　　　　　　表 1-5

尺寸代号	幅画代号				
	A0	A1	A2	A3	A4
$b \times l$	841×1189	594×841	420×594	297×420	210×297
c	10			5	
a	25				

从表 1-5 中可以看出,A1 号图幅是 A0 号图幅的对折,A2 号图幅是 A1 号图幅的对折,其余类推。

图纸幅面分为横式和立式两种形式,以长边为水平边的称为横式幅面(图 1-33a);以

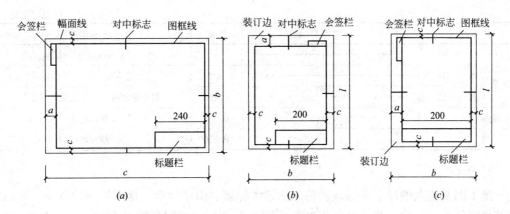

图 1-33 图纸的幅面规格
(a)横幅图纸；(b)A0～A3 立幅图纸；(c)A4 立幅图纸

短边为水平边的称为立式幅面(图 1-33b、c)。通常一个专业所用的图幅宜以一种规格为主，一般不宜多于两种幅面。在特殊情况下，允许 A0～A3 号图幅按表 1-6 的规定加长图纸的长边。但图纸的短边不得加长。

图纸长边加长尺寸 表 1-6

幅面代号	长边尺寸/mm	长边加长后尺寸(mm)
A0	1189	1338 1487 1635 1784 1932 2081 2230 2387
A1	841	1051 1261 1472 1682 1892 2102
A2	594	743 892 1041 1189 1338 1487 1635 1784 1932 2081
A3	420	631 841 1051 1261 1472 1682 1892

2. 图线

建筑工程图中的线型有：实线、虚线、单点长划线、双点长划线、折断线和波浪线六类。按宽度不同又分为粗、中、细三种。各类线型的规格及用途如表 1-7 所示。

各类线型的规格及用途 表 1-7

名称		线型	线宽	一般用途
实线	粗	———————	b	主要可见轮廓线
	中	———————	$0.5b$	可见轮廓线
	细	———————	$0.25b$	可见轮廓线、图例线等
虚线	粗	- - - - - - -	b	见有关专业制图标准
	中	- - - - - - -	$0.5b$	不可见轮廓线
	细	- - - - - - -	$0.25b$	不可见轮廓线、图例线等
单点长划线	粗	—·—·—·—	b	见有关专业制图标准
	中	—·—·—·—	$0.5b$	见有关专业制图标准
	细	—·—·—·—	$0.25b$	中心线、对称线等

续表

名称		线型	线宽	一般用途
双点长划线	粗	—··—··—··—	b	见有关专业制图标准
	中	—··—··—··—	0.5	见有关专业制图标准
	细	—··—··—··—	$0.25b$	假想轮廓线，成型前原始轮廓线
折断线		——⌇——	$0.25b$	断开界线
波浪线		～～～～～	$0.25b$	断开界线

3. 字体

施工图及说明的汉字应写成长仿宋体，大标题、图册封面、地形图等的汉字，可以写成其他字体，但应易于辨认。汉字的简化写法，必须遵照国务院公布的《汉字简化方案》和有关规定。

（1）长仿宋字体。是工程图纸最常用字体，字格高宽比一般为3：2。通常字距约为字高的$\frac{1}{4}$，行距约为字高的$\frac{1}{3}$。字的大小用字号来表示，各号字的高度与宽度的关系如表1-8所示。

字号、字高与字宽　　　　　　　　　　　　　　　　表1-8

字号	20	14	10	7	5	3.5
字高	20	14	10	7	5	3.5
字宽	14	10	7	5	3.5	2.5

图纸中常用的字号为10、7、5号，其高度应按$\sqrt{2}$的比值递增。汉字的字高应不小于3.5mm。

（2）拉丁字母、阿拉伯数字及罗马数字。拉丁字母、阿拉伯数字及罗马数字在工程图样上可写成斜体（与水平方向呈75°）或直体字，字高应不小于2.5mm，同时应符合表1-9规定。

字母、数字书写要求　　　　　　　　　　　　　　　表1-9

项目	要求	一般字体	窄字体
字母高	大写字母	h	h
	小写字母（上下均无延伸）	$7/10h$	$10/14h$
	小写字母向上或向下延伸部分	$3/10h$	$4/14h$
	笔画宽度	$1/10h$	$1/14h$
间隔	字母间最小间隔	$2/10h$	$2/14h$
	上下行底线间最小间隔	$14/10h$	$20/14h$
	文字间最小间隔	$6/10h$	$6/14h$

4. 比例

图样的比例就是建筑物画在图上的大小和它的实际大小的比例关系，一般按表1-10的规定选用。比例一般注写在图名的右侧，如图1-34所示，平面图按1：100、详图按1：20的比例注写。

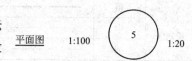

图1-34　比例的注写

图 纸 比 例　　　　　　　　　表 1-10

图名	常用比例	必要时可增加的比例
总平面图	1∶500，1∶1000，1∶2000	1∶2500，1∶5000，1∶10000
总图专业的断面图	1∶100，1∶200，1∶1000，1∶2000	1∶500，1∶5000
平面图、剖面图、立面图	1∶50，1∶100，1∶200	1∶150，1∶300
次要平面图	1∶300，1∶400	1∶500
详图	1∶1，1∶2，1∶5，1∶10，1∶20，1∶25，1∶50	1∶3，1∶4，1∶30，1∶40

注：1. 次要平面图指屋面平面图、工业建筑中的地面平面图等；
　　2. 1∶25仅适用于结构详图。

5. 标高

标高是用来表示建筑物地面或某一部位的高度。以米为单位，并标注到小数点后三位（即精确到毫米）；总平面图上的标高（绝对标高）可以注写到小数点后二位。标高有两种表达方法，即绝对标高和相对标高。

(1) 绝对标高：它是以青岛黄海平均海平面为基准，高于黄海平均海平面多少米。标注如图1-35所示，用涂黑的三角形表示，标高的数字可注写在右上方，也可以注写在黑三角形的上方或右面。

图 1-35 绝对标高

(2) 相对标高：一般以建筑物的底层室内地面的高度作为基准点，即±0.000。相对标高的符号为等腰直角三角形，并用细实线绘制；标高的数字可左侧注写，也可右侧注写；当标注位置空间狭小，也可引出注写；如在详图的同一位置需表示几个不同标高时，可带括号注写。如图1-36所示。

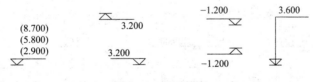

图 1-36 相对标高

6. 定位轴线

在施工图中，确定承重构件相互位置的基准线，称为定位轴线。定位轴线应用细点划线绘制，末端画细实线圆，圆的直径为8mm（详图上可采用10mm），圆心应在定位轴线的延长线上或延长线的折线上，并在圆内注明编号。横向定位轴线的编号采用阿拉伯数字从左至右顺序编写；纵向定位轴线的编号应用大写拉丁字母从下向上顺序编写（图1-37）。拉丁字母的I、O、Z不得用轴线编号。

在两轴线之间，经常把一些次要的建筑部件用附加轴线进行编号，分母表示前一轴线的编号，分子表示附加轴线的编号。如 ① 表示2号轴线后附加的第一根轴线。一个详图适用于几根定位轴线时，应同时注明有关轴线的编号，如图1-38所示。

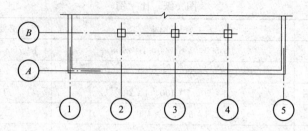

图 1-37 定位轴线编号顺序

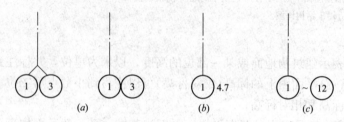

图 1-38 详图的轴线编号

7. 尺寸标注

(1) 尺寸的组成

建筑图样上的尺寸一般应由尺寸界线、尺寸线、尺寸起止符号和尺寸数字 4 部分组成，如图 1-39 所示。

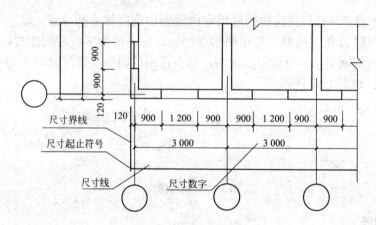

图 1-39 尺寸的组成

① 尺寸界线是控制所注尺寸范围的线，用细实线绘制。

② 尺寸线是用来注写尺寸的，用细实线单独绘制，应与被注长度平行，且不宜超出尺寸界线。

③ 尺寸起止符号一般用中粗斜短线绘制，其倾斜方向应与尺寸界线成顺时针 45°，长度宜为 2～3mm。

④ 建筑图样上的尺寸数字是建筑施工的主要依据，图样上的尺寸单位，除标高及总平面图以 m 为单位外，均以 mm 为单位。如图 1-40 所示。

(2) 常用尺寸的排列、布置及注写方法

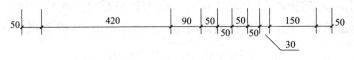

图 1-40 尺寸的注写位置

尺寸宜标注在图样轮廓线以外，不宜与图线、文字及符号等相交。图样轮廓线以外的尺寸线，距图样最外轮廓线之间的距离，不宜小于10mm。平行尺寸线的间距，宜为7～10mm，并应保持一致。

半径、直径、球、角度、弧长、薄板厚度、坡度以及非圆曲线等常用尺寸的标注见表1-11。

常用尺寸的标注方法　　　　　　　　　　　　　　表 1-11

标注内容	图　例	说明
角度		尺寸线应画成圆弧，圆心是角的顶点，角的两边为尺寸界线，角度的起止符号应以箭头表示，如没有足够的位置画箭头，可用圆点代替，角度数字应水平方向书写
圆和圆弧		标注圆或圆弧的直径、半径时，尺寸数字前应分别加符号"φ"、"R"尺寸线及尺寸界线应按图例绘制
大圆弧		较大圆弧的半径可按图例形式标注

8. 索引与详图符号

索引与详图符号是为查找建筑细部构造做法的标识，其目的把设计的局部放大或引用标准图集。

（1）索引符号。应在原图样中指定索引的位置标注，用直径为10mm细实线圆和细实线水平直径绘制，如图1-41所示。

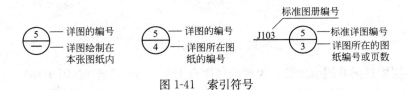

图 1-41 索引符号

索引的详图是局部剖面（或断面）详图时，索引符号在引出线的一侧加画剖切位置线，引出线在剖切位置的哪一侧，表示该剖面向那个方向作的剖视（图1-42）。

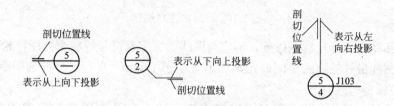

图1-42 索引剖面详图的索引符号

(2)详图符号。详图符号如图1-43所示，是用粗实线绘制的直径为14mm的圆。当详图与被索引样图同在一张图纸上，如图1-43(*a*)所示；若详图与被索引的图样不在同一张图纸上，如图1-43(*b*)所示。

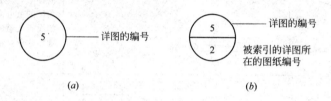

图1-43 详图符号

9. 其他符号

(1)引出线。建筑物的某些部位需要用文字或详图加以说明时，可用引出线（细实线）加文字说明，如图1-44(*a*、*b*)所示，索引详图的引出线应对准索引符号的圆心（图1-44*c*）。

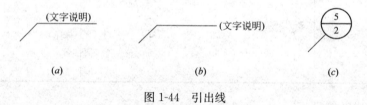

图1-44 引出线

同时引出几个相同部分的引出线可画成平行线（图1-45*a*），也可画成集中于一点的放射线（图1-45*b*）。

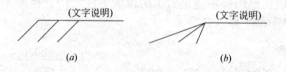

图1-45 共同引出线

用于多层构造的共同引出线，说明的顺序自上至下或由左至右（图1-46）。

(2)对称符号，如图1-47所示。平行线长度为6～10mm，平行线的间距宜为2～3mm。

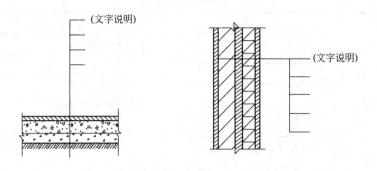

图 1-46　多层构造引出线

（3）连接符号。一个构配件，如绘制位置不够，可用连接符号表示，以折断线表示，用大写字母表示连接编号，两个被连接的图样，必须用相同的字母编号，如图1-48所示。

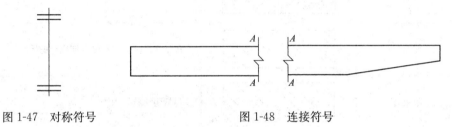

图 1-47　对称符号　　　　　　　　图 1-48　连接符号

（4）指北针的形状如图1-49所示，圆用细实线绘制，其直径为24mm，指北针尾部的宽度宜为3mm。

（5）风向频率玫瑰图。是根据当地多年平均统计的各方向刮风次数的百分率绘制成折线图形，因形似花朵，所以建筑上称为风向频率玫瑰图，简称风玫瑰（图1-50）。在风玫瑰图中实折线离中间交点最远的风向表示常年中该风向次数最多，称为当地的常年主导风向。

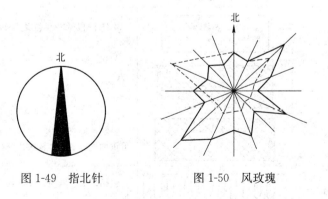

图 1-49　指北针　　　　　　　　图 1-50　风玫瑰

10. 图例

建筑工程图的内容很多，因此绘制图样时需要借助一些图例来表达。常用建筑材料图例如表1-12所示。

常用建筑材料图例　　　　　　　　　　表 1-12

序号	名称	图例	备注
1	自然土		包括各种自然土
2	夯实土		
3	砂、灰土		靠近轮廓线绘较密的点
4	砂砾石、碎砖三合土		
5	石材		
6	毛石		
7	普通砖		包括实心砖、多孔砖、砌块等砌体
8	耐火砖		包括耐酸砖等砌体
9	空心砖		指非承重砖砌体
10	饰面砖		包括铺地砖、锦砖、陶瓷锦砖、人造大理石等
11	焦渣、矿渣		包括与水泥、石灰等混合而成的材料
12	混凝土		本图例包括各种强度等级、骨料、添加剂的混凝土
13	钢筋混凝土		
14	多孔材料		包括水泥珍珠岩、沥青珍珠岩、泡沫混凝土、非承重加气混凝土、软木、蛭石制品等
15	纤维材料		包括矿棉、岩棉、玻璃棉、麻丝、木丝板、纤维板等
16	泡沫塑料材料		包括聚苯乙烯、聚乙烯、聚氨酯等多孔聚合物类材料

续表

序号	名称	图例	备注
17	木材		1. 上图为横断面，上左图为垫木、木砖或木龙骨 2. 下图为纵断面
18	胶合板	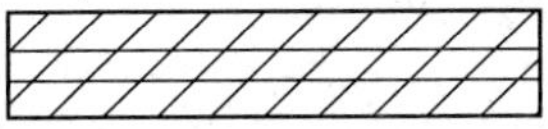	应注明为×层胶合板
19	石膏板	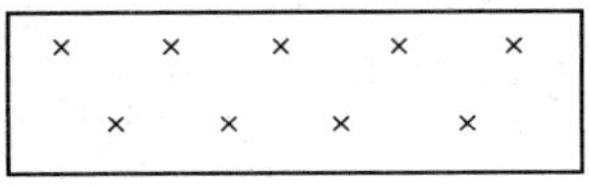	包括圆孔、方孔石膏板、防水石膏板等
20	金属	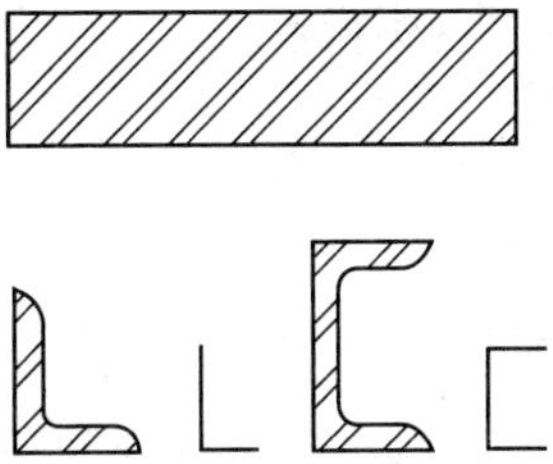	1. 包括各种金属 2. 图形小时，可涂黑
21	网状材料	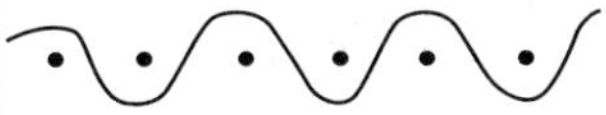	1. 包括金属、塑料网状材料 2. 应注明具体材料名称
22	液体	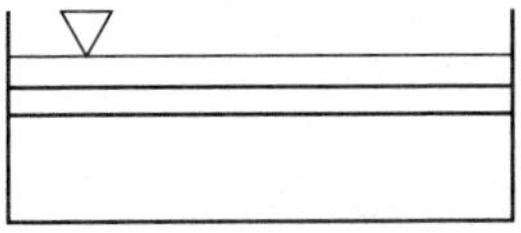	应注明液体名称
23	玻璃	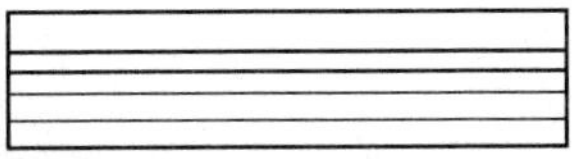	包括平板玻璃、磨砂玻璃、夹丝玻璃、钢化玻璃、中空玻璃、加层玻璃、镀膜玻璃等
24	橡胶	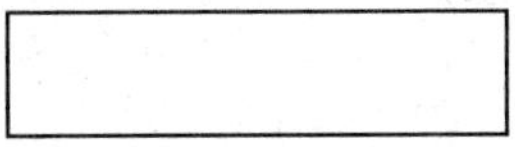	
25	塑料	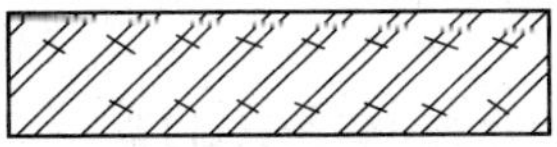	包括各种软、硬塑料及有机玻璃等
26	防水材料		构造层次多或比例大时，采用上面图例
27	粉刷	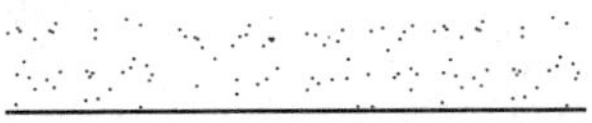	本图例采用较稀的点

注：序号1、2、5、7、8、13、14、16、17、18、22、23图例中的斜线、短斜线、交叉斜线等一律为45°。

常见构造及建筑配件图例如表 1-13 所示。

常见建筑构造和配件的图例　　　　　　　　　　表 1-13

序号	名称	图例	备注
1	电梯	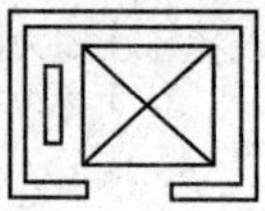	1. 电梯应注明类型 2. 门和平衡锤的位置应按实际情况绘制
2	坡度	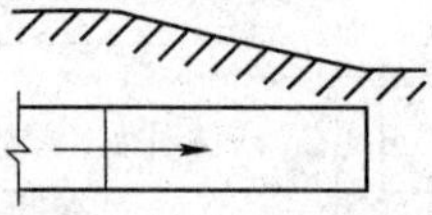	
3	检查孔		左图为可见检查孔，右图为不可见检查孔
4	孔洞		
5	坑槽		
6	墙预留洞	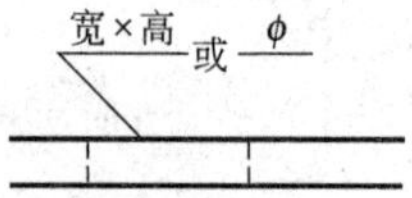 宽×高 或 φ	
7	墙预留槽	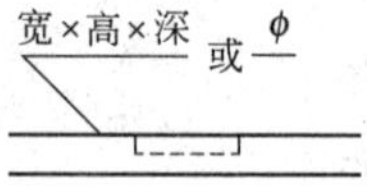 宽×高×深 或 φ	
8	烟道	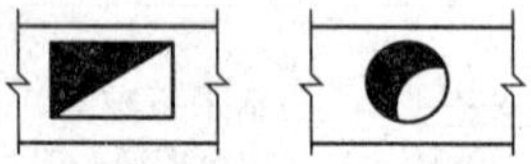	
9	通风道	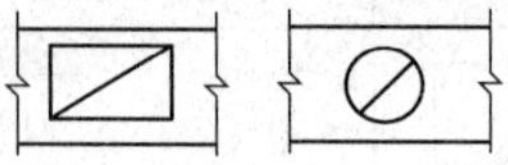	

1.3 建筑工程图的识读

1.3.1 建筑工程图的种类

1. 按建筑工程图的设计程序分

建设项目的施工图设计一般进行两个阶段，即初步设计阶段和施工图设计阶段。

（1）初步设计阶段。在设计方案中应包括总平面布置图、平面图、立面图、剖面图、效果图、建筑经济技术指标，必要时还要提供建筑模型。是建设单位申报规划、消防、交通、人防和施工许可证的依据。

（2）技术设计阶段。在已批准的初步设计的基础上，使设计在技术上、经济上都合理可行。

（3）施工图设计阶段。用来指导施工用的图样，按专业不同分建筑施工图、结构施工图、给排水施工图、采暖和通风施工图、电气施工图。

2. 房屋建筑施工图的组成

房屋建筑施工图是指导建筑工程施工全过程的图样。按照专业工种不同可分为以下几种：

（1）建筑施工图（简称建施图），主要表述建筑物的外部形状、内部布置、装饰构造及施工要求等的图样。它包括首页图、建筑总平面图、建筑平面图、建筑立面图、建筑剖面图和建筑详图。

（2）结构施工图（简称结施图），主要表述建筑物的结构类型，结构构件的组成、布置、构造等的图样。它包括基础结构图、楼（屋）盖结构图以及构件详图等。

（3）设备施工图（简称设施图），包括给排水施工图（简称水施图）、采暖通风施工图（简称暖通图）和电气照明施工图（简称电施图）等。一般都由平面布置图、系统图和详图等组成。

（4）装饰施工图（简称内、外装饰图），是反映建筑室内外装修做法的施工图。一般包括平面图、立面图和装饰详图。

1.3.2 建筑施工图的识读

1. 建筑总平面图

将新建工程四周一定范围内的新建、拟建、原有和拆除的建筑物、构筑物连同其周围的地形、地貌状况用水平投影方法和相应的图例所画出的图样，即为总平面图。

（1）图示方法。总平面图是用正投影的原理绘制的，图形主要是以图例（表1-14）的形式表示。

（2）图示内容。

① 图名、比例。因总平面图所反映的范围较大，比例通常为1∶500、1∶1 000或1∶2 000。

② 新建建筑所处的地形。如地形变化较大，应画出相应的等高线。

③ 新建建筑的具体位置。在总平面图中新建建筑的定位方式有三种：第一种是利用新建建筑物和原有建筑物之间的距离定位，第二种是利用施工坐标确定新建建筑物的位置，第三种是利用新建建筑物与周围道路之间的距离确定其位置。

④ 注明新建房屋底层室内地面和室外整平地面的绝对标高。

⑤ 相邻有关建筑、拆除建筑的大小、位置或范围。

⑥ 附近的地形、地貌等，如道路、河流、水沟、池塘、土坡等。应注明道路的起点、变坡、转折点、终点以及道路中心线的标高、坡向的箭头。

⑦ 指北针或风向频率玫瑰图。在总平面图中通常画有带指北针的风向频率玫瑰图（风玫瑰图）。

⑧ 绿化规划和给水排水、采暖管道和电线布置。

总平面图常用图例(部分) 表1-14

名称	图例	说明
新建的建筑物	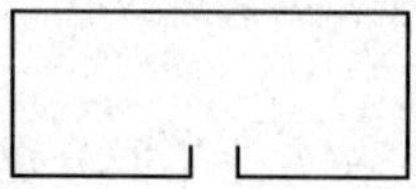	1. 用粗实线表示，可以不画出入口 2. 需要时，可在右上角以点数或数字(高层宜用数字)表示层数
原有的建筑物	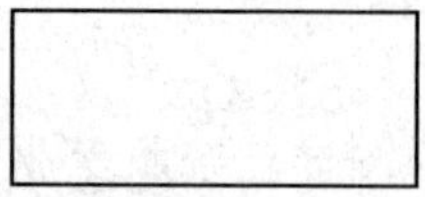	用细实线表示
计划扩建的预留地或建筑物		用中虚线表示
拆除的建筑物	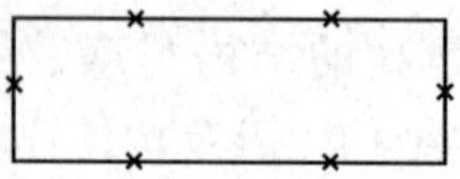	用细实线表示
围墙及大门	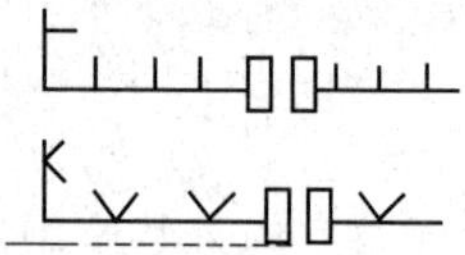	上图表示砖石，混凝土或金属材料围墙；下图表示镀锌铁丝网、篱笆等围墙，如仅表示围墙时不画大门
坐标	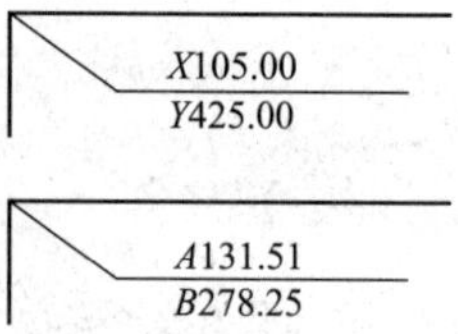 $X105.00$ $Y425.00$ $A131.51$ $B278.25$	上图表示测量坐标；下图表示施工坐标
护坡	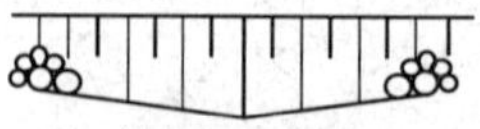	边坡较长时，可在一端或两端局部表示
原有的道路	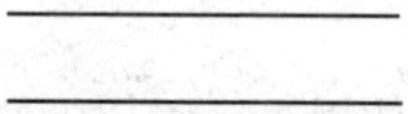	
计划扩建的道路		
新建的道路	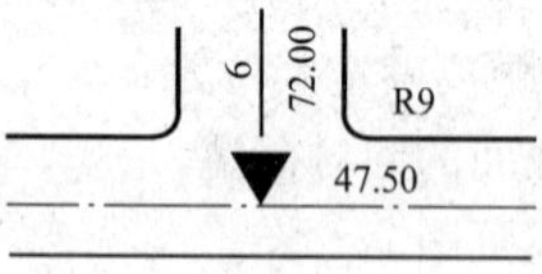 $\dfrac{6}{72.00}$ R9 ▼ 47.50	"R9"表示道路转弯半径为9m；"47.50"为路面中心标高；"6"表示6%，为纵向坡度；"72.00"表示变坡点间距高
挡土墙		被挡土在"突出"的一侧

2. 房屋建筑的平、立、剖面图

(1) 平面图。假想用一水平面沿窗台上口把房屋切开，移去上部之后，作剩下部分的水平投影图叫做房屋建筑平面图（简称平面图）。图1-51是一栋单层房屋的平面图。平面图是施工放线、砌墙、安装门窗、安装设备、编制预算以及施工备料等工作的依据。

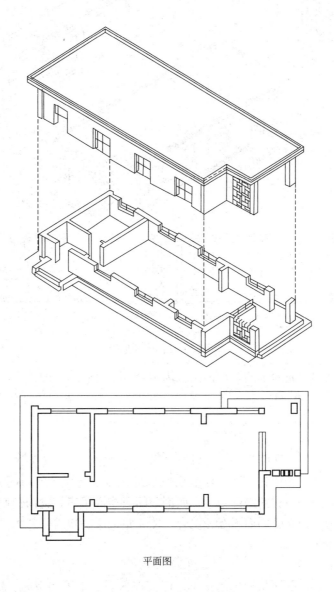

平面图

图1-51 平面图的形成

(2) 立面图。是房屋建筑的正立投影图与侧立投影图，如图1-52所示。立面图的命名主要有三种：按建筑各个立面的朝向，将投影图分别叫做东、西、南、北立面图；按立面的主次和房屋两端定位轴线的编号，将立面图命名为正立面图、侧立面图、背立面图或①～⑩立面图、Ⓐ～Ⓕ立面图。立面图主要表明建筑物外部形状，房屋的长、宽、高尺寸，屋顶的形式，门窗洞口的位置，外墙饰面、材料及做法等。

(3) 剖面图。假想用一铅垂平面把建筑物切开后向对应投影面所作的正立投影图就叫

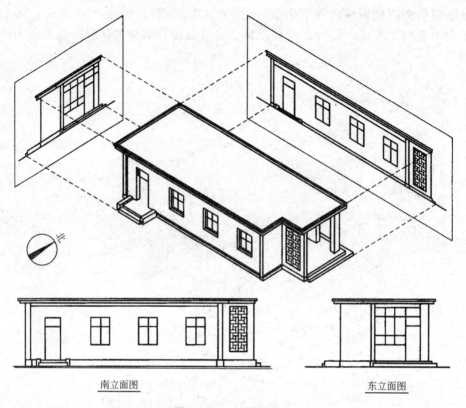

图 1-52 立面图的形成

做剖面图。根据剖切方向的不同，剖面图分为横剖面图(图 1-53 的 1—1 剖面图)和纵剖面图(图 1-53 的 2—2 剖面图)。剖面图的剖切位置常取楼梯间等构造比较复杂的典型部位。剖面图主要表明建筑物内部在高度方面的尺寸、构造做法等情况，同时也表示建筑物所采用的结构形式。

房屋建筑平、立、剖面图相互之间既有区别，又紧密联系。平面图可以说明建筑物各部分在水平方向的尺寸和位置，却无法表明它们的高度；立面图能说明建筑物外形的长、宽、高尺寸，却无法表明它的内部关系；而剖面图只能说明建筑物内部高度方向的布置情况。因此只有通过平、立、剖面图互相配合才能完整地反映建筑物从内到外、从水平到垂直的全貌。

3. 房屋建筑的详图

由于建筑平、立、剖面图的比例较小，许多细部表达不清楚，为了满足施工的需要，必须将这些部位的构配件(如门、窗、楼梯、墙身、屋面板等)或构造节点(如檐口、窗台、勒脚、散水等)用较大比例绘制，并详细标注其尺寸、材料及做法，这样的图样叫做房屋建筑详图。

图 1-54 是预应力大型屋面板构件图，采用平面图和两个不同方向的剖面图共同表示预应力大型屋面板的形状和尺寸。由于大型屋面板的外形比较简单，完全可以从平面图和剖面图中知道它的形状，因此将立面图省略不画。

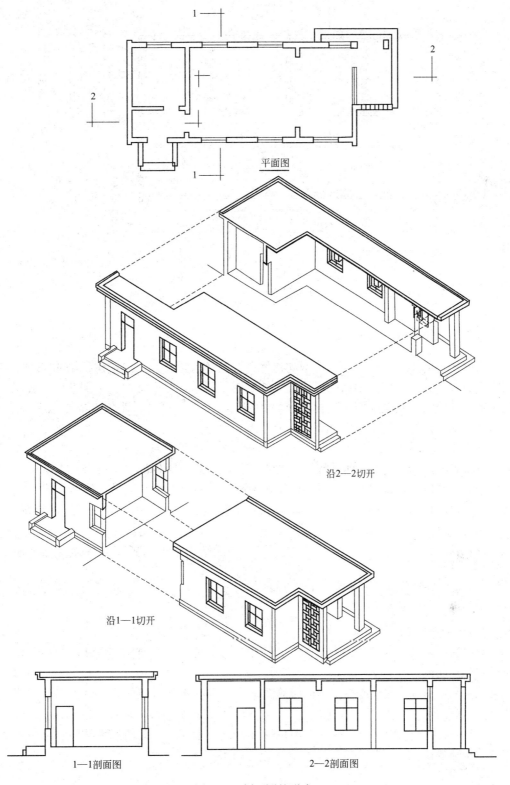

图 1-53 剖面图的形成

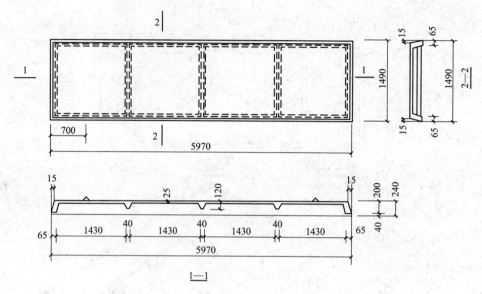

图 1-54 预应力大型屋面板

1.3.3 结构施工图的识读

根据建筑的要求，经过结构选型和构件布置以及力学计算，确定建筑结构类型、各承重构件的形状、材料、大小和内部构造等并绘制成图样，形成结构施工图。结构施工图是施工定位、放线、基槽开挖、支模板、绑扎钢筋、设置预埋件、浇筑混凝土以及安装梁、板、柱，编制预算和施工进度计划的重要依据。

1. 结构施工图的组成

（1）结构设计说明。包括结构设计的主要依据，建筑结构的安全等级和耐久年限，地震设防烈度和结构的抗震等级，结构选用材料的品种、规格、型号、性能要求、强度等级、受力钢筋保护层厚度、钢筋的锚固长度、钢筋连接的方法和要求，选用的标准图集，新结构与新工艺及特殊部位的施工顺序、方法及质量验收标准等。

（2）结构平面布置图。包括基础平面图、楼层结构平面布置图和屋顶结构平面布置图等。

（3）结构构件详图。包括梁、板、柱构件详图，基础详图，屋架详图，楼梯详图和支撑、预埋件、连接件等其他详图。

2. 梁平法施工图的识读

梁平法施工图是在梁平面布置图上采用平面注写方式或截面注写方式表达框架梁的截面尺寸和配筋的一种方法。

（1）平面注写方式。即在梁平面布置图上，分别在不同编号的梁中各选择一根梁，在其上注写截面尺寸和配筋具体数值的方式来表达梁平法施工图，如图 1-55 所示。

（2）平面注写。包括集中标注与原位标注，集中标注表达梁的通用数值，原位标注表达梁的特殊数值，施工时原位标注取值优先，如图 1-56 所示。

3. 基础图

基础图是表示房屋地面以下基础部分的平面布置和详细构造的图样，它是施工时在地

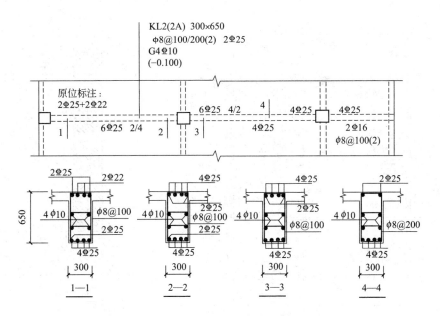

图 1-55 平面注写方式示例

注：本图按梁平面注写方式表达，另四个梁截面剖面图系为表达的内容。

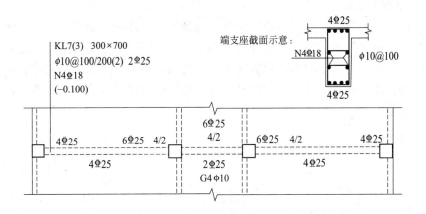

图 1-56 梁的原位标注

基上放灰线、开挖基槽（坑）和进行基础施工的依据。通常包括基础平面图（图 1-57）和基础详图（图 1-58）。

基础平面图的内容及阅读方法。首先看基础施工说明，从中了解基础材料及其强度等级的要求；其次看图名、绘图比例；再看纵横定位轴线编号和定位轴线尺寸；最后看基础墙、柱以及基础底面的形状、大小尺寸及其与轴线的关系等。

基础详图一般采用基础的横断面来表示。识读基础详图时需注意以下几点：一是看图名、比例；二是看基础断面各部分详细尺寸和室内外地面、基础底面的标高，防潮层的标高尺寸及做法；三是看基础断面图中基础梁的高、宽尺寸或标高及配筋；四是看施工说明等了解对基础施工的要求。

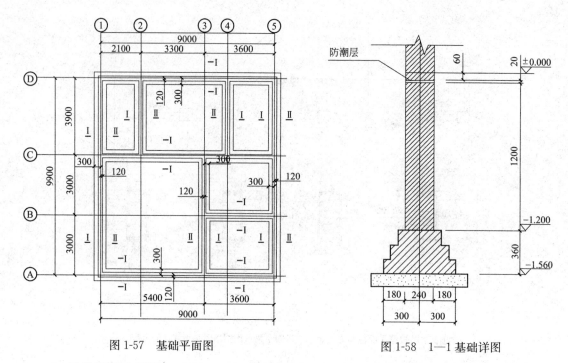

图 1-57 基础平面图　　　　图 1-58 1—1 基础详图

4. 结构平面布置图

结构平面布置图是表示建筑物各层楼面及屋顶承重构件的平面布置，结构平面布置图分为楼层结构平面布置图、屋顶结构平面布置图等。图 1-59 为楼层结构平面布置图，主要表示楼层各种构件的平面关系，如轴线间尺寸与构件长宽的关系、墙与构件的关系、构件搭在墙上的长度、各种构件的名称编号、位置及定位尺寸、现浇板的厚度、配筋和各预留孔洞的处理等。

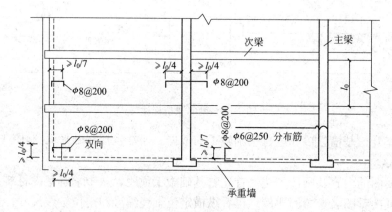

图 1-59 楼层结构平面布置图

5. 结构构件详图

结构构件主要有梁、板、柱、屋架、楼梯等。钢筋混凝土结构构件详图包括模板图、配筋图及预埋件图等。在施工图中钢筋通常用符号表示，如：3ϕ16 表示 3 根直径为 16mm 的Ⅰ级钢筋。ϕ8@200 表示直径为 8mm 的钢筋平行排列，间距 200mm。3⽳20 表示 3 根

34

直径为 20mm 的Ⅲ级钢筋。

楼梯结构详图，是由各层楼梯平面图、楼梯结构剖面图等组成，图 1-60 为楼梯结构剖面图。楼梯结构详图阅读时需注意以下几点：一是看楼梯结构平面图的比例，中间层楼梯的结构布置和构件类型完全相同时，可只用一个标准层楼梯平面图表示；二是图中各承重构件，如楼梯梁、楼梯板、平台板、窗过梁等的尺寸；三是看楼梯结构剖面图（配筋图）。

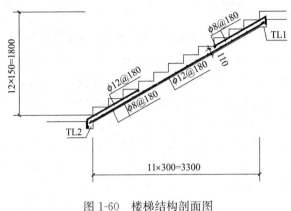

图 1-60　楼梯结构剖面图

1.3.4　给水排水系统施工图识读

1. 给水排水工程施工图的内容

（1）图纸目录、设计说明

设计人员把一套施工图按照前后顺序编排好图纸目录，作为图纸前后排列和清点图纸的索引。用工程绘图无法表达清楚的给水、排水、热水供应、雨水系统等管材、防腐、防冻、防露的做法；或难以表达的诸如管道连接、固定、竣工验收要求、施工中特殊情况技术处理措施，或施工方法要求必须严格遵守的技术规程、规定等，可在图纸中用文字写出设计施工说明。

（2）总平面图

指表示某一区域、小区、街道、村镇、几幢房屋等的室外管网平面布置的施工图。

（3）平面图

给水、排水平面图应表达给水、排水管线和设备的平面布置情况。根据建筑规划，在设计图纸中，用水设备的种类、数量、位置，均要做给水和排水平面布置；各种功能管道、管道附件、卫生器具、用水设备，如消火栓箱、喷头等，应用各种图例表示；各种横干管、立管、支管的管径、坡度等，均应标出。平面图上管道都用单线绘出，沿墙敷设时不注管道距墙面的距离。

一张平面图上可以绘制几种类型的管道，一般来说给水和排水管道可以在一起绘制。

若图纸管线复杂，也可以分别绘制，以图纸能清楚地表达设计意图而图纸数量又很少为原则。建筑内部给水排水，以选用的给水方式来确定平面布置图的张数。底层及地下室必绘；顶层若有高位水箱等设备，也必须单独绘出。

建筑中间各层，如卫生设备或用水设备的种类、数量和位置都相同，绘一张标准层平面布置图即可；否则，应逐层绘制。各层平面若给水、排水管垂直相重合，平面布置可错开表示。平面布置图的比例，一般与建筑图相同。常用的比例尺为1∶100；施工详图可取1∶50～1∶20。在各层平面布置图上，各种管道、立管应编号标明。

(4) 剖面图

剖面图主要表达建筑物和设备的立面布置，管线垂直方向的排列和走向，以及每根管线编号、管径和标高等具体数据。

(5) 系统图

系统图，也称"轴测图"，其绘法取水平、轴测、垂直方向，完全与平面布置图使用比例相同。系统图上应标明管道的管径、坡度，标出支管与立管的连接处，以及管道各种附件的安装标高，标高的±0.000应与建筑图一致。系统图上各种立管的编号应与平面布置图相一致。系统图均应按给水、排水、热水等各系统单独绘制，以便于施工安装和概预算应用。

系统图中对用水设备及卫生器具的种类、数量和位置完全相同的支管、立管，可不重复完全绘出，但应用文字标明。当系统图立管、支管在轴测方向出现重复交叉影响识图时，可断开移到图面空白处绘制。

建筑居住小区给排水管道一般不绘制系统图，但应绘制管道纵断面图。

(6) 大样详图

凡平面布置图、系统图中局部构造因受图面比例限制而表达不完善或无法表达的，为使施工概预算及施工不出现失误，必须绘出施工详图。通用施工详图系列，如卫生器具安装、排水检查井、雨水检查井、阀门井、水表井、局部污水处理构筑物等，均有各种施工标准图，施工详图宜首先采用标准图。

绘制施工详图的比例以能清楚绘出构造为根据选用。施工详图应尽量详细注明尺寸，不应以比例代替尺寸。

(7) 标准图

标准图是一种具有通用性质的图样。标准图中标有成组管道、设备或部件的具体图形和详细尺寸。它一般不能作为单独进行施工的图纸，而只能作为某些施工图的一个组成部分。标准图由国家或有关部门出版标准图集，作为国家标准或部颁标准等。

(8) 非标准图

指具有特殊要求的装置、器具及附件，不能采用标准图，而独立设计的加工或安装图。这种图只限某工程一次性使用。

(9) 材料表

指工程所需的各种设备和主要材料的名称、规格、型号、材质、数量等的明细表，作为建设单位设备订货和材料采购的清单。

设计者根据工程内容和规模，决定出图的内容和数量，全面清楚地表达设计意图。

2. 施工图例及符号

图例及符号是工程图纸上用来表达语言的字符。工程设计人员只有利用各种统一规范的图例及符号去发现、标注工程各部位的名称、内容和要求等，才能绘制一套完整的施工图纸。工程技术人员只有熟悉和掌握各种图例及符号，才能理解图纸的内容和要求。

给水排水工程常用图例及符号见表1-15。

给水排水工程常用图例符号　　　　表1-15

名称	图例	名称	图例
生活给水管	—— J ——	检查口	
生活污水管	—— SW ——	清扫口	（ ）
通气管	—— T ——	地漏	（ ）
雨水管	—— Y ——	浴盆	
水表		洗脸盆	
截止阀		蹲式大便器	
闸阀		坐式大便器	
止回阀		洗涤池	
蝶阀		立式小便器	
自闭冲洗阀		室外水表井	
雨水口	（ ）	矩形化粪池	
存水弯		圆形化粪池	
消火栓		阀门井（检查井）	

注：表中括号内为系统图图例。

3. 给排水工程施工图识读

（1）室内给排水工程施工图的识读方法

阅读主要图纸之前，应当先看说明和设备材料表，然后以系统图为线索深入阅读平面图、系统图及详图。

阅读时，三种图应相互对照看。先看系统图，对各系统做到大致了解。看给水系统图时，可由建筑的给水引入管开始，沿水流方向经干管、立管、支管到用水设备；看排水系统图时，可由排水设备开始，沿排水方向经支管、横管、立管、干管到排出管。

① 平面图的识读

室内给排水管道平面图是施工图纸中最基本和最重要的图纸，常用的比例是1∶100和1∶50两种。

它主要表明建筑物内给排水管道及卫生器具和用水设备的平面布置。图上的线条都是示意性的，同时管材配件如活接头、补心、管箍等也不画出来，因此在识读图纸时还必须熟悉给排水管道的施工工艺。

在识读管道平面图时，应该掌握的主要内容和注意事项如下：

A. 查明卫生器具、用水设备和升压设备的类型、数量、安装位置、定位尺寸。

B. 弄清给水引入管和污水排出管的平面位置、走向、定位尺寸、与室外给排水管网的连接形式、管径及坡度等。给水引入管上一般都装有阀门，阀门若设在室外阀门井内，在平面图上就能完整地表示出来。

C. 查明给排水干管、立管、支管的平面位置与走向、管径尺寸及立管编号。从平面图上可清楚地查明是明装还是暗装，以确定施工方法。平面图上的管线虽然是示意性的，但还是有一定比例的,因此估算材料可以结合详图,用比例尺度量进行计算。

D. 消防给水管道要查明消火栓的布置、口径大小及消防箱的形式与位置。消火栓一般装在消防箱内,但也可以装在消防箱外面。

E. 在给水管道上设置水表时,必须查明水表的型号、安装位置以及水表前后阀门的设置情况。

F. 对于室内排水管道,还要查明清通设备的布置情况,清扫口和检查口的型号和位置。对于大型厂房,特别要注意是否有检查井,也要搞清楚检查井进出管的连接方式。对于雨水管道,要查明雨水斗的型号及布置情况,并结合详图搞清雨水斗与天沟的连接方式。

② 系统图的识读

给排水管道系统图主要表明管道系统的立体走向。在给水系统图上,卫生器具不画出来,只需画出水龙头、淋浴器莲蓬头、冲洗水箱等符号;用水设备如锅炉、热交换器、水箱等则画出示意性的立体图,并在旁边注以文字说明。在排水系统图上也只画出相应的卫生器具的存水弯或器具排水管。

在识读系统图时,应掌握的主要内容和注意事项如下:

A. 查明给水管道系统的具体走向,干管的布置方式,管径尺寸及其变化情况,阀门的设置,引入管、干管及各支管的标高。识读时按引入管、干管、立管、支管及用水设备的顺序进行。

B. 查明排水管道的具体走向,管路分支情况,管径尺寸与横管坡度,管道各部分标高,存水弯的形式,清通设备的设置情况,弯头及三通的选用等。

识读排水管道系统图时,一般按卫生器具或排水设备的存水弯、器具排水管、横支管、立管、排出管的顺序进行。在识读时结合平面图及说明,了解和确定管材及配件。

C. 系统图上对各楼层标高都有注明,识读时可据此分清管路是属于哪一层的。管道支架在图上一般都不表示出来,由施工人员按有关规程和习惯做法自己确定。

在识读时应随时把所需支架的数量及规格确定下来,在图上作出标记并做好统计,以便制作和预埋。

③ 详图的识读

室内给排水工程的详图包括节点图、大样图、标准图,主要是管道节点、水表、消火栓、水加热器、开水炉、卫生器具、套管、排水设备、管道支架等的安装图及卫生间大样图等。这些图都是根据实物用正投影法画出来的,图上都有详细尺寸,可供安装时直接使用。

(2) 给排水工程施工图识读举例

某学校男生宿舍给排水工程施工图。图 1-61a 是室内给水系统平面图,图 1-61b 是室内排水系统平面图,图 1-62 是室内给水系统图,图 1-63 是室内排水系统图。

识读过程如下:

① 首先阅读施工说明,了解设计意图。

② 阅读给水平面图 1-61 和给水系统图 1-62,可以了解到:

给水管从①轴线 -1.00 处引入室内,在标高 -0.30 m 处分为两路,一路为 GL1 给水立管,另一路为沿着 C 轴线水平敷设的供水干管,同时 GL2 和 GL3 两根立管引向二楼和三楼。

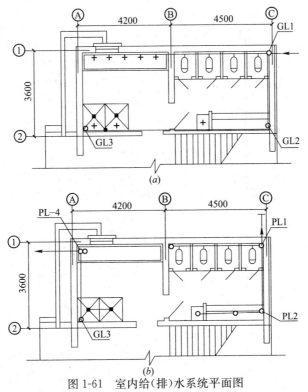

图 1-61　室内给(排)水系统平面图

(a)室内给水系统平面图；(b)室内排水系统平面图

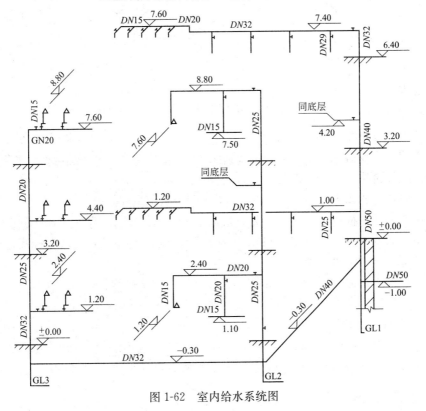

图 1-62　室内给水系统图

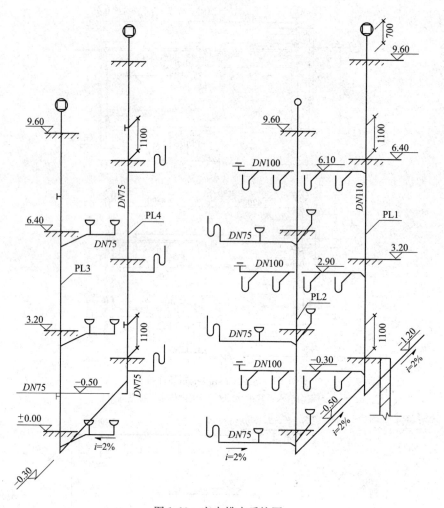

图 1-63 室内排水系统图

GL1 在标高 1.00m 处沿①轴线水平敷设支管,向卫生间内四个蹲式坐便器和五个水嘴供水。二层、三层分别在标高 4.20m 处沿①轴线水平敷设,向坐便器和水嘴供水。

③ 由排水系统图 1-63 可知:

该工程室内排水由 PL1、PL2、PL3、PL4 四个系统组成。

PL1 由屋面至地面以下-1.20m 处,楼面以上设透气帽。三层、二层的蹲式坐便器的污水由水平支管在标高 6.10m、2.90m 处通向 PL1 立管,底层的污水在标高-0.30m 处通向 PL1 立管,再通向出户管。

PL2 由屋面至地面以下-0.50m 处,沿 C 轴线与水平干管相连,再与出户管连接。三层、二层、一层的冲洗管和地漏的污水由水平支管分别在标高 6.10m、2.90m、-0.30m 处通向 PL2 立管。

PL3 由屋面至地面以下-0.30m 处,三层、二层、一层的地漏的污水由水平支管分别在标高 6.10m、2.90m、-0.30m 处通向 PL3 立管。再与沿 A 轴线水平敷设的干管相连,接出户外。

PL4 同 PL3，在标高－0.50m 处接出户管。

1.3.5　电气施工图的识读

1. 识读电气施工图纸的步骤

阅读建筑电气施工图，首先要了解电气施工图的基本知识，知道图纸的哪个部分一般有什么内容。其次，按照一定顺序进行，才能比较快速地读懂图纸。一套电气施工图所包括的图纸较多，要实现识图的目的，应有一定的顺序，依次阅读和相互对照阅读。

（1）识读设计说明：了解工程名称、总体概况及设计依据、项目名称以及了解图纸中不能表达清楚的有关事项等。在设计说明中如供电电源、电压等级、线路敷设方式及敷设部位，设备安装高度及安装方式、防雷接地措施，补充使用的非标准图形符号，施工时应注意的事项等。

（2）了解图例符号：电气施工图中图例符号的种类和数量很多，全部记住困难，每套图纸除有标准图形符号外，可能还有一些非标准图形符号，了解了图形符号的意义才能更快地识图。

（3）识读系统图：识读系统图可以了解系统的基本组成，主要电气设备、元件等连接关系及它们的规格、型号、参数等，从而掌握电气系统的基本情况。

（4）识读平面布置图：平面布置图是建筑电气施工图的重要图纸之一。识读平面布置图时，了解设备安装位置、安装方式、安装容量，了解线路敷设部位、敷设方式及所用导线型号、规格、数量、管径等。

（5）识读材料表：了解该工程所使用的设备、材料的型号、规格及数量，以便购置主要设备、材料等。

（6）识读电路图和接线图：了解各系统中用电设备的控制原理和接线要求。

识读图纸时，从进户线开始，沿着电的传输方向，由下到上一个回路一个回路地识读。同时配合各类图纸，将每个回路所涉及的内容搞清楚。识读图纸时，还应配合识读有关施工及验收规范、质量评定标准以及全国通用电气装置标准图集，详细了解安装技术及具体安装方法。识读建筑电气施工图纸，没有统一的规定，自行掌握，多看多练，很快就能掌握识读方法了。

2. 电气施工图的标注、常用图例、符号

（1）导线的标注

在系统图中，导线一般标注线路回路数、电缆或导线型号规格、根数、截面及其敷设方式和穿管管径。导线敷设方式的标注符号见表 1-16；导线敷设的部位标注符号见表 1-17。标注如下：

$$a-b(c \times d + c \times d)ef-g$$

式中　a——回路编号；

　　　b——导线型号；

　　　c——导线根数；

　　　d——导线截面；

　　　e——导线敷设方式；

　　　f——管材及管径；

g——敷设部位。

如"BV-(3×50+2×25)SC70-FC",BV：表示该线路是采用铜芯塑料绝缘线；3×50：三根 50mm²；2×25 两根 25mm²；SC50：穿焊接钢管敷设，管径 70mm；FC：地面下暗设。

（2）线路敷设方式代号

TC：用电线管敷设；

SC：用焊接钢管敷设；

SR：用金属线槽敷设；

CT：用桥架敷设；

PC：用硬塑料管敷设；

PEC：用半硬塑料管敷设。

（3）灯具的标注

主要表达照明器具的种类、安装数量、灯具的型号、灯具的功率、安装方式、安装高度等。表达式为：

$$a-b\frac{c \times d}{e}f$$

式中 a——灯具数；

b——灯具型号；

c——每盏灯灯泡(管)数；

d——灯泡(管)容量；

e——安装高度；

f——安装方式。

导线敷设方法标注   表 1-16

序号	名称	代号
1	穿焊接钢管敷设	SC
2	穿电线管敷设	MT(JDG、KBC)
3	穿硬塑料管敷设	PC
4	穿阻燃半硬聚氯乙烯管敷设	FPC
5	用电缆桥架敷设	CT
6	用金属线槽敷设	MR
7	用塑料线槽敷设	PR
8	用钢索敷设	M
9	穿聚氯乙烯塑料波纹电线管敷设	KPC
10	穿金属软管敷设	CP
11	穿水煤气管敷设	RC
12	直接埋地敷设	DB
13	电缆沟敷设	TC
14	混凝土排水管敷设	CE

管线敷设的部位标注　　　　　表 1-17

序号	名称	代号
1	沿或跨梁(屋架)敷设	AB
2	暗敷设在梁内	BC
3	沿柱或跨柱敷设	AC
4	暗敷设在柱内	CLC
5	沿墙面敷设	WS
6	暗敷设在墙内	WC
7	沿天棚或顶板面敷设	CE
8	暗敷设在屋面或顶板内	CC
9	吊顶内敷设	SCE
10	地板或地面下敷设	FC

3. 常用图例、符号(表 1-18)

常用图例、符号　　　　　表 1-18

图形符号	说明	图形符号	说明
	断路器(系统图表示)		接地开关(系统图表示)
	断路器(系统图表示)(具有隔离功能,并装有移动触头位置显示)		手动操作开关一般符号(系统及原理图表示)
	带漏电保护的断路器(系统图表示)	SA	电流表切换开关(框图)
	漏电保护附件(独立式)(系统图表示)	SV	电压表切换开关(框图)
	多级开关(系统图表示)多线表示		熔断器一般符号(系统图表示)
	隔离开关(系统图表示)	V	电压表(系统图表示)
	具有中间断开位置的双向隔离开关(系统图表示)	A	电流表(系统图表示)
	负荷开关(负荷隔离开关)(系统图表示)		电风扇(平面图表示)

43

图形符号	说明	图形符号	说明
AL-4-2 *-*-* WL1	配电箱、台、屏、柜的编号 *-*-* 编号 楼层或分区号 电气设备常用文字符号		垂直通过配线(平面图表示)
	电铃(平面及原理图表示)	⊙	连接盒(平面图表示)接线盒
	中性线(平面图表示)	○	盒(箱)—般符号(平面图表示)
	保护线(平面图表示)	形式 1　形式 2	导线的连接(平面图表示)
E	接地线(平面图表示)		
PE	保护接地线(平面图表示)	⏚	接地、接地一般符号(系统图表示) 注：如表示接地状况或作用不够明显可补充说明
LP	避雷线　避雷带　避雷网(平面图表示)	▽	等电位
	接地装置(平面图表示) (1) 有接地极　(2) 无接地极		(电源)插座,一般符号 (平面图表示)
	向上配线(平面图表示)	b	示例：(平面图表示) 二联一个带接地插孔单相插座和一个扁圆两用单相插座
	向下配线(平面图表示)		插座箱(板)(平面图表示)
	带中相线和接地插孔的三相插座(5孔)(平面图表示)	▼	"请勿打扰"(平面图表示) 门铃开关
	开关一般符号(平面图表示)	* * CS	床头控制柜开关(平面图表示)
*	根据需要"*"用下述文字标注在图形符号旁边区别不同类型开关： *： C—暗装开关 EX—防爆开关 EN—密闭开关	5	荧光灯一般符号(平面图表示) 示例：三管荧光灯、五管荧光灯

续表

图形符号	说明	图形符号	说明
	*： 2—双联开关 3—三联开关 n—n联开关		两管荧光灯
	带指示灯的开关(平面图表示)		嵌入式长格栅灯具(平面图表示)
	单极拉线开关(平面图表示)		嵌入式方格栅顶灯(平面图表示)
	两控单极开关(平面图表示)		荧光灯具为墙上安装(平面图表示)
	单极限时开关(平面图表示)		防水防尘灯(平面图表示)
	定时开关(平面图及原理表示)		球形灯(平面图表示)
	壁灯(平面图表示)		嵌入筒灯(平面图表示)
	在专用电路上的(应急)事故照明灯(平面图表示)		斜照形灯(平面图表示)
	自带电源的(应急)事故照明灯(平面图表示)		墙上座灯(平面图表示)
	示出配线的照明引出线位置(平面图表示)		天棚灯(平面图表示)

图形符号	说明	图形符号	说明
	天线,一般符号(平面及原理图表示) 注: 1. 此符号可用来表示任何类型天线或天线阵,符号的主杆线可表示包括单根导线的任何型式对称馈线和非对称馈线 2. 天线的极坐标图主瓣的一般形状图样,可在天线符号附近标出 3. 数字或字母符号的补充标记,可采用日内瓦国际电信联盟公布的《无线电规则》中的规定。名称或标记可以交替地写在天线的一般符号之旁	⊗	花灯(平面图表示)
		⊲	扬声器,一般符号(系统及框图表示)
		TP	电话出线座
		✶	电信插座的一般符号注:可用文字或符号加以区别 ＊TP—电话 ＊FX—传真 M—传声器 TV—电视 FM—调试
		IP	经交换台内部插座
			室内分线盒 注:可加注

4. 供配电系统图识读

(1) 配电干线系统图如图 1-64 所示。

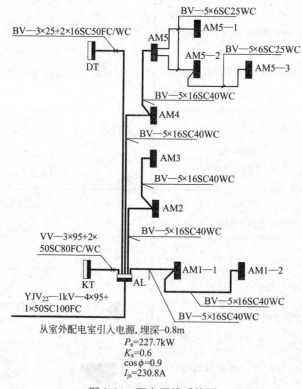

图 1-64 配电干线系统图

(2) 配电箱系统图如图 1-65 所示。

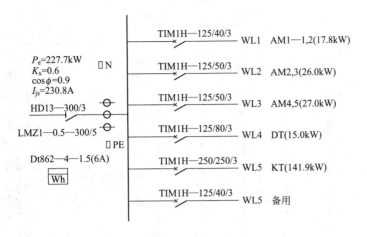

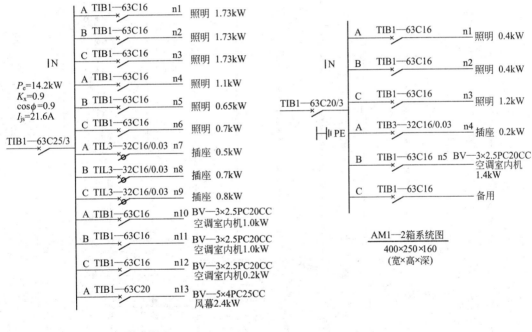

图 1-65　配电箱系统图

5. 建筑电气平面图识读

(1) 照明平面图如图 1-66 所示。

(2) 干线及插座平面图如图 1-67 所示。

47

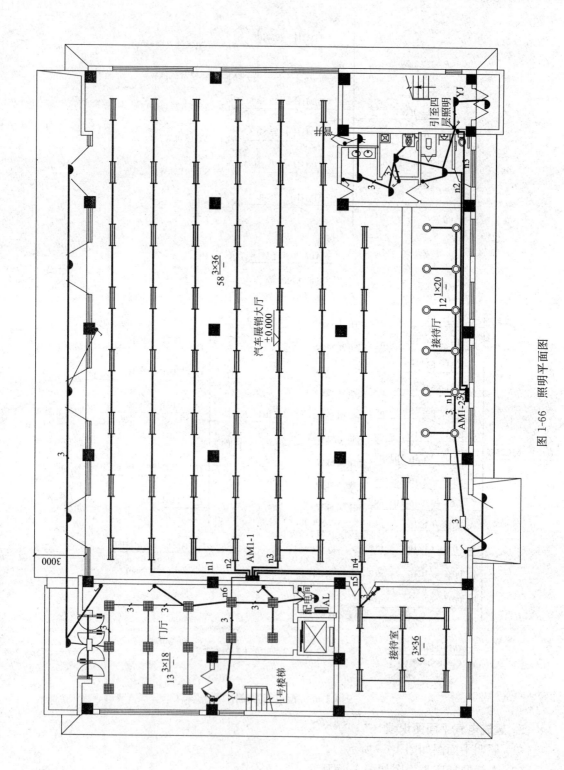

图 1-66 照明平面图

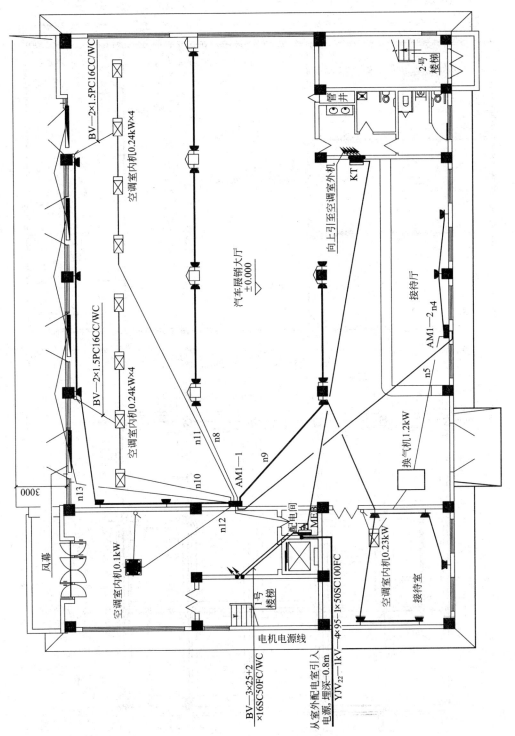

图 1-67 干线及插座平面图

(3) 屋顶防雷平面图如图 1-68 所示。
(4) 基础接地平面图如图 1-69 所示。

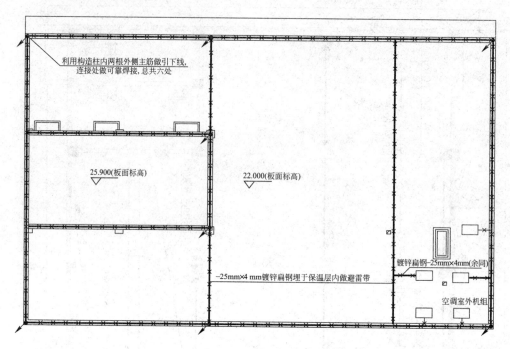

图 1-68 屋顶防雷平面图

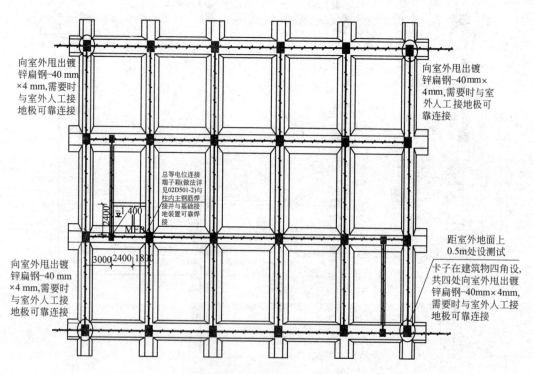

图 1-69 基础接地平面图

1.3.6 供暖施工图的识读

室内采暖施工图是室内采暖系统施工的依据和必须遵守的文件。施工图可使施工人员明白设计人员的设计意图，施工图必须由正式的设计单位绘制并签发。施工时，未经设计单位同意，不能随意对施工图中的规定内容进行修改。

室内采暖施工图组成

采暖系统施工图一般由设计说明、平面图、采暖系统图、详图、主要设备材料表等部分组成。

施工图是设计结果的具体体现，它表示出建筑物的整个采暖工程。

(1) 设计说明

设计图纸无法表达的问题一般用设计说明来表达，或用文字能更简单明了表达清楚的问题，用文字加以说明，构成设计说明。主要内容有：

建筑物的采暖面积；
① 采暖系统的热源种类、热媒参数、系统总热负荷；
② 系统形式，进出口压力差（即采暖所需压力）；
③ 各个房间设计温度；
④ 散热器型号及安装方式；
⑤ 管材种类及连接方式；
⑥ 管道防腐、保温的作法；
⑦ 所采用标准图号及名称；
⑧ 施工注意事项，施工验收应达到的质量要求；
⑨ 系统的试压要求；
⑩ 有关图例见表 1-19。

采暖施工图图例　　　　　　表 1-19

名称	图例符号	名称	图例符号
供暖热水干管	———————	供暖回水干管	-------------
供暖蒸汽干管	—— Z —— Z ——	集汽罐	⌐⊏⌐
供暖凝水干管	—— N —— N ——	流动方向	——▶—
膨胀水管	—— P ——	泄水阀	⌀
补给水管	—— B ——	手动放气阀	⌀
循环水管	—— X ——	自动排气阀	⌀
溢排水管	—— Y ——	采暖立管编号	(Ln)

续表

名称	图例符号	名称	图例符号
管道固定支架	—✕—	采暖入口编号	Rn
坡度	→	供水立管	○
方形补偿器	⊓	回水立管	⊘
闸阀	—⋈—	离心水泵	—⌀
压力表	⌀	温度计	⌐
跑风门	⊐	截止阀	—●—
管道集水井	⊃	逆止阀	—▶—
柱式散热器	□—10	热量表	R
热风机	⊠	止回阀	—▷—

一般中小型工程的设计说明可以直接写在图纸上，工程较大、内容较多时另附专页编写，放在一份图纸的首页。施工人员看图时，应首先看设计说明，然后再看其他图，在看图过程中，针对图上的问题再看设计说明。

(2) 平面图

采暖平面图是采暖施工图的主要部分。采用的比例与建筑图相同，常用1∶100，1∶200。采暖平面图中，管道用粗线（粗实线、粗虚线）表示，其余均用细线表示。平面图见图1-70。

平面图要求表达出房屋内部各个房间的分布和过道、门窗、楼梯位置等情况以及供暖系统在水平方向的布置情况。它把供暖系统的干管、立管、支管和散热器以及其他附属设备等在水平方向的连接和布置都表达出来。应当指出，这种平面布置图，房屋尺寸严格按照比例绘制，但对于管道和散热器的位置，不能精确表达，因为管线之间、管线与设备之间靠得很近，精确表达反而无法识别，此时往往采用一些夸张的画法表达清楚。具体的定位，将由安装大样图表达并按图施工；对一些普遍性要求，则在施工说明中做出规定。除图形外，还需注出有关尺寸，对于房屋建筑，要注出定位轴线的距离、外墙总长度、地面和楼板标高等。对于管道系统要注出各管段管径，在立管的附近标注立管的编号，在散热器旁注出散热器的片数或长度。管道和散热器的定位尺寸，通常在安装大样图中说明，平面图就不再另注。除此之外，还要在各个房间标注房间热负荷的值。

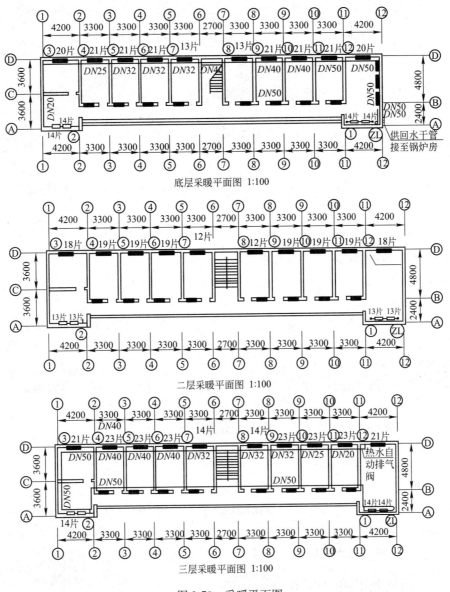

图 1-70 采暖平面图

(3) 系统图

系统图又称流程图,也叫系统轴测图,与平面图配合,表明了整个采暖系统的全貌。系统图包括水平方向和垂直方向的布置情况。系统图见图 1-71。

散热器、管道及其附件(阀门、疏水器)均在图上表示出来。

此外,还标注各立管编号、各段管径和坡度、散热器片数、干管的标高。

主要包括以下内容:

① 采暖管道的走向、空间位置、坡度,管径及变径的位置,管道与管道之间连接方式;

② 散热器与管道的连接方式;

③ 管路系统中阀门的位置、规格,集气罐的规格、安装形式(立式或卧式);

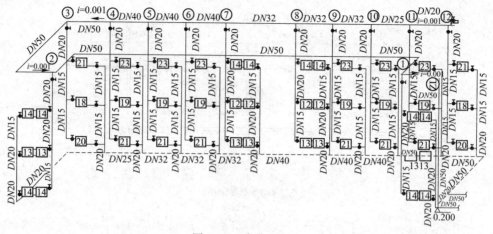

图 1-71 采暖系统图

④ 疏水器、减压阀的位置,其规格及类型;

⑤ 立管编号。

(4) 详图

详图是当平面图和系统图表示不够清楚而又无标准图时所绘制的补充说明图。它用局部放大比例来绘制,能表示采暖系统节点与设备的详细构造及安装尺寸要求,包括节点图、大样图和标准图。

① 节点图。能清楚地表示某一部分采暖管道的详细结构和尺寸,但管道仍然用单线条表示,只是将比例放大,使人能看清楚。

② 大样图。管道用双线图表示,看上去有真实感。

③ 标准图。它是具有通用性质的详图,一般由国家或有关部委出版标准图案,作为国家标准或部标准的一部分颁发。

(5) 主要设备材料表

为了便于施工备料,保证安装质量和避免浪费,使施工单位能按设计要求选用设备和材料,一般的施工图均应附有设备及主要材料表,简单项目的设备材料表可列在主要图纸内。设备材料表的主要内容有编号、名称、型号、规格、单位、数量、质量、附注等。

1.3.7 通风施工图的识读

1. 通风施工图常用代号、图例

通风施工图的常用图例有风道代号,风道、阀门及附件图例,空调设备图例,分别见表 1-20、表 1-21 和表 1-22。

风 道 代 号　　　　　　　　　　表 1-20

代号	风道名称	代号	风道名称
K	空调风管	H	回风管(一、二次回风可附加1、2区别)
S	送风管	P	排风管
X	新风管	PY	排烟管或排风、排烟共用管道

风道、阀门及附件图例　　　　表 1-21

序号	名称	图例	附注
1	砌筑风、烟道		其余均为
2	带导流片弯头		
3	消声器、消声弯管		也可表示为
4	插板阀		
5	天圆地方		左接矩形风管，右接圆形风管
6	蝶阀		
7	对开多叶调节阀		左为手动、右为电动
8	风管止回阀		
9	三通调节阀		
10	防火阀	70℃	表示 70℃ 动作的常开阀。若因图面小，可表示为：—70℃
11	排烟阀	280℃　280℃	左为 280℃ 动作的常闭阀，右为常开阀，若因图面小，表示方法同上
12	软接头		也可以表示为：
13	软管		或光滑曲线(中粗)
14	风口(通用)	或	
15	气流方向		左为通用表示法，中表示送风，右表示回风
16	百叶窗		

续表

序号	名称	图例	附注
17	散流器	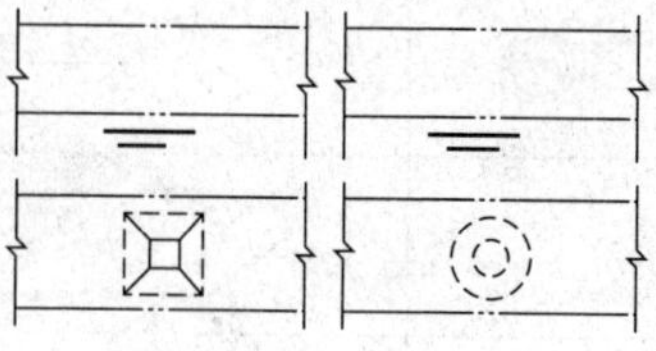	左为矩形散流器，右为圆形散流器。散流器为可见时，虚线改为实线
18	检查孔、测量孔	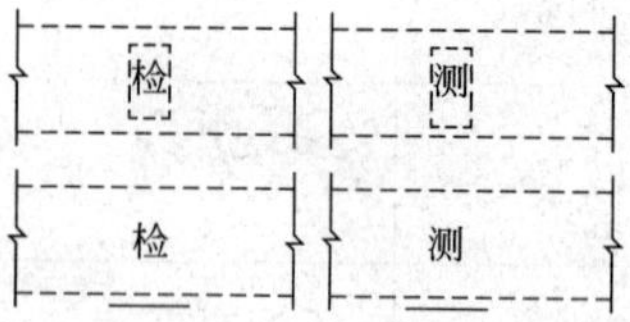	

空调设备图例

表 1-22

序号	名称	图例	附注
1	散热器及手动放气阀	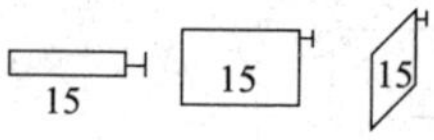	左为平面图画法，中为剖面图画法，右为系统图，y轴侧图画法
2	散热器及控制阀	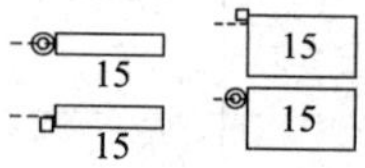	左为平面图画法，右为剖面图画法
3	轴流风机	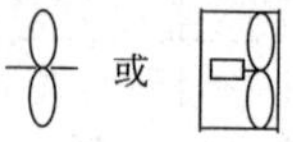	
4	离心风机		左为左式风机，右为右式风机
5	水泵		左侧为进水，右侧为出水
6	空气加热、冷却器		左、中分别为单加热，单冷却，右为双功能换热装置
7	板式换热器	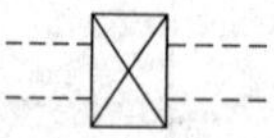	
8	空气过滤器	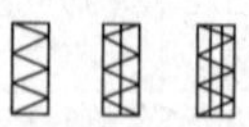	左为粗效，中为中效，右为高效
9	电加热器	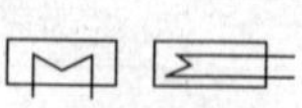	
10	加湿器	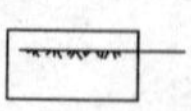	

续表

序号	名称	图例	附注
11	挡水板		
12	窗式空调器		
13	分体空调器		
14	分机盘管		可标注型号,如:FP-5
15	减震器		左为平面图画法,右为剖面图画法

2. 通风施工图识读

通风工程施工图识读以排烟系统为例说明。

(1) 排烟设计说明

地下室设排烟系统,由于受风机房面积限制,所以转弯处的半径较小,需要在弯头处设导流叶片。

排烟管道所设防火阀均为741(FVD),排烟用防火调节阀,280℃时关闭。

地下室排烟管道采用钢板风道。风道均为标准钢板风道。钢板厚度见表1-23,表1-24为送风排烟主要设备表。

管道厚度表　　　　　表1-23

管道尺寸(mm)	φ1600	1600×500	1000×1000	1000×630	921×700
厚度(mm)	1.5	1.2	1.0	1.0	1.0

送风排烟主要设备表　　　　　表1-24

编号	名称	型号与规格	单位	数量	备注
1	排烟风机	4—68No.1250左0	台	1	$Q=42910 m^3/h$; $H=640Pa$
2	排烟风口	922C(BSFD)400×500	个	9	
3	防火调节阀	741(FVD2)1250×500	个	1	
4	防火调节阀	741(FVD2)1000×630	个	1	
5	伞形风帽	$D=560mm$ No.10	个	1	
6	吸风口	$D=560mm$ No.12	个	1	
7	送风机	T4—72No.52左90°	台	1	$Q=14620 m^3/h$; $H=2010Pa$; $N=11kW$
8	送风口	922B(SD)320×320	个	15	

(2) 排烟(风)管道平面图

某建筑内排烟(风)设备图,其平面图1-72、1—1剖面图1-73、2—2剖面图1-74、3—3剖面图1-75、排烟系统图1-76、送风系统机房平面图1-77、A—A剖面图1-78、B—B剖面图1-79所示。

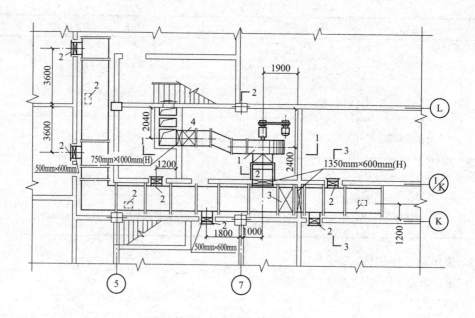

图 1-72 排烟(风)管道平面图
1—排烟风机,46—8No12.50,左 0°;2—排烟风口,922C(BSFD),400mm×500mm;
3—防火调节阀,741(FVD2)1000mm×1000mm;4—防火调节阀,741(FVD2)1000mm×630mm;
注:图中"-1.600,-3.750"均为墙洞底标高。

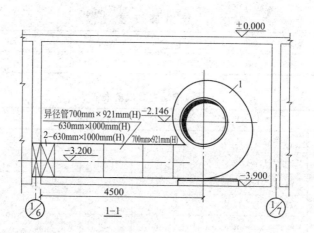

图 1-73 1—1 剖面图
1—排烟风机;2—防火调节阀

(3)通风设备图识读举例

某建筑内空调设备图,其平面图 1-80、Ⅰ—Ⅰ剖面图 1-81、Ⅱ—Ⅱ剖面图 1-82、系统图分别见图 1-83 所示。

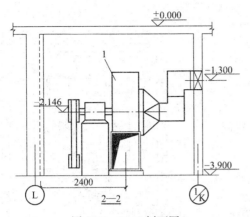

图 1-74　2—2 剖面图
1—排烟风机

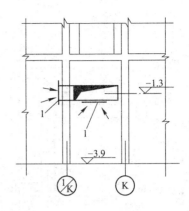

图 1-75　3—3 剖面图

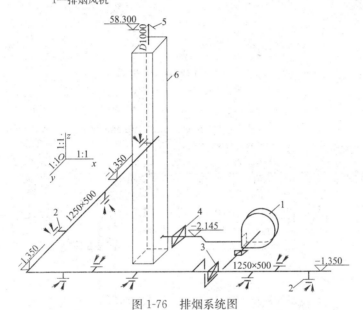

图 1-76　排烟系统图

1—排烟风机；2—排烟风口；3—防火调节阀；4—防火调节阀；5—伞形风帽；6—砌筑（建筑物内）竖直排烟道

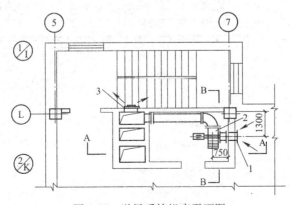

图 1-77　送风系统机房平面图

1—吸风口 $D=560mm$，No.12；2—送风机 T4—72，No.5A 左 90°；3—送风口

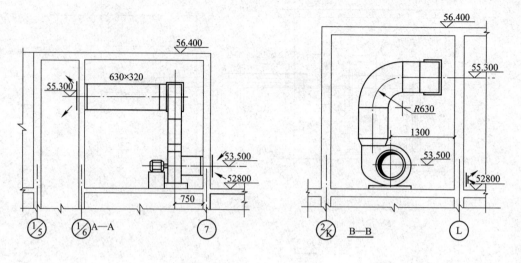

图 1-78 A—A 剖面图　　　　　　图 1-79 B—B 剖面图

注：风管支吊架按国际 T616 施工。

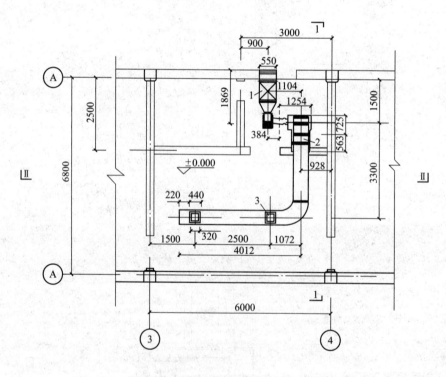

图 1-80 平面图
1—粗效过滤器；2—空调机组；3—散流器

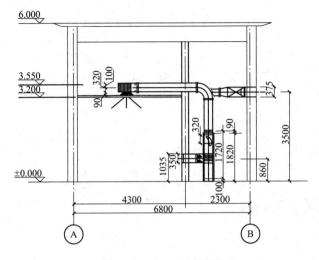

图 1-81　Ⅰ—Ⅰ剖面图

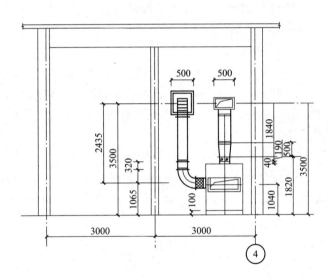

图 1-82　Ⅱ—Ⅱ剖面图

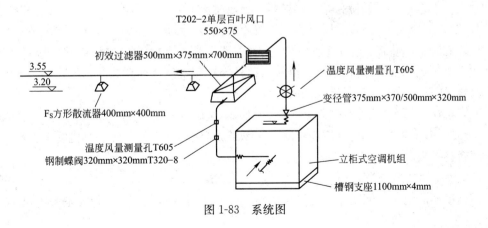

图 1-83　系统图

第2章 建筑工程材料

2.1 土建工程材料

2.1.1 材料的基本知识

1. 材料在建筑工程中的地位

(1) 材料是建筑工程的物质基础

任何建筑都是用各种材料建成的,这些材料总称为建筑材料。没有材料,就没有建筑,因此材料是建筑工程的物质基础。

(2) 材料的性能决定建筑的性能

建筑结构的受力性能取决于组成结构的梁、板、柱、墙体、基础等基本构件的受力性能,而这些构件的受力性能又取决于材料的受力及变形性能;建筑功能房间的保温、隔热、隔声、防水防潮、防火等功能要求都是由组成建筑的材料的相应性能所决定的。因此材料的性能决定建筑的性能。

(3) 建筑的质量在很大的程度上取决于材料的质量

建筑的质量与使用的材料的质量是密不可分的,材料的强度、刚度和耐久性决定了组成建筑结构构件的安全性、适用性和耐久年限;国内外建筑工程建设中的质量事故,绝大部分都与材料的质量缺损有关。

2. 建筑材料的分类

(1) 按化学成分分类

根据材料的化学成分,可分为无机材料、有机材料和复合材料三大类。

无机材料包括金属材料和非金属材料。金属材料又可分为黑色金属(钢、铁)和有色金属(铜、铝、铝合金等);非金属材料主要有胶凝材料(水泥、石灰、石膏、水玻璃等)、天然石材、混凝土、砂浆、烧土制品(砖、瓦、玻璃、陶瓷等)、蒸压和蒸养硅酸盐制品等。

有机材料包括植物材料(木材、竹材、秸秆等)、沥青材料(石油沥青、煤沥青等)和高分子材料(塑料、橡胶、有机涂料和胶粘剂等)。

复合材料包括有机—无机复合材料(玻璃钢、聚合物混凝土、沥青混凝土钙塑材料等)、金属—非金属复合材料(钢筋混凝土、钢纤维混凝土等)和金属—有机复合材料(彩钢泡沫塑料夹心板等)。

(2) 按使用功能分类

根据材料的使用功能,可分为结构材料、墙体材料、防水材料、保温隔热材料、装饰材料等。

3. 建筑材料的基本性质

（1）建筑材料的物理性质

① 密度

密度是指材料在绝对密实状态下，单位体积的质量，可由下式表示：

$$\rho = \frac{m}{V}$$

式中：ρ——密度（g/cm³）；

m——材料在干燥状态下的质量（g）；

V——干燥材料在绝对密实状态下的体积（cm³）。

② 表观密度

表观密度是指材料在自然状态下，单位体积的质量，可由下式表示：

$$\rho_0 = \frac{m}{V_0}$$

式中：ρ_0——表观密度（g/cm³）；

m——材料的质量（g）；

V_0——材料在自然状态下的体积（cm³）。

③ 堆积密度

堆积密度是粉状或粒状材料的一个指标，指在堆积状态下，单位体积的质量，可由下式表示：

$$\rho_0' = \frac{m}{V_0'}$$

式中：ρ_0'——堆积密度（g/cm³）；

m——材料的质量（g）；

V_0'——材料在堆积状态下的体积（cm³）。

④ 孔隙率

孔隙率是指材料中孔隙的体积占总体积的比例，可按下式计算：

$$P = \frac{V_{孔}}{V_0} \times 100\% = \frac{V_0 - V}{V_0} \times 100\% = \left(1 - \frac{V}{V_0}\right) \times 100\% = \left(1 - \frac{\rho_0}{\rho}\right) \times 100\%$$

材料中固体体积占总体积的比例，称为密实度。密实度 $D = 1 - P$，即材料的密实度＋孔隙率＝1。

材料孔隙率的大小直接反映了材料的致密程度。孔隙的大小及孔隙本身的特征对材料的性质影响较大。

⑤ 空隙率

空隙率是指散粒材料在某堆积体积中，颗粒之间的空隙体积占总体积的比例，可按下式计算：

$$P' = \frac{V_{空}}{V_0'} = \frac{V_0' - V_0}{V_0'} = 1 - \frac{V_0}{V_0'} = 1 - \frac{\rho_0'}{\rho_0}$$

空隙率的大小反映了散粒材料颗粒互相填充的致密程度。在混凝土中空隙率可作为控制砂石级配及计算混凝土砂率的依据。

⑥ 吸水性

材料在水中能吸收水分的性质称为吸水性。吸水性的大小用吸水率表示。吸水率是指材料浸水后在规定时间内吸入水的质量占材料干燥质量或材料体积的百分率。

$$W_m = \frac{m_1 - m_2}{m} \times 100\%$$

式中：m_1——材料吸水饱和状态下的质量(g)；
　　　m_2——材料未吸水前的质量(g)；
　　　m——材料干燥状态下的质量(g)。

材料的吸水性与材料的亲水、憎水性有关，还与材料孔隙率的大小、孔隙特征有关。对于细微连通孔隙，孔隙率越大，则吸水率越大。封闭孔隙，水分不能进入，粗大开口孔隙，水分不能存留，吸水率均较小。

⑦ 吸湿性

材料在潮湿空气中吸收水分的性质称为吸湿性，常用含水率表示，可由下式计算：

$$W = \frac{m_{湿} - m}{m} \times 100\%$$

式中：$m_{湿}$——材料吸收空气中水分后的质量(g)；
　　　m——材料烘干至恒重时的质量(g)。

材料的含水率随空气湿度和环境湿度变化而变化，也就是水分可以被吸收，又可向外界扩散，最后与空气湿度达到平衡。与空气湿度达到平衡时的含水率称为材料的平衡含水率。

材料的吸水性与吸湿性均会导致材料其他性能的改变，如材料自重增大，绝热性、强度及耐水性等产生不同程度的下降。

⑧ 材料的耐水性

材料长期在饱和水作用下不破坏，其强度也不显著降低的性质称为耐水性。材料的耐水性用软化系数 K 表示：

$$K = \frac{材料在吸水饱和状态下的抗压强度}{材料在干燥状态下的抗压强度}$$

软化系数的大小表示材料浸水饱和后强度降低，其范围波动在 0～1 之间。软化系数越小，说明材料吸水饱和后强度降低越多，耐水性越差。

⑨ 材料的抗渗性

材料抗压力水渗透的性质称为抗渗性。材料的抗渗性常用渗透系数 K 表示。

$$K = \frac{Qd}{AtH}$$

式中：K——材料的渗透系数(cm/h)；
　　　Q——渗水量(cm^3)；
　　　d——试件厚度(cm)；
　　　H——静水压力水头(cm)；
　　　t——渗水时间(h)；
　　　A——渗水面积(cm^2)。

渗透系数越大，表明材料渗透的水量越多，抗渗性则越差。

抗渗性也可用抗渗等级表示。抗渗等级是以规定的试件，在标准试验方法下所能承受的最大水压力来确定,以符号 S_n 表示,其中 n 为该材料所能承受的最大水压力的 0.1MPa 数。如普通混凝土的抗渗等级为 S6,即表示混凝土能承受 0.6MPa 的压力水而不渗透。

材料抗渗性的好坏,与材料的孔隙率及孔隙特征有关。孔隙率越大且是连通的孔隙材料其抗渗性较差。

抗渗性是决定材料耐久性的主要指标。对于地下建筑及水工构筑物,因常受到压力水的作用,所以要求材料具有一定的抗渗性。对于防水材料要求具有更高的抗渗性。材料抗其他液体渗透的性质,也属抗渗性。

⑩ 材料的抗冻性

材料在吸水饱和状态下,能经受多次冻融循环作用而不破坏,强度也无明显降低的性质,称为材料的抗冻性。

材料的抗冻性用抗冻等级 D_n 表示,n 为最大冻融次数,如 D25、D50 等。一般规定材料在经受若干次冻融循环后,质量损失不超过 5%,强度不超过 25%,认为抗冻性合格。对于水工及冬季气温在 $-15℃$ 的地区施工应考虑材料的抗冻性。

材料抗冻性的高低,取决于材料孔隙中被水充满的程度和材料对因水结冰膨胀所产生压力的抵抗能力。

抗冻性良好的材料,对抵抗大气温度变化、干湿交替等风化作用的综合能力较强,所以抗冻性常作为考察材料耐久性的一项指标。处于温暖地区的建筑物,虽无冰冻作用,但为了抵抗大气作用,确保建筑物的耐久性,有时对材料也提出一定的抗冻性要求。

(2) 建筑材料的力学性质

① 材料的强度与等级

材料在外力作用下,抵抗破坏的能力称为材料的强度。根据外力作用方式的不同,材料强度有抗压强度、抗拉强度、抗弯强度及抗剪强度等。

材料的抗压强度(f_c)、抗拉强度(f_t)及抗剪强度(f_v)的计算式如下:

$$f=\frac{F}{A}$$

式中:f——材料的强度,可分别代表抗压、抗拉及抗剪强度(MPa);

F——材料破坏时最大荷载(N);

A——材料受力截面面积(mm^2)。

抗弯强度计算与受力情况有关,一般有集中加荷和三分点加荷,对于矩形截面试件,计算式

采用集中加荷时

$$f_弯=\frac{3PL}{2bh^2}$$

三分点加荷时

$$f_弯=\frac{PL}{bh^2}$$

式中:$f_弯$——材料抗弯强度,MPa;

P——破坏时最大荷载,N;

L——两支点间的间距;

b、h——试件横截面的宽与高,mm。

建筑材料的强度等级,是熟悉材料性质,合理选用材料,以及结构设计和施工控制的重要依据,也是生产材料的质量控制依据。

② 弹性与塑性

在外力作用下,材料产生变形,外力取消后变形消失,材料能完全恢复原来形状的性质,称为弹性。这种外力去除后即可恢复的变形称为弹性变形,属可逆变形。其数值大小与外力成正比,其比例系数 E 称为材料的弹性模量。在弹性变形范围内,E 为常数,即:

$$E=\frac{\sigma}{\varepsilon}$$

式中:σ——材料的应力(MPa);
ε——材料的应变。

弹性模量 E 是衡量材料抵抗变形能力的一个指标,E 越大,材料越不易变形。

材料在外力作用下产生变形,当外力取消后,有一部分变形不能恢复,这种性质称为材料的塑性。这种不能恢复的变形称为塑性变形,属不可逆变形。

实际上,纯弹性材料是没有的,大部分固体材料在受力不大时,表现为弹性变形,当外力达到一定值时,则出现塑性变形。有的材料受力后,弹性变形和塑性变形同时发生,当卸荷后,弹性变形恢复,而塑性变形不能消失(如混凝土)。这类材料称为弹—塑性材料。其变形见相应的曲线图。

③ 徐变与应力松弛

材料在恒定荷载作用下,其变形会随时间的延长而缓慢增加,此过程称为材料的徐变。

当材料在持续荷载作用下,总的变形值保持不变,而由于徐变变形的渐增,弹性变形相应渐减,从而使材料内部的应力随时间增长而逐渐降低的过程,称为应力松弛。

在预应力钢筋混凝土中,徐变将导致预应力损失,但也可以消减或减小钢筋混凝土内的应力集中,并可以减小温度应力。

④ 脆性与韧性

当外力达到一定限度后,材料突然破坏,而破坏时并无明显的塑性变形,材料的这种性质称为脆性。具有这种性质的材料称为脆性材料,如混凝土、玻璃、砖、石等。脆性材料的抗压强度远远大于其抗拉强度,拉压比很小,所以脆性材料不能承受振动和冲击荷载,只适于用作承压构件。

在冲击、振动荷载作用下,材料能够吸收较大能量,同时还能产生一定的变形而不致破坏的性质称为韧性(冲击韧性)。建筑钢材(软钢)、木材等属于韧性材料。

在结构设计中,对于承受荷载(冲击、振动等)作用的结构物,所用材料应具有较高的韧性。

2.1.2 胶凝材料

胶凝材料是指能将散粒材料或物体粘结成为整体,并具有所需强度的材料。胶凝材料按化学成分为有机胶凝材料和无机胶凝材料两大类。有机胶凝材料以天然或合成的有机高分子化合物为基本成分,如沥青、树脂等;无机胶凝材料是以无机化合物为主要成分,无机胶凝材料按硬化条件不同可分为气硬性胶凝材料与水硬性胶凝材料两类。气硬性胶凝材料只能在空气中硬化,也只能在空气中继续保持或发展其强度的材料,如建筑石膏、石灰、水玻璃、菱苦土等。水硬性胶凝材料是指不仅能在空气中硬化,而且能更好地在水中硬化，保持并发展其强度的材料，如各种水泥。气硬性胶凝材料一般只适用于地上干燥环境，而水硬性胶凝材料则可在地上、地下或水中使用。

1. 气硬性胶凝材料

（1）石灰

石灰的原料是石灰岩。它的主要成分是碳酸钙和碳酸镁。石灰岩经过高温煅烧分解成为生石灰，其主要成分为氧化钙，次要成分为氧化镁。

当石灰岩煅烧温度过低或时间不足时，碳酸钙不能完全分解，这类石灰称为欠火石灰。欠火石灰产浆量少，有效利用率低。当石灰岩煅烧温度过高或时间过长时，部分块状石灰的表层会被煅烧成十分致密的釉状物，这类石灰称为过火石灰。过火石灰与水反应熟化的速度较慢，往往要在石灰固化后才开始水化熟化，从而产生局部体积膨胀（爆灰），影响工程质量。由于过火石灰在生产中很难避免，因此石灰膏在使用前必须经过"陈伏"，即将石灰浆在贮灰池中放置两周以上的时间，然后再使用。

建筑用石灰有：生石灰（块灰），生石灰粉，熟石灰粉（又称消解石灰粉、水化石灰）和石灰膏等几种形态。

① 生石灰的熟化（消解）

在使用时，需将生石灰加水消解成熟石灰（氢氧化钙），该过程特点是放热量大、体积急剧膨胀（体积可增大1~2.5倍左右）。根据加水量的不同，石灰可熟化成消石灰粉或石灰膏。

② 石灰浆的硬化

石灰浆在空气中逐渐硬化是由两个作用过程来完成的：一是结晶作用，即石灰浆中游离水分蒸发，氢氧化钙逐渐从饱和溶液中结晶；二是碳化作用，即氢氧化钙与空气中的二氧化碳化合形成结晶，释放出水分并被蒸发。

③ 石灰的技术性质

A. 保水性好。在水泥砂浆中掺加石灰膏配成混合砂浆，可显著提高砂浆的和易性。

B. 硬化速度慢、强度低。1：3石灰砂浆28d抗压强度通常只有0.2~0.5MPa。

C. 耐水性差。石灰不宜在潮湿环境中使用，也不宜单独用于建筑物基础。

D. 硬化时体积收缩大。工程上通常需加入砂、纸筋、麻刀等，以减小收缩，防止开裂。

E. 生石灰吸湿性强。生石灰储存不仅要防潮，而且不宜存放时间过长。

④ 石灰的应用

A. 配制石灰砂浆、石灰乳

石灰砂浆可用于砌筑、抹面，石灰乳可用作涂料。

B. 配制石灰土、三合土

石灰土（石灰＋黏土）和三合土（石灰＋黏土＋砂石或矿渣、碎砖等填料），分层夯实，可用作砖基础的垫层等。

C. 生产灰砂砖、炭化石灰板

灰砂砖是将磨细生石灰或消石灰粉与天然砂配合拌匀，加水搅拌，再经陈伏、加压成型和压蒸处理而成。

炭化石灰板是将磨细生石灰粉、纤维状填料（如玻璃纤维）或轻质集料（如矿渣）搅拌成型，然后进行人工炭化制成的一种轻质板材。

(2) 建筑石膏

石膏的主要成分是硫酸钙，根据硫酸钙所含结晶水的数量不同，石膏分为二水石膏、半水石膏和无水石膏。

生产建筑石膏的主要原料是天然二水石膏（又称软石膏或生石膏）。二水石膏经煅烧（107~170℃）可成半水石膏，再经磨细后，即为建筑石膏。

① 建筑石膏的水化、凝结、硬化

建筑石膏加水拌合后，与水发生水化反应生成二水硫酸钙的过程称为水化。

随着水化反应的不断进行，二水硫酸钙生成量不断增加，水分逐渐减少，浆体开始失去可塑性为初凝；而后浆体继续变稠，颗粒之间的摩擦力和粘结力增加，完全失去可塑性称为终凝。

石膏终凝后，其晶体颗粒仍在不断长大、互相搭接、交错、共生，结构中孔隙率逐渐减小，石膏强度也不断增长，直至剩余水分完全蒸发后，强度才停止发展，形成硬化的石膏结构，即为硬化。

② 建筑石膏的性质

A. 凝结硬化快。国家标准规定，建筑石膏的初凝时间不小于6min，终凝时间不超过30min。石膏浆体在室内自然干燥条件下，一星期左右完全硬化。

B. 硬化后体积微膨胀。因此石膏制品表面光滑、细腻，外形饱满，装饰性好。

C. 硬化后孔隙率大。因此其强度较低（与水泥相比），表观密度较小，导热性较低，吸音性和吸湿性较强。

D. 耐水性与抗冻性较差。建筑石膏硬化后晶体在水中有一定的溶解度，因此耐水性差，软化系数低。吸水后受冻，将因孔隙中水分结冰而崩裂，因此抗冻性差。

E. 防火性好但耐火性差。二水石膏在火灾时能放出结晶水，可阻止火势蔓延，同时表面生成的无水物为良好的热绝缘体，因此防火性好。但二水石膏脱水后强度下降，故耐火性差。

③ 建筑石膏的应用

建筑石膏应用十分广泛，建筑石膏加水、砂及缓凝剂拌合成石膏砂浆，可用于室内抹灰；建筑石膏加水及缓凝剂拌合成石膏浆体，可用于室内粉刷；建筑石膏还可以制成各种石膏板、各种建筑艺术配件及石膏砌块和人造大理石，用于隔墙、内墙、顶棚以及吸声、防火、装饰等。

(3) 水玻璃

水玻璃俗称泡花碱，是由碱金属氧化物和二氧化硅结合而成的能溶于水的一种金属硅酸盐物质。

建筑工程中常用的水玻璃是硅酸钠（$Na_2O \cdot nSiO_2$）的水溶液，也称钠水玻璃，简称水玻璃。n为二氧化硅与碱金属氧化物的摩尔数的比值，称为水玻璃的模数。水玻璃溶解的难易程度与水玻璃的模数n的大小有关。n值越大，水玻璃的黏度越大，黏结能力越强，越难溶解，但较易分解、硬化。

① 水玻璃的硬化

水玻璃在空气中与二氧化碳作用，析出二氧化硅凝胶，凝胶因干燥而逐渐硬化。该硬化过程很慢，为加速硬化，可掺入适量的固化剂，如氟硅酸钠或氯化钙。加入氟硅酸钠后，水玻璃的初凝时间可缩短到30～60min，终凝时间可缩短到240～360min，7d基本达到最高强度。

② 水玻璃的性质

A. 黏结强度高。水玻璃有良好的黏结能力，硬化时析出的硅酸凝胶有堵塞毛细孔隙而防止水渗透的作用。

B. 耐热性好。水玻璃不能燃烧，在高温下硅酸凝胶干燥得更加强烈，但强度并不降低，甚至有所增加。

C. 耐酸性强。水玻璃能经受除氢氟酸、过热磷酸（300℃以上）、高级脂肪酸或油酸以外的几乎所有的无机酸和有机酸的作用。

D. 耐碱性和耐水性较差。水玻璃硬化时不完全，仍有一定量的水玻璃，由于水玻璃可溶于碱，且溶于水，因此水玻璃硬化后不耐碱、不耐水。

③ 水玻璃的应用

A. 用于配制快凝防水剂。以水玻璃为基料，加入2种、3种或4种矾配制成二矾、三矾或四矾快凝防水剂。这种防水剂凝结迅速，一般不超过1 min。

B. 用于配制耐热砂浆、耐热混凝土、耐酸砂浆和耐酸混凝土。

C. 用于涂刷建筑材料的表面，提高材料的抗渗和抗风化能力。

D. 用于加固地基，提高地基的承载力和不透水性。

2. 水硬性胶凝材料

(1) 硅酸盐水泥

《通用硅酸盐水泥》(GB 175—2007)规定，凡由硅酸盐水泥熟料、0～5％石灰石或粒化高炉矿渣、适量石膏磨细制成的水硬性胶凝材料，称为硅酸盐水泥。

硅酸盐水泥分为两类：不掺加石灰石或粒化高炉矿渣混合材料的称为Ⅰ型硅酸盐水泥，代号P·Ⅰ；掺加不超过水泥质量5％的石灰石或粒化高炉矿渣混合材料的称为Ⅱ型硅酸盐水泥，代号P·Ⅱ。

在生产水泥时，需要加入水泥质量3％左右的石膏，其目的是延缓水泥的凝结，便于施工。

① 硅酸盐水泥的技术性质

《通用硅酸盐水泥》(GB 175—2007)规定，硅酸盐水泥有不溶物、氧化镁、三氧化硫、烧失量、氯离子、细度、凝结时间、安定性、强度和碱含量十项技术要求。其中影响水泥性质的主要物理指标有细度、凝结时间、安定性与强度四项。

A. 细度

水泥的细度是指水泥颗粒的粗细程度。水泥颗粒越细，与水起反应的表面积越大，因而水泥颗粒细，水化迅速且完全，早期强度及后期强度均较高，但在空气中的硬化收缩较大，成本也较高。若水泥颗粒过粗，则不利于水泥活性的发挥。水泥的细度属于选择性指标，国家标准规定，硅酸盐水泥的细度用比表面积表示，应大于等于300m^2/kg。

B. 凝结时间

《水泥标准稠度用水量、凝结时间、安定性检验方法》(GB/T 1346—2011)规定，水泥的凝结时间用试针沉入水泥标准稠度净浆至一定深度所需的时间表示。水泥的凝结时间分初凝时间与终凝时间。初凝时间为自加水起至水泥净浆开始失去可塑性所需的时间；终凝时间为自加水起至水泥净浆完全失去可塑性并开始产生强度所需的时间。

水泥的凝结时间以标准稠度用水量制成的标准稠度水泥净浆，用凝结时间测定仪测定。硅酸盐水泥的标准稠度用水量一般在24%～30%之间。

《通用硅酸盐水泥》(GB 175—2007)规定，硅酸盐水泥的初凝时间不得早于45min，终凝时间不得迟于390 min。

C. 体积安定性

水泥的体积安定性是反映水泥硬化后体积变化均匀性的物理指标。体积安定性不良，是指水泥硬化后，产生不均匀的体积变化。使用体积安定性不良的水泥，会使构件产生膨胀性裂缝，降低建筑物质量，甚至引起严重事故，因此体积安定性不良的水泥为废品水泥，在工程中严禁使用。

水泥的体积安定性不良的主要原因是熟料中所含的游离氧化钙或游离氧化镁过多，或水泥粉细时掺入的石膏过量。

《水泥标准稠度用水量、凝结时间、安定性检验方法》(GB/T 1346—2011)规定，由熟料游离氧化钙引起的体积安定性不良可用沸煮法检验。沸煮法分为试饼法与雷氏夹法。由于游离氧化镁在压蒸条件下才加速熟化，石膏的危害则需长期在常温水中才能发现，两者均不便于快速检查。因此，国家标准规定，水泥中游离氧化镁含量不得超过5.0%，三氧化硫含量不得超过3.5%。

D. 强度

水泥的强度是水泥的主要技术性质，是划分水泥强度等级的依据。我国采用水泥胶砂来评定水泥的强度。根据3d与28d的抗压强度与抗折强度，将硅酸盐水泥分为42.5、42.5R、52.5、52.5R、62.5、62.5R，其中有代号R者为早强型水泥。

② 硅酸盐水泥的特点及应用

A. 凝结硬化快，早期强度与后期强度均较高。适用于有早强要求的现浇混凝土工程、预制混凝土工程、冬期施工混凝土工程、预应力混凝土工程及高强混凝土工程。

B. 抗冻性好。适用于严寒地区遭受反复冻融循环的混凝土工程。

C. 水化热高。适用于冬期施工，不适用于大体积混凝土工程。

D. 耐腐蚀性差。不适用于受流动软水和压力水作用的工程，也不宜用于受海水及其他侵蚀性介质作用的工程。

E. 耐热性差。不适用于耐热、高温要求的混凝土工程。

F. 抗碳化性好。适用于空气中二氧化碳浓度较高的环境。

G. 干缩小。适用于干燥环境。

(2) 掺混合材料的硅酸盐水泥

掺混合材料的硅酸盐水泥包括普通硅酸盐水泥、矿渣硅酸盐水泥、火山灰质硅酸盐水泥、粉煤灰硅酸盐水泥等。

在生产水泥时，掺入一定量的混合材料，目的是改善水泥的性能、调节水泥的强度、增加水泥品种、提高产量、节约水泥熟料、降低成本。

混合材料为天然的或人工的矿物材料，按其性能不同，可分为活性混合材料与非活性混合材料两大类。常用的活性混合材料有粒化高炉矿渣、火山灰质混合材料及粉煤灰等。

非活性混合材料常用的有磨细石英砂、石灰石粉、黏土及和各种矿渣等。

① 普通硅酸盐水泥

普通硅酸盐水泥简称普通水泥，其代号为 P·O，是由硅酸盐水泥熟料、6%～20%混合材料、适量石膏磨细制成的水硬性胶凝材料。

普通水泥根据 3d、28d 抗折强度与抗压强度划分强度等级，其强度等级分为 42.5、42.5R、52.5、52.5R。普通水泥的初凝时间不得早于 45min，终凝时间不得迟于 600min。细度和安定性要求与硅酸盐水泥相同。

普通水泥中混合材料掺量少，因此，其性能与硅酸盐水泥相近。与硅酸盐水泥性能相比，普通水泥硬化稍慢，早期强度稍低，水化热稍小，抗冻性与耐磨性也稍差。

普通水泥在应用方面，与硅酸盐水泥相同。

② 矿渣硅酸盐水泥、火山灰质硅酸盐水泥、粉煤灰硅酸盐水泥

由硅酸盐水泥熟料和粒化高炉矿渣、适量石膏磨细制成的水硬性胶凝材料称为矿渣硅酸盐水泥，代号为 P·S。水泥中粒化高炉矿渣掺加量按质量百分比记为 20%～70%。允许用石灰石、窑灰、粉煤灰和火山灰混合材料中的一种代替矿渣，代替的数量不得超过水泥质量的 8%，替代后水泥中粒化高炉矿渣量不得少于 20%。

由硅酸盐水泥熟料和火山灰质混合材料、适量石膏磨细制成的水硬性胶凝材料称为火山灰质硅酸盐水泥，代号 P·P。水泥中火山灰质混合材料掺加量按质量百分比计为 20%～40%。

由硅酸盐水泥熟料和粉煤灰、适量石膏磨细制成的水硬性胶凝材料称为粉煤灰硅酸盐水泥，代号为 P·F。水泥中粉煤灰质混合材料掺加量按质量百分比计为 20%～40%。

矿渣硅酸盐水泥、火山灰质硅酸盐水泥、粉煤灰硅酸盐水泥根据 3d、28d 抗折强度与抗压强度划分强度等级，其强度等级分为 32.5、32.5R、42.5、42.5R、52.5、52.5R。初凝时间不得早于 45min，终凝时间不得迟于 600min。安定性要求与硅酸盐水泥相同。细度以筛余表示，其 80μm 方孔筛筛余不大于 10%或 45μm 方孔筛筛余不大于 30%。

矿渣硅酸盐水泥、火山灰质硅酸盐水泥、粉煤灰硅酸盐水泥的性质与硅酸盐水泥、普通硅酸盐水泥相比，它们的共同特点是：

A. 早期强度较低，后期强度增长较快。不适用于早期强度要求高的混凝土工程，如冬期施工的混凝土工程。

B. 环境温、湿度对水泥凝结硬化的影响较大，故适于采用蒸汽养护。

C. 水化热较低，放热速度慢。适用于大体积混凝土工程。

D. 抗软化及硫酸盐侵蚀的能力较强。适用于有硫酸盐、镁盐、软水等侵蚀作用的环境，如水工、海港、码头等混凝土工程。

E. 抗冻性、抗碳化性与耐磨较差。不适用于二氧化碳浓度较高的工业厂房，如铸造、翻砂车间等。

以上三种水泥与硅酸盐水泥、普通硅酸盐水泥性质上有差异的原因，在于这三种水泥中活性混合材料的掺加量较大，熟料矿物的含量相对减少的缘故。

由于所掺入的主要混合材料的性能不同，这三种水泥又各具特性。例如矿渣水泥的耐热性较强，干缩性较大，抗渗性较差；适用于有耐热要求的混凝土工程，不适用于有抗渗要求的混凝土工程。火山灰水泥保水性好抗渗性好，硬化干缩更显著；适用于有抗渗性要

求的混凝土工程，不宜用于干燥环境中的混凝土工程。粉煤灰水泥干缩性小，抗渗性差，抗碳化能力和耐热性均较差；适用于承载较晚的混凝土工程，不适用于有抗渗性和干燥环境的混凝土工程。

③ 复合硅酸盐水泥

由硅酸盐水泥熟料、两种或两种以上规定的混合材料、适量石膏磨细制成的水硬性胶凝材料称为复合硅酸盐水泥，代号为P·C。水泥中混合材料总掺加量按质量百分比计为20%~50%。水泥中允许用不超过水泥质量的8%的窑灰代替部分混合材料，掺矿渣时混合材料掺量不得与矿渣硅酸盐水泥重复。

复合硅酸盐水泥的强度等级、初凝时间、终凝时间、细度、安定性要求与矿渣硅酸盐水泥、火山灰质硅酸盐水泥、粉煤灰硅酸盐水泥相同。

复合硅酸盐水泥由于掺入了两种或两种以上混合材料，可以相互取长补短，能够克服掺单一混合材料水泥的一些缺点。其早期强度接近于普通水泥，而其他性能优于矿渣硅酸盐水泥、火山灰质硅酸盐水泥、粉煤灰硅酸盐水泥，因此适用范围较广。

2.1.3 混凝土

混凝土是由胶凝材料、粗细集料和水按适当比例配制，再经硬化而成的人工石材。目前使用最多的是以水泥为胶凝材料的混凝土，称为水泥混凝土。混凝土按其表观密度，可分为重混凝土(表观密度大于2600kg/m³)、普通混凝土(表观密度为2100kg/m³~2500kg/m³)和轻混凝土(表观密度小于1950kg/m³)三类。在建筑工程中应用最广泛、用量最大的是普通混凝土。

1. 普通混凝土原材料的技术要求

(1) 水泥

选择水泥要考虑品种与强度等级两个方面。

① 品种

应根据混凝土工程特点、工程所处环境条件及施工条件，进行合理选择。

② 强度等级

水泥强度等级的选择，应与混凝土的设计强度相适应。一般以水泥强度等级(单位：MPa)为混凝土强度的1.5~2.0倍为宜，对于高强度混凝土，可取0.9~1.5倍左右。

(2) 细集料

细集料是指公称粒径小于5.00mm的岩石颗粒，俗称砂。一般分为天然砂(河砂、海砂、山砂)、人工砂和混合砂。

配制混凝土时所采用的砂，应满足《普通混凝土用砂、石质量及检验方法标准》(JGJ 52—2006)的要求，其技术要求主要有下列几方面。

① 有害杂质

凡存于砂或石子中会降低混凝土性质的成分称为有害杂质。砂中有害杂质包括泥、泥块、云母、轻物质、硫化物及硫酸盐含量、有机物含量等。砂中有害杂质会降低混凝土的强度与耐久性，因此应控制砂中有害杂质含量。

② 砂的粗细程度与颗粒级配

砂的颗粒级配是指砂中不同粒径颗粒的搭配情况。级配良好的砂，具有较小的空隙率，用来配制混凝土，不仅所需水泥浆量较少，而且还可以提高混凝土的流动性、密实度和强度。

砂的粗细程度是指不同粒径的砂粒混合在一起后的平均粗细程度，通常有粗砂、中砂与细砂之分。相同用砂量，粗砂的总表面积小，包裹砂粒表面所需的水泥浆少，因此节省水泥。

砂的颗粒级配与粗细程度，常用筛分析的方法进行测定。混凝土用砂应优先用级配良好的粗砂。这种砂的空隙率与总表面积均小，不仅水泥用量较少，还保证了混凝土有较高的密实度与强度。

（3）粗集料

粗集料是指公称粒径大于 5.00mm 的岩石颗粒，俗称石子。石子分碎石和卵石两类。碎石表面粗糙，具有棱角，与水泥浆粘结较好；而卵石多为圆形，表面光滑，与水泥浆的粘结较差。在水泥用量和水用量相同的情况下，碎石拌制的混凝土强度较高，但流动性较小。

配制混凝土时所采用的石子，应满足《普通混凝土用砂、石质量及检验方法标准》（JGJ 52—2006）的要求，其技术要求和砂一样，也包括有害杂质含量的控制和颗粒级配的规定。另外石子还有强度要求，采用岩石立方体抗压强度和碎石的压碎指标两种方法检验。

（4）水

在拌制和养护混凝土用水中，不得含有影响水泥正常凝结与硬化的有害物质。拌制混凝土用水宜优先采用符合国家标准的饮用水。

（5）混凝土外加剂

《混凝土外加剂定义、分类、命名与术语》（GB/T 8075—2005）规定，混凝土外加剂是一种在混凝土搅拌之前或拌制过程中加入的，用以改善新拌混凝土和（或）硬化混凝土性能的材料。混凝土外加剂按其主要使用功能分为四类：

① 改善混凝土流变性能的外加剂，包括各种减水剂和泵送剂等；
② 调节混凝土凝结时间、硬化性能的外加剂，包括缓凝剂、促凝剂和速凝剂等；
③ 改善混凝土耐久性能的外加剂，包括引气剂、防水剂、阻锈剂和矿物外加剂等；
④ 改善混凝土其他性能的外加剂，包括膨胀剂、防冻剂、着色剂等。

2. 普通混凝土的主要技术性质

（1）混凝土拌合物的和易性

① 和易性的概念及指标

混凝土硬化以前称为混凝土拌合物。和易性是指混凝土拌合物易于施工操作（拌合、运输、浇筑、捣实），并能获得质量均匀、成型密实的混凝土性能。和易性又称为工作性。

和易性为一项综合的技术性质，包括流动性、黏聚性和保水性三方面的含义。

流动性是指混凝土拌合物在自重或机械振捣力的作用下，能产生流动并均匀密实地充满模板的性能。

黏聚性是指混凝土拌合物内部各组分间具有一定的黏聚力，在运输和浇筑过程中不致发生离析分层现象。

保水性是指混凝土拌合物具有一定的保持内部水分的能力，在施工过程中不致产生严重的泌水现象。

混凝土拌合物的流动性、黏聚性和保水性，三者既相互联系又相互矛盾。当流动性大时，往往黏聚性和保水性差，反之亦然。因此，和易性良好就要使这三个方面的性能得到统一，达到均为良好的状况。

《普通混凝土拌合物性能试验方法标准》（GB/T 50080—2002）规定，混凝土拌合物的流动性以坍落度(mm)或维勃稠度(s)作为指标。坍落度适用于流动性较大的混凝土拌合物（坍落度值不小于10mm），维勃稠度适用于干硬性的混凝土拌合物。黏聚性与保水性凭直观经验目测评定。

按坍落度的不同，可将混凝土拌合物分为大流动性混凝土(坍落度＞150mm)、流动性混凝土(坍落度 100～150mm)、塑性混凝土(坍落度 50～90mm)、低塑性混凝土(坍落度 10～40mm)。

② 坍落度的选择

施工中选择混凝土拌合物的坍落度，一般依据构件截面的大小、钢筋疏密和捣实方法来确定。当构件截面尺寸较小或钢筋较密或人工插捣时，坍落度可选择大些。

③ 影响和易性的主要因素

A. 水泥浆的数量与稠度

混凝土拌合物在保持水灰比（水与水泥的质量之比）不变的情况下，水泥浆用量越多，流动性就越大。

混凝土拌合物在水泥浆用量一定时，水灰比越小，水泥浆越干稠，流动性就越低。

无论是水泥浆数量，还是水泥浆的稀稠，实际上对混凝土拌合物的和易性起决定作用的是用水量的多少。因为无论是提高水灰比或增加水泥浆用量最终都表现为混凝土用水量的增加。当使用确定的材料拌制混凝土时，如果单位用水量一定，水泥用量在一定范围内即使有所变动，混凝土的流动性也大体保持不变。

B. 砂率

砂率是指混凝土中砂的质量占砂、石总质量的百分率。砂率的变动会使集料的空隙率与总表面积有显著改变，因而对混凝土拌合物的和易性产生显著影响。

在配制混凝土时，砂率不能过大，也不能太小，应选用合理砂率值。所谓合理砂率是指在用水量及水泥用量一定的情况下，能使混凝土拌合物获得最大的流动性，且能保持黏聚性及保水性良好时的砂率值。当采用合理砂率时，能使混凝土拌合物在获得所要求的流动性及良好的黏聚性与保水性时，水泥用量为最少。

C. 水泥品种与集料品种、性质

如用矿渣水泥时，拌合物的坍落度一般较用普通水泥时为少，泌水性则显著增加。一般卵石拌制的混凝土拌合物比碎石拌制的流动性大，级配好的集料拌制的混凝土拌合物的流动性也大。

除以上所述外，影响混凝土拌合物和易性的因素，还有外加剂、时间、环境的温度与湿度等。

(2) 混凝土的强度

① 混凝土立方体抗压强度及强度等级

根据国家标准《普通混凝土力学性能试验方法标准》（GB/T 50081—2002），制成边长为150mm 的立方体标准试件，在标准条件［温度(20±2)℃，相对湿度95％以上］下，养护到28d 龄期，测得的抗压强度值，称为混凝土立方体抗压强度，用 f_{cu} 表示。

混凝土的强度等级应按其立方体抗压强度标准值确定。混凝土强度等级采用"C"与立方体抗压强度标准值 $f_{cu,k}$ 表示。混凝土立方体抗压强度标准值是指按标准方法制作养护的边长为150mm 的立方体试件在28d 龄期，用标准实验方法测得的具有95％保证率的抗压强度，即指混凝土立方体抗压强度测定值的总体分布中，低于该值的百分率不超过5％。普通混凝土按立方体抗压强度标准值划分为 C15、C20、C25、C30、C35、C40、C45、C50、C55、C60、C65、C70、C75、C80 共 14 个强度等级。

② 影响混凝土强度的因素

A. 水泥强度等级和水灰比

水泥强度等级和水灰比是影响混凝土最主要的因素。因为混凝土的强度主要取决于水泥石的强度及其与骨料的粘结力，而水泥石的强度及其与骨料间的粘结力又取决于水泥的强度等级和水灰比的大小。

在相同配合比(即混凝土组成材料的质量之比)、相同成型工艺、相同养护条件的情况下，水泥强度等级越高，配制的混凝土强度越高。

在水泥品种、强度等级相同时，混凝土的强度随着水灰比的增大而降低。水灰比增大，结合水多(水泥水化所需的结合水，一般只占水泥质量的23％左右)，当混凝土硬化后，多余的水分就残留在混凝土中形成水泡或蒸发后形成气孔，大大减少了混凝土抗荷载的实际有效断面，而且可能在空隙周围产生应力集中，使混凝土强度降低；反之，水灰比越小，水泥浆硬化后强度越高，与集料表面的粘结力也越强，则混凝土的强度也越高。但若水灰比过小，拌合物过于干稠，难捣密实，混凝土出现较多的蜂窝、空洞，强度也会下降。

B. 温度和湿度

混凝土所处环境的温度和湿度，对混凝土强度有很大影响。若温度升高，水泥水化速度加快，混凝土强度发展也加快；反之，当温度降低时，水泥水化速度降低，混凝土强度发展相应迟缓。

周围环境的湿度对混凝土强度也有显著影响。若湿度不够，混凝土会因失去水干燥而影响水泥水化作用的正常进行，甚至停止水化。这将严重降低混凝土的强度，且因水化作用不充分，使混凝土结构疏松或形成干缩裂缝，从而影响混凝土的耐久性。

因此，已浇筑完毕的混凝土，必须注意在规定时间内维持周围环境一定的温度和湿度。

C. 龄期

混凝土在正常养护条件下，其强度随龄期的增加而增长，最初 7~14d 内，强度增长较快，28d 以后增长缓慢，但只要有一定的温度和湿度，强度仍有所增长。

(3) 混凝土的耐久性

混凝土的耐久性是指混凝土抵抗介质作用并长期保持其良好的使用性能和外观完整性，从而维持混凝土结构的安全、正常使用的能力。

混凝土的耐久性是一个综合指标，包括抗渗性、抗冻性、抗侵蚀性、抗碳化性、抗碱—骨料反应等性能。

混凝土的抗渗性是指混凝土在有压水、油等液体作用下抵抗渗透的能力。混凝土的抗渗性用抗渗等级 P 表示。抗渗等级是以 28d 龄期试件，在标准试验方法下所能承受的最大静水压力来确定。抗渗等级分为 P4、P6、P8、P10、P12 五级，相应表示混凝土能抵抗 0.4MPa、0.6MPa、0.8MPa、1.0MPa、1.2MPa。

混凝土的抗冻性是指混凝土在饱和水状态下，经多次冻融循环作用而不破坏，强度也不严重降低的性能。混凝土的抗冻性用抗冻等级 F 表示。抗冻等级是以 28d 龄期的混凝土标准试件，在吸水饱和后承受的最大冻融循环次数来确定。混凝土的抗冻等级有 F10、F15、F25、F50、F100、F150、F200、F250、F300 九个等级，分别表示混凝土能承受的最大冻融循环次数不小于 10、15、25、50、100、150、200、250 和 300 次。其中 F50 以上的混凝土称为抗冻混凝土。

混凝土的抗侵蚀性是指当混凝土所处的环境中含有侵蚀性介质时，混凝土抵抗侵蚀的能力。混凝土的抗侵蚀性主要取决于水泥的品种和混凝土的密实度。

混凝土的抗碳化性是指混凝土内水泥石中的氢氧化钙与空气中的二氧化碳，在湿度适宜时发生化学反应，生成碳酸钙和水，也称混凝土的中性化。碳化对混凝土的不利影响是减弱了对钢筋的保护作用，增加混凝土的收缩，降低混凝土的抗拉、抗折强度和抗渗能力。

混凝土的抗碱—骨料反应是指混凝土内水泥中的碱性氧化物（氧化钠和氧化钾）与骨料中的活性二氧化硅发生化学反应，生成碱—硅酸凝胶，其吸水后会产生很大的体积膨胀，从而导致混凝土产生膨胀开裂而被破坏。

2.1.4 建筑钢材

建筑钢材指用于工程建设的各种钢材，包括钢结构中使用的各种型钢、钢板以及钢筋混凝土中使用的各种钢筋、钢丝和钢绞线等。建筑钢材的钢种主要是碳素结构钢和低合金钢。

1. 建筑钢材主要力学性能及指标

（1）强度

在外力作用下，材料抵抗变形和断裂的能力称为强度。测定钢材强度的方法是拉伸试验。通过拉伸试验得到钢材的强度指标有屈服强度和抗拉强度(极限强度)。

① 屈服强度

钢材试件被拉伸 $\sigma-\varepsilon$ 关系曲线分为四个阶段，分别为弹性阶段（第Ⅰ阶段）、屈服阶段（第Ⅱ阶段）、强化阶段（第Ⅲ阶段）和破坏阶段（第Ⅳ阶段）。当进入屈服阶段时（如图 2-1 所示），屈服段的应力上限对应的点为 $B_上$，下限值对应的点为 $B_下$，对于低碳钢以 $B_下$ 对应的应力作为屈服强度，记作 σ_y。钢材受力达到屈服应力后，由于变形迅速发展，尽管尚未破坏，但已不能满足使用要求，故设计中以屈服强度作为强度取值的依据。但对于屈服现象不明显的钢材，如中碳钢或高碳钢，其应力-应变曲线则与低碳钢的明显不同。其抗拉强度高，塑性变形小，屈服现象不明显。对于这类钢材难以测得屈服强度，故规范规定以产生 0.2% 残余变形时应力值作为屈服强度。

② 抗拉强度

在应力—应变图中，曲线最高点 C 对应的应力称为抗拉强度。抗拉强度虽然不能直接

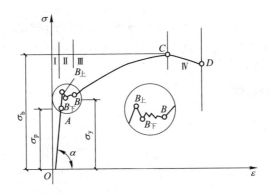

图 2-1 钢筋的应力——应变关系曲线

作为计算依据,但屈服强度与抗拉强度的比值即"屈强比"对工程应用有较大意义。屈强比越小,反映钢材在应力超过屈服强度工作时的可靠性越大,即延缓结构破坏过程的潜力越大,因而结构越安全。但屈强比过小时,钢材强度的有效利用率低,造成浪费。

(2) 塑性

塑性表示钢材在外力作用下产生塑性变形而不破坏的能力。钢材的塑性通常用拉伸试验时的伸长率或断面收缩率表示。

① 伸长率

伸长率是以钢材试件被拉断后标距长度的增量与原标距长度之比的百分率来表示。

② 断面收缩率

断面收缩率是以钢材试件被拉断后颈缩处的截面面积的减小值与原截面面积之比的百分率表示。

伸长率和断面收缩率表示钢材断裂前经受塑性变形的能力。伸长率或断面收缩率越大,说明钢材的塑性越大,钢材的塑性大,不仅便于进行冷加工,而且能保证钢材的使用安全。

(3) 冷弯性能

冷弯性能指钢材在常温下承受弯曲变形的能力,是建筑钢材的一项重要工艺性能指标。用于焊接承重结构的钢材和重要的非焊接承重结构的钢材都要保证冷弯试验合格。根据试样厚度,按规定的弯心直径将试样弯曲180°,其表面及侧面无裂纹、裂缝或裂断则为"冷弯试验合格"。

(4) 冲击韧性

冲击韧性指钢材抵抗冲击荷载的能力,钢材的冲击韧性用试件冲断时单位面积上所吸收的能量来表示。对重要的结构、直接承受动荷载作用的结构以及可能在负温下工作的结构,为了防止钢材的脆性破坏,应保证钢材具有一定的冲击韧性。

(5) 硬度

硬度是指钢材抵抗硬物压入表面的能力。即表示钢材表面局部体积内抵抗变形的能力。它是衡量钢材软硬程度的指标。我国现行标准测定金属硬度的方法有布氏硬度法、洛氏硬度法和维氏硬度法。

(6) 耐疲劳性

材料在交变应力作用下，在远低于抗拉强度时突然发生断裂，称为疲劳破坏。疲劳破坏的危险应力用疲劳极限来表示，其含义是：试件在交变应力作用下工作，在规定的周围基数内不发生断裂的最大应力。

2. 建筑钢材的标准与选用

(1) 钢结构用钢

① 普通碳素结构钢

普通碳素结构钢包括热轧钢板、钢板、钢带、型钢和棒钢等制品。《碳素结构钢》(GB/T 700—2006) 规定，碳素结构钢共有四个牌号，即 Q195、Q215、Q235 和 Q275。牌号表示方法由代表屈服点的字母 Q、屈服点数值、质量等级(A，B，C，D)与脱氧程度(F，b，Z，TZ)四个部分组成。例如 Q235A·F，表示屈服点为 235MPa 的 A 级沸腾钢。

选用钢材时，应考虑结构与构件的重要性、荷载类型、连接方式及环境温度等条件。下列几种情况限制使用沸腾钢：

A. 直接承受动荷载作用的焊接结构；

B. 非焊接结构而计算温度等于或低于 $-20℃$；

C. 受静荷载及间接动荷载作用，而计算温度等于或低于 $-30℃$ 时的焊接结构。

建筑工程中应用最多的碳素钢是 Q235 号钢。

② 低合金高强度结构钢

在碳素结构钢的基础上加入总量小于 5% 的合金元素(如硅、锰、钒等)，即得低合金高强度结构钢。

根据《低合金高强度结构钢》(GB/T 1591—2008) 的规定，共分 8 个牌号，每个牌号各分有若干个质量等级，低合金钢强度较高，塑性、韧性及可焊性等均较好，且成本不高，尤其适用于大跨度、承受动荷载和冲击荷载作用的结构。

③ 型钢

钢结构所用钢材主要是型钢和钢板。型钢有热轧及冷成型两种，钢板也有热轧(厚度为 0.35~200mm)和冷轧(厚度为 0.2~5mm)两种。常用的热轧型钢有角钢、工字钢、槽钢、T 形钢、H 形钢、Z 形钢等。

(2) 混凝土结构用钢

① 热轧钢筋

混凝土结构用热轧钢筋根据其表面状态特征、工艺与供应方式可分为热轧光圆钢筋和热轧带肋钢筋。

《钢筋混凝土用钢 第 1 部分：热轧光圆钢筋》(GB 1499.1—2008) 规定，热轧光圆钢筋的牌号分为 HPB235 和 HPB300 两级。钢筋牌号是由产品名称＋屈服强度特征值构成，即 H 表示热轧，P 表示光圆，B 表示钢筋，后面的数字 235 和 300 表示钢筋屈服强度为 235MPa 和 300MPa。

《钢筋混凝土用钢 第 2 部分：热轧带肋钢筋》(GB 1499.2—2007) 规定，热轧带肋钢筋分为普通热轧钢筋和细晶粒热轧钢筋，它们的牌号分为 HRB335、HRB400、HRB500 和 HRBF335、HRBF400、HRBF500 各三个等级。钢筋牌号也是由产品名称＋屈服强度特征值构成，即 H 表示热轧，R 表示带肋，B 表示钢筋，F 表示细晶粒，后面的数字 335、400 和 500 表示钢筋屈服强度为 335MPa、400 MPa 和 500MPa。

热轧光圆钢筋 HPB235 和 HPB300 强度较低，塑性好，容易焊接，主要用作非预应力钢筋。热轧带肋钢筋 HRB335、HRB400 和 HRBF335、HRBF400 强度较高，塑性及可焊性好，可做预应力或非预应力受力钢筋。HRB500 和 HRBF500 强度高，但塑性及可焊性较差，适宜用作预应力钢筋。

② 冷拉热轧钢筋与冷拔低碳钢丝

将热轧钢筋，在常温下拉伸至超过屈服点（小于抗拉强度）的某一应力，然后卸荷即得冷拉钢筋。冷拉可使屈服点提高 17%～27%，但伸长率降低。

将直径为 6.6～8mm 的 Q235 的热轧盘条，在常温下通过截面小于钢筋截面的拔丝模，经一次或多次拔制即得冷拔低碳钢丝。冷拔可提高屈服强度 40%～60%，材质硬脆，属硬钢类钢丝。

③ 冷轧带肋钢筋

冷轧带肋钢筋是用热轧圆盘条经多道冷轧加工后，在其表面冷轧成三面或两面有横肋的钢筋。冷轧带肋钢筋强度较热轧钢筋明显提高，塑性较好，与混凝土的握裹力较好。

④ 热处理钢筋

热处理钢筋是钢厂将热轧钢筋经淬火和回火调质热处理而成。热处理钢筋强度显著提高，韧性好，而塑性降低不多，综合性能较好。热处理钢筋通常有直径为 6mm、8.2mm、10mm 三种规格。表面常轧有通长的纵肋与均布的横肋，使用时不能用电焊切割，也不能焊接，可用于预应力混凝土工程中。

⑤ 冷轧扭钢筋

冷轧扭钢筋是采用直径 6.5～10mm 的低碳热轧盘条 Q235 钢，经专用生产线，先冷轧扁，再冷扭转而成的具有一定螺旋状的直条钢筋。冷轧扭钢筋屈服强度高，与混凝土的握裹力大，因此无须预应力和弯钩即可用于普通混凝土工程，可节约钢材 30%。

⑥ 预应力混凝土用钢丝及钢绞线

预应力混凝土用钢丝及钢绞线为钢厂用优质碳素结构钢经冷加工、再回火、冷轧或绞捻等加工而成，又称优质碳素钢丝及钢绞线。若将预应力钢丝经辊压出规律的刻痕，即成刻痕钢丝。钢绞线以一根钢丝为芯，6 根钢丝围绕其周围绞合而成。

3. 建筑钢材的腐蚀与防止腐蚀的措施

（1）钢材的腐蚀

根据腐蚀作用的机理，钢材的腐蚀分为化学腐蚀与电化学腐蚀两种。

① 化学腐蚀。化学腐蚀是指钢材直接与周围介质发生化学反应产生的腐蚀。一般为氧化作用，使钢材表面形成疏松的氧化物而被腐蚀。

② 电化学腐蚀。电化学腐蚀是指钢材与电解质溶液而产生电流，形成微电池而引起的腐蚀，这种腐蚀是建筑钢材在存放和使用中发生腐蚀的主要形式。

影响钢材腐蚀的主要因素有：使用环境中的水、氧；介质中所含的酸、碱、盐；钢材本身的化学成分及表面状况等。

（2）防止钢材腐蚀的措施

钢结构中的型钢防腐办法主要是表面刷漆。薄壁型钢和薄钢板可采用热浸镀锌或镀锌后加涂料涂层。钢结构用钢还可以采用耐候钢防腐，即在钢中加入一定量的铬、镍、钛等合金元素，制成不锈钢。

混凝土中钢筋的防腐措施，应根据结构的性质和所处环境条件等考虑混凝土的质量要求。主要是保证混凝土的密实度、保证足够的保护层厚度、限制氯盐外加剂的掺量和保证混凝土的一定的碱度，也可掺用阻锈剂(亚硝酸钠)等。

2.1.5 墙体材料

墙体是房屋建筑中的重要组成部分，主要起承重、围护和分隔作用。墙体材料在建筑工程中用量大、造价高，合理选用墙体材料对建筑物的结构形式、高度、跨度、安全、使用功能、经济、环保节能等均有十分重要的意义。墙体材料根据外形、尺寸大小、施工方法分为砌墙砖、砌块、板材和砂浆四大类。

1. 砌墙砖

以黏土、工业废料或其他地方资源为主要原料，以不同工艺制成的，在建筑工程中用于砌筑墙体的砖统称为砌墙砖。砌墙砖的类型很多，按生产工艺不同，可分为烧结砖和非烧结砖；按原材料不同，可分为黏土砖、页岩砖、粉煤灰砖和灰砂砖；按孔洞率不同，可分为普通砖、多孔砖和空心砖。

(1) 烧结砖

烧结砖是经焙烧工艺制得的砖，主要有烧结普通砖、烧结多孔砖和烧结空心砖。

① 烧结普通砖

以黏土、页岩、粉煤灰和煤矸石等为主要原料，经成型、焙烧制成的孔洞率小于15%的砖称为烧结普通砖。分为烧结黏土砖、烧结页岩砖、烧结煤矸石砖、烧结粉煤灰砖。

烧结普通砖的主要技术要求：

A. 形状尺寸。烧结普通砖为长方体，其标准尺寸为 240mm×115mm×53mm，烧结普通砖的外形和尺寸偏差应符合有关规定。

B. 强度等级。烧结普通砖根据 10 块砖的抗压强度平均值、标准值或最小值共分为 MU30、MU25、MU20、MU15、MU10 五个强度等级。

C. 抗风化性能。抗风化性能是指在干湿变化、温度变化、冻融变化等物理因素作用下，材料不被破坏并长期保持其原有性质的能力。抗风化性能是烧结普通砖的重要的耐久性指标之一，各地根据《烧结普通砖》(GB 5101—2003)的标准执行。

D. 石灰爆裂。石灰爆裂是指制作烧结普通砖所用的原料中夹杂石灰石，焙烧时分解成为生石灰，砖吸水后，由于生石灰逐渐熟化而膨胀产生的爆裂破坏。

E. 泛霜。泛霜是指砖内可溶性的盐类在砖的表面析出的现象。常见的是在砖的表面形成絮团状白色斑点。泛霜不仅影响建筑物的外观，还会造成砖的表面出现粉化与脱落，破坏砖与砂浆层的粘结。《烧结普通砖》(GB 5101—2003)规定，优等品不允许出现泛霜现象；合格品不允许出现严重泛霜。

F. 质量等级。《烧结普通砖》(GB 5101—2003)规定，烧结普通砖根据尺寸偏差和外观质量、泛霜和石灰爆裂分为优等品(A)、一等品(B)和合格品(C)三个等级。

烧结普通砖既有一定的强度，又有较好的隔热、隔声性能，而且价格低廉，是一种主要墙体砌筑材料。由于黏土实心砖生产时破坏土地、能耗大、污染环境、使用效率低，已被烧结页岩砖、烧结煤矸石砖、烧结粉煤灰砖、烧结多孔砖、烧结空心砖和其他新型墙体材料取代。

② 烧结多孔砖

烧结多孔砖和空心砖的抗风性能、石灰爆裂性能、泛霜性能等耐久性技术要求与烧结普通砖基本相同，吸水率相近。

烧结多孔砖主要用于6层以下建筑物的承重墙体。M型砖符合建筑模数，使设计规范化、系列化，提高施工速度，节约砂浆；P型砖便于与普通砖配套使用。

③ 烧结空心砖

烧结空心砖是以黏土、页岩或煤矸石为主要原料烧制而成的，孔洞率大于35%，孔尺寸大而数量多，且为水平孔，常用于非承重砌体（图2-2）。

空心砖规格尺寸较多，有290mm×190mm×90mm和240mm×180mm×115mm两种类型，砖的壁厚应大于10mm，肋厚应大于7mm。常见形式如图2-2。

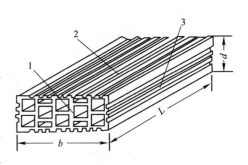

图2-2 烧结空心砖
1—顶面；2—大面；3—条面；
b—宽度；L—长度；d—高度

空心砖的技术性能应满足国家规范《烧结空心砖与空心砌块》（GB 13545—2003）的要求。根据大面和条面抗压强度分为MU10.0、MU7.5、MU5.0、MU3.5和MU2.5五个强度等级，同时按表观密度分为800、900、1000和1100四个密度级别。根据尺寸偏差、外观质量、孔洞排列及其结构、泛霜、石灰爆裂和吸水率等分为优等品(A)、一等品(B)和合格品(C)三个质量等级。

烧结空心砖自重较轻，强度较低，多用于非承重墙，如多层建筑的内隔墙和框架结构的填充墙等。

(2) 非烧结砖

不经过焙烧而制得的砖称为非烧结砖。目前应用较多的非烧结砖主要有蒸压灰砂砖、蒸压粉煤灰砖和炉渣砖。

① 蒸压灰砂砖

蒸压灰砂砖(简称灰砂砖)是以砂、石灰为主要原料，经坯料制备、压制成型、蒸压养护而制成的实心砖。

灰砂砖的外形尺寸与烧结普通砖相同。根据抗压强度和抗折强度，灰砂砖分为MU25、MU20、MU15、MU10共四个强度等级。根据尺寸偏差和外观质量分为优等品(A)、一等品(B)和合格品(C)三个等级。

灰砂砖具有强度较高、大气稳定性好、干缩率小、尺寸偏差小且外形光滑平整等特点。灰砂砖主要用于工业与民用建筑的基础和墙体。灰砂砖不得用于长期受热200℃以上，受急冷急热交替作用和有酸性介质侵蚀的建筑部位，也不适用于有流水冲刷的部位。

② 蒸压粉煤灰砖

蒸压粉煤灰砖(简称粉煤灰砖)是指以粉煤灰、石灰为主要原料，掺加适量石膏和集料，经坯料制备、压制成型、高压或常压蒸汽养护而制成的实心砖。

粉煤灰砖的外形尺寸与烧结普通砖相同。根据抗压强度和抗折强度，粉煤灰砖分为MU20、MU15、MU10、MU7.5共四个强度等级。根据外观质量、尺寸偏差、强度、抗冻性和干缩值分为优等品（A）、一等品（B）和合格品（C）三个等级。

粉煤灰砖主要用于工业与民用建筑的墙体和基础，但用于基础或用于易受冻融和干湿交替作用的建筑部位必须使用优等品和一等品。粉煤灰砖不得用于长期受热200℃以上，受急冷急热交替作用和有酸性介质侵蚀的建筑部位。为避免或减少收缩裂缝的产生，用粉煤灰砖砌筑的建筑物，应适当增设圈梁及伸缩缝。

③ 炉渣砖

炉渣砖是以煤燃烧后的残渣为主要原料，配以一定数量的石灰和少量石膏，经加水搅拌混合、压制成型、蒸养或蒸压养护而制成的实心砖。

炉渣砖的外形尺寸与烧结普通砖相同。根据抗压强度和抗折强度，炉渣灰砖分为MU20、MU15、MU10、MU7.5共四个强度等级。根据尺寸偏差、外观质量、强度等级分为优等品（A）、一等品（B）和合格品（C）三个等级。

炉渣砖可用于一般工业与民用建筑的墙体和基础，但用于基础或易受冻融和干湿交替作用的建筑部位必须使用MU15及以上强度等级的砖；炉渣砖不得用于长期受热200℃以上，受急冷急热交替作用和有侵蚀性介质侵蚀的建筑部位。

2. 墙用砌块

砌块是一种新型墙体材料，是利用混凝土、工业废料（炉渣、粉煤灰等）或地方材料制成的人造块材。砌块可以充分利用地方资源和工业废料，节省黏土资源和改善环境，具有生产工艺简单、原料来源广、适应性强、制作使用方便灵活，可以改善墙体功能等特点，符合建筑工业化中墙体改革的要求。

砌块按尺寸和质量的大小不同可分为小型砌块（高度大于115mm而小于380mm）、中型砌块（高度为380～980mm）和大型砌块（高度大于980mm）。砌块根据外观形状可分为实心砌块和空心砌块。砌块根据使用材料的不同可分为普通混凝土小型空心砌块、轻骨料混凝土小型空心砌块、粉煤灰小型空心砌块和蒸压加气混凝土砌块等。

（1）普通混凝土小型空心砌块

普通混凝土小型空心砌块是以水泥、砂、石子为原料，经加水搅拌、振动加压或冲击成型，再经养护制成的一种墙体材料，空心率为25%～50%。

普通混凝土小型空心砌块的主规格尺寸为390mm×190mm×190mm，其他规格尺寸可由供需双方协商确定。

根据国家标准《普通混凝土小型空心砌块》（GB 8239—1997）规定，普通混凝土小型空心砌块按其抗压强度分为MU3.5、MU5.0、MU7.5、MU10.0、MU15.0、MU20.0共六个强度等级。根据尺寸偏差、外观质量分为优等品（A）、一等品（B）和合格品（C）三个等级。

普通混凝土小型空心砌块的吸水率小（一般为5%～8%），吸水速度慢，砌筑前不允许浇水，以免发生"走浆"现象，影响砂浆饱满度和砌体的抗剪强度，但在气候特别干燥炎热时，可在砌筑前稍微喷水湿润。

普通混凝土小型空心砌块适用于地震烈度为8度及以下的建筑物墙体。对于承重外墙，要求其干缩值小于0.5mm/m，非承重墙和内墙要求其干缩值小于0.56mm/m。

（2）轻骨料混凝土小型空心砌块

轻骨料混凝土小型空心砌块是用陶粒、膨胀珍珠岩、浮石、火山渣、煤渣、自燃煤矸石等各种轻粗细集料和水泥按一定比例配制，经搅拌、成型、养护而成的空心率等于或大于25%、体积密度小于1400kg/m³的轻质混凝土小砌块。

轻骨料混凝土小型空心砌块的主规格尺寸为390mm×190mm×190mm，其他规格尺寸可由供需双方协商确定。

根据国家标准《轻集料混凝土小型空心砌块》（GB/T 15229—2011）规定，轻骨料混凝土小型空心砌块按其抗压强度分为 MU1.5、MU2.5、MU3.5、MU5.0、MU7.5、MU10.0 共六个强度等级。根据尺寸偏差、外观质量分为一等品（B）和合格品（C）二个等级。

轻骨料混凝土小型空心砌块是一种轻质高强、保温隔热性能好和抗震性能好的墙体材料，在各种建筑的墙体中得到广泛的应用，特别是在保温隔热要求较高的围护结构上的应用。

(3) 粉煤灰小型空心砌块

粉煤灰小型空心砌块是以粉煤灰、水泥、各种集料、水为主要组分（也可加入外加剂等）拌合制成的小型空心砌块，其中粉煤灰用量不应低于原材料重量的20%，水泥用量不应低于原材料重量的10%。

粉煤灰小型空心砌块主规格尺寸为390mm×190mm×190mm，其他规格尺寸可由供需双方商定。

根据建材行业标准《粉煤灰混凝土小型空心砌块》（JC/T 862—2000）规定，粉煤灰小型空心砌块按其抗压强度分为：MU2.5、MU3.5、MU5.0、MU7.5、MU10.0、MU15.0 共六个强度等级。按尺寸偏差、外观质量、碳化系数分为：优等品（A）、一等品（B）和合格品（C）三个等级。

粉煤灰小型空心砌块可用于一般工业与民用建筑的墙体，但不宜用于有酸性介质侵蚀的建筑部位，也不宜用于经常处于高温影响的建筑物。常温施工时，砌块应提前浇水湿润，冬期施工时不得浇水湿润。

(4) 蒸压加气混凝土砌块

蒸压加气混凝土砌块是以水泥、矿渣、砂或水泥、石灰、粉煤灰为基本原料，以铝粉为发气剂，经过搅拌、发气、切割和蒸压养护等工艺而制成的多孔墙体材料。

根据国家标准《蒸压加气混凝土砌块》（GB 11968—2006）规定，蒸压加气混凝土砌块按其抗压强度分为 A1.0、A2.0、A2.5、A3.5、A5.0、A7.5、A10.0 共七个强度等级；根据体积密度分为 B03、B04、B05、B06、B07、B08 共六个等级；根据尺寸偏差与外观质量、干密度、抗压强度和抗冻性分为优等品（A）和合格品（B）两个等级。

蒸压加气混凝土砌块具有质量轻，保温、隔热、隔声性能好，抗震性强，耐火性能好，易于加工，施工方便等特点，是应用较多的轻质墙体之一，适用于低层建筑的承重墙、多层和高层建筑的隔墙及填充墙。蒸压加气混凝土砌块不得用于水中及高湿度、有碱化学物质侵蚀等环境中，也不得用于建筑物的基础和温度长期高于80℃的建筑部位。

3. 墙用板材

以板材为围护墙体的建筑具有质轻、节能、施工方便快捷、使用面积大、建筑平面布置灵活等特点，我国目前常用的墙用板材主要有蒸压加气混凝土板、纸面石膏板、石膏纤维板、混凝土夹心板、玻璃纤维增强水泥复合板等。

(1) 蒸压加气混凝土板

蒸压加气混凝土板是以钙质材料（水泥、石灰等）、硅质材料（砂、粉煤灰、粒化高炉矿渣等）和水按一定的比例配合，加入少量的发气剂和外加剂，经搅拌、浇筑、成型、蒸压养护等工艺制成的轻质板材。

蒸压加气混凝土板按使用部位不同分为屋面板、隔墙板和外墙板三种。

蒸压加气混凝土板质量轻，且具有良好的耐火、防火、隔声、隔热、保温等性能，可用于一般建筑物的内外墙和屋面。不宜用于高湿度环境的墙体。

(2) 纸面石膏板

纸面石膏板是以建筑石膏为主要原料，掺入适量添加剂和纤维做板芯，以特制的板纸为护面，经加工制成的板材。

纸面石膏板按其用途可分为普通纸面石膏板、耐水纸面石膏板、耐火纸面石膏板。

纸面石膏板具有质轻、防火、隔声、保温、隔热、加工性能好（可刨、可钉、可锯）、施工方便、可拆装性能好、增大使用面积等优点，被广泛用于各种工业与民用建筑的内墙等。

(3) 石膏纤维板

石膏纤维板是以建筑石膏为主要原料，以玻璃纤维或纸筋等为增强材料，经铺浆、脱水、成型、烘干等工序加工而成的板材。

石膏纤维板具有较好的尺寸稳定性和防火、防潮、隔声性能，可钉、可锯。石膏纤维板主要用于工业与民用建筑的吊顶、隔墙等。

(4) 混凝土夹心板

混凝土夹心板是以 20～30mm 厚的钢筋混凝土作内外表面层，中间填以矿渣毡或岩棉毡、泡沫混凝土等保温材料，夹层厚度视热工计算而定。内外两层面板以钢筋件连接。

混凝土夹心板主要用于内墙和外墙。

(5) 玻璃纤维增强水泥复合板（简称 GRC 复合墙板）

玻璃纤维增强水泥复合板是以低碱水泥和硫酸盐早强水泥为胶结料，耐碱（或抗碱）玻璃纤维为增强材料，填充保温芯材，如水泥珍珠岩、岩棉等，经成型、养护而成的一种轻质复合板材。

玻璃纤维增强水泥复合板主要特点是轻质高强、防火防水及韧性好、加工简易、施工方便、抗折和抗冲击性能好。

玻璃纤维增强水泥复合板主要用于建筑的内墙和外墙。

4. 砂浆

砂浆是由胶凝材料、细骨料、掺合料和水按适当比例配合、拌制并经硬化而成的材料。砂浆在建筑工程起粘结、衬垫、传递应力的作用。主要用于砌筑、抹面、修补和装饰工程。在结构工程中，单块的砖、砌块和石材等需用砂浆将其粘结为砌体，砖墙勾缝、大型墙板的接缝也要用砂浆。在装饰工程中，墙面、地面和柱面等需要用砂浆抹面，起到保护结构和装饰作用，镶贴大理石、水磨石、面砖等贴面材料也要使用砂浆。

砂浆按用途不同可分为砌筑砂浆、抹面砂浆、装饰砂浆和特种砂浆等；按所用胶凝材料不同分为水泥砂浆、石灰砂浆、水泥石灰混合砂浆及聚合物水泥砂浆等。

(1) 砂浆的组成材料

① 胶凝材料

砂浆中使用的胶凝材料有各种水泥、石灰、建筑石膏和有机胶凝材料等，常用的是水泥和石灰。

在选用胶凝材料时应根据砂浆使用的部位，所处的环境条件等合理选择。在干燥环境中使用的砂浆既可选用气硬性胶凝材料（如石灰、石膏），也可选用水硬性胶凝材料（如水泥）；若在潮湿环境或水中使用的砂浆则必须选用水硬性胶凝材料。

水泥是砂浆的主要胶凝材料，常用的水泥品种有普通硅酸盐水泥、矿渣硅酸盐水泥、火山灰硅酸盐水泥、复合硅酸盐水泥等。在建筑工程中，由于砂浆的强度等级不高，因此在配制砂浆时要尽量选用低强度等级的通用硅酸盐水泥和砌筑水泥，以保证砂浆具有较好的和易性。

② 细骨料

砂浆用砂，应符合混凝土用砂的技术要求。采用中砂拌制砂浆，既可以满足和易性要求，又能节约水泥，因此优先选用中砂。由于砂浆铺设层较薄，应对砂的最大粒径加以限制。用于砌筑砖砌体的砂浆，其砂的最大粒径不应大于 2.5mm；用于毛石砌体的砂浆，砂宜选用粗砂，其最大粒径应小于砂浆层厚度的 1/4~1/5；用于抹面和勾缝的砂浆，砂应选用细砂。砂中的含泥量影响砂浆质量，含泥量过大，不但会增加砂浆的水泥用量，还可能使砂浆的收缩值增大，耐久性降低。因此，规定强度等级为 M2.5 以上的砌筑砂浆，砂的含泥量不应超过 5%；强度等级为 M2.5 的水泥混合砂浆，砂的含泥量不应超过 10%。

对于人工砂、山砂及特细砂等资源较多的地区，为降低工程成本，砂浆可合理地利用这些资源，但应经试验能满足技术要求后方可使用。

③ 掺合料

掺合料是指为改善砂浆的和易性，降低水泥用量，而加入到砂浆中的无机材料。掺合料对砂浆强度无直接影响。掺合料通常是在水泥砂浆中掺入部分石灰膏、黏土膏、电石膏、粉煤灰等无机材料。生石灰粉、石灰膏和黏土膏必须配制成稠度为(120±5)mm 的膏状体，并过 3mm×3mm 的滤网。严禁使用已经干燥脱水的石灰膏。

④ 水

当拌合砂浆的水中含有有害物质时，将会影响水泥的正常凝结，并可能对钢筋产生锈蚀作用，因此砂浆用水的水质应符合《混凝土用水标准》（JGJ 63—2006)的规定。

(2) 砌筑砂浆的主要技术性质与性能

砌筑砂浆的主要技术性质包括新拌砂浆的和易性，硬化后砂浆的强度和粘结力以及抗冻性、收缩值等。

① 和易性

新拌砂浆的和易性：是指在搅拌运输和施工过程中不易产生分层、析水现象，并且易于在粗糙的砖、石等表面上铺成均匀的薄层的综合性能。

通常用流动性和保水性两项指标表示。

A. 流动性（稠度）

流动性指砂浆在自重或外力作用下流动的性能。

砂浆流动性实质上反映了砂浆的稠度，流动性的大小以砂浆稠度测定仪的圆锥体沉入砂浆中深度的毫米数来表示，称为稠度（沉入度）。

砂浆流动性的选择与基底材料种类及吸水性能、施工条件、砌体的受力特点以及天气情况等有关。对于多孔吸水的砌体材料和干热的天气,则要求砂浆的流动性大一些;相反对于密实不吸水的砌体材料和温冷的天气,要求砂浆的流动性小一些。可参考表2-1选择砂浆流动性。

砌筑砂浆流动性要求 表 2-1

砌体种类	砂浆稠度(mm)	备注
烧结普通砖砌体	70~90	在气温高、干燥时稠度取高值,环境湿润、温度低时取低值
轻骨料混凝土小型空心砌块砌体	60~90	
烧结多孔砖、空心砖砌体	60~80	
烧结普通砖平拱式过梁	50~70	
空心墙、筒拱		
普通混凝土小型空心砌块砌体		
加气混凝土砌块砌体	30~50	
石砌体		

影响砂浆流动性的主要因素有:胶凝材料及掺合料的品种和用量;砂的粗细程度、形状及级配;用水量;外加剂品种与掺量;搅拌时间等。

B. 保水性

指新拌砂浆保存水分的能力。

新拌砂浆在存放、运输和使用过程中,都必须保持其水分不致很快流失,才能便于施工操作且保证工程质量。如果砂浆保水性不好,在施工过程中很容易泌水、分层、离析或水分易被基面所吸收,使砂浆变得干稠,致使施工困难,同时影响胶凝材料的正常水化硬化,降低砂浆本身强度以及与基层的粘结强度。因此,砂浆要具有良好的保水性。一般来说,砂浆内胶凝材料充足,尤其是掺加了石灰膏和黏土膏等掺合料后,砂浆的保水性均较好,砂浆中掺入加气剂、微沫剂、塑化剂等也能改善砂浆的保水性和流动性。

根据《砌筑砂浆配合比设计规程》(JGJ/T 98—2010)砂浆的保水性用保水率表示。

② 强度

砂浆强度等级是以70.7mm×70.7mm×70.7mm的3个立方体试块,按标准条件养护至28d测得的抗压强度平均值确定。根据《砌筑砂浆配合比设计规程》(JGJ/T 98—2010),砂浆强度等级分为M5、M7.5、M10、M1、M20、M25、M30等7个等级。

③ 粘结力

由于砖、石、砌块等材料是靠砂浆粘结成一个坚固整体并传递荷载的,因此,要求砂浆与基材之间应有一定的粘结强度。两者粘结得越牢,则整个砌体的整体性、强度、耐久性及抗震性等越好。一般砂浆抗压强度越高,则其与基材的粘结强度越高。此外,砂浆的粘结强度与基层材料的表面状态、清洁程度、湿润状况以及施工养护等条件有很大关系,同时还与砂浆的胶凝材料种类有很大关系,加入聚合物可使砂浆的黏性大为提高。

(3) 抹面砂浆的主要技术要求

凡涂抹在基底材料的表面,兼有保护基层和增加美观作用的砂浆,可统称为抹面砂浆。

根据抹面砂浆功能不同，一般可将抹面砂浆分为普通抹面砂浆、防水砂浆、装饰砂浆和特种砂浆（如绝热、吸声、耐酸、防射线砂浆）等。

与砌筑砂浆相比，抹面砂浆的特点和技术要求有：

A. 抹面层不承受荷载；

B. 抹面砂浆应具有良好的和易性，容易抹成均匀平整的薄层，便于施工；

C. 抹面层与基底层要有足够的粘结强度，使其在施工中或长期自重和环境作用下不脱落不开裂；

D. 抹面层多为薄层，并分层涂抹，面层要求平整、光洁、细致、美观；

E. 多用于干燥环境，大面积暴露在空气中。

抹面砂浆的组成材料与砌筑砂浆基本上是相同的。但为了防止砂浆层的收缩开裂，有时需要加入一些纤维材料，或者为了使其具有某些特殊功能需要选用特殊骨料或掺加料。与砌筑砂浆不同，对抹面砂浆的主要技术性质不是抗压强度，而是和易性以及与基底材料的粘结强度。

① 普通抹面砂浆

普通抹面砂浆对建筑物和墙体起到保护作用。它可以抵抗风、雨、雪等自然环境对建筑物的侵蚀，并提高建筑物的耐久性，同时经过抹面的建筑物表面或墙面又可以达到平整、光洁、美观的效果。

常用的普通抹面砂浆有水泥砂浆、石灰砂浆、水泥混合砂浆、麻刀石灰砂浆（简称麻刀灰）、纸筋石灰砂浆（简称纸筋灰）等。

普通抹面砂浆通常分为两层或三层进行施工。底层抹灰的作用是使砂浆与基底能牢固地粘结，因此要求底层砂浆具有良好的和易性、保水性和较高的粘结强度。中层抹灰主要是找平，有时可省略。面层抹灰是为了获得平整光洁的表面效果。

各层抹灰面的作用和要求不同，因此每层所选用的砂浆也不一样。同时，不同的基底材料和工程部位，对砂浆技术性能要求也不同，这也是选择砂浆种类的主要依据。水泥砂浆宜用于潮湿或强度要求较高的部位；混合砂浆多用于室内底层或中层或面层抹灰；石灰砂浆、麻刀灰、纸筋灰多用于室内中层或面层抹灰。

② 防水砂浆

用作防水层的砂浆称为防水砂浆。砂浆防水层又称作刚性防水层，适用于不受振动和具有一定刚度的混凝土或砖石砌体的表面。

防水砂浆主要有以下3种：

A. 水泥砂浆：是由水泥、细骨料、掺合料和水制成的砂浆。普通水泥砂浆多层抹面用作防水层。

B. 掺加防水剂的防水砂浆：在普通水泥砂浆中掺入一定量的防水剂而制成的防水砂浆。是目前应用最广泛的一种防水砂浆。常用的防水剂有硅酸钠类、金属皂类、氯化物金属盐类及有机硅类。

C. 膨胀水泥和无收缩水泥配制的防水砂浆：由于该种水泥具有微膨胀或补偿收缩性能，从而能提高砂浆的密实性和抗渗性。

防水砂浆的配合比为水泥与砂的质量比，一般不宜大于1∶2.5；水灰比应为0.50～

0.60；稠度不应大于 80mm。水泥宜选用 42.5 级及以上的普通硅酸盐水泥或 42.5 级矿渣水泥，砂子宜选用中砂。

防水砂浆施工方法有人工多层抹压法和喷射法等。各种方法都是以防水抗渗为目的，应尽量减少内部连通毛细孔，提高密实度。水泥砂浆不得涂抹在石灰砂浆层上。

2.1.6 保温隔热材料

保温隔热材料是防止建筑及各种热工设备中热量的传递和散失的材料。在建筑中，保温隔热材料主要用于墙体和屋顶以及热工设备、暖通管道。保温隔热材料一般都具有质量轻、结构疏松、多孔或纤维状的特点。保温隔热材料按化学成分可分为有机和无机两类，按材料构造可分为纤维状、松散粒状和多孔组织材料三种。

1. 纤维状保温隔热材料

（1）矿渣棉

矿渣棉是由熔融的矿渣经离心法制成的纤维絮状物。矿渣棉的体积密度为 110～130kg/m³，导热系数小于 0.044W/(m·K)，使用的最高温度为 600℃。主要适用于绝热保温填充材料。

（2）岩棉

岩棉是由熔融的岩石经离心法制成的纤维絮状物。岩棉的体积密度为 80～150kg/m³，导热系数小于 0.044W/(m·K)。主要适用于绝热保温填充材料。

（3）玻璃棉

玻璃棉是由熔融的玻璃经离心法制成的纤维絮状物。玻璃棉的体积密度为 8～40kg/m³，导热系数为 0.040～0.050W/(m·K)，使用的最高温度为 400℃。主要适用于绝热保温填充材料。

2. 松散粒状保温隔热材料

（1）膨胀珍珠岩及其制品

膨胀珍珠岩是由天然珍珠岩、黑曜岩或松脂岩为原料，经煅烧体积急剧膨胀而得蜂窝状白色或灰白色的松散粒料。膨胀珍珠岩的堆积密度为 40～300kg/m³，导热系数为 0.025～0.048W/(m·K)，使用的最高温度为 800℃。主要适用于绝热保温填充材料。

膨胀珍珠岩制品是以膨胀珍珠岩为骨料，配以适量的胶凝材料（水玻璃、水泥、沥青等），经拌合、成型、养护后制成的板、砖、管等产品。膨胀珍珠岩制品主要有水泥膨胀珍珠岩制品、水玻璃膨胀珍珠岩制品、磷酸盐膨胀珍珠岩制品和沥青膨胀珍珠岩制品等，以水玻璃膨胀珍珠岩制品性能好。膨胀珍珠岩制品的体积密度为 200～500kg/m³，导热系数为 0.055～0.116W/(m·K)，抗压强度为 0.2～1.2MPa。主要适用于屋面、墙体和管道等，但沥青膨胀珍珠岩制品仅适合在常温或负温下使用。

（2）膨胀蛭石及其制品

膨胀蛭石是由天然蛭石为原料，经煅烧体积急剧膨胀而得的松散粒料。膨胀蛭石的堆积密度为 80～200kg/m³，导热系数为 0.046～0.07W/(m·K)，使用的最高温度为 1000～1100℃。主要适用于绝热保温填充材料。

膨胀蛭石制品是以膨胀蛭石为骨料，配以适量的胶凝材料（水玻璃、水泥等），经拌合、成型、养护后制成的板、砖、管等产品。膨胀蛭石制品的体积密度为 300～400kg/m³，导热系数为 0.076～0.105W/(m·K)，抗压强度为 0.2～1.2MPa。主要适用于屋面和管道等。

3. 多孔组织保温隔热材料

（1）泡沫玻璃

泡沫玻璃是用碎玻璃加入 1%～2% 的发泡剂（石灰石或碳化钙），经粉磨、混合、装模，在 800℃下烧成后形成含有大量封闭气泡（直径为 0.1～5mm）的制品。泡沫玻璃的体积密度为 150～600kg/m³，导热系数为 0.054～0.128W/(m·K)，使用的最高温度为 500℃。为高级保温绝热材料，主要适用于墙体或冷藏库。

（2）聚苯乙烯泡沫塑料

聚苯乙烯泡沫塑料是以聚苯乙烯树脂为基料，加入一定剂量的发泡剂、催化剂、稳定剂等辅助材料经加热发泡而制成的轻质保温、防振材料。聚苯乙烯泡沫塑料的体积密度为 15～50kg/m³，导热系数为 0.030～0.047W/(m·K)，抗折强度为 0.15MPa，吸水率小于 0.03g/cm³，耐腐蚀强，抗冻性好，使用的最高温度为 80℃。为高效保温绝热材料，主要适用于墙体、屋面或冷藏库等。

（3）硬质聚氨酯泡沫塑料

硬质聚氨酯泡沫塑料是以异氰酸酯和聚醚或聚酯为基料经发泡而制成。硬质聚氨酯泡沫塑料的体积密度为 30～45kg/m³，导热系数为 0.017～0.026W/(m·K)，抗压强度为 0.25MPa，体积吸水率小于 1%，使用温度为 −60～120℃。可现场浇筑发泡，为高效保温绝热材料，主要适用于墙体、屋面或冷藏库、热力管道等。

（4）塑料蜂窝板

塑料蜂窝板是用蜂窝状芯材两面各粘结一层薄板而成。导热系数为 0.046～0.058W/(m·K)，抗压强度与抗折强度高、抗振性能好。主要适用于围护结构。

2.1.7 防水材料

防水材料是保证房屋建筑免受雨水、地下水和其他水分侵蚀、渗透的重要材料，是保证建筑工程达到预定功能不可缺少的建筑材料。防水材料根据受力特点分为刚性防水材料和柔性防水材料两类。柔性防水材料根据使用功能又进一步分为防水卷材、防水涂料、密封材料和沥青胶与冷底子油四类。

1. 刚性防水材料

（1）防水砂浆

防水砂浆是水泥砂浆加入防水剂（或减水剂、膨胀剂、合成树脂乳液等）以改善砂浆的抗裂性，从而使硬化后的砂浆层具有防水、抗渗的性能。

防水砂浆适用于埋置深度不大、不受振动和具有一定刚度的地上及地下防水工程。不适用于受较大振动、腐蚀和高温以及遭受反复冻融的砌体工程。

（2）防水混凝土

防水混凝土是普通混凝土加入防水剂（或减水剂、膨胀剂、引气剂等）以改善混凝土的抗裂性，从而使硬化后的混凝土层具有防水、抗渗的性能。

防水混凝土适用于一般工业与民用建筑的屋面、地下工程以及蓄水池、隧道等工程。

2. 柔性防水材料

（1）防水卷材

防水卷材根据基料分为沥青基防水卷材、橡胶基防水卷材、树脂基防水卷材和橡塑共混基防水卷材四类。沥青基防水卷材主要有纸胎石油沥青油毡、玻璃布胎沥青油毡、沥青再生橡胶防水卷材、SBS改性沥青防水卷材等；橡胶基防水卷材主要有三元乙丙橡胶防水卷材和氯磺化聚乙烯橡胶防水卷材等；树脂基防水卷材主要有聚氯乙烯防水卷材、聚乙烯防水卷材和氯化聚乙烯防水卷材等；橡塑共混基防水卷材主要有氯化聚乙烯—橡胶共混防水卷材和聚氯乙烯—橡胶共混防水卷材等。

① 纸胎石油沥青油毡

纸胎石油沥青油毡是由石油沥青、纸胎等组成。纸胎石油沥青油毡抗拉强度及可塑性较低，吸水率较大，不透水性和耐久性较差，一般适用于地下、屋面等防水工程。片毡用于单层防水，粉毡可用于各层。

② 玻璃布胎沥青油毡

玻璃布胎沥青油毡是由石油沥青、玻璃布胎等组成。玻璃布胎沥青油毡抗拉强度、耐久性等都好于纸胎石油沥青油毡，适用于地下、屋面等防水与防腐工程。

③ 沥青再生橡胶防水卷材

沥青再生橡胶防水卷材是由石油沥青、再生废橡胶粉、石灰石粉组成。沥青再生橡胶防水卷材具有较好的弹性、抗蚀性、不透水性和低温柔韧性，并具有较高的抗拉强度。适用于水工、桥梁、地下建筑物、管道等重要的防水工程和建筑物变形缝处防水。

④ SBS改性沥青防水卷材

SBS改性沥青防水卷材是由SBS橡胶、石油沥青、聚酯无纺布等组成。它的耐撕裂强度大、耐刺穿性能好。适用于屋面、地下室等各种防水工程，特别适合寒冷地区。

⑤ 三元乙丙橡胶防水卷材

三元乙丙橡胶防水卷材是由三元乙丙橡胶、交联剂等组成。它的耐候性、耐臭氧性、耐热性和低温柔性都较好。广泛适用于屋面、地下室、水池等各种防水工程，特别适合严寒地区或有大变形的部位等。

⑥ 氯磺化聚乙烯橡胶防水卷材

氯磺化聚乙烯橡胶防水卷材是由氯磺化聚乙烯橡胶、交联剂组成。氯磺化聚乙烯橡胶防水卷材的耐腐蚀性和抗老化性很强。适用于屋面、地下室、水池等各种防水工程，特别适合受腐蚀介质作用或有较大变形的部位。

⑦ 聚氯乙烯防水卷材

聚氯乙烯防水卷材是由聚氯乙烯、煤焦油、增塑剂组成。聚氯乙烯防水卷材的耐候性、变形能力、低温柔性较好。适用于屋面、地下室等各种防水工程，特别适合较大变形的部位。

⑧ 聚乙烯防水卷材

聚乙烯防水卷材是由聚乙烯、增塑剂、聚酯无纺布等组成。聚乙烯防水卷材变形能力、低温柔性较好。适用于屋面、地下室等各种防水工程，特别适合严寒地区或有较大变形的部位。

⑨ 氯化聚乙烯防水卷材

氯化聚乙烯防水卷材是由氯化聚乙烯、增塑剂等组成。氯化聚乙烯防水卷材的耐候性、耐臭氧性、耐热老化性较好，物理机械性能较高。适用于屋面、地下室、水池等各种防水工程，特别适合较大变形的部位。

⑩ 氯化聚乙烯—橡胶共混防水卷材

氯化聚乙烯—橡胶共混防水卷材是由氯化聚乙烯、橡胶等组成。氯化聚乙烯—橡胶共混防水卷材的断裂伸长率较大，拉伸强度较高，抗老化性能好，低温柔性好。适用于屋面、地下室、水池等各种防水工程，特别适合严寒地区或有较大变形的部位。

(2) 防水涂料

常用的防水涂料主要有聚氨酯防水涂料和有机硅防水涂料等。

① 聚氨酯防水涂料

聚氨酯防水涂料为双组分型，其中甲组分为异氰酸基的聚氨酯预聚物，乙组分由含多羟基或氨基的固化剂及填充料、增韧剂、防霉剂和稀释剂等组成。聚氨酯防水涂膜固化后无体积收缩，它具有优异的耐候、耐油、耐臭氧、不燃烧等特性以及延伸性好、抗拉强度和抗撕裂强度高、使用温度范围宽、耐久性好的特点。适用于各种基层的屋面、地下建筑、水池、浴室、卫生间等工程的防水。

② 有机硅防水涂料

有机硅防水涂料是以有机硅橡胶为基料配制而成的水乳型乳液。有机硅防水涂料失水固化后具有良好的防水、耐候、弹性、耐老化性及耐高温和低温等性能，在干燥的混凝土基层上渗透性好。适用于混凝土、砂浆、钢材等表面防水或防腐，也可用于修补工程。

(3) 密封材料

常用的密封材料主要有聚氯乙烯防水接缝膏、聚氨酯密封膏、聚硫橡胶密封膏和丙烯酸酯密封膏等。

聚氯乙烯防水接缝膏是由聚氯乙烯、煤焦油、增塑剂等组成。它具有良好的粘结力、防水性、弹塑性、耐热、耐寒、耐腐蚀、抗老化等性能。适用于屋面、墙面、水渠等。

聚氨酯密封膏是由聚氨酯预聚体、交联剂、增塑剂等组成。它具有抗疲劳性好、粘结力强、耐低温等性能。适用于各类防水接缝，特别是受疲劳荷载作用或接缝变形大的部位。

聚硫橡胶密封膏是由液态聚硫物、交联剂、增塑剂等组成。它的性能和使用同聚氨酯密封膏。

丙烯酸酯密封膏是由丙烯酸类树脂、增塑剂等组成。延伸率高、低温柔韧性好，但耐水性欠缺，适用于墙板、屋面、门窗等的防水接缝，不宜用于经常浸水的工程。

(4) 沥青胶与冷底子油

① 沥青胶

沥青胶为沥青与矿质填充料的均匀混合物。沥青胶分为热用和冷用两种。沥青胶可用来粘贴防水卷材和做接缝材料使用。

② 冷底子油

冷底子油是将建筑石油沥青(30%～40%)与汽油或其他有机溶剂(60%～70%)相溶合而成。冷底子油是建筑石油沥青的稀释溶剂，它的黏度小，渗透性好，一般做防水层与基层的结合层。

2.1.8 装饰材料

装饰材料是指在建筑上铺钉、粘贴、安装和涂刷在建筑物内外表面，主要起装饰作用的材料。建筑装饰材料种类繁多，覆盖面较广，常用的主要有天然石材、建筑陶瓷、建筑玻璃、木材、建筑塑料和建筑涂料。

1. 天然石材

天然岩石种类很多，用做装饰的主要有花岗石和大理石

（1）花岗石

建筑装饰工程上所用的花岗石包括各类以石英、长石为主要组成矿物，并含有少量云母和暗色矿物的火成岩和花岗质的变质岩，如花岗石、辉绿岩、辉长岩、玄武岩、橄榄岩等。

花岗石的特点如下：

① 花岗石外观呈整体均粒状结构，色彩斑斓，一般为灰色、黄色、蔷薇色、淡红色、黑色；

② 硬度大，耐磨性好；

③ 耐久性好；

④ 具有高抗酸腐蚀性，为酸性石材；

⑤ 花岗石所含石英在高温下会发生晶变，体积膨胀而开裂、剥落，因此其耐火性差，但适宜制作火烧板；

⑥ 可以打磨抛光；

⑦ 部分花岗石产品放射性指标超标，使用时应予以控制。

天然花岗石毛光板按厚度偏差、平面度公差、外观质量等，普型板按规格尺寸偏差、平面度公差、角度公差及外观质量等，圆弧板按规格尺寸偏差、直线度公差、线轮廓度公差及外观质量等，分为优等品（A）、一等品（B）和合格品（C）三个等级。

天然花岗石板材主要应用于大型公共建筑或装饰等级要求较高的室内外装饰工程。

（2）大理石

建筑装饰工程上所用的大理石除大理岩外，还包括各类具有装饰功能，可以磨平、抛光的各种碳酸盐类沉积岩和变质岩，如石灰岩、白云岩、钙质砂岩等。

大理石的性质如下：

① 颜色绚丽、纹理多姿；

② 硬度中等、耐磨性次于花岗石；

③ 一般大理石属碱性石材，耐酸蚀性差，酸性介质会使大理石表面受到腐蚀；

④ 容易打磨抛光；

⑤ 耐久性次于花岗石。

天然大理石板材按板材的规格尺寸偏差、平面度公差、角度公差及外观质量分为优等品（A）、一等品（B）和合格品（C）三个等级。

由于大理石耐酸蚀性差，除个别品种外，一般不宜用于室外装饰；如必须用于室外，一般须对石材面进行处理。大理石主要用做室内高级饰面材料，也可以用做室内地面或踏步（耐磨性次于花岗岩）。

2. 建筑陶瓷

建筑陶瓷指用于建筑工程的陶瓷制品，主要包括釉面砖、外墙面砖、地面砖、陶瓷锦砖、琉璃制品、卫生陶瓷等。

(1) 陶瓷制品质地的分类

陶瓷制品质地按致密程度(吸水率大小)分为三类，即陶质制品、瓷质制品和炻质制品。

陶质制品又可分为粗陶和精陶。建筑上常用的烧结黏土砖、瓦属粗陶制品。精陶一般在其表面施有釉，建筑饰面用的各种釉面砖均属精陶。

瓷质制品用于外墙饰面和铺地，陶瓷锦砖以及日用餐茶具均属瓷质制品。

炻质制品介于陶和瓷之间，建筑用的外墙面砖和地面砖属粗炻质制品，而日用炻器(如紫砂壶等)属细炻质制品。

(2) 陶瓷制品的表面装饰

陶瓷制品表面装饰的方法主要有三种，分别为施釉、彩绘和贵金属装饰。

(3) 建筑陶瓷制品的重要技术性质

① 外观质量：根据尺寸偏差和表面质量对产品进行分类；

② 吸水率：吸水率大的建筑陶瓷制品不宜用于室外；

③ 耐急冷急热性：温度急剧变化可能会使釉层开裂；

④ 弯曲强度：陶瓷材料质脆易碎，对弯曲强度有要求；

⑤ 耐磨性：只对铺地的彩釉砖进行耐磨试验；

⑥ 抗冻性能：室外陶瓷制品有此要求；

⑦ 抗化学腐蚀性：室外陶瓷制品和化工陶瓷有此要求。

(4) 建筑用陶瓷制品

① 釉面内墙砖

主要用做建筑物内部墙面，如厨房、卫生间、浴室、墙裙等部位的装饰与保护。

② 彩色釉面陶瓷墙地砖

主要用于外墙铺贴，有时也用于铺地。

③ 陶瓷锦砖

主要用于室内地面铺贴和建筑物外墙装饰。

④ 无釉陶瓷地砖

主要用于室内地面铺设。

⑤ 陶瓷劈离砖

适用于墙面装饰。

⑥ 建筑琉璃制品

属精陶质制品，颜色有金、黄、绿、蓝、青等。品种有三类：瓦类(板瓦、滴水瓦、筒瓦、沟头)、脊类、饰件类(吻兽、博古)。主要用于具有民族风格的房屋及园林的亭台楼阁等。

⑦ 卫生陶瓷

由瓷土烧制的细炻质制品，如洗面器、大小便器、水箱水槽等，主要用于浴室、盥洗室、厕所等处。

3. 建筑玻璃

（1）玻璃的基本知识

① 玻璃的原料与组成

玻璃是一种透明的无定形硅酸盐固体物质。

熔制玻璃的原材料主要有石英砂、纯碱、长石、石灰石等。石英砂是构成玻璃的主体材料，纯碱主要起助熔剂作用，石灰石使玻璃具有良好的抗水性，起稳定剂作用。

建筑玻璃的化学组成主要为 SiO_2，Na_2O，CaO，Al_2O_3，MgO，K_2O 等。

② 玻璃的制造工艺

玻璃的制造包括熔化、成型、退火等工序。

③ 普通玻璃的性质

A. 透明：普通清洁玻璃的透光率达 82% 以上。

B. 脆：为典型脆性材料，在冲击力作用下易破碎。

C. 热稳定性差：急冷急热时易破裂。

D. 化学稳定性好：抗盐和酸侵蚀的能力强。

E. 表观密度较大：约为 $2450\sim2550kg/m^3$。

F. 导热系数较大：为 $0.75W/(m·K)$。

（2）玻璃制品

① 普通平板玻璃

平板玻璃是建筑玻璃中用量最大的一种，浮法玻璃厚度有 2mm、3mm、4mm、5mm、6mm、8mm、10mm、12mm、15mm、19mm、22mm、25mm 十二种规格，其中以 3～5mm 厚的使用量最大。广泛用做窗户玻璃。

② 安全玻璃

安全玻璃指具有良好安全性能的玻璃。

主要特性是力学强度较高，抗冲击能力较好。被击碎时，碎块不会飞溅伤人，并兼有防火的功能。钢化玻璃、防火玻璃和夹层玻璃为安全玻璃。另外，夹丝玻璃也具有一定的安全性。

③ 保温绝热玻璃

保温绝热玻璃包括吸热玻璃、热反射玻璃、中空玻璃等。它们既具有良好的装饰效果，又具有特殊的保温绝热功能，除用于一般门窗之外，常作为幕墙玻璃。

④ 压花玻璃、磨砂玻璃和喷花玻璃

主要特点是表面粗糙，光线产生漫射，透光不透视，适用于卫生间、浴室、办公室的门窗。

⑤ 玻璃空心砖

玻璃空心砖一般是由两块压铸成凹形的玻璃经熔接或胶接成整块的空心砖，可用来砌筑透光墙壁、隔断、门厅、通道等。

⑥ 玻璃马赛克

玻璃马赛克也叫玻璃锦砖。玻璃马赛克在外形和使用上与陶瓷锦砖大体相似，但花色多，价格较低，主要用于外墙装饰。

4. 木材

由于木材给人以自然美的享受，能使室内空间产生温馨、亲切感，所以木材从古到今在建筑装饰领域一直保持着重要地位。

（1）木材的特性

① 木材质量轻，强度高。木材的体积密度一般为 550kg/m³ 左右，但其顺纹抗拉强度和抗弯强度均在 100MPa 左右，因此木材的比强度高。

② 木材弹性和韧性好。木材能承受较大的冲击荷载和振动作用。

③ 木材的导热系数小。木材具有良好的保温隔热性能。

④ 木材的装饰性好。木材具有天然的纹理，用作室内装饰，给人以自然优雅的美感。

⑤ 木材的耐久性好。如果木材一直保持通风干燥状态，就不容易破坏。

⑥ 木材易于加工和安装。木材材质较软，易于锯、刨、雕刻等加工，安装方便。

⑦ 木材的缺点是各向异性，胀缩变形大，易腐、易燃，有天然瑕疵。这些缺点给木材的使用带来了一定的局限性。

（2）木材的运用

① 木地板

木材做木地板分为条木地板和拼花木地板。条木地板分空铺和实铺两种，地板有单层和双层两种做法。普通条木地板常选用松、杉等软木树材；硬木条板多选用水曲柳、柞木、柚木等硬质木材。拼花木地板有单层和双层两种做法，面层均采用硬木加工，拼花小木条的尺寸一般为长 250～300mm，宽 40～60mm，板厚 20～25mm，木条一般均带有企口。

② 护壁板和木花格

护壁板又称木台度，可用木板、企口条板、胶合板等装修墙面，主要用于高级的宾馆、办公室和住宅等的室内墙壁装修。

木花格是用木板和枋木制作成具有若干个分格的木架，木花格一般用作建筑物室内的花窗、隔断、博古架等，它起到调整室内设计的格调、改进室内空间效能和提高室内艺术效果等作用。

③ 旋切微薄木

旋切微薄木是以色木、桦木或多瘤的树根为原料，经水煮软化后，旋切成厚 0.1mm 左右的薄片，再用胶粘剂粘贴在坚韧的纸上，制成卷材。或者采用柚木、水曲柳等树材，通过精密旋切，制得厚度为 0.2～0.5mm 的微薄木，再采用先进的胶粘工艺和胶粘剂，粘贴在胶合板基材上，制成微薄木贴面板。

旋切微薄木具有花纹自然真实、富有立体感的特点，主要用于高级建筑的室内墙、门及橱柜等的饰面。

④ 木装饰线条

木装饰线条简称木线条，木线条种类繁多，主要有楼梯扶手、压边线、墙腰线、天花角线、挂镜线等。木线条有多种截面形式，如平线条、半圆线条、麻花线条、鸠尾线条等。木线条主要用于建筑物室内墙面的墙腰装饰线、墙面洞口装饰线、护壁板和勒脚的压条饰线、门框装饰线、顶棚装饰角线、楼梯栏杆扶手、镜框线以及高级建筑的门窗和家具等的镶边等。

⑤ 人造板材

为了充分利用木材，并对木材进行防腐、防火处理，以提高木材的耐久性，延长木材的使用年限，可将木材做成各种人造板材如胶合板、纤维板、刨花板、木丝板、木屑板等。

胶合板是用原木旋切成薄片，再用胶粘剂按奇数层数、以各层纤维互相垂直的方向，粘合热压而成的人造板材。

纤维板是将木材加工下来的板皮、刨花、树枝等废料，经破碎浸泡，研磨成木浆，再加入一定的胶料，经热压成型、干燥处理而成的人造板材。

刨花板、木丝板、木屑板是分别以刨花木渣、短小废料刨制的木丝、木屑等为原料，经干燥后拌入胶料，再经热压而制成的人造板材。

5. 建筑塑料

（1）塑料的组成

塑料根据其所含组分数目可分为单组分塑料和多组分塑料。

塑料根据受热后形态性能表现的不同可分为热塑性塑料（如聚氯乙烯塑料、聚乙烯塑料等）和热固性塑料（如酚醛树脂、不饱和聚酯、有机硅等）两大类。

大部分塑料是多组分塑料，是由作为主要成分的聚合物和根据需要加入的各种添加剂组成的。

① 聚合物

聚合物是塑料中的基本组分，含量40%～100%，聚合物的性能在很大程度上决定了塑料的性能，因此，塑料的名称也按其所包含的聚合物的名称来命名。

② 添加剂

塑料中除主要成分聚合物外，通常最重要的添加剂可分成4种类型：

A. 改进材料力学性能的填料、增强剂、增塑剂等。

填料：可提高塑料的强度、硬度及耐热性，减少塑料制品的收缩，并能有效地降低塑料的成本。

增塑剂：能降低塑料的硬度和脆性，使其具有较好的塑性、韧性和柔顺性等机械性能。

B. 改善加工性能的润滑剂和热稳定剂。

C. 提高耐燃性能的阻燃剂。

D. 改进使用过程中耐老化性能的各种稳定剂。

稳定剂：防止塑料在热、光及其他条件下过早老化。

（2）常用建筑塑料

① 热塑性塑料

热塑性塑料的基本组分是线型或支链型的聚合物。

热塑性塑料与热固性塑料相比，有质轻、耐磨、润滑性好、着色力强、加工方法多等特点，但耐热性差、尺寸稳定性差、易老化。

A. 聚氯乙烯（PVC）塑料及其建筑制品

目前建筑上使用最多的是聚氯乙烯塑料制品，它成本低，产量大，耐久性较好，加入不同添加剂可加工成软质和硬质的多种产品。

硬质 PVC 是建筑上最常用的一种塑料，力学强度较高，具有很好的耐风化性能和良好的抗腐蚀性能，但使用温度低。硬质 PVC 适于做给排水管道、瓦棱板、门窗、装饰板、建筑零配件等。

软质 PVC 可挤压、注射成薄板、薄膜、管道、壁纸、墙纸、墙布、地板砖等，还可磨细悬浮于增塑剂中制成低黏度的增塑溶胶，作为喷塑或涂刷于屋面、金属构件上的防水防蚀材料。用软聚氯乙烯制成的止水带适用于地下防水工程的变形缝处，抗腐蚀性能优于金属止水带。

B. 聚乙烯(PE)塑料及其建筑制品

用 PE 生产的建筑塑料制品有管道、冷水箱，制成柔软薄膜可用于防水工程，低压 PE 塑料主要用于喷涂金属表面作为防蚀耐磨层。

C. 聚丙烯(PP)塑料及其建筑制品

PP 常用来生产管道、容器、建筑零件、耐腐蚀衬板等。

D. 聚苯乙烯(PS)塑料及其建筑制品

主要用于制作泡沫隔热材料(苯板)；为改善 PS 抗冲击性和耐热性，发展了一系列改性聚苯乙烯，ABS 是其中最重要的一种，它是丙烯腈、丁二烯、苯乙烯三种单体组成的热塑性塑料。ABS 可生产建筑五金和各种管材。

② 热固性塑料

热固性塑料的基本组分是体型结构的聚合物，且大都含有填料。热固性塑料与热塑性塑料相比，耐热好，刚性大，制品尺寸稳定性好。

A. 酚醛(PF)塑料及其建筑制品

将热固性酚醛树脂加入木粉填料可模压成人们熟知的用于电工器材的"电木"。将各种片状填料(棉布、玻璃布、石棉布、纸等)浸以热固性酚醛树脂，可多次叠放热压成各种层压板和玻璃纤维增强塑料。

B. 聚酯(UP)塑料及其建筑制品

UP 主要用于制作玻璃纤维增强塑料、涂料和聚酯装饰板等。

C. 环氧(EP)塑料及其建筑制品

EP 主要用于制作玻璃纤维增强塑料，另外的重要应用是做粘合剂。

D. 有机硅(SI)塑料及其建筑制品

有机硅塑料的主要特点是不燃，介电性能优异，耐水(常做防水材料)，耐高温，可在 250℃以下长期使用。

③ 玻璃纤维增强塑料

玻璃纤维增强塑料又称玻璃钢制品，是一种优良的纤维增强复合材料，因其比强度很高而被越来越多地用于一些新型建筑结构。

玻璃钢最主要的特点就是密度小，强度高，其比强度接近甚至超过高级合金钢，因此得名"玻璃钢"。玻璃钢的比强度为钢的 4～5 倍，这对于高层建筑和空间结构有特别重要的意义。但玻璃钢最大的缺点是刚度不如金属。

6. 建筑涂料

建筑装饰涂料是指涂敷于物体表面能与基体材料很好粘结并形成完整而坚韧保护膜的物料。

它一般由以下几种基本成分所组成：
①成膜基料；②分散介质；③颜料和填料；④其他，如催干剂、流平剂、防结皮剂、固化剂、增塑剂等。

涂料种类按主要成膜物质的性质可分为有机涂料、无机涂料和有机无机复合涂料3大类；按使用部位分外墙涂料、内墙涂料和地面涂料等；按分散介质种类分为溶剂型和水溶型两类。

2.2 水暖卫生工程材料

2.2.1 管材与管件

1. 塑料给水管

塑料给水管按制造原料的不同，可分为硬聚氯乙烯给水管（UPVC管）、聚乙烯给水管（PE管）和工程塑料给水管（ABS管）等。塑料管的共同特点是质轻、耐腐蚀、管内壁光滑、流体摩擦阻力小、使用寿命长。

2. 铸铁给水管

我国生产的铸铁给水管按其材质分为球墨铸铁管和普通灰口铸铁管，按其浇铸形式分为砂型离心铸铁管和连续铸铁直管。

3. 钢管

钢管主要有焊接钢管和无缝钢管两种，焊接钢管又分为镀锌钢管和不镀锌钢管。钢管镀锌的目的是防锈、防腐，不使水质变坏，延长使用年限。

4. 复合管材

复合管包括钢塑复合管和铝塑复合管等多种类型。钢塑复合管分衬塑和涂塑两大系列，兼有钢材强度高和塑料耐腐蚀的优点。铝塑复合管内外壁均为聚乙烯，中间以铝合金为骨架，该种管材具有质量轻、耐压强度好等优点。

5. 给水管件

管件是指在管道系统中起连接、变径、转向、分支等作用的零件，又称管道配件。各种不同管材有相应的管道配件。管道配件有带螺纹接头（多用于塑料管、钢管）、带法兰接头和带承插接头（多用于铸铁管、塑料管）等几种形式。

6. 塑料排水管

目前常用的塑料管排水管有实壁管、心层发泡管、螺旋管等。抗腐蚀力强、技术成熟、易于粘合、价格低廉、质地坚硬，但在高温下有单体和添加剂渗出，只适用于输送温度不超过45℃的排水系统中。

7. 柔性抗振排水铸铁管

它是采用橡胶圈密封，螺栓紧固，在内水压下具有挠曲性、伸缩性、密封性及抗振等性能，施工方便，可作为高层及超高层建筑及地震区的室内排水管道，也可用于埋地排水管。

8. 钢管

钢管主要用作洗脸盆、小便器、浴盆等卫生器具与横支管间的连接短管。

2.2.2 卫生器具和冲洗设备

1. 卫生器具

（1）便溺器具

便溺器具设置在卫生间和公共厕所，用来收集粪便污水。

① 坐式大便器

按冲洗的水力原理可分为冲洗式和虹吸式两种。坐式大便器都自带存水弯。

② 蹲式大便器

一般用于普通住宅、集体宿舍、公共建筑物的公用厕所和防止接触传染的医院内厕所。

③ 小便器

设于公共建筑的男厕所内，有的住宅卫生间内也需设置。小便器有挂式、立式和小便槽三类。

（2）盥洗器具

① 洗脸盆

一般用于洗脸、洗手、洗头，常设置在盥洗室、浴室、卫生间和理发室等场所。洗脸盆有长方形、椭圆形和三角形。

② 盥洗台

有单面和双面之分，常设置在同时有多人使用的地方，如集体宿舍、教学楼、车站、码头、工厂生活间内。

（3）淋浴器具

① 浴盆

设在住宅、宾馆、医院等卫生间或公共浴室，供人们清洁身体用。浴盆配有冷热水或混合龙头，并配有淋浴设备。

② 淋浴器

用于工厂、学校、机关、部队的公共浴室和体育馆内。淋浴器占地面积小，清洁卫生，避免疾病传染，耗水量小，设备费用低。

（4）洗涤器具

① 洗涤盆

常设置在厨房或公共食堂内，用来洗涤碗碟、蔬菜等。洗涤盆有单格和双格之分。

② 化验盆

设置在工厂、科研机关和学校的化验室或实验室内，根据需要可安装单联、双联、三联鹅颈龙头。

③ 污水盆

又称污水池，常设置在公共建筑的厕所、盥洗室内，供洗涤拖把、打扫卫生或倾倒污水之用。

2. 冲洗设备

（1）大便器冲洗设备

① 坐式大便器冲洗设备

常用低水箱冲洗和直接连接管道进行冲洗。低水箱与座体又有整体和分体之分。采用管道连接时必须设延时自闭式冲洗阀。

② 蹲式大便器冲洗设备

常用冲洗设备有高位水箱和直接连接给水管加延时自闭式冲洗阀。为节约冲洗水量，有条件时尽量设置自动冲洗水箱。

③ 大便槽冲洗设备

常在大便槽起端设置自动控制高位水箱或采用延时自闭式冲洗阀。

(2) 小便器和小便槽冲洗设备

① 小便器冲洗设备

常采用按钮式自闭式冲洗阀，既满足冲洗要求，又节约冲洗水量。

② 小便槽冲洗设备

常采用多孔管冲洗，多孔管孔径 2mm，与墙成 45°安装，可设置高位水箱或手动阀。为克服铁锈水污染贴面，除给水系统选用优质管材外，多孔管常采用塑料管。

2.3 电气工程材料

2.3.1 低压电气设备

1. 低压断路器

低压断路器也称为低压自动开关，主要作为不频繁地接通或分断电路之用。而且低压断路器还具有过载、短路和失压保护装置，在电路发生过载、短路、电压降低或消失时，断路器可自动切断电路，从而保护电力线路及电源设备。

低压断路器按灭弧介质可分为空气断路器和真空断路器两种，按用途分可分为配电用断路器、电动机保护用断路器、照明用断路器和漏电保护用断路器等。配电用断路器又可分为非选择型和选择型两种。非选择型断路器因为是瞬时动作，所以常用作短路保护和过载保护；选择型断路器又可用作两段保护、三段保护和智能化保护。两段保护为瞬时与短延时或长延时两段。三段保护为瞬时、短延时和长延时三段。其中的瞬时、短延时特性适用于短路保护，长延时特性适用于过载保护。

2. 低压刀开关

刀开关是低压电器中结构最简单的一种，广泛应用于各种配电设备和供电线路中，用来接通和分断容量不太大的低压供电线路以及作为低压电源隔离开关使用。

3. 熔断器

一种最简单的保护电器，在低压配电电路中，主要用于短路保护。它串联在电路中，当通过的电流大于规定值时，以它本身产生的热量，使熔体熔化而自动分断电路。熔断器与其他电器配合，可以在一定的短路电流范围内进行有选择的保护。

低压熔断器种类很多，根据其构造和用途可分为开启式、半封闭式和封闭式，封闭式熔断器又可分为有填料和无填料熔断器，有填料熔断器中有螺旋式和管式，无填料熔断器中有插入式和管式。

4. 接触器

接触器适用于远距离频繁接通和分断交、直流主电路及大容量控制电路。可分为交流接触器和直流接触器两种。接触器主要由主触头、灭弧系统、电磁系统、辅助触头和支架等组成。

2.3.2 低压配电系统中的电缆和导线

1. 常用电线

（1）绝缘电线

插座分支线路均采用 BV—3×2.5mm² PC20 导线。

照明分支线路均采用 BV—2×2.5mm² 导线。

2 根穿 PC16，3 根穿 PC20，4～6 根穿 PC25。

（2）裸导线

裸导线一般为架空线路的主体，输送电能。

① 裸单线：TY 铜质圆单线　　LY 铝质圆单线

② 裸绞线：TJ 铜绞线　　LJ 铝绞线　　LGJ 钢芯铝绞线

BV 铜芯塑料绝缘线　　BX 铜芯橡胶绝缘线　　BLV 铝芯塑料绝缘线

BVV 铜芯塑料绝缘护套线　　BLVV 铝芯塑料绝缘护套线

2. 常用电缆

电缆在电路中起着输送和分配电能的作用。电缆的组成：线芯、绝缘层、保护层。

电缆按用途可分为：

(1)电力电缆：用来输送和分配大功率电能。

① 聚氯乙烯绝缘聚氯乙烯护套电力电缆

　　VV　　　　　　VLV

例：VV22-4×120+1×50 表示 4 根截面为 120mm² 和 1 根截面为 50mm² 的铜芯聚氯乙烯绝缘，钢带铠装聚氯乙烯护套五芯电力电缆。

② 交联聚乙烯绝缘聚氯乙烯护套电力电缆

　　YJV　　　　　　YJLV

例：YJV22-4×120 表示 4 根截面为 120mm² 的铜芯交联聚乙烯绝缘，钢带铠装聚氯乙烯护套四芯电力电缆。

（2）控制电缆：用于传输控制电流

常用控制电缆：KVV　　KVLV

（3）通信电缆：用于传输信号和数据

① 电话电缆：HYY　　HYV

② 同轴射频电缆：STV-75-4

电缆按绝缘层可分为：

油浸纸绝缘 Z；橡皮绝缘 X；塑料绝缘 V、Y。

（4）电缆附件

电缆终端头：电缆与配电箱的连接处根电缆两个电缆头—电缆中间头：用于电缆的延长，隔 250m 设一个。

3. 母线

软母线：用于35kV以上的高压配电装置中；硬母线：用于高低压配电所。
TMY：硬铜母线；LMY：硬铝母线。

2.3.3　常用电光源

1. 常见电光源

（1）白炽灯。白炽灯主要由灯丝、玻璃壳体、灯头等几部分组成。具有结构简单、安装维修方便、便于调光、显色性好、价格便宜等优点。缺点是光效低，寿命短，受电压波动影响大。

（2）卤钨灯。卤钨灯由封套、灯丝、支架、石英管、电极、溴或碘蒸气等组成，具有体积小、寿命长、效率高、可以调光、显色性好等优点。缺点是点亮时灯管温度高，不能与易燃物接近，耐震性及耐电压波动比白炽灯差。

（3）荧光灯。灯管由灯头、灯丝、玻璃管等组成，灯管的两端各有一个由钨丝绕成的灯丝，受热后易发射电子。荧光灯具有发光效率高、灯管表面亮度低、寿命长等优点。缺点是点燃迟、受环境温度、电压的变化影响大、有频闪效应、不适宜频繁开关、造价高等。

（4）稀土三基色荧光灯按形状大致分为：细管径直管型三基色荧光灯、环形三基色荧光灯、紧凑型三基色荧光灯。

（5）高压汞灯。由灯头、石英放电管及玻璃外壳组成。具有光效高、寿命长等优点。缺点是受电压波动、环境温度影响大、显色性差、再启动时间长，不能用于事故照明和要求迅速点亮的场所。

（6）钠灯。钠灯的构造和发光原理基本和高压汞灯类似，根据内部钠蒸汽压力大小分为低压钠灯和高压钠灯。低压钠灯的优点是光效高、寿命长。缺点是显色性差。高压钠灯的优点是光效高、寿命长、受环境温度影响小、启动和再启动时间短。缺点是启动电压高、对灯的安装位置有一定要求，一般灯头在上。

（7）金属卤化物灯。其工作原理和结构与高压汞灯相近。因其放电管内除了汞蒸汽还充以金属卤化物而得名。金属卤化物灯体积小、光效高、显色性好，可以用于体育馆、高大厂房及车站或要求照度高、显色性好的室内照明。目前我国生产的金属卤化物灯有钠铊铟灯、管形镝灯、镝钍灯、钪钠灯等。其中钪钠灯是国内新品种，属节能光源。

（8）氙灯。灯管内充以高纯度氙气的弧光放电光源。与其他气体放电光源相比，光效低、寿命短、造价高，需要触发器才能启动。主要是用于广场、车站、港口、机场等大面积照明的场所。

2. 灯具

灯具的分类方式较多，按照安装方式分类：

（1）落地灯。将灯具通过支撑直接放在地上。多用于高级客房、带茶几沙发的房间、书架旁。一般仅在设置的位置留插座，不在设计图中标出灯具。

（2）地脚灯。一般在距地0.2～0.4m的墙内暗装。主要应用于医院病房、宾馆客房、公共走廊、卧室等场所，作用是照亮走道，便于人员行走。

（3）台灯。主要放在写字桌、工作台上作写字阅读之用。一般在设计图上不标出灯具，仅在需要的位置预留插座。

（4）壁灯。主要安装在柱上、墙壁上，做局部照明或装饰照明之用及不适宜在顶棚安装灯具或没有顶棚的场所。

（5）吊灯。主要是利用吊杆、吊链、吊管、吊灯线来安装的灯具。

（6）吸顶灯。将灯具吸贴在顶棚面上或吊顶上的安装方式。适宜于层高较低的房间场所。

（7）半嵌入式灯具。将灯具的一半或一部分嵌入顶棚内，其余部分突出在顶棚外面的安装方式。适用于顶棚吊顶深度不够的场所。

（8）嵌入式灯具。灯具嵌入吊顶内安装，灯具下边缘和吊顶齐平的安装方式。

2.4 常用建筑材料检测组批及取样

1. 见证取样类检测及取样数量（表2-2～表2-9）

水泥物理力学性能检测　　　　　　　　　　　　　　　　　　表2-2

项目名称	主要检测参数	取样数量	批量和取样方法	备注
水泥物理力学性能	标准稠度、安定性、胶砂强度、细度、凝结时间、比表面积、胶砂流动度	总量不少于12kg	水泥出厂前按同品种、同强度等级编号取样，袋装水泥和散装水泥应分别进行编号和取样，可连续取，亦可从20个以上不同部分取等量样品组成一组样品。袋装水泥不超过200t，散装水泥不超过500t	备份样品保留90天。

钢筋混凝土用钢材检测　　　　　　　　　　　　　　　　　　表2-3

项目名称	主要检测参数	取样数量	批量和取样方法	备注
热轧带肋钢筋、光圆钢筋	屈服强度、抗拉强度、伸长率、冷弯性能	拉伸2根(500mm)弯曲2根(400mm)	以同一牌号、同一厂家、同一炉号、同一规格、同一等级、同一交货状态，不大于60t，可以组成一批，抽取一组试件，超过60t的部分，每增加40t（或不足40t的余数）增加一个拉伸和弯曲试验试样	1. 在力学性能试验之前先进行钢筋重量和尺寸偏差检查； 2. 若有某项检验不符合规定，从同一批中取双倍试样复验
低碳钢热轧圆盘条	屈服点、抗拉强度、伸长率、冷弯性能等	拉伸2根(500mm)弯曲2根(400mm)	以同一牌号、同一厂家、同一炉号、同一规格、同一等级、同一交货状态，不大于60t可以组成一批，抽取一组试件，超过60t的部分，每增加40t（或不足40t的余数）增加一个拉伸和一个弯曲试样	
碳素结构钢	屈服点、抗拉强度、伸长率、冷弯性能等	拉伸1根(500mm)弯曲1根(400mm)	任取一根钢筋，端部截去500mm后切取	
冷轧带肋钢筋	屈服点、抗拉强度、伸长率、冷弯性能等	拉伸每盘1个、弯曲每批2个、反复弯曲每批2个	每(任)盘中随机切取，钢筋应按批进行检查和验收，每批由同一牌号、同一外形、同一规格、同一生产工艺和同一交货状态的钢筋组成，每批不大于60t	

续表

项目名称	主要检测参数	取样数量	批量和取样方法	备注
闪光对焊	拉伸试验、弯曲试验	拉伸、弯曲各3个	以同一台班内同一焊工完成的300个同牌号、同直径钢筋焊接接头为一批,若同一台班内焊接的接头数量很少,以一周内的累计值计算,不足的也以一批计算(冷弯试样应磨去毛刺)	若试验结果不符合要求,应取双倍数量试件复验
电弧焊	拉伸试验	一组3个	在现浇混凝土结构中,应以300个同牌号钢筋,同型号接头作为一批。在房屋结构中,应在不超过二楼层中300个同牌号钢筋,同型式接头为一批。在装配式结构中,可按生产条件制作模拟试件,每批3个拉伸试验	
电渣压力焊	拉伸试验	一组3个	在现浇混凝土结构中,应以300个同牌号钢筋,同型号接头作为一批。在房屋结构中,应在不超过二楼层中300个同牌号钢筋,同型式接头为一批	
气压焊	拉伸试验(在梁、板的水平钢筋连接中,应另切3根做弯曲试验)	拉伸、弯曲各3根	在从每批接头中切取3个(或6个)接头作为试件,一般以300个同牌号同钢筋级别为一批,在房屋结构中,应在不超过二层楼中300个同牌号钢筋接头为一批;当不足300个接头仍为一批	
预埋件钢筋T形接头	拉伸试验	拉伸3根	应以300件同类型预埋件作为一批,一周内连接焊时,可累计计算。当不足300件时,亦应按一批计算。试件的钢筋长度应大于或等于200mm,钢板的长度和宽度均应大于或等于60mm	
钢筋机械连接接头、锥螺纹接头、带肋钢筋套筒挤压连接接头	拉伸试验	工艺检验:母材3根、连接件各3根	应对每批进场钢筋进行接头工艺检验	
		现场检验:连接件3根	现场检验按验收批进行。同一施工条件下采用同批材料的同等级、同型式、同规格接头,以500个为一个验收批。不足500个也为一个检验批	
焊接网	剪切试验、拉伸试验	剪切3件;尚应对纵向和横向冷轧带肋钢筋作拉伸试验,试件各1件	凡钢筋牌号、直径及尺寸相同的焊接骨架和焊接网应视为同一类型制品,且每300件作为一批,一周内不足300件的亦按一批计算	

砂、石常规检测　　　　　　　　　　　　表2-4

项目名称	主要检测参数	取样数量	批量和取样方法	备注
砂	筛分析、压碎值、泥含量、泥块含量、表观密度、紧密密度、堆积密度、氯离子含量、吸水率、含水率	总量不少于40kg	在料堆上取均匀分布的8处,铲除表面,抽取大致相等的砂共8份,组成一组样品。以400m³或600t同产地同规格同一次进场的为一验收批,不足者为一批计	若检验不合格,应加倍取样对不合格项进行复验
石子	筛分析、压碎值、泥含量、泥块含量、表观密度、紧密密度、堆积密度、针片状、吸水率、含水率	最大粒径31.5mm不少于50kg,最大粒径40mm不少于60kg	在料堆顶部、中部和底部均匀分布的15个不同部位,将表面铲除抽取大致相等的石子15份,组成一组样品。以400m³或600t同产地同规格同一次进场的为一验收批,不足者为一批计	若检验不合格,应加倍取样对不合格项进行复验

混凝土、砂浆性能检测　　　　　　表 2-5

项目名称	主要检测参数	取样数量	批量和取样方法	备注
混凝土	抗压强度、抗折强度	每组3块	每拌制100盘且不超过100m³的同配合比的混凝土，取样不得少于一次。每工作班拌制的同一配合比的混凝土不足100盘时，取样不得少于一次。当一次连续浇筑超过1000m³时，同一配合比的混凝土每200m³取样不得少于一次。每一楼层同一配合比的混凝土，取样不得少于一次。每次取样应至少保留一组标准养护试样，同条件养护试件的留置组数应根据实际需要确定	试块表面应在成型时注明工程部位、设计强度、成型日期、养护方法，否则按无效试块处理
混凝土	配合比设计	水泥、砂、石子分别不少于50kg、75kg、160kg，若需使用掺合料、外加剂，应按预计掺量一同送样	见原材料取样方法	
混凝土	抗渗	每组6块	连续浇筑混凝土500m³应留置一组抗渗试件且每项工程不得少于两组。采用预制混凝土的抗渗试件，留置组数应视结构的规模要求而定	
砂浆	抗压强度	每组3块	施工中取样时，应在使用地点的砂浆槽、砂浆运送车或搅拌机出料口，同一盘的至少三个不同部位抽取，所取数量应多于试验用料的1～2倍。砌筑砂浆按每一个台班，同一配合比，同一层砌体或250m³砌体取一组试块，地面砂浆按每一层地面1000m²取一组，不足1000m²按一组计	
砂浆	配合比设计	水泥、砂分别不少于10kg、50kg，若需使用掺合料、外加剂，应按预计掺量一同送样	见原材料取样方法	
水泥净浆	抗压强度	每组6块	同一配比检查一次	

简易土工检测　　　　　　表 2-6

项目名称	主要检测参数	取样数量	批量和取样方法	备注
简易土工	含水率试验、密度、击实试验	代表性土样25kg	基槽和管沟回填按长度20～50m取2个点，对于基坑每边50～100m²应不少于1个检验点	

混凝土掺加剂检测

表 2-7

项目名称	主要检测参数	取样数量	批量和取样方法	备注
混凝土添加剂	减水率、泌水率比、含气量、凝结时间差、抗压强度比、收缩率比、水泥净（砂）浆、流动度、含水量、坍落度增加值、细度、密度、对钢筋锈蚀作用、坍落度保留值	每一编号取样量不少于0.2t水泥所用的外加剂量；混凝土膨胀剂不少于10kg	掺量≥1%同品种，不超过100t为一编号，掺量<1%的，不超过50t，不足100t或50t的按一批计；年产不小于500t，每一批号为50t，年产500t以下每批号为30t，每批不足50t或30t按一批计；日产超过200t，以不超过200t为一批号，日产不足200t，以不超过日产量为一批号	
粉煤灰	细度、三氧化硫、烧失量、需水量比、含水率	连续供应的200t相同等级的粉煤灰为一批；不足200t者按一批计	散装灰的取样，应从不同部位取15份试样，每份不得少于1kg，混batch要均匀，按四分法取出比试验用量大一倍的试样。袋装灰的取样，应从每批中任抽10袋，每袋各取试样不得少于1kg，按每批检验	若其中任一项不符合要求，应从同一批中加倍取样复检

沥青、沥青混合料检测

表 2-8

项目名称	主要检测参数	取样数量	批量和取样方法	备注
沥青	针入度、延皮、软化点、闪点、燃点、溶解度、脆点、薄膜加热试验、蒸发损失等	黏稠或固体沥青不少于1.5kg；液体沥青不少于1L；沥青乳液不少于4L	在拌合厂取样，每放一次料取一次样，连续三次，混合均匀，按四分法取样；在运料车上取样，应在装料或卸料车从3个不同方向，不同高度取样，且宜从3辆不同车上取样混合使用；在施工现场取样，应在摊铺半碾铺层全厚铲除，连续3车混合均匀；对热拌混合料，都必须用温度计测量温度，精确至1℃；从碾压成型的路面取样，应随机选取3个以上不同地点取混合料至全厚	
沥青混合料	沥青含量、马歇尔击实、砂料及配、理论密度、饱水率、马歇尔稳定性、弯曲试验、劈裂强度、线收缩系数等	随机取样不少于20kg	在拌合厂取样，每放一次料取一次样，连续三次，混合均匀，按四分法取样；在运料车上取样，应在装料或卸料车从3个不同方向，不同高度取样，且宜从3辆不同车上取样混合使用；在施工现场取样，应在摊铺后碾压前在摊铺宽度1/2~1/3处全层取样，每铺一车取一次，连续3次混合均匀，按四分法取适当数量	

预应力钢材、锚夹具、波纹管检测 表 2-9

项目名称	主要检测参数	取样数量	批量和取样方法	备注
预应力钢材	抗拉强度、最大力、弹性模量、最大总伸长率、非比例延伸力、应力松弛性能	3根	钢绞线应成批验收,每批钢绞线由同一牌号、同一规格、同一生产工艺捻制的钢绞线组成,每批量不大于60t。每批钢丝由同一牌号、同一规格、同一加工状态的钢丝组成,每批质量不大于60t	
锚夹具	预应力锚具静载	6套	每批零件产品的数量是指同一产品、同一批原材料,用同一种工艺一次投料生产的数量。每个抽检组批不得超过2000件(套)。从外观和硬度合格后的产品中抽取与符合要求和检验合格的预应力筋组装成三个组装件	
	硬度	5套	从每个检验批中任意抽取5%,不得少于5套	样品硬度检测部位,用砂纸打磨,并去除污渍物
波纹管	集中荷载径向刚度性能、集中荷载后抗渗性能、均布荷载径向刚度性能、抗弯曲后抗渗漏	1m长6根(径向刚度),6m长3根(抗渗漏性能)	同一钢带厂生产的同一批钢带所制造的预应力混凝土用金属波纹管组成,50000m为一批	

2. 专项检测项目(表 2-10～表 2-13)

地基基础工程检测 表 2-10

项目名称	主要检测参数	取样数量和取样方法	备注
单桩竖向抗压(抗拔)静载荷试验	确定单桩竖向抗压(抗拔)承载力	在同一条件下,试桩数量不少于总根数的1%,且不少于3根;工程总根数在50根以内时应不少于2根。对于采用多节预制桩工程(仅指两节及两节以上且单节长度≤4m),检测数量不应少于总桩数的2%,且不少于5根	当检测不合格时,应会同设计、质监、检测部门分析其原因,并相应地增加检测数量
基桩低应变动力检测	确定桩身结构完整性	柱下三桩或三桩以下的承台抽检数不得少于1根;设计等级为甲级或地质条件复杂、成桩质量可靠性较低的灌桩时,抽检数量不应少于总桩数的30%,且不得少于20根;其他桩基工程的抽检数量不应少于总桩数的20%,且不得少于10根;单节混凝土预制桩可适当减少,但不应少于总桩数的10%,且不少于10根	当Ⅲ、Ⅳ类桩之和大于抽检数的20%时,应在未检桩中继续扩大抽检

现场结构检测　　　　　　　　　　　表 2-11

项目名称	主要检测参数		取样数量和取样方法	备注
钢筋位置、保护层厚度	钢筋保护层、板厚检测		测试部位及数量根据现场情况及委托方要求确定。对于梁类、板类构件，一般抽取构件数量的2%且不少于5个构件，当有悬挑时，抽取的构件中悬挑梁类、板类构件所占比例不宜小于50%	检测前确定钢筋位置及方向，避开金属预埋件等
混凝土强度（回弹法）	强度检测	单个检测	在相同的生产工艺条件下，混凝土强度等级相同，原材料、配合比、成型工艺、养护条件基本一致且龄期相近的同类构件为一批。同批构件抽检数量不得少于构件总数的30%且不得少于10件。每一结构或构件测区数不应少于10个，对某一方向尺寸小于4.5m另一方向尺寸小于0.3m的构件，其测区数量可适当减少，但不应少于5个；相邻两测区的间距应控制在2m以内，测区离构件端部或施工缝边缘的距离不宜大于0.5m，且不宜小于0.2m	测试面应保持干燥状态，光滑无悬浮砂粒
		批量检测		
钻芯法检测混凝土强度	强度检测		结构或构件受力较小的部位混凝土强度质量具有代表性的部位，避开主筋、预埋件和管线位置。按单个构件检测时，每个构件钻芯数量不应少于3个，对于较小构件可取2个	
现场砂浆强度检测	砂浆强度检测		将建筑物或建筑物的一部分划分为一个或若干个可以独立进行分析的结构单元，每个结构单元划分为若干个检测单元，一个检测单元选择6个构件（单片墙体、柱）为6个测区，每个测区测点数不少于5个	
后置埋件	抗拔承载力检测		同规格同型号、基本相同部位的锚栓组成一个检验批。抽样数量按每批锚栓总数的1‰计算，且不少于3根	
沉降观测	沉降观测检测		观测点的位置：建筑物的四角、大转角处及沿外墙每10～15m处或每隔2～3根柱基上；高低层建筑物、新旧建筑物、纵横墙等交接处的两侧；建筑物裂缝和沉降缝两侧、基础埋深相差悬殊处、人工地基与天然地基接壤处、不同结构的分界处及填挖分界处、宽度大于等于15m或小于15m而地质复杂以及膨胀土地区的建筑物，在承重内隔墙中部设内墙点，在室内地面中心及四周设地面点	测量工作开始前应对测点条件进行检测方案设计，一般高程测量宜采用测区原有高程系统，只能设一个高程系统，具体根据图纸设计要求及相关标准共同确定
尺寸偏差	楼板厚度检测		按楼层、结构缝或施工段划分检验批。在同一检验批内，对于板，应按有代表性的自然间抽查10%，且不少于3间；对大空间结构，板可按纵、横轴线划分检查面。抽查10%且均不少于3面	

钢结构工程检测　　　　　　　表 2-12

项目名称	主要检测参数	取样数量	批量和取样方法		备注
钢板	屈服强度、抗拉强度、伸长率、弯曲性能	拉伸、弯曲各1根	试样厚度	试样宽度	若某项试验结果不合格，可从同一批中再任取双倍数量的试样进行该不合格项目的复验
			1.0～4.0	15	在钢板宽度1/4处切取横向样坯2块，尺寸不小于60mm×500mm。以同一牌号、同一炉罐号、同一等级品种、同一规格、同一进场时间的不大于60t的钢材为一批，抽取一组样品
型钢			>4.0～12	20	在现场任意切取500mm纵向钢材试样，冷弯400mm。以同一牌号、同一炉罐号、同一等级品种、同一规格、同一进场时间的不大于60t钢材为一批，抽取一组样品
			>12～25	25	
扭剪型高强度螺栓	螺栓实物载荷检验、芯部硬度、螺母保证荷载、垫片硬度、连接副紧固轴力、螺栓及螺母的螺纹、表面缺陷、表面处理	24副	以同一性能等级、材料、炉号、规格、长度、机械加工、热处理工艺、表面处理工艺的螺栓为同批，同批高强度螺栓连接副最大批量为3000套		
大六角头高强度螺栓	螺栓实物最小载荷检验、芯部硬度、螺母保证荷载、垫片硬度、连接副扭矩系数、螺栓及螺母的螺纹、表面缺陷、表面处理	24副	以同一性能等级、材料、规格、加工工艺的螺栓为同批，对保证扭矩系数供货的螺栓连接副最大批量为3000套		
钢网架螺栓球节点用高强度螺栓	螺栓实物楔负载检验、芯部硬度、螺栓的螺纹、表面缺陷、表面处理	12副	以同一性能等级、材料牌号、炉号、规格、机械加工、热处理工艺、表面处理工艺的螺栓为同批，对于≤M36的最大批量为5000件，>M36的为2000件		
拼装试件	抗滑移系数	3个	以同一材质、同一处理工艺、性能等级、规格的，并以分部工程每2000t为一制造批，不足者以一批计		
螺栓球组件焊接球组件	拉力荷载	3个			

续表

项目名称	主要检测参数	取样数量	批量和取样方法	备注
钢结构超声探伤	焊缝质量	二级焊缝总数20%、一级焊缝总数100%	检验区域：焊缝本身再加上焊缝两侧各相当于母材厚度30%的一段区域，这个区域最小10mm，最大20mm	清除焊接飞溅、铁屑、油垢及其他外部杂质，探伤表面粗糙不应超过6.5μm，必要时应进行打磨
防腐防火涂装	粘结强度、涂层厚度	按同类构件数抽查10%，且均不小于3件	每使用100t或不足100t薄涂型防火涂料应抽检一次粘结强度；每使用500t或不足500t厚涂型防火涂料应抽检一次粘结强度和抗压强度	

建筑节能工程检测　　　　　表2-13

项目名称	主要检测参数	取样数量	批量和取样方法	备注
聚苯板（EPS、XPS）	厚度、压缩强度（抗压强度）、尺寸稳定性、导热系数、抗拉强度、表观密度、吸水率	整板2块	同一类别、同一规格的产品300m²为一批，不足300m²的按一批计。试样切割时需离聚苯板边缘15mm以上，试样两个受检面的平行度和不平整度的偏差不大于0.5mm，做尺寸稳定性的试件要标明长方向	如仅有一项指标不合格，应加倍抽检复验
硬质泡沫聚氨酯	压缩强度、初始导热系数、老化导热系数、水蒸气透过率、尺寸稳定性、闭孔率、粘结强度试验	面积约1.5m²，厚度不小于30mm的样品即可制备一组试样	同一原料、同一配方、同一工艺条件下的过程，每批数量不超过300m³，不足按一个批量计算。样品应在施工现场制备，按照供应商关于材料的建议，与现场所处的气候方向，支撑表面与实际条件一致，或者直接在现场挖取，仲裁时现场挖取样品	
胶粉聚苯颗粒保温浆料	表观密度、压缩强度、软化系数、导热系数	胶粉与颗粒拌合好的粉料25kg；双组分（胶粉5kg、聚苯颗粒1袋），同时提供施工配合比	同一产品、同一级别、同一规格产品30t为一批，不足一批以一批计。从每批任抽10袋，每袋不少于500g，混合均匀，按四分法缩取出比试验所需量大1.5倍的试样为检验样	
水泥基复合保温砂浆		干密度300mm×300mm×30mm（3块）、压缩强度100mm×100mm×100mm（5块）	同条件试件，每检验批应抽样制作试块不少于3组	

续表

项目名称	主要检测参数	取样数量	批量和取样方法	备注
抗裂砂浆	常温状态拉伸粘结强度、耐水拉伸粘结强度、压折比、可操作时间	5kg	同一生产时间、同一配料、工艺条件制得的产品为一批，A类产品 30t 为一批，其他类产品 3t 为一批。从一批样品总抽 10 袋，每袋中分别取不少于 500g，混合均匀，提供配比	如仅有一项指标不合格，应加倍抽检复验
界面砂浆	常温状态拉伸粘结强度、耐水拉伸粘结强度			
胶粘剂	常温状态拉伸粘结强度、耐水拉伸粘结强度、可操作时间			
抹面砂浆	常温状态拉伸粘结强度、耐水拉伸粘结强度、压折比、可操作时间			
热镀锌电焊钢丝网	网孔尺寸、丝径、焊点抗拉力、镀锌层质量	$2m^2$	同一品种、同一规格、同一生产工艺生产的一定数量的单位产品为一个合格品批	
耐碱网格布	单位面积质量、断裂强力、耐碱断裂强力保留率断裂应变	$2m^2$	同一品种、同一规格、同一生产工艺，稳定连续生产的一定数量的单位产品为一个合格品批	
热工性能现场检测	传热阻	$1m^2$ 墙体	同一居住小区围护结构保温措施及建筑平面布局基本相同的建筑物作为一个样本随机抽样。抽样比例不低于样本比数的 10%，至少 1 幢；不同结构体系建筑，不同保温措施的建筑物应分别抽样检测。公用建筑应逐幢抽样检测。抽样建筑应在顶层与标准层进行至少 2 处墙体、屋面的热阻检测	
保温砖	热阻检测	根据材料的具体尺寸决定，满足 $1m^2$ 墙体的砖	相同材料、工艺和施工做法的自保温砌体工程，每 500~1000 m^2 墙体面积为一个检验批	

续表

项目名称	主要检测参数	取样数量	批量和取样方法	备注
围护结构实体	保温层构造	3个试样	应选取节能构造有代表的外墙上相对隐蔽的部位，应宜兼顾不同朝向的楼层。一个单位工程每种节能保温做法至少取3个试样	
	锚固件拉拔力	至少5个	每种保温系统分别抽检	
	保温板粘结强度	5个(100mm×100mm×50mm)	以同种规格产品不超过2000m³为一组批	
	面砖抗拉强度	一组3个试样	以每1000m²同类墙体饰面砖为一个检验批，不足1000m²应按1000m²计，每相邻的三个楼层应至少取一组试样，取样间距不得小于500mm	
围护结构实体	外窗气密性实体检验	同一规格、型号、同窗型一组3樘	每个单位工程外的外窗至少抽查3樘，当一个单位工程外窗有2种以上品种、类型和开启方式时，每种品种类型和开启方式的外窗应抽查不少于3樘	

3. 备案类检测项目(表2-14～表2-18)

建筑节能工程检测　　　　　　　　表2-14

项目名称	主要检测参数	取样数量	批量和取样方法	备注
水电检测(现场)	线路绝缘电阻	抽样50%	检测前应提供施工图纸，临时通电，给水管临时通水，排污管出墙处做窨井	
	接地电阻	全数检测		
	落水试验、通球试验	抽样50%		
	承压管道系统(水压试验)	全数检测		
PVC排水管材	颜色、外观、平均外径、壁厚、弯曲度、维卡软化温度、纵向回缩率、拉伸屈服强度、落锤冲击试验	3根1m	同一原料、配方和同一工艺和同一规格连续生产的管材为一批，每批数量不超过50t	
PVC排水管件	坠落试验、烘箱试验、外观平均壁厚、维卡软化温度	每种规格随机抽取9个	同一原料、配方和工艺生产的同一规格管件为一批，当公称外径≤75mm时，每批数量不超过1万件，当公称外径≥75mm时，每批数量不超过5000件	
PPR给水管材	外观、平均外径、壁厚、纵向回缩率、静液压试验、简支梁冲击试验	3根1m	同一原料、配方和工艺连续生产的同一规格管材为一批，每批数量不超过50t，如果生产7d仍不足50t则以7d产量为一批。一次交付可有一批或多批组成，交付注明批号，同一交付批号为一个交付检验批	
PPR给水管件	外观、平均、壁厚、液压试验、纵向回缩率、简支梁冲击试验、熔体质量流动速率	每种规格随机抽取6个	同一原料、配方和工艺情况下生产的同一规格管材为一批，公称外径≤32mm每批不超过1万件。公称外径＞32mm每批不超过5千件。生产7d尚不足上述数量，则以7d产量为一批，一次交付可由一批或多批组成，交付时注明批号，同一交付批号为一个交付检验批	

续表

项目名称	主要检测参数	取样数量	批量和取样方法	备注
PP给水管材	外观、平均外径、壁厚、纵向回缩率、静液压试验、熔体质量流动速率、落锤冲击试验	3根1m	同一原料、配方和工艺连续生产的同一规格管材作为一批，每批数量不超过50t，如果生产7d仍不足50t，则以7d生产量为一批	
PE给水管材	外观、平均外径、壁厚及偏差、纵向回缩率、熔体质量流动速率、断裂伸长率	3根1m	同一原料、配方、工艺连续生产的同一规格管材作为一批，每批数量不超过100t，生产期7d尚不足100t，则以7d产量为一批	
电线电缆	外径测量、线芯直径、绝缘厚度、绝缘层老化前后抗张(断裂)强度(变化率)、导体电阻、绝缘电阻、电压试验、垂直燃烧	电线整包装1卷(含合格证)	同品牌、同批次随机取样	
电工套管	外观、最大外径、最小外径、最小内径、最小壁厚、抗压性能、冲击性能、弯曲性能、弯扁性能、跌落性能、耐热性能、阻燃性能、电器性能	6根制造长度		

墙体、屋面检测　　　表2-15

项目名称	主要检测参数	取样数量	批量和取样方法	备注
烧结普通砖、烧结空心砖、多孔砖、混凝土普通砖、淤泥砖、粉煤灰砖	抗压强度	20块	以同规格、材料、强度和同一生产工艺的砖为一批。批量：烧结普通砖为3.5～15万块；烧结空心砖、多孔砖为3.5～15万块；混凝土普通砖为3.5～15万块；淤泥砖3.5～15万块；粉煤灰砖10万块为一批，不足10万块按一批计。混凝土多孔砖以同一种原材料配制成，同一工艺生产的相同外观质量等级和强度等级的3.5～15万块为一批，不足3.5万块按一批计	
混凝土小型空心砌块	抗压强度	10块	以同一种原材料配制成的相同外观质量等级、强度等级和同一生产工艺的1万块砌块为一批。每月生产的块数不足1万块亦按一批	
轻集料混凝土小型空心砌块	抗压强度密度等级	20块		
粉煤灰小型空心砌块	抗压强度	20块		

113

续表

项目名称	主要检测参数	取样数量	批量和取样方法	备注
蒸压加气砌块	干密度	3组9块	随机抽取制品。沿制品膨胀方向中心部分上、中、下顺序锯取一组边长为100mm的立方体试件,上块上表面距离制品顶面30mm,中块在制品中心,下块下表面距离制品底面30mm,送检试样应标明砌块膨胀方向。干燥收缩试件从当天出釜的制品中部锯取,试件长度方向平行于制品的膨胀方向,锯取长160mm,宽40mm试件3块。锯好后立即将试件密封,以防碳化。导热系数试件在制品中心部分锯取,试件长度方向平行于制品的膨胀方向,尺寸为300mm×300mm×20mm。同品种、同规格、同等级的砌块以1万块为一批,不足1万块按一批计	
蒸压加气砌块	强度等级	3组9块		
蒸压加气砌块	导热系数	一组2块		
蒸压灰砂砖	抗压强度	10块	以同规格、材料、强度和同一生产工艺的为一批。蒸压灰砂砖≤10万块	
混凝土瓦	承载力、抗渗性能、吸水率	20片	以同规格、同类别、同等级15万片为一批,不足者为一批	
烧结瓦	抗弯曲性能、抗渗性能、吸水率	20片	以同规格、同类别、同色号、同等级的1~3.5万片为一批,不足者为一批	

饰 面 检 测

表 2-16

项目名称	主要检测参数	取样数量	批量和取样方法	备注
瓷质砖、炻瓷砖、细炻砖、炻质砖、陶质砖	吸水率	对边长<600mm 取样品30块且面积不小于1m²;对于边长≥600mm 的砖,样本量至少10块且不少于1m²	试样应从检验批中随机抽取,抽取样品的地点由供需双方商定。以同种产品同一级别规格的实际交货量≥500m² 为一批,不足者根据委托方要求检验	
天然大理石	体积密度、吸水率、弯曲强度、干燥压缩强度	每组各5块	同一品种、类别、等级的板材为一批。试件从检测批中随机抽取。干燥压缩强度5个50mm 边长的正方体或Φ50mm×50mm 的圆柱体。弯曲强度:H(厚度)按实际情况定,当 H≤68mm 时宽度为100mm;当 H>68mm 时,宽度为1.5H,试件长度为 10H+50mm。长度尺寸偏差±1mm,宽度、厚度尺寸偏差±0.3mm。体积密度、吸水率试样:边长50mm 的正方体或直径、高度均为50mm 的圆柱体,尺寸偏差±0.5mm	

防水材料检测

表 2-17

项目名称	主要检测参数	取样数量	批量和取样方法	备注
弹性体改性沥青防水卷材、塑性体改性沥青防水卷材	可溶物含量、耐热性、低温柔性、不透水性、拉力、延伸率	1m	以同一类型、同一规格10000m^2为一批，不足10000m^2亦作为一批。将卷材切除距外层卷头2500mm后，取1m	若仅有一项指标不符合标准规定，允许在该批产品中再抽同样数量的样品，对不合格项进行单项复验
沥青复合胎柔性防水卷材	可溶物含量、耐热性、低温柔性、不透水性、最大拉力	1m	以同一类型、同一规格10000m^2为一批，不足10000m^2亦作为一批。将卷材切除距外层卷头1000mm后，取1m	
高分子防水卷材	断裂拉伸强度、扯断伸长率、撕裂强度、不透水性、低温弯折温度	2m	以同品种、同规格5000m^2卷材为一批，抽取外观质量和规格尺寸合格样品	
聚氯乙烯防水卷材	拉力、断裂伸长率、低温弯折性、抗穿孔性、不透水性	3m	以同类型的10000m^2卷材为一批，不足10000m^2亦作为一批。抽取外观和尺寸合格的卷材一卷，在距外层端部500mm处裁取3m	
氯化聚乙烯—橡胶共混防水卷材	拉伸强度、断裂伸长率、直角形撕裂强度、不透水性	1.5m	以同规格同类型的卷材250卷为一批，不足250卷亦可作为一批，从每批产品中任取三卷进行检验	
自粘橡胶沥青防水卷材	不透水性、耐热度、拉力、断裂延伸率、柔度、抗穿孔性	1.5m	以同一类别、同一规格5000m^2为一批，不足5000m^2亦作为一批。从卷重、尺寸与外观合格的产品中任取一卷，在距端部500mm处沿纵向裁取1.5m	
自粘聚合物改性沥青聚酯胎防水卷材	可溶物含量、不透水性、耐热度、拉力、最大拉力时延伸率、低温柔度	1.5m	以同类型的10000m^2卷材为一批，不足10000m^2亦作为一批。从卷重、尺寸与外观合格的产品中任取一卷，在距端部500mm处沿纵向裁取1.5m	
聚合物乳液建筑防水涂料	拉伸强度、断裂延伸率、低温柔性、不透水性、固体含量、干燥时间	4kg	对同一原料、配方、连续生产的产品，出厂检验以每5t为一批，不足5t亦可按一批计。出厂检验和型式检验产品取样时，总共取4kg样品用于检验	
聚氨酯防水涂料	拉伸强度、断裂伸长率、撕裂强度、低温弯折性、不透水性、固体含量、表干时间、实干时间	3kg	以同一类型、同一规格15t为一批，不足15t亦作为一批。在每批产品中总共取3kg样品（多组分按配比取）	
水泥基渗透结晶型防水材料	安定性、凝结时间、抗折强度、抗压强度、潮湿基面粘结强度、抗渗压力、第二次抗渗压力、渗透压力比	10kg	同一类型、型号的50t为一批量，不足50t亦可按一批计。水泥基渗透结晶型防水涂料每次取样10kg，水泥基渗透结晶型防水剂每次取样不少于0.2t所需的外加剂量	

续表

项目名称	主要检测参数	取样数量	批量和取样方法	备注
聚合物水泥防水涂料	固体含量、干燥时间、拉伸强度、断裂伸长率、低温柔度、不透水性、潮湿基面粘结强度、抗渗性	5kg	以同一类型的10t产品为一批，不足10t也作为一批。两组分共取5kg样品	
聚氯乙烯弹性防水涂料	耐热性、低温柔性、断裂延伸率、不透水性	2kg	以同一类型，同一型号20t产品为一批，不足20t也作为一批	

门 窗 检 测　　　　　表2-18

项目名称	主要检测参数	取样数量	批量和取样方法	备注
门窗物理性能	抗风性能、气密性、水密性	3樘	相同类型、结构及规格尺寸的试件，应至少检测3樘	
铝合金型材	壁厚、膜厚、硬度、抗拉强度、抗剪强度		壁厚：每批1%，不少于10根。硬度：每批（炉）2根，每根1个，试样尺寸200mm。膜厚：1~10根全部，11~100根抽10根，201~300根抽15根、301~500根抽20根、301~800根抽30根、800以上抽40根。抗拉、抗剪试样取样10根，长度为100±1mm，并在同规格隔热型材中抽取两根型材，分别从两端、中部取	
塑钢型材	直线偏差	3个	从3根型材上各截取长度为1000~1010mm的试样1个	以同一原料、工艺、配方、规格为一批，每批数量不超过50t。如产量不足50t，则以7d产量为一批
	主型材质量	3个	从3根型材上各截取长度为200~300mm的试样1个	
	加热后尺寸变化率	3个	从3根型材上各截取长度为250±5mm的试样1个	
	主型材的落锤性能	10个	从3根型材各截取长度为3004±5mm的试样1个	
	15℃加热后状态	2个	从3根型材上共截取长度为200±10mm的试样2个	若有不合格项时，应从原批中随机抽取双倍样品，对该项目进行复验
	主型材的可焊接性	5个	焊角试样5个，不清理焊缝，只消除焊角的外缘试样支撑面的中心长度为400±2mm	
	简支梁冲击强度	5个	试样尺寸：$L=(80±2)$mm，$b=(10.0±0.2)$mm，h：型材可视面壁厚	
	维卡软化温度	至少2个	试样为10mm×10mm的正方形，厚度3~6.5mm或Φ10mm的圆形	

第3章 工程构造

3.1 房屋建筑构造

3.1.1 房屋建筑构造概论

1. 建筑的分类与等级

建筑包括建筑物和构筑物。建筑物是人们为满足生产、生活和进行各种社会活动的需要而建造的空间环境，如工业厂房、住宅、电影院等。仅仅为满足生产、生活某一方面的要求而建造的某些工程设施则称为构筑物，如满足供水需要建造的水池、水塔；满足排烟需要建造的烟囱；满足供电需要建造的输电塔架等。

(1) 建筑的分类

① 按使用性质分类

建筑按使用性质分为民用建筑、工业建筑和农业建筑。

民用建筑是供人们居住及进行社会活动的建筑，包括居住建筑（如住宅、宿舍、公寓等）和公共建筑（如办公、科教、商业、医疗、邮电、交通、广播等）。

工业建筑是供人们进行工业生产活动的建筑，包括生产用建筑和辅助生产、动力、运输、仓储用建筑，如机械加工车间、机修车间、锅炉房、车库、仓库等。

农业建筑是供人们进行农牧业生产活动的建筑，包括种植用建筑、养殖用建筑、贮存用建筑，如温室、猪圈、粮仓等。

② 按承重结构的材料分类

建筑按承重结构材料分为木结构（以木柱、木屋架作为主要承重结构）、砖木结构（以砖墙、砖柱、木屋架作为主要承重结构）、砖混结构（以砖墙、砖柱或钢筋混凝土柱、钢筋混凝土梁、钢筋混凝土楼板和屋面板作为主要结构）、钢筋混凝土结构（主要承重构件梁、板、柱全部采用钢筋混凝土的结构）、钢结构（主要承重构件梁、板、柱、桁架全部采用钢材的结构）等。

③ 按受力和构造特点分类

建筑按受力和构造特点可分为混合结构、排架结构、框架结构、剪力墙结构、筒体结构和其他形式的结构。

混合结构房屋的主要承重体系有两种或两种以上的材料，主要包括砖木结构、砖混结构等。一般用于低层和多层建筑。

排架结构主要承重体系由屋面梁（或屋架）和柱组成，主要用于单层工业厂房。屋面梁（或屋架）与柱的顶端铰接，柱的下端与基础固接。

框架结构主要承重体系由梁和柱组成。梁与柱为刚性连接，形成整体刚架（框架）；底层柱脚与基础固接。

剪力墙是纵横向布置的成片钢筋混凝土墙，能够承受较大的水平剪力。剪力墙与钢筋混凝土楼、屋盖整体连接，形成剪力墙结构。剪力墙结构主要用于高层和超高层建筑中。

筒体结构是由一个或几个钢筋混凝土筒体作承重结构的高层建筑体系。筒体结构有单筒、筒中筒和组合筒等几种形式。

其他的结构形式还有框架—剪力墙结构、框支—剪力墙结构、框架—筒体结构、壳体结构、网架结构和悬索结构等。

④ 按建筑高度或层数分类

住宅建筑1～3层为低层建筑；4～6层为多层建筑；7～9层为中高层建筑；10层及10层以上为高层建筑。

除住宅建筑以外的民用建筑高度小于24m为单层和多层建筑，大于24m为高层建筑。建筑总高度大于100m，不论是住宅还是公共建筑均为超高层建筑。

⑤ 按建筑规模和数量分类

建筑按规模和数量分为大量性建筑(规模不大，修建数量较多的建筑，如住宅小区、学校、医院等)和大型性建筑(规模大，修建数量较少的建筑，如大型体育馆、航空港、大型剧院等)。

(2) 建筑的等级划分

建筑的等级包括耐久等级和耐火等级两大部分。

① 建筑的耐久等级

建筑的耐久等级是依据建筑物的性质决定的，耐久等级的指标是耐久年限。

《民用建筑设计通则》(GB 50352—2005)和《建筑结构可靠度设计统一标准》(GB 50068—2001)规定，建筑的耐久等级分为四级：一级建筑耐久年限为100年，适用于纪念性建筑和特别重要的建筑物；二级建筑耐久年限为50年，适用于普通建筑和构筑物；三级建筑耐久年限为25年，适用于易于替换结构构件的建筑；四级建筑耐久年限为5年，适用于临时建筑。

② 建筑的耐火等级

建筑的耐火等级取决于房屋主要构件的燃烧性能和耐火极限。

燃烧性能是指建筑构件在明火或高温辐射情况下，能否燃烧及燃烧的难易程度。建筑构件按照燃烧性能分为非燃烧体(如石材、混凝土、砖等)、难燃烧体(如沥青混凝土、水泥刨花板等)和燃烧体(如木材等)。

耐火极限是指建筑构件按时间-温度标准曲线进行耐火试验，从受到火的作用起，到失去支持能力或完整性被破坏或失去隔火作用时所延续的时间，用小时表示。

我国《高层民用建筑设计防火规范》(GB 50045—2005)和《建筑设计防火规范》(GB 50016—2006)规定，高层民用建筑的耐火等级分为两级，多层建筑的耐火等级分为四级。

2. 民用建筑构造组成

各种类型的民用建筑，虽然使用功能、外形各不相同，但一般都是由基础、墙或柱、楼地层、楼梯、屋顶和门窗六大基本部分组成，见图3-1。

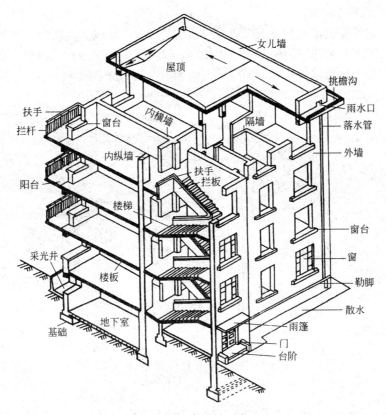

图 3-1 房屋的组成

(1) 基础

基础是建筑中墙或柱最下部的承重部分,承受建筑物全部荷载,并传给基础下面的土层。

(2) 墙或柱

墙或柱是竖向承重构件。墙还起围护和分隔空间的作用。

(3) 楼地层

楼地层包括楼板层和底层地面,是水平方向的承重构件。楼地层在垂直方向将建筑物分隔成若干层。

(4) 楼梯

楼梯是楼层间的垂直交通设施,供人们平时上下和紧急疏散时使用。

(5) 屋顶

屋顶是建筑顶部的承重和围护构件。屋顶承受建筑物顶部全部荷载,并将其传递给下部的墙或柱;屋顶还要抵御自然界各种不利因素的侵袭,起围护作用。

(6) 门窗

门窗是建筑的非承重构件,主要起分隔和围护作用。门主要用作内外交通联系及分隔房间,窗的主要作用是采光和通风。

民用建筑除了这六大基本组成外,根据不同的使用要求还需设置一些附属部分,如台阶、通风道、烟道、阳台、雨篷等。

3. 工业建筑构造组成

由于工业建筑要满足人们进行工业生产活动的需要,所以它的跨度和单层高度一般比民用建筑要大得多,虽然它们的基本组成相同,但在屋顶、墙或柱、门窗、基础的构造方面相差较大,现以排架结构单层工业厂房为例加以说明(如图3-2所示)。

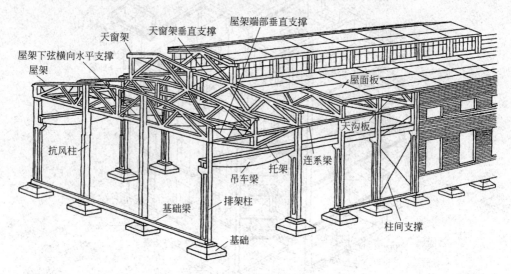

图 3-2 排架结构单层厂房的结构组成

(1) 基础

单层工业厂房的基础通常都是独立基础。如果厂房采用预制钢筋混凝土柱子时,一般采用钢筋混凝土杯形基础,这种基础外形可做成锥形或阶梯形,顶部预留杯口以便插入柱,柱吊装就位后杯口与柱子四周用C20混凝土灌缝填实(图3-3)。

(2) 基础梁

排架结构单层工业厂房的外墙仅起围护作用,为避免墙的不均匀沉降,一般将墙身支承在基础梁上,基础梁的两端搁置在相邻的杯形基础的顶面。

(3) 柱和柱间支撑

排架结构单层工业厂房柱按其作用分为排架柱和抗风柱两种。

① 排架柱

排架柱是厂房结构中的主要受力构件,它主要承受屋盖、吊车梁、墙体等传来的荷载,并将这些荷载连同本身的自重一起传给基础。钢筋混凝土排架柱可分为单肢柱和双肢柱两类。单肢柱的截面形式有矩形、工字形、管柱等;双肢柱的截面形式有平腹杆柱、斜腹杆柱、双肢管柱等(图3-4)。

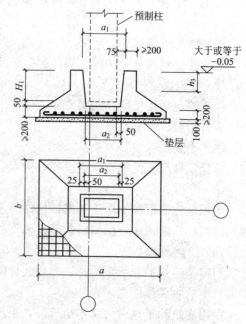

图 3-3 预制独立杯形基础

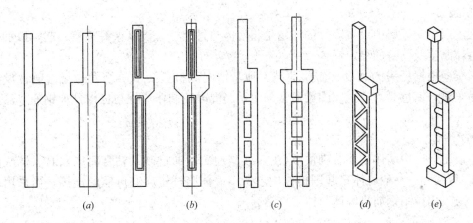

图 3-4 钢筋混凝土柱类型
(a) 矩形柱；(b) 工字形柱；(c) 平腹杆双肢柱；(d) 斜腹杆双肢柱；(e) 双肢管柱

为保证柱与其他构件的可靠连接，在柱的相应位置应设置预埋件。

② 抗风柱

抗风柱是承受山墙传来的风荷载，并将其传给下部的基础和上部的屋盖系统。抗风柱与屋架之间常采用弹簧钢板连接，以保证抗风柱的柱顶在水平方向与屋架上弦有可靠的连接，同时在垂直方向又允许屋架与抗风柱有相对的竖向位移(图 3-5)。

③ 柱间支撑

柱间支撑的作用是承受吊车纵向制动力和山墙抗风柱传来的水平风荷载及纵向地震荷载，提高厂房的纵向刚度和稳定性。

柱间支撑以牛腿为界，分上柱柱间支撑和下柱柱间支撑。

(4) 吊车梁

当厂房设有吊车时，需要在相邻的排架柱的牛腿上设吊车梁，吊车梁上铺吊车轨道，吊车在轨道上开行。吊车梁承担吊车起重、运行和制动时产生的各种荷载，吊车梁还可传递厂房纵向荷载，对厂房的纵向刚度和稳定性起一定的作用。吊车梁一般为钢筋混凝土梁，它的截面形式有 T 形、工字形以及变截面的折线形、鱼腹式吊车梁等。

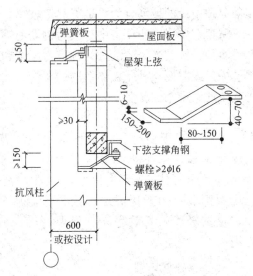

图 3-5 抗风柱与屋架的连接

(5) 连系梁和圈梁

① 连系梁

连系梁设置在有排架柱边柱外侧和高低跨交接处的墙上，是厂房排架柱之间的纵向水平连系构件。

连系梁的作用是加强厂房的纵向刚度，承受上部墙体的荷载，并将其传给排架柱。

连系梁与排架柱的连接方式有焊接和螺栓连接两种。

② 圈梁

在单层工业厂房中设置圈梁的作用是将墙体与排架柱、抗风柱等箍在一起，以加强厂房的整体刚度及墙身的稳定性。

圈梁应根据厂房的高度、作用荷载、地基情况和抗震要求等综合考虑，通常设在柱顶、吊车梁、窗过梁等位置。圈梁通常采用钢筋混凝土制作，并与柱内预埋钢筋或后植钢筋整浇为一体。

(6) 墙体

单层工业厂房墙体主要有砌块墙（由砖或其他砌块通过砂浆粘合而成）和板材墙（即各种墙板）等两种。一般墙体只起围护作用，所以墙体与柱子应有可靠的连接；当采用砌块墙时，应当用拉结钢筋将墙体与柱子拉结起来。

(7) 屋盖系统

单层工业厂房屋盖系统主要包括屋架（或屋面梁）、屋面板和屋盖支撑体系等。屋盖系统根据结构形式分为无檩体系和有檩体系。无檩体系是把大型屋面板直接搁置在屋架（或屋面梁）上，属于重型屋面；有檩体系是把小型屋面板搁置在檩条上，檩条搁置在屋架（或屋面梁）上，属于轻质屋面。

① 屋架或屋面梁

屋面梁因其腹板较薄，所以又称为薄腹梁。屋面梁形状简单，制作方便，因梁高较小，所以稳定性好，但自重较大。屋面梁根据截面形式一般分为T形和工字形两种；根据屋面梁顶留设的坡度分为单坡梁和双坡梁。

屋架在单层工业厂房中一般为钢筋混凝土屋架，其形式有三角形、梯形、折线形、拱形等多种。按其受力情况分为预应力屋架和普通钢筋混凝土屋架。

屋架或屋面梁是屋盖体系的主要受力构件，它承受大型屋面板或檩条传来的荷载，并将其传递给排架柱。

② 屋面板

屋面板有很多种类，工程上使用较普遍的有预应力钢筋混凝土大型屋面板、彩色压型钢板、水泥波形瓦等。预应力钢筋混凝土大型屋面板的标志尺寸为 $1.5m \times 6.0m$，为配合屋架尺寸和檐口做法，还有嵌板、檐口板、天沟板等配套构件。彩色压型钢板分为无保温层和附带保温层（复合夹芯板）两种。彩色压型钢板具有尺寸大、重量轻、施工效率高、保温（复合夹芯板）、美观等优点，在工程中得到广泛的运用。

③ 屋盖支撑系统

屋盖支撑系统主要包括水平支撑、垂直支撑及纵向水平系杆等。水平支撑又分为上弦横向水平支撑、下弦横向水平支撑、纵向水平支撑。屋盖支撑系统的作用是传递屋盖系统荷载，保证厂房的整体刚度和稳定性。

(8) 大门

单层工业厂房的大门是运输原材料、成品、设备的重要出入口。厂房大门的种类很多，按开启方式可分为平开门、平开折叠门、推拉门、推拉折叠门、上翻门、上翻折叠门等。大门的位置、数量、种类、尺寸要根据生产的工艺流程、对环境的要求、通行的车辆等综合确定。

(9) 侧窗和天窗

在大跨度或多跨单层工业厂房中,为了均匀采光、合理通风、排除室内灰尘和废气以及降温等,一般要设置天窗和侧窗。

侧窗可以获得较大的面积,构造简单,施工方便,造价较低,是单层工业厂房主要的采光通风设施。侧窗在外墙上设置的位置应有利于采光并兼顾到墙梁的最佳标高,一般分为两段设置,即普通侧窗和高侧窗。

天窗是在屋顶部位设置窗口,利用热压原理通风,通风效果较好。天窗的形式有上凸式天窗、下沉式天窗和平天窗三种。上凸式天窗有矩形、M形和三角形三种;下沉式天窗有纵向下沉、横向下沉、天井式三种;平天窗有采光带、采光屋面板和采光罩三种。

3.1.2 基础与地下室

1. 地基和基础的概念及相互关系

基础是建筑物的承重墙或柱子深入地下的扩大部分,是建筑物的基本组成部分。

地基是基础下部一定深度范围内的土层。地基不是建筑物的组成部分。

基础承受建筑物的全部荷载(包括建筑物的自重和外加的各种荷载),并把这些荷载有效地传给地基。因此基础必须要有足够的强度、刚度和整体性,同时还要有良好的耐久性和抵抗各种地下不利因素的能力。

地基承受基础传来的荷载,并不得超过它的承受能力即地基承载力(地耐力)。因此地基要有足够的承载力、稳定性和抗变形能力。

2. 地基的分类

工程上,地基分为天然地基和人工地基两种类型。

天然地基是指具有足够的承载力的天然土层,不需要经过处理就可在其上建造基础。

人工地基是天然土层不满足承载力的要求,必须对其进行人工加固处理,从而提高其承载力的地基。人工加固地基的方法主要有压实法、换土法、挤密法、排水固结法和化学加固法等。

3. 基础的埋置深度

(1) 基础埋置深度的概念

基础埋置深度是指设计室外地坪至基础底面的垂直距离。设计室外地坪是指按设计要求工程竣工后室外场地经回填垫起或下挖降低后的地坪。

基础埋置深度不超过5m的基础叫浅基础,超过5m的基础叫深基础。基础的最小埋置深度不浅于500mm,以防建筑荷载将基础四周的土体挤出,或地面受到雨水冲刷、机械破坏而导致基础暴露影响建筑的安全。

(2) 影响基础埋置深度的因素

① 建筑物使用功能的影响

当建筑物设置地下室等地下设施时,基础的埋置深度应深于地下设施的埋置深度;基础的埋置深度还要随建筑物的高度增加而加深,以保证建筑物的稳定性。

② 土层构造的影响

地基土通常由多层土组成,要综合考虑各层土的厚度、分布情况、承载能力、稳定性,从而确定基础埋置深度。

③ 地下水位的影响

从施工便利、经济、基础耐久性等角度考虑，应将基础埋置在最高地下水位以上不小于 200mm 处；当地下水位较高，基础不得不埋置在地下水位以下时，宜将基础埋置在最低地下水位以下，不少于 200mm 的深度，以减少和避免地下水的浮力对建筑物的影响，同时防止基础处于干湿交替的环境以降低基础的抗腐蚀性能。

④ 土的冻结深度的影响

土的冻结是由于土中水分受冷冻结成冰而形成。土体中的水结成冰后，体积膨胀，导致冻土膨胀。如果基础埋置于土的冻结深度即冰冻线内，冻结时的冻胀力会将房屋拱起，解冻后房屋又会下沉，从而导致建筑出现裂缝、倾斜，产生破坏。所以基础应埋置于冰冻线以下不小于 200mm 的深度。

⑤ 相邻建筑物的埋深的影响

为了保证新建建筑施工时不扰动原有建筑的地基，要求新建建筑基础的埋置深度不宜大于原有建筑的基础埋置深度；当新建建筑基础埋置深度大于原有建筑基础埋置深度时，基础间的净距应不小于相邻基础底面高差的两倍。

4. 基础的类型与构造

基础的类型划分主要有两种方法，一是按基础使用材料的受力特点进行分类，二是按基础的构造形式分类。

（1）按基础使用材料的受力特点分类

① 刚性基础

刚性基础是指由刚性材料建造、受刚性角限制的基础，如砖基础、毛石基础、灰土基础、三合土基础、素混凝土基础、毛石混凝土基础等。

刚性材料的抗压强度高，而抗拉、抗剪强度低，因此通过限制基础大放脚台阶的宽高比的允许值来防止基础出现折裂破坏。大放脚下台阶的宽高比可用 $tg\alpha$ 表示，α 称为刚性角（图 3-6）。刚性基础底面的放大角度不应超过刚性角。

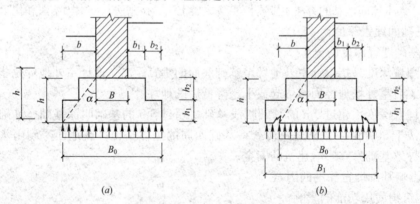

图 3-6 无筋扩展基础的受力分析

刚性基础大放脚高，体积较大，基础较深，材料用量较多，挖方量多，但可以利用地方材料，成本较低，施工简便。刚性基础一般用于层数较少的民用建筑。

② 扩展基础

扩展基础又称为柔性基础，主要是指钢筋混凝土基础。扩展基础是以基础底板配置的钢筋抵抗拉应力，不受材料刚性角的限制，因而基础较浅、体积较小、挖方量较少，但耗用钢材、水泥和模板量大，且技术要求较高。扩展基础在房屋基础设计中经常采用。

(2) 按基础的构造形式分类

① 独立基础

当建筑物为柱承重且柱距较大时，宜采用独立基础。独立基础的常用截面形式有踏步形、锥形和杯形。由于独立基础之间没有构件连接，相互不能制约，因此，独立基础适用于地质均匀、荷载均匀的建筑。

② 条形基础

在连续的墙下或密集的柱下，宜采用条形基础。因条形基础的走向与墙体或柱相同，是连续的带形，因此条形基础又称为带形基础。条形基础纵向整体性好，可减缓局部不均匀下沉，一般多用于砖混结构建筑。

③ 井格基础

井格基础是将柱下条形基础纵横相连形成井格状。它可以克服柱下独立基础不均匀沉降的弊端，增大了基底的面积，提高了基础的承载能力。但井格基础造价较高，施工复杂。井格基础一般用于地质条件软弱、荷载较大的框架结构建筑。

④ 筏板基础

当地基软弱，荷载较大时，井格基础宽度较大而又相互接近时，或有地下室时，可将基础底板连成一片而成为筏板基础。筏板基础又叫筏式基础、筏片基础、整板基础、满堂基础。筏板基础根据结构布置分为梁板式筏板基础和无梁式筏板基础。筏板基础的整体性好，埋深浅，常用于多层砌体结构和框架结构的墙、柱下。

⑤ 箱形基础

当地基特别软弱，荷载又很大时，基础可做成由钢筋混凝土整片底板、顶板和钢筋混凝土纵横墙组成的箱形基础。箱形基础的刚度大，抗震性能好，承载能力高，一般用于软弱土层的多层建筑和设有地下室的高层建筑中。

⑥ 桩基础

当浅层地基土不能满足建筑物对地基承载力和变形要求，又不适宜采取地基处理措施时，经常考虑利用下部坚实土层作为持力层的桩基础。桩基础一般由设置于土中的桩身和承接上部结构的承台组成。根据施工方法的不同，桩基础分为预制桩和灌注桩。根据桩的受力方式，桩基础分为端承桩和摩擦桩。桩基础具有施工速度快、挖土方量小、承载能力高、沉降量小、适应性强等特点，在建筑中得到广泛的运用。

5. 地下室的构造

地下室是建筑物埋设在地下的具有使用功能的房间。地下室的优点是受外界影响较小，噪声和振动干扰少，地下室冬暖夏凉。地下室的缺点是采光通风不畅，防潮、防水、排水构造复杂、费用较多。

(1) 地下室的分类

地下室按使用功能分，有普通地下室和人防地下室。普通地下室可以作为设备用房、库房、旅馆、餐厅、商场、停车库等。

地下室按顶板标高分，有全地下室和半地下室。人防地下室一般设计成全地下室。

地下室按结构材料分，有砖砌结构地下室和混凝土墙地下室。混凝土墙地下室在实际工程中应用广泛。

(2) 地下室的组成

地下室一般由墙体、底板、顶板、门窗、楼梯、采光井等部分组成。

① 墙体

地下室的外墙不仅承受垂直荷载，还承受土层和地下水的侧向压力，因此外墙应具有足够的强度、刚度和耐久性能；同时外墙还要做防潮或防水处理。

② 底板

当地下室底板处于最高地下水位以上时，可按一般不透水性地面工程做法；当底板处于地下水位之中时，底板不仅承受地面垂直荷载，还会受到地下水的浮力作用，因此应采用钢筋混凝土底板，并双层配筋，同时在底板下垫层上还要设置防水层，以抵御水的渗漏，保证正常使用。

③ 顶板

地下室顶板应采用钢筋混凝土板。防空地下室的顶板必须采用现浇钢筋混凝土板，并按有关规定确定板的厚度、混凝土强度和钢筋的用量。无采暖的地下室顶板（即地面首层地板）应设置保温层，以防止首层房间地面结露，影响使用。

④ 门窗

普通地下室的门窗与地上房间门窗相同，地下室外窗如在室外地坪以下时，应设置采光井，以利采光和通风。防空地下室一般不允许设置外窗，如确需开窗，应设置战时封堵措施。防空地下室的外门应按防空等级的要求，并且设置相应的防护构造。

⑤ 楼梯

地下室的楼梯可与地面上房间的楼梯结合设置，层高小或用作辅助房间的地下室，可只设置单跑楼梯。防空地下室至少要设置两部楼梯通向地面的安全出口，并且必须有一个是独立的安全出口，这个安全出口周围不得有较高的建筑物，以防空袭时建筑物倒塌，堵塞出口，影响疏散。

⑥ 采光井

当地下室设外窗，并且窗台的标高在室外地坪以下时，应设置采光井（图3-7）。采光井的宽度应根据采光井的深度确定，一般在1m左右，采光井的长度应比窗的宽度大1m左右。采光井一般是由三面侧墙、底板和顶部铁栅栏组成。采光井侧墙应高出室外地面250～300mm，以防地面水流入。底板应比外窗台低250～300mm，以防雨水溅入和倒灌。采光井底部应做1%～3%的纵坡，将雨水引入地下排水管网。顶部设置铁栅栏主要是防止杂物落入和保证室外行人的安全。

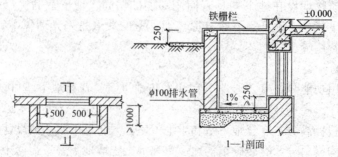

图3-7 采光井构造

(3) 地下室的防潮

当最高地下水位低于地下室底板底面标高时,土中的水分仅是下渗的地面水和上升的毛细水,对地下室的底板和侧墙没有压力,只需做防潮处理。

地下室防潮处理的常用做法是:地下室墙体用水泥砂浆砌筑,灰缝必须饱满,并在外表面抹 20mm 厚 1∶2 水泥砂浆,刷冷底子油一道、热沥青两道;同时在地下室地坪及首层地坪以下 60mm 处分设两道墙身水平防潮层;地下室墙体外侧周边用透水性差的土(黏土、灰土等)分层回填压实,如图 3-8 所示。

(4) 地下室的防水

当最高地下水位高于地下室底板底面标高时,底板和部分外墙被浸在水中,外墙受到地下水的侧压力作用,底板受到浮力作用,土中的水为有压水,必须对地下室的底板和侧墙做防水处理。

地下室的防水方案有隔水法、降排水法、综合法等几种;隔水法是利用各种材料的不透水性来隔绝地下水的渗透,是采用最普遍的一种地下室防水方法。

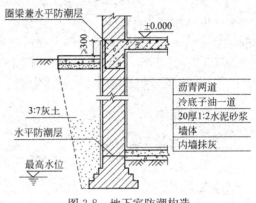

图 3-8 地下室防潮构造

隔水法有卷材防水和构件自防水两种做法。

① 卷材防水

卷材防水是用沥青防水卷材或其他卷材(如 SBS 卷材、SBC 卷材、三元乙丙橡胶防水卷材等)作防水材料,粘贴在地下室外墙和底板一侧的防水方法。防水卷材粘贴在地下室外墙的外侧称为外防水,粘贴在外墙的内侧称为内防水。由于外防水的防水层设在地下室的迎水面,防水效果好,因此应用较多。内防水一般用于修缮工程。

卷材防水(如图 3-9 所示)在施工时应首先在基底浇筑 100mm 厚 C10 混凝土垫层,在垫层上做 20mm 厚 1∶2.5 水泥砂浆找平层,等找平层结硬干燥后做卷材防水层,再在防

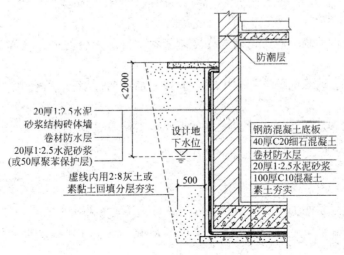

图 3-9 卷材防水构造

水层上做20mm厚1∶2.5水泥砂浆或40mm厚C20细石混凝土保护层，在保护层上浇筑钢筋混凝土底板；然后砌外墙，用20mm厚1∶2.5水泥砂浆找平，在找平层上做卷材防水层，在做外墙卷材防水层时要注意与底板卷材防水层的错缝搭接；最后在墙身卷材防水层上用20mm厚1∶2.5水泥砂浆做保护层，再在外侧砌半砖保护墙或粘贴聚苯板等作为保护层，地下室外墙外用黏土或灰土分层回填压实。

② 构件自防水

构件自防水一般采用防水混凝土防水。把地下室的墙体和底板用防水混凝土整体浇筑在一体，可以使地下室的墙体和底板在具有承重和围护功能的同时，具备防水的能力。防水混凝土可以在普通混凝土的基础上通过适当减少石子的用量、增加砂率和水泥用量，并在施工过程中加强振捣和养护以提高混凝土的密实度和抗渗性。防水混凝土还可以通过在混凝土中掺入外加剂来提高混凝土的防水性能。常用的外加剂有引气剂、减水剂、膨胀剂等。

3.1.3 墙体

1. 墙体的类型与设计要求

（1）墙体的作用

墙体是组成建筑空间的竖向构件，它的作用主要有以下四个方面：

① 承重：承重墙要承受建筑的屋顶、楼层、人和设备的荷载，以及墙体自重、风荷载、地震作用等。

② 围护：建筑物外墙要抵御自然界的风、霜、雨、雪等的侵袭，防止太阳辐射和噪声的干扰等。

③ 分隔：墙体可以根据使用需要，把建筑物空间在水平方向分隔成不同的房间。

④ 装饰：外墙对建筑物的整体形象影响很大，内墙对建筑室内装饰效果具有重要的作用。

（2）墙体的设计要求

① 具有足够的强度和稳定性，以满足墙体的受力和抵御变形的能力。

② 满足保温、隔热的要求，防止寒冷季节室内能量损失的增加和炎热季节太阳辐射热的传入导致室内温度的过低或过高，保持室内适宜的使用环境。

③ 满足隔声的要求，避免不同房间使用时的相互干扰。

④ 满足防火的要求，通过正确选择墙体材料、合理划分防火分区和设置防火墙，防止火势的蔓延。

⑤ 满足防潮、防水的要求，防止压力水和毛细水通过墙体渗透到室内，影响室内的正常使用和美观。

⑥ 满足经济和适应建筑工业化发展的要求，要降低建筑的生产和使用成本，提高施工速度，降低能耗。

（3）墙体的类型

① 按墙体使用材料分，可将墙体分为砖墙、砌块墙、石墙、混凝土墙等。

② 按墙体在建筑平面上所处的位置分，可将墙体分为外墙和内墙。

③ 按墙体的走向分，可将墙体分为纵墙和横墙；其中外纵墙又称为檐墙，外横墙又称为山墙。

④ 按墙体的受力情况分，可将墙体分为承重墙和非承重墙。承受上部结构传来的垂

直荷载、自重和风力、地震作用的墙为承重墙；不承受外部荷载的墙为非承重墙。非承重墙又包括自承重墙和隔墙；自承重墙是仅承受自身的重量并将其传给基础的墙；仅起分隔空间作用，自身重量由楼板或梁来承担的墙称为隔墙。

⑤ 按墙体的构造形式分，可将墙体分为实体墙、空体墙和复合墙。实体墙又叫实心墙，是由普通黏土砖或其他实心砌块砌筑而成。空体墙是由多孔砖、空心砖、空心砌块或普通黏土砖砌筑而成，具有空腔的墙。复合墙是由两种或两种以上材料组合而成，它们分别承担不同的作用的墙，如加气混凝土复合板材墙，混凝土起承重作用，加气混凝土起保温隔热作用。

⑥ 按墙体的施工方法分，可将墙体分为叠砌式墙、预制装配式墙和现浇整体式墙。叠砌式墙是由砖、石材、砌块通过砌筑叠加而成的墙。预制装配式墙是将在工厂制作的墙体构件，用施工机械在现场拼装而成的墙。现浇整体式墙是在施工现场支模和浇筑的墙体，一般为混凝土墙。

2. 承重砖墙构造

承重砖墙主要是由黏土多孔砖、蒸压粉煤灰砖等通过水泥砂浆或混合砂浆粘合而成的受力砌体。

(1) 黏土多孔砖的类型

① M 型系列

M 型系列共有四种类型，代号分别为 DM1—1 和 DM1—2（尺寸为 190mm×240mm×90mm）、DM2—1 和 DM2—2（尺寸为 190mm×190mm×90mm）、DM3—1 和 DM3—2（尺寸为 190mm×140mm×90mm）、DM4—1 和 DM4—2（尺寸为 190mm×90mm×90mm）。另外还有配砖，代号为 DMP（尺寸为 190mm×90mm×40mm）。在代号中"—1"代表砖孔为圆孔，"—2"代表砖孔为方孔。

② KP1 型系列

KP1 型多孔砖的代号为 KP1—1，KP1—2，KP1—3，尺寸为 240mm×115mm×90mm。另外还有配砖，其代号为 KP1—P，尺寸为 180mm×115mm×90mm。在代号中"—1"代表砖孔为圆孔，"—2"代表砖孔为方孔，"—3"代表砖孔为小方孔。

(2) 承重砖墙的组砌方法

砖墙在组砌时，应满足横平竖直、砂浆饱满、内外搭接、上下错缝等基本要求，以保证墙体的强度和稳定性。一般错缝长度要大于等于 1/4 砖长；水平灰缝和竖向灰缝宽度宜为 10mm，但不应小于 8mm，也不应大于 12mm；水平灰缝的砂浆饱满度不得低于 80%。

承重砖墙的组砌方法主要有：

① 一顺一丁砌法

一皮砖顺砌，一皮砖丁砌，上下皮之间的竖向灰缝互相错开 1/4 砖长。这种砌法的特点是操作容易，效率较高，搭接好，无通缝，整体性强，应用较为广泛。

② 全顺式砌法

每皮砖都顺砌，上下皮砖竖向灰缝错开 1/2 砖长。一般适用于模数型多孔砖砌法。

③ 顺丁相间砌法

又叫梅花丁砌法，这种砌法是在同一皮砖上采用两块顺砖夹一块丁砖的砌法，上皮丁砖坐中于下皮顺砖，上下皮之间的竖向灰缝互相错开 1/4 砖长。这种砌法的特点是灰缝整齐，墙面美观，适用于砌清水墙。

3. 砌块墙构造

砌块墙是采用砌块通过水泥砂浆或混合砂浆粘合而成的砌体。采用砌块墙是我国目前墙体改革的主要途径之一。

(1) 砌块墙的排列与组合

由于砌块的尺寸比较大，砌筑不够灵活，因此在墙体砌筑之前，应画出墙体上的砌块排列组合图，在图上标注砌块的编号，并说明每种编号砌块的规格尺寸。

在画砌块排列图时要注意

① 根据墙面尺寸和门窗布置，对墙面进行合理的分块。

② 正确选择砌块的型号，尽量减少砌块的类型。

③ 保证砌块的错缝搭砌，避免出现垂直通缝。

④ 对空心砌块，要做到孔对孔、肋对肋，以保证砌块有足够的承压面积，同时考虑构造柱的设置位置。

(2) 砌块的搭接

为了保证砌块墙的整体性，要求砌块组砌时要错缝搭砌。中型砌块上下皮搭接长度应不少于砌块高度的 1/3，并且不小于 150mm；小型空心砌块上下皮搭接长度不小于 90mm。当砌块搭接长度不符合规定和在墙体的转角、丁字接头、十字接头等处，应在水平灰缝内设置不小于 2φ4 的钢筋网片，网片每端均必须超过对应垂直缝 300mm。

(3) 砌块墙构造柱

砌块墙构造柱的设置应满足一般墙体的要求，对空心砌块墙多利用空心砌块上下孔洞对齐，在墙体的转角、丁字接头、十字接头和墙段较长的适当部位的孔中用 4φ12~14 的钢筋插入，再用 C20 细石混凝土灌实即做成混凝土芯柱。芯柱与砌块墙连接处可采用 2φ6 钢筋，每边伸入墙内不少于 1m，竖向一般隔层设置。

4. 隔墙构造

(1) 块材隔墙

块材隔墙是用普通砖、空心砖、加气混凝土砌块等块材砌筑而成，常采用普通砖隔墙和砌块隔墙两种。

① 普通砖隔墙

普通砖隔墙一般采用半砖(厚 120mm)隔墙，用全顺式砌法砌筑而成，砂浆强度不低于 M5。

当普通砖隔墙砌筑高度超过 4m 时，应在门窗洞口上部过梁位置设通长的钢筋混凝土带。当砌筑长度超过 6m 时，应设置砖壁柱或混凝土构造柱。

普通砖隔墙为了保证隔墙不承重，在砖墙砌到楼板底或梁底时，将砖斜砌一层，或留出空隙，塞木楔打紧，再用砂浆填缝。

普通砖隔墙还应通过设置拉结筋与承重墙或柱连接牢固。

② 砌块隔墙

为了减轻隔墙自重，可采用轻质砌块。墙厚一般为 90~120mm。砌块隔墙的构造处理同普通砖隔墙，但由于砌块吸水性强，墙在靠楼地面 3~5 层砖应用实心砖砌筑。

(2) 立筋隔墙

立筋隔墙又叫骨架隔墙，是由骨架和面板组成。骨架一般有木骨架和金属骨架。面板常用纸面石膏板、胶合板、纤维板等。施工时先立骨架，再用钉子、自攻螺钉或铆钉将面板固定在骨架的两面。这种隔墙自重轻，施工方便，占地面积小，是建筑中使用较多的一种隔墙。

（3）板材隔墙

板材隔墙是用轻质材料制成的大型板材，在施工现场直接拼装而成。板材主要有加气混凝土条板、石膏条板、水泥玻璃纤维条板、碳化石灰板、泰柏板等。安装时，板材下部先用一对对口木楔顶紧，再用细石混凝土堵严，板缝可做成企口缝，用胶泥刮缝，再做表面装修。这种隔墙自重轻、安装方便、施工速度快、生产效率高。

5．墙体的细部构造

（1）勒脚

外墙与室外地坪接触的部分叫勒脚（图 3-10）。

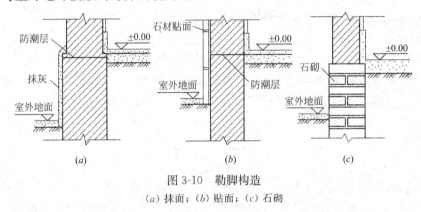

图 3-10　勒脚构造
(a) 抹面；(b) 贴面；(c) 石砌

勒脚的作用主要有三个方面：一是防止地表水、雨雪对墙脚的侵蚀；二是防止外界机械性碰撞对墙体的损坏；三是增强建筑物立面的美观。

勒脚的常用做法有三类：一是做抹灰类勒脚，如水泥砂浆、水刷石、斩假石；二是做贴面类勒脚，如大理石板、花岗石板、水磨石板、面砖、马赛克等；三是加厚墙体再做饰面或用石块砌墙。

（2）墙身防潮层

墙身防潮层是用防水材料隔断土体中毛细水上升，保护墙体在地面以上免受毛细水侵害的构造。

墙身防潮层分为水平防潮层和垂直防潮层。沿墙身水平方向设置，阻止水分上升的防潮层叫水平防潮层。沿墙的侧面设置，阻止水分通过侧面侵害墙体的防潮层叫垂直防潮层。

防潮层的位置：当室内地面为不透水性垫层（如混凝土垫层）时，防潮层一般设在垫层厚度范围内，通常在室内地面向下 60mm 处，而且至少要高于室外地坪 150mm（如图 3-11a 所示），以防雨水溅湿墙身；当室内地面为透水性垫层时（如碎石、三合土等）时，防潮层的位置应与室内地面平齐或高于室内地面 60mm 处（如图 3-11b 所示）；当室内地面低于室外地坪或内墙两侧地面出现高差时，除了要分别设置两道水平防潮层外，还应在两道水平防潮层之间靠土体一侧的垂直墙面做防潮处理，即做垂直防潮层（如图 3-11c 所示）。

水平防潮层的做法有五种，分别为防水砂浆防潮层、防水砂浆砌 4~6 皮砖防潮层、油毡防潮层（已很少使用）、配筋细石混凝土防潮层、地圈梁兼做防潮层。

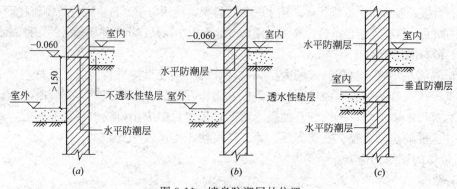

图 3-11 墙身防潮层的位置

垂直防潮层一般采用粘贴卷材做防潮层。

(3) 踢脚

踢脚是室内墙面与地面接触部分的构造。踢脚的作用是加固并保护内墙脚,防止墙脚污染,遮盖墙面与楼地面之间的接缝。踢脚的高度一般为 120~150mm,也可将其延伸至窗台形成墙裙。踢脚常用的面层材料有水泥砂浆、水磨石、面砖、木材、石材、油漆等,面层材料选用应尽量与地面材料保持一致。

(4) 散水和明沟

① 散水

散水是靠近勒脚下部的排水坡。散水的作用是排除勒脚处的雨水,保护建筑物的基础不受雨水侵蚀。散水的一般做法有砖砌散水、石砌散水、水泥砂浆散水、混凝土散水等,见图 3-12。散水的宽度一般为 600~1000mm,并且比屋檐出挑宽度大 200mm。为了迅速排除地面雨水,散水应有一定的向外坡度,一般为 3‰~5‰左右。散水的标高应高出室外地坪 20~50mm。

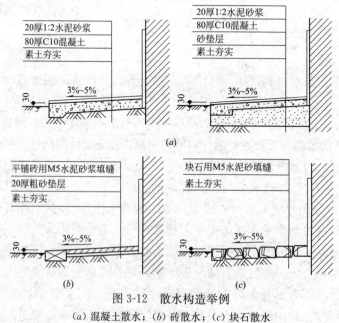

图 3-12 散水构造举例
(a) 混凝土散水;(b) 砖散水;(c) 块石散水

② 明沟

明沟是靠近勒脚下部的排水沟。明沟的作用和散水相同，适用于室外有组织排水。明沟的做法有砖砌明沟、石砌明沟、混凝土明沟等，如图 3-13 所示。明沟的宽度一般不小于 200mm，沟底应设置纵坡，以利排水，坡度一般为 0.5%~1%。

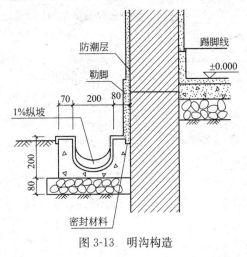

图 3-13 明沟构造

（5）窗台

窗台是窗洞口下部的防水构造。以窗框为界，位于室外的一侧为外窗台，位于室内的一侧为内窗台，见图 3-14。

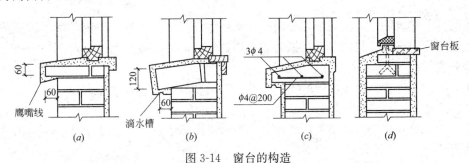

图 3-14 窗台的构造
(a) 平砌砖窗台；(b) 侧砌砖窗台；(c) 混凝土窗台；(d) 不悬挑窗台

外窗台的作用是排除雨水，防止雨水对墙面的侵蚀和污染。外窗台的做法一般有砖砌窗台和钢筋混凝土窗台。外窗台分为出挑窗台和不出挑窗台。出挑窗台一般挑出墙面 60mm，并在窗台底部边缘处抹灰时做出宽度和深度不小于 10mm 的滴水凹槽或鹰嘴线。外窗台应有一定的外向坡度，以利排水，一般坡度不小于 20%。当外墙装饰为面砖、玻璃、玻璃马赛克等光滑材料时，可设置不出挑窗台。

内窗台的作用是排除窗框内侧冷凝水，保护内墙面及搁物、装饰等。内窗台的做法要结合室内装修要求确定，一般有水泥砂浆窗台、面砖窗台、石材窗台、木板窗台等。内窗台台面一般高于外窗台台面。

（6）过梁

过梁是门窗洞口上部的受力构造。过梁的作用是承受门窗洞口上部砌体及梁板传来的荷载，并将这些荷载传给洞口两侧的墙体或柱子。过梁一般有砖拱过梁、钢筋砖过梁和钢筋混凝土过梁三种。

① 砖拱过梁

砖拱过梁有砖砌平拱和砖砌弧拱两种。砖砌平拱是利用灰缝上大下小，使砖向两边倾斜，相互挤压形成拱的作用来承担荷载。砖砌弧拱是利用灰缝上大下小或将砖加工成楔形，灰缝厚度保持不变，形成拱形，利用拱的作用来承担荷载。

砖拱过梁是一种传统的构造方法，不宜用于门窗洞口上部有集中荷载和振动荷载的建筑、有抗震设防要求的建筑以及可能产生不均匀沉降的建筑。

② 钢筋砖过梁

钢筋砖过梁是墙体砌到门窗洞口顶部时，在灰缝内放置钢筋，利用钢筋承受洞口上部荷载产生的拉应力。钢筋砖过梁的跨度一般在1.5m以内，最大不宜超过2m。钢筋砖过梁因施工方便，材料受力合理，在工程中得到普遍应用。

③ 钢筋混凝土过梁

钢筋混凝土过梁承载能力强，一般用于门窗洞口宽度大或上部有集中力作用的情况，在工程中应用较广。

钢筋混凝土过梁的宽度一般与墙厚度相同；为了便于施工，过梁的高度一般为块材高度的整数倍。过梁在洞口两侧伸入墙内的长度应不小240mm。

过梁的截面形式有矩形和L形。矩形多用于内墙或混水墙；L形多用于外墙或清水墙，起到防雨、减少能量传递或美观的作用。

(7) 圈梁

圈梁是沿建筑物外墙四周及部分内墙在水平方向设置的连续、封闭的梁。圈梁的作用是增强建筑物的整体性和稳定性，提高建筑物的抗震能力，减少因地基的不均匀沉降引起的墙身开裂。

圈梁的设置位置一般在基础的顶面、楼盖和屋盖处。圈梁在门窗洞口处可与过梁合并考虑，以方便施工，节约材料。

圈梁的设置数量应根据建筑物的层高、层数、墙体的厚度、地质条件、抗震设防要求综合考虑。

圈梁的宽度一般同墙体的厚度。当墙体的厚度超过240mm时，圈梁的宽度可以比墙体的厚度小，但应不小于墙体厚度的三分之二。圈梁的高度通常与墙体块材的皮数尺寸相适应，并不小于120mm。

圈梁的配筋主筋不少于$4\phi8 \sim \phi10$（墙厚为240mm），箍筋不少于$\phi6@300$。

当圈梁被门窗洞口截断（例如在楼梯间外墙处）致使圈梁不能封闭时，应在洞口上部增设附加圈梁（兼过梁），附加圈梁与圈梁的搭接长度不应小于其垂直间距的两倍，并且不得小于1m，如图3-15所示。

(8) 构造柱

构造柱的作用是与水平方向设置的圈梁形成空间骨架，以增强建筑物的整体性和稳定性，提高墙体抵抗变形的能力，改善建筑物的抗震性能。

构造柱的设置位置一般在外墙的转角处、内外墙的交接处、较大洞口的两侧、楼梯间和电梯间的四个角处、较长墙体的中部。

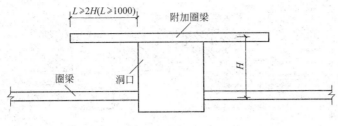

图 3-15 附加圈梁

构造柱的最小截面尺寸为 240mm×180mm，常用 240mm×240mm。纵向配筋不少于 4ϕ12，箍筋不少于 ϕ6@250。

构造柱下端应锚固在钢筋混凝土基础内，如锚入基础圈梁中，此时基础圈梁顶面必须低于室外地坪 300mm 以上，上端应锚固在顶层圈梁或女儿墙压顶内，以增强其稳定性，如图 3-16 所示。

为使构造柱与墙体融为一体，砌筑墙体留构造柱柱洞时宜砌成"大马牙槎"，即在构造柱的边缘留出逢五退五（标准黏土实心砖五皮高，300mm）的马牙槎，退进 60mm；同时，还必须沿墙高每隔 500mm 设 2ϕ6 的拉接钢筋，每边伸入墙内的长度不少于 1000mm，钢筋两端弯成 180°的弯钩。施工时应先放置构造柱钢筋骨架（钢筋笼），后砌墙，每砌筑一层或 3m 左右浇筑一次混凝土，保证墙柱形成整体。

(9) 变形缝

墙体变形缝包括伸缩缝、沉降缝和抗震缝。一般情况下，伸缩缝、沉降缝和抗震缝可以统一考虑，以满足建筑物美观和节能的要求，但设置时必须符合对应的构造方法。

① 伸缩缝

伸缩缝又叫温度缝，是为防止建筑物受温度变化产生较大的伸缩变形导致墙体开裂而采取的构造措施。

伸缩缝应从基础顶面开始，将墙体、楼地层、屋顶等全部断开，以保证建筑物在伸缩缝两侧水平方向自由伸缩。因基础埋于地下，受温度变化影响较小，可以不断开。

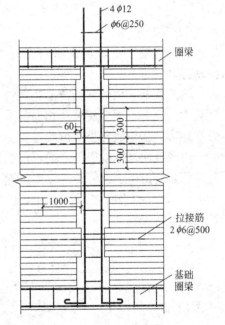

图 3-16 构造柱预留洞

伸缩缝的间距与结构类型、房屋的屋盖类型以及屋顶有无保温层和隔热层有关，建筑结构相应设计规范做了明确的规定。

伸缩缝的宽度一般为 20～30mm。为避免风、雨、霜、雪等对室内的影响，伸缩缝可砌成企口缝、错口缝或平缝；缝内要填塞经防腐处理的弹塑性材料，如沥青麻丝、塑料条、橡胶条等；外墙外表面用金属调节盖板盖缝，外墙内表面及内墙两侧用木制盖缝条或有一定装饰效果的金属调节盖板盖缝，所有盖缝构造的设置要保证建筑物在伸缩缝的两侧能自由伸缩，如图 3-17 所示。

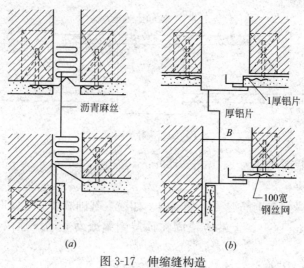

图 3-17 伸缩缝构造
(a) 外墙伸缩缝；(b) 内墙伸缩缝

② 沉降缝

沉降缝是为了防止建筑物因地基不均匀沉降而引起结构变形或破坏而采取的构造措施。

沉降缝在平面形状复杂的建筑物转角处、过长建筑物中部的适当位置、地基承载力差别较大的位置、同一建筑物相邻部分高度及荷载相差较大的位置、结构形式不同的位置、分期建造的房屋毗邻处等位置设置。

沉降缝应从基础底面开始，将墙体、楼地层、屋顶等全部断开，以保证建筑物在沉降缝两侧自由沉降。沉降缝的宽度与地基性质和建筑物的高度有关，一般情况下宽度为30～70mm，较软的土质为50～150mm。沉降缝的缝口处理与伸缩缝相似，但盖缝构造应满足建筑物在沉降缝的两侧能自由沉降，如图3-18所示。

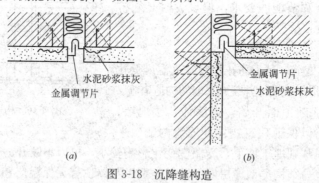

图 3-18 沉降缝构造
(a) 平直墙体；(b) 转角墙体

③ 抗震缝

抗震缝又叫防震缝，是为了防止建筑物刚度差异较大的部位在地震冲击波的作用下相互撞击造成变形或破坏而采取的构造措施。

抗震缝应在平面形状复杂的建筑物转角处、同一建筑物立面高差较大的位置、结构刚度或荷载相差较大的位置、建筑物有错层且楼盖高差较大的位置等部位设置。

抗震缝应从基础顶面开始，将墙体、楼地层、屋顶等全部断开，以保证建筑物满足抗震要求。当建筑物平面形状较复杂或结构设计的需要，也可将建筑物基础全部断开。

抗震缝的宽度，多层砖混结构可取 50～70mm；多层和高层框架结构，根据不同的地震设防烈度和不同的建筑高度，一般取 70～200mm。

抗震缝的缝口处理与伸缩缝相似，但缝口应做成平缝，盖缝板宽度应满足缝口宽度和较大伸缩的要求，如图 3-19 所示。

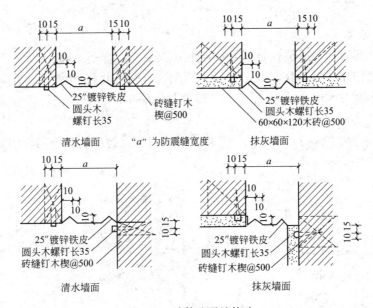

图 3-19 墙体防震缝构造

6. 墙体保温

（1）墙体保温材料

墙体中常用的保温材料主要有岩棉、矿渣棉、玻璃棉、硅酸铝纤维、聚苯乙烯泡沫塑料（EPS）、挤塑聚苯乙烯泡沫塑料（XPS）、酚醛泡沫塑料、橡塑泡沫塑料、泡沫玻璃、膨胀珍珠岩、膨胀蛭石、硅藻土、稻草板、木屑板、加气混凝土等。

（2）墙体保温层设置的方式

墙体保温层的设置主要有三种方式，即内保温、外保温和夹心保温。

内保温是指保温层设置在外墙室内一侧，这种设置方式保温材料不受外界因素的影响，保温效果可靠，但室内使用面积减小，墙体冷热平衡界面靠内，容易在结构墙体内表面与保温材料外表面之间形成冷凝水。

外保温是指保温层设置在外墙室外一侧，冷热平衡界面靠外，保温效果好，是目前常用的一种保温方式。

夹心保温是指保温层设置在外墙的中间部位，保温效果比较稳定，但墙体被保温层分为内外两层，影响墙体的强度和稳定，施工也比较复杂。目前用得较少。

（3）墙体隔汽层的设置位置

冬季，由于外墙两侧存在温差，室内一侧水蒸气会向室外一侧渗透，在渗透过程中会遇冷产生凝结水，如果凝结水进入保温层，会降低墙体的保温效果，因此必须设置隔汽层。墙体隔汽层应设置在保温层靠室内(温度高)的一侧。

3.1.4 门与窗

1. 门的作用与分类

(1) 门的作用

门的主要用途是水平交通联系,还起疏散、采光与通风、防火、围护、突出建筑重点(建筑物主要出入口门)的作用。

(2) 门的分类

① 按门在建筑物中的位置分,可分为外门和内门。

② 按门所使用的材料分,可分为木门、铝合金门、钢门、塑钢门、玻璃钢门等。

③ 按门的用途分,可分为普通门、保温门、隔声门、防火门、防辐射门、防爆门、纱门等。

④ 按门的开启方式分,可分为平开门、弹簧门、推拉门、折叠门、旋转门、卷帘门、翻板门等,如图 3-20 所示。

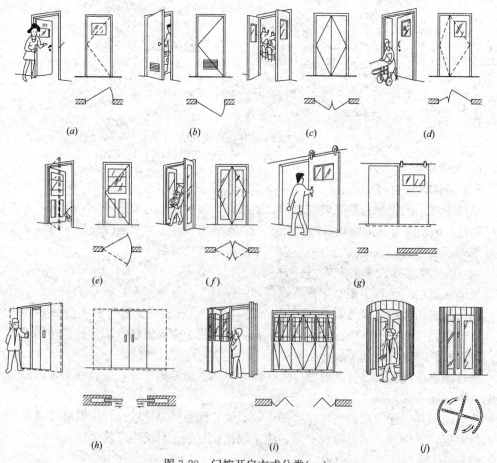

图 3-20 门按开启方式分类(一)

(a) 单扇平开内开门;(b) 单扇平开外开门;(c) 双扇平开外开门;(d) 大小扇平开内开门;
(e) 单扇双向弹簧门;(f) 双扇双向弹簧门;(g) 明装单扇推拉门;(h) 暗装双扇推拉门;(i) 折叠门;(j) 旋转门

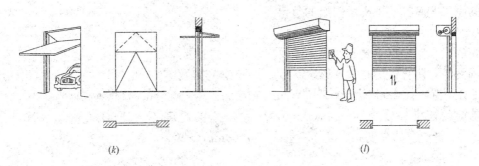

图 3-20 门按开启方式分类(二)
(k) 翻板门；(l) 卷帘门(电动式)

2. 窗的作用与分类

(1) 窗的作用

窗的主要用途是采光和通风，还起传递、观察、眺望、反映建筑风格等作用。

(2) 窗的分类

① 按窗的使用材料分，可分为木窗、铝合金窗、钢窗、塑钢窗等。

② 按窗的层数分，可分为单层窗和双层窗。

③ 按窗的开启方式分，可分为固定窗、平开窗、悬窗、立转窗、推拉窗、百叶窗等，如图 3-21 所示。

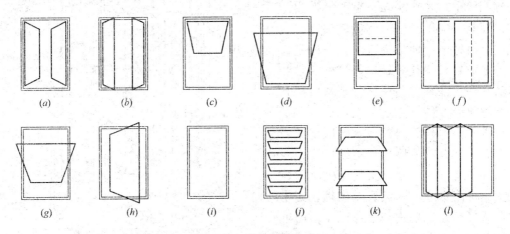

图 3-21 窗的开启形式
(a) 外平开窗；(b) 内平开窗；(c) 上悬窗；(d) 下悬窗；(e) 垂直推拉窗；
(f) 水平推拉窗；(g) 中悬窗；(h) 立转窗；(i) 固定窗；(j) 百叶窗；(k) 滑轴窗；(l) 折叠窗

3. 门窗的尺寸

(1) 门的尺寸

门的尺寸是按人们的通行、疏散和搬运家具设备的尺寸确定的。门的高度一般为 2000～2100mm，当门上方设亮子时，应加高 300～600mm。单扇门的宽度为 800～1000mm，辅助房间门的宽度可为 600～800mm。当门洞的宽度为 1200～1800mm 时，则应采用双扇门。如门洞的宽度较大时，可做成三扇及三扇以上的门，门框应加设中竖框，以保证门扇自身的刚度和减轻门框支承门扇的负担。

(2) 窗的尺寸

窗的尺寸应根据采光和通风的需要来确定，同时要兼顾建筑立面的要求。为了保证窗的坚固耐久，防止窗的较大变形导致开启和关闭困难以及窗玻璃的损坏，应限制窗扇的尺寸，一般平开木窗的窗扇高度为 800～1500mm，宽度为 400～600mm，窗亮子高度为 300～600mm。上下悬窗的窗扇高度为 300～600mm，中悬窗扇的高度不大于 1200mm，宽度不大于 1000mm。推拉窗的高度和宽度均不宜大于 1500mm。

4. 门的构造

(1) 门的组成

门由门框、门扇、门用五金零件和附件组成，如图 3-22 所示。门框是门与墙体的连接部分，主要起固定门扇的作用，由上框、中横框、中竖框和边框组成。门扇根据用料采取对应的构造。门用五金包括铰链、门锁、拉手、插销、停门器等。附件有贴脸板、筒子板、门帘盒等，主要是增强门的美观。

(2) 平开木门的构造

① 门框

门框由于要承受较大的荷载，因此门框的断面较大，一般单扇门的门框断面约为 60mm×90mm，双扇门的门框断面约为 60mm×100mm。为了增强门的密封性能，应在门框内侧做裁口；裁口做法有两种，一种是铲口，另一种是钉木条形成钉口以代替铲口。门框的安装方法有塞口法和立口法两种。塞口法是砌墙时预留门洞，然后将门框塞入门洞，用钉子将门框与墙内预埋木砖固定或将门框上的铁脚放入墙的预留缺口再浇筑细石混凝土固定。立口法是在砌墙前先用支撑将门框立好，然后再砌墙，用木拉砖或铁脚砌入墙内与墙体固定。门框与墙的洞口相对位置有外平齐、内平齐或居中三种情况，一般采用与墙内平齐的形式。

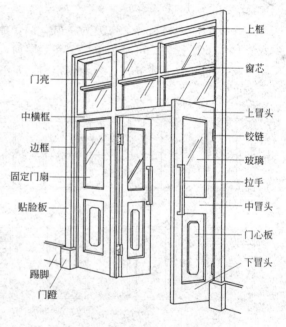

图 3-22 平开木门的组成

② 门扇

平开木门常用的门扇有镶板门、夹板门和拼板门三种。

镶板门是由骨架和门芯板组成，如图 3-23 所示，骨架由上冒头、中冒头、下冒头和边梃组成。门芯板一般采用木板，也可用多层胶合板或玻璃等。门芯板与骨架间的镶嵌方式有暗槽、单面槽和双面压条三种，工程中用得较多的是暗槽，单面槽和双面压条多用于玻璃门芯板。

图 3-23 镶板门与玻璃门立面
(a) 镶板门；(b) 半截玻璃门；(c) 全玻璃门

夹板门是由骨架和面板组成，如图 3-24 所示。骨架由边框、纵横肋条、锁孔木块组成。面板采用胶合板或纤维板。骨架与面板用胶粘合而成，在夹板门的四周用木条镶边。夹板门自重较轻、节省木材、制作简单、造价低廉，一般用于内门。

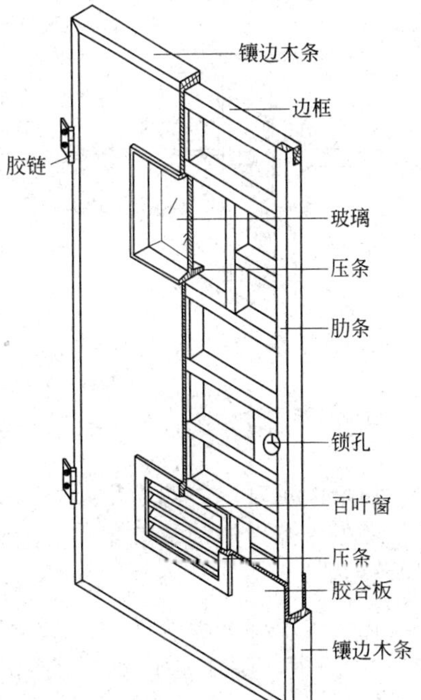

拼板门分为有骨架拼板门和无骨架拼板门两种。无骨架拼板门是由木板直接拼钉而成。有骨架拼板门是由骨架和条板组成，构造与镶板门类似。内装使用的实木拼板门一般是无骨架拼板门，外形美观、自然，强度较高。

5. 窗的构造

（1）窗的组成

窗由窗框、窗扇、窗用五金零件和附件组成，如图 3-25 所示。窗框又叫窗樘，是窗与墙体的连接部分，主要起固定窗扇的作用，由上框、中横框、中竖框、下框和边框组成。窗扇是由上冒头、中冒头（窗心）、下冒头及边梃组成。窗用五金包括铰链、风钩、拉手、插销以及导轨、滑轮（推拉窗）等。附件有贴脸板、窗帘盒、窗台板等，主要是增强窗的美观和利用窗台搁物等。

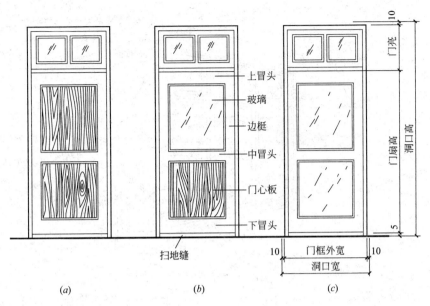

图 3-24 夹板门构造

（2）铝合金窗的构造

铝合金窗是用不同断面型号的铝合金型材经切割下料、打孔、铣槽、攻丝，再用配套的连接件、密封件、窗用五金件组合而成。铝合金窗是以窗框料的系列来区分的，窗框料

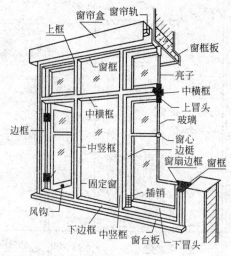

图 3-25 窗的组成

的系列是以窗框的厚度来表示的，例如 90 系列铝合金推拉窗是指推拉窗的窗框厚度构造尺寸为 90mm。

铝合金窗框的安装方法一般采用塞口法。安装时先在窗框外侧用螺钉固定钢质锚固件，再将钢质锚固件与洞口四周墙中的预埋铁件焊接、螺栓连接或直接用射钉固定，如图 3-26 所示。

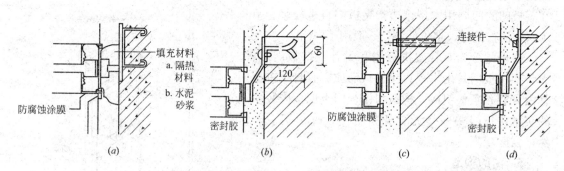

图 3-26 铝合金门窗框与墙体的连接构造
(a) 预埋铁件连接；(b) 燕尾铁脚连接；(c) 金属膨胀螺栓连接；(d) 射钉连接

窗框固定好以后四周与窗洞的缝隙用软质保温材料如泡沫塑料条、泡沫聚氨酯条、矿棉毡条聚氨酯发泡剂等填塞。再用水泥砂浆抹面，在填实处留 5~8mm 深的弧形槽，槽内嵌密封胶。

铝合金窗扇的玻璃是用橡胶压条固定在窗扇上的。推拉铝合金窗的窗扇先顶入上框（如有中横框，则顶入中横框）的凹槽内，然后将窗扇下部的滑轮放在下框的导轨上，最后在上框或中横框凹槽内安装限位块。平开铝合金窗扇与窗框的连接安装同木窗。

3.1.5 楼板层与地面

1. 楼地层的构造组成

楼地层是楼层地面（楼板层）和底层地面的总称。楼地层的构造包括楼板层的构造和底层地面的构造。

(1) 楼板层的构造组成

楼板层是由面层、结构层和顶棚三部分组成，如图 3-27 所示。

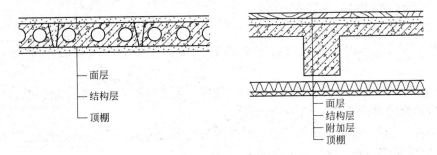

图 3-27 楼板层的组成

① 面层

面层是直接经受摩擦和承受压力的部分，对结构层起保护作用，同时又是室内装饰的重要组成部分。面层材料很多，常用的有细石混凝土面层、水泥砂浆面层、水磨石面层、地面砖面层、大理石面层、木板面层等。面层材料选用应根据使用要求综合确定。

② 结构层

结构层又叫楼板，是楼板层的承重部分，它承受楼板层上的全部荷载，并将其传给墙或柱，同时对墙体起水平支撑的作用，增强墙体的稳定性和建筑物的整体刚度。

③ 顶棚

顶棚又叫天花板，它是结构层下表面的构造层，也是室内空间的顶面，顶棚的主要功能是保护结构层、装饰室内、敷设室内管线及改善室内使用环境等。

楼板层根据室内使用要求可以增设附加层，主要有防水层、保温层、隔声层、隔汽层、管线敷设层等。附加层一般设置在面层和结构层之间，有时也布置在顶棚和结构层之间。

(2) 底层地面的构造组成

底层地面又叫地面，是由基层、垫层和面层三部分组成，如图 3-28 所示。

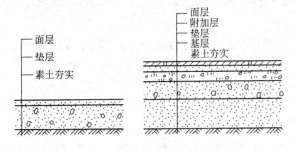

图 3-28 地面的组成

① 面层

地面面层要求同楼板层面层。地面面层在选择面层材料和确定构造做法时要重点考虑地面的结露和防潮，以满足室内使用环境的要求。

② 垫层

垫层是地面的承重层。它位于面层与基层之间。它必须有足够的强度和刚度，以承受面层传来的荷载，并将其均匀地传递给基层。

③ 基层

基层是垫层下面的坚实土层，它必须有足够的强度和刚度，以承受垫层传来的荷载。

地面应根据室内使用要求增设相应的附加层，主要有防潮层、防水层、保温层等。

2. 楼地层的设计要求

楼地层设计时应满足建筑物的使用、受力与变形、施工、经济等多方面的要求。

(1) 楼地层应具有足够的强度和刚度。

楼地层在本身自重和使用荷载作用下，不出现破坏。楼地层的承重层在荷载作用下，挠度不超过结构规范的规定。

(2) 楼地层应满足防火的要求

根据建筑物的耐火等级的规定，楼地层承重构件应选用耐火材料制造，并满足最低耐火极限的要求。

(3) 楼地层应满足防水的要求

对用水频繁的房间，如卫生间、厨房、浴间等，要求有不透水性。应采用防水材料做面层或在楼地层中附加防水层。

(4) 楼地层应满足保温隔热要求

对采暖建筑或上下层温差较大并且使用环境湿度较大的建筑，应附设保温层或隔热层，防止室内楼地层结露或家具设备霉变，影响使用。

(5) 楼地层应满足隔声要求

楼地层在选择面层材料时，可选择隔声性较强的材料，或在做结构层时选用现浇空心板，以减少固体传声和利用空气间层隔声。

(6) 楼地层应经济合理

楼地层材料选择时，尽可能利用地方材料，采用工业化的施工方法，以及一层多用，减少楼地层的构造层次，提高施工效率，降低工程造价。

另外，楼地层在设计时，还要满足耐磨、易于清洁、不起尘、美观等要求。

3. 楼板的类型

根据楼板所使用的材料不同，可将楼板分为木楼板、砖拱楼板、钢筋混凝土楼板及压型钢板与混凝土组合楼板等几种。由于钢筋混凝土楼板强度高、刚度好、有较强的耐久性和防火性能，并且具有良好的可塑性，可以根据需要制作成各种形状，便于工业化施工和机械化生产，在工程中应用广泛。

钢筋混凝土楼板根据施工方式不同，可分为现浇整体式钢筋混凝土楼板、预制装配式钢筋混凝土楼板和装配整体式钢筋混凝土楼板三种。现浇整体式钢筋混凝土整体性好，刚度大，有利于抗震，适应性强，在抗震设防区和高层建筑中得到普遍的应用。

4. 现浇整体式钢筋混凝土楼板

现浇整体式钢筋混凝土楼板根据结构类型不同，可分为板式楼板、梁板式楼板、井式楼板、无梁楼板和压型钢板混凝土组合楼板等。

(1) 板式楼板

将楼板现浇成一块平板,直接搁置在四周墙上,这种楼板叫板式楼板。

板式楼板底面平整,便于支模施工,适用于平面尺寸较小的房间(如集体宿舍、公寓的房间或住宅中的厨房、卫生间等)以及公共建筑的走廊等。

板式楼板按其支撑情况和受力特点分为单向板和双向板。四边支撑的楼板,当板的长边尺寸与短边尺寸之比大于2时,板主要沿短边受力,长边受力可忽略不计,板的受力钢筋沿短方向布置,长边只要按构造要求布置分布钢筋,这种楼板叫单向板。四边支撑的楼板,当板的长边尺寸与短边尺寸之比不大于2时,楼板在长方向和短方向都受力较大,受力钢筋沿双向布置,这种楼板叫双向板。

(2) 梁板式楼板

当房间的平面尺寸较大时,一般通过在楼板下增设钢筋混凝土梁,以减小楼板的跨度,降低楼板的厚度,提高楼盖结构的刚度,减少楼板混凝土的用量,这种楼板叫梁板式楼板,如图3-29所示。

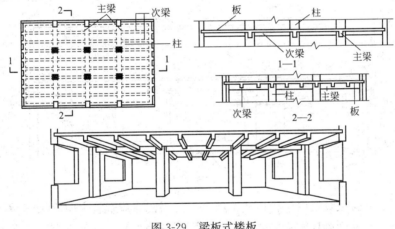

图3-29 梁板式楼板

梁板式楼板上的荷载先由楼板传递给梁(边区格板荷载传递给两边的梁和墙体),再由梁传递给墙或柱。

当房间的两个方向平面尺寸都较大时,梁板式楼板通常在纵横两个方向设置梁,则有主梁和次梁之分。主梁一般沿房间短跨方向布置,次梁垂直于主梁布置。在布置钢筋混凝土梁板时,除了考虑受力要求外,还应考虑经济合理性,一般主梁的经济跨度为5~8m;次梁的经济跨度为4~6m;板的经济跨度为1.7~2.7m。

(3) 井式楼板

当房间或门厅两个方向平面尺寸都较大且平面形状为方形或接近方形时,可将梁板式楼板纵横两个方向的梁设置成等高,并且将梁布置成等间距,形成井字形,这种梁板式楼板叫井式楼板,如图3-30所示。

井式楼板的梁可设置成正交正放和正交斜放两种方式,井式楼板集受力和装饰于一体,在公共建筑的门厅、雨篷、连廊、大厅等部位得到广泛的应用。

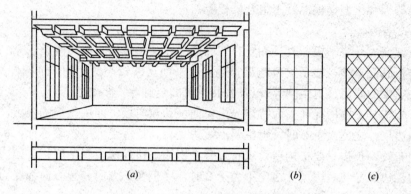

图 3-30 井式楼板
(a) 示意；(b) 正交正放梁格；(c) 正交斜放梁格

(4) 无梁楼板

将楼板直接支承在柱上或柱与墙上（区边格板），楼板下不设置梁，这种楼板叫无梁楼板，如图 3-31 所示。

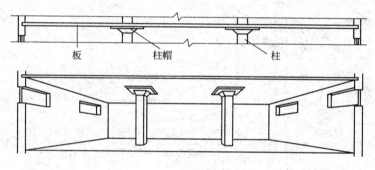

图 3-31 无梁楼板

无梁楼板上的荷载直接由楼板传递给墙和柱。当楼面荷载较大时，为了减小楼板的厚度，节省材料，应采用有柱帽无梁楼板；当楼面荷载较小时，可采用无柱帽无梁楼板。

无梁楼板的楼层净空高度较大，顶棚平整，柱帽有一定的装饰性，采光通风好，适用于楼面荷载较大的商店、仓库、展览馆和地铁站等建筑中。

(5) 压型钢板混凝土组合楼板

压型钢板混凝土组合楼板是以压型钢板为永久性底模，现浇混凝土，压型钢板与混凝土形成一个整体，压型钢板承受楼板下部的拉应力，混凝土承受上部的压应力，可以充分利用材料性能。

压型钢板混凝土组合楼板一般适用于大空间建筑，可以解决大空间高支模的施工技术风险，方便施工，节省施工成本。

5. 楼地层的防潮、防水及隔声构造

(1) 地层防潮

地层防潮一般有三种做法，分别为设防潮层、增设保温层和做架空式地坪。

① 设防潮层

防潮层做法一般有两种，一种是在混凝土垫层上设防潮层，再在防潮层上做地面面层。常用做法是在混凝土垫层上先刷冷底子油一道，然后涂憎水的热沥青一道或铺贴卷材防水层，也可涂刷防水涂料一到两遍。利用防潮层的不透水性阻断地层中的毛细水通道，防止毛细水渗上地面，影响使用。

防潮层的另一种做法是在地面的基层上铺一层粒径均匀的卵石或碎石、粗砂等，然后再在其上做混凝土垫层和地面面层。利用卵石、碎石或粗砂等颗粒之间的较大空隙阻碍毛细水的形成，从而起到阻断毛细水渗上地面达到防潮的效果。

② 增设保温层

当建筑室内空气潮湿，地面与室内温差较大时，易在地面形成结露，影响使用。此时应在地面防潮层上增设保温层，在保温层上再做找平层和地面面层，以解决地面结露和阻断毛细水渗上地面。

③ 做架空式地坪

底层地面垫层改为钢筋混凝土楼板，将钢筋混凝土楼板搁置在地垄墙或周围的墙上，使地坪不接触土体，并在墙上对应位置开设通风孔，形成架空通风间层，以改变地面的温度状况，同时带走地下潮气，达到防止结露和阻断毛细水的作用。

(2) 楼地层防水

楼地层防水主要要做好两项工作，即楼地面排水和楼地面防水。

① 楼地面排水

为使楼地面排水顺畅，首先应设置地漏，并使楼地面由四周向地漏有一定的坡度，从而引导水流进入地漏。楼地面排水坡度一般为 1‰～1.5‰。为了防止积水向外溢流，用水房间的楼地面应比周围其他房间或走道低 20～30mm，或在用水房间的门口做 20～30mm 高的挡水门槛，如图 3-32(a)、(b)所示。

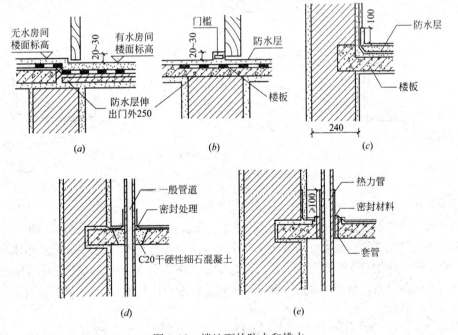

图 3-32 楼地面的防水和排水

② 楼地面防水

有防水要求的楼地面，其面层应选择耐水性材料，如水泥砂浆、水磨石、缸砖、地面面砖等。楼地面的结构层应选择现浇钢筋混凝土楼板，房间四周与墙交接处用现浇混凝土做高度为150～200mm的止水处理，以防水渗入墙内影响其他房间的使用。对防水要求较高的房间，还需要在结构层与面层之间增设防水层，防水层四周应沿墙上升150～200mm，常用的防水材料为防水砂浆、防水涂料和防水卷材，如图3-33(c)所示。

当有竖向管道穿越楼地层时，其防水构造一般有两种做法，一种做法是在管道四周用C20干硬性细石混凝土将楼地层与管道之间的空隙填充密实，再用二布二油橡胶酸性沥青防水涂料做密封处理；这种做法一般适用于非热力管道。另一种做法是在浇筑混凝土时将套管预埋在对应位置，套管的四周焊有止水钢板，套管的管径应比穿越竖向管径稍大，套管应高出楼地面约30mm，如图3-33(d)、(e)所示。

(3) 楼层隔声

楼层隔声主要是在构造上采取措施，阻隔固体传声。一般采取的措施有三种，一是采用弹性面层材料，如地毯、塑料地板等；二是采用弹性垫层材料，如矿棉毡、软木板、木丝板等；三是采用吊顶。

6. 阳台与雨篷

(1) 阳台

阳台是建筑室内与室外的联系部分，可供人们在上面眺望、休息、栽种花草、晾晒衣物或从事其他活动。

① 阳台的种类

阳台根据其使用功能，可分为生活阳台和服务阳台。阳台根据与外的相对位置，可分为凸阳台、凹阳台和半凸半凹阳台。阳台根据在建筑平面的位置，可分为中间阳台和转角阳台，如图3-33所示。

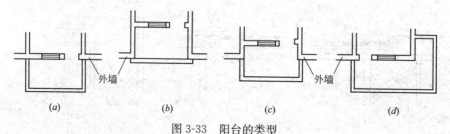

图3-33 阳台的类型
(a) 挑阳台；(b) 凹阳台；(c) 半凸半凹阳台；(d) 转角阳台

② 阳台的承重结构

阳台的承重结构主要有搁置板式、挑梁式和挑板式三种。搁置板式又叫墙承式，是将阳台板直接搁置在两端的墙上，一般用于凹阳台。挑梁式是在阳台的两端设置挑梁，在挑梁上(或挑梁与栏板梁上)支承阳台板，是凸阳台常见的结构形式。挑板式一般是利用现浇板挑出墙面而形成阳台板，是凸阳台的一种结构形式，一般出挑长度较小，结构变形较大。

③ 阳台的排水

阳台排水有两种，分别为外排水和内排水。内排水是在阳台内设置排水立管和地漏，阳台地面的水通过地漏进入排水立管，由排水立管流入地下排水管网，这种做法适用于立面美观要求较高的建筑。外排水是在阳台的一侧或两侧设排水口,阳台地面向排水口做1‰~2‰的坡,排水口内埋设 $\phi 40$~$\phi 50$ 镀锌钢管或硬质塑料管(又称水舌),并伸出阳台栏板外不少于80mm,以防落水溅到下面的阳台上。外排水还可以在阳台内设置地漏,排水立管设在阳台外,排水立管与地漏用弯联管相连,这种做法的优点是增加了阳台内的使用面积,在工程中的应用较多。

④ 阳台的栏板、栏杆

栏板、栏杆是阳台的安全围护设施,要求坚固可靠、耐久美观。栏板、栏杆根据使用的材料分为金属栏杆、钢筋混凝土栏板和砖砌栏板等;根据外形分为空花栏杆、实心栏板和混合式栏板等。栏板、栏杆的高度应高于人体的重心,多层建筑应不小于1.05m,高层建筑应不小于1.10m。栏板、栏杆与墙体、柱及阳台板应有可靠的连接,常用的连接方法有预埋铁件焊接、预留孔洞插接、后钻孔膨胀管焊接和整体现浇等。

(2) 雨篷

雨篷是建筑物出入口的上方用来挡雨,并具有突出建筑重点和装饰建筑外立面作用的构件。

雨篷根据使用的材料和结构可分为钢筋混凝土雨篷、钢结构雨篷、玻璃采光顶雨篷和软面折叠多用雨篷。建筑中多采用钢筋混凝土悬挑雨篷,其构造需解决好两个问题,即防倾覆和防水排水。雨篷根据排水方式可分为自由落水雨篷和有组织排水雨篷;其外形有多种做法,如图3-34所示。当雨篷的平面尺寸较大时,一般做成有柱雨篷。

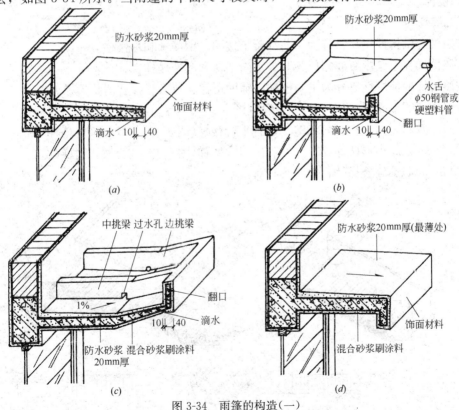

图3-34 雨篷的构造(一)

(a) 自由落水雨篷;(b) 有翻口有组织排水雨篷;(c) 折挑倒梁有组织排水雨篷;(d) 下翻口自由落水雨篷

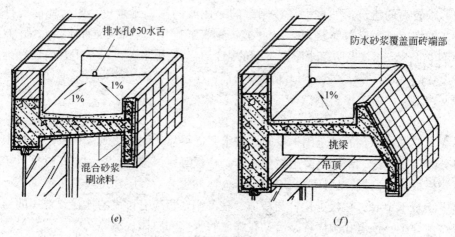

图 3-34 雨篷的构造(二)
(e) 上下翻口有组织排水雨篷；(f) 下挑梁有组织排水带吊顶雨篷

3.1.6 垂直交通设施

建筑的垂直交通设施有楼梯、电梯、自动扶梯、台阶和坡道。它们的作用主要是满足通行和紧急疏散。

1. 楼梯

(1) 楼梯的类型

按照楼梯结构使用材料分为钢筋混凝土楼梯、钢楼梯和木楼梯。

按照楼梯在建筑中所处的位置分为室内楼梯和室外楼梯。

按照楼梯的使用性质分为主要楼梯、辅助楼梯、疏散楼梯和消防楼梯。

按照楼梯的平面形式分为单跑直楼梯(图 3-35)、双跑直楼梯(图 3-36)、双跑平行楼梯(图 3-37)、双跑直角楼梯(图 3-38)、双合平行楼梯(图 3-39)、双分平行楼梯(图 3-40)、三跑楼梯(图 3-41)、扇形楼梯(图 3-42)、剪刀式楼梯(图 3-43)、交叉式楼梯(图 3-44)、弧形楼梯(图 3-45)和螺旋楼梯(图 3-46)等。

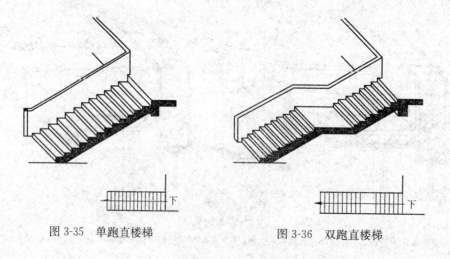

图 3-35 单跑直楼梯　　　　　图 3-36 双跑直楼梯

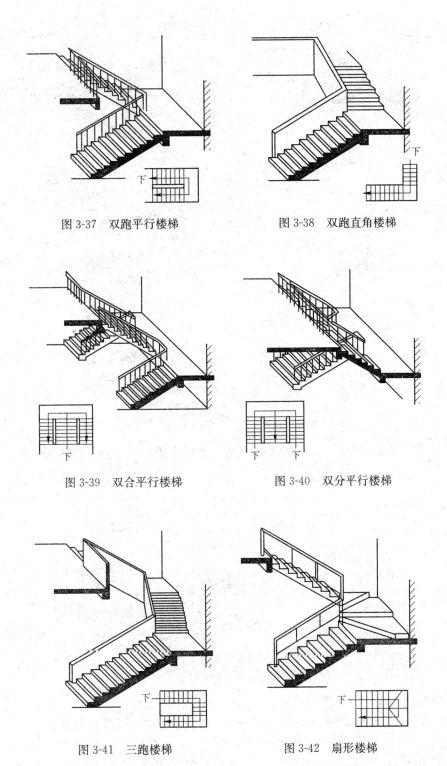

图 3-37 双跑平行楼梯　　图 3-38 双跑直角楼梯

图 3-39 双合平行楼梯　　图 3-40 双分平行楼梯

图 3-41 三跑楼梯　　图 3-42 扇形楼梯

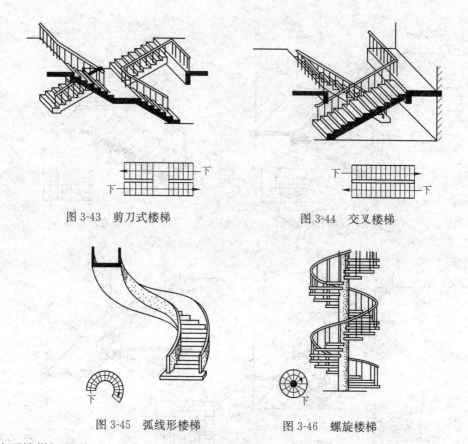

图 3-43 剪刀式楼梯　　　　图 3-44 交叉楼梯

图 3-45 弧线形楼梯　　　　图 3-46 螺旋楼梯

按照楼梯间的平面形式分为开敞楼梯、封闭楼梯和防烟楼梯等，见图 3-47。

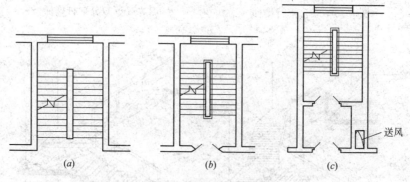

图 3-47 楼梯间平面形式
(a) 开敞楼梯间；(b) 封闭楼梯间；(c) 防烟楼梯间

(2) 楼梯的组成

楼梯一般由楼梯段、楼梯平台、栏杆(栏板)及扶手三部分组成，见图 3-48。

① 楼梯段

楼梯段是倾斜并带有踏步的构件，它连接楼层如图 3-48 所示。楼层平台和中间平台，是楼梯的主要使用和承重部分。每个楼梯段踏步的数量最少不少于 3 级，最多不超过 18 级，以满足人们的行走习惯和防止过度疲劳。两平行楼梯段之间的空隙叫楼梯井。

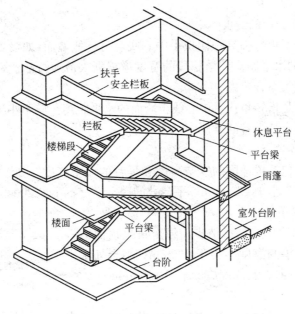

图 3-48 楼梯的组成

② 楼梯平台

楼梯平台是位于两个楼梯段之间的水平构件,主要作用是转向、休息和缓冲。楼梯平台分为楼层平台和中间平台,楼层平台与楼面标高一致,中间平台位于上下两个楼层之间。

③ 栏杆(栏板)及扶手

栏杆(栏板)是设置在楼梯段和楼梯平台的临空一侧边缘的围护构件。它的作用是确保楼梯的使用安全。栏杆(栏板)上部供人们用手扶持的连续斜向的配件叫扶手。

(3) 楼梯的尺度

① 楼梯的坡度

楼梯的坡度一般为 23°～45°之间,其中 30°为适宜坡度。坡度超过 45°时,应设爬梯;坡度小于 23°时,应设坡道。

② 楼梯的踏步尺寸

楼梯的踏步尺寸包括踏面的宽度和踢面的高度;踏面是人脚踩的部分,其宽度应与成人的脚长相适应,一般为 250～310mm;踢面是踏步的垂直面,其高度与踏面的宽度之和应符合成年人的行走步距。

楼梯的踏步尺寸可按下列经验公式来确定:

$2h+b=600～620mm$

或 $h+b=450mm$

式中:h——踏步踢面的高度;

b——踏步踏面的宽度。

在居住建筑中,踏面的宽度一般为 250～300mm,踢面的高度一般为 156～175mm 较为合适。学校、办公楼等公共建筑在确定踏步尺寸时,往往踢面的高度要小一些,踏面的宽度要大一些。

③ 楼梯段和楼梯平台的宽度

楼梯段的宽度是指楼梯临空一侧扶手中心线至另一侧墙面（如设置靠墙扶手，则为靠墙扶手中心线）之间的水平距离。楼梯段的宽度应根据人流通行的股数、安全疏散的要求和建筑物的使用性质等综合考虑。

楼梯平台的宽度是指转角扶手中心线至墙面的水平距离，应不小于楼梯段的宽度，以保证通行顺畅和搬运家具设备的方便。

④ 楼梯的净空高度

楼梯的净空高度包括楼梯段的净空高度和平台的净空高度，如图3-49所示。规范规定楼梯段的净空高度不小于2200mm，平台处的净空高度不小于2000mm。

⑤ 栏杆（栏板）扶手的高度

栏杆（栏板）扶手的高度是指踏步前缘至扶手顶面的垂直距离。一般建筑扶手的高度不小于900mm；平台处水平扶手长度超过500mm时，其高度应不小于1000mm。

⑥ 栏杆的净距

为了保证小孩通行的安全，楼梯栏杆在设置时要求水平方向的净距不大于110mm。

（4）现浇钢筋混凝土楼梯

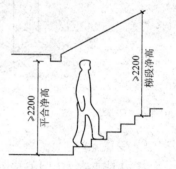

图3-49 楼梯的净空高度

现浇钢筋混凝土楼梯模板消耗量大，施工工序多，施工速度慢，湿作业多，工期长。但是它的整体性好，刚度大，有利于抗震，可以根据需要制作成任意形状，因此在工程中得到广泛的运用。

现浇钢筋混凝土楼梯根据结构形式的不同，分为板式楼梯和梁式楼梯。

① 板式楼梯

板式楼梯是楼梯的梯段与上、下平台梁整体浇筑在一起，梯段可以看成一块斜向放置的板，如图3-50(a)所示。

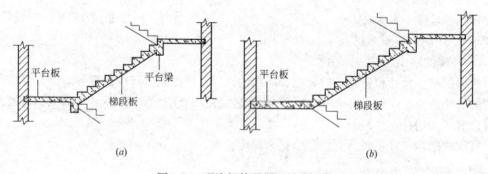

图3-50 现浇钢筋混凝土板式楼梯

板式楼梯楼梯段的传力路径为：荷载→楼梯段→平台梁→楼梯间墙或柱。

板式楼梯结构简单，底面平整，施工方便，但自重较大，一般用于楼梯段跨度及荷载较小的楼梯或美观要求高的楼梯。

板式楼梯亦可将楼梯段斜板与平台板做成一块整板（折板），取消一端或两端平台梁，以提高楼梯间的净空尺寸，缩短楼梯间的进深，如图 3-50(b)所示。

② 梁式楼梯

梁式楼梯的楼梯段由踏步板和斜梁组成，斜梁与上、下平台梁相连，如图 3-51 所示。梁式楼梯受力合理，用料经济，但施工较复杂，一般用于楼梯段跨度较大或荷载较大的楼梯。

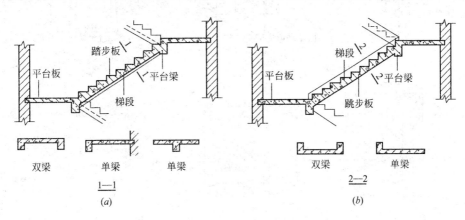

图 3-51　现浇钢筋混凝土梁板式楼梯
(a) 明步楼梯；(b) 暗步楼梯

梁式楼梯楼梯段的传力路径为：荷载→踏步板→斜梁→平台梁→楼梯间墙或柱。

梁式楼梯根据斜梁与踏步板板底的相对位置，可分为明步和暗步两种做法。明步是将斜梁设置在踏步板之下；暗步是将斜梁的底面和踏步板的下表面取平，斜梁上翻，暗步较明步美观。

（5）楼梯的细部构造

一般楼梯踏步的踏面与踢面相互垂直。当楼梯间的进深受限时，在不改变楼梯坡度的前提下，可将踢面前倾或将踏面向前突出 20～30mm，使踏面宽度增加，满足行走舒适的要求，如图 3-52 所示。

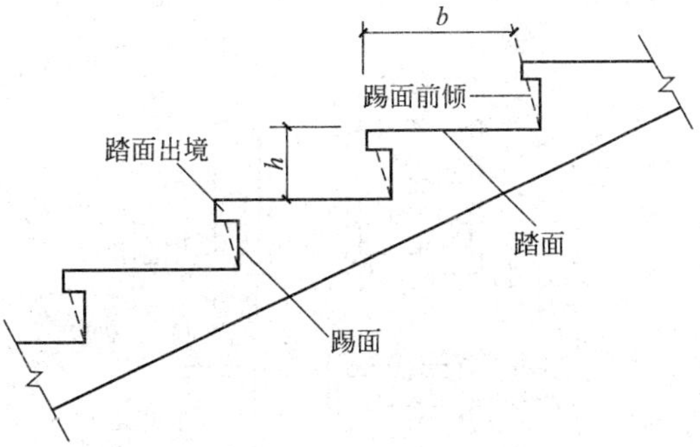

人流集中的楼梯或踏步面层光滑的楼梯，踏步表面应采取防滑和耐磨措施。通常在踏步口做防滑条，防滑材料可采用水泥铁屑、金刚砂、金属条、橡胶条等。

楼梯的栏杆（栏板）的构造与阳台基本一致。

楼梯的扶手与栏杆（栏板）的连接方式有焊接、螺钉连接等；或直接在栏板上端做饰面扶手，如图 3-53 所示。

图 3-52　踏面与踢面

2. 电梯与自动扶梯

标准较高的宾馆、饭店、住宅等多层建筑以及医院等有特殊要求的建筑和高层建筑应设置电梯，以解决人们上下楼的体力、时间的消耗。大型商场、展览馆、火车站、航空港等人流集中的大型公共建筑应设置自动扶梯，以快速解决交通疏散问题。

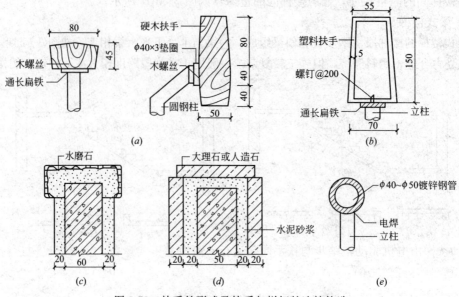

图 3-53 扶手的形式及扶手与栏杆的连接构造

(1) 电梯

① 电梯的分类

电梯根据用途分为乘客电梯、住宅电梯、病床电梯、客货电梯、载货电梯和杂物电梯。

电梯根据拖动方式分为交流电梯、直流电梯和液压电梯。

电梯根据消防要求分为普通乘客电梯和消防电梯。

② 电梯的组成

电梯是由井道、机房和轿厢三部分组成，如图 3-54 所示。

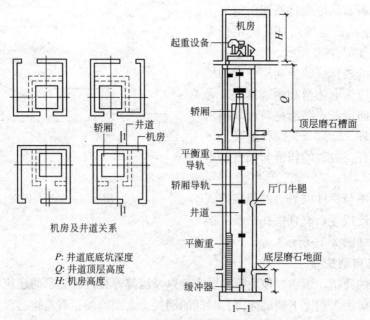

图 3-54 电梯井道及组成示意图

电梯井道是电梯轿厢运行的通道。井道内部设置电梯导轨、平衡配重等电梯运行配件,并设有电梯出入口。电梯井道只供电梯使用,不允许布置无关的管线。

电梯机房一般设在电梯井道的顶部,少数电梯把机房设在井道底层的侧面(如液压电梯)。机房的平面和剖面尺寸均应满足布置机械及电控设备的需要,并留有足够的管理、维护空间,同时要把室内温度控制在设备运行的允许范围内。

③ 消防电梯

消防电梯是在火灾发生时运送消防人员及消防设备,抢救受伤人员的垂直交通工具。

一类公共建筑、塔式住宅、12层及12层以上的单元式住宅或通廊式住宅以及高度超过32m的其他二类公共建筑应设置消防电梯。

消防电梯的数量与建筑主体每层建筑面积有关,多台消防电梯在建筑中应设置在不同的防火分区内。消防电梯的布置、动力系统、运行速度和装修及通信等均有特殊的要求。

(2) 自动扶梯

自动扶梯由电机驱动,踏步与扶手同步运行,可以是正向运行,也可以反向运行,停机时可当作临时楼梯使用。

自动扶梯的布置方式主要有并联排列式、平行排列式、串联排列式、交叉排列式几种。

并联排列式楼层交通乘客可以连续,升降两方向交通均分离清楚,外观豪华,但安装面积大。平行排列式安装面积小,但楼层交通不连续。串联排列式楼层交通乘客流动可以连续。交叉排列式乘客流动升降两方向均为连续,且搭乘场相距较远,升降客流不发生混乱,安装面积小。

3. 台阶与坡道

台阶是室内外地坪存在高差或室内地坪存在高差时设置的过渡构件。当有车辆通行或地坪高差较小时,一般设置坡道。部分公共建筑台阶和坡道一起使用,正面是台阶,两侧是坡道(回车坡道)。

(1) 台阶

① 台阶的种类和尺寸

台阶根据所在的位置分为室内台阶和室外台阶。当室内外地坪有高差时,要设置室外台阶;当室内走廊、楼梯间等地面标高不同时,要设置室内台阶。

台阶根据平面形式的不同可分为单面台阶、两面台阶、三面台阶。台阶的侧面可设挡墙、花台或花池,见图3-55。

台阶一般由踏步和顶部平台组成。踏步踢面高度一般为100~150mm,踏面宽度一般为300~400mm。为保证人流出入的安全和方便,台阶顶部平台深度不小于1000mm,顶部平台的侧边应至少比出入口宽500mm。为防止雨水积聚或溢入室内,室外台阶顶部平台应比室内地面低20~50mm,并向外找坡1%~4%,以利于排水。室内台阶踏步数量不应小于2级,当高差不足2级台阶时,应按坡道设置。

② 台阶的构造

为了防止建筑物主体沉降造成台阶的变形和破坏,台阶应等主体工程完工后再进行施工,并与主体结构之间留出约10mm的沉降缝。

室内台阶的做法同楼地面的做法。室外台阶的做法一般分为两种,即普通式台阶和架

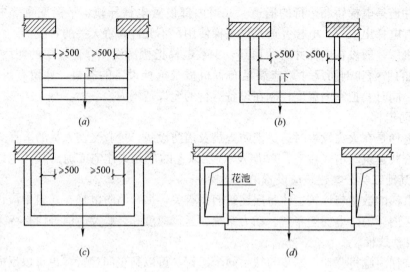

图 3-55 台阶的形式
(a) 单面踏步；(b) 两面踏步；(c) 三面踏步；(d) 单面踏步带花池

空式台阶。普通式台阶同地面做法，但要注意，寒冷地区台阶下如为冻胀土，应当用砂类土、砾石类土换去冻胀土，然后再做台阶，如图 3-56(c) 所示。架空式台阶是将平台板和踏步板分别搁置在地梁上或砖砌地垄墙上，如图 3-56(a)、(b) 所示，一般用于台阶尺度较大或土体冻胀严重的情况。

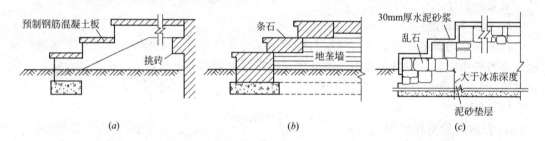

图 3-56 台阶构造
(a) 预制钢筋混凝土架空台阶；(b) 支承在地垄墙上的架空台阶；(c) 地基换土台阶

(2) 坡道

坡道根据用途分为行车坡道和轮椅坡道(无障碍坡道)，行车坡道又分为普通行车坡道和回车坡道，如图 3-57 所示。

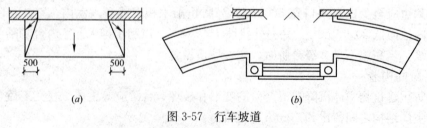

图 3-57 行车坡道
(a) 普通行车坡道；(b) 回车坡道

考虑使用安全和方便，坡道的坡度不宜过大，室内坡道的坡度应不大于1∶8，室外坡道的坡度应不大于1∶10，供残疾人使用的无障碍坡道的坡度不宜大于1∶12。

坡道的做法同地面做法，寒冷地区应将垫层下的冻胀土挖去，设置一定厚度的砂类土、砾石类土等不冻胀土。

3.1.7 屋顶

1. 屋顶的作用及设计要求

（1）屋顶的作用

屋顶的作用主要有三个方面

① 屋顶的承重作用

屋顶要承受屋盖本身的全部荷载，还要承受积雪、积灰、施工荷载和人群的重量（上人屋面）并将其可靠地传给下面的墙或柱。

② 屋顶的围护作用

屋顶是建筑最上部起覆盖作用的外部围护构件，要能够抵御自然界的风、霜、雨、雪、太阳辐射等的侵蚀，营造良好的室内使用环境。

③ 屋顶的装饰作用

屋顶的选型、屋面的材料、色彩等直接影响建筑外立面的装饰效果，是建筑艺术形象的重要组成部分。

（2）屋顶的设计要求

屋顶设计应满足坚固耐久、防水排水、保温隔热等使用要求，还应做到构造简单、施工方便、造价经济，并与建筑整体形象协调一致。

2. 屋顶的类型

屋顶根据外形和坡度主要分为三大类，即平屋顶、坡屋顶和曲面屋顶。

平屋顶是指屋面坡度小于5%的屋顶，常用的坡度为2%～3%。平屋顶是目前运用最广泛的一种屋顶形式。

坡屋顶是指屋面坡度在10%以上的屋顶。坡屋顶有单坡屋顶、双坡屋顶、四坡屋顶等，坡屋顶是我国传统的建筑屋顶形式。

曲面屋顶一般用于大型公共建筑中，有拱屋顶、穹顶、薄壳屋顶、悬索屋顶、空间网架屋顶等多种形式。

3. 平屋顶的构造

（1）平屋顶的构造组成

平屋顶主要由结构层、防水层、保温隔热层和顶棚组成。平屋顶可以根据需要增设找平层、隔汽层、保护层等。

① 结构层

平屋顶的结构层是指屋面的承重结构，它主要承受屋顶自重和上部荷载，在抗震设防区一般采用现浇钢筋混凝土板。

② 防水层

平屋顶的坡度较小，要通过防水材料的防水性能来达到防水的目的。平屋顶根据防水层防水材料的不同分为刚性防水、柔性防水、涂膜防水等多种做法。

③ 保温隔热层

为了保证建筑室内具有适宜的温度，需要在屋盖中设置保温隔热层。

④ 顶棚

屋顶顶棚构造和作用一般同楼板层。

(2) 平屋顶的排水

① 平屋顶排水坡度的形成

平屋顶的排水坡度的形成有两种方法，分别为材料找坡和结构找坡。

材料找坡又叫垫置坡度或填坡，是将屋面板水平搁置，然后在上面铺设炉渣、膨胀珍珠岩等轻质材料形成排水坡度。

材料找坡室内顶棚平整，施工方便，但增加了屋盖的自重。一般常用屋面保温隔热层兼做找坡层。

结构找坡又叫搁置坡度或撑坡，是将屋面板搁置在顶面倾斜的梁上、屋架上或墙上形成排水坡度。

结构找坡屋面荷载小，造价低，但室内顶棚倾斜，一般多用于工业建筑和需做吊顶棚的民用建筑。

② 平屋顶的排水方式

平屋顶的排水方式有两类，分别为无组织排水和有组织排水。

无组织排水又叫自由落水，是指屋顶沿檐墙出挑形成挑檐，屋面雨水经挑檐自由下落至室外地坪的一种排水方式。

无组织排水构造简单，造价低，但雨水对外墙面有侵蚀作用，对室外地坪亦有冲击破坏作用，因此一般用于低层建筑和少雨地区。

有组织排水是指在屋面设置排水天沟或排水檐沟汇集屋面雨水，然后将雨水由雨水口、雨水管有组织地排至室外地面或室内排水系统的一种排水方式。

有组织排水按照雨水管的设置位置分为外排水和内排水。外排水是指雨水管设置在室外的排水方式，这种排水构造简单，维修方便，造价较低，在工程中得到广泛的运用。内排水是指雨水管设置在室内，雨水通过室内排水管沟排到室外，一般用于对外立面美观要求较高的建筑和寒冷地区的建筑。

(3) 平屋顶的防水

① 刚性防水屋顶

刚性防水屋顶是指用防水砂浆抹面或用现浇细石混凝土作为防水层的屋顶。刚性防水一般用于屋顶结构和基层的刚度好、建筑不产生不均匀沉降以及没有振动荷载的情况。

刚性防水屋顶的构造层次有结构层、找平层、隔离层和防水层。

结构层一般为现浇钢筋混凝土板。

找平层是在结构层上用20mm厚1:3的水泥砂浆找平。

隔离层是采用麻刀灰、纸筋灰、低强度等级的水泥砂浆或干铺一层油毡，目的是隔开结构层（或找平层）与防水层，减少结构变形对防水层的不利影响。

防水层一般采用不低于C20的细石混凝土整体现浇，其厚度不小于40mm，并在内部配制直径4～6mm、间距100～200mm的双向钢筋网片。

② 柔性防水屋顶

柔性防水屋顶又叫卷材防水屋顶，是利用防水卷材与粘结剂结合，形成防水层的屋顶。由于柔性防水屋顶能适应温度变形、振动和不均匀沉降等影响，整体性好，不易渗漏，在工程中运用广泛；但其施工操作较复杂，技术要求较高。

柔性防水屋顶的主要构造层次有结构层、找平层、结合层、防水层、保护层等。

结构层和找平层同刚性防水屋顶。

结合层是设置在结构层（或找平层）与卷材防水层之间，它的作用是使卷材与结构层（或找平层）粘结牢固。沥青类卷材常用冷底子油，高分子卷材则多用配套基层处理剂，也可采用冷底子油或稀释乳化沥青。

防水层主要有三类，即沥青类卷材（现已基本不用）、高聚物改性沥青防水卷材和合成高分子防水卷材。高聚物改性沥青防水卷材主要有 SBS、APP 等。合成高分子防水卷材主要有三元乙丙橡胶、PVC、氯化聚乙烯等。

保护层设置在防水层上，其作用是保护防水层。不上人屋面在高聚物改性沥青防水卷材上一般做绿豆砂保护层（在防水层上撒粒径为 3~5mm 的小石子）；在合成高分子防水卷材上一般涂刷浅色保护着色剂（氯丁银粉胶等）做保护层。上人屋面保护层同地面做法。

③ 涂膜防水屋顶

涂膜防水屋顶是用防水涂料直接涂刷在屋面基层上，利用涂料干燥或固化形成不透水的薄膜层来达到防水的目的。

防水涂料主要有乳化沥青类、氯丁橡胶类、聚胺酯类、丙烯酸酯类等。为了增强涂层的贴附覆盖能力和抗变形能力，涂膜防水屋顶往往增设胎体增强材料如玻璃纤维网格布、聚酯无纺布等。

涂膜防水屋顶具有防水性能好、粘结力强、耐腐蚀、耐老化、延伸率大、适应性强、施工方便等优点，已广泛用于各类防水工程中。

（4）平屋顶的细部构造

① 泛水构造

屋面与垂直墙面交接处的防水构造处理叫泛水，如图 3-58 所示。泛水高度不小于 250mm；在屋面与垂直墙面的交接缝处要用抹成圆弧形或 45°斜面；泛水上口的卷材收头要固定牢固。

② 檐口构造

平屋顶常见的檐口形式有自由落水挑檐口、挑檐沟檐口、女儿墙外排水檐口等，如图 3-59~图 3-61 所示。

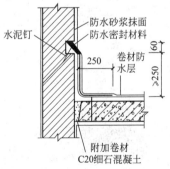

图 3-58 卷材防水屋面泛水构造

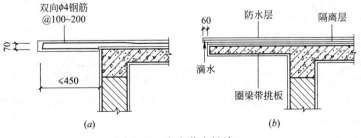

图 3-59 自由落水挑檐口

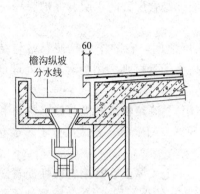
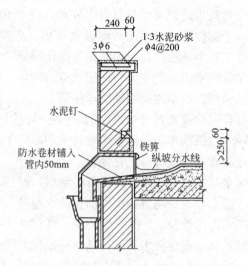

图 3-60 挑檐沟外排水檐口　　　　图 3-61 女儿墙外排水水落口

③ 变形缝构造

屋面变形缝的处理既要保证屋盖自由变形，又要防止雨水由变形缝渗入室内。变形缝构造如图 3-62、图 3-63 所示。

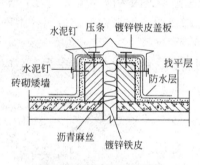
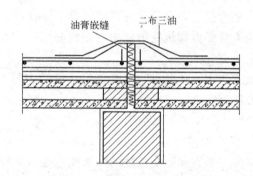

图 3-62 等高屋面变形缝　　　　图 3-63 刚性防水屋面分隔缝做法

4. 坡屋顶的构造

(1) 坡屋顶的组成

坡屋顶一般由承重结构和屋面两个部分组成，必要时还需设置保温层、隔热层和顶棚等。

(2) 坡屋顶的承重结构

坡屋顶的承重结构是用来承受屋面荷载并将其传递给墙或柱。一般结构类型有屋架承重、横墙承重、木构架承重和钢筋混凝土梁板承重等，如图 3-64 所示。

① 屋架承重

屋架承重是将屋架搁置在墙或柱上，在相邻的屋架或屋架与山墙之间搁置檩条，再在檩条上做钢筋混凝土屋面板(有檩屋盖)或直接将钢筋混凝土屋面板搁置在屋架上(无檩屋盖)。

屋架承重可以满足建筑大空间的需要，并能任意分隔室内空间，节省墙体材料。

② 横墙承重

横墙承重是根据屋面坡度的需要，将横墙顶部砌成对应的三角形，在墙上直接搁置檩

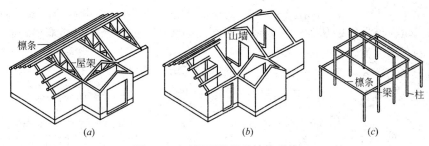

图 3-64 瓦屋面的承重结构系统
（a）屋架支承檩条；（b）山墙支承檩条；（c）木结构梁架支承檩条

条或钢筋混凝土屋面板。

横墙承重构造简单，施工方便，但房间开间尺寸受限，墙体用料较多，一般用于住宅、旅馆等建筑。

③ 木构架承重

木构架承重是由柱和梁组成承重骨架（梁架），檩条将梁架联系成一空间整体受力骨架，用以承受屋面荷载。木构架承重的内外墙填充在木构架之间，不承受荷载，仅起分隔和围护作用。

木构架承重是我国古代建筑的结构形式，构架交接点为榫齿结合，整体性和抗震性能好；但木材耗用量大，耐火性能和耐久性能差。

④ 钢筋混凝土梁板承重

钢筋混凝土梁板承重同钢筋混凝土楼盖，只是将屋面板倾斜布置以适应屋面坡度的要求。是目前民用建筑坡屋面常用形式。

（3）坡屋顶的屋面构造

坡屋顶的屋面主要有平瓦屋面、油毡瓦屋面、彩钢瓦屋面等。

① 平瓦屋面

一般在现浇钢筋混凝土板上铺设平瓦。按照平瓦铺设方法的不同可分为砂浆卧瓦、钢挂瓦条挂瓦和木挂瓦条挂瓦等几种，如图 3-65 所示。

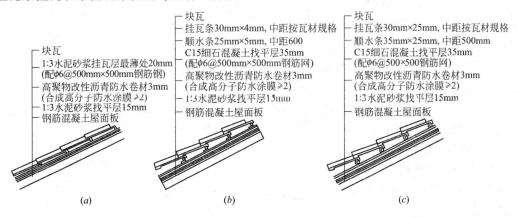

图 3-65 块瓦屋面构造
（a）砂浆卧瓦；（b）钢挂瓦条；（c）木挂瓦条

② 油毡瓦屋面

油毡瓦是以玻璃纤维毡为胎基，经浸涂石油沥青后，面层热压各色彩砂，背面撒隔离材料制成的瓦状屋面防水片材。

油毡瓦的规格一般为 1000mm×333mm×2.8mm。油毡瓦铺瓦方式是采用钉粘结合，以钉为主的方式，如图 3-66 所示。

油毡瓦一般用于屋面排水坡度大于 20％的坡屋面。

③ 彩钢瓦屋面

彩钢瓦是用镀锌钢板轧制成型，表面涂刷防腐涂层或用彩色薄钢板冷压成型制作而成的呈波浪形的屋面防水板材。

彩钢瓦亦可在其中间填充泡沫保温材料，制成夹心板，以提高屋顶的保温效果。

彩钢瓦一般用自攻螺钉固定于冷弯型钢挂瓦条上。

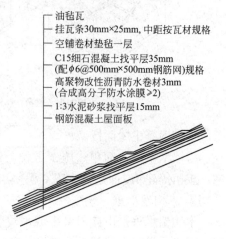

图 3-66　油毡瓦屋面构造层次

5. 屋顶的保温隔热

在寒冷地区或有采暖要求的建筑，为减少室内的能量损失，应对屋顶做保温处理；对气候炎热地区，为减少夏季太阳辐射热通过屋顶传进室内和降低室内的温度，应对屋顶做隔热处理。

（1）屋顶的保温

① 保温材料

保温材料一般为轻质、多孔、导热系数小的材料。根据保温材料的外形和施工特点可分为散料类保温材料、整体类保温材料和板块类保温材料。散料类保温材料主要有炉渣、膨胀珍珠岩、膨胀蛭石等。整体类保温材料主要有水泥炉渣、水泥膨胀珍珠岩、水泥膨胀蛭石、沥青膨胀珍珠岩、沥青膨胀蛭石等，是将散料掺入胶结材料现场浇筑而成。板块类保温材料主要有加气混凝土、泡沫混凝土、膨胀珍珠岩、膨胀蛭石、泡沫塑料等板材或块材，是在工厂将散料和胶结材料制成保温板块。

② 保温层的位置

保温层一般设置在结构层与防水层之间，即内置式保温，如图 3-67 所示。这是最常用的一种做法。

保温层还可以设置在防水层以上，即倒置式保温，如图 3-68 所示。这种做法保温材料应使用吸湿性低、耐候性好的憎水性材料，如泡沫塑料板等。

（2）屋顶的隔热

① 平屋顶的隔热

平屋顶的隔热主要有四种做法，即通风降温屋面、蓄水隔热屋面、种植隔热屋面和反射降温屋面。

通风降温屋面一般做法是在屋面防水层以上设置架空隔热板，利用下部的通风空气间层带走太阳辐射热，从而达到隔热降温的作用。

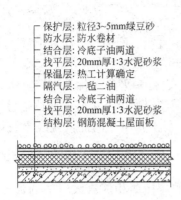 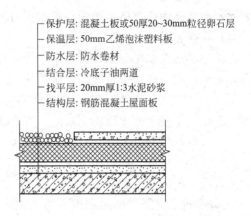

图 3-67 油毡平屋顶保温构造做法　　图 3-68 倒置式油毡保温屋面构造做法

蓄水隔热屋面是在屋顶蓄积一层水,利用水分蒸发带走热量,从而达到隔热降温的作用。

种植隔热屋面是在屋顶上种植植物,利用植物叶片的蒸腾和光合作用,吸收太阳辐射热,从而达到隔热降温的作用。

反射降温屋面是利用浅色调和平整光滑度对太阳辐射热的反射作用以降低屋顶的吸热,从而达到隔热降温的作用。

② 坡屋顶的隔热

炎热地区坡屋顶的隔热一般是在屋顶设置通风空气间层(如双层屋面),在檐口处开设进风口,在屋脊处开设排风口,利用屋顶内外的热压差和迎风面的压力差,组织空气对流,形成屋顶的自然通风,带走室内的热量,从而达到隔热降温的作用。

3.2 市政工程构造

3.2.1 城市道路工程

道路是指为陆地交通运输服务,用于各种车辆和行人通行的交通设施。

道路具有交通运输、城乡骨架、公共空间、抵御灾害和发展经济的功能。

1. 道路的分类

按照道路的使用任务、性质可以把道路分为公路、城市道路、厂矿道路、林区道路和乡村道路。

城市道路按其在道路系统中的地位、交通功能及服务功能规定,我国城市道路划分为:快速路、主干路、次干路、支路四大类。

除快速路外,其余各类道路按城市规模、设计交通量、地形情况分为:Ⅰ、Ⅱ、Ⅲ级。

2. 道路平面、纵断面、横断面及道路交叉

道路是一个三维空间的实体,道路路线是道路中线的空间位置,主要依据设计车辆、设计车速交通量、通行能力确定道路平面、纵断面、横断面及道路交叉等的空间位置及线形要素，在实施中应严格按照设计数据进行测量、放样、施工。

(1) 道路平面

道路中心线在水平面的投影是平面线形，它一般由直线、圆曲线、缓和曲线三个要素组成。城市道路一般采用直线——圆曲线——直线的组合方式。

① 直线具有线形直接、布设方便、行车视距良好、行车平稳等优点。但直线不能适应地形变化、不便于避让障碍等缺陷，且直线过长容易使驾驶员产生麻痹而放松警惕导致发生行车事故，夜间行车时，对向的行车灯光炫目不利于安全。因此，直线不宜设置过长，要与地形、地物、环境相适应。直线的设置长度一般考虑在最大长度和最小长度之间。长直线上的纵坡一般应小于3%。

② 圆曲线是道路平面走向改变方向时，所设置的连接两相邻直线段的圆弧形曲线。圆曲线线形布设方便，能很好地适应地形，避让障碍，与地形配合得当可获得圆滑、舒顺、美观的路线，又能降低造价，而且由于行车景观不断变化使驾驶员保持警惕，可以增加行车安全性和诱导行车视线。但切不可因迁就地形而设置半径过小的圆曲线影响行车安全。

圆曲线上的技术代号一般有：交点(JD)、直圆(ZY)、曲中(QZ)、圆直(YZ)。

圆曲线的几何要素一般有：切线长(T)、曲线长(l)、外距值(E)、校正值(J)。

圆曲线的半径应控制在最小半径和最大半径之间。

为使汽车在曲线路段顺适行驶，减缓驾驶员的紧张操作，应根据设计车速、道路转角[特别是小偏角(转角小于7°时)]控制平曲线的最小长度。

为抵消车辆在平曲线路段上行驶时所产生的离(向)心力，在该平曲线路段横断面上设置曲线超高，即设置外侧高于内侧的单向横坡，其原理是用车重产生的向内水平分力抵消部分离(向)心力。城市道路超高方式应根据地形、车道数、超高横坡值、横断面形式、便于排水、路容美观等因素决定。

在平曲线路段上行驶的汽车车身占用路面宽度比直线路段要大，为了避免在弯道上行驶的汽车侵占相邻车道，在该平曲线路段横断面上设置曲线加宽，即该平曲线路段宽于标准横断面的宽度。加宽值一般取决于汽车轮迹的需要和汽车行驶摆动的需要。

③ 为了行车安全，保证驾驶员在发现道路上的障碍、迎面来车等情况能及时采取制动或避让措施，道路平面线形(即纵断面线形)应有足够的行车视距。平面视距包括停车视距、会车视距和超车视距。

(2) 道路纵断面

沿道路中心线纵向垂直剖切的立面为纵断面，它反映道路沿线起伏变化情况。道路纵断面的确定与汽车爬坡性能、地形条件、运输与工程经济等诸多方面因素有关。纵断面线形主要由纵坡和竖曲线组成。

纵坡是两点间高差h与两点水平距离L之比的百分数，用坡度值(i)表示，$i=h/L\times 100\%$。纵坡的取值范围一般应在最大纵坡和最小纵坡之间。最大纵坡要考虑合成坡度(即超高横坡与纵坡组合而成的坡度)；最小纵坡不能满足时，一般应设置锯齿形街沟或其他综合措施，满足排水要求。

(3) 道路横断面

道路横断面是指垂直于道路中心线方向的断面，它是由横断面设计线与地面线所围成的截面。横断面宽度，通常称为路幅宽度；远期规划道路用地总宽度则称为红线宽度。红线是指城市中的道路用地和其他用地的分界线。

① 城市道路的横断面组成

城市道路横断面包括机动车道、非机动车道、人行道、绿化带、分隔带、(路肩)等。

② 路拱与路拱横坡

为了迅速排除路面上的雨水，路面表面做成中间高两边低的拱形，称之为路拱。

人行道、行车道在道路横向单位长度内升高或降低的数值，也称为道路横坡。路拱横坡的基本形式有抛物线形、直线形、曲线直线组合形、折线形四种。

③ 横断面的基本布置形式

道路断面交通主要由行人和车辆交通组成。因此，断面宽度组成主要取决于人行道和车行道两部分。在断面的布设中必须合理地解决人与车、车与车之间的矛盾。城市道路通常采用侧石和绿化带将人行道、车行道布置在不同高度上，做到人车分流，防止互相干扰。而机动车与非机动车道安排是根据道路交通组成、交通量大小、道路等级与功能等具体情况，采用混合行驶、对向分流、车种分流等几种不同的交通组织要求来布设断面。根据不同交通组织方式，行车道断面有单幅路、双幅路、三幅路、四幅路四种基本形式。

(4) 道路交叉

道路与道路(或与铁路)的相交处称为交叉口(道口)。由于相交道路上车辆和行人必须汇集于交叉口后，才能转向其他道路，此时，车辆之间、车辆和行人之间、机动车和非机动车之间相互干扰，相互影响，不但会降低车速、阻滞交通，且易发生交通事故。设置交叉口，合理组织交通，对于提高道路的通行能力，减少交通事故，避免道路交通堵塞具有极其重要的作用。交叉口是道路交通的咽喉，交叉口设计要有利于行车和行人的交通组织与转换。

交叉口根据相交道路交汇时的标高情况，分为两类，即平面交叉和立体交叉。

① 平面交叉的形式

平面交叉的形式取决于道路规划、相交道路的等级、交通量的大小和交通组织特点、交叉口地形与用地等。按交汇于交叉口相交道路的条数分为：三路交叉、四路交叉、多路交叉几类。其中常见的平面交叉口的形式有十字形、X字形、T字形、错位交叉、Y字形、多路复合交叉等。

② 立体交叉的分类

立体交叉是指相交道路在不同高度上的交叉。这种交叉使各条相汇道路车流互不干扰，并可保持原有车速通过交叉口，既能保证行车安全，也大大提高了道路通过能力。在城市道路交叉口、城市道路与其他管线相交或与铁路相交等情况下，如果相互干扰很大，都应采用立体交叉。

按交叉道路相对位置与结构类型分为上跨式(跨路桥式)，即交叉道路从原道路上方跨越；下穿式(隧道式)，即交叉道路在原道路下部穿过的立体交叉。

按交通功能与有无匝道连接上下层道路分为互通式和分离式两种。

③ 立体交叉的形式结构

立交桥洞：立交桥洞应符合道路建筑限界规定，路肩式人行道桥洞净高不得小于2.5m，非机动车道净高不得小于3.0m，机动车道桥洞净高一般不小于5.0m，三、四级公路不得小于 4.5m。桥洞净宽除保证路段上行车道净宽外，两侧应各加 0.25m 的横向安全净空。如双车道宽度为 8m 时，则桥洞净宽不小于 8.5m。

匝道：立体交叉口用以连接上下层车道，供左、右转弯车辆交换车道使用的道路。进入交叉口的车辆在交换车道行驶时，都必须按右转方向进出匝道行驶。匝道的行车道按车辆行驶方向分为单向车道、双向混合行驶车道两种。

立体交叉的匝道中，专供右转弯车辆交换车道行驶的匝道称为外环匝道；供左转弯车辆交换车道行驶的匝道称为内环匝道(设在环行匝道内侧)。车辆从主车道进入匝道的路口称为出口；车辆从匝道行驶进入主车道的路口称为进口。

城市道路与铁路相交叉时，当路段旅客列车设计行车速度达到 140km/h 的铁路与公路相交叉时，必须设置立体交叉。

城市道路与各种管线(电力线、电信线、电缆、管道等)与道路相交时，均不得侵入道路限界。不得妨碍道路交通安全，不得损害道路构造物，不得影响道路设施的使用。

城市道路与线杆、照明设施、底下管线接近或交叉布置时，应参照城市道路设计规范与市政设施管理规定执行。

3. 路基的一般知识

(1) 路基的基本类型

主要有路堤(填方路基)、路堑(挖方路基)、半填半挖路基、不填不挖路基四种。

(2) 对路基的基本要求

路基必须满足的基本要求包括路基必须具有足够的强度、足够的水稳定性、足够的整体稳定性(季节性冰冻地区还需要具有足够的冰冻稳定性)。

(3) 影响路基稳定性的因素

① 影响路基稳定性的自然因素主要有：地形、气候、水文与水文地质、土的类别、地质条件、植物覆盖等。

② 影响路基稳定性的人为因素主要有：荷载作用、路基结构、施工方法、养护措施等。

(4) 路基的干湿类型与划分

路基的强度和稳定性受路基的湿度状况影响很大，在进行路基设计时要对路基的湿度状况进行分析和评价。

① 路基干湿类型：路基按其干湿状态不同，分为干燥、中湿、潮湿和过湿四类。由于土基处于干燥状态具有足够的承载力，而处于中湿状态具有相当的承载力，为了保证路基路面结构的稳定性，一般要求路基处于干燥或中湿状态。潮湿和过湿状态的路基必须经处理后方可铺筑路面。

② 路基湿度来源：主要有大气降水、地面水、地下水、水蒸气及其凝结水、给排水设施渗漏等。

此外，冻胀与翻浆也是路基湿度来源。造成道路冻胀与翻浆的条件主要有：土质、水文、气候、行车、养护等。

(5) 路基防护

由岩土所筑成的路基，大多暴露于大气之中，长期受自然因素的作用，岩土在不利水温条件作用下，物理、力学性质将发生变化。浸水后湿度增大，土的强度降低；岩性差的岩体，在水温变化条件下，加剧风化；路基表面在温差作用下形成胀缩循环，在湿差作用下形成干湿循环，可导致强度衰减和剥蚀；地表水流冲刷，地下水源浸入，使岩土表层失稳，易造成和加剧路基的水毁病害；沿河路堤在水流冲击、淘刷和侵蚀作用下，易遭破坏；湿软地基承载力不足，易导致路基沉陷。为确保路基的强度与稳定性，维护正常的汽车运输，减少行车灾害，确保行车安全，保持道路与自然环境及周边环境的协调，必须做好路基防护。

① 路基防护主要包括防护与支挡、支挡建筑、湿软地基的加固等。

② 坡面防护主要是保护路基边坡表面免受雨水冲刷，减缓温差及湿度变化的影响，防止和延缓软弱岩土表面的风化、碎裂、剥蚀演变进程，从而保护路基边坡的整体稳定性，在一定程度上还可兼顾路基美化和协调自然环境。常用的坡面防护设施有植物防护、砌石防护和圬工防护等。

4. 路面的一般知识

路面工程是道路工程的一个很重要的组成部分，它直接影响汽车的行车速度、运输成本、行车安全、舒适程度等。我国目前以沥青混凝土和水泥混凝土路面作为高级路面。

（1）对路面的基本要求

路面是分层铺筑在路基顶面上的结构物。铺筑路面的目的是为了加固路基，使道路在行车和各种自然因素作用下，保证车辆高速、安全、舒适地行驶，并能节约运输成本，延长道路的使用寿命，充分发挥道路的功能。要求路面应具有规定的强度和刚度、稳定性、耐久性、表面平整度、表面抗滑性能等。

（2）路面结构层

路面又称路面结构层，是承载于路基(土基)之上的多层结构，包括面层、基层和底基层、垫层等。

① 路面面层

道路的路面直接承受汽车荷载，抵抗车轮的磨耗。根据路面及路面面层结构的力学特性，路面分为柔性路面、刚性路面、半刚性路面三种类型。

② 基层和底基层

基层位于面层之下，底基层或垫层之上，是沥青路面结构层中的主要承重层，基层主要承担着面层传下来的全部车辆垂直荷载，并把面层传下来的力扩散到垫层或路基。应具有较高的强度、稳定性和耐久性，且要求抗裂性和抗冲刷性好。基层可为单层或双层，双层称为上基层、下基层。

底基层是设置在基层之下，用质量较次材料铺筑的次要承重层。当路面基层太厚，垫层与基层模量比不符合要求时都应考虑设置底基层。因此，对底基层材料的技术指标要求可比基层材料略低，底基层也可分为上、下底基层。

③ 垫层

垫层是在水温稳定性不良地带设置的路面结构层。垫层是介于底基层与土基之间的层次。设置垫层，始终保证路基处于干燥或中湿状态。另一方面的功能是将基层传下的车辆荷载应力加以扩散，以减小土基产生的应力和变形。同时防止路基土挤入基层中，影响基层结构的性能。

3.2.2 桥涵工程

1. 桥梁的结构组成

（1）按结构位置划分：包括上部结构（也称桥跨结构）和下部结构。

① 桥梁上部结构：承担线路荷载，跨越障碍。上部结构主要包括桥面系、主要承重结构、支座等。

② 桥梁下部结构：支持桥梁上部结构并将荷载传给地基。下部结构主要包括桥台、桥墩及桥梁基础等。桥台和桥墩一般又合称墩台。

（2）按部位功能划分：可分为五大部件和五小部件。

① 五大部件：是指桥梁承受汽车或其他作用的桥跨上部结构与下部结构，它们是桥梁结构安全性的保证。五大部件包括桥跨结构、支座、桥墩、桥台、基础。

② 五小部件：是直接与桥梁服务功能有关的部件，也称为桥面构造。五小部件包括桥面铺装、排水防水系统、栏杆、伸缩缝、照明系统。

（3）桥梁的附属结构物：一般有路堤挡土墙、护坡、导流堤、检查设备、台阶扶梯、导航装置等。

2. 桥梁的分类

桥梁可以按工程规模、结构体系、上部结构的建筑材料、用途、跨越障碍、桥面位置、桥梁平面的形状、制造方法、使用期限等方式分类，每一种分类方式均反映出桥梁在某一方面的特征。

（1）按工程规模（桥梁多孔跨径总长和单孔跨径）划分：可分为特大桥、大桥、中桥、小桥、涵洞。

（2）按结构体系可分为：梁式桥、拱式桥、刚架桥、悬索桥、斜拉桥、组合体系桥。

（3）按上部结构的建筑材料可分为：木桥、石桥、混凝土（钢筋混凝土、预应力混凝土）桥、钢桥和结合梁桥等。

此外，还有用轻质混凝土、铝合金、玻璃钢等建筑材料建造的桥梁。

（4）按用途可分为：公路桥、铁路桥、公铁两用桥、城市桥。

此外，还有人行桥、飞机场桥、运河桥、给水桥（渡桥）和供油、供气、供煤粉的管道桥等。

（5）按跨越障碍可分为：跨河桥、跨谷桥、跨线桥和高架线路桥等。

（6）按桥面位置可分为：上承式桥、中承式桥、下承式桥和双层桥。

（7）按桥梁平面的形状可分为：正交桥、斜桥和弯桥。

（8）按制造方法可分为：现场浇筑和装配式两类。

（9）其他特殊桥梁：有活动桥、军用桥、漫水桥、悬带桥和观景廊桥等。

3. 桥墩的分类与构造

桥墩一般系指多跨桥梁中的中间支承结构物。它除承受上部结构产生竖向力、水平力和弯矩外，还承受风力、流水压力及可能发生的地震力、冰压力、船只和漂流物的撞击力。桥墩不仅自身应有足够的强度、刚度和稳定性，而且对地基的承载能力、沉降量、地基与基础之间的摩阻力等也都提出一定的要求，避免在上述荷载作用下产生危害桥梁整体结构的水平、竖向位移和转角位移。

(1) 桥墩的分类

① 重力式桥墩，其主要特点是靠自身重力平衡外力来保持其稳定。因此，墩身比较厚实，可以不用钢筋，而用天然石材或片石混凝土砌筑。它适用于地基良好的大、中型桥梁，或流水、漂浮物较多的河流中，其主要缺点是体积较大，而其自重和阻水面积也较大。

② 轻型桥墩，其刚度一般较小，受力后允许在一定范围内发生弹性变形，所用的材料大都以钢筋混凝土或少筋混凝土为主。

(2) 桥墩的构造

梁桥的桥墩和拱桥的桥墩在构造和受力上都有差异，在这里就梁桥桥墩作一介绍。

梁桥桥墩按其构造可分为实体桥墩、空心桥墩、柱（桩）式墩、柔性墩和框架墩等类型。按墩身截面形状可分为矩形、圆形、圆端形、尖端形和各种空心墩。墩身侧面可以做成垂直的，也可做成斜坡式或台阶式。

① 实体桥墩：是由一个实体结构组成，按其截面尺寸和桥墩重力的不同又可分为实体重力式桥墩和实体薄壁式桥墩，它们由墩帽、墩身和基础构成。

② 空心桥墩：在一些高大的桥墩中，为了减少圬工体积，节约材料，减轻自重，减少软弱地基的负荷，也可将墩身内部做成空腔体，即空心桥墩。这种桥墩在外形上与实体重力式桥墩并无多大差别，只是自重较轻，因此它介于重力式桥墩和轻型桥墩之间。几种常见的空心式桥墩有圆形空心桥墩、方形空心桥墩、格构形空心桥墩。桥墩的立面布置可采用直坡式、侧坡式和阶梯式等。

③ 柱（桩）式墩：其结构特点是由分离的两根或多根立柱（或桩柱）组成，在城市高架桥和立交桥中广泛采用。既能减轻墩身重量、节约圬工材料，又较美观。柱式桥墩一般由基础之上的承台、柱式墩身和盖梁组成。双车道桥常用的形式有单柱式、双柱式和哑铃式以及混合双柱式四种。

4. 梁桥桥台分类与构造

梁桥桥台可分为重力式桥台、轻型桥台、组合式桥台、框架式桥台等。

(1) 重力式桥台

重力式桥台一般由台帽、台身（前墙、胸墙和后墙）及基础等组成。它主要靠自重来平衡台后的土压力，台帽支承桥跨，设有支撑垫石和排水坡，它一般用钢筋混凝土做成；台身承托着台帽，并支挡路堤填土，它一般用石材或片石混凝土做成。在路堤前端的填土应按一定坡度做成锥形，称锥体填土。

① 按截面形状，重力式桥台的常用类型有 T 形桥台、矩形桥台、U 形桥台、埋式桥台、耳墙式桥台等。

② 按结构形式，桥台还可分为带翼墙和不带翼墙两大类。翼墙位于桥台两侧，多采用八字形和一字形。带翼墙的桥台主要用于公路桥梁。

(2) 轻型桥台

轻型桥台的常用类型有薄壁轻型桥台、支撑梁轻型桥台。

薄壁轻型桥台常用的形式有悬臂式、扶壁式、撑墙式及箱式等。

(3) 组合式桥台

为使桥台轻型化，桥台本身主要承受桥跨结构传来的竖向力和水平力，而土压力由其他结构来承受,形成组合式桥台。组合的方式很多,如桥台与锚定板组合,桥台与挡土墙组合,桥台与梁及挡土墙组合,框架式的组合,桥台与重力式后座组合等。

(4) 框架式桥台

框架式桥台是一种在横桥方向呈框架式结构的桩基础轻型桥台,适用于地基承载力较低、台身较高、跨径较大的梁桥。其构造形式有双柱式、多柱式、墙式等。

框架式桥台均采用埋置式,台前设置溜坡。为满足桥台与路堤的连接,在台帽上部设置耳墙,必要时在台帽上方两侧设置挡板。

5. 拱桥桥台分类与构造

拱桥桥台既要承受来自拱圈的巨大推力、竖向力及弯矩,又要承受台后土的侧压力,从尺寸上一般比梁桥桥台要大,拱桥桥台同梁桥桥台一样,也大致分为重力式桥台和轻型桥台两大类型,其作用原理与梁桥桥台大致相同。根据其构造形式具体可分为重力式桥台、轻型桥台、组合式桥台、空腹式桥台和齿槛式桥台等。

(1) 重力式桥台

拱桥常用的重力式桥台为 U 形桥台,它由台身(又称前墙)和平行于行车方向的侧翼墙组成,它的水平截面呈 U 形,常采用锥形护坡与路堤连接。U 形桥台的特点与梁桥 U 形桥台相同。在结构构造上除在台帽部分有所差别外,其余部分也基本相同。

(2) 轻型桥台

轻型桥台适用于小跨径拱桥,常用的形式有八字台、U 形台、一字台、E 字台等。轻型桥台尺寸小于重力式桥台很多。

(3) 组合式桥台

组合式桥台由台身和后座两部分组成。台身承受拱的垂直压力。由后座的自重摩阻力及台后的土侧压力来平衡拱推力。

6. 简支梁桥的分类

简支体系梁式桥简称简支梁桥,属静定结构,受力明确,在竖直荷载作用下支撑处只有竖向反力,梁体以受弯为主,同时承受剪力。简支梁桥结构适用于修建中小跨径桥梁,其构造相对较简单。简支梁桥可以按照截面形式、施工方法、有无预应力的不同进一步分类。

按截面形式分,常见的有简支板、简支 T 梁、简支箱梁、组合简支梁。

按施工方法分,有整体现浇板、预制安装板(梁)。

按是否施加预应力分,有预应力混凝土(板)梁桥、钢筋混凝土(板)梁桥。

7. 拱桥的分类

拱桥按照结构体系主要可分为简单体系的拱桥和组合体系的拱桥。简单体系的拱桥中,桥上的全部荷载由主拱单独承受,拱的水平推力直接由承台或者基础承受。当拱桥行车系的行车道梁与拱圈共同受力时,称为组合体系的拱桥。

(1) 主拱圈是拱桥的重要承重结构,沿拱轴线可以做成等截面或变截面的形式。根据主拱圈截面形式不同可分为板拱、肋拱、双曲拱和箱形拱等。

(2) 拱上建筑是拱桥的一部分,按照拱上建筑采用的不同构造方式,可将拱桥分为实腹式和空腹式两种。

8. 斜拉桥构造

斜拉桥旧称斜张桥，属于组合体系桥梁，它的上部结构由主梁、拉索和索塔三种构件组成。它是一种桥面体系以主梁受轴力或受弯为主、支承体系以拉索受拉和索塔受压为主的桥梁。

与悬索桥相比，斜拉桥不需要笨重的锚固装置，抗风性能又优于悬索桥。由调整拉索的预拉力可以调整主梁的内力，使分布更均匀合理。斜拉桥利用主梁、拉索、索塔三者的不同组合，形成不同的结构体系以适应不同的地形和地质条件。

(1) 斜拉桥的总体布置

① 孔跨布置

当代斜拉桥最典型的孔跨布置为双塔三跨式，独塔双跨式也较多，在特殊情况下，斜拉桥也可以布置成为独塔单跨式及多塔多跨式，甚至是混合式。

② 主梁的支承体系

斜拉桥在塔处及墩（含辅助墩）处的支承形式对主梁的受力以及结构的使用性能影响较大。按主梁支承条件不同，它可分为连续梁和连续刚架等。

③ 斜拉索的布置

斜拉索的索面位置：斜拉索按其所组成的平面，通常分为单索面和双索面，而双索面又可分为双平行索面和双斜索面。

斜拉索的索面形状：根据斜拉索在索面内的布置，主要分为三种形式，即辐射形、竖琴形、扇形。另外，还有星形（索在梁上汇集于一点）、混合形（边跨为平行形，中跨为扇形）等。

④ 索塔的布置

斜拉桥索塔的布置形式分为沿桥纵向的布置形式和沿桥横向的布置形式，其中后者又因索面的布置位置不同而有所差异。

(2) 斜拉索构造

① 斜拉索种类与构造

斜拉索在构造上可分为刚性索和柔性索两大类。刚性索是由钢索外包预应力混凝土而形成的刚性构件，拉索数少而集中，这样可以提高主梁刚度，减少钢材的用量；柔性索施工、安装方便，目前已广泛采用，其钢索早期采用的有平行钢筋束、卷制钢绞线索、卷制钢丝索等，随着科技的发展，目前多采用钢丝索和钢绞线索。

② 斜拉索端部的锚具

锚具是斜拉桥的极其重要的部件，它的质量和性能对整个斜拉桥结构的可靠性有着直接影响。常用的斜拉索锚具有热铸锚、镦头锚、冷铸锚及夹片群锚等几种。

(3) 斜拉桥的主梁截面形式

斜拉桥的主梁截面形式根据主梁使用材料和索面的布置有所不同，其形式多种多样。

(4) 塔柱

塔柱是索塔的主要构件，塔柱之间设有横梁或其他连接构件。塔顶横梁及竖直塔柱之间的中间横梁是非承重横梁，只承受自身重力引起的内力。设有主梁支座的受弯横梁、竖塔柱与斜塔柱相交点处的压杆横梁及反向斜塔柱相交点处的拉杆横梁是承重横梁，除承受自身重力作用外，还承受其他轴向力和弯矩。

(5) 斜拉索与混凝土索塔的锚固结构

①斜拉索在塔柱上交叉锚固；②斜拉索在塔柱上对称锚固；③采用钢锚固梁来锚固；④利用钢锚箱锚固。

9. 悬索桥构造

悬索桥是一种适合于特大跨度的桥型，它以主缆、锚碇和桥塔为主要承重构件，以加劲梁、吊索、鞍座为辅助构件。悬索桥由于跨越能力大，常可因地制宜地选择一跨跨过江河或海峡主航道的布置方案，这样可以避免水中深水桥墩的修建，满足通航要求；但是由于悬索是柔性结构，刚度较小，当活载作用时，悬索会改变几何形状，引起桥跨结构产生较大的挠曲变形；在风荷载、车辆冲击荷载等动荷载作用下容易产生振动。

(1) 悬索桥是由主缆、加劲梁、主塔、鞍座、锚碇、吊索等构件构成的柔性悬吊体系。

(2) 悬索桥上部结构的主要构件为桥塔、主缆和加劲梁，其次还有吊索、鞍座、索夹等。

10. 城市立交桥的分类

立体交叉(简称立交)是利用跨线构造物使两条(或多条)道路在不同标高处相互交叉的连接方式。立交桥是为解决道路与道路相交引起的交通冲突而修建的桥梁，它可以是铁路、公路、城市道路不同组合方式的交叉。

(1) 立交桥的交通组成方式不同，其交叉形式和组成部分也不尽相同，但一般常用的立体交叉由以下各部分组成：

跨路桥：快速道路从桥上通过，相交道路从桥下通过，这种形式称为上跨式，反之称为下穿式。跨路桥可以是直线，也可以是曲线。

匝道：为连接两相交道路设置的互通式交换道，匝道同相交道的交点称为匝道的终点。匝道分单向匝道、双向匝道和有分隔带的双向匝道三种，一般情况采用前两种匝道，如果两相交道路交通量都很大时，可采用第三种形式。

入口与出口：由高速道路驶出、进入匝道的道口称为出口，由匝道驶出、进入高速道路的道口称为入口。"出"和"入"均是针对高速道路本身而言。

引道：为立交桥交叉口前后道路上起坡点到终坡点之间的一段线路。

(2) 立交桥的分类

立交桥的形式很多，立交桥形式的选择，要从城市交通规划、交通性质、交通流量、交通流向、经济合理、环境协调等全面优化确定。

按照相交道路跨越方式划分，立交桥可分为上跨式和下穿式两种。按照交通的功能划分，立交桥可分为分离式与互通式立体交叉两种。

11. 涵洞的分类及构造

涵洞是宣泄路堤下水流的工程构筑物，它与桥梁的主要区别在于跨径的大小和填土的高度。根据《公路工程技术标准》(JTG B01—2003)中的规定，凡是单孔跨径小于5m，多孔跨径总长小于8m，以及圆管涵、箱涵，不论其管径或跨径大小、孔数多少均称为涵洞。涵洞顶上一般都有较厚的填土(洞顶填土大于50cm)，填土不仅可以保持路面的连续性，而且分散了汽车荷载的集中压力，并减少它对涵洞的冲击力。

(1) 涵洞的分类

① 按构造形式分有圆管涵、拱涵、箱涵、盖板涵等；工程上多用此类分法。

② 按建筑材料分类有钢筋混凝土涵、混凝土涵、砖涵、石涵、木涵、金属涵等。

③ 按洞身断面形状分有圆形、卵形、拱形、梯形、矩形等。

④ 按孔数分有单孔、双孔、多孔等。

⑤ 按洞口形式分有一字式(端墙式)、八字式(翼墙式)等。

⑥ 按洞顶有无覆盖土可分为明涵和暗涵(洞顶填土大于50cm)等。

⑦ 按水力性能分类：无压力式涵洞、半压力式涵洞、有压力式涵洞、倒虹吸管涵洞。

(2) 涵洞的组成

涵洞是由洞口、洞身和基础三部分组成的排水构筑物。

① 洞身是涵洞的主要部分，它的主要作用是承受活载压力和土压力等并将其传递给地基，并保证设计流量通过的必要孔径。常见的洞身形式有圆管涵、拱涵、箱涵、盖板涵。

A. 洞身及组成

管涵：圆管涵主要由管身、基础、接缝及防水层组成。

盖板涵：主要由盖板、涵台、基础、洞身铺底、伸缩缝及防水层等部分组成。

拱涵：主要由拱圈、护拱、拱上侧墙、涵台、基础、铺底、沉降缝及排水设施等组成。

箱涵：主要由钢筋混凝土涵身、翼墙、基础、变形缝等部分组成。

B. 洞身分段及接头处理

洞身较长的涵洞沿纵向应分成数段，分段长度一般为3~6m，每段之间用沉降缝分开，基础也同时分开。涵洞分段可以防止由于荷载分布不均及基底土体性质不同引起的不均匀沉降，避免涵洞开裂。沉降缝的设置是在缝隙间填塞浸涂沥青的木板或浸以沥青的麻絮。

② 洞口是由进水口和出水口两部分组成。洞口应与洞身、路基衔接平顺，并起到调节水流和形成良好流线的作用，同时使洞身、洞口(包括基础)、两侧路基以及上下游附近河床免受冲刷。

洞口包括端墙、翼墙或护坡、截水墙和缘石等部分，它是保证涵洞基础和两侧路基免受冲刷，使水流顺畅的构造，进出水口河床必须铺砌。一般进出水口均采用同一形式。

常用的洞口形式有端墙式、翼墙式(又称八字墙式)、锥形护坡(采用1/4正椭圆锥)、平头式、走廊式、一字墙护坡、上游急流槽(或跌水井)下游急流坡、倒虹吸、阶梯式洞口及斜交洞口等结构形式，设计时应根据实际情况选择上下游洞口的形式与洞身组合使用。

③ 出水口沟床加固处理方法

进出水口沟床加固处理是与涵洞本身设置的坡度和涵洞上下游河沟的纵向坡度有关，凡涵洞设置坡度小于临界坡度，上下游河沟纵向坡度也较小时，称为缓坡涵洞；反之，称为陡坡涵洞。

3.2.3 隧道工程

地下人工建筑的结构形式，根据其不同用途有多种多样。当人工建筑处于地表下，结构沿长度方向的尺寸大于宽度和高度并具有连通A、B两点的功能时，可称为"地道"；当地道的横截面积较小时，通常认为截面积在30m² 以内时，称为"坑道"；当截面积较大时，称之为"隧道"。隧道是铁路、道路、水渠、各类管道等遇到岩、土、水体障碍时开凿的穿过山体或水底的内部通道，是"生命线"工程。

1. 隧道的分类

（1）按隧道用途可分为：交通隧道、水工隧道、市政隧道、矿山隧道等。

① 交通隧道：交通隧道是隧道中数量最多的一种。它的作用是提供交通运输和人行的通道，以满足交通线路畅通的要求，一般包括有以下几种：铁路隧道、公路隧道、水底隧道、地下铁道、航运隧道和人行隧道。人行隧道常被称为"人行通道"。

② 水工隧道：水工隧道是水利工程和水力发电枢纽的一个重要组成部分。水工隧道包括以下几种：引水隧道、排水隧道、导流隧道或泄洪隧道、排砂隧道。

③ 市政隧道：城市中，为安置各种不同市政设施的地下孔道。市政隧道有：给水隧道、污水隧道、管路隧道、线路隧道、人防隧道等。

④ 矿山隧道：在矿山开采中，常设一些为采矿服务的隧道，从山体以外通向矿床，并将开采到的矿石运输出来。矿山隧道有：运输巷道、给水隧道、通风隧道等。

（2）按隧道周围介质的不同可分为：岩石隧道和土层隧道。岩石隧道通常修建在山体中间，因而也将其称作为山岭隧道；而土层隧道常常修筑在距地面较浅的软土层中，如城市中的交通隧道和穿越河流或库区的水底隧道。

（3）按截面形状可分为：圆形截面隧道、椭圆形截面隧道、马蹄形隧道、矩形截面隧道、双孔隧道、孪生隧道、双层隧道等。

（4）公路隧道按其长度可分为四类。隧道长度是指进出口洞门端墙墙面之间的距离，即两端洞门墙面与路面的交线同路线中线交点的距离。

公路隧道是交通隧道的一个重要分支，是指用于穿越公路路线障碍物（山体、河流等）的交通隧道，常见的连接山体两侧公路的山岭隧道、连接水体两侧公路的水底隧道以及城市中心的人行通道都属于公路隧道。

2. 公路隧道的特点

（1）断面形状复杂。公路隧道与铁路隧道、水工隧道相比，断面宽而扁，这主要是由于公路车辆的行驶要求。另外公路隧道中还常有岔洞、紧急停车带、回转区以及双连拱隧道、小间距隧道、双层隧道等，这些在铁路隧道、水工隧洞中是很少见的。

（2）荷载形式单一。公路隧道所承受的主要荷载来自于隧道周围的围岩压力，汽车的行车荷载对隧道的影响与围岩压力相比，完全可以忽略。通常围岩压力方向一般不会改变，不存在水工隧洞中那种双向受压状况。另外由于汽车的行驶速度一般不超过120km/h，所以公路隧道也不会像高速铁路隧道那样在洞口及洞中受到复杂的空气压力变化的影响。

（3）附属设施多。和铁路隧道、水工隧洞相比，为了满足行车的要求，公路隧道中有许多附属设施，主要包括通风设施、照明设施、交通信息设施、通信设施、消防设施以及监控设施等。

3. 隧道的组成形式

隧道的主体建筑物由洞身衬砌和洞门建筑两部分所组成，在洞门容易坍塌地段，应接长洞身（即早进洞或晚出洞），或加筑明洞洞口。

隧道的附属建筑物包括：人行道（或避车洞）和防、排水设施；长、特长隧道还有通风道、通风机房、供电、照明、信号、消防、通信、救援及其他量测、监控等附属设施。

4. 隧道的构造形式

隧道的构造形式可用结构物在"纵断面"及"横截面"上的形状来反映。

纵断面上：隧道的进口外称为"洞门"；洞门上被挖掉的原覆盖物体的部分称为"仰坡"；仰坡面延长线与隧道底线的交点称为"开挖点"；隧道顶部至地表面的距离称为"覆盖层厚"；已建承重结构的部分，称为"安全部分"；兴建临时支撑结构的部分，称为"临时安全部分"；未建支撑结构的开挖工作面，称为"不安全部分"；从未支撑处正向前开挖的部分，称为"开挖工作面"。

（1）隧道的横截面的构成，可分为未开挖和开挖后两种形式。

未开挖的截面称为"开挖孔洞"：开挖孔洞约上部1/3的部分，称为"拱部"；约中部1/3的部分，称为"洞身"；约下部1/3的部分，称为"洞底"；洞身及洞底的对称中心部分，称为"核心土"；开挖后对应于拱上边缘人工结构的弧线部分，称为"拱圈"；洞身对应的人工结构弧线边缘部分，称为"侧墙"或侧拱；洞底对应的下边缘人工结构的弧线部分，称为"仰拱"。

（2）隧道横截面在开挖后所建的人工结构包括支护结构及承重结构。支护及承重结构的结构形式可分为传统隧道结构和现代隧道结构两种形式。

传统隧道结构的构造形式，其支护结构为临时性的木支架或钢支架，在承重的砖石结构砌筑后被拆除。承重结构则主要由回填层、砖石拱圈、侧边墙及支承基座构成。

现代隧道结构的构造形式为包括钢锚杆在内的永久性的支撑结构——初次支护及二次衬砌的复合式结构。

3.3 建筑设备工程构造

3.3.1 建筑给排水设备工程

1. 水泵

水泵是给水系统中的主要升压设备。在建筑给水系统中，一般采用离心式水泵，它具有结构简单、体积小、效率高且流量和扬程在一定范围内可以调整等优点。选择水泵应以节能为原则，使水泵在给水系统中大部分时间保持高效运行。

水泵的流量、扬程应根据给水系统所需的流量、压力确定。

每台水泵的出水管上应设阀门、止回阀和压力表，并应采取防水锤措施。

水泵机组一般设置在泵房内，泵房应远离需要安静、要求防振、防噪声的房间，并有良好的通风、采光、防冻和排水的条件；水泵机组的布置应保证机组工作可靠，运行安全、装卸、维修和管理方便，见图3-69。

2. 吸水井与贮水池

（1）吸水井

室外给水管网能够满足建筑内所需水量，不需设置贮水池，但室外给水管网又不允许直接抽水，即可设置满足水泵吸水要求的吸水井。吸水井的尺寸应满足吸水管的布置、安装和水泵正常工作的要求，见图3-70。吸水井的容积应大于最大一台水泵3min的出水量。

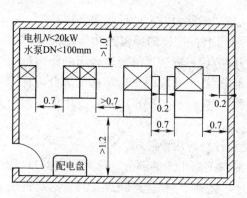
图 3-69 水泵机组的布置间距(m)

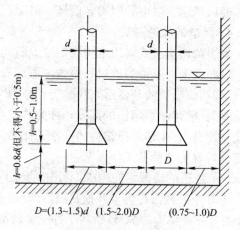
图 3-70 吸水管在吸水井中布置的最小尺寸

(2) 贮水池

贮水池是建筑给水常用调节和贮存水量的构筑物，采用钢筋混凝土、砖石等材料制作，形状多为圆形和矩形。贮水池宜布置在地下室或室外泵房附近，并应有严格的防渗漏、防冻和抗倾覆措施。贮水池设计应保证池内贮水经常流动，不得出现滞流和死角，以防水质变坏。

贮水池一般应分为两格，并能独立工作，分别泄空以便清洗和维修。

贮水池内应设吸水坑，吸水坑平面尺寸和深度应通过计算确定。贮水池的有效容积(不含被梁、柱、墙等构件占用的容积)应根据调节水量、消防贮备水量和生产事故备用水量计算确定。当资料不足时，贮水池的调节水量可按最高日用水量的10%～20%估算。

3. 水箱

按不同用途，水箱可分为高位水箱、减压水箱、冲洗水箱和断流水箱等多种类型，其形状多为矩形和圆形，制作材料有钢板、钢筋混凝土、玻璃钢和塑料等。

这里只介绍给水系统中广泛采用的起到保证水压和贮存、调节水量的高位水箱。

(1) 水箱的配管、附件及设置要求

水箱的配管、附件如图 3-71 所示。

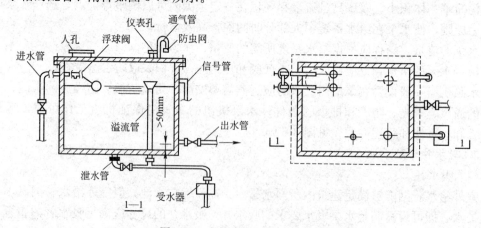

图 3-71 水箱配管、附件示意图

① 进水管

一般由侧壁接入，也可由顶部或底部接入，管径按水泵出水量或设计秒流量确定。

② 出水管

出水管可由水箱侧壁或底部接出，其出口应离水箱底 50mm 以上，管径按水泵出水量或设计秒流量确定。

③ 溢流管

溢流管可从底部或侧壁接出，进水口应高出水箱最高水位 50mm，管径一般比进水管大一号。溢流管上不允许设置阀门，并应装设网罩。

④ 水位信号装置

它是反映水位控制失灵报警的装置，可在溢流管下 10mm 处设水位信号管，直通值班室的洗涤盆等处，其管径为 15～20mm 即可。

⑤ 泄水管

泄水管从水箱底接出，管上应设置阀门，可与溢流管相接，但不得与排水系统直接相连，其管径应大于或等于 50mm。

⑥ 通气管

供生活饮用水的水箱在储水量较大时，宜在箱盖上设通气管，以使水箱内空气流通，其管径一般大于或等于 50mm，管口应朝下并应设网罩防虫。

（2）水箱容积的确定

水箱容积由生活和生产储水量以及消防储水量组成，理论上应根据用水和进水变化曲线确定，但由于变化曲线难以获得，故常按经验确定。生产储水量由生产工艺决定。生活储水量由水箱进出水量、时间以及水泵控制方式确定，实际工程如水泵自动启闭，可按最高日用水量的 10%计；水泵人工操作时，可按最高日用水量的 12%计；仅在夜间进水的水箱，宜按用水人数和用水定额确定。消防储水量以 10min 室内消防设计流量计。

4. 气压给水设备

气压给水设备是利用密闭罐中空气的压缩性进行贮存、调节、压送水量和保持气压的装置，其作用相当于高位水箱或水塔。

气压给水设备按罐内水、气接触方式可分为补气式和隔膜式两类，按输水压力的稳定状况可分为变压式和定压式两类。气压给水设备一般由气压水罐、水泵机组、管路系统、电控系统、自动控制箱（柜）等组成，补气式气压给水设备还有气体调节控制系统。

（1）补气变压式气压给水设备

如图 3-72 所示，罐内的水在压缩空气的起始压力 P_2 的作用下被压送至给水管网，随着罐内水量的减少，压缩空气体积膨胀，压力减小，当压力降至最小工作压力 P_1 时，压力信号器动作，使水泵启动。

水泵出水除供用户外，多余部分进入气压水罐，罐内水位上升，空气又被压缩，当压力达到 P_2 时，压力信号器动作，使水泵停止工作，气压水罐再次向管网输水。

（2）补气定压式气压给水设备

定压式气压给水设备在向给水系统输水过程中，水压相对稳定，如图 3-73 所示。目前常见的做法是在变压式气压给水设备的供水管上安装压力调节阀。

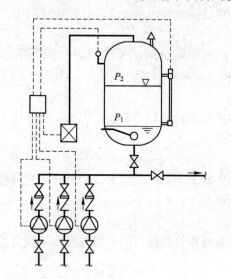

图 3-72 变压式气压给水设备

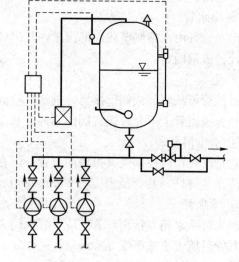

图 3-73 定压式气压给水设备

补气式气压给水设备补气的方法很多，在允许停水的给水系统中，可采用开启罐顶进气阀，泄空罐内存水的简单补气法。

不允许停水时，可采用空气压缩机补气，也可通过在水泵吸水管上安装补气阀，在水泵出水管上安装水射器或补气罐等方法补气，如图 3-74 所示为设补气罐的补气方式。

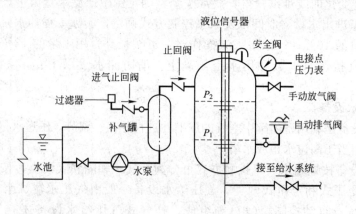

图 3-74 设补气罐的补气方式

（3）隔膜式气压给水设备

隔膜式气压给水设备在气压水罐中设置弹性隔膜，将气、水分离，水质不易污染，气体也不会溶入水中，故不需设补气调压装置。

隔膜主要有帽形、囊形两类。囊形隔膜气密性好，调节容积大，且隔膜受力合理，不易损坏，优于帽形隔膜。图 3-75 为胆囊形隔膜式气压给水设备示意图。

5. 化粪池

化粪池是一种利用沉淀和厌氧发酵原理去除生活污水中悬浮性有机物的最初级处理构筑物，由于目前我国许多小城镇还没有生活污水处理厂，所以建筑物卫生间内所排出的生活污水必须经过化粪池处理后才能排入合流制排水管道。

化粪池有矩形和圆形两种。

对于矩形化粪池，当日处理污水量小于等于 $10m^3$ 时，采用双格化粪池，其中第一格占总容积的 75%；

当日处理水量大于 $10m^3$ 时，采用 3 格化粪池，第一格容积占总容积的 60%，其余两格各占 20%。

化粪池的长度与深度、宽度的比例应按污水中悬浮物的沉降条件和积存数量，经水力计算确定，但深度（水面至池底）不得小于 1.3m，宽度不得小于 0.75m，长度不得小于 1.0m；圆形化粪池直径不得小于 1.0m。图 3-76 为矩形化粪池构造简图。

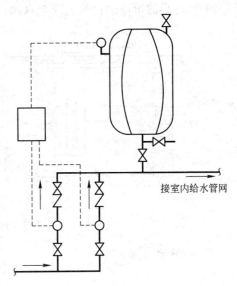

图 3-75 胆囊形隔膜式气压给水设备示意图

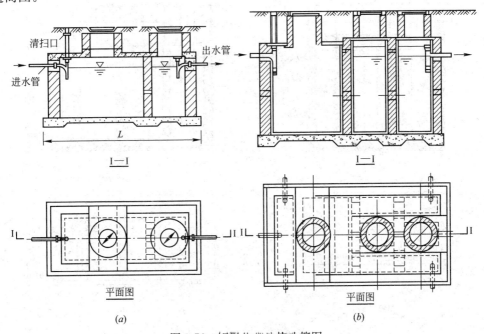

图 3-76 矩形化粪池构造简图

6. 隔油池

公共食堂和饮食业排放的污水中含有植物油和动物油脂，其污水在排入城市排水管网前，应去除污水中的可浮油（占总含油量的 65%～70%）。目前一般采用隔油池。

汽车洗车台、汽车库及其他类似场所排放的污水中含有汽油、煤油、柴油等矿物油。汽油等轻油进入管道后挥发并聚集于检查井，达到一定浓度后会发生爆炸引起火灾，破坏管道，所以也应设隔油池进行处理。

图 3-77 为隔油池构造图，含油污水进入隔油池后，过水断面增大，水平流速减小，

污水中密度小的可浮油自然上浮至水面，收集后去除。

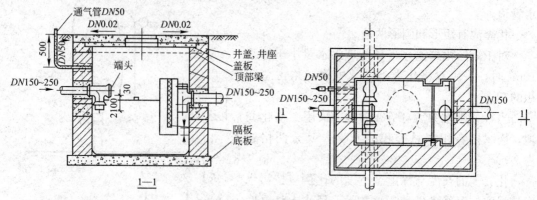

图 3-77 隔油池构造图

7. 降温池（图 3-78）

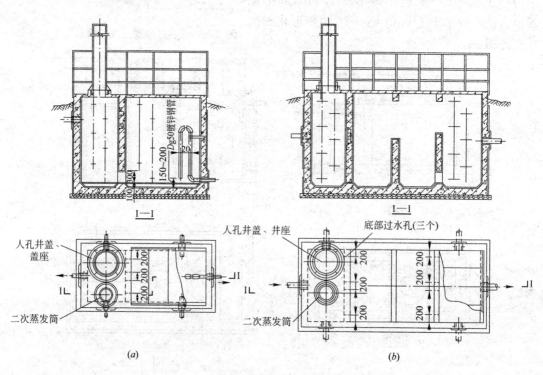

图 3-78 降温池构造图

3.3.2 建筑电气工程

1. 供电系统

供电系统主要解决建筑物内用电设备的电源问题。包括配电所的设置、供电线路、设备。

（1）电力负荷的分类

在电力系统中，根据用电设备在生产和社会生活中供电的可靠性及因为事故中断造成的影响和损失不同，电力负荷分为一级负荷、二级负荷和三级负荷。

① 一级负荷是指那些中断供电后将造成人身伤亡；或造成重大政治影响和经济损失；或造成公共场所的正常工作秩序混乱的负荷。如重要交通枢纽、重要通信设施、重要宾馆以及用于国际活动的大量人员集中的公共场所供电。对于一级负荷，要求采用两个独立的电源供电。所谓独立，是指其中任一个电源发生事故或因检修而停电时，不致影响另一个电源继续供电，以保证一级负荷供电的连续性。

② 二级负荷是指那些中断供电后将造较大政治影响损失和经济损失；以及重要公共场所（如大型体育馆、大型影剧院等）的秩序混乱的负荷。对于二级负荷，当供电系统发生故障时不至于中断供电或中断后能迅速恢复。负荷较小或地区供电条件困难时，允许采用6kV及以上专用架空线路供电。

③ 三级负荷，凡不属于一级和二级负荷的一般均为三级负荷。三级负荷对供电无特殊要求。一般都为单回线路供电。

(2) 供电电源及电压

大型民用建筑设施的供电，电源进线一般为35kV，需要经过两次降压，第一次先将35kV的电压降为6~10kV，然后用高压配电线送到各建筑物变电所，再降为380/220V电压，为了保证供电可靠性，现代高层建筑至少应有两个独立电源。具体数量应视当地电网条件而定。两路独立电源运行方式，原则上是两路同时使用，互为备用。此外，还必须安装应急柴油发电机组，并要求在15s内走道恢复供电，保证应急照明、消防设备、电脑电源等用电。国内高层建筑大都采用10kV等级，对用电量大而且有条件的，建议采用35kV深入负荷中心供电。现代高层建筑一般要求采用两路独立电源同时供电，高压采用单母线分段、自动切换、互为备用。母线分段数目，应与电源进线回路数相适应。只有供电电源为一主一备时，才考虑采用单母线不分段。若出线回路较多时，通常考虑分段。电源进线方式多采用电缆埋地，也可架空引入。

2. 电气照明系统

照明分为自然采光照明和人工照明。电气照明是将电能转变成光能，利用电光源提供人工照明。电气照明由电气系统和照明系统组成。电气系统是指电能的产生、输送、分配、控制和消耗使用的系统。是由电源（市供交流电源、自备发电机或蓄电池组）、导线、控制和保护设备（开关和熔断器等）、用电设备（各种照明灯具）所组成；照明系统是指光能的产生、传播、分配（反射、折射和透射）和消耗吸收系统。是由光源、灯具、室内空间、建筑物围护面（顶棚、墙面、地板）和工作面等组成。

(1) 照明要求

根据视觉要求、作业性质和环境条件，使工作区或空间获得良好的视觉功效，合理的照度和显色性，适宜的亮度分布，以及舒适的视觉环境。在确定照明方案时，应考虑不同类型建筑对照明的特殊要求，处理好电气照明与天然采光的关系、合理使用建设资金与采用节能光源高效灯具等技术经济效益的关系。要有利于对人的活动安全、舒适和正确识别周围环境，防止人与光环境之间失去协调性。重视空间的清晰度，消除不必要的阴影，控制光热和紫外辐射对人和物产生的不利影响。创造适宜的亮度分布和照度水平，限制炫光减少烦躁和不安。处理好光源色温与显色性的关系、一般显色指数与特殊显色指数的色差关系，避免产生心理上的不平衡、不和谐感。有效利用天然光，合理的选择照明方式和控制照明区域，降低电能消耗指标。

（2）照明方式和种类

照明方式可分为：一般照明、分区一般照明、局部照明和混合照明。

照明种类可分为：正常照明、应急照明、值班警卫照明、景观照明和障碍标志灯。

① 正常照明：在正常情况下，要求能顺利地完成工作、保证安全通行和能看清周围的物体而设置的照明，称为正常照明。正常照明有三种方式：一般照明、局部照明和混合照明。所有居住的房间和供工作、运输、人行的走道，以及室外庭园和场地等，皆应设置正常照明。

② 事故照明：在正常照明因故障而熄灭后，供继续工作或人员疏散使用的照明，称为事故照明，民用建筑在下列场所应装设事故照明：

A. 在影剧院、博物馆、展览馆和百货大楼等公共场所，供人员疏散的走廊、楼梯和太平门等处。

B. 在高层民用建筑的疏散楼梯（包括防烟楼梯间前室）、消防电梯及其前室、配电室、消防控制室、消防水泵房和自备发电机房以及建筑高度超过24m的公共建筑内的疏散走道、观众厅、餐厅和商场营业厅等人员密集的场所。医院的手术室和急救室的事故照明采用能瞬时可靠点燃的照明光源，一般采用白炽灯和卤钨灯。若事故照明作为正常照明的一部分经常点燃，而在发生事故时又不需要切换电源的情况下，也可用其他光源。当采用蓄电池作为疏散用事故照明的电源时，要求其连续供电的时间不应少于20min。事故照明的照度不应低于工作照明总照度的10%，仅供人员疏散用的事故照明的照度应不小于0.5lx。

③ 警卫值班照明：在重要的场所，如值班室、警卫室、门房等地方，所设置的照明叫警卫值班照明。一般宜利用正常照明中能单独控制的一部分，或利用事故照明中的一部分，作为值班照明。

④ 障碍照明：在建筑物上装设的作为障碍标志用的照明，称为障碍照明。如装设在高层建筑顶端作为飞机飞行障碍标志用的照明，装在水上航道两侧建筑物上作为障碍标志的照明等，这些照明应按交通部门有关规定装设。障碍照明应用能透雾的红光灯具，有条件时宜用闪光照明灯。

⑤ 彩灯和装饰照明：由于建筑规划或市容美化的要求，以及节日装饰或室内装饰需要的照明设备安装。

3. 建筑防雷系统

（1）防雷要求

根据建筑物的重要性、使用性质、发生雷电事故的可能性及后果，将建筑物的防雷分为三级。

① 一级防雷的建筑物：具有特别重要用途的建筑物。如国家级的会堂、办公楼、大型博展建筑、大型铁路旅客站、国际航空港、通信枢纽、国宾馆、大型旅游建筑等；国家级重点文物保护的建筑物和构筑物；高度超过100m的建筑物。

② 二级防雷的建筑物：重要的或人员密集的大型建筑物，如部、省级办公楼，省级会堂、体育、交通、通信、广播等建筑，大型商店、影剧院等；省级重点文物保护的建筑物和构筑物；19层以上的住宅建筑和超过50m高的其他民用建筑物。

③ 三级防雷建筑物：主要是指通过确认需要防雷的建筑物，和历史上雷害事故严重

的地区或雷害事故较多地区的较重要建筑物；建筑群中最高或位于建筑群边缘高度超过20m的建筑物。

(2) 建筑物防雷系统的组成

雷电的发生会造成极大的危害，因此应对建筑物和电气设备采取相应的防雷措施。防直接雷击的系统通常由接闪器、引下线和接地装置组成。

① 接闪器：避雷针、避雷带、避雷网等直接接受雷击部分，以及用作接闪器的金属屋面和金属构件统称接闪器。接闪器的作用是接受雷电流，一般有避雷针、避雷带、避雷网等三种形式。

② 引下线：连接接闪器与接地装置的金属导体。一般采用圆钢或扁钢制成，引下线应镀锌，焊接处要做防腐处理。引下线沿建筑物外墙敷设，并以最短路径与接地装置连接。每根引下线处的冲击电阻不大于 5Ω。

③ 接地装置：接地体和接地线的总称。接地线从引下线断接卡或换线处至接地体的连接导体。接地体指埋入土壤中或混凝土基础中作散流用的导体。接地装置的作用是将雷电流散泄到大地中，接地装置一般由垂直接地体和连接它们的水平接地体组成，接地装置宜采用角钢、圆钢、钢管制成。水平埋设的接地体，宜采用扁钢、圆钢。接地体应镀锌，焊接处要做防腐处理，其埋设深度不小于 0.6m。建筑物基础内的钢筋网亦可作为接地装置，与引下线一样，在大型的钢筋混凝土建筑物中都是利用基础钢筋作为接地装置。

4. 信息系统

(1) 电视系统

为了使用户收看好电视节目，公共建筑一般都设置共用天线电视接收系统 CATV 和有线电视系统 CCTV。它们都是有线分配网络，除收看电视节目外，还可以在前端配合一定的设备，如摄像机、录像机、调制器，自己制作节目形成闭路电视系统进行节目的播放。闭路应用电视系统一般由摄像、传输、显示及控制等四个主要部分组成。

(2) 电话

① 组成：室内电话设备由话机、电话交换机、线路设备和线材组成。

A. 话机：接受通话语音设备。

B. 电话交换机：完成不同用户之间通话的设备，有人工和自动交换机。

C. 线路设备和线材：连接话机与电话交换机或电话网络的电缆、软线和分线盒等。

② 电话站站址选择：在室内一般设置在首层以上 4 层以下的房间，房间朝南并有窗，在潮湿地区首层不宜设置电话交换机室。

③ 室内线路敷设方式：一般采用穿管暗设或线槽敷设。

(3) 有线广播系统

① 广播的分类：公共建筑应设有线广播系统。有线广播系统的类别应根据建筑使用性质和功能要求确定。有线广播一般可分为：业务性广播系统；服务性广播系统；火灾事故广播系统。

A. 业务性广播系统一般设置在办公楼、商业楼、院校、车站、客运码头及航空港等建筑物，主要是满足以业务及行政管理为主的语言广播要求。

B. 服务性广播系统设置在旅馆、大型公共活动场所等地点，以欣赏音乐为主。

C. 火灾事故广播系统主要用于火灾事故发生时，广播引导人们迅速撤离火灾现场。

② 组成：室内广播系统一般由播音室、线路、扬声器等组成。

③ 室内线路敷设：服务性广播一般采用线对为绞型的电缆；其他广播线路采用铜芯塑料绞合线。广播线路一般穿管暗设或线槽敷设。

(4) 公用建筑计算机经营管理系统

公用建筑计算机经营管理系统是在公共建筑内以计算机（包括网络）技术为手段，进行经营管理方面的系统和办公自动化场所计算机的信息处理和通信系统。

① 系统组成：公用建筑计算机经营管理系统一般由硬件系统和软件系统组成。

A. 硬件系统包括：中央处理单元、存储器、通道、外部设备、终端设备和电缆系统（包含调制解调器）。

B. 软件系统包括：操作系统、程序设计语言、数据库管理系统、应用软件、诊断及测试软件和管理手册。

② 系统类型：公用建筑计算机经营管理系统包括宾馆、饭店经营管理系统；图书馆、档案馆检索系统；银行经营管理系统；商业经营管理系统；停车场计费系统；车站售票系统；办公自动化系统等。

(5) 建筑自动化系统

科技的发展，使建筑业发生了很大的变化。智能建筑的出现，使建筑物成为具有最佳工作与生活环境、设备高效运行、整体节能效果最佳且安全的场所。所谓智能建筑是综合应用计算机、信息通信方面的先进技术，使建筑物成为具有远程通信功能、办公自动化和建筑物自动化功能的建筑。建筑物自动化系统是对建筑物（或建筑群）所属各类设备（电力、照明、空调、防灾、保安、运输、通信等）的运行、安全状况、能源使用状况及节能等实行综合自动监测、控制和管理的系统，简称 BAS 或 BA 系统（Building Automation System）。参见图 3-79。

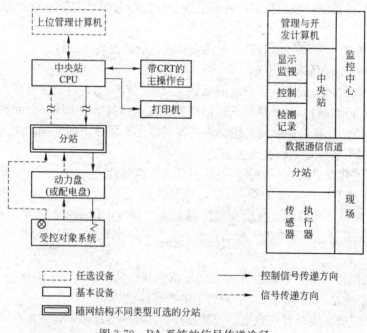

图 3-79 BA 系统的信号传递途径

① 作用：对建筑设备实现以最佳控制为中心的过程控制自动化；以运行状态监视和积算为中心的设备管理自动化；以安全状态监视为中心的防灾自动化；以节能运行为中心的能量管理自动化。

② 组成：一般由防火与保安系统和设备运行管理与控制系统组成。

A. 防火与保安系统。包括火灾自动报警与消防联动控制系统；人员出入监视系统；保安巡更系统；防盗报警系统；其他需要实现安全监控的系统（如地震监视与报警、煤气泄露报警等等）。

B. 设备运行管理与控制系统。包括采暖、通风与空调系统；给水与排水系统；变配电与自备电源系统；电力供应与照明控制系统；其他一切需要控制的系统（如电梯、广播、电缆电视等）。

3.3.3 建筑供暖通风设备工程

1. 建筑供暖工程

人们在日常生活和社会生产中需要大量的热能，而热能的供应是通过供热系统完成的。

(1) 采暖系统组成与原理

所有有采暖系统都是由以下三个主要部分组成的。

① 热源：使燃料燃烧产生热，将热媒加热成热水或蒸汽的部分，如锅炉房、热交换站等。

② 输热管道：供热管道是指热源和散热设备之间的连接管道，将热媒输送到各个散热设备。

③ 散热设备：将热量传至所需空间的设备，如散热器、暖风机等。图 3-80 的热水采暖系统表示出了热源、输热管道和散热设备三个部分之间的关系。

系统中的水在锅炉中被加热到所需要的温度，并用循环水泵作动力使水沿供水管流入各用户，散热后回水沿水管返回锅炉，水不断地在系统中循环流动。系统在运行过程中的漏水量或被用户消耗的水量由补给水泵把经水处理装置处理后的水从回水管补充到系统内，补水量的多少可通过压力调节阀控制。膨胀水箱设在系统最高处，用以接纳水因受热后膨胀的体积。

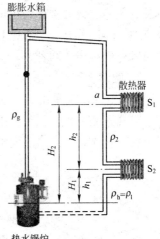

图 3-80 热水采暖系统示意图

(2) 采暖系统的分类

采暖系统可根据热媒、设备及系统行使进行分类，见表 3-1。

采暖系统的分类 表 3-1

分类标准	类别	特点
按热媒种类分类	热水采暖系统	以热水为热媒的采暖系统，主要应用于民用建筑
	蒸汽采暖系统	以水蒸气为热媒的采暖系统，主要应用于工业建筑
	热风采暖系统	以热空气为热媒的采暖系统，主要应用于大型工业车间

分类标准	类别	特点
按设备相对位置分类	局部采暖系统	热源、热网、散热器三部分在构造上合在一起的采暖系统，如火炉采暖、简易散热器采暖、煤气采暖和电热采暖
	集中采暖系统	热源和散热设备分别设置，用热网相连接，由热源向各个房间或建筑物供给热量的采暖系统
	区域采暖系统	以区域性锅炉房作为热源，供一个区域的许多建筑物采暖的供暖系统

2. 通风工程

(1) 通风系统的组成

通风主要就是更换室内空气，根据换气方法有排风和送风之分，对于为排风和送风设置的管道及设备等装置分别称为排风系统和送风系统，统称为通风系统。

通风系统主要由空气处理系统（包括空气的过滤、除尘等）、风机动力系统、空气输送风道系统及各种配件控制的阀类、风口、风帽等组成。

(2) 通风系统的分类

通风的主要目的是为了更换室内的空气，改善房间的空气条件。根据换气方法不同可分为排风和送风。排风是在局部地点或整个房间把不符合卫生标准的污染空气直接或经过处理后排至室外，送风是把新鲜或经过处理的空气送入室内。对于为排风和送风设置的管道及设备等装置分别称为排风系统和送风系统，统称为通风系统。此外如果按照系统作用的范围大小还可分为全通风和局部通风两类。通风方法按照空气流动的作用动力可分为自然通风和机械通风两种。

3. 空调工程

(1) 空气调节系统的组成

空气调节系统一般主要由空气处理设备和空气输送管道以及空气分配装置等组成，根据需要，它能组成许多不同形式的系统。空调系统通常由以下几部分组成（见图3-81）：

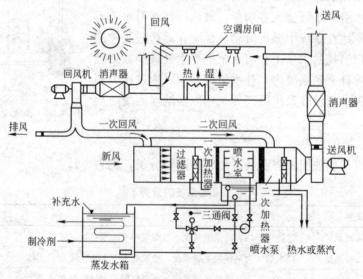

图 3-81 空调系统简图

空气处理设备：主要是对空气进行加热、冷却、加湿、减湿、净化等处理。室内空气与室外新鲜空气被送到这里进行处理，达到要求的温度、湿度等空气状态参数要求。

空气输送管道：经过处理的空气经过管道系统输送至工作区，并将室内需要处理的空气经过管道系统输送至空气处理设备中。

空气分配装置：包括各种送风口和送风装置等，如送风口、回风口等。

冷、热源设备：指为空气处理设备输送冷量和热量的设备，如锅炉房、冷冻站、制冷设备、热交换装置等。

电气控制装置：由温度、湿度等空气参数的控制设备及元器件等组成，如自控仪表、设备等。

(2) 空气调节系统的分类

随着空调技术的发展和新的空调设备的不断推出，空调系统的种类也在日益增多，使设计人员可根据空调对象的性质、用途、室内设计参数要求、运行能耗以及冷热源和建筑设计等方面的条件合理选用。空调系统的分类方法有很多，先介绍如下：

① 按空气处理设备的设置情况分类

A. 集中系统：集中系统的所有空气处理设备(包括风机、冷却器、加湿器、过滤器等)都设在一个集中的空调机房内。

B. 半集中系统：除了集中空调机房外，半集中系统还设有分散在被调房间内的二次设备(又称为末端装置)，其中多半设有冷热交换装置(亦称为二次盘管)，它的功能主要是在空气进入被调房间之前，对来自集中处理设备的空气作进一步补充处理。例如，诱导空调系统(如图 3-82 所示)和风机盘管系统就属于半集中系统。

C. 全分散系统(又称为局部机组)：这种机组把冷、热源和空气处理、输送设备(风机)集中设置在一个箱体内，形成一个紧凑的空调系统。可以按照需要，灵活而分散地设置在空调房间内(如图 3-83 所示)，因此局部机组不需集中的机房。

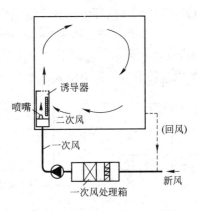

图 3-82　诱导器系统原理图

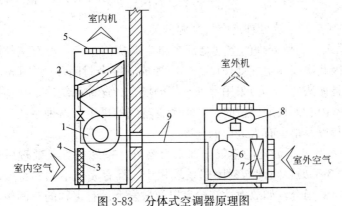

图 3-83　分体式空调器原理图

1—离心式风机；2—蒸发器；3—过滤器；4—进风口；5—送风口；
6—压缩机；7—冷凝器；8—轴流风机；9—制冷剂配管

② 按负担室内空调负荷所用的介质种类分类

A. 全空气系统：是指空调房间的室内负荷全部由经过处理的空气来负担的空调系统。如图 3-84(a)所示，在室内热湿负荷为正值的场合，用低于室内空气焓值的空气送入房间，吸收余热余湿后排出房间。低速集中式空调系统、双管高速空调系统均属这一类型。由于空气的比热较小，需要用较多的空气量才能达到消除余热余湿的目的，因此要求有较大断面的风道或较高的风速。例如全空气空调系统，它向室内提供经处理的冷空气以除去室内显热冷负荷和潜热冷负荷，在室内不再需要附加冷却。

B. 全水系统：空调房间的热湿负荷全靠水作为冷热介质来负担，如图 3-84(b)所示。由于水的比热比空气大得多，所以在相同条件下只需较小的水量，从而使管道所占的空间减小许多。但是，仅靠水来消除余热余湿，并不能解决房间的通风换气的问题。因而通常不单独采用这种方法。

C. 空气——水系统：以空气和水为介质，共同承担室内的负荷。随着空调装置的日益广泛使用，大型建筑物设置空调的场合愈来愈多，全靠空气来负担热湿负荷，将占用较多的建筑空间，因此可以同时使用空气和水来负担空调的室内负荷，如图 3-84(c)所示。诱导空调系统和带新风的风机盘管系统就属于这种形式。以带新风的风机盘管系统为例，以水为介质的风机盘管向室内提供冷量或热量，承担室内部分冷负荷或热负荷，同时有一新风系统向室内提供部分冷量或热量，而又满足室内对室外新鲜空气的需要。

D. 冷剂系统：以制冷剂为介质，直接用于对室内空气进行冷却、去湿或加热，如图 3-84(d)所示。实质上，这种系统是用带制冷机的空调器(空调机)来处理室内的负荷，所以这种系统又称机组式系统。

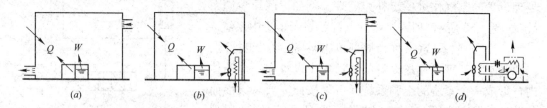

图 3-84 按承担室内负荷所用介质的种类对空调系统分类示意图
(a) 全空气系统；(b) 全水系统；(c) 空气—水系统；(d) 冷剂系统

③ 根据集中式空调系统处理的空气来源分类

A. 封闭式系统：它所处理的空气全部来自空调房间本身，没有室外空气补充，全部为再循环空气。因此房间和空气处理设备之间形成了一个封闭环路(图 3-85a)。封闭式系统用于密闭空间且无法(或不需)采用室外空气的场合。这种系统冷、热源消耗量最省，但卫生效果差。当室内有人长期停留时，必须考虑空气的再生。这种系统应用于战时的地下庇护所等战备工程以及很少有人进出的仓库。

B. 直流式系统：它所处理的空气全部来自室外，室外空气经处理后送入室内，然后全部排出室外(图 3-85b)，因此与封闭式系统相比，具有完全不同的特点。这种系统适用于不允许采用回风的场合，如放射性实验室以及散发大量有害物的车间等。为了回收排出空气的热量或冷量用加热或冷却新风，可以在这种系统中设置热回收设备。

C. 混合式系统：从上述两种系统可见，封闭式系统不能满足卫生要求，直流式系统经济上不合理，所以两者都只在特定情况下使用，对于绝大多数场合，往往需要综合这两者的利弊，采用混合一部分回风的系统。这种系统既能满足卫生要求，又经济合理，故应用最广。图 3-85c 就是这种系统图示。

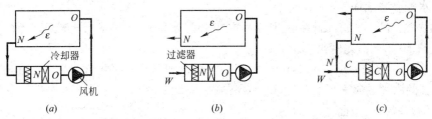

图 3-85　按处理空气的来源不同对空调系统分类示意图
(N 表示室内空气，W 表示室外空气，C 表示混合空气，O 表示冷却器后空气状态)
(a) 封闭式；(b) 直流式；(c) 混合式

④ 按用途分类

A. 舒适性空调系统：简称舒适空调，为室内人员创造舒适健康环境的空调系统。舒适健康的环境令人精神愉快，精力充沛，工作学习效率提高，有益于身心健康。办公楼、旅馆、商店、影剧院、图书馆、餐厅、体育馆、娱乐场所、候机或候车大厅等建筑中所用的空调都属于舒适空调。由于人的舒适感在一定的空气参数范围内，所以这类空调对温度和湿度波动的控制，要求并不严格。

B. 工艺性空调系统：又称工业空调，为生产工艺过程或设备运行创造必要环境条件的空调系统，工作人员的舒适要求有条件时可兼顾。由于工业生产类型不同、各种高精度设备的运行条件也不同，因此工艺性空调的功能、系统形式等差别很大。例如，半导体元器件生产对空气中含尘浓度极为敏感，要求有很高的空气净化程度；棉纺织布车间对相对湿度要求很严格，一般控制在 70%～75%；计量室要求全年基准的温度为 20℃，波动±1℃，高等级的长度计量室要求 (20±0.2)℃，Ⅰ级坐标镗床要求环境温度为 (20±1)℃；抗生素生产要求无菌条件等。

3.4　建筑装饰工程构造

3.4.1　楼地面装饰构造

1. 基本概述

(1) 楼地面的组成

楼地面构造基本上可以分为基层和面层两个主要部分。有时为了满足找平、结合、防水、防潮、弹性、保温隔热及管线敷设等功能上的要求，在基层和面层之间还要增加相应的附加构造层，又称中间层。

(2) 楼地面的类型

① 按面层材料分有：水泥砂浆楼地面、水磨石楼地面、大理石楼地面、木地板楼地面、地砖楼地面、地毯楼地面等；

② 按构造方式分有：整体式楼地面、块材楼地面、木质楼地面、人造软质楼地面；

③ 按不同用途分有：普通楼地面、防水楼地面、保温楼地面等。

2. 整体式楼地面

常见有混凝土地面、水泥砂浆地面、水磨石地面、水刷石地面和涂布地面等。

(1) 水泥砂浆地面

普通做法/单层做法：直接在现浇混凝土垫层水泥砂浆找平层上施工，铺一层15～25mm厚的1∶2.5水泥砂浆。

双层做法：先抹一层10～12mm厚的1∶3的水泥砂浆找平层，再抹5～7mm厚的1∶1.5～1∶2的水泥砂浆面层。

(2) 细石混凝土地面

先做一层30～35mm厚的由1∶2∶4的水泥、砂子、小石子配制的C20细石混凝土；再做10～15mm厚1∶2水泥砂浆面层。

(3) 水磨石地面

水磨石地面有现浇和预制两种做法。

① 现浇水磨石（如图3-86所示）

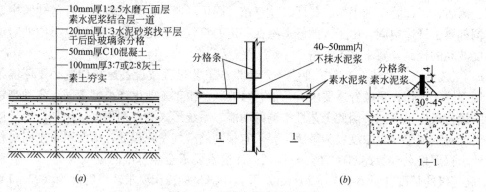

图3-86 现浇水磨石地面构造
(a) 地面构造；(b) 分格条镶固做法

现浇水磨石是在水泥砂浆或混凝土垫层上按设计要求分格、抹水泥石子浆，凝固硬化后，磨光露出石渣，并经补浆、细磨、打蜡后制成。

A. 在基层上用水泥砂浆找平；

B. 在找平层上固定分格条（玻璃条、铝条、铜条等）；

C. 浇筑水泥石子浆抹平；

D. 硬结后用磨石子机和水磨光，打蜡养护。

② 预制水磨石：见块材式楼地面。

(4) 涂布楼地面

在地面上涂布一层溶剂型合成树脂或聚合物水泥材料，硬化后形成整体无缝的面层。

① 溶剂型合成树脂涂布地面

由单纯的合成树脂为胶凝材料。有环氧树脂、不饱和聚酯、聚氨酯等涂布地面。

② 聚合物水泥涂布地面

由水溶性树脂或乳液，与水泥组成胶凝材料。有聚醋酸乙烯乳液、聚乙烯醇甲醛胶

(108胶)等。

③ 构造做法

用面层材料调配腻子,填补裂缝、凹洞;将涂料用刮板均匀地刮在地面上,每层0.5mm厚,每层干后砂纸打磨,刮三至四遍;干后在上面印画仿木条纹;最后用醇酸清漆罩面,打蜡上光。

3. 块材式楼地面

块材式地面是指胶结材料将预制加工好的块状地面材料如预制水磨石板、大理石板、花岗岩板、陶瓷锦砖、水泥砖等,用铺砌或粘贴的方式,使之与基层连接固定所形成的地面。

(1) 陶瓷锦砖、缸砖楼地面

① 材料选用

陶瓷锦砖有多种规格颜色,主要有正方形、长方形、多边形等,正方形一般为15～39mm见方,厚度为4.5mm或5mm。在工厂内预先按设计的图案拼好,然后将其正面贴在牛皮纸上,成为300mm×300mm或600mm×600mm的大张,块与块之间留1mm的缝隙。根据其花色品种可拼成各种花纹图案。

② 基本构造

陶瓷锦砖楼地面的做法如图3-87所示。施工时,先在基层上铺一层厚15～20mm的1:3～1:4水泥砂浆,将拼合好后的陶瓷锦砖纸板反铺在上面,然后用滚筒压平,使水泥砂浆挤入缝隙。待水泥砂浆硬化后,用水及草酸洗去牛皮纸,最后用白水泥浆嵌缝即成。

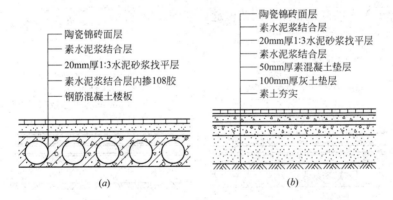

图3-87 陶瓷锦砖楼地面构造
(a) 楼面构造;(b) 地面构造

(2) 预制水磨石板、水泥花砖、混凝土板楼地面

① 材料选用

按表面加工细度分为粗磨制品、细磨制品和抛光制品,按材料配制分为普通和彩色两种。

② 基本构造

预制水磨石面层是在结合层上铺设的。一般是在刚性平整的垫层或楼板基层上铺30mm厚1:4水泥砂浆,刷素水泥浆结合层;然后采用12～20mm厚1:3水泥砂浆铺砌，随刷随铺，铺好后用 1∶1 水泥砂浆嵌缝。预制水磨石楼地面构造如图 3-88 所示。

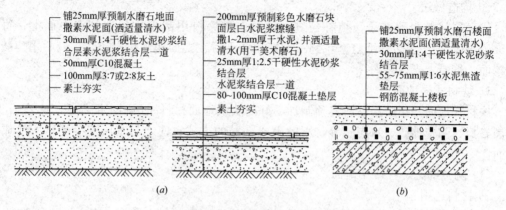

图 3-88　预制水磨石楼地面构造
(a) 预制水磨石地面；(b) 预制水磨石楼面

(3) 陶瓷地面砖楼地面

① 材料选用

陶瓷地面砖品种多样，花色繁多，一般可分为普通陶瓷地面砖、全瓷地面砖及玻化地砖三大类。陶瓷地砖规格繁多，一般厚度 8～10mm，正方形每块大小一般为 300mm×300mm～600mm×600mm，砖背面有凹槽，便于砖块与基层粘结牢固。

② 基本构造

陶瓷地面砖铺贴时，所用的胶结材料一般为 1∶3～1∶4 水泥砂浆，厚 15～20mm，砖块之间 3mm 左右的灰缝，用水泥浆嵌缝，如图 3-89 所示。

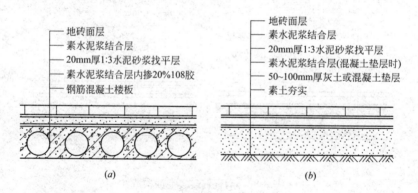

图 3-89　陶瓷地面砖楼地面构造
(a) 楼地面构造；(b) 地面构造

(4) 大理石板、花岗石板楼地面

① 材料选用

花岗岩板和大理石板根据加工方法不同分为剁斧板材、机刨板材、粗磨板材和磨光板材四种类型。规格有：300mm×300mm×10～30mm、600mm×600mm×10～30mm、800mm×800mm×20～30mm、1000mm×1000mm×20～30mm。

② 基本构造（如图 3-90 所示）

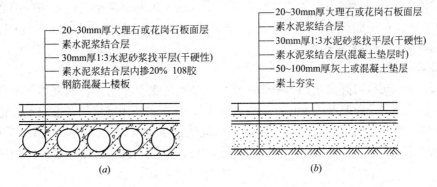

图 3-90　大理石、花岗岩楼地面构造
(a) 楼面构造；(b) 地面构造

底层要充分清扫、湿润；石板在铺设前也要浸水。结合层宜用 1∶1～1∶4 干硬性水泥砂浆。

A. 刷掺有 108 胶的素水泥浆结合层

B. 抹 30mm 厚干硬性水泥砂浆找平层

C. 刷素水泥浆结合层

D. 铺贴面层

E. 素水泥浆填缝（缝隙也可镶嵌铜条）

(5) 碎拼大理石楼地面

利用大理石的边角料，做成碎拼大理石地面，有规则和不规则两种。

板的接缝有干接缝和拉缝两种形式，干接缝宽 1～2mm，用水泥浆擦缝；拉缝又分为平缝和凹缝，平缝宽 15～30mm，用水磨石面层石渣浆灌缝。凹缝宽 10～15mm，凹进表面 3～4mm，缝隙可采用白色水泥砂浆或彩色水泥石渣浆嵌入，干硬厚进行细磨打蜡。

4. 木质楼地面

(1) 木地面的类型

① 按材质分

目前建材市场中，木地板的类型主要分为五类：实木地板、强化复合地板和实木复合地板、软木地板、竹地板等。

② 按构造形式分

架空式木地面、实铺式木地面、浮铺式木地面。

(2) 架空式木楼地面

① 基层

架空式木楼地面基层包括地垄墙（或砖墩）、垫木、搁栅、剪刀撑及毛地板等部分组成。当房间尺寸不大时，搁栅两端可直接搁置在砖墙上，当房间尺寸较大时，常在房间地面下增设地垄墙或柱墩支撑搁栅。

② 地垄墙（或砖墩）

地垄墙一般采用普通黏土砖砌筑而成，其厚度是根据地面架空的高度及使用条件而确定的。垄墙与垄墙之间的间距,一般不宜大于 2m,地垄墙的标高应符合设计标高,地垄墙上要预留通风洞,使每道地垄墙之间的架空层及整个木基层架空空间,与外部之间均有较好的通风条件,一般垄墙上留孔洞 120mm×120mm,外墙应每隔 3～5m 开设 180mm×180mm 的孔洞,洞孔加封铁丝网罩。

③ 垫木

地垄墙(或砖墩)与搁栅之间一般垫木连接,垫木的主要作用是将搁栅传来的荷载传递到地垅墙上。垫木一般厚度 50mm,宽度 100mm。垫木在使用前应浸渍防腐剂,进行防腐处理,目前工程上采用煤焦油两道,或刷两遍氟化钠水溶液进行处理。在大多数情况下,垫木应分段直接铺设在搁栅之下,也可沿地垄墙通长布置。与砖砌体接触面之间应干铺油毡一层。

④ 木搁栅(又称木龙骨)

主要作用是固定和承托面层。其断面尺寸应根据地垄墙(或砖墩)的间距大小来确定。木搁栅一般与地垄墙成垂直,中距 400mm,搁栅间加钉 50mm×50mm 松木横撑,中距 800mm。木搁栅与墙间应留出不小于 30mm 的缝隙。

⑤ 剪刀撑

剪刀撑是用来加固搁栅、增强整个地面的刚度、保证地面质量的构造措施。当地垄墙间距大于 2m,在搁栅之间应设剪刀撑,剪刀撑断面 50mm×50mm,剪刀撑布置在木搁栅两侧面,用铁钉固定在木搁栅上。

⑥ 毛地板(即毛板)

是在木搁栅上铺钉的一层窄木板条,属硬木板的衬板,便于钉接面层板,增加硬木地板的弹性。一般用松、杉木板条,其宽度不宜大于 120mm,厚 20～25mm,表面要平整。板条与板条之间缝隙不宜大于 3mm,板条与周边墙之间留出 10～20mm 的缝隙,相邻板的接缝要错开。

为防止首层地下土中生长杂草和潮气入侵,应在地基面层上夯填 100mm 厚的灰土,灰土的上皮应高于室外地面。

⑦ 面层

架空式木地板面层可以做成单层或双层,面层下设有毛地板的木地板称为双层木地板。

双层木地板是将面板直接固定在基层毛板上,铺钉前先在毛地板上铺一层油毡或油纸,防止使用中发出响声或受潮气侵蚀。双层木地板的固定方法除上述钉结方法外还有粘贴式和浮铺式,粘贴式是直接将面板粘贴在基层毛板上;浮铺式是将带有严密企口缝的面板(如强化木地板)按企口拼装铺于毛板上,四周镶边顶紧即可。图 3-91 为架空式双层木地板构造。

(3) 实铺式木楼地面(图 3-92、图 3-93)

① 基层

实铺式木楼地面的基层一般是由搁栅、横撑及木垫块等部分组成。

A. 木搁栅

由于直接放在结构层上,其断面尺寸较小:50mm×(50～70)mm,中距 400mm。

B. 横撑

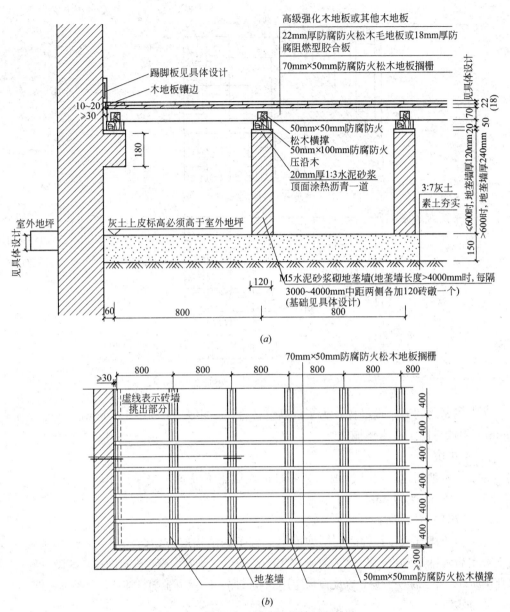

图 3-91 架空式双层木地板楼地面构造
(a) 双层木地板的构造；(b) 地垄墙及地板搁栅构造

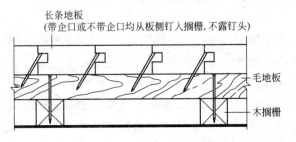

图 3-92 实铺式单层木楼地面构造

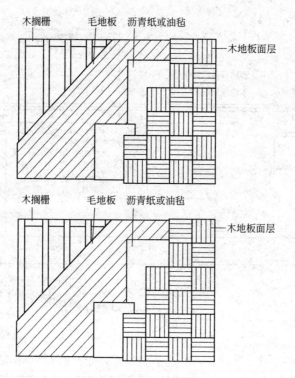

图 3-93 实铺式双层木楼地面构造

在木搁栅之间通常设横撑,为了提高整体性,中距大于 800~1200mm,断面 50mm×50mm,用铁钉固定在木搁栅上。

C. 木垫块

为了使木地面达到设计高度,必要时可在搁栅下设置木垫块,中距大于 400mm,断面 20mm×40mm×50mm,与木搁栅钉牢。

D. 防潮层

为了防止潮气入侵地面,底层地面木搁栅下的结构层应做防潮层。一般构造做法是,素土夯实后,铺 100mm 厚 3∶7 灰土,40mm 厚 C10 细石混凝土随打随抹,铺设一毡二油或水乳化沥青一布二涂防潮层,在防潮层上用 50mm 厚 C15 混凝土随打随抹,并预埋铁件。

② 面层

实铺式木楼地面面层同架空式木楼地面面层相同。木地板面板与周边墙交接处由踢脚板及压封条封盖。为使潮气散发,可在踢脚板上开设通风口。

(4) 浮铺式木楼地面

多用于复合木地板楼地面构造。主要构造为:基层水泥砂浆找平;干铺一层聚乙烯薄膜防潮材料;干铺木地板及铺钉专用踢脚板。浮铺式木楼地面构造如图 3-94 所示,其构造要点是:

A. 为使对接缝及板缝之间榫槽结合紧密,防水胶要满涂并溢出。

B. 为防止膨胀凸起,板与固定物体之间要留有不小于 10mm 的空隙,可用踢脚板遮挡空隙。

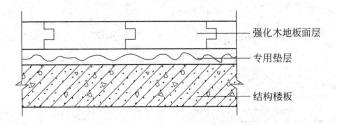

图 3-94　浮铺式木楼地面构造

C. 板总长超过 10m 时要加设过渡压条。

5. 人造软质楼地面

由油地毡、橡胶制品、塑料制品、地毯等覆盖而成的楼地面。分为块材和卷材两种。

（1）油地毡楼地面

厚度一般为 2～3mm，卷材采用钉结，块材采用胶结。

（2）橡胶地毡楼地面基本构造

橡胶地毡表面有光滑和带肋两类，带肋的橡胶地毡一般用在防滑走道上。其厚度为 4～6mm。橡胶地毡地板可制成单层或双层，也可根据设计制成各类颜色和花纹。

橡胶地毡与基层的固定一般用胶结材料粘贴的方法，粘贴在水泥砂浆或混凝土基层上。

（3）塑料地板楼地面

① 塑料地板的种类

按厚度可分为厚地板和薄地板；按结构可分为单层地板、双层复合地板和多层复合地板；按颜色可分为单色地板和复色地板；按质地可分为软质地板、半硬质地板和硬质地板；按底层所用材料，分为有底层地板和无底层地板；按表面装饰效果，分为印花地板、压花地板、发泡地板、仿水磨石地板等；按树脂性质，分为聚乙烯塑料（PVC）地板、氯乙烯—醋酸乙烯共聚物（EVA）地板和丙乙烯地板。

② 塑料地板楼地面基本构造

可采用直接铺装，以粘结剂将材料粘贴在水泥砂浆底层上。

A. 基层处理

塑料地板的基层一般是混凝土及水泥砂浆类，基层应平整、干燥、有足够的强度、各个阴阳角方正、无油脂尘垢。当表面有麻面、起砂和裂缝等缺陷时，应用水泥腻子修补平整。

B. 铺贴

塑料地板的铺贴有两种方式：直接铺贴（干铺）、胶粘铺贴。

直接铺贴（干铺）：清理基层及找平；按房间尺寸和设计要求排料编号（由中心向四周排）；将整幅塑料地板革平铺于地面上，四周与墙面间留出伸缩余地。

胶粘铺贴：清理基层及找平；满刮基层处理剂一遍；塑料毡背面、基层表面满涂粘结剂；待不粘手时，粘贴塑料地板。

（4）地毯楼地面

① 地毯种类

地毯按材质可分为：真丝地毯、羊毛地毯、混纺地毯、化纤地毯、麻绒地毯、塑料地

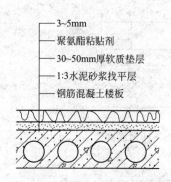
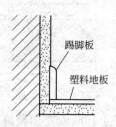

图 3-95　塑料地板楼地面构造

毯、橡胶绒地毯；按编织结构可分为：手工编制地毯、机织地毯、无纺粘合地毯、簇绒地毯、橡胶地毯等。

按其生产加工工艺不同可分为圈绒地毯、割绒地毯和平圈割绒地毯三类。

② 基本构造

铺设方法分为固定与不固定两种。

铺设地毯基层的底层必须加做防潮层（如一毡两油防潮层；水乳型橡胶沥青一布二涂防潮层；油毡防潮层，底层均刷冷底子油一道），并在防潮层上做40mm厚1∶2∶3细石混凝土，撒1∶1水泥砂压实赶光，含水率不大于8%。

固定式做法有：粘贴固定法、倒刺板固定法。

A. 粘贴固定法：直接用胶将地毯粘贴在基层上。刷胶有满刷和局部刷两种。

B. 倒刺板固定法：清理基层；沿踢脚板的边缘用水泥钉将倒刺板每隔40cm钉在基层上，与踢脚板距离8～10mm；粘贴泡沫波垫；铺设地毯；将地毯边缘塞入踢脚板下部空隙中。

6. 楼地面特殊部位的构造

（1）踢脚板的装饰构造

踢脚板高度一般为100～300mm，它的材料与楼面的材料基本相同，并与地面一起施工。作用是遮盖楼地面与墙面的接缝，保护墙面，增加美观。

① 分类

按材料和施工方式分：粉刷类踢脚板；铺贴类踢脚板；木踢脚板；塑料踢脚板。

按构造形式分：与墙面相平；突出墙面；凹进墙面。

② 踢脚做法

粉刷类和铺贴类做法较简单。木质踢脚要考虑地板及踢脚的伸缩。塑料踢脚要注意踢脚板与地面的结合。

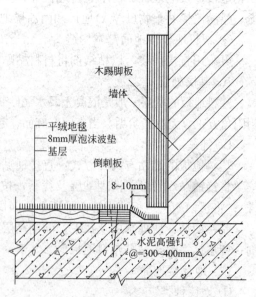

图 3-96　倒刺板、踢脚板与地毯的固定

（2）不同材质地面的交接处理

不同材质地面之间的交接处，应采用坚固材料作边缘构件，如硬木、铜条、铝条等做过渡交接处理，避免产生起翘或不齐现象。常见不同材质地面交接处理构造如图3-97所示。

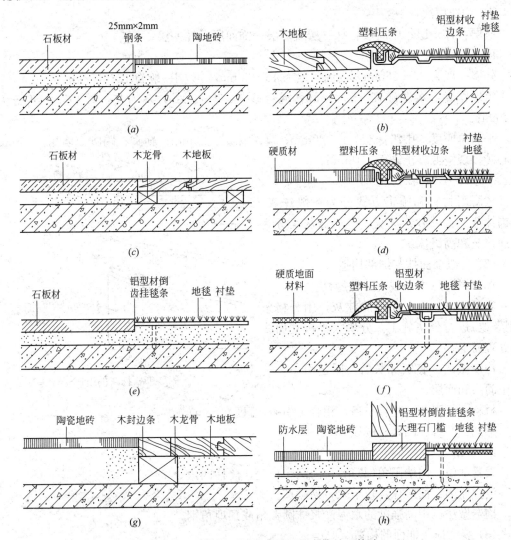

图3-97　踢脚与不同材质地面的交接处理构造

（a）石板材与陶地砖交接；（b）木地板与地毯交接；（c）石板材与木地板交接；（d）硬质材与地毯交接；（e）石板材与地毯交接；（f）不同材质不同地面高度交接；（g）陶瓷地砖与木地板交接；（h）卫生间地面门槛处理

3.4.2　墙面装饰构造

墙面装饰构造包括外墙面和内墙面的装饰构造。墙面装饰形式包括有抹灰类饰面、涂料类饰面、贴面类饰面、板材类饰面、罩面板类饰面、裱糊类饰面、清水墙饰面、幕墙等。

1. 抹灰类饰面

采用各种加色或不加色的水泥砂浆、石灰砂浆、混合砂浆、石膏砂浆、水泥石渣砂浆等做成的饰面抹灰层。

(1) 抹灰类饰面的构造层次及类型

① 抹灰类饰面的构造层次

A. 构造层次

底层：抹一层；中间层：抹一层或多层；饰面层：抹一层。

B. 墙面抹灰有一定厚度

外墙一般为 20～25mm，内墙一般为 15～20mm，顶棚一般为 12～15mm。

每层厚度：水泥砂浆：5～7mm；混合砂浆：7～9mm；麻刀灰：≤3mm；纸筋灰：≤2mm；

平均总厚度：中级抹灰：8～20mm；高级抹灰：25mm；勒脚、踢脚、墙裙：25mm；空心砖、现浇混凝土表面：15mm。

② 抹灰类饰面的类型

按所用材料和施工方式分为一般抹灰、装饰抹灰、特种砂浆抹灰。一般抹灰又分为普通抹灰和高级抹灰。

(2) 一般饰面抹灰细部构造

A. 分格条(引条线、分块缝)

施工部位：对大面积的抹灰，用分格条(引条线)进行分块施工，分块大小按立面线条处理而定。

构造做法：底层抹灰后，固定引条，再抹中间层和面层。

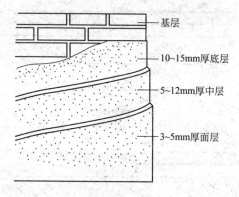

图 3-98 抹灰的组成

材料：木引条、塑料引条、铝合金引条(宽度 20mm)。

形式：凸线、凹线、嵌线。

B. 护角

设置部位：内墙阳角(凸角)、门洞转角等、砖柱四角。

设置原因：面层抹灰较柔软，易碰坏。

构造做法：用高强度的水泥砂浆抹圆弧角或预埋角钢。

(3) 装饰抹灰饰面的构造

① 聚合物水泥砂浆喷涂、滚涂、弹涂饰面

聚合物水泥砂浆是在普通砂浆中掺入适量的有机聚合物，改善原来材料性能。如：掺入聚乙烯醇缩甲醛胶(108 胶)、聚醋酸乙烯乳液等。

A. 喷涂饰面——用喷斗将聚合物砂浆喷到墙体表面。效果有波纹状和粒状。

B. 滚涂饰面——用聚合物砂浆抹面后立即用特制的辊子滚压出花纹，再用甲醛硅酸钠疏水剂溶液罩面。

滚涂分为干滚和湿滚。干滚压出的花纹印痕深，湿滚压出的花纹印痕浅，轮廓线型圆满。

C. 弹涂饰面——在墙体表面刷一遍聚合物水泥色浆后，用弹涂分几遍将不同色彩的聚合物水泥浆，弹在已涂刷的涂层上，形成 3～5mm 的扁圆形花点，再喷罩甲醛硅树脂或聚乙烯醇缩丁醛酒精溶液而成。

② 拉毛、甩毛、喷毛及搓毛饰面

A. 拉毛饰面

先用水泥石灰砂浆分两遍打底；再刮一道素水泥浆；用水泥石灰砂浆拉毛。

B. 甩毛饰面

先抹一层 13～15mm 厚的水泥砂浆底子灰，待底子灰达到五六成干时，刷一遍水泥浆或水泥色浆作为装饰衬底，然后面层甩毛。

C. 喷毛饰面

将水泥石灰膏混合砂浆用挤压喷浆泵连续均匀喷涂于墙体表面。

D. 搓毛饰面

用水泥石灰砂浆打底，再用水泥石灰砂浆罩面搓毛。

③ 假面砖饰面

用彩色砂浆抹成相似于面砖分块形式与质感的装饰饰面。做法两种：一种是抹 3～4mm 厚的彩色水泥砂浆面层，待抹灰收水后，用铁梳子靠着尺板按块状划出沟纹。另一种是用铁辊滚压刻纹。

④ 假石饰面

有斩假石饰面和拉假石饰面。

A. 斩假石饰面

构造做法：15mm 厚 1:3 水泥砂浆打底；刷一遍素水泥浆，即抹 8～10mm 厚水泥石渣浆（可掺入颜色）；剁斩面层，在阴阳转角处和分格线周边留 15～20mm 左右不剁斩。

B. 拉假石饰面

构造做法：用 15mm 厚水泥砂浆打底刮糙；底层干糙 70％时，刮水泥浆一遍；即抹水泥石渣面层；面层吸水后搓平顺直；待水泥终凝后，用抓耙子刮去表皮水泥浆，露出石渣。

⑤ 水刷石饰面

构造做法：15mm 厚水泥砂浆打底刮毛；刮一层 1～2mm 厚的薄水泥浆；10mm 厚 1:1.2～1.4 抹水泥石渣浆；半凝固后，用喷枪、水壶喷水或硬毛刷蘸水，刷去表面的水泥浆，使石子半露。

⑥ 干粘石饰面

构造层次：10～12mm 厚 1:3 水泥砂浆打底；7～8mm 厚 1:0.5:2 外加 5％108 胶的混合砂浆中间层；3～5mm 厚彩色石渣面层。

2. 贴面类饰面

常用的贴面材料可分为三类：一是陶瓷制品，如瓷砖、面砖、陶瓷锦砖、玻璃马赛克等；二是天然石材，如大理石、花岗岩等；三是预制块材，如水磨石饰面板、人造石材等。

轻而小的块面可以直接镶贴，构造比较简单，由底层砂浆、粘结层砂浆和块状贴面材料面层组成；大而厚重的块材则必须采用一定的构造连接措施，用贴挂等方式加强与主体结构连接。

(1) 直接镶贴饰面的基本构造

构造组成：由找平层，结合层；面层组成。找平层为底层砂浆；结合层为粘结砂浆；面层为块状材料。

用于直接之间镶贴的材料有：陶瓷制品（陶瓷锦砖、釉面砖等）、小块天然或人造大理石、碎拼大理石、玻璃锦砖等。

① 面砖饰面

A. 材料特点

又称瓷砖。面砖按特征有上釉的和不上釉的；釉面有光釉和无光釉两种，表面有平滑和带纹理的。

B. 构造做法：

用15mm厚1∶3的水泥砂浆分两遍打底作为底灰；10mm厚1∶2.5水泥砂浆掺108胶或1∶0.2∶2.5水泥石灰混合砂浆粘结；铺贴面砖；用1∶1白色水泥细砂浆或填缝剂填缝。见图3-99。

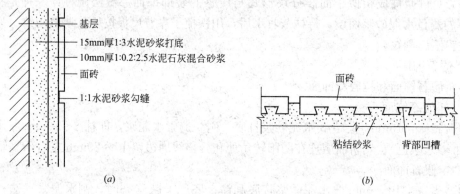

图3-99 面砖饰面构造
(a) 粘结状况；(b) 构造图

② 陶瓷锦砖饰面

A. 材料

又称马赛克，是以优质瓷土烧制而成的小块瓷砖，多用于内外墙面。

分为挂釉和不挂釉两种。陶瓷锦砖规格较小，常用的有：18.5mm×18.5mm、39mm×39mm、39mm×18.5mm、25mm六角形等，厚度为5mm。

断面有凹面和凸面，凸面多用于墙面，凹面多用于地面。

B. 构造做法

15mm厚1∶3的水泥砂浆打底；2～3mm厚水泥纸筋石灰浆或掺108胶的水泥浆做结合层；贴马赛克，干后洗去纸皮；水泥色浆擦缝。

③ 玻璃锦砖饰面

A. 材料：

又称玻璃马赛克。一般贴在303mm×303mm的牛皮纸上。玻璃马赛克吸水性差，因此反面略向内凹，并有沟槽，断面呈梯形。多用于外墙面。

B. 构造做法：

用15mm厚水泥砂浆分两遍抹平并刮糙（混凝土基层要先刷一道掺108胶的素水泥

浆)；抹3mm厚1：(1~1.5)水泥砂浆粘结层，即贴玻璃马赛克(在马赛克背面刮一层2mm厚白水泥色浆粘贴)；水泥色浆擦缝。如图3-100所示。

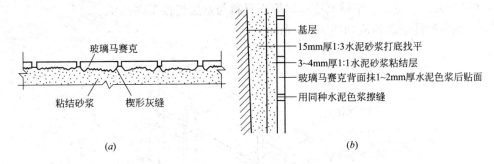

图 3-100 玻璃马赛克饰面构造
(a)粘结状况；(b)饰面构造组成

④ 小规格贴面板饰面

指规格在30mm×30mm×20mm的小块天然石材、陶板、碎拼石板、水磨石板等。粘贴方法与面砖粘贴方法相同。在大理石板边刻槽扎钢丝，在水磨石背面埋24号铅丝，伸出40~60mm长，埋入10~12mm厚的粘结砂浆内。

⑤ 大规格陶板饰面

厚度在10mm以内的轻质陶板，可采用水泥砂浆粘贴。采用缝隙为10mm×10mm或20mm×10mm的分格缝粘贴，粘贴构造同面砖。

⑥ 碎拼石材饰面

利用石材边角料拼贴而成。用12~20mm厚的粘结砂浆粘贴。粘贴顺序由下而上，每贴500mm高间歇1~2h，待水泥砂浆结硬后在继续粘贴。

⑦ 人造大理石板饰面

按所用材料和生产工艺不同分为四类：聚酯型人造大理石、无机胶结型人造大理石、复合型人造大理石、烧结型人造大理石。

构造固定方式有：水泥砂浆粘贴、聚酯砂浆粘贴、有机胶粘剂粘贴、贴挂法。

聚酯型人造大理石可用水泥砂浆、聚酯砂浆、有机胶粘剂。

烧结型大理石粘贴构造与釉面砖相近。用12~15mm厚水泥砂浆作为底层；2~3mm厚掺108胶的水泥砂浆粘结。

无机胶结型人造大理石和复合型人造大理石粘贴方法按板厚度而异。8~12mm为厚板，4-6mm为薄板。薄板粘贴构造是用水泥砂浆打底；水泥石灰混合砂浆或108胶水泥浆作为粘结层；镶贴大理石板。厚板是采用聚酯砂浆粘贴，或聚酯砂浆作边角粘贴和水泥砂浆作为平面粘贴相结合的做法。

(2) 天然石材饰面的基本构造

天然石料如花岗石、大理石等可以加工成板材、块材和面砖用作饰面材料。

天然石材按其表面的装饰效果及加工方法，分为磨光和剁斧两种主要处理形式。

天然石材饰面的基本构造

大理石和花岗石饰面板材的构造方法一般有：钢筋网固定挂贴法、金属件锚固挂贴法、干挂法、聚酯砂浆固定法、树脂胶粘结法等几种。

钢筋网固定挂贴法和金属件锚固挂贴法，其基本构造层次分为：基层、浇筑层、饰面层，在饰面层和基层之间用挂件连接固定。这种"双保险"构造法，能够保证当饰面板（块）材尺寸大、质量大、铺贴高度高时饰面材料与基层连接牢固。

A. 钢筋网挂贴法构造如图 3-101 所示。

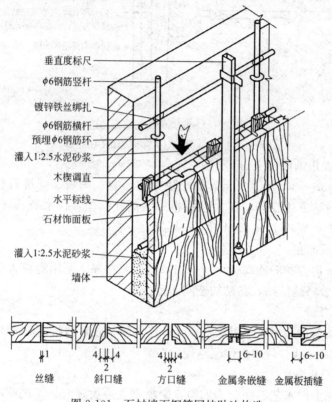

图 3-101　石材墙面钢筋网挂贴法构造

构造层次：在基层上预埋铁件；根据板材尺寸及位置绑扎固定钢筋网；在板材上下沿钻孔或开槽口；用铅丝或锚固件将板材固定在钢筋网上；板材与墙面之间逐层灌入水泥砂浆。

B. 金属件挂贴法

金属件挂贴法又称木楔固定法，其主要构造做法：首先对石板钻孔和提槽，对应板块上孔的位置对基体进行钻孔；板材安装定位后将 U 形钉端勾进石板直孔，并随即用硬木楔楔紧，U 形钉另一端勾入基体上的斜孔内，调整定位后用木楔塞紧基体斜孔内的 U 形钉部分，接着用大木楔塞紧于石板与基体之间；最后分层浇筑水泥砂浆，其做法与钢筋网挂贴法相同。构造如图 3-102 所示。

C. 干挂法

直接用不锈钢型材或金属连接件将石板材支托并锚固在墙体基面上，首先按照设计在墙体基面上电钻打孔，固定不锈钢膨胀螺栓；将不锈钢挂件安装在膨胀螺栓上；安装石板，并调整固定。目前干挂法流行构造是板销式做法如图 3-103 所示。

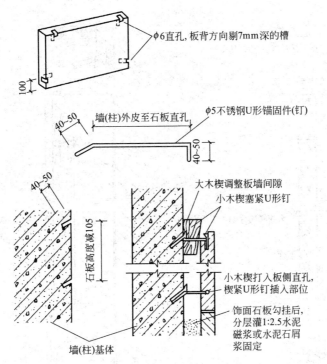

图 3-102　石材墙面 U 形钉锚固（金属件挂贴法）构造

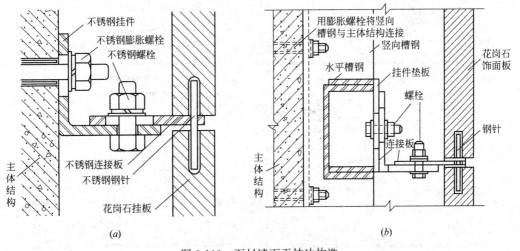

图 3-103　石材墙面干挂法构造
(a) 直接干挂法；(b) 间接干挂法

D. 聚酯砂浆固定法

在灌浆前先用胶砂比 1：(4.5～5) 的聚酯砂浆固定板材四角并填满板材之间的缝隙，待聚酯砂浆固化并能起到固定拉紧作用以后，再进行分层灌浆操作。分层灌浆的高度每层不能超过 15cm，初凝后方能进行第二次灌浆。不论灌浆次数及高度如何，每层板上口应留 5cm 余量作为上层板材灌浆的结合层。

E. 树脂胶粘结法

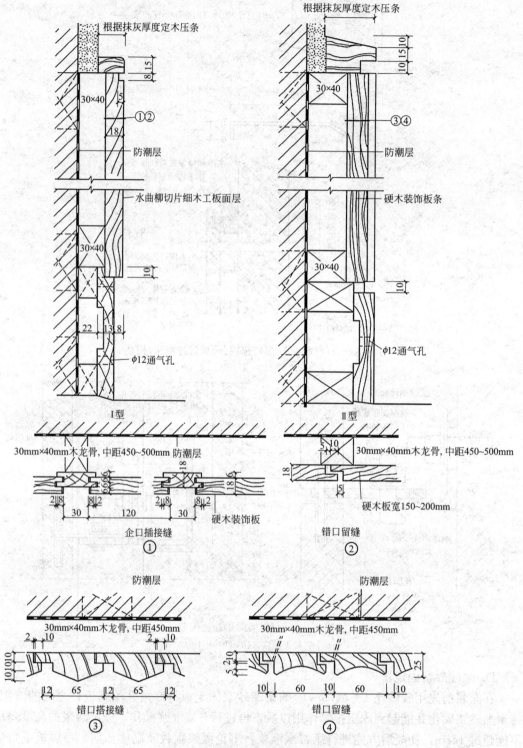

图 3-104 木罩面板饰面构造

在清理好的基层上,先将胶凝剂涂在板背面相应的位置,尤其是悬空板材胶量必须饱满,然后将带粘胶剂的板材就位,挤紧找平、校正、扶直后,立刻进行预、卡固定。挤出缝外的胶粘剂,随即清除干净。待胶粘剂固化至与饰面石材完全牢固贴于基层后,方可拆除固定支架。

3. 罩面板类饰面

罩面板类饰面是指采用木板、木条、竹条、胶合板、纤维板、石膏板、石棉水泥板、玻璃、金属板等材料制成各种饰面板。

(1) 罩面板类饰面的构造

① 在墙体或柱子上固定骨架;

② 在骨架上固定饰面板或先设垫层板再做饰面板。

(2) 各类罩面板饰面构造

① 竹、木及其制品

常用于内墙面护壁或其他特殊部位。用于墙面护壁常用原木、木板、胶合板、装饰板、微薄木贴面板、硬质纤维板、圆竹、劈竹等。用于吸声、扩声、消声等墙面,常用穿孔夹板、软质纤维板、装饰吸声板、硬木格条等。回风口、送风口等墙面常用硬木格条。

A. 木与木制品护壁构造做法

在墙面上预埋防腐木桩;墙面抹底灰,刷热沥青或铺油毡防潮;然后钉双向木墙筋,钉立由竖筋和横筋组成的木骨架,一般400~600mm(木筋间距视面板尺寸而定),木筋断面(20~45)mm×(40~45)mm;铺钉面板;罩面装饰。如图3-104所示。

B. 竹护壁

构造做法:在墙体中预埋防腐木砖;钉立中距450mm的木墙筋网(或横向木筋);铺钉胶合板;固定圆竹席纹或半圆竹席纹面层(圆竹直纹或半圆竹直纹);面罩清漆。

C. 细部构造处理

板与板的拼接构造:按拼缝的处理方法,可分为平缝、高低缝、压条、密缝、离缝等方式,如图3-105所示。

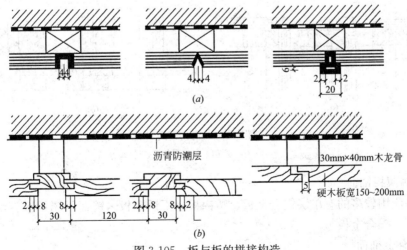

图 3-105 板与板的拼接构造

(a) 夹板贴面拼缝做法;(b) 实木镶板拼缝做法

踢脚板构造：踢脚板的处理主要有外凸式与内凹式两种方式。当护墙板与墙之间距离较大时，一般宜采用内凹式处理，踢脚板与地面之间宜平接，如图3-106所示。

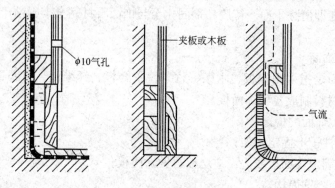

图 3-106 踢脚板构造

护墙板与顶棚交接处构造：护墙板与顶棚交接处的收口以及木墙裙的上端，一般宜作压顶或压条处理，构造如图3-107所示。

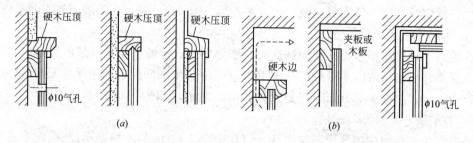

图 3-107 木罩面板与顶棚交接构造
(a) 压顶；(b) 上口

拐角构造：阴角和阳角的拐角可采用对接、斜口对接、企口对接、填块等方法，如图3-108所示。

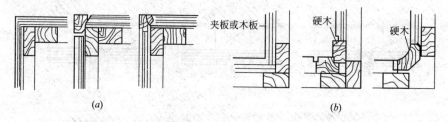

图 3-108 拐角构造
(a) 阳角；(b) 阴角

② 金属薄板饰面

工程中应用较多的有单层铝合金板、塑铝板、不锈钢板、镜面不锈钢板、钛金板、彩色搪瓷钢板、铜合金板等。

A. 铝合金饰面板

铝合金饰面板构造连接方式通常有两种：直接固定、卡压固定。

直接固定：将金属薄板用螺栓或铆钉固定在型钢骨架上。
卡压固定：将金属薄板冲压成各种形状，卡压在特制的龙骨上。

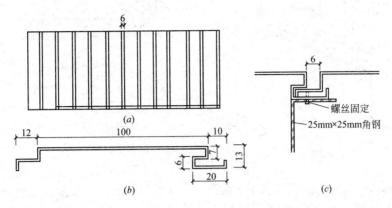

图 3-109　铝合金扣板条构造
(a) 外墙立面；(b) 条板断面；(c) 条板固定构造

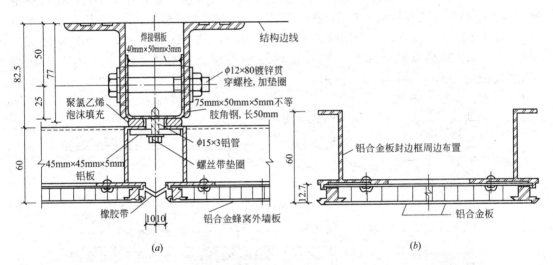

图 3-110　铝合金墙板构造
(a) 节点大洋；(b) 铝合金外墙板

B. 不锈钢板饰面

不锈钢板按其表面处理方式不同分为镜面不锈钢板、压光不锈钢板、彩色不锈钢板和不锈钢浮雕板。

不锈钢板的构造固定与铝合金饰板构造相似，通常将骨架与墙体固定，用木板或木夹板固定在龙骨架上作为结合层，将不锈钢饰面镶嵌或粘贴在结合层上。如图 3-111 所示。也可以采用直接贴墙法。

C. 玻璃饰面

玻璃饰面是采用各种平板玻璃、压花玻璃、磨砂玻璃、彩绘玻璃、蚀刻玻璃、镜面玻璃等作为墙体饰面。

211

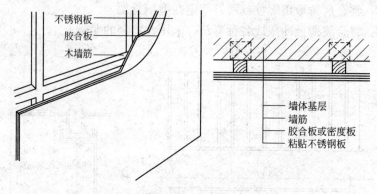

图 3-111 不锈钢板饰面构造

玻璃饰面基本构造是：在墙基层上设置一层隔汽防潮层；按要求立木筋，间距按玻璃尺寸，做成木框格；在木筋上钉一层胶合板或纤维板等衬板；最后将玻璃固定在木边框上。

固定玻璃的方法主要有四种：一是螺钉固定法，在玻璃上钻孔，用不锈钢螺钉或铜螺钉直接把玻璃固定在板筋上；二是嵌条固定法，用硬木、塑料、金属（铝合金、不锈钢、铜）等压条压住玻璃，压条用螺钉固定在板筋上；三是嵌钉固定法，在玻璃的交点用嵌钉固定；四是粘贴固定法，用环氧树脂把玻璃直接粘在衬板上。构造方法如图 3-112 所示。

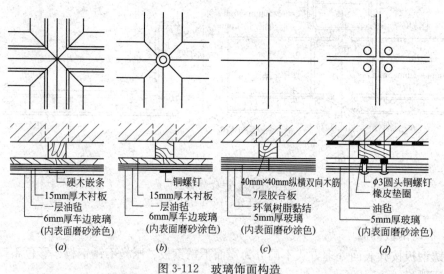

图 3-112 玻璃饰面构造

(a) 嵌条固定；(b) 嵌钉固定；(c) 粘贴固定；(d) 螺钉固定

D. 其他面板饰面

塑料护墙板饰面

塑料护墙板主要是指硬质 PVC、GRP 波形板、格子板、挤压异形板等。

构造做法：在墙体上固定搁栅；再用卡子或专门的卡入式连接件将塑料护墙板固定在搁栅上。

石膏板、矿棉板、水泥刨花板饰面

石膏板有纸面石膏板、纤维石膏板和空心石膏板三种。

构造做法：在墙体上涂刷防潮涂料；然后铺设龙骨；将石膏板钉在龙骨上；再进行板面修饰。

装饰吸声板饰面

常用的装饰吸声板有：石膏纤维装饰吸声板、软质纤维装饰吸声板、硬质纤维装饰吸声板、钙塑泡沫装饰吸声板、矿棉装饰吸声板、玻璃棉装饰吸声板、聚苯乙烯泡沫塑料装饰吸声板、珍珠岩装饰吸声板等。

构造做法：直接将装饰吸声面板贴在墙面上或钉在龙骨上。

4. 涂刷类饰面

(1) 材料分类

目前，发展最快的是各种涂料，建筑涂刷材料的品种繁多（见表3-2），可从材料的化学性质、溶剂类型、产品的稳定状态、使用场合以及形成效果等不同方面分类。

建筑涂料的分类　　　　　　　表3-2

序号	分类方法	种类	序号	分类方法	种类
1	按涂料状态	溶剂型涂料 水溶型涂料 乳液型涂料 粉末涂料	5	按主要成膜物质	油脂 天然树脂 酚醛树脂 沥青 醇酸树脂 氨基树脂 聚酯树脂 环氧树脂 丙烯酸树脂 烯类树脂 硝基纤维素 纤维酯、纤维醚 聚氨基甲酸酯 元素有机聚合物 橡胶 元素无机聚合物
2	按涂料装饰质感	薄质涂料 厚质涂料 复层涂料			
3	按建筑物涂刷部位	内墙涂料 外墙涂料 地面涂料 顶棚涂料 屋面涂料			
4	按涂料的特殊功能	防火涂料 防水涂料 防霉涂料 防虫涂料 防结露涂料			

涂料按其主要成膜物的不同可分为有机涂料和无机涂料。

无机涂料：主要有石灰浆、大白浆涂料。

有机合成涂料：分为溶剂型涂料、水溶性涂料和乳胶涂料（乳胶漆）。

(2) 构造做法

涂刷类饰面的涂层构造，一般可分为三层，即底层、中间层和面层。

3.4.3 顶棚装饰

1. 顶棚装饰分类

顶棚是位于楼盖和屋盖下的装饰构造，又称天棚、天花板。

① 按顶棚外观分：有平滑式顶棚、井格式顶棚、悬浮式顶棚、分层式顶棚等。
② 按施工方法分：抹灰刷浆类顶棚、裱糊类顶棚、贴面类顶棚、装配式板材顶棚等。
③ 按顶棚表面与结构层的关系分：直接式顶棚、悬吊式顶棚。
④ 按顶棚的基本构造分：无筋类顶棚、有筋类顶棚。
⑤ 按结构构造层的显露状况分：开敞式顶棚、隐蔽式顶棚等。
⑥ 按面层与格栅的关系分：活动装配式顶棚、固定式顶棚等。
⑦ 按顶棚表面材料分：竹类吊顶、木质顶棚、石膏板顶棚、各种金属板顶棚、玻璃镜面顶棚等。
⑧ 按顶棚受力不同分：上人顶棚、不上人顶棚。
⑨ 其他：结构顶棚、软体顶棚、发光顶棚等。

2. 直接式顶棚的基本构造

直接在结构层底面进行喷浆、抹灰、粘贴壁纸、粘贴面砖、粘贴或钉接石膏板条与其他板材等饰面材料。结构顶棚也归于此类。

(1) 饰面材料
① 各类抹灰：纸筋灰抹灰、石灰砂浆抹灰、水泥砂浆抹灰等。
② 涂刷材料：石灰浆、大白浆、色粉浆、彩色水泥浆、可赛银等。
③ 壁纸等各类卷材：墙纸、墙布、其他织物等。
④ 面砖等块材：常用釉面砖。
⑤ 各类板材：胶合板、石膏板、各种装饰面板等。

(2) 直接抹灰顶棚构造

在上部屋面板或楼板的底面上直接抹灰的顶棚，称为"直接抹灰顶棚"。直接抹灰顶棚主要有纸筋灰抹灰、石灰砂浆抹灰、水泥砂浆抹灰等。

构造层次由底层、中间层、面层构成。

构造做法是：先在顶棚的基层（楼板底）上，刷一遍纯水泥浆，使抹灰层能与基层很好地粘合；然后用混合砂浆打底，再做面层。要求较高的房间，可在底板增设一层钢板网，在钢板网上再做抹灰，这种做法强度高、结合牢，不易开裂脱落。抹灰面的做法和构造与抹灰类墙面装饰相同，如图3-113所示。

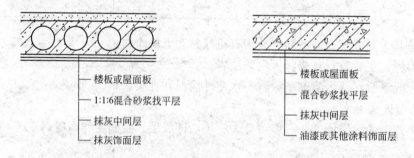

图 3-113 直接抹灰和直接喷刷顶棚构造

(3) 喷刷类顶棚构造

喷刷类装饰顶棚是在上部屋面或楼板的底面上直接用浆料喷刷而成的。常用的材料有石灰浆、大白浆、色粉浆、彩色水泥浆、可赛银等。

对于楼板底较平整又没有特殊要求的房间，可在楼板底嵌缝后，直接喷刷浆料，其具体做法可参照涂刷类墙体饰面的构造，如图3-114所示。

(4) 裱糊类顶棚构造

有些要求较高、面积较小的房间顶棚面，也可采用直接贴壁纸、贴壁布及其他织物的饰面方法。裱糊类顶棚的具体做法与墙饰面的构造相同。

(5) 直接式装饰板顶棚构造

直接粘贴装饰板顶棚是直接将装饰板粘贴在经抹灰找平处理的顶板上。

直接铺设龙骨固定装饰板顶棚的构造做法与镶板类装饰墙面的构造相似，即在楼板底下直接铺设固定龙骨(龙骨间距根据装饰板规格确定)，然后固定装饰板。常用的装饰板材有胶合板、石膏板等，主要用于装饰要求较高的建筑，如图3-114所示。

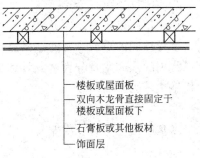

图 3-114 直接式装饰板铺设龙骨顶棚构造

(6) 结构式顶棚构造

将屋盖或楼盖结构暴露在外，利用结构本身的韵律作装饰，不再另做顶棚，称为结构式顶棚。结构式顶棚充分利用屋顶结构构件，并巧妙地组合照明、通风、防火、吸声等设备，形成和谐统一的空间景观。如图3-115所示。

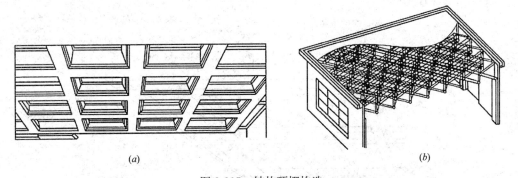

图 3-115 结构顶棚构造
(a) 井格结构式顶棚；(b) 网架结构式顶棚

3. 悬吊式顶棚的基本构造

悬吊式顶棚又称"吊顶"，其装饰表面与结构底表面之间留有一定的距离，通过悬挂物与结构联结在一起。

(1) 构造组成与所用材料

悬吊式顶棚在构造上一般由基层、面层、吊筋三大基本部分组成。

① 顶棚吊筋

吊筋是连接龙骨和承重结构的承重传力构件。吊筋的主要作用是承受顶棚的荷载，通过吊筋还可以调整、确定悬吊式顶棚的空间高度。

吊筋可采用钢筋、型钢、镀锌铅丝或脚方木等。钢筋吊筋用于一般顶棚，直径不小于

φ6；型钢吊筋用于重型顶棚或整体刚度要求特别高的顶棚；方木吊筋一般用于木基层顶棚，并采用铁制连接件加固，可用50mm×50mm截面，如荷载很大则需要计算确定吊筋截面。

② 顶棚基层

顶棚基层是一个由主龙骨、次龙骨（或称主搁栅、次搁栅）所形成的网格骨架体系。主要是承受顶棚的荷载，并通过吊筋将荷载传递给楼盖或屋顶的承重结构。

常用的顶棚龙骨分为木龙骨和金属龙骨两种，龙骨断面视其材料的种类、是否上人和面板做法等因素而定。

A. 木基层

木基层由主龙骨、次龙骨、横撑龙骨三部分组成。如图3-116所示。

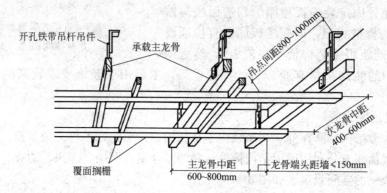

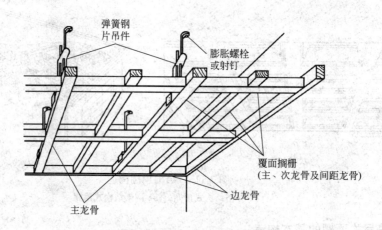

图 3-116 双层木骨架和单层木骨架顶棚构造

B. 金属基层

金属基层常见的有轻钢、铝合金和普通型钢等。

轻钢龙骨一般断面多为U形，故又称为U形龙骨系列。U形龙骨系列由大龙骨、中龙骨、小龙骨、横撑龙骨及各种连接件组成。如图3-117、如图118所示。

铝合金龙骨常用的有T形、U形、LT形及特制龙骨。应用最多的是LT形龙骨。LT形龙骨主要由大龙骨、中龙骨、小龙骨、边龙骨及各种连接件组成，如图3-119所示。

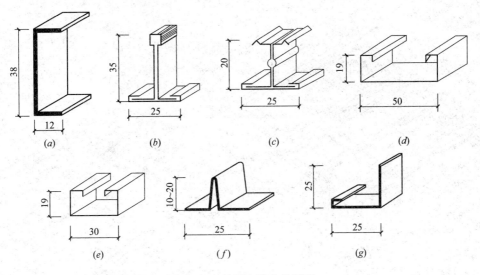

图 3-117 吊顶金属龙骨类型
（a）主龙骨；（b）次龙骨；（c）次龙骨；（d）次龙骨；（e）间距龙骨；（f）间距龙骨；（g）边龙骨

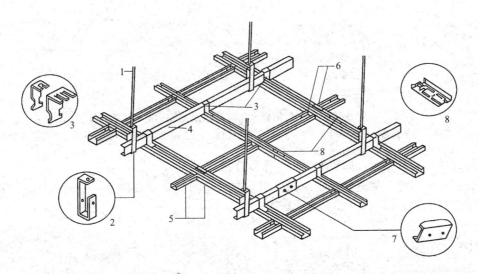

图 3-118 轻钢龙骨配件组合示意图
1—吊筋；2—吊件；3—挂件；4—主龙骨；5—次龙骨；6—龙骨支托（挂插件）；7—连接件；8—插接件

③ 顶棚面层

顶棚面层又分为抹灰类、板材类和搁栅类。

A. 抹灰类顶棚

抹灰类顶棚的抹灰层必须附着在木板条、钢丝网等材料上，因此首先应将这些材料固定在龙骨架上，然后再做抹灰层。

B. 板材类顶棚

连接方式：面板与骨架连接——连接件、紧固件、连接材料；面板与金属基层连接——自攻螺丝、卡入式；面板与木基层连接——木螺丝、圆钉；钙塑板、矿棉板与U

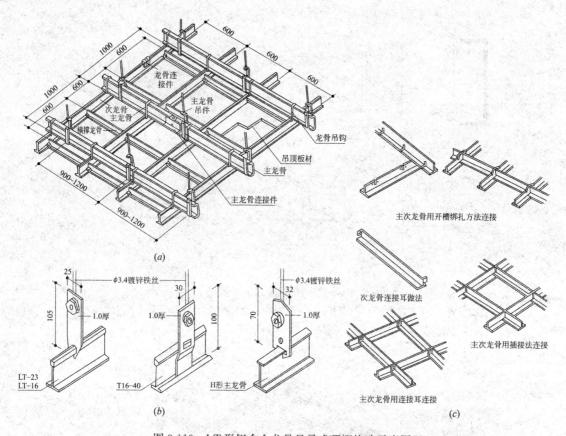

图 3-119 LT形铝合金龙骨悬吊式顶棚构造示意图
(a) LT形铝合金龙骨悬吊式顶棚构造透视；(b) LT形铝合金龙骨悬吊式顶棚节点构造；(c) 主次龙骨连接方式

形龙骨连接——胶粘剂；搁置面板——不需连接。

饰面板的拼缝：拼缝是影响顶棚面层装饰效果的一个重要因素，一般有对缝、凹缝、盖缝等几种方式，如图 3-120 所示。

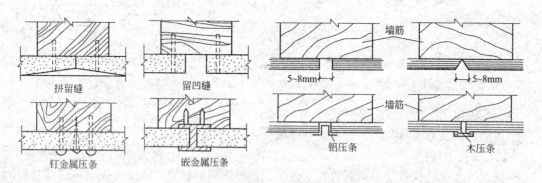

图 3-120 饰面板的拼缝构造

(2) 板材类吊顶的装饰构造

板材类吊顶的面层材料有实木板、胶合板、纤维板、钙塑板、石膏板、塑料板、硅钙板、矿棉吸声板、铝合金等金属板材。

基本构造：在结构层上用射钉等固定吊筋；将主龙骨固定在吊筋上；次龙骨固定在主龙骨上；再用钉接或搁置的方法固定面层板材。

① 石膏板的顶棚(见图 3-121、图 3-122、图 3-123)

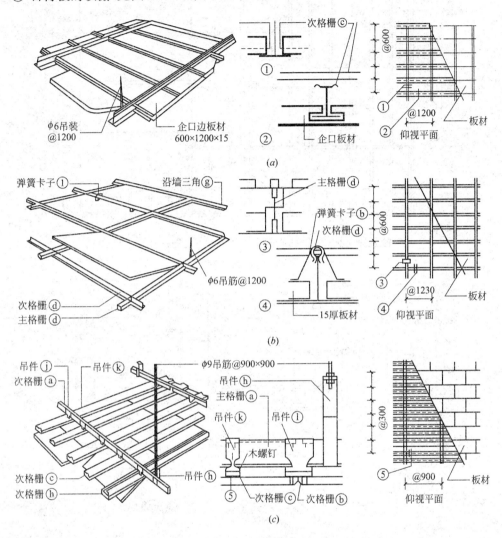

图 3-121　石膏板固定方式
(a) 挂接方式；(b) 卡接方式；(c) 钉接方式

② 矿棉纤维板和玻璃纤维板顶棚

③ 金属板顶棚

采用铝合金板、薄钢板等金属板材面层的顶棚。见图 3-124、图 3-125、图 3-126。

(3) 开敞式吊顶的装饰构造(图 3-127)

① 单体构件的种类与连接构造

单体构件从制作的材料分，有木制格栅构件、金属格栅构件、灯饰构件及塑料构件等。木制构件和金属构件较常用。

219

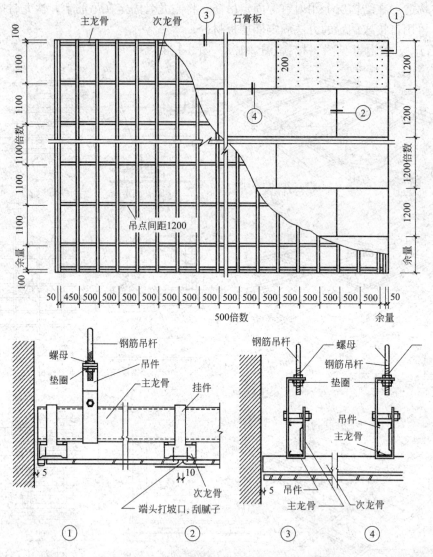

图 3-122 UC形轻钢龙骨石膏板吊顶节点大样图

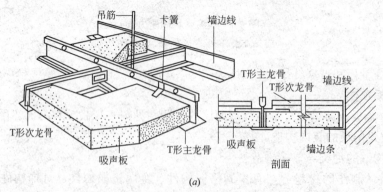

图 3-123 矿棉纤维板顶棚构造(一)
(a) 暴露骨架

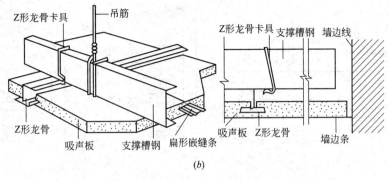

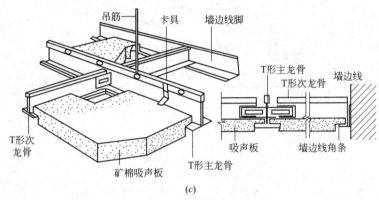

图 3-123 矿棉纤维板顶棚构造(二)
(b) 隐藏骨架；(c) 部分暴露骨架

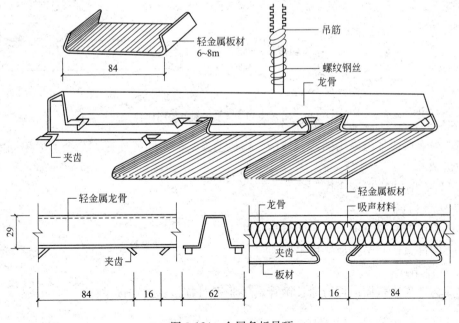

图 3-124 金属条板吊顶

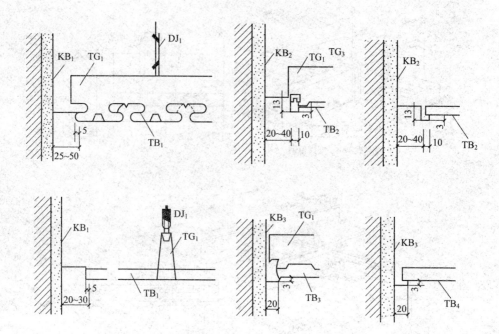

图 3-125　金属条板顶棚端部节点大样图

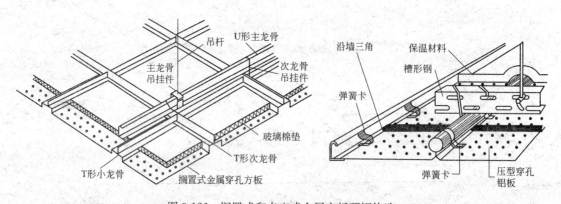

图 3-126　搁置式和卡入式金属方板顶棚构造

单体构件的连接通常是采用插接、挂接、榫接的方式。不同的连接方法会产生不同的组合方式和造型。

② 开敞式顶棚的安装构造

A. 单件吊挂

单体构件安装在骨架上,骨架再与吊杆连接。

单体构件直接与吊杆连接后吊挂。

B. 整体吊挂

单体构件连成整体;再与通长钢管或T形龙骨挂接;再连接吊杆。

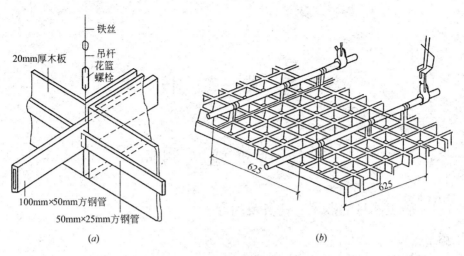

图 3-127 开敞式顶棚的安装构造
(a) 直接固定法；(b) 间接固定法

第4章 施 工 技 术

4.1 建 筑 施 工 测 量

4.1.1 施工测量的概念、任务及内容

1. 施工测量的概念和任务

施工测量是根据施工的需要，把设计好的建筑物、构筑物的平面位置和高程，按设计要求以一定的精度测设在地面上，并在施工过程中进行一系列的测量工作，以衔接和指导各工序间的施工。

施工测量的主要任务有：

① 施工前的施工控制网的建立；
② 建筑物、构筑物的定位和基础放线；
③ 细部测设，如基础、梁、柱、板的模板测设，构件和设备安装测设等；
④ 竣工图的编绘；
⑤ 施工和使用期间，建筑物、构筑物的沉降观测和变形观测。

2. 施工测量的内容

施工测量的内容主要包括：

① 已知水平距离的测设；
② 已知水平角的测设；
③ 已知高程的测设；
④ 点的平面位置的测设；
⑤ 已知倾斜线的测设；
⑥ 建筑物、构筑物的沉降观测和变形观测。

4.1.2 测量放线使用的仪器、功能及使用

1. 水准仪

水准仪主要由望远镜、水准器和基座三个主要部分组成，是为水准测量提供水平视线和对水准标尺进行读数的仪器。

水准仪有 DS0.5、DS1、DS3 等几种不同精度的仪器。"D"和"S"分别代表"大地测量"和"水准仪"，是用汉语拼音的第一个字母大写表示；"0.5"、"1"、"3"分别表示该仪器的测量精度，即每千米往、返测得的高差中数的中误差（以 mm 计）；通常水准仪在书写表示时字母"D"省略不写。S0.5、S1 为精密水准仪，用于国家一、二等水准测量及其他精密水准测量；S3 为普通水准仪，用于国家三、四等水准测量及一般工程水准测量。

水准仪的主要功能是测量两点间的高差，它不能直接测量待定点的高程，但可根据已知点的高程推算出测点的高程。水准仪还可以根据视距测量原理测量两点间的水平距离。

2. 经纬仪

经纬仪由照准部、水平度盘和基座三部分组成，是对水平角和竖直角进行测量的一种仪器。

经纬仪有 DJ0.7、DJ1、DJ2、DJ6 等几种不同精度的仪器。"D"和"J"分别代表"大地测量"和"经纬仪"，是用汉语拼音的第一个字母大写表示；"0.7"、"1"、"2"、"6"分别表示该仪器的测量精度，即经纬仪一测回方向观测值的中误差的秒数；通常经纬仪在书写表示时字母"D"省略不写。J0.7、J1、J2 为精密经纬仪，J6 为普通经纬仪。在建筑工程中，常用 J2 和 J6 型光学经纬仪。

经纬仪的主要功能是测量两个方向之间的水平夹角；其次，它还可以测量竖直角；借助水准尺，利用视距测量原理，它还可以测量两点间的水平距离和高差。

3. 全站仪

全站仪由电子经纬仪、光电测距仪和数据记录装置组成，是测量点的坐标、距离、高差和高程的综合性仪器。

全站仪在测站上观测，必要的观测数据如斜距、天顶距（竖直角）、水平角等均能自动显示，而且几乎是在同一瞬间内得到平距、高差、点的坐标和高程。如果通过传输接口把全站仪野外采集的数据终端与计算机、绘图机连接起来，配以数据处理软件和绘图软件，即可实现测图的自动化。

4.1.3 建筑物的定位放线

1. "红线"定位法

"红线"定位法是根据城市规划主管部门给定的建筑物"红线"及桩点，把建筑物、构筑物的主轴线的位置在施工现场测定出来。

见图 4-1，有甲乙两个确定"红线"的桩位，房屋纵向主轴线 AB 距离"红线"30m，房屋横轴线 AC 距离甲桩位 50m。

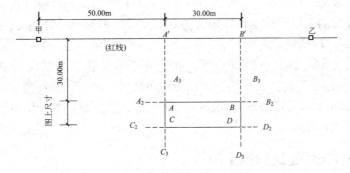

图 4-1 定位轴线的确定

定位的步骤：

① 先将经纬仪安置在甲桩位上，前视乙桩位中心，然后从甲桩位向乙桩方向量 50m 和 80m 距离确定 A′点和 B′点，打下临时桩位。

② 把经纬仪移到 A′点桩位，前视乙桩位中心，转动 90°固定，然后从 A′点桩位向前量 30m 确定 A 点，打下临时桩位；再从 A 点向前根据设计量出 C 点，打下临时桩位。

③ 把经纬仪移到 B′点桩位，同样方法得到 B 点和 D 点。

④ 量测对角线 AD 和 BC 长度复核定位是否准确。

⑤ 将 A、B、C、D 桩点向外延伸 2~4m，打下控制桩点 A_2、B_2、C_2、D_2 和 A_3、B_3、C_3、D_3，并用混凝土包围成墩。

2. 方格网定位法

方格网定位是根据给定的方格网间距及网上某点的坐标来确定房屋主轴线的位置。具体的定位步骤同"红线"定位法。

3. 平行线定位法

平行线定位法适用在住宅群中增建相同尺寸的房屋的情况。见图 4-2，我们可采用与原建房屋平行线的方法定出拟建房屋的位置。

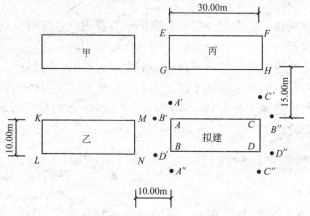

图 4-2 平行线定位法示意

定位的步骤：

① 从丙栋房两山墙贴墙拉线延长到 A″及 C″点，因房屋长宽尺寸已有标注，则先量 GA′为 10m，HC′也为 10m，定一临时 A′、C′桩位；再向前量 20m，定出 A″、C″的临时桩位。

② 再从乙栋房的前后檐贴墙拉线延长到 B″、D″点，同理从 M、N 点向 B″、D″方向量出 5m，定临时 B′、D′桩位，再向前量 40m 定出 B″、D″的桩位。

③ 在 A′A″、C′C″、B′B″、D′D″拉线，在这 8 个临时桩位拉线定出 A、B、C、D 四点，这四点即为拟建房屋的外墙四角。再用量对角线 AD、BD，进行校核。

④ 根据 A′、A″、C′、C″、B′、B″、D′、D″，建立控制桩，并用混凝土包围成墩，放线即完成。

4.1.4 一般民用建筑的施工测量

1. 土方工程的测量放线

（1）条形基础基槽放线

① 对定位时房屋的控制桩及定位桩进行复核，检查桩与桩间及控制桩与定位桩间的尺寸，并做好记录。

② 根据定位桩及控制桩定出房屋四大角的龙门板桩。可拉线或用经纬仪定龙门板桩位。龙门板的长度大于开挖的条形基槽的宽度，板的上平必须是确定的±0.000标高。每条轴线的龙门板做好后，在其上把轴线、基础宽度、开挖地槽宽度都标出来。用钢尺丈量轴线间距时尺的零点必须在第一轴上不能动，量时以开间尺寸累加，尺长不够时再移到另一轴作起始，不能按开间尺寸分段去量，以免累计误差增大。轴线定位龙门板如图4-3所示。

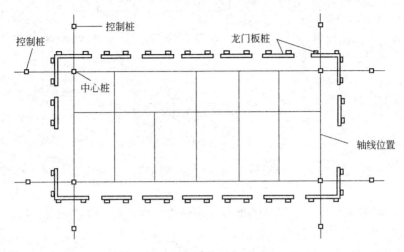

图4-3 轴线定位龙门板桩

③ 龙门板桩定完后，根据基槽挖土宽度放灰线。

④ 挖土过程中配合水准测量，用木楔或竹签在基槽侧壁上钉出距槽底50cm的控制标高点，用于清槽找平等的控制，见图4-4。

⑤ 挖土方完成后自检轴线、标高等无误后由勘探、设计等部门验槽，合格后做下道工序浇筑垫层。

(2) 独立柱基基槽放线

独立柱基基槽放线同条形基础，只不过是在龙门板上划出的宽度为柱基槽的宽及长，如图4-5所示中虚线。

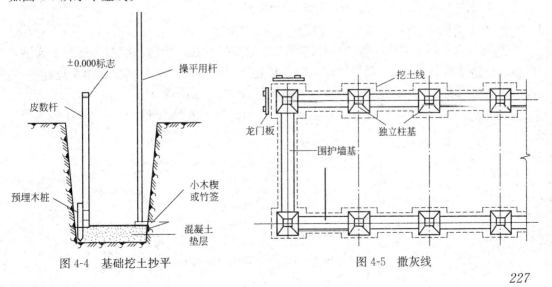

图4-4 基础挖土抄平　　　　图4-5 撒灰线

2. 基础的施工测量放线

在基槽垫层浇灌完成后经养护,将基础的内外边线、轴线、柱位线放到垫层上,如图4-6所示。

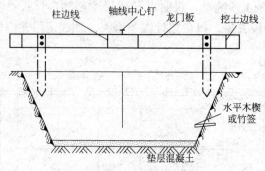

图4-6 龙门板及轴线和水平示意

① 用经纬仪从控制桩或龙门板桩上将轴线投测到垫层表面上,找出基础控制轴线点,弹出轴线。

② 根据图纸基础尺寸,从轴线两侧量出内外边线点,弹出基础内外边线。

③ 配好抄平,确定标高控制线。

④ 基础浇筑完成后,将基础轴线、水平标高线返测到基础实体上并弹线,经核查无误后撤去龙门板桩。

3. 主体结构施工测量放线

基础工程结束、回填土完成后,进行主体结构施工测量放线。钢筋混凝土框架结构施工测量放线步骤如下:

① 基础柱头施工完成后,对基础轴线、柱头标高进行复核。一般支架经纬仪在房屋一端的控制桩上,对中、调平后从第一根柱基开始转镜观测到最后一根柱基,其轴线均在一条线上无偏离视准轴的为合格。发现问题时应立即查明原因并进行纠正直至合格。其次根据现场基准标高复查返线标高的准确性。

② 根据柱轴线的位置,放出柱间墙体的基础线。

③ 木工支模时对柱高、断面尺寸配合测量放线。

④ 首层顶板施工完毕经养护后,进行二层的测量放线,传递轴线时在选定传递轴后由轴线一侧量出1m定出一点,以此点向上传递点,到楼面形成十字坐标的垂直基准线,再由该坐标为准丈量尺寸定出各轴线及放出柱子边线,见图4-7。

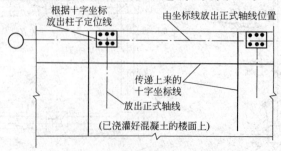

图4-7 由传递上来的十字线再放柱轴线示意

⑤ 放出框架围护墙的砌筑线,在柱子上划出皮数杆的皮数线,抄平出每层的50cm水平线。

4. 装饰施工时应做的测量放线工作

① 室内抹灰、做墙裙,要以50cm线往上量取墙裙高度给出上平线;踢脚由50cm线下返应扣去的尺寸,给出踢脚线上口平线;室内吊顶由50cm线上返出吊顶底的标高,给出底平线。

② 室内做地坪,由50cm线下返50cm给出地面上平线。

③ 室外抹灰或贴面时,给出标高±0.000的水平基准线;围房屋四周墙面弹线;贴面要大面积提供贴面的分格线。

4.2 土 方 工 程

土方工程包括:场地平整、土方开挖、土方运输、土方回填和填土压实等主要施工过程以及排水、降水、土壁支撑等准备和辅助工作。

4.2.1 土的工程分类与工程性质

1. 土的工程分类

土的种类和分类方法有很多,在工程上,土根据开挖的难易程度分为八类,即松软土、普通土、坚土、砂砾坚土、软石、次坚石、坚石和特坚石;其中前四类属于一般土,后四类属于岩石。土的工程分类及直观鉴别方法如表4-1所示。

土的工程分类　　　　　　　　表4-1

土的分类	土的名称	开挖方法及工具	可松性系数	
			K_s	K'_s
一类土(松软土)	砂;粉土;冲积砂土层种植土;泥炭(淤泥)	用锹、锄头可挖掘	1.08~1.17	1.01~1.03
二类土(普通土)	粉质黏土;潮湿的黄土、夹有碎石、卵石的砂,种植土;填筑土及亚砂土	用锹、锄头可挖掘,少许需用镐翻松	1.14~1.28	1.02~1.05
三类土(坚土)	软及中等密实黏土;黏质粉土;粗砾石;干黄土及含碎石的黄土、粉质黏土;压实的填土	主要用镐,少许用锹、锄头,部分用撬棍	1.14~1.28	1.04~1.07
四类土(砂砾坚土)	重黏土及含碎石、卵石的黏土;粗卵石;密实的黄土;天然级配砂石;软泥炭岩及蛋白石	先用镐、撬棍,然后用锹挖掘,部分用楔子及大锤	1.24~1.30	1.06~1.09
五类土(软石)	硬石炭纪黏土;中等密实的页岩、泥炭岩、白垩土;胶结不紧的砾岩;软的石灰岩	用镐或撬棍、大锤,部分用爆破方法	1.26~1.32	1.11~1.15
六类土(次坚石)	泥岩;砂岩;砾岩;坚硬的页岩、泥灰岩;密实的石灰岩;风化花岗岩、片麻岩	用爆破方法,部分用风镐	1.33~1.37	1.10~1.20

续表

土的分类	土的名称	开挖方法及工具	可松性系数 Ks	可松性系数 K's
七类土(坚石)	大理岩；辉绿岩；玢岩；粗、中粒花岗岩；坚实的白云岩、砾岩、砂岩、片麻岩、石灰岩；风化痕迹的安山石、玄武石	用爆破方法	1.30~1.45	1.10~1.20
八类土(特坚石)	安山石；玄武石；花岗片麻岩；坚实的细粒花岗岩、闪长岩、石英岩、辉长岩、辉绿岩、玢岩	用爆破方法	1.45~1.50	1.20~1.30

2. 土的工程性质

土的工程性质对土方工程施工方法的选择，土方开挖、运输、回填、压实都有直接的影响。土的主要工程性质有：

（1）土的可松性

土的可松性是指自然状态的土，经开挖后，其体积因松散而增加，虽经回填压实，仍不能恢复到原来的体积的性质。

土的可松性程度用可松性系数表示。自然状态土经开挖后的松散体积与原自然状态下的体积之比称为最初可松性系数（K_s）；土经回填压实后的体积与自然状态下的体积之比称为最终可松性系数（K'_s）。即 $K_s=V_2/V_1$，$K'_s=V_3/V_1$。

式中　K_s——土的最初可松性系数；

　　　K'_s——土的最终可松性系数；

　　　V_1——土在自然状态下的体积；

　　　V_2——土经开挖后的松散体积；

　　　V_3——土经回填压实后的体积。

由于土方施工时挖方量是按自然状态下的体积计算，施工机械及运土车辆是按土经开挖后的松散体积计算，土方回填是按土经回填压实后的体积计算，因此，土的可松性系数对土方的调配、开挖、运输、回填等相关参数的计算有很大的影响。

（2）土的含水量

土的含水量是指土中水的质量与土中固体颗粒质量之比的百分率，即 $\omega=m_w/m_s\times 100\%$。

式中　ω——土的含水量；

　　　m_w——土中水的质量；

　　　m_s——土中固体颗粒的质量。

土的含水量对土方施工机械的选择、土方回填压实的质量、土方边坡坡度的确定或边坡支护以及施工降排水措施等有直接的影响。

（3）土的渗透性

土体孔隙中的自由水在重力作用下会透过土体而运动，这种土体被水透过的性质称为土的渗透性。

土的渗透性用渗透性系数表示，即单位时间内水穿透土层的能力。土的渗透性系数一一般根据现场实验确定,表 4-2 为土的渗透性系数参考值。

土的渗透性系数 表 4-2

土的种类	K(m/d)	土的种类	K(m/d)
黏质粉土、黏土	<0.1	含黏土的中砂及纯细砂	20~25
黏质粉土	0.1~0.5	含黏土的细砂及中砂	35~50
含黏质粉土的粉砂	0.5~10	纯粗砂	50~75
纯粉砂	1.5~5.0	粗砂夹砾石	50~100
含黏土的细砂	10~15	砾石	100~200

土的渗透性影响施工降排水速度,因此根据土的渗透性系数的大小可以确定施工降排水的措施和相关参数。

4.2.2 土方工程的准备和辅助工作

1. 土方工程的准备工作

(1) 现场踏勘

通过现场踏勘,了解施工场地情况,包括施工现场地形、地貌、水文、地质、河流、气象、运输道路、邻近建筑物、地下埋设物、管道、电线电缆、地面上障碍物、堆积物及水电供应、通信等,为编制土方开挖施工方案和绘制施工现场平面布置图提供依据。

(2) 场地清理

包括清理地上和地下的各种障碍物,如旧建筑和旧房屋基础、电杆、电线电缆、地上和地下管道、坟墓、树木等的拆除、迁移以及改建。

(3) 既有建筑物和构筑物的保护

对施工现场和邻近的建筑物和电杆、塔架、道路、桥梁等采取有效的防护加固措施,保证既有建筑物和构筑物的安全和正常使用。

(4) 地面水的排除

通过在施工区域设置临时性或永久性的排水沟、截水沟、挡水土坝等,将地面水或雨水及时排走,使场地保持干燥,以利施工。

(5) 施工定位和测量控制

根据给定的国家永久性控制坐标和水准点,按建筑总平面设计要求,引测到施工现场,采取适宜的定位方法,确定建筑物的位置、做出标志,并经校核正确。完成土方开挖前的细部测设。

(6) 修建临时道路及设施

根据现场情况,结合工程规模、工期长短,敷设水、电、通信管线,铺筑临时道路,搭建临时办公、生活用房。

2. 土方边坡与土壁支撑(护)

(1) 土方边坡

土方边坡用边坡坡度和边坡系数表示。边坡的坡度是以土方挖土深度 h 和边坡底宽度 b 之比表示,一般取土方挖土深度为 1,即用 $1:m$ 形式(如图 4-8 所示);边坡系数为边坡坡度的倒数，即以土方边坡底宽度 b 与挖土深度 h 之比表示。

土方边坡的大小应根据土质条件、开挖的深度、地下水位、施工方法、边坡上堆土或材料及机械荷载、边坡留置时间、相邻建筑物的位置及基础埋深等因素综合确定。

当基槽(坑)开挖，土质条件好，土质均匀且地下水位低于基槽(坑)底面标高，同时挖土深度不超过表4-3规定时，可直立开挖。既不放坡，亦不需加设支撑(护)。

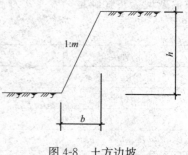

图4-8 土方边坡

基槽(坑)直立开挖的容许深度(m) 表4-3

土的种类	容许深度
密实、中密的砂土和碎石类土(充填物为砂土)	1.00
硬塑、可塑的粉质黏土及粉土	1.25
硬塑、可塑的黏土和碎石类土(充填物为黏性土)	1.50
坚硬的黏土	2.00

当挖土深度超过表4-3规定或对使用时间较长的临时性边坡，可考虑放坡或土壁支撑(护)等措施。

(2) 土壁支撑(护)

当施工场地狭小不能放坡或基础埋置深度较大、土质条件较差，放坡开挖土方量较大、不经济或边坡有止水要求时，应采用土壁支撑(护)的措施。

常用的土壁支撑(护)结构有横撑式支撑、板桩支撑、地下连续墙、深层搅拌水泥土桩墙、土钉墙、土层锚杆等；其中具有止水功能的有地下连续墙、深层搅拌水泥土桩墙、钢板桩等。

3. 施工降水

当地下水位较高，在开挖基槽(坑)下部位于地下水位以下的土层时，地下水会不断渗入基槽(坑)内。雨期施工时，地面水也会流入基槽(坑)内。为了保证施工的正常进行，防止土方边坡坍塌和地基承载能力的下降，必须做好基槽(坑)降水工作。

基槽(坑)降低地下水位的方法有集水井降水法和人工降低地下水位法。

(1) 集水井降水法

集水井降水法又叫明沟排水法，是在基槽(坑)开挖过程中，当基底挖至地下水位以下时，沿基底四周或中央开挖带有一定纵向坡度的排水沟，在排水沟内每隔一定距离设置一集水井。要求排水沟底面标高低于基底开挖面，集水井底面标高低于排水沟底面，并随着开挖面标高的下降而降低，以保证基底内的水经排水沟流向集水井，然后用水泵将水抽走。抽水工作应持续到基础工程施工完毕土方回填后才能停止。

排水沟和集水井应设置在基础范围以外，一般排水沟的横断面不小于0.5m×0.5m，纵向坡度宜为0.1%~0.2%。集水井每隔20~40m设置一个，其直径或宽度一般为0.6~0.8m，集水井应始终低于开挖面0.7~1.0m，当挖至设计标高后，井底应低于基底1~

2m，并铺设 0.3m 左右碎石滤水层，以免在抽水时将泥砂抽出，并防止集水井底的土被扰动。

集水井降水法设备简单，施工方便，成本较低，使用广泛。但当地下水位较高、涌水量较大或土质为细砂或粉砂时，易产生流砂现象即当基底挖至地下水位以下时，动水压力大于土的浸水容重，土会处于悬浮状态，随地下水一起涌入基槽(坑)。

流砂防治的具体措施主要有：枯水期施工法、水下挖土法、抢挖法、板桩法、人工降低地下水位法等。

(2) 人工降低地下水位法

人工降低地下水位法又称井点降水法，就是在基坑开挖前，预先在基坑四周埋设一定数量的滤水管(井)，利用抽水设备连续不断地抽水，使地下水位降至坑底以下，直至基础施工完成为止。人工降低地下水位法可使所挖的土始终保持干燥状态，改善施工条件，同时使动水压力方向向下，从根本上防止流砂现象，并增加土的抗剪强度和提高土的密实性。

人工降低地下水位法有：轻型井点、喷射井点、电渗井点、管井井点及深井井点等。施工时可根据土层的渗透系数、降水深度、工程环境、设备条件及技术经济比较等参照表4-4确定。

实际工程中，轻型井点和管井井点应用较为广泛。

各类井点的适用条件　　　　　　　　　　　　　表4-4

井点类型	土层渗透系数(m/d)	降水深度(m)	适用土质
单层轻型井点	0.1~50	2~6	黏质粉土、砂质粉土、粉砂、含薄层粉砂的粉质黏土
多层轻型井点	0.1~50	6~12	
喷射井点	0.1~2	8~20	
电渗井点	<0.1	根据选用的井点确定	黏土、粉质黏土
管井井点	20~200	3~5	砂质黏土、粉砂、含薄层粉砂的黏质粉土、各类砂土、砾砂
深井井点	20~250	>10	

4.2.3 土方工程机械化施工

土方的开挖、运输、填筑与压实等施工过程应尽量采用机械化施工，以减轻劳动强度、加快施工进度、缩短施工工期、提高生产效率。土方工程常用的施工机械主要有：单斗挖土机、推土机、铲运机、装载机和碾压、夯实机械等。

1. 单斗挖土机

单斗挖土机是土方开挖常用的一种机械。单斗挖土机的种类很多，按其行走方式不同，分为履带式和轮胎式两类；按其传动装置的不同，分为机械式和液压式两类；按其工作装置的不同，分为正铲、反铲、拉铲和抓铲等几种。

(1) 正铲挖土机

① 工作特点：前进向上，强制切土，挖掘力大，装车轻便灵活，回转速度快，生产效率高。

② 适用范围：适用于开挖停机面以上、含水量不大于27%的Ⅰ～Ⅳ类土和经爆破后的岩石、冻土等。

③ 开挖方式：正向挖土，侧向卸土(铲臂回转角度小，汽车行驶方便，生产效率高，较常采用)；正向挖土，后方卸土(铲臂回转角度大，生产效率低，当开挖工作面狭小时采用)。

(2) 反铲挖土机

① 工作特点：后退向下，强制切土，挖掘力较大(小于正铲挖土机)。

② 适用范围：适用于开挖停机面以下的Ⅰ～Ⅲ类土，一般用于基坑、基槽、管沟以及地下水位较高的土方开挖。

③ 开挖方式：沟端开挖(挖掘宽度不受机械最大挖掘半径限制，同时可挖至最大深度，边坡容易控制，较常采用)和沟侧开挖(铲臂回转角度小，能将土弃于沟边较远处，但边坡控制较困难，边坡的稳定性差，挖土的深度和宽度较小，当无法采用沟端开挖或所挖土方不需运走时采用)。

(3) 拉铲挖土机

① 工作特点：后退向下，自重切土，挖掘力较小。

② 适用范围：适用于开挖停机面以下的Ⅰ～Ⅱ类土，一般用于开挖大型基坑及水下挖土。

③ 开挖方式：沟端开挖和沟侧开挖。

(4) 抓铲挖土机

① 工作特点：直上直下，自重切土，挖掘能力小，生产效率较低，但挖土深度大，可挖直立边坡。

② 适用范围：适用于开挖停机面以下的Ⅰ～Ⅱ类土，一般用于开挖施工面狭窄而深的基坑、深槽、深井或疏通旧有渠道、挖取水下淤泥以及装卸碎石、矿渣等松散材料。

③ 开挖方式：沟侧开挖和定位开挖。

2. 推土机

① 工作特点：能独立完成挖土、运土和卸土工作，操纵灵活，运转方便，工作面积小，功率大，易于转移，行驶速度快，生产效率高。

② 适用范围：适用于Ⅰ～Ⅳ类土的开挖，一般用于场地清理、土方平整、开挖深度不大于1.5m的基槽(坑)、运距在100m以内的土方运输等。

③ 作业方式：槽形推土、下坡推土、并列推土等。

3. 铲运机

① 工作特点：能独立完成铲土、运土、卸土、填筑、整平压实工作，操纵灵活，行驶速度快，易于转移。

② 适用范围：适用于含水量不大于27%的Ⅰ～Ⅳ类土的直接挖运，一般用于大面积场地平整压实、运距在800m以内的土方挖运、大型基坑开挖及路基填筑等。

③ 作业方式：下坡铲土、跨铲法、助铲法等。

4. 装载机

装载机是以铲装和短距离转运松散物料为主的工程机械。装载机按行走方式分为履带式和轮胎式；按工作方式分为单斗式、链式和轮斗式。土方工程常用单斗轮胎装载机，它具有操作灵活、轻便，转移迅速，并有在短距离工作场地自铲自运的特点。

4.2.4 土方的开挖、回填和压实

1. 土方的开挖

（1）土方开挖的原则

土方开挖应遵循"开槽支撑、先撑后挖、分层开挖、严禁超挖"的原则。

（2）基槽(坑)土方开挖

① 制定合理的土方开挖施工方案，正确选择施工机械、开挖顺序和开挖路线。

② 当地下水位高于基底时，施工前必须做好地面排水和降低地下水位工作。地下水位应降低至基底以下 0.5～1.0m 后方可开挖，降水工作应持续到土方回填完毕。

③ 土方开挖时，不宜在基槽(坑)边堆置弃土。挖出的土方除预留作回填土外，应及时将多余的土运走。

④ 土方开挖至接近基底标高时，应在侧边打下控制桩，并及时量测，以防少挖并不得超挖。

⑤ 为了防止基土受水浸泡或扰动，降低土体的承载能力，基槽(坑)挖好后，应及时做垫层或浇筑基础。否则，应保留 150～300mm 厚的土层，待基础施工前再行挖去；如用机械挖土，应根据机械种类保留 200～300mm 厚的土层，待基础施工前用人工挖除铲平。

⑥ 基槽(坑)土方开挖后应验槽，并做好记录。如发现土质异常，应与有关人员研究处理。

（3）地基验槽

验槽的程序

① 验槽应在施工单位自检合格的基础上进行。施工单位确认自检合格后提出验槽申请；

② 验槽由总监理工程师或建设单位项目负责人组织，由建设、监理、勘察、设计及施工单位的项目负责人、技术质量负责人参加，共同按设计要求和有关规定进行。

地基验槽的主要内容

① 核对基槽(坑)的位置、平面尺寸、基底标高；

② 核对基槽(坑)土质和地下水位情况；

③ 地下埋设物、古墓、古井等的位置、深度及性状；

④ 检查基槽边坡外缘与附近建筑物、构筑物的距离，基槽(坑)开挖对建筑物、构筑物稳定是否产生影响。

地基验槽的方法主要有表面观察验槽法、钎探验槽法、轻型动力触探验槽法等。

2. 土方回填与压实

土方回填后必须具有一定的密实性，以防止建筑物的不均匀沉降和填方区塌陷。土方回填施工时应根据设计要求，正确选择填方土料和压实方法，保证土方回填后能够满足强度、变形和稳定的要求。

（1）土料的要求与含水量控制

填方土料应符合设计要求，一般不能选用淤泥、淤泥质土、膨胀土、有机质含量大于 8％的土、含水溶性硫酸盐大于 5％的土、含水量不符合压实要求的黏性土。

同一填方工程应尽量采用同类土填筑；如采用不同土，必须按类分层填压，并将透水性大的土置于透水性小的土层之下，以防填土内形成水囊。

填土土料含水量一般以手握成团、落地开花为适宜。

(2) 铺土厚度

土方压实机具对土的压实作用随铺土厚度的增加而逐渐减小，其影响深度与压实机械、土的性质和含水量有关。土方回填时，应合理确定铺土的厚度，以满足填土密实度的要求，同时减少压实遍数，节省施工成本。一般人工回填土方的虚铺厚度每层为200～250mm，推土机回填不宜大于300mm，铲运机为300～500mm，汽车为300～500mm。

(3) 填土压实方法

填土压实的方法一般有碾压法、夯压法、振动压实法和利用运输工具压实法。对于大面积填土工程，多采用碾压法或利用运输工具压实法。

① 碾压法

碾压法是利用压路机械沉重的滚轮碾压土的表面，使其达到所需的密实度。碾压机械有平碾、气胎碾和羊足碾。羊足碾与土接触面小，单位面积压力大，压实效果好，主要用于黏性土的压实。平碾和气胎碾对砂类土和黏性土均可压实。

② 夯压法

夯压法是利用夯锤下落的冲击力压实土层，主要用于小面积回填土。夯压法分为人工夯压和机械夯压两种。人工夯压一般用木夯或石夯，目前使用较少。机械夯压用蛙式打夯机、内燃打夯机、夯锤等。

③ 振动压实法

振动压实法是利用振动设备使压实机械振动，引起土体颗粒发生相对位移，从而达到密实状态。振动压实法主要用于压实非黏性土。

④ 利用运输工具压实法

利用运输工具压实法是利用铲运机、推土机、装载机和自卸汽车等进行压实。利用运输工具压实法是一种比较经济合理的压实方法，但在施工前应合理组织，使运输工具的行驶路线与填土路径一致，并能满足压实遍数的要求。

4.2.5 土方工程质量标准与安全技术

1. 质量标准

① 基槽、基坑、管沟基底的土质必须符合设计要求，并严禁扰动基底土层。

② 填方的基底处理，必须符合设计要求和施工验收规范的规定。

③ 基槽、基坑、管沟等的长度、宽度、基底标高、边坡坡度应满足设计要求和施工验收规范的规定。

④ 回填土料种类和含水量必须符合设计要求和施工验收规范的规定。

⑤ 土方回填之前应清除基底的垃圾、树根等杂物，抽除积水、淤泥。

⑥ 土方回填应按规定分层回填、分层压实，土的密实度必须符合要求。土的实际干密度可用"环刀法"或灌砂法测定，其取样组数为：基坑回填土为20～50m² 取样一组；基槽、管沟回填每层按长度20～50m 取样一组；室内填土每层按100～150m² 取样一组；场地平整填方每层按400～900m² 取样一组。取样部位在每层压实后的下半部。

2. 安全技术

① 土方施工前,必须对场地内的地上和地下管道、电缆及高压水管等情况了解清楚。在特殊危险的地区,工程必须在认真仔细观测下设专人负责,挖土应采用人工开挖。

② 基坑人工开挖时,两人操作间距应大于 3m,多台机械开挖,挖土间距应大于 10m。挖土应自上而下,分层分段进行,严禁先挖坡脚或逆坡挖土。

③ 基槽(坑)开挖应合理放坡或设置支撑。施工时应随时观察土壁变化情况,如发现有边坡裂缝或部分坍塌现象,应立即撤离施工人员,并分析原因,采取有效措施进行处理。

④ 基槽(坑)开挖深度超过 2m 时,必须在基槽(坑)的顶部边沿设两道防护栏杆,跨过沟槽的通道应搭设渡桥,并设扶手栏杆,夜间需设照明。

⑤ 基坑边缘堆土、堆料,一般应距基坑上部边缘不少于 2m,弃土堆置高度不应超过 1.5m,重物距边坡距离,汽车不小于 3m,起重机械不小于 4m。

⑥ 基槽(坑)挖土使用吊装设备吊土时,坑内人员应远离吊点的正下方,吊土前,应检查起吊工具、绳索是否牢固安全。

⑦ 土方施工机械操作和汽车装土行驶要听从现场指挥,所有车辆必须严格按规定的开行路线行驶,防止撞车。

⑧ 土方回填应分层进行,基础、墙体等土方应对称回填,防止两侧压力不均衡导致位移或倾覆。

⑨ 基槽(坑)土方回填时,支撑的拆除应按回填顺序自下而上逐步拆除,以防边坡失稳。

⑩ 用手推车运土回填,不得放手让车自动翻转卸土。用翻斗汽车运土,运输道路的坡度、转弯半径应符合有关安全规定。

4.3 地基处理与桩基础工程

4.3.1 常用地基加固方法

地基处理是对地基进行必要的加固或改良,以提高地基的承载力,保证地基的稳定,减小地基的压缩性,满足上部结构对地基受力要求,防止建筑物产生较大的沉降或不均匀沉降。

人工地基处理方法主要有:机械压实法、换土垫层法、挤密法、排水固结法和化学加固法等。机械压实法包括机械碾压、重锤夯实、振动压实和强夯等方法。换土垫层法是指挖去软弱土,换填强度较大的砂、碎石、灰土等材料。挤密法是在软弱地基中先成孔,再在孔中填以砂、石等材料,分层振(挤、冲)实成桩,使桩挤密周围软弱土或松散土层,土与桩组成复合地基。排水固结法是在土层上采用堆载预压等方法,使土中孔隙水排除,土体压缩,强度提高,土体压缩性降低。化学加固法是利用化学浆液或胶结剂,通过压力或电渗原理,采用灌注、压入、高压喷射或拌和,使浆液与土粒胶结,以改善土的物理力学性质。其中机械压实法、砂和砂石垫层法、挤密砂石桩法、水泥深层搅拌法、水泥粉煤灰碎石桩法在工程中应用较广泛。

1. 挤密砂石桩法

挤密砂石桩法是采用振动、冲击或水冲等方式在地基中成孔后,再将碎石、砂或砂石挤压入孔中,形成砂石构成的密实桩体,并和桩周围土组成复合地基的处理方法。

挤密砂石桩法主要用于松砂地基和黏性土地基。

振动挤密砂桩的施工过程包括:定位→沉管灌砂→提升→下沉振实→再次提升→振实成桩。

振冲碎石桩的施工过程包括:定位→振冲成孔→分层填料振实→成桩。

挤密砂石桩法的成桩顺序:对砂土地基应从外围或两侧向中间进行,并宜间隔成桩;对淤泥质黏性土地基宜从中间向外围或隔排施工;在邻近已建建(构)筑物处施工,应沿背离建(构)筑物方向;在路堤或岸坡处应背离堤岸方向进行。

2. 水泥深层搅拌法

水泥深层搅拌法是以水泥作为固化剂的主剂,通过特制的深层搅拌机械,将固化剂和地基土强制搅拌,使软土硬结成具有整体性、稳定性和一定强度的地基。

水泥深层搅拌法一般用于黏性土地基。

水泥深层搅拌法分为湿喷搅拌法(湿法)和粉喷搅拌法(干法)。

湿法使用的固化剂是水泥浆液,干法使用的固化剂是掺入粉煤灰等掺合料的水泥粉体。

湿喷搅拌法的施工过程包括:定位→预搅下沉→制备水泥浆→喷浆、搅拌和提升→重复喷浆、搅拌和提升直至孔口→清洗→移位。

粉喷搅拌法的施工过程包括:定位→搅拌下沉→提升、喷粉和搅拌直至高出设计桩顶500mm→移位。

3. 水泥粉煤灰碎石桩法

水泥粉煤灰碎石桩是由水泥、粉煤灰、碎石、石屑或砂等混合料加水拌合形成高粘结强度桩,并由桩、桩间土和褥垫层一起组成复合地基的地基处理方法。

长螺旋钻孔灌注成桩,适用于地下水位以上的黏性土、粉土、素填土和中等密实以上的砂土。

长螺旋钻孔管内泵压混合料灌注成桩,适用于黏土、粉土、砂土以及对噪声或泥浆污染要求严格的场地。

振动沉管灌注成桩,适用于粉土、黏性土及素填土地基。

水泥粉煤灰碎石桩的施工过程包括:桩机就位→沉管至设计深度→投料→拔管。

4.3.2 桩基础工程施工

1. 桩基础的作用和分类

(1) 桩基础的作用

桩基础是由桩身和承台两部分组成。

桩基础的作用是将承台上部建筑物的荷载传递到地基深层承载力较大的土层上,或将软弱土层挤密,以提高土的承载力和密实度,从而保证建筑物的稳定性和减小地基沉降。

桩基础具有承载力高,沉降量小而均匀,并能承受水平力、上拔力、振动力和抗震性能好等特点,在建筑工程中得到广泛应用。

(2) 桩基础的分类

桩按荷载的传递方式划分，可分为端承桩和摩擦桩两种。端承桩是桩尖穿过软弱土层到达承载力较大的土层的桩，建筑物荷载主要由桩尖阻力承受；摩擦桩是悬在软弱土层中的桩，建筑物荷载由桩侧摩擦力和桩尖阻力共同承受。

桩按制作方法不同，可分为预制桩和灌注桩两大类。预制桩一般在工厂制作，然后运至施工现场沉入土中；灌注桩是先在桩位上成孔，然后再灌筑混凝土（或钢筋混凝土）成桩。预制桩根据沉入土中的方法可分为锤击法、振动法、静力压桩法等。灌注桩按成孔的方法不同，有钻孔灌注桩、冲孔灌注桩、沉管灌注桩、爆扩成孔灌注桩及人工挖孔灌注桩。

桩按成桩方法不同，可分为挤土桩、部分挤土桩和非挤土桩三种。挤土桩是在成桩的过程中，桩周围的土被挤压，因而土层受到扰动，打入的封底钢管桩和混凝土桩、压入的预制桩以及沉管灌注桩都属于挤土桩；部分挤土桩是在成桩的过程中，桩周围的土仅受到轻微的扰动，土的工程性质变化不明显，打入的截面为I形和H形钢桩、钢板桩、开口式的钢管桩（管内土挖除）、预钻孔打入预制桩等都属于部分挤土桩；非挤土桩是在成桩过程中，将与桩体积相同的土去除，因而桩周围的土较少受到扰动，没有应力现象，钻孔灌注桩、人工挖孔灌注桩、井筒管桩等都属于非挤土桩。

2. 钢筋混凝土预制桩的施工

钢筋混凝土预制桩能承受较大的荷载，坚固耐久，施工速度快，抗腐能力强，桩身质量易于保证和检查，目前工程中使用较广泛，但造价较灌注桩高。

钢筋混凝土预制桩常用实心方桩和空心管桩两种。

钢筋混凝土预制桩的施工包括：预制桩的制作、起吊、运输、堆放、沉桩和截桩等。

(1) 预制桩的制作、起吊、运输和堆放

预制桩的制作可在工厂或施工现场进行，单根预制桩的桩长应考虑运输和施工要求，一般不超过27m，超过时，需分段制作，沉桩时逐段连接。

预制桩的配筋和混凝土强度应符合设计要求。桩身混凝土浇筑应由桩顶向桩尖连续浇注捣实，一次完成，并加强养护，养护时间不少于7d。

预制桩混凝土强度达到设计强度的70%后，方可起吊，达到设计强度的100%方可运输。如需提前吊运，必须经过强度和抗裂验算合格。预制桩在起吊时必须保证平稳，吊点应符合设计要求。

预制桩的堆放场地必须平整坚实，排水良好，垫木间距根据吊点位置确定，垫木应设在同一垂直线上，堆放层数不宜超过四层（管桩三层）。不同规格的桩应分别堆放。

(2) 预制桩的沉桩

① 锤击沉桩（打入法）施工

锤击沉桩（打入法）是利用桩锤下落产生的冲击能量，将桩沉入土中设计规定的深度或到达对应的持力层。该法施工速度快，机械化程度高，适用范围广，但施工时有振动、挤土和噪声污染，不宜在市区、住宅密集地区和夜间施工。

锤击沉桩的施工机械包括桩锤、桩架和动力装置三部分。桩锤有落锤、单动汽锤、双动汽锤、柴油桩锤、振动桩锤和液压桩锤等，桩锤的类型应根据施工现场情况、机具设备条件及工作方式和工作效率等条件选择。

锤击沉桩前应做好必要的准备工作，主要有：平整场地，清除地上和地下障碍物，做好排水工作，进行定位放线，确定打桩顺序，设置水准点和试桩。确定打桩顺序的主要目的是防止因先打入的桩对土体的挤密作用使后打的桩下沉困难、先打入的桩受水平挤压产生位移和上浮。设置水准点的主要目的是控制桩的入土深度。试桩是为了校核拟定的设计是否完善，并为确定打桩方案及打桩的技术要求，保证施工质量提供依据。群桩施工时应根据桩的密集程度、桩的规格、长短、和桩架移动方便来确定打桩顺序；当桩中心距较大时（＞4倍桩径），打桩顺序对打桩质量影响不大，可根据施工的方便确定打桩的顺序；当桩中心距较小时（≤4倍桩径），桩较密集，可采取由中间向两侧对称施打，或由中间向四周施工，或采取分段施打；当桩的规格、埋深、长度不同时，宜按"先大后小、先深后浅、先长后短"的顺序施打；当施工场地一侧毗邻建筑物时，应由建筑物一侧向另一方向施打；当桩头高出地面时，桩宜采取向后退打。

锤击沉桩的施工程序包括：桩机就位、吊桩、打桩、接桩、送桩、拔桩和截桩等。打桩宜采用"重锤低击、低提重打"，以防止桩头损坏，使桩快速沉入土中。接桩是当桩的设计长度较长时，需分段施打，现场接长，常用的接桩方法有焊接接桩、法兰接桩和硫磺胶泥接桩三种。送桩是当桩顶标高低于天然地面，需用送桩管将桩送入土中规定的深度。拔桩是在打桩过程中，将打坏的桩拔除。截桩是桩打完后，开挖基槽（坑），为使桩身和承台连为一体，将桩多余部分截去，并保证桩顶嵌入承台梁内一定长度。

② 静力压桩施工

静力压桩是在软土地基上，利用静压力将桩压入土中设计规定的深度或到达对应的持力层。静力压桩施工无噪声、无振动、节约材料、降低成本、沉桩速度快，对周围环境干扰小，适用于软土地区、城市中心或建筑物密集处的桩基础工程。

静力压桩机有机械式和液压式两种，其中液压式静力压桩机自动化程度高，结构紧凑，行走方便快捷，是当前采用较广泛的一种桩工机械。

静力压桩的施工程序包括：测量定位→压桩机就位→吊桩插桩→桩身对中调直→静压沉桩→接桩→再静压沉桩→截桩。

3. 混凝土灌注桩的施工

混凝土灌注桩是直接在桩位上就位成孔，然后在孔内浇筑混凝土或安放钢筋笼再浇筑混凝土而成。与预制桩相比，具有施工噪声低、振动小、桩长和直径可按设计要求变化、单桩承载力大、含钢量低、成本较小等优点，但成桩工艺较复杂、成桩速度较慢、工期长、操作稍有疏忽易产生质量事故。

（1）钻孔灌注桩施工

① 干作业成孔灌注桩

干作业成孔灌注桩有普通干作业成孔灌注桩、钻孔压浆灌注桩和超流态混凝土灌注桩等几种。

普通干作业成孔灌注桩是先用钻机在桩位处钻孔，然后将钢筋骨架放入桩孔内，再浇筑混凝土而成。

钻孔压浆灌注桩是先用钻机钻孔至预定深度，通过钻杆芯管利用钻头处的喷嘴向孔内自下而上高压喷注制备好的以水泥浆为主剂的浆液，使液面升至地下水位或无坍孔危险的位置，提出全部钻杆后，向孔内沉放钢筋笼和骨料至孔口，最后再由孔底向上高压补浆，直至浆液达到孔口为止。这种方法连续作业一次成孔，多次由下向上高压注浆成桩，具有无振动、无噪声、无护壁、无泥浆排污等优点，又能在流砂、卵石、地下水位高、易坍孔等复杂地质条件下顺利成孔，解决了断桩、颈缩、桩间虚土等问题，还有局部膨胀扩径现象，单桩承载力比普通灌注桩高。

超流态混凝土灌注桩是先用钻机成孔，待钻至设计深度后停钻，打开钻头底活门，然后边提钻杆边通过中空的钻杆芯管向孔内压注混凝土直至孔口，再向孔内混凝土中压入钢筋笼而成桩。

② 泥浆护壁成孔灌注桩

在地下水位较高的软土地区，采用干作业成孔灌注桩会出现坍孔、缩颈等质量事故，需要采用泥浆护壁，利用泥浆的液面高度和容重，增加对孔壁的压力，防止坍孔和排出土渣形成桩孔，即采用泥浆护壁成孔灌注桩。

泥浆护壁成孔灌注桩的施工工艺流程包括：测定桩位→埋设护筒→桩机就位→制备泥浆→成孔→清孔→安放钢筋骨架→水下浇筑混凝土。

护筒的作用是固定桩孔位置，保护孔口，增加桩孔内水压，以防坍孔及成孔时引导钻头方向。护筒一般用 6~8mm 厚的钢板制成，内径应比桩径大 100~300mm，护筒高约为 1.5~2m。

泥浆的作用主要有：填塞孔壁空隙，防止漏水，保持孔内水压，稳固土壁，以及携砂、排土。泥浆制备对在黏性土和粉质黏土中成孔时，可在孔中注入清水，使清水和孔中钻头切削的土混合制成，即自选泥浆护壁；在砂土或其他土中钻孔时，应采用高塑性黏土或膨润土加水配制护壁泥浆。

泥浆护壁成孔灌注桩的成孔方法有：潜水钻机成孔、回转钻机成孔、冲击钻成孔和冲抓锤成孔。成孔过程中排渣方法有排渣筒排渣和泥浆循环排渣；泥浆循环排渣又分为正循环排渣法和反循环排渣法；正循环排渣是泥浆由钻杆内部沿钻杆从端部喷出，携带钻下的土渣沿孔壁向上流动，由孔口将土渣带出流入沉淀池，经沉淀的泥浆流入泥浆池由泵注入钻杆，进入再一次循环；反循环排渣法是泥浆由孔口流入孔内，同时砂石泵沿钻杆内部吸渣，使钻下的土渣由钻杆内腔吸出并排入沉淀池，经沉淀后流入泥浆池，再由孔口流入孔内，进入下一次循环；反循环排渣法比正循环排渣法排渣效率高。

清孔的主要目的是清除孔底沉渣、淤泥，以减少桩基的沉降量，保证桩的承载能力。清孔可用泥浆循环法排渣或抽渣筒排渣。

水下浇筑混凝土常用导管法和泵送混凝土法等。导管法是先将分节安装好的导管吊入桩孔内，导管顶部高出泥浆面 3~4m，底部距桩底 0.3~0.5m，导管内设隔水栓，用细钢丝悬吊在导管下口，首次浇筑时，在导管内灌入足量的混凝土，保证剪断钢丝后，导管埋入混凝土面以下至少 0.8m 以上，然后连续浇筑混凝土，拔管应保证导管始终埋入混凝土中不少于 2m，直至设计标高。

(2) 套管成孔灌注桩

套管成孔灌注桩是利用锤击或振动方法将带有活瓣式桩尖(桩靴)的钢管沉入土要求的深度后，放入钢筋笼，边浇筑混凝土，边拔出钢管而成桩。

套管成孔灌注桩施工方便、施工速度快、工期较短、造价低；但振动、噪声较大，桩径受钢管直径限制，易产生颈缩隔层等质量问题。

(3) 人工挖孔灌注桩

人工挖孔灌注桩是采用人工挖孔后，安放钢筋笼，浇筑混凝土成桩。直径一般较大(1~5m)，故又称为大直径人工挖孔桩。

人工挖孔灌注桩设备简单、噪声小、振动小、无挤土现象、施工质量可靠、桩径不受限制、承载力大，但工人作业环境较差、效率低且具有一定的危险性。

人工挖孔灌注桩桩孔开挖时为防止坍方，需做护圈，同时应做好通风、照明和排水工作，以保证施工人员的安全。

4.3.3 桩基础工程质量检查和安全技术

1. 桩基础工程质量检查

(1) 混凝土预制桩

① 桩在现场预制时，应对原材料、钢筋骨架、混凝土强度进行检查；采用工厂预制时，进场后应进行外观及尺寸检查。检查结果要符合相应的质量检验标准。

② 桩位放样检查。群桩允许偏差为 20mm，单排桩允许偏差为 10mm。

③ 预制桩沉桩后桩位允许偏差检查，符合对应的要求。

④ 预制桩施工中对桩体和垂直度、沉桩情况、桩顶完整情况、接桩质量等进行检查，并符合对应的要求。

⑤ 施工结束后，应对桩身质量和承载力进行检查，满足设计要求和规范的规定。

(2) 混凝土灌注桩

① 现场搅拌混凝土，施工前应对水泥、砂、石、钢筋等原材料进行检查，并符合对应的标准。

② 桩位放样允许偏差的检查，同预制桩。

③ 桩位和垂直度偏差的检查，并符合对应的要求。

④ 施工中应对成孔、清渣、放置钢筋笼、灌注混凝土等进行全过程检查，并符合相应的标准。

⑤ 施工结束后，应检查混凝土强度，并对桩体质量及承载力进行检查，符合设计要求和规范的规定。

2. 桩基施工安全技术

(1) 桩基施工前，对邻近施工范围的已有建筑物、地下管线等，必须认真检查，针对具体情况采取加固或隔振措施，以确保施工安全和财产损失。

(2) 机具进场要注意危桥、陡坡、陷地和防止碰撞电杆、房屋等，以免造成事故。

(3) 成桩机械必须经鉴定合格，不合格的机械不得使用。

(4) 机械司机在操作时要思想集中，服从指挥，并经常注意机械运转情况，发生异常及时纠正。

(5) 在成桩过程中，遇有地坪隆起或下陷时，应随时对机器及路轨调平调直。

(6) 预制桩施工时，严禁用手拨正桩头的垫料。不要在桩锤击打到桩顶即起锤或过早刹车，以免损坏桩机设备。

(7) 灌注桩未浇混凝土前，桩口必须用盖板封严，钢管桩打桩后及时加盖临时桩帽，冲抓锤或冲孔锤作业时，不准任何人进入落锤区施工范围内，以防砸伤。

(8) 人工挖孔灌注桩施工的安全要求。

① 孔下操作人员必须戴安全帽，孔口四周必须设置护栏。

② 孔内人员上下，必须设置安全软梯；如使用电动捯链、吊笼等上下应安全可靠，并配有自动锁紧保险装置；不得使用麻绳和尼龙绳吊挂或脚踏井壁凸缘上下。电动捯链使用前必须检验其安全起吊能力。

③ 每日开工前必须检测井下的有毒有害气体，并应配有足够的安全防护用品。桩孔开挖深度超过10m时，要有专门向井口送风的设备。

④ 挖出的土石方应及时运离孔口，不得堆放在孔口四周1m范围内，机动车辆的通行不得对井壁的安全造成影响。

⑤ 施工现场的一切电源、电路的安装和拆除必须由持证电工操作，必须严格接地、接零和使用漏电保护器。照明应采用安全矿灯或12V以下的安全灯。

4.4 主体结构工程

4.4.1 砌体工程

1. 砌筑用脚手架

（1）脚手架的作用

脚手架的主要作用是供人在架子上进行砌筑操作、堆放材料和进行短距离的水平运输。

（2）脚手架搭设的基本要求

① 有足够的面积，能满足工人操作、材料堆放和运输的需要。脚手架的宽度一般为1.5~2.0m。

② 有足够的强度、刚度和稳定性。能保证在施工期间在各种荷载和气候条件下不产生较大的变形、不摇晃、不破坏、不倾覆。

③ 构造简单，装拆方便，能多次重复使用。

④ 因地制宜，就地取材。

（3）脚手架的分类

脚手架按所用材料分，可分为木脚手、竹脚手和金属脚手架。

脚手架按构造形式分，可分为多立杆式、门式、桥式、悬吊式、挂式和爬升式脚手架等。

脚手架按搭设位置分，可分为外脚手架和里脚手架。

（4）外脚手架

外脚手架是在建筑物外墙外侧搭设的一种脚手架，既可用于外墙砌筑，又可用于外装修施工。其主要形式有多立杆式、框式及桥式脚手。

① 多立杆式脚手架

多立杆式脚手架是由金属、竹、木等材料搭设而成，由立杆、纵向水平杆(大横杆)、横向水平杆(小横杆)、斜撑、脚手板等组成。其中钢管扣件式脚手架由于安拆方便，搭设灵活，坚固耐用，周转次数多，目前运用较广泛。

钢管扣件式脚手架是由钢管、扣件、脚手板、底座和连接件等组成。钢管一般用外径为 48mm，壁厚为 3.5mm 的无缝钢管。用于立杆、纵向水平杆和支撑杆（包括剪刀撑、横向斜撑、抛撑等）钢管长度宜为 4~6m，用于横向水平杆的钢管长度以 2.2m 为宜。

扣件用于钢管之间的连接，其基本形式有三种，分别为直角扣件、旋转扣件和对接扣件。直角扣件用于两根垂直交叉钢管的连接；旋转扣件用于两根任意角度交叉钢管的连接；对接扣件用于两根钢管的对口接长。

连接件又称连墙件，是为了防止脚手架因风荷载或其他水平荷载引起向内、向外倾覆，保证脚手架稳定性，与已建建筑连接的固定件。

钢管扣件式脚手架搭设的基本要求有：

A. 立杆的纵向间距（柱距）不得大于 2m。横向间距对单排脚手架离墙为 1.2~1.4m，对双排脚手架为 1.5m，双排脚手架其内排立杆离墙为 0.4~0.5m。立杆接头除顶层可以采用搭接接头外，其余各处必须采用对接扣件连接；相邻立杆的对接接头位置应错开一步，并不小于 500mm。立杆采用搭接接头时，搭接长度不应小于 1m，并采用不少于 2 个旋转扣件固定。每根立杆底部应设置底座或垫板。立杆的垂直度偏差不得大于架高的 1/200。

B. 纵向水平杆宜设置在立杆内侧，并应水平设置，其长度不宜小于 3 跨，接长宜用对接扣件，相邻两杆接头不宜设在同步或同跨内，且在水平方向错开的距离不应小于 500mm，当采用搭接接头时，其搭接长度不应小于 1m，应等间距设置 3 个扣件固定。

C. 横向水平杆的间距应不大于 1.5m，主节点处必须设置一根横向水平杆，用直角扣件扣接且严禁拆除。单排架的横向水平杆一端伸入墙内为 240mm，另一端搁置在纵向水平杆上，至少应伸出 100mm。双排架的横向水平杆端离墙为 500~1000m。

D. 作业层脚手板应铺满、铺稳，离开墙面 120~150mm；脚手板应有三根横向水平杆支承，当板长小于 2m 时可采用两根支承；脚手板对接平铺时，接头处必须设两根横向水平杆，外伸长度为 130~150mm；当脚手板搭接铺设时，接头必须支在横向水平杆上，搭接长度应大于 200mm，每块板端伸出横向水平杆的长度应不小于 100mm。

E. 连墙件一般设在框架梁或每层楼板等具有较好抗水平作用的结构部位，水平距离不超过 3 跨，垂直距离不超过 3 步（当脚手架的高度为 50m 以上时为不超过 2 步）。高度在 24m 以下的单、双排脚手架，宜采用刚性连墙件与建筑物可靠连接，亦可采用拉筋和顶撑配合使用的附墙连接方式，严禁使用仅有拉筋的柔性连墙件；高度在 24m 以上的双排架手架，必须使用刚性连墙件与建筑物可靠连接。

F. 单、双排脚手架应设置剪刀撑，每道剪刀撑的宽度不应小于 4 跨，且不应小于 6m。剪刀撑与地面的夹角为 45°~60°。高度在 24m 以下的单、双排脚手架，均必须在外侧立面的两端各设置一道剪刀撑，并由底至顶连续设置，中间各道剪刀撑之间的净距不应大于 15m；高度在 24m 以上的双排脚手架应在外侧立面整个长度和高度上连续设置剪刀撑；剪刀撑斜杆的接长宜采用搭接。

G. 一字型、开口型双排脚手架的两端均必须设置横向斜撑，中间宜每隔 6 跨设置一道；横向斜撑应在同一节间，由底至顶呈之字形连续布置。

② 碗扣式钢管脚手架

碗扣式钢管脚手架的杆件接头采用碗扣接头，由上、下碗扣、横杆接头和上碗扣的限位销等组成。上、下碗扣和上碗扣的限位销按 600mm 间距设置在钢管立杆上，下碗扣和上碗扣的限位销直接焊接在立杆上，上碗扣可以沿立杆移动，搭设时将上碗扣的缺口对准限位销后，即可将上碗扣向上拉起，然后将横杆接头插入下碗扣圆槽内，再将上碗扣沿限位销滑下，并顺时针旋转扣紧，用小锤轻击几下即可完成接点的连接。

碗扣式钢管脚手架的主要部件有立杆、顶杆、横杆、斜杆和底座等，立杆和顶杆各有两种规格，立杆和顶杆配合，可搭设任意高度的脚手架。碗扣式接头可同时连接四根横杆，横杆可相互垂直或偏转一定的角度，因此可搭设各种外形的脚手架，还可作为模板的支撑。

碗扣式钢管脚手架的特点是接头构造合理，连接可靠，装拆方便，组成的脚手架整体性好，同时由于碗扣固定在钢管上，因此不存在扣件丢失的问题。

③ 门式钢管脚手架

门式钢管脚手架是由门式框架、剪刀撑和水平梁架构成基本单元，水平梁架上的制动片式挂扣与门式框架卡接，门式框架上的偏重片式锚扣与剪刀撑锚接，将基本单元从一端向另一端连接起来（或增加梯子、栏杆等部件），即构成整片脚手架，门式框架通过连接棒接长，可搭设多层脚手架，一般搭设高度不超过 45m。

门式钢管脚手架的特点是装拆方便，构件规格统一，既可以作为一般脚手架，又可以作为砌墙或装修用的操作平台、移动式平台架以及垂直运输用的井架等。

(5) 里脚手架

里脚手架搭设于建筑内部，主要用于楼层墙体的砌筑和室内装饰施工。里脚手架具有用料省，轻便灵活，装拆方便的特点。

常有的里脚手架的形式主要有：

① 角钢（钢筋、钢管）折叠式里脚手架，因其外形又称钢人字梯，上铺脚手板，其架设间距，砌墙时宜为 1.0~2.0m，粉刷时宜为 2.2~2.5m。

② 支柱式里脚手架，由若干支柱和横杆组成，上铺脚手板，其搭设间距，砌墙时宜为 2.0m，粉刷时不超过 2.5m。

③ 木、竹、钢制马凳式里脚手架，马凳间距不大于 1.5m，上铺脚手板。

(6) 脚手架的安全技术

① 脚手架搭设前，要制定周密的作业方案，并进行详细的安全和技术交底。按规定位置设置安全网、护栏、挡板等安全装置。

② 脚手架搭设所用材料和加工质量必须符合规定，不得使用不合格品。

③ 脚手架搭设必须由取得特种作业证书的专业架子工完成。

④ 脚手架的搭设应符合规范的规定，每天上班前均应检查其是否牢固稳定。暂停工程复工和大风、大雨、大雪后须对脚手架进行全面质量检查。

⑤ 脚手架使用期间应严格控制脚手架的使用荷载。对多立杆式外脚手架，施工均布活荷载标准规定为：维修脚手架为 $1kN/m^2$，装饰脚手架为 $2kN/m^2$，结构脚手架为 $3kN/m^2$。

⑥ 在脚手架使用期间，严禁拆除下列杆件：

A. 主节点处的纵、横向水平杆，纵、横向扫地杆。

    B. 连墙件。
   ⑦ 搭拆脚手架时，地面应设围栏和禁戒标志，并派专人看守，严禁非操作人员入内。
2. 砖砌体和砌块砌体施工
（1）砖砌体施工
① 施工前的准备工作

砌筑前应根据施工组织设计要求组织垂直和水平运输机具。常用的垂直运输机具有龙门架、井架、塔式起重机等，水平运输机具有手推车、机动翻斗车等。除此以外，还有砌筑用脚手架、搅拌机械、砌筑工具、质量检查工具等的准备。

砖应按设计要求及时组织进场，对砖的强度等级、外观、几何尺寸进行验收，并检查出厂合格证。在常温下施工，黏土砖应在砌筑前1~2d浇水湿润，以水浸入砖内1cm左右为宜，以免砌筑时由于砖吸收砂浆中过多的水分，影响砂浆的粘结强度。

砌筑前应按设计要求制备砂浆。对砂浆使用的原材料质量进行控制，石灰膏熟化时间不少于7d，砂的含泥量和杂质含量不得超过规定，砂宜使用中砂，水泥出厂不应超过3个月，否则应通过试验复查。砂浆的配合比应经试验确定，并在施工过程中严格控制。砂浆应采用机械搅拌，搅拌时间自投料完成后起算，水泥砂浆和混合砂浆不得少于1.5min。砂浆应随拌随用，常温下水泥砂浆和混合砂浆必须在拌后3h内用完，如气温在30℃以上，则必须在2h内用完。

② 砖砌体的施工工艺

砖砌体的施工工艺包括抄平、放线、摆样砖、立皮数杆、砌砖、清理、勾缝等工序。

抄平是在砌墙前在基础顶面或楼面上定出各层标高，并用水泥砂浆或细石混凝土找平，使各段砖墙在同一标高位置开始砌筑。

放线是根据龙门板上给定的轴线，在基础顶面用墨线弹出墙的轴线和墙的边线，同时弹出门洞口位置线。二层以上墙的轴线可以用经纬仪、垂准仪或垂球将轴线上引，并弹出墙的轴线、边线和门洞口位置线。

摆样砖是根据选定的组砌形式，在基础顶面或楼面放线的位置用干砖试摆，又称为摆砖撂底或撂底。摆样砖的主要目的是尽量使门窗洞口和附墙垛等处符合砖的模数，以减少砍砖数量，并使砌体灰缝均匀、整齐，同时提高砌筑效率，节省材料。

立皮数杆是砌墙时在对应位置立上一木制标杆（皮数杆），其上划有每皮砖和灰缝厚度，以及门窗洞口、过梁、楼板、预埋件等标高位置。立皮数杆的主要目的是砌墙时控制砌体竖向尺寸，同时控制砖的层数和灰缝水平。皮数杆一般立于房屋的四个角、内外墙的交接处、长墙的中部、楼梯间以及洞口多的地方，每隔10~15m立一根。

砌砖常用的操作方法有："三一"砌砖法、挤浆法、刮浆法和满口灰法等，其中"三一"砌砖法和挤浆法最常用。"三一"砌砖法是一块砖、一铲灰、一挤揉，并随手将挤出的砂浆刮去的操作方法；"三一"砌砖法的特点是灰浆饱满，粘结力强，墙面整洁。挤浆法是先在墙上铺一段砂浆，然后将砖挤入砂浆中，达到下与已砌墙的边齐、上与线齐、横平竖直的要求；挤浆法的特点是铺灰一次，可连续砌几块砖，平推平挤使灰缝饱满，砌筑效率高。砌砖时先在墙的两端盘角，每次盘角不得超过6皮，盘角时应随用时用托线板检查垂直平整，依靠皮数杆控制砖层灰缝，保证盘角的质量。再挂线砌砖，一般240mm厚及以下的墙体单侧挂线，370mm厚及以上的墙两侧挂线；砌砖时应三皮一吊、五皮一靠，以保证墙面横平竖直。

清理是当墙砌筑一定高度(10皮砖)应对墙面、柱面进行一次清理;砌筑完毕后,应对落地灰进行清理。

勾缝是清水墙的最后工序,主要目的是保护墙面和增加墙面的美观。勾缝有原浆勾缝和加浆勾缝两种,缝的形式有凹缝和平缝等。

③ 砖砌体施工的技术要求

A. 砖基础砌筑,当基底标高不同时,应从低处砌起,并由高处向低处搭砌,搭接长度应符合设计要求并不小于基础扩大部分的高度。

B. 墙体砌筑,不得在下列部位留设脚手眼:半砖墙、料石清水墙和独立柱;过梁上与过梁成60°的三角形范围及过梁净跨度1/2的高度范围内;宽度小于1m的窗间墙;梁或梁垫下及其左右500mm范围内;门窗洞口两侧200mm和转角处450mm范围内。

C. 设计要求的洞口、管道、沟槽应于砌筑时正确留出或预埋,宽度大于300mm的洞口上部,应设置过梁。

D. 施工时需在砖墙中留置的临时洞口,其侧边离交接处墙面距离不应小于500mm,洞口净宽度不应超过1m,洞口顶部宜设置过梁。

E. 砖墙的转角处和交接处应同时砌筑。当不能同时砌筑需要临时间断时,应留斜槎,斜槎的水平投影长度不应小于高度的2/3。非抗震设防及抗震设防烈度为6度、7度地区的临时间断处,当不能留斜槎时,除转角处外,可留直槎,但直槎必须做成凸槎;留直槎处应加设拉结钢筋,数量为每120mm墙厚放置1ϕ6拉结钢筋(120mm厚墙放置2ϕ6拉结钢筋),间距沿墙高不超过500mm;埋入长度每边不小于500mm,对抗震设防烈度6度、7度地区,不应小于1000mm;末端应做成90°弯钩。

F. 砖墙每天的砌筑高度以不超过1.8m为宜,雨期施工时,每天的砌筑高度不宜超过1.2m。

G. 240mm的承重墙的每层墙的最上一皮砖,砖砌体阶台水平面上及挑出层,梁及梁垫的下面,应用整砖丁砌。

H. 砖砌体的水平灰缝厚度和竖向灰缝的宽度一般为10mm,但不小于8mm,也不大于12mm。水平灰缝的砂浆饱满度不低于80%。

I. 设有钢筋混凝土构造柱的多层砖房,应先绑扎钢筋,再砌筑墙体,最后浇筑混凝土。构造柱部位的砖墙应砌成"五退五进"的大马牙槎,即沿墙高每300mm退回60mm,再伸出60mm,马牙槎从每层楼面柱脚开始,先退后进。构造柱沿墙高每500mm设2ϕ6拉结钢筋,每边伸入墙内应不小于1m。

J. 砖砌体相邻工作段的高度差,不得大于楼层的高度,并不宜大于4m。工作段的分段位置宜设在变形缝或门窗洞口处。

(2) 砌块砌体施工

① 砌块安装前的准备工作

砌块安装前应编排砌块排列图。按比例绘出纵横墙、门窗洞口、过梁、大梁等,并画出砌块的规格(注明编号)、排列位置,需要镶砖的,砖的镶砌位置一并标出。编排砌块排列图时,应尽量减少砌块的规格类型,以主砌块为主,其他砌块为辅;要保证砌块错缝搭砌,满足搭接长度的要求,如不能满足,则在水平灰缝内注明拉结钢筋网片的位置和数量。

砌块排列图编制完成后，选择砌块安装方案。一般常采用台灵架安装砌块，根据台灵架安装砌块时的吊装路线，有后退法、合拢法和循环法。

另外还需要完成砌块的运输、堆放，对砌块的质量进行检查，以及安装砌块的专用夹具、操作工具、质量检查工具的准备等。

② 砌块砌体的施工工艺

砌块砌体的施工工艺包括铺灰、吊砌块就位、校正、灌缝和镶砖等。

铺灰砂浆应搅拌均匀，具有良好的和易性，铺灰厚度要均匀，长度一般不超过 5m 为宜。

吊砌块就位应使夹具中心尽可能与墙身中心线在同一垂直线上，对准位置轻轻下落，保证就位偏差不至过大。

校正时用垂球或托线板检查垂直度，用拉准线的方法检查水平度。校正可用人力轻轻推动砌块或用撬杠轻轻撬动砌块，直至符合要求。

灌缝是墙体内外两侧砌块先用夹板夹住，然后灌竖缝砂浆，再用竹片或铁棒插捣密实，最后用刮缝板将竖缝刮齐。

镶砖工作在砌块就位校正后进行，以保证砌块墙的整体性。

(3) 砌筑工程安全技术

① 在操作之前必须检查操作环境是否符合安全要求，机具是否完好牢固，安全设施和防护用品是否齐全，经检查符合要求后方可施工。

② 砍砖时应面向墙面，以免碎砖跳出伤人。

③ 墙身砌筑高度超过 1.2m 时，应搭设脚手架。架上堆放材料不得超过规定荷载标准值。

④ 严禁站在墙顶上做划线、勾缝、清扫墙面或做检查工作。不准用不稳定的工具或物体在脚手板上垫高作业。

⑤ 雨期施工要做好防雨准备，以防雨水冲走砂浆，致使砌体倒塌。

4.4.2 钢筋混凝土工程

1. 模板工程

(1) 对模板的基本要求

① 要具有足够的强度、刚度和稳定性。

② 要保证结构和构件各部分的形状、尺寸、位置的正确性。

③ 构造简单，装拆方便，能多次周转使用。

④ 接缝严密，不应漏浆。

(2) 模板的分类

模板按所用的材料不同，可分为木模板、钢模板、胶合板模板、塑料模板、玻璃钢模板、钢木组合模板和预应力混凝土模板等。

模板按其装拆方法不同，可分为固定式模板、移动式模板和永久式模板。

模板按规格形式来分，可分为定型模板和非定型模板。

模板按结构类型不同，可分为基础模板、柱模板、梁模板、墙模板、楼板模板和楼梯模板等。

(3) 模板的安装要求

① 模板安装必须严格按照事先编制的施工方案的要求进行,并牢固稳定可靠。

② 现浇结构模板安装的偏差不得超过规范的相关规定。

③ 当梁的跨度大于等于 4m 时,模板应起拱,如设计无要求时,钢模的起拱高度为全跨长度的 1/1000~2/1000,木模的起拱高度为全跨长度的 2/1000~3/1000。

④ 柱模的底部应设置清扫孔,柱子高度超过 3m 时,应沿高度方向每隔 2m 左右开设混凝土浇筑孔。

⑤ 模板的接缝应严密不漏浆;在浇筑混凝土前,模板内的杂物应清理干净,木模板应浇水湿润,同时模板内不应有积水。

⑥ 模板与混凝土的接触面应清理干净并涂刷隔离剂,不得使用影响结构性能及妨碍装饰工程施工的隔离剂。

(4) 模板的拆除

① 模板的拆除时间

不承重的模板,应在混凝土强度达到 2.5MPa 后方可拆除,此时能保证混凝土表面及棱角不会因模板拆除而受损。

承重模板应在混凝土达到表 4-5 规定的强度后方可拆除。

承重模板拆除时的混凝土强度要求 表 4-5

构件的类型	构件的跨度(m)	达到设计混凝土强度标准值的百分率(%)
板	≤2 >2,≤8 >8	≥50 ≥75 ≥100
梁、拱、壳	≤8 >8	≥75 ≥100
悬臂构件	—	≥100

② 模板的拆除顺序

对不同的构件,一般是先支的模板先拆,后支的模板后拆。对同一构件,一般是先支的模板后拆,后支的模板先拆,先拆非承重模板,后拆承重模板。

2. 钢筋工程

(1) 钢筋的验收与存放

① 钢筋的进场验收

钢筋进场验收包括检查钢筋出厂质量证明书或试验报告单、查对标牌、外观检查和按规定抽取试样进行力学性能试验。经检查合格后方准使用。

② 钢筋存放

钢筋运至施工现场后,必须严格按批分等级、牌号、直径、长度挂牌存放,并注明数量,不得混淆。

钢筋应尽量堆放在仓库或料棚内。条件不具备时,应选择地势较高,土质坚实,较为平坦的露天场地堆放。在仓库或场地周围挖排水沟,以利泄水。

钢筋堆放时下面要加垫木，离地高度不宜少于200mm，以防钢筋锈蚀或污染。

钢筋成品要分工程名称和构件名称，按号码顺序存放。同一项工程与同一构件的钢筋要存放在一起，按号挂牌排列，牌上要注明构件名称、部位、钢筋类型、尺寸、钢号、直径、根数，不能将几项工程的钢筋混放在一起。同时不要与产生有害气体的车间靠近，以免污染和腐蚀钢筋。

(2) 钢筋的配料

钢筋配料是根据结构配筋图进行翻样，分别计算各构件所有钢筋的直线下料长度、总根数及钢筋的总重量，并编制钢筋配料单，作为备料、加工和结算的依据。

在进行钢筋配料，填写钢筋配料单时，要注意不要遗漏在图纸中没有标出而在设计说明中注明或规范中规定的构造钢筋。

在钢筋配料中如遇有钢筋品种或规格与设计要求不符时，在征得设计单位同意后，可进行钢筋代换。钢筋代换的方法有等强度代换和等面积代换两种。等强度代换是指钢筋代换后的受力要大于等于代换前的受力；等面积代换是指钢筋代换后的面积要大于等于代换前的面积；等强度代换适用于钢筋根据受力计算配置的相同和不同种类、级别的钢筋的代换；等面积代换适用于相同种类、级别的钢筋的代换。

(3) 钢筋的连接

钢筋的连接方法有绑扎连接、焊接连接和机械连接三种。在普通混凝土中，轴心受拉及小偏心受拉构件的纵向受力钢筋不得采用绑扎连接。当受拉钢筋的直径 $d>28mm$ 及受压钢筋的直径 $d>32mm$ 时，亦不宜采用绑扎连接。钢筋连接的接头宜设置在受力较小的位置。同一纵向受力钢筋在同一构件内不宜设置两个或两个以上接头，钢筋接头末端至钢筋弯起点的距离不应小于钢筋直径的10倍。

① 绑扎连接

钢筋绑扎连接是将需要连接的钢筋相互搭接，并在中心和两端用钢丝扎牢。纵向受力钢筋绑扎搭接接头的最小搭接长度应符合《混凝土结构工程施工质量验收规范》(GB 50204—2002)(2011年版)的规定。

同一构件中相邻纵向受力钢筋的绑扎搭接接头宜相互错开。钢筋绑扎搭接接头连接区段的长度为1.3倍搭接长度，凡搭接接头中点位于该连接区段长度范围内，均属于同一连接区段。同一连接区段内，纵向受力钢筋搭接接头面积百分率(同一区段内，有接头的受力钢筋截面面积占受力钢筋总截面面积的百分率)应符合设计要求；当设计无具体要求时，对梁类、板类及墙类构件不宜大于25%，对柱类构件不宜大于50%；当工程确有必要增大接头面积百分率时，对梁类构件不应大于50%，对其他构件可根据实际情况放宽。

② 焊接连接

受力钢筋采用焊接接头或机械接头时，设置在同一构件内的接头位置宜相互错开。钢筋焊接接头及机械连接接头连接区段的长度为 $35d$ (d 为纵向受力钢筋的最大直径)且不小于500mm，凡接头中点位于该连接区段长度范围内，均属于同一连接区段。同一连接区段内，纵向受力钢筋接头面积百分率应符合设计要求；当设计无要求时，在非预应力筋受拉区不宜大于50%，预应力筋受拉区不宜超过25%(当有可靠的保证措施时，可放宽到50%)。

常用的焊接连接方法主要有闪光对焊、电弧焊、电渣压力焊、电阻点焊和气压焊等。

闪光对焊是利用对焊机使两段钢筋接触，通过低压的强电流，待钢筋被加热到一定温度局部熔融变软后，进行轴向加压顶锻，形成对焊接头。闪光对焊按焊接工艺分为连续闪光焊、预热闪光焊、闪光—预热—闪光焊三种。闪光对接广泛用于钢筋接长及预应力钢筋与螺丝端杆的焊接。

电弧焊是利用电弧焊机使焊条与焊件之间产生高温电弧，使焊条和电弧燃烧范围内的焊件熔化，待其凝固后便形成焊缝或接头。电弧焊广泛用于钢筋接头、钢筋骨架焊接、装配式结构接头的焊接、钢筋与钢板的焊接及各种钢结构焊接。

电渣压力焊是利用电流通过渣池产生的电阻热将钢筋端部熔化，然后施加压力使钢筋焊合。电渣压力焊多用于现浇混凝土结构内竖向和斜向钢筋的接长。

电阻点焊是将钢筋的交叉点放在点焊机的两个电极间，电极通过钢筋闭合电路通电点接触处电阻较大，发热量大而使交叉点金属熔化，同时在电极加压下焊合。电阻点焊主要用于钢筋的交叉连接，如焊接钢筋网片、钢筋骨架等。

气压焊是利用氧—乙炔混合气体燃烧的高温火焰使焊接接头加热至塑性状态，然后加压顶锻形成焊接接头。气压焊适用于各种位置（竖向、水平和倾斜）钢筋的焊接。

③ 机械连接

钢筋机械连接包括套筒挤压连接和螺纹套筒连接，是近年来大直径钢筋现场连接的主要方法。

套筒挤压连接是将需连接的变形钢筋插入特制的钢套筒内，利用液压驱动的挤压机进行径向或轴向挤压，使钢套筒产生塑性变形，套筒内壁紧紧咬住变形钢筋实现连接。套筒挤压连接适用于竖向、横向及其他方向的较大直径变形钢筋的连接。

螺纹套筒连接分为直螺纹套筒连接和锥螺纹套筒连接两种。直螺纹套筒连接是先将钢筋端部用冷镦机镦粗，再用直螺纹套丝机将钢筋表面切削出直螺纹，最后用内壁加工有直螺纹的套筒进行对接。锥螺纹连接是先将钢筋端部用套丝机加工成锥螺纹，再用内壁加工成锥螺纹的套筒对接，连接时，先用手将锥螺纹套筒旋入钢筋，然后用扭矩扳手紧固至规定的扭矩而完成连接。

(4) 钢筋的加工及安装

① 钢筋的加工

钢筋的加工包括调直、除锈、切断和弯曲成型等工作。调直可采用冷拉调直和调直机调直，如采用冷拉调直，应控制钢筋的冷拉率。除锈可采用电动除锈机除锈、手工钢丝刷和砂盘除锈、喷砂除锈和酸洗除锈等。

② 钢筋的绑扎与安装

钢筋绑扎的程序包括划线、摆筋、穿箍、绑扎、安放垫块等。钢筋绑扎安装应符合下列要求：绑扎墙、板钢筋网时，双向受力钢筋必须逐点绑扎，单向受力钢筋靠外围两行钢筋逐点绑扎，中间部分可隔点绑扎；柱、梁的箍筋绑扎时，箍筋端部弯钩位置应错开布置，不能集中在同一受力主筋上；柱子竖向受力钢筋接头处的弯钩应指向柱的中心；板、次梁、主梁交叉处，板的钢筋在上，次梁的居中，主梁的钢筋在下。

③ 钢筋隐蔽工程验收

钢筋隐蔽工程验收的内容包括：纵向受力钢筋的品种、规格、数量、位置等；钢筋的连接方式、接头位置、接头数量、接头面积百分率；箍筋、横向钢筋的品种、规格、数量、间距等；预埋件的规格、数量、位置等；垫块的位置、厚度、间距等。

3. 混凝土工程

（1）混凝土的制备

混凝土施工配料时，应保证砂、石、水泥的质量，同时根据现场砂、石的实际含水量进行施工配合比的计算，并严格进行搅拌材料的计量控制。混凝土搅拌时应控制混凝土的搅拌时间，保证混凝土拌合料均匀性和工作性的要求。

（2）混凝土的运输

混凝土的运输包括地面运输、垂直运输和楼面运输三种，为保证混凝土的质量，混凝土运输应满足如下要求：

① 混凝土在运输过程中要保持良好的均匀性，不离析，不漏浆。

② 保证混凝土具有设计规定的坍落度。

③ 保证混凝土在初凝前浇筑完毕。

④ 以使混凝土浇筑能连续进行。

（3）混凝土的浇筑与振捣

混凝土在浇筑前应检查模板的位置、标高、尺寸、强度、刚度是否符合要求，接缝是否严密，模板内的垃圾、油污是否清理等；并进行钢筋隐蔽工程验收。

混凝土浇筑应符合下列要求：

① 混凝土在浇筑前不应发生初凝和离析现象，混凝土运至施工现场后，其坍落度应满足设计要求。

② 混凝土自由倾落高度一般不宜超过 2m，竖向结构（墙、柱）不宜超过 3m，否则，应采用串筒、溜槽或振动节管下料。

③ 浇筑竖向结构前，应先在底部填筑一层厚度为 50～150mm 与所浇混凝土内砂浆成分相同的水泥砂浆，然后再浇混凝土。

④ 为了使混凝土振捣密实，对厚度或高度较大的混凝土必须分层浇筑，分层厚度与振捣方法、结构配筋疏密有关。

⑤ 浇筑与柱墙连成整体的梁、板时，应在柱和墙浇筑完毕后停歇 1～1.5h，然后再继续浇筑。梁、板宜同时浇筑。

⑥ 混凝土应连续浇筑。当混凝土不能连续浇筑，间歇时间超过混凝土的初凝时间，必须在规定的位置留设施工缝。

当混凝土不能连续浇筑必须留设施工缝时，施工缝宜留在结构受力（剪力）较小且便于施工的部位。一般柱应留水平缝，梁、板和墙应留垂直缝。施工缝具体留设在下列位置：

① 柱子施工缝宜留在基础顶面、梁下面、吊车梁的上面和无梁楼板柱帽的下面。

② 与板连成一体的大截面梁，施工缝应留在板底面以下 20～30mm 处。

③ 单向板施工缝应留在平行于板短边的任何位置。

④ 有主次梁的楼板，混凝土宜顺次梁方向浇筑，施工缝应留在次梁跨度中间 1/3 范围内。

⑤ 混凝土墙的施工缝留置在门窗洞口过梁跨度中间 1/3 范围内，也可留置在纵横墙交接处。

施工缝处继续浇筑混凝土时，已浇筑的混凝土抗压强度应不小于 1.2MPa，同时应除去施工缝表面的浮浆、松动的石子和软弱的混凝土层，洒水湿润冲刷干净，然后浇一层10～15mm厚的水泥浆(水泥：水＝1：0.4)或与混凝土成分相同的水泥砂浆，以保证接缝的质量。

混凝土的振捣分为人工插捣和机械振捣，一般要求采用机械振捣。机械振捣设备有内部振动器、表面振动器、外部振动器和振动台等。内部振动器又叫插入式振动器，常用以振捣梁、柱、墙、基础和大体积混凝土；外部振动器又叫附着式振动器，常用以振实断面尺寸小，钢筋密集的构件；表面振动器又叫平板振动器，适用于振实楼板、地面、板形构件和薄壳等。振动台适用于预制构件厂生产预制构件或用于实验室混凝土的振实。

(4) 混凝土的养护

混凝土的养护是为了使混凝土硬化过程中达到必要的温度和湿度，有利于水泥的水化，防止由于水分蒸发或冻结造成混凝土强度的降低和出现收缩裂缝、剥皮、起砂等现象，保证混凝土的质量。

混凝土的养护包括自然养护、蒸汽养护等。自然养护是指在平均气温高于＋5℃的条件下，在一定的时间内使混凝土保持湿润状态。自然养护又分为洒水养护和喷涂薄膜养生液养护。洒水养护是用吸水保温能力较强的材料(如草帘、芦席、麻袋、锯末等)将混凝土覆盖，并经常洒水使其保持湿润。喷涂薄膜养生液养护是将氯乙烯树脂溶液用喷枪喷涂在混凝土表面上，溶剂挥发后在混凝土表面形成一层塑料薄膜，将混凝土与空气隔绝，阻止其中水分的蒸发以保证水泥水化作用的正常进行；喷涂薄膜养生液养护一般用于不宜洒水养护的高耸构筑物和大面积混凝土结构。蒸汽养护是将构件放置在有饱和蒸汽或蒸汽空气混合物的养护室内，在较高的温度和相对湿度的环境中进行养护，以加速混凝土的硬化，使混凝土在较短的时间内达到规定的强度标准值；蒸汽养护一般用于预制构件厂生产预制构件。

混凝土洒水养护应符合下列要求：

① 混凝土浇筑完毕后在12h内应覆盖并洒水养护。

② 洒水养护时间与水泥品种有关。硅酸盐水泥和矿渣硅酸盐水泥拌制的混凝土，不少于7昼夜；掺用缓凝型外加剂或有抗渗性要求的混凝土及火山灰硅酸盐水泥和粉煤灰硅酸盐水泥拌制的混凝土，不得少于14昼夜。

③ 洒水的次数以能保持混凝土湿润状态为宜。

(5) 混凝土质量检查

混凝土质量检查包括施工过程中的质量检查和养护后的质量检查。

施工过程中的质量检查有：原材料质量检查、原材料计量检查、配合比的检查、坍落度的检查等。

养护后质量检查主要有外观检查、实测检查和强度检查。外观检查是当混凝土结构构件拆模后，检查构件外观，看是否有蜂窝、麻面、露筋、裂缝、孔洞、缝隙与夹层、缺棱掉角等质量问题。实测检查是当混凝土结构构件拆模后，用测量工具对构件的轴线、标高、垂直度、截面尺寸、表面平整度、预埋件和预留洞口位置进行检查，看是否超过允许偏差。强度检查对混凝土浇筑过程中抽取试样制作的立方体试块经标准养护后测得的28d抗压强度值进行检查，以及混凝土回弹检查，看是否满足强度要求。对检查发现的严重质量问题，应由施工单位提出技术处理方案，并经建设(监理)单位认可后进行处理，处理后必须重新检查验收。

4. 预应力混凝土工程

(1) 预应力混凝土的基本原理与特点

预应力混凝土就是结构（构件）在承受外荷载之前，在其受拉区施加压力而产生预压应力，当结构（构件）在使用阶段承受外荷载作用产生拉应力时，要先抵消预压应力后才开始受拉，从而推迟裂缝出现的时间并限制裂缝的开展，提高结构（构件）的抗裂性和刚度。

预应力混凝土可以提高构件的抗裂性和刚度，减轻自重，增加构件的耐久性，充分发挥高强材料的性能，降低造价，可用于大跨度结构，但一般施工技术要求高，质量控制较严格。

(2) 预应力混凝土的种类

① 预应力混凝土按施工方法不同，可分为先张法和后张法两大类。

② 预应力混凝土按钢筋张拉方式不同，可分为机械张拉、电热张拉和自应力张拉等。

③ 预应力混凝土按预应力钢筋与混凝土之间是否允许滑动，可分为有粘结预应力和无粘结预应力两类。

(3) 先张法施工

先张法是在浇筑混凝土前，在台座（或钢模）上张拉预应力筋并用夹具临时固定，然后浇筑混凝土，待混凝土达到一定的强度，放松预应力筋，借助于预应力筋与混凝土之间的粘结力及预应力筋的回缩作用，对构件混凝土产生预压应力。

先张法适用于生产定型的中小型预应力构件，如屋面板、吊车梁、檩条、空心板等。

先张法施工主要工艺程序包括：涂刷隔离剂→铺放预应力钢筋→张拉→安装侧模、绑扎横向钢筋→浇筑混凝土→养护→放张预应力筋→脱模→吊运堆放。

预应力张拉时应控制张拉应力值并校核其伸长值（采用钢丝作为预应力筋时，不做伸长值校核）。

放张预应力筋时，混凝土应达到设计要求的强度。如设计无要求时，应不得低于设计混凝土强度等级的 75%。放张预应力筋的顺序，应满足设计要求，如设计无要求，应满足下列规定：

① 对轴心受预压构件，所有预应力筋应同时放张。

② 对偏心受预压构件，先同时放张预压力较小区域的预应力筋，再同时放张预压力较大区域的预应力筋。

③ 如不能按以上规定放张时，应分阶段、对称、相互交错放张，以防止在放张过程中构件出现翘曲、裂纹及预应力断裂等现象。

(4) 后张法施工

后张法是先制作构件，并在构件中按预应力筋的位置预留孔道，待构件混凝土强度达到设计规定值后，穿入预应力筋，用张拉机具进行张拉，并利用锚具将预应力筋锚固在构件的端部，最后进行孔道灌浆。预应力筋的张拉力是依靠构件两端的锚具传递给混凝土，使混凝土产生预压力。

后张法既适用于工厂生产大型预制构件，如薄腹梁、吊车梁和屋架等，又可用于各类现浇结构，如框架梁等。

后张法施工主要工艺程序包括：安装模板及绑扎钢筋骨架→埋管预留孔道→浇筑混凝

土→养护拆模→孔道内穿预应力筋→张拉预应力筋并锚固→孔道灌浆→拆除底部支撑及模板→张拉段锚具防腐处理。

埋管预留孔道的方法有钢管抽芯法、胶管抽芯法和预埋波纹管法，其中预埋波纹管法适用于直线、折线和曲线孔道，更适用于现浇结构，在工程中得到广泛的运用。

预应力筋的张拉一般用应力控制方法张拉，同时应测定预应力筋的实际伸长值，以对预应力筋的预应力值进行校核。预应力筋张拉顺序应使混凝土不产生超应力，构件不扭转与侧弯，结构不变位等，因此，分批、分阶段、对称张拉是基本原则；对平卧叠浇的预应力混凝土构件，宜先上后下逐层进行张拉。

孔道灌浆的作用主要有两个：一是保护预应力筋，防止钢筋锈蚀；二是使预应力筋与构件混凝土有效粘结，增加结构的整体性和耐久性，改善结构出现裂缝时的状况，提高结构的抗裂性。预应力筋张拉后，孔道应尽快灌浆，灌浆顺序应先下后上，并排气通畅，保证灌浆的密实性，提高灌浆的质量。

5. 钢筋混凝土工程安全技术

① 现场安装模板，所用工具应装在工具包内，上下交叉作业时，必须戴安全帽。

② 高空作业人员应体检合格，高空作业应穿防滑鞋，拴好安全带。

③ 模板拆除时应有专人负责安全监督，或设立警戒标志，非拆模人员不准在拆模范围内通行。拆除后的模板应钉尖向下，并及时运至指定的堆放地点，然后拔除钉子，分类堆放整齐。

④ 垂直运输模板或其他材料时，应捆扎牢，吊运时应有统一指挥，统一信号。

⑤ 在高空绑扎和安装钢筋，须注意不要将钢筋集中堆放在模板或脚手架的某一部分。搬运钢筋的工人须带帆布垫肩、围裙及手套。焊接或绑扎竖向钢筋骨架时，不得站在已绑扎或焊接好的箍筋上操作。

⑥ 浇筑混凝土施工前，应仔细检查脚手架、工作台和马道是否牢固，脚手架应设保护栏杆。

⑦ 振动器操作人员必须穿胶鞋，振动器必须有专门防护性接地装置，避免火线漏电发生危险。

⑧ 夜间施工应装设足够的照明，深坑和潮湿地点施工，应使用36V以下的低压安全照明。

⑨ 钢丝、钢绞线、热处理钢筋及冷拉Ⅳ级钢筋等预应力钢筋，严禁采用电弧切割。

⑩ 预应力筋张拉设备仪表，应由专人使用与管理，定期进行维护与检验，预应力筋张拉力不应大于设备额定张拉力，严禁在负荷时拆换油管和压力表。预应力筋张拉，要在对应的位置设有必要的防护，两端严禁站人。

4.4.3 钢结构工程

1. 钢结构构件的制作

(1) 钢材的验收与存放

① 钢材的验收

钢材的进场验收包括钢材的外观检查、数量品种检查、质量证明文件检查和按规定抽样复验。

钢材的外观检查主要进行表面质量检查和外形尺寸的检查。表面质量检查主要是钢材表面不得有结疤、裂纹、折叠和分层等缺陷，钢材表面的锈蚀深度不超过规定。外形尺寸的检查主要是钢材的截面尺寸如厚度、宽度、高度等的检查，不得超过允许偏差。

钢材数量、品种检查是与订货合同对照，看是否相符。

钢材质量证明文件检查是检查钢材的质量合格证明文件、中文标志及检验报告，是否满足设计要求和国家相关规范的规定。

对重要结构和进口钢材等还必须按照设计要求和国家有关规范规定进行抽样复验。

② 钢材的存放

钢材存放应按品种、牌号、规格分类进行，并有明显的标记，不得混杂。钢材的堆放要减少钢材的变形和锈蚀，节约用地。钢材露天堆放时堆放场地要平整，并应高于周围地面，四周留有排水沟，堆场设有排水坡，以利排水；同时堆放时要尽量使钢材截面的背面向上或向外，以免积雪、积水。钢材堆放时每隔 5~6 层放置木楞，其间距以不引起钢材明显变形为宜，木楞要上下对齐，在同一垂直面内。堆料之间应留有一定宽度的通道以便运输。

(2) 钢结构构件的加工制作

① 加工前的准备工作

A. 详图设计和图纸审查

详图设计一般由加工单位负责完成，根据建设单位提供的技术设计图纸以及施工合同的要求进行。

图纸审查的主要内容有：设计文件是否齐全；设计的深度是否满足施工的要求；构件的数量、几何尺寸、连接是否正确，有无矛盾；设计文件在工艺上是否合理，施工单位的实际水平能否满足图纸上的技术要求。

B. 备料和核对

根据图纸材料表算出各种品种、牌号、规格的材料净用量，再加上一定的加工损耗，提出材料预算计划。工程预算一般可按实际用量再增加 10% 进行提料与备料。

核对来料的规格、尺寸和重量。如需要进行材料代用，必须经设计部门同意，并进行相应的图纸变更。

C. 编制工艺流程

工艺流程的内容包括：成品的技术要求；关键零件的精度要求、检查方法和检查工具；主要构件的生产工艺流程、工序质量标准的对应的措施；采用的加工设备和工艺装备等。

D. 组织技术交底

技术交底的内容主要有：工程概况；结构构件的类型及加工要求；关键部位和重点工序；构件包装和运输要求；涂层质量要求；工程验收的技术标准；安全注意事项等。

② 钢结构构件的加工制作

钢结构构件的加工制作生产工艺包括：放样→号料→下料→边缘加工和端部加工→制孔→焊接拼装→摩擦面的处理→涂装编号等。

放样工作主要有：核对图纸的安装尺寸和孔距；以 1∶1 大样放出节点；核对各部分尺寸；制作样板和样杆等。放样时要考虑加工余量、构件弹性压缩量、焊接收缩量及起拱要求等。

号料就是在材料上划出切割、钻孔等加工的位置，标出零件的编号等。

下料就是号料后用气割、机切、冲模落料和锯切等方法将材料加工成对应的形状和尺寸，以便于焊接拼装成设计要求的构件。

边缘加工和端部加工就是根据设计要求和施工需要对构件组成部分拼装的连接处、边缘和端部加工成一定的形状和尺寸。一般加工方法有铲边、刨边、铣边、碳弧气刨、气割和坡口机加工等。

制孔就是根据设计图样和规范要求，在构件对应的位置加工成一定形状、大小、精度的孔洞。制孔的方法有机械打孔、气体开孔等。制孔超过偏差时，允许采用与母材相匹配的焊条补焊后重新制孔，严禁采用钢块填塞。制孔后应用磨光机清除孔边毛刺，并不得损伤母材。

摩擦面的处理是在构件高强度螺栓的连接部位的摩擦接触面进行处理，使处理后的摩擦面的抗滑移系数值符合设计要求。摩擦面的处理方面有喷砂处理、喷丸处理、酸洗处理、砂轮打磨处理等。

涂装编号是根据设计要求的涂料种类、涂装遍数、涂层厚度对构件进行涂装，并对构件进行编号，以便于进行钢结构的安装。在进行钢构件进行涂装时应注意，安装焊缝处的30～50mm宽范围内、高强度螺栓摩擦面处以及施工图注明的不涂装部位不得涂装。

③ 钢构件的验收

钢构件的验收分为工厂验收和工地验收。大部分钢构件采用工厂生产，运至施工工地安装，因此钢构件出厂时应提供下列资料：

A. 产品合格证及技术文件。

B. 施工图及设计变更文件。

C. 制作中技术问题处理的协议文件。

D. 钢材、连接材料、涂装材料的质量证明文件或试验报告。

E. 焊接工艺评定报告。

F. 高强度螺栓摩擦面抗滑移系数试验报告、焊缝无损检验报告及涂层检测资料。

G. 主要构件检验记录和预拼装记录。

H. 构件发运和包装清单。

2. 钢结构的连接

(1) 钢结构的连接方法及特点

钢结构的连接方法可分为焊接连接、铆钉连接和螺栓连接三种。

① 焊接连接

焊接连接构造简单，加工方便，节约钢材，易于自动化施工，但对疲劳较敏感。焊接连接除少数直接承受动力荷载的结构连接，如重级工作制的吊车梁和柱、吊车梁和制动梁、制动梁和柱的相互连接，以及桁架式吊车梁的节点连接不宜采用外，被广泛用于工业与民用建筑的钢结构中。

② 铆钉连接

铆钉连接韧性和塑性较好，传力可靠，质量易于检查，但构造复杂，用钢量多，施工麻烦。铆钉连接除在一些重型和直接承受动力荷载的结构中有时有运用外，现已较少使用。

③ 螺栓连接

螺栓连接分为普通螺栓连接和高强度螺栓连接两种。

普通螺栓按加工精度分为 C 级螺栓和 A、B 级螺栓(A、B 级螺栓的区别仅仅是规格尺寸不同，A 级为螺杆直径不大于 24mm，且螺杆长度不大于 150mm 的螺栓，B 级为螺杆直径大于 24mm，或螺杆长度大于 150mm 的螺栓)两类。C 级螺栓栓杆直径与孔的直径间有较大的空隙，只能承受拉力，费料。C 级螺栓广泛适用于需要拆装的连接、承受拉力的连接和用作安装的临时固定等。A、B 级螺栓栓杆直径与孔的直径间的空隙小，加工精度要求高，制造和安装较复杂，费工费料，但传递剪力的性能好。A、B 级螺栓在钢结构中运用较少，主要用于有较大剪力的安装连接。

高强度螺栓连接连接紧密，受力好，耐疲劳，安装简单迅速，施工方便，便于养护和加固。高强度螺栓连接一般用于直接承受动力荷载结构的连接和钢结构的现场拼装和高空安装连接的重要部位等，在钢结构中被广泛运用。

(2) 焊接连接

① 焊接连接的方法

钢结构焊接连接常用的方法有电弧焊、电阻焊和气焊等。电弧焊又分为手工电弧焊、埋弧自动焊或半自动焊、CO_2 气体保护焊等。

② 焊缝的形式与构造

焊缝根据连接构件的相对位置，可分为平接、搭接、T 形连接和角接四种。

焊缝根据施焊时焊工所持焊条与焊件间的相对位置，可分为俯焊、立焊、横焊和仰焊四种。仰焊操作条件差，焊缝质量不易保证，应尽量避免。

焊缝根据截面、构造，可分为对接焊缝和角焊缝两种。对接焊缝在施焊前常需将被连接板件加工成坡口，使焊缝容易焊透，坡口的形式与尺寸应根据焊件的厚度和施焊条件来确定；常见的坡口形式有 V 形、U 形、Y 形、K 形、X 形坡口等。对接焊缝在钢板的宽度或厚度(厚度相差大于 4mm)有变化的连接中，为了减小应力集中，应从板的一侧或两侧做成坡度不大于 1∶2.5 的斜坡，形成平缓过渡；对承受动荷载的构件斜坡为不大于 1∶4。对接焊缝的起弧和落弧点，为避免不能熔透而出现缺陷，可采用引弧板。角焊缝按两焊脚边的夹角分为直角角焊缝和斜角角焊缝两种，直角角焊缝受力性能好，应用广泛。角焊缝应满足以下构造要求：

A. 最小焊脚尺寸 $h_{fmin} \geqslant 1.5 t_{max}^{1/2}$，其中 t_{max} 为被连接的较厚焊件的厚度。对自动焊，最小焊脚尺寸可减小 1mm，对 T 型连接的单面角焊缝，最小焊脚尺寸应增加 1mm，当焊件厚度小于等于 4mm 时，则最小焊脚尺寸与焊件同厚。

B. 最大焊脚尺寸 $h_{fmax} \leqslant 1.2 t_{min}$，其中 t_{min} 为被连接的较薄焊件的厚度。同时沿板件边缘(厚度为 t)施焊的角焊缝还应满足：当 $t>6mm$ 时，$h_{fmax} \leqslant t-(1\sim 2)mm$；当 $t \leqslant 6mm$ 时，$h_{fmax} \leqslant t$。

C. 最小计算长度应大于等于 8 倍焊脚尺寸且大于等于 40mm。

D. 在搭接连接中，搭接长度不得小于焊件较小厚度的 5 倍，且不得小于 25mm。

E. 在次要构件或次要焊缝的连接中，如按计算所需要的焊缝长度过小时，可采用断续角焊缝，断续角焊缝焊段的长度不得小于 10 倍的焊脚尺寸或 50mm，其净距不应大于 $15t$(对受压构件)或 $30t$(对受拉构件)，t 为较薄焊件的厚度。

③ 焊接残余应力和残余变形

钢结构在焊接过程中，由于焊件局部受到剧烈的温度作用，加热熔化后又冷却凝固，经历了一个不均匀的升温冷却过程，导致焊件各部分的热胀冷缩不均匀，从而使焊接件产生的变形叫残余变形，产生的内应力称为残余应力。

焊接残余变形和残余应力是焊接结构的主要缺点。焊接残余变形使结构构件不能保持正确的设计尺寸及位置，严重时使构件无法安装就位，甚至无法使用。焊接残余应力会降低钢材的刚度、稳定承载力和疲劳强度，尤其是在低温情况下，会出现冷脆断裂现象。

消除或减少焊接残余变形和残余应力的施工措施：

A. 采用合理的施焊次序，如分段退焊、分层焊、对角跳焊等。

B. 施焊前给构件一个和焊接变形相反的预变形，使构件在焊接后产生的焊接变形与之抵消。

C. 对于小尺寸焊件，在施焊前预热，或施焊后回火。

D. 采用机械校正法消除焊接残余变形。

④ 焊缝质量检查

焊缝质量检查一般包括外观检查和无损检验两方面。

外观检查应在焊缝冷却至工作地点温度以后进行；低合金结构钢应在完成焊接24h后进行。

外观检查要求焊缝金属表面焊波应均匀，不得有裂纹、焊瘤等缺陷。一级、二级焊缝不得有表面气孔、夹渣、弧坑、裂纹、电弧擦伤等缺陷。且一级焊缝不得有咬边、未焊满、根部收缩等缺陷。

外观检查还要用测量工具检查焊缝的长度、焊脚尺寸、焊缝的间距及焊缝的位置等。

无损检验有磁粉探伤、涡流探伤、渗透探伤、射线探伤和超声波探伤等。

设计要求全焊透的一级、二级焊缝应采用无损探伤进行内部缺陷的检查，其中一级焊缝要求全数检验，二级焊缝检验比例不低于20%。

（3）螺栓连接

① 普通螺栓连接

普通螺栓的规格为大六角头型，其代号用字母M和公称直径的毫米数表示。一般受力螺栓≥M16，常用M16、M20、M24等。

螺栓的规格还可以按国际标准，用螺栓的性能等级来表示。螺栓的性能等级共有10级，分别为3.6级、4.6级、4.8级、5.6级、5.8级、6.8级、8.8级、9.8级、10.9级和12.9级（8.8级及以上的螺栓为高强度螺栓，8.8级以下的为普通螺栓）。小数点前的数字表示螺栓材料的最低抗拉强度，如"3"表示$300N/mm^2$；小数点及后面的数字（如"0.9"）表示螺栓材料的屈强比，即屈服强度与最低抗拉强度的比值。

螺栓的排列有并列和错列两种。螺栓在构件上的排列应满足受力要求，还要满足构造要求和施工要求。螺栓连接的构造要求有：每一杆件在节点上或拼接连接的一侧，永久性螺栓的数量不宜少于两个（对组合构件的缀条，其端部连接可采用一个螺栓）；对抗震设计结构，每一杆件在节点上或拼接连接的一侧，永久性螺栓的数量不应小于3个。螺栓连接的施工要求有：永久性的普通螺栓，每个螺栓一端不得垫2个及以上的垫圈，并不得采用大螺母代替垫圈；螺栓拧紧后，外露丝扣不应少于2个丝扣；螺栓孔不得采用气割扩孔。

② 高强度螺栓连接

高强度螺栓按受力原理分为摩擦型高强度螺栓和承压型高强度螺栓两种。摩擦型高强度螺栓在工程中的运用较广泛。

高强度螺栓根据外形分为大六角头螺栓和扭剪型螺栓两种。大六角头螺栓施加预拉力是通过转角法或扭矩法建立的。扭剪型螺栓是通过拧掉螺栓尾部带槽口的梅花卡头建立的。

高强度螺栓施工的一般规定：

A. 高强度螺栓连接施工前，应对连接副和摩擦面进行检验和复验，合格后方可进行施工安装。

B. 钢构件拼装前，应清除飞边、毛刺、焊接飞溅物。摩擦面应保持干燥、整洁，不得在雨中作业。

C. 对每一个连接接头，应先用临时螺栓和冲钉定位。为防止损伤螺纹引起扭矩系数的变化，严禁把高强度螺栓作为临时螺栓使用。对每一个连接接头，临时螺栓和冲钉的数量应由计算确定，但不少于安装孔的1/3。每一节点应至少放入两个临时螺栓，冲钉的数量不多于临时螺栓数量的30%。

D. 安装高强度螺栓时，高强度螺栓应自由穿入，不得强行敲打，并不得气割扩孔。穿入方向宜一致并便于操作。

E. 高强度螺栓的安装应按一定顺序施拧，宜由螺栓群的中央顺序向外拧紧，并应在当天终拧完成。

F. 高强度螺栓的拧紧，应分初拧和终拧。对于大型节点应分初拧、复拧和终拧。复拧扭矩应等于初拧扭矩。

G. 高强度螺栓连接副终拧后，螺栓丝扣外露应为2～3扣，其中允许有10%的螺栓丝扣外露1扣或4扣。

3. 钢结构的涂装

（1）钢结构涂装的分类

钢结构涂装按作用分为防腐涂装和防火涂装两类。

防腐涂装是在钢结构的表面采用耐大气腐蚀、耐化学介质腐蚀等涂料涂布，阻隔钢结构与空气及其他腐蚀性介质的接触，起保护钢结构的作用。

防火涂装是在钢结构表面涂布不燃、隔热、吸热的涂料，使钢结构在受火时不与火直接接触，温升较慢，从而起到保护钢结构的作用。防火涂装使用的涂料又分为薄涂型防火涂料和厚涂型防火涂料两种。薄涂型防火涂料是防火涂料受火时膨胀发泡，形成泡沫，泡沫层既隔绝了氧气，又有良好的隔热性，还有一定的吸热性能，起到保护钢结构的作用。厚型防火涂料是防火涂料受火后，虽然体积不发生变化，但由于其本身具有较好的热阻，并使钢结构不与火直接接触，使钢结构受火温度升高速度减慢，起到保护钢结构的作用。

（2）钢结构涂装的一般规定

① 钢结构普通涂料涂装工程应在钢结构构件组装、预拼装或钢结构安装工程检验批的施工质量验收合格后进行。钢结构防火涂料涂装应在钢结构安装工程检验批和钢结构普通涂料涂装检验批的施工质量验收合格后进行。

② 钢结构涂装时的环境温度和相对湿度应符合涂料产品说明书的要求，当产品说明

书无要求时,环境温度应在 5~38℃之间,相对湿度不应大于 85%。涂装时构件表面不应有结露;涂装后 4h 内应保护免受雨淋。

(3) 钢结构防腐涂装的要求

① 涂装前钢材表面除锈应符合设计要求。当设计无要求时,钢材表面除锈应符合表 4-6 的规定。

各种底漆或防锈漆要求最低的除锈等级　　　　　表 4-6

涂料品种	除锈等级
油性酚醛、醇酸等底漆或防锈漆	St2
高氯化聚乙烯、氯化橡胶、氯磺化聚乙烯、环氧树脂、聚氨酯等底漆或防锈漆	Sa2
无机富锌、有机硅、过氯乙烯等底漆	Sa2.5

② 涂料、涂装遍数、涂层厚度均应符合设计要求。当设计对涂层厚度无要求时,室外涂层干漆膜总厚度应为 150μm,室内应为 125μm,其允许偏差为 -25μm;每遍涂层干漆膜厚度的允许偏差为 -5μm。

③ 构件表面不应误涂、漏涂,涂层不应脱皮和返锈等。涂层应均匀、无明显皱皮、流坠、针眼和气泡等。

④ 当钢结构处在有腐蚀介质环境或外露且设计有要求时,应进行涂层附着力测试,在检测处范围内,当涂层完整程度达到 70% 以上时,涂层附着力达到合格质量标准的要求。

⑤ 涂装完成后,构件的标志、标记和编号应清晰完整。

(4) 钢结构防火涂装的要求

① 涂装前钢材表面除锈及防锈底涂应符合设计要求和国家现行有关标准的规定。

② 钢结构防火涂料的粘结强度、抗压强度应符合国家现行标准的规定。

③ 薄涂型防火涂料的涂层厚度应符合有关耐火极限的设计要求。厚涂型防火涂料涂层的厚度,80% 及以上面积应符合有关耐火极限的设计要求,且最薄处厚度不应低于设计要求的 85%。

④ 薄涂型防火涂料的涂层表面裂纹宽度不应大于 0.5mm;厚涂型防火涂料的涂层表面裂纹宽度不应大于 1mm。

⑤ 防火涂料涂装基层不应有油污、灰尘和泥沙等污垢。

4. 钢结构的安全技术

① 高处作业安全技术措施及所需料具,必须列入施工组织设计;高处作业施工前必须对设施、设备进行检查,确认其完好后方能投入使用;高处作业人员必须经过专业培训及考试合格,持证上岗,并定期进行体检;雨天、雪天进行高处作业时,必须采取可靠的防滑、防冻和防寒措施。

② 临边作业必须设置防护栏杆。

③ 洞口作业必须设置牢固的盖板、防护栏杆、安全网或其他坠落防护设施。

④ 攀登作业应借助建筑结构或脚手架上的登高设施,或采用载人的垂直运输设备,以及梯子或其他攀登设施,但必须牢固安全可靠。

⑤ 悬空作业必须有牢固的立足处，并必须视具体情况，配置防护栏杆、安全网、安全绳等安全设施，悬空作业人员，必须戴好安全带并正确使用。

⑥ 结构安装过程中各工种进行上下立体交叉作业时，不得在同一垂直方向上操作。结构施工自二层起，凡人员进出的通道口以及上方施工可能坠落物件或处于起重机回转半径范围内的通道、办公或生活设施，必须搭设顶部能防止穿透的双层防护棚。

⑦ 起重机行驶、起吊、运输应保证道路通畅平整坚实，安全装置灵敏可靠，索具满足承载要求，负荷行走速度应控制，不允许超载吊运，并应定人、定机、定岗。

⑧ 在高空用气焊或电焊焊接、切割时，应采取措施，防止落下的金属或火花伤人，及防止火灾等安全事故。

⑨ 电焊机等电器设备的使用应做好三级配电、二级保护，防止触电事故。

⑩ 气焊割操作，氧乙炔瓶放置安全距离应大于10m，氧气瓶不放在太阳下暴晒，更不可接近火源，要求与火源的距离不小于10m。

4.5 防水工程

4.5.1 地下防水工程

1. 地下防水工程的防水等级

地下防水工程的防水等级根据工程的重要程度和使用中对防水的要求分为4个等级。其中工业与民用建筑的地下室，一般为一级或二级防水等级标准。

2. 地下工程防水方案

地下工程防水方案主要有三类，分别为防水混凝土结构、结构表面另加防水层及防水加排水措施。

防水混凝土结构是以调整混凝土配合比或在混凝土中掺入外加剂等方法来提高混凝土本身的憎水性、密实性和抗渗性，使其具有一定防水能力的整体现浇混凝土结构。防水混凝土结构将防水、承重和围护合为一体，具有施工简单、工期短、造价低的特点，在工程中的运用广泛。

结构表面另加防水层是在地下结构的表面另加防水层，使地下水与结构隔离，从而达到防水的目的。防水层有抹水泥砂浆防水层、粘贴卷材防水层和涂布防水涂料防水层等。

防水加排水措施是利用盲沟排水、渗排水层及内排法排水等方法把地下水排走达到防水的目的。一般适用于地形复杂、地下水为上层滞水且防水要求较高的地下建筑。

3. 防水混凝土结构施工

（1）材料要求

防水混凝土使用的水泥品种应按设计要求选用，水泥的强度等级不应低于32.5级，不得使用过期或受潮结块的水泥，并不得将不同品种或强度等级的水泥混合使用。

防水混凝土使用的砂宜为中砂，含泥量不得大于3%，泥块含量不得大于1%；碎石或卵石的粒径宜为5～40mm，泵送混凝土时最大粒径宜为输送管直径的1/4，石子的含泥量不得大于1%，泥块含量不得大于0.5%，不得使用碱活性骨料。

防水混凝土使用的外加剂和掺合料其品种和掺量应经试验确定，所有外加剂应符合国家或行业标准一等品及以上的质量要求。防水混凝土掺入的粉煤灰的级别不应低于二级，掺量不宜大于水泥重量的20%；硅粉的掺量不应大于3%。

（2）防水混凝土的施工

① 防水混凝土的配料

防水混凝土的配料必须按重量配合比准确称量，水泥用量不得少于300kg/m³；掺有活性掺合料时，水泥用量不得少于280kg/m³。

② 防水混凝土的浇筑与振捣

防水混凝土应连续浇筑，尽量不留施工缝，如必须留设施工缝，则应满足下列规定：

A. 墙体尽量留置水平施工缝，施工缝应留在高出底板表面不小于300mm的墙身上。施工缝的形式有企口缝、高低缝和带止水片施工缝，其中带止水片施工缝由于防水效果好，在工程中运用较广泛。

B. 如必须留置垂直施工缝时，应避开地下水和裂缝水较多的地方，并尽量与变形缝或后浇带结合。

防水混凝土水平施工缝浇筑混凝土前，应将其表面浮浆和杂物清除，先铺净浆，再铺30~50mm厚的1:1水泥砂浆或涂刷混凝土界面处理剂，并及时浇筑混凝土。

防水混凝土必须采用高频机械振捣密实，振捣时间宜为10~30s，应避免漏振、欠振和超振。

③ 防水混凝土的养护

防水混凝土浇筑后在12h内应及时浇水养护，大体积防水混凝土应采用保温保湿养护。防水混凝土的养护时间不得少于14d。

④ 结构细部防水

固定模板用的螺栓如采用穿墙对拉螺栓时，应在螺栓的中部焊接金属止水环，拆模后应在混凝土表面凿出凹槽，切除螺栓，再用混凝土进行封堵。

穿墙管道穿过防水混凝土时，当结构变形或管道伸缩量较小时，穿墙管可直接埋入混凝土内，但需在穿墙管中部加焊金属止水环或加套遇水膨胀橡胶止水环，并应在出墙口处预留凹槽，槽内用嵌缝材料嵌填密实；当结构变形或管道伸缩量较大或有更换要求时，应采用套管式穿墙管，但需在预埋套管上加套遇水膨胀橡胶止水环或加焊金属止水环，并在套管与主管之间设置防水处理。

防水混凝土当需设置后浇带时，后浇缝内的结构钢筋不能断开；后浇缝应设在受力和变形较小的部位，宽度以1m为宜；后浇缝的形式有平直缝、阶梯缝和企口缝；后浇缝应在其两侧混凝土浇筑完毕，并养护6周后，再用补偿收缩混凝土进行浇筑，混凝土浇筑后应保持湿润养护4周以上。

4. 卷材防水层施工

（1）材料要求

地下防水工程防水卷材应选用高聚物改性沥青防水卷材或合成高分子防水卷材。卷材及胶粘剂应具有良好的耐水性、耐久性、耐刺穿性、耐腐蚀性和耐菌性。卷材的主要物理性能指标应满足相应规范的要求。

（2）卷材防水层的施工

地下防水工程卷材防水层施工大多采用外防水法，即防水卷材粘贴在地下结构的迎水面。在外防水中，依保护墙的施工先后及卷材铺贴位置可分为外防外贴法和外防内贴法两种，工程中常用外防外贴法。

外防外贴法铺贴卷材防水层应符合下列要求：

① 在铺贴卷材前，应在混凝土基面上涂刷基层处理剂，当基面较潮湿时，应涂刷湿固化型胶粘剂或潮湿界面隔离剂。

② 铺贴高聚物改性沥青防水卷材应优先采用热熔法施工；铺贴合成高分子卷材采用冷粘法施工。

③ 铺贴卷材应先铺贴平面，后铺贴立面，交接处应交叉搭接。

④ 临时性保护墙应用低强度等级的石灰砂浆砌筑，内表面应用石灰砂浆做找平。

⑤ 从底面折向立面的卷材与永久性保护墙的部位，应临时贴附在临时性保护墙上；卷材铺贴好后，其顶端应临时固定。

⑥ 主体结构完成后，铺贴立面卷材时，应先将接茬部位的各层卷材揭开，并将其表面清理干净，高聚物改性沥青卷材的接茬搭接长度不小于150mm；合成高分子卷材的接茬搭接长度不小于100mm。

4.5.2 屋面防水工程

1. 屋面防水工程的防水等级

根据建筑物的性质、重要程度、使用功能要求及防水层耐用年限等，将屋面防水分为四个等级。

(1) Ⅰ级屋面用于特别重要或对防水有特殊要求的建筑；防水层的合理使用年限为25年；设防要求做三道或三道以上防水设防。

(2) Ⅱ级屋面用于重要的建筑和高层建筑；防水层的合理使用年限为15年；设防要求做二道防水设防。

(3) Ⅲ级层面用于一般建筑；防水层的合理使用年限为10年；设防要求做一道防水设防。

(4) Ⅳ级层面用于非永久性建筑；防水层的合理使用年限为5年；设防要求做一道防水设防。

2. 屋面防水工程的防水种类及构造做法

屋面防水工程根据防水层所使用的材料不同，分为卷材防水屋面、刚性防水屋面、涂膜防水屋面、瓦屋面等。

卷材防水屋面一般由结构层、找平层、防水层和保护层等构造层次组成。刚性防水屋面一般由结构层、隔离层、刚性防水层等构造层次组成。涂膜防水屋面的构造层次同卷材防水屋面。屋面防水构造还可设置隔汽层、保温层、隔热层、隔声层等以满足不同的使用要求。屋面防水构造层次根据设计要求确定。

3. 卷材防水屋面施工

(1) 找平层

找平层的施工应满足下列要求：

① 找平层施工前应先检查屋面坡度是否符合要求，再根据屋面坡度确定控制块的厚度和位置。

② 找平层与突出屋面结构的交接处，应做成半径不小于50mm的圆弧或钝角。

③ 找平层应平整光滑，均匀一致。

④ 防水层施工前，找平层应清扫干净，突起物应铲除；采用满贴法铺设卷材时找平层必须干燥。

(2) 卷材防水层

① 合成高分子防水卷材施工

合成高分子防水卷材多采用冷粘法。施工要点包括：

A. 铺贴顺序。有高低跨的屋面的防水卷材铺贴，应按先高后低、先远后近的顺序进行；对同一跨屋面的防水卷材，应先铺贴排水比较集中的部位，如水落口、天沟、檐沟等，再按排水坡度自下而上进行铺贴，以保证顺水流方向接槎。

B. 铺设方向。当屋面坡度小于3%时，卷材宜平行于屋脊方向铺设；当屋面坡度在3%～15%之间时，卷材可根据情况选择平行或垂直于屋脊方向铺设；当屋面坡度大于15%或受振动作用的屋面，卷材应垂直于屋脊方向铺设。同时卷材在铺贴时应顺水流方向和顺主导风向搭接接槎。

C. 卷材的铺贴。卷材铺贴前，应在屋面弹出基准线，并从一端向另一端顺序铺贴。不要将卷材拉得过紧，不得出现扭曲、皱折现象。

D. 卷材的接缝及收头处理。卷材接缝的搭接宽度一般为80mm，在接缝边缘及末端收头部位，必须采用密封膏进行密封，末端收头处还应做好压缝处理。

② 高聚物改性沥青防水卷材施工

高聚物改性沥青防水卷材施工可采用冷热结合施工法和热熔法两种施工方法。

冷热结合施工法是在基层处理剂已干燥的基层上，边涂刷胶粘剂边滚铺卷材，并用压辊滚压以驱除卷材与基层之间的空气，使卷材粘接牢固。然后对卷材搭接缝部位，可采用热风焊接机或火焰加热器进行热熔焊接，使卷材封闭严密，粘结牢固。

热熔法施工是将卷材展铺在预定的部位，用火焰加热器的火炬加热熔融卷材末端的涂盖层，使其粘结在基层上。然后再卷起卷材的其余部分，用加热器在卷材幅宽内均匀加热，使卷材表面熔融至光亮黑色时，即可边加热边向前滚铺，使卷材封闭严密，粘结牢固。

4. 刚性防水屋面施工

(1) 材料要求

防水层的细石混凝土宜用普通硅酸盐水泥或硅酸盐水泥，水泥强度等级不宜低于32.5级；石子最大粒径不宜超过15mm，含泥量不应大于1%；砂宜采用中、粗砂，含泥量不应大于2%。

防水层的细石混凝土强度不低于C20；混凝土的水灰比不应大于0.55；每立方米水泥用量不得小于330kg；砂率宜为35%～40%。

防水层的细石混凝土中掺加外加剂的掺量应按配合比准确计量，投料顺序得当。

(2) 隔离层的施工

在刚性防水层与结构层之间设置隔离层的主要作用是减小结构层的变形对防水层的影响，防止刚性防水层受拉开裂导致防水失败。

隔离层常采用低强度等级的石灰砂浆、纸筋灰、麻刀灰、干铺卷材等做法。

在隔离层施工前，应按设计要求找坡并找平，等找平层干燥后再铺、抹隔离层。隔离层施工完成后要注意对隔离层的保护，不能在隔离层表面运输混凝土，浇筑混凝土时不能振坏隔离层。

(3) 刚性防水层的施工

细石混凝土的刚性防水层的厚度不宜小于40mm，并应配置 $\phi 4 \sim \phi 6$、间距为 $100 \sim 200mm$ 的双向钢筋网片，网片的位置宜居中稍偏上，保护层厚度不小于10mm。

刚性防水层应设置分格缝。分格缝应设置在变形较大的部位，如屋面板的支承端、屋面转折处、防水层与突出屋面结构的交接处。分格缝的纵横向间距不宜大于6m。分格缝处钢筋网片应断开，防水层施工完成后分格缝内须嵌填密封材料。

刚性防水层细石混凝土浇筑时，每个分格缝内的混凝土需一次连续施工完成，不得留施工缝。混凝土浇筑完成后应及时抹压，抹压时不得在表面洒水、加水泥浆或洒干水泥，混凝土收水后应进行二次压光。

细石混凝土浇筑后在12h内应覆盖浇水养护，养护时间不少于14d，养护期内不可上人。

4.5.3 外墙面及卫生间防水工程

1. 外墙面防水施工

砌体外墙面防水施工应符合下列要求：

① 砌体外墙砌筑应做到灰缝饱满，连墙件、上料平台等在墙上留下的洞眼应嵌填密实。

② 砌体在砌筑完成14d后在梁与墙交接处应用砖斜砌顶紧，或用微膨胀细石混凝土嵌填。

③ 采用空心砖、轻质砖和多孔砖砌筑的外墙面，其找平层和饰面层应做防水处理或加做防水层，一般常采用加做防水层的措施。

④ 找平层施工前，应先安装门窗框的预埋铁件，填补、堵塞门窗洞口与门窗框间的缝隙，修整墙面突出部分。

⑤ 找平层和防水层的基面在施工前应浇水湿润，找平层和防水砂浆防水层应分层抹压，每层厚度不超过10mm，施工完成后应及时洒水养护，养护时间不应少于3d。如用聚合物水泥基复合防水涂料做防水层，则其厚度不应小于2mm，应2~3遍涂刷。

⑥ 找平层和防水层施工时，不得在门窗边角、挑出板、檐口等位置留接槎。

⑦ 刚性防水层和饰面层宜设分格缝，以满足变形的要求。

⑧ 在防水层上镶贴饰面砖时，应先扫一遍聚合物水泥浆。

⑨ 屋面女儿墙泛水、外墙雨水斗、水落口等部位要做增强防水处理，并与屋面防水层相连。

2. 卫生间防水施工

卫生间防水施工应满足下列要求：

① 卫生间的楼板四周除门洞外，应做混凝土翻边，高度不应小于200mm，宽同墙厚，混凝土强度等级不小于C20。

② 卫生间的楼板应做成现浇钢筋混凝土楼板，穿过楼面的管道如立管、套管、地漏处不应渗漏。在卫生间楼面防水层施工前，管道安装施工完成后对管道与楼面交接处进行封堵，并做防水处理，完成后应进行局部蓄水试验检查，蓄水深度最浅处不小于10mm，经24h蓄水试验无渗漏为合格。

③ 在卫生间结构层上做1∶3水泥砂浆找平，要求抹平压光无空鼓，表面坚实不起砂；排水坡向应正确，排水坡度宜为1‰～2‰；凡遇阴阳角处，要抹成半径不小于10mm的圆弧。

④ 在防水层施工前要求找平层干燥，并清理表面的凸起、浮浆等。

⑤ 根据设计要求涂布防水层，涂布的厚度、遍数、上翻高度、搭接、间隔时间、对应的材料均应符合要求。

⑥ 防水层施工完成后，应在规定的时间内做24h蓄水试验，蓄水深度最浅处不小于10mm，经试验无渗漏为合格。

⑦ 防水层经蓄水试验合格后应及时做保护层，以防止材料堆放、运输等造成防水层的破坏。保护层一般用1∶3水泥砂浆，厚度为20mm。

4.5.4 防水工程施工安全措施

1. 屋面防水工程安全措施

① 四周临空的屋面，脚手架均应高出屋檐1m以上，并应有遮挡围护。

② 高处作业施工人员应符合高空作业的条件，应戴好安全帽，系好安全带，穿好防滑鞋。

③ 屋面施工需要使用垂直运输的机械、设备时，应严格遵守相关规定，确保安全。

④ 附近有架空电线时，应搭设防护架，保证安全距离，防止触电。

⑤ 五级以上的大风、大雨和大雪天严禁施工，不准夜间施工。

⑥ 热熔施工时应注意加热器与易燃物的安全距离，以防火灾或爆炸。

⑦ 所有材料应有专人保管、专人发放。

2. 地下防水工程施工安全措施

① 施工前应检查基坑（槽）边坡和支护是否稳定可靠，防止坍方等事故危害。

② 操作人员应穿戴好工作服、安全帽、口罩、手套等劳动保护用品。

③ 堆放材料应距坑边1m以外。

④ 人员上下应走专门的梯道，并注意落物伤人。

⑤ 施工应保证足够的照明，并注意安全用电。

4.6 建筑装饰工程

4.6.1 抹灰工程

抹灰工程的作用：能够满足使用功能要求；能够满足装饰美观的要求；保护作用。

1. 一般抹灰施工

（1）内墙抹灰施工

内墙抹灰施工的工艺流程是：基底处理→吊垂直、套方、找规矩、做灰饼→抹水泥踢脚（或墙裙）→做护角→抹水泥窗台→墙面冲筋→抹底层灰→抹中层灰→修抹预留孔洞、配电箱、槽、盒→抹罩面灰。

① 吊垂直、套方、找规矩、做灰饼

根据设计图纸要求的抹灰质量，根据基层表面平整垂直情况，用一面墙做基准，吊垂直、套方、找规矩，确定抹灰厚度，抹灰厚度不应小于 7mm。当墙面凹度较大时应分层衬平。每层厚度不大于 7~9mm。操作时应先抹上灰饼，再抹下灰饼。抹灰饼时应根据室内抹灰要求，确定灰饼的正确位置，再用靠尺板找好垂直与平整。灰饼宜用 1∶3 水泥砂浆抹成 5cm 见方形状。

② 抹水泥踢脚（或墙裙）

根据已抹好的灰饼充筋（此筋可以冲的宽一些，8~10cm 为宜，因此筋即为抹踢脚或墙裙的依据，同时也作为墙面抹灰的依据），底层抹 1∶3 水泥砂浆，抹好后用大杠刮平，木抹搓毛，常温第二天用 1∶2.5 水泥砂浆抹面层并压光，抹踢脚或墙裙厚度应符合设计要求，无设计要求时凸出墙面 5~7mm 为宜。凡凸出抹灰墙面的踢脚或墙裙上口必须保证光洁顺直，踢脚或墙面抹好并将靠尺贴在大面与上口平，然后用小抹子将上口抹平压光，凸出墙面的棱角要做成钝角，不得出现毛茬和飞棱。

③ 做护角

墙、柱间的阳角应在墙、柱面抹灰前用 1∶2 水泥砂浆做护角，其高度自地面以上 2m。其做法详见图，然后将墙、柱的阳角处浇水湿润。第一步在阳角正面立上八字靠尺，靠尺突出阳角侧面，突出厚度与成活抹灰面平。然后在阳角侧面，依靠尺边抹水泥砂浆，并用铁抹子将其抹平，按护角宽度（不小于 5cm）将多余的水泥砂浆铲除。第二步待水泥砂浆稍干后，将八字靠尺移至到抹好的护角面上（八字坡向外）。在阳角的正面，依靠尺边抹水泥砂浆，并用铁抹子将其抹平，按护角宽度将多余的水泥砂浆铲除。抹完后去掉八字靠尺，用素水泥浆涂刷护角尖角处，并用捋角器自上而下捋一遍，使形成钝角。

④ 抹水泥窗台

先将窗台基层清理干净，松动的砖要重新补砌好。砖缝划深，用水润透，然后用 1∶2∶3 豆石混凝土铺实，厚度宜大于 2.5cm，次日刷胶黏性素水泥一遍，随后抹 1∶2.5 水泥砂浆面层，待表面达到初凝后，浇水养护 2~3d，窗台板下口抹灰要平直，没有毛刺。

⑤ 墙面冲筋

当灰饼砂浆达到七八成干时，即可用与抹灰层相同砂浆冲筋，冲筋根数应根据房间的宽度和高度确定，一般标筋宽度为 5cm。两筋间距不大于 1.5m。当墙面高度小于 3.5m 时宜做立筋。大于 3.5m 时宜做横筋，做横向冲筋时做灰饼的间距不宜大于 2m。

⑥ 抹底、中层灰

一般情况下充筋完成 2h 左右可开始抹底灰为宜，抹前应先抹一层薄灰，要求将基体抹严，抹时用力压实使砂浆挤入细小缝隙内，接着分层装档、抹与充筋平，用木杠刮找平整，用木抹子搓毛。然后全面检查底子灰是否平整，阴阳角是否方直、整洁，管道后与阴角交接处、墙顶板交接处是否光滑平整、顺直，并用托线板检查墙面垂直与平整情况。散热器后边的墙面抹灰，应在散热器安装前进行，抹灰面接槎应平顺，地面踢脚板或墙裙，管道背后应及时清理干净，做到活完底清。

⑦ 修抹预留孔洞、配电箱、槽、盒

当底灰抹平后，要随即由专人把预留孔洞、配电箱、槽、盒周边5cm宽的石灰砂刮掉，并清除干净，用大毛刷沾水沿周边刷水湿润，然后用1∶1∶4水泥混合砂浆，把洞口、箱、槽、盒周边压抹平整、光滑。

⑧ 抹罩面灰

应在底灰六七成干时开始抹罩面灰(抹时如底灰过干应浇水湿润)，罩面灰两遍成活，厚度约2mm，操作时最好两人同时配合进行，一人先刮一遍薄灰，另一人随即抹平。依先上后下的顺序进行，然后赶实压光，压时要掌握火候，既不要出现水纹，也不可压活，压好后随即用毛刷蘸水将罩面灰污染处清理干净。施工时整面墙不宜甩破活，如遇有预留施工洞时，可甩下整面墙待抹为宜。

(2) 顶棚抹灰施工

顶棚抹灰施工的工艺流程是：基底处理→找规矩→抹底层灰→抹中层灰→抹罩面灰。

① 基层处理

在抹灰之前需要将混凝土表面的油污等清理干净，凹凸处填平或凿去，用茅草帚刷水后刮一遍水灰比为0.40～0.50的水泥浆进行处理。

② 找规矩

通常不做标志块和标筋，用目测法。在顶棚和墙的交接处弹出水平线，作为抹灰的水平标准。

③ 抹底、中层灰

为了使抹灰层与基体粘结牢固，底层抹灰是关键。

一般用配合比为水泥∶石灰膏∶砂=1∶0.5∶1的水泥混合砂浆，抹灰厚度为2mm；然后抹中层砂浆，其配合比一般采用水泥∶石灰膏∶砂=1∶3∶9的水泥混合砂浆，抹灰厚度为6mm左右。

抹后用软刮尺刮平赶匀，随刮随用长毛刷子将抹痕顺平，再用木抹子搓平。抹灰的顺序一般是由前往后退，注意其方向必须同混凝土板缝成垂直方向。这样，容易使砂浆挤入缝隙与基底牢固结合。

顶棚与墙面的交接处，一般是在墙面抹灰层完成后再补做，也可在抹顶棚时，先将距顶棚200mm～300mm的墙面抹灰同时完成，用铁抹子在墙面与顶棚交角处填上砂浆，然后用木阴角器扯平压直即可。

(3) 外墙抹灰施工

外墙抹灰施工的工艺流程是：基底处理→找规矩→挂线、做标志块→做标筋→抹底层灰→抹中层灰→弹线粘贴分格条→抹罩面灰→勾缝。

① 找规矩

保证做到横平竖直。

② 做标志块

在四角先挂好自上而下的垂直通线，然后根据抹灰的厚度弹上控制线，再拉水平通线，并弹上水平线做标志块，然后做标筋。

③ 抹底、中层灰

外墙抹灰层要求有一定的耐久性，可采用水泥混合砂浆(水泥∶石灰膏∶砂=1∶1∶6)

或水泥砂浆(水泥：砂＝1：3)。

底层砂浆具有一定强度后，再抹中层砂浆，抹时要用木杠、木抹子刮平压实，并扫毛、浇水养护。

④ 粘分格条

做法：水平分格条宜粘贴在平线下口，垂直分格条宜粘贴在垂线的左侧。

⑤ 抹罩面灰

在抹面层时，先用1：2.5的水泥砂浆薄薄刮一遍；第二遍再与分格条抹齐平，然后按分格条厚度刮平、搓实、压光，再用刷子蘸水按同一方向轻刷一遍，以达到颜色一致，并清刷分格条上的砂浆，以免起条时损坏抹面。起出分格条后，随即用水泥砂浆把缝勾齐。

常温情况下，抹灰完成24h后，开始淋水养护7d为宜。

2. 装饰抹灰施工

(1) 水刷石装饰抹灰

水刷石装饰抹灰的工艺流程是：抹灰中层验收→弹线、粘分格条→抹面层水泥浆料→冲洗→起分格条、修整→养护。

(2) 干粘石装饰抹灰

干粘石装饰抹灰的工艺流程是：抹灰中层验收→弹线、粘分格条→抹粘结层砂浆→撒石粒、拍平→起分格条、修整。

(3) 斩假石装饰抹灰

斩假石装饰抹灰的工艺流程是：抹底层、中层灰→弹线、粘分格条→抹面层水泥石子浆→养护→斩剁石纹→清理。

(4) 假面砖装饰抹灰

假面砖装饰抹灰的工艺流程是：抹底层、中层灰→抹面层灰、做面砖→清扫墙面。

假面砖抹灰应做二层：第一层为砂浆垫层(13mm)，第二层为面层(34mm)。

因所用砂浆不同，有两种做法：方法一，第一层砂浆垫层用1：0.3：3水泥石灰混合砂浆，第二层用饰面砂浆或饰面色浆；方法二，第一层砂浆垫层用1：1水泥砂浆，第二层用饰面砂浆。

4.6.2 吊顶工程

吊顶工程的作用：隐蔽设备管线；做吊顶造型，增加装饰效果；吊顶可增加保温、隔热、吸声作用。

1. 木龙骨吊顶施工

(1) 木龙骨吊顶施工

工艺流程：基层检查→放线→吊杆固定→木龙骨组装→固定沿墙龙骨→骨架吊装固定→安装罩面板。

① 基层检查

对屋面(楼面)进行结构检查，对不符合设计要求的及时进行处理，同时检查房屋设备安装情况、预留孔位置是否符合设计要求。

② 弹线定位

放线是吊顶施工的标准。放线的内容主要包括标高线、造型位置线、吊点布置线、大中型灯位线等。

放线的作用，一方面使施工有基准线，便于下一道工序确定施工位置；另一方面能检查吊顶以上部位的管道等对标高位置的影响。

确定标高线：先定出地面基准线，采用"水柱法"

确定造型位置线

确定吊点位置线：在一般情况下，吊点按每平方米一个均匀布置，灯位处、承载部位、龙骨与龙骨相接处及叠级吊顶的叠级处应增设吊点。

③ 吊杆固定

木龙骨吊顶大多为不上人的吊顶，固定方法有三种。

膨胀螺栓固定：用冲击钻在建筑结构面上打孔、安装膨胀螺栓后，可以将角钢固定在膨胀螺栓上。

射钉固定：用射钉将角铁等固定在建筑结构底面。当用射钉固定时，射钉的直径必须大于5mm。

预埋铁件：预埋铁件可采用钢筋、角钢、扁铁等，其规格应满足承载要求，吊筋与吊点的连接可采用焊接、钩挂、螺栓或螺钉的连接等方法。吊筋安装时，应做防腐、防火处理。

④ 龙骨组装

具体做法为：在龙骨上开出凹槽，槽深、槽宽以及槽与槽之间的距离应符合有关规定，然后将凹槽与凹槽进行咬口拼装，凹槽处应涂胶并用钉子固定。

⑤ 固定沿墙龙骨

⑥ 龙骨吊装固定

分为单层网格式木龙骨架的吊装固定和双层木龙骨架的吊装固定

⑦ 安装罩面板

基层板的接缝形式，常见的有对缝(密缝)、凹缝(离缝)和盖缝(离缝)三种。

基层板与龙骨的固定一般有钉接和粘接两种方法。

钉接：用铁钉将基层板固定在木龙骨上，钉距为80～150mm，钉长为25～35mm，钉帽砸扁并进入板面0.5～1mm。

粘接：用各种胶粘剂将基层板粘接于龙骨上，如矿棉吸声板可用1:1水泥石膏粉加入适量108胶进行粘结。

(2) 其他形式木龙骨吊顶施工

① 井格式吊顶

通过设置纵、横向或斜向布置的装饰梁，使它们交叉，将吊顶划分为大小不同、形状各异的格子。

② 悬浮式吊顶

在承重结构下面把杆件、板材、薄片或各种形式的预制块体悬挂在结构层或平滑吊顶下，形成格栅状、井格状、自由状或有韵律感、节奏感的悬浮式吊顶。

2. 轻钢龙骨吊顶施工（图4-9）

工艺流程：交验→弹线定位→吊杆制作安装→安装龙骨骨架→骨架安装质量检查→安装纸面石膏板→质量检查→缝隙处理。

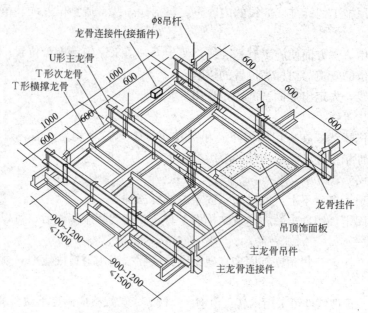

图 4-9 轻钢龙骨和铝合金龙骨双层吊顶

① 交验

在正式安装轻钢龙骨吊顶之前，对上一步工序进行交接验收，包括结构强度、设备位置、防水管线的铺设等，上一步工序必须完全符合设计和有关规范的标准，否则不能进行轻钢龙骨吊顶的安装。

② 弹线定位

弹线的顺序是先竖向标高，后平面造型及细部。竖向标高线弹于墙上，平面造型和细部弹于顶板上。弹线内容包括顶棚标高线、水平造型线、吊点位置线、吊具位置线、附加吊杆位置线。

③ 吊筋制作安装

预制钢筋混凝土楼板设吊筋，应在主体施工时预埋吊筋。如无预埋时应用膨胀螺栓固定，并保证连接强度。

现浇钢筋混凝土楼板设吊筋，可以预埋吊筋，也可以用膨胀螺栓或射钉固定吊筋。

④ 安装轻钢龙骨骨架

安装轻钢主龙骨，安装轻钢次龙骨，安装附加龙骨、角龙骨、连接龙骨等。

⑤ 骨架安装质量检查

骨架荷重检查，骨架安装及连接质量检查，各种龙骨的质量检查。

3. 铝合金龙骨吊顶施工

工艺流程：弹线定位→固定悬吊体系→安装铝合金龙骨骨架并调平→安装饰面板。

① 放线定位

放线主要是弹标高线和龙骨布置线。

② 固定悬吊体系

一般有三种：镀锌铁丝悬吊、伸缩式吊杆悬吊、简易伸缩吊杆悬吊。

③ 安装并调平龙骨

安装时，根据已确定的主龙骨（大龙骨）位置及确定的标高线，先大致将其就位，次龙骨（中、小龙骨）应紧贴主龙骨安装就位。

④ 安装罩面板

铝合金龙骨一般多为倒 T 形，根据其罩面板安装方式的不同，分龙骨底面外露和不外露两种。

4. 开敞式吊顶施工

（1）木质开敞式吊顶施工

工艺流程：基层处理→弹线定位→单体构件拼装→单元安装固定→饰面成品保护。

（2）金属复合单板网格栅开敞式吊顶施工

① 单体构件拼装

格片型金属单体构件拼装方式较为简单，只需将金属格片按排列图案先锯成规定长度，然后卡入特制的格片龙骨卡口内即可。

② 单元安装固定

格片型金属单元体安装固定一般用圆钢吊杆及专门配套的吊挂件与龙骨连接。此种网格栅单元体整体刚度较好，一般可以逐个单元体直接用人力抬举至结构基体上进行安装。安装时应从一角边开始，循序展开。

（3）铝合金格栅开敞式吊顶施工

① 单体构件拼装

当格栅铝合金板采用标准单体构件（普通铝合金板条）时，其单体构件之间的连接拼装，采用与网络支架作用相似的托架及专用十字连接。当采用铝合金格栅式标准单体构件时，通常采用插接、挂件或榫接的方法。

② 单元体安装固定

一般有两种方法：第一种是将组装后的格栅单元体直接用吊杆与结构基体相连，不另设骨架支承。此种方法使用吊杆较多，施工速度较慢。

第二种是用带卡口的吊管及插管，将数个单元体担住，并相互连接调平形成一个局部整体，再用通长的钢管将其整个举起，与吊杆连接固定。第二种方法使用吊杆较少，施工速度较快。不论采用何种安装方式，均应及时与墙柱面连接。

4.6.3 楼地面工程

楼地面按面层结构可分为整体类楼地面、块材类楼地面、木竹类楼地面。

1. 整体式楼地面施工

按设计要求选用不同材料和相应配合比，现场整体浇筑的楼地面称为整体式楼地面。

整体式楼地面可以通过加工处理获得丰富的装饰效果。主要包括水泥砂浆楼地面、细石混凝土楼地面、现浇水磨石楼地面、涂布楼地面等。

2. 块材类楼地面施工

块材类楼地面主要是指用陶瓷地砖、陶瓷锦砖、水泥砖、预制水磨石板、大理石板、花岗石板等板材铺设的地面。此类地面属于刚性地面，只能铺在整体性和刚性均好的基层上。其花色种类多样，能满足多种装饰要求，应用广泛。

(1) 陶瓷地砖楼地面施工

陶瓷地砖楼地面施工的工艺流程：处理、润湿基层→弹线、定位→打灰饼、做冲筋→铺结合层砂浆→挂控制线→铺贴地砖→敲击至平整→处理砖缝→清洁、养护。

① 弹线、定位

在弹好标高+50cm水平控制线和各开间中心（十字线）及拼花分隔线后，进行地砖定位。定位常有两种方式，对角定位（砖缝与墙角成45°）和直角定位（砖缝与墙面平行）。

② 抹结合层

根据标高基准水平线，打灰饼及用压尺做好冲筋。

浇水湿润基层，再刷水灰比为0.5的素水泥浆。

根据冲筋厚度，用1:3或1:4的干硬性水泥砂浆（以手握成团不沁水为准）抹铺结合层，并用压尺及木抹子压平打实。

结合层抹好后，以人站上面只有轻微脚印而无凹陷为准。对照中心线（十字线）在结合层面上弹陶瓷地砖控制线，靠墙一行陶瓷地砖与墙边距离应保持一致，一般纵横每五块设置一条控制线。

③ 陶瓷地砖铺贴

铺贴前，对地砖的规格、尺寸、色泽、外观质量等应进行预选，并浸水润泡2~3h后取出晾干至表面无明水待用。

根据控制线先铺贴好左右靠边基准行的地砖，以后根据基准行由内向外挂线逐行铺贴。

用约3mm的水泥浆满涂地砖背面，对准挂线及缝隙，将地砖铺贴上，用木锤适度用力敲击至平整，并且一边铺贴一边用水平尺检查校正。

砖缝宽度，密缝铺贴时≤1mm，虚缝铺贴时一般为3~10mm，或按设计要求；挤出的水泥浆应及时清理干净，缝隙以凹1mm为宜。

④ 勾缝、擦缝

地砖铺贴24h后应进行勾缝、擦缝的工作，并应采用同一品种、同强度等级、同颜色的水泥或用专门的嵌缝材料。

⑤ 养护

铺完砖24h后，洒水养护，时间不应少于7d。

(2) 陶瓷锦砖楼地面施工

工艺流程：处理、润湿基层→弹线、定位→打灰饼、做冲筋→铺结合层砂浆→挂控制线→铺砖→敲击至平整→洒水、揭纸→嵌缝→养护。

① 铺贴

对连通的房间由门口中间拉线，以此为标准从房内向外挂线逐行铺贴。有镶边的房间应先铺镶边部分，有图案的按图案铺贴，整间房宜一次铺完。

铺贴时先在准备铺贴的范围内均匀地撒素水泥，并洒水润湿成粘结层，其厚度为2mm左右。用毛刷蘸水将锦砖砖面刷湿，铺贴锦砖，并用平整木板压住用木锤拍平打实。做到随撒、随刷、随铺贴、随拍平拍实。

② 洒水揭纸

铺完一段后，用喷壶洒水至纸面完全浸湿为宜，不可洒水过多，过20min左右试揭。

揭纸时，手扯纸边与地面平行方向撕揭，揭掉纸后对留有纸毛处用开刀清除。

③ 拨缝与灌缝

揭纸后用开刀将歪斜的缝隙拨正、拨匀，先调竖缝后调横缝，边拨边拍实。用水泥浆或色浆嵌缝、灌浆并擦缝。

④ 清洁养护

及时将锦砖表面水泥砂浆擦净，铺后次日撒锯末养护 4～5d，养护期间禁止上人。

(3) 天然大理石板与花岗石板楼地面施工

工艺流程：基层清理→弹线→试拼、试铺→板块浸水→扫浆→铺水泥砂浆结合层→铺板→灌缝、擦缝→上蜡养护。

① 试拼

板材在正式铺设前，应按设计要求的排列顺序，每间按设计要求的图案、颜色、纹理进行试拼，尽可能使楼地面整体图案与色调和谐统一。试拼后按要求进行预排编号，随后按编号堆放整齐。

② 预排

在房间两个垂直方向，根据施工大样图把石板排好，以便检查板块之间的缝隙，核对板块与墙面、柱面的相对位置。

③ 铺板

从里向外逐行挂线铺贴。缝隙宽度如设计无要求时，花岗石板、大理石板不应大于1mm。

④ 灌缝、擦缝

铺贴完成24h后，经检查石板表面无断裂、空鼓后，用稀水泥(颜色与石板配合)刷浆填缝填饱满，并随即用干布擦至无残灰、污迹为止。铺好石板2d内禁止踩踏和堆放物品。

⑤ 打蜡

当板块接头有明显高低差时，待砂浆强度达到70%以上，分遍浇水磨光，最后用草酸清洗面层，再打蜡。

3. 木竹类楼地面工程施工

(1) 实铺式双层木板楼地面施工

工艺流程：弹好格栅安装位置线及水平线→装木龙骨、剪刀撑→铺设毛地板→找平、刨平→铺设木地板→找平、刨光、打磨→钉踢脚板→油漆。

① 木龙骨安装

按弹线位置，用双股12号镀锌钢丝将龙骨绑扎在预埋Ω形铁件上，或在基层上用墨线弹出十字交叉点，用φ6的冲击电钻在交叉点处打孔，在孔内下木楔，用长钉将木搁栅固定在木楔上。木格栅固定时，不得损坏基层及预埋管线。木格栅与墙间应留出不小于30mm的缝隙。龙骨铺钉完毕，检查水平度。合格后，钉横向木撑或剪刀撑，间距一般600mm。

② 钉毛地板

③ 铺面板

④ 面层刨光、打磨

企口板面层表面不平处应进行刨光，可采用刨地板机刨光，与木纹成45°斜刨，边角部位用手刨。刨平后用细刨净面,最后用磨地板机装砂布磨光。刨光后方可装订木踢脚线。

⑤ 钉踢脚板

木踢脚线一般宽为150mm,厚度20～25mm,背面开槽(背面应做防潮处理),以防翘曲。木踢脚线应用钉钉牢在墙内防腐木砖上,钉帽砸扁冲入板内。长度方向上木踢脚线应做45°斜角相接。木踢脚线与木板面层转角处应钉设木压条。

⑥ 油漆

将地板清理干净,然后补凹坑,刮批腻子、着色,最后刷清漆。当木地板为清漆罩面时,需上软蜡(擦软蜡是用铲刀铲软蜡放在白布中包好涂地板,要厚薄均匀。等软蜡干透,用蜡刷子从横到竖顺木纹擦直至光亮为止)。免漆类地板无须刷油漆。

(2) 中密度(强化)复合木地板楼地面施工

工艺流程:基层处理→弹线、找平→铺垫层→试铺预排→铺地板→铺踢脚板→清洁。

复合木地板浮铺施工时,施工环境的最佳相对湿度为40%～60%。

① 铺垫层

垫层为聚乙烯泡沫塑料薄膜,铺时横向搭接150mm。垫层可增加地板隔潮作用,改善地板的弹性、稳定性,并减少行走时地板产生的噪声。

② 试铺预排

预排时计算最后一排板的宽度,如小于50mm,应削减第一排板块宽度,以使二者均等。

③ 铺地板和踢脚板

铺贴时,按板块顺序,板缝涂胶拼接。胶刷在企口舌部,而非企口槽内。在地板块企口施胶逐块铺设过程中,为使槽榫精确吻合并粘结严密,可以采用锤击的方法,但不得直接打击地板,可用木方垫块顶住地板边再用锤轻轻敲击。复合木地板与四周墙必须留缝,以备地板伸缩变形,缝宽为8～10mm,用木楔调直。地板面积超过30m² 中间还要留缝。

④ 地板的施工过程及成品保护

必须按产品使用说明的要求,注意其专用胶的凝结固化时间,铲除溢出板缝外的胶条、拔除墙边木塞以及最后做表面清洁等工作,均应待胶粘剂完全固化后方可进行,此前不得碰动已铺装好的复合木地板。复合木地板铺装48h后方可使用。

4. 地毯类楼地面工程施工

(1) 倒刺板固定法固定式地毯楼地面施工

工艺流程:基层处理→弹线、套方、分格、定位→地毯剪裁→钉倒刺板挂毯条→铺设衬垫→铺设地毯→细部处理及清理。

(2) 胶粘剂固定法固定式地毯楼地面施工

用胶粘剂固定地毯,一般不需要放衬垫,只要将胶粘剂刷在基层上,然后固定地毯在基层上即可。这种方法固定地毯,要求地毯具有较密实的胶底层,一般在绒毛的底部粘上一层2mm左右的胶,如橡胶、塑胶、泡沫胶底层等。涂刷胶粘剂可以是局部刷胶,也可以满刷胶。人不常走动的房间地毯,一般采用局部刷胶。胶刷在基层上,静停一段时间后,便可铺设地毯。

(3) 活动式地毯楼地面施工

活动式地毯楼地面施工是指不用胶粘剂粘贴在基层的一种方法，即不与基层固定的铺设，四周沿墙角修齐即可，一般仅适用于装饰性工艺地毯的铺设。

基层要求平整光洁，不能有突出表面的堆积物，其平整度要求用2m直尺检查时偏差不大于2mm。

与不同类型的建筑地面连接处，应按设计要求收口。标高一致，可选用铜条、不锈钢条；标高不一致，一般应用铝合金收口条。

按地毯方块在基层弹出分格控制线，宜从房间中央向四周展开铺排，逐块就位放稳贴紧并相互靠紧，地毯周边应塞入踢脚线下。

(4) 楼梯地毯楼地面施工

楼梯地毯楼地面施工的工艺流程：基层处理→测量放线→地毯剪裁→固定衬垫与角铁→铺设地毯→细部处理及清理。

楼梯地毯的最高一级是在楼梯面或楼层地面上，应固定牢固并用金属收口条严密收口封边。地毯在楼梯踏步转角处需用铜质防滑条和铜质压毡杆进行固定处理。

4.6.4 隔墙与隔断工程

隔墙与隔断的种类：按构造方式划分：砌块式、立筋(骨架)式、板材式；按外部形式划分：空透式、移动式、屏风式、帷幕式、家具式。

1. 骨架隔墙施工

(1) 木龙骨隔墙施工

工艺流程：弹线打孔→固定木龙骨→龙骨与吊顶的连接→面板固定→门窗框细部处理→饰面。

① 弹线打孔

根据设计图纸的要求，在楼地面和墙面上弹出隔墙的位置线和隔墙厚度线。同时按规定的深度和间距打孔、埋螺栓或打入木楔。

② 固定木龙骨

固定木龙骨的方法有多种。为了保证装饰工程的结构安全，在室内装饰工程中，通常遵循不破坏原建筑结构的原则进行龙骨固定。一般采用射钉固定连接件、采用膨胀螺栓或木楔圆钉等做法均可。

③ 面板固定

固定方法有两种：明缝固定，一般缝宽为8～10mm；拼缝固定，板材要做倒角，再勾缝。

钉入木夹板的钉头的处理：先将钉头打扁，再钉入木夹板；后期用尖头冲子逐个将钉头冲入木夹板内。

④ 门窗框细部处理

木隔墙的门框是以洞口两侧的竖向木龙骨为基体，配以挡位框、饰边板或饰边线组合而成的。木隔断中的窗框是在制作木隔断时预留出的，然后用木夹板和木线条进行压边或定位。

(2) 轻钢龙骨隔墙施工

轻钢龙骨结构形式分为：单排龙骨单层石膏板隔墙和双排龙骨双层石膏板隔墙。

轻钢龙骨隔墙施工的工艺流程：墙位放线→安装沿顶、沿地龙骨→安装竖向龙骨→安装横撑龙骨和通贯龙骨→洞口龙骨加强→安装墙内管线、设备→板材固定。

① 墙位放线

在隔墙与上、下及两边基体的相接处，应按龙骨的宽度弹线。弹线清楚，位置准确。按设计要求，结合罩面板的长、宽分档，以确定竖向龙骨、横撑及附加龙骨的位置。

② 安装沿顶、沿地龙骨

在楼地面上和顶棚下分别按放线位置摆好边框龙骨，再按规定的间距用射钉或电钻打孔塞入膨胀螺栓，将龙骨固定。固定点间距应不大于600mm，龙骨对接应保持平直。注意在龙骨与基体表面接触处应铺填橡胶条或沥青泡沫塑料条。注意射钉或电钻打孔间距和深度。

③ 安装竖向龙骨

沿弹线位置固定边框龙骨，龙骨的边线应与弹线重合。龙骨的端部应固定，固定点间距应不大于1m，固定应牢固。边框龙骨与基体之间，应按设计要求安装密封条。将预先裁切好的竖向龙骨推向沿顶、沿地龙骨之间，翼缘朝向罩面板。竖龙骨上下方向不能颠倒。

竖向龙骨的间距要依据罩面板的实际宽度而定。设计无要求时，其间距可按板宽确定，如板宽为900mm、1200mm时，其间距分别为453mm、603mm。

④ 安装横撑龙骨和通贯龙骨

在竖向龙骨上安装支撑卡与通贯龙骨相接；在竖向龙骨开口面安装卡托与横撑连接；通贯龙骨的接长使用龙骨接长件。选用通贯系列龙骨时，低于3m的隔断安装一道；3～5m隔断安装两道；5m以上安装三道。罩面板横向接缝处，如不在沿顶、沿地龙骨上，应加横撑龙骨固定板缝。

⑤ 板材固定

安装板的时候，两侧的石膏板一定要错缝安装。板和四周结构层之间的缝隙也要用密封胶密封。石膏板宜竖向铺设，长边（即包封边）接缝应落在竖龙骨上。但隔墙为防火墙时，石膏板应竖向铺设。曲面墙所用石膏板宜横向铺设。龙骨两侧的石膏板及龙骨一侧的内外两层石膏板应错缝排列，接缝不得落在同一根龙骨上。石膏板宜使用整板。如需对接时，应紧靠，但不得强压就位。隔墙端部的石膏板与周围的墙或柱应留有3mm的槽口。施工时，先在槽口处加注嵌缝膏，然后铺板，挤压嵌缝膏使其和邻近表层紧密接触。

安装防火墙石膏板时，石膏板不得固定在沿顶、沿地龙骨上，应另设横撑龙骨加以固定。隔墙板的下端如用木踢脚板覆盖，罩面板应离地面20～30mm；用大理石、水磨石踢脚板时，罩面板下端应与踢脚板上口齐平，接缝严密。铺放墙体内的玻璃棉、矿棉板、岩棉板等填充材料，与安装另一侧纸面石膏板同时进行，填充材料应铺满铺平。

(3) 铝合金龙骨隔墙与隔断施工

铝合金龙骨隔墙与隔断施工的工艺流程：弹线定位→划线下料→安装固定→骨架复检→饰面安装。

① 弹线定位

先弹地面，再用垂直法弹出墙面位置和高度线，并检查该墙面的垂直度，标出竖向间隔位置和固定点。

② 划线下料

划线下料是一项细致的工作，如果划线不准确，不仅使接口缝隙不美观，而且还会造成不必要的浪费。

③ 安装固定

铝合金型材相互连接主要是用铝角和自攻螺丝。铝合金型材与地面、墙面的连接主要是用铁脚固定。铝合金型材隔墙在1m以下部分，通常用铝合金饰面板，其余部分通常安装玻璃。

组装方法：先在地面上进行平面组装，再将框架竖起进行整体安装；第二种直接对隔断墙框架进行安装。

2. 板材隔墙施工

板材隔墙指不用骨架，而用比较厚、高度等于室内净高的条形板材拼装成的隔墙。

常用的条板材料有石膏条板、石膏复合条板、石棉水泥板面层复合板、压型金属板面层复合板、泰柏墙板及各种面层的蜂窝板等。

（1）泰柏墙板隔墙施工

泰柏墙板隔墙施工的工艺流程：墙位放线→立板→与门窗框的连接→板缝处理→墙面抹灰。

（2）石膏条板隔墙施工

石膏条板隔墙施工的工艺流程：墙位放线→墙板竖立→底缝塞填→板缝勾嵌。

墙板的固定一般常用下楔法，先在板顶和板侧浇水，满足其吸水性的要求，再在其上涂抹胶粘剂，使条板的顶面与顶棚顶紧，底面用木楔从板底两侧打入，调整条板的位置达到设计要求后，用细石混凝土灌缝。上部的固定方法有两种，一种为软连接，另一种是直接顶在楼板或梁下，后者方法因其施工简便目前常用。

4.6.5 饰面板(砖)工程

1. 饰面砖工程施工

（1）内墙饰面砖施工

内墙饰面砖施工的工艺流程：基层处理→抹底、中层灰并找平→弹出上口和下口水平线→分格弹线→选面砖→预排砖→浸砖→做标志块→垫托木→面砖铺贴→勾缝→养护及清理。

① 基层处理

当基层为光滑的混凝土时，应先剔凿基层使其表面粗糙，然后用钢丝刷清理一遍，并用清水冲洗干净。在不同材料的交接处或表面有孔洞处，用1：2或1：3的水泥砂浆找平。当基层为砖时，应先剔除墙面多余灰浆，然后用钢丝刷清理浮土，并浇水润湿墙体。

② 做找平层

用1：3水泥砂浆在已充分润湿的基层上涂抹，总厚度应控制在15mm左右；应分层施工；同时注意控制砂浆的稠度且基层不得干燥。找平层表面要求平整、垂直、方正。

③ 弹水平线

根据设计要求，定好面砖所贴部位的高度，用"水柱法"找出上口的水平点，并弹出各面墙的上口水平线。依据面砖的实际尺寸，加上砖之间的缝隙，在地面上进行预排、放样,量出整砖部位,最上皮砖的上口至最下皮砖下口尺寸,再在墙面上从上口水平线量出预排砖的尺寸,作出标记,并以此标记,弹出各面墙所贴面砖的下口水平线。

④ 弹线分格

弹线分格是在找平层上用墨线弹出饰面砖分格线。弹线前应根据镶贴墙面长、宽尺寸,将纵、横面砖的皮数划出皮数杆,定出水平标准。

⑤ 选面砖

选面砖是保证饰面砖镶贴质量的关键工序。为保证镶贴质量,必须在镶贴前按颜色的深浅、尺寸的大小不同进行分选。对于饰面砖的几何尺寸大小,可以采用自制模具。

⑥ 预排砖

为确保装饰效果和节省面砖用量,在同一墙面只能有一行与一列非整块饰面砖,并且应排在紧靠地面或不显眼的阴角处。内墙面砖镶贴排列方法,主要有直缝镶贴和错缝镶贴(俗称"骑马缝)两种。凡有管线、卫生设备、灯具支撑等或其他大型设备时,面砖应裁成U形口套入,再将裁下的小块截去一部分,与原砖套入U形口嵌好,严禁用几块其他零砖拼凑。

⑦ 浸砖

已经分选好的瓷砖,在铺贴前应充分浸水润湿,防止用干砖铺贴上墙后,吸收砂浆(灰浆)中的水分,致使砂浆中水泥不能完全水化,造成粘结不牢或面砖浮滑。

一般浸水时间不少于2h,取出后阴干到表面无水膜,通常6h左右。

⑧ 做标志块

铺贴面砖时,应先贴若干块废面砖作为标志块,上下用托线板挂直,作为粘贴厚度的依据。横向每隔1.5m左右做一个标志块,用拉线或靠尺校正平整度。

在门洞口或阳角处,如有镶边时,则应将其尺寸留出先铺贴一侧的墙面瓷砖,并用托线板校正靠直。如无镶边,在做标志块时,除正面外,阳角的侧面亦相应有灰饼,即所谓的双面挂直。

⑨ 垫托木

按地面水平线嵌上一根八字尺或直靠尺,用水平尺校正,作为第一行面砖水平方向的依据。铺贴时,面砖的下口坐在八字尺或直靠尺上,防止面砖因自重而向下滑移,并在托木上标出砖的缝隙距离。

⑩ 面砖铺贴

A. 拌制粘结砂浆

饰面砖粘结砂浆的厚度应大于5mm,但不宜大于8mm。砂浆可以是水泥砂浆或水泥混合砂浆。

B. 面砖铺贴

每一施工层宜从阳角或门边开始,由下往上逐步镶贴。方法为:左手拿砖,背面水平朝上,右手握灰铲,在灰桶里掏出粘贴砂浆,涂刮在面砖的背面,用灰铲将灰平压向四边展开,厚薄适宜,四边余灰用灰铲收刮,使其形状为"台形"即打灰完成。

将面砖坐在垫木上,少许用力挤压,用靠尺板横、竖向靠平直,偏差处用灰铲轻轻敲击,使其与底层粘结密实。

在镶贴施工过程中,应随粘贴随敲击,并将挤出的砂浆刮净,同时随用靠尺检查表面平整度和垂直度。如地面有踢脚板，靠尺条上口应为踢脚板上沿位置，以保证面砖与踢脚板接缝美观。

⑪ 勾缝

饰面砖在镶贴施工完毕，应进行全面检查，合格后用棉纱将砖表面上的灰浆拭净，同时用与饰面砖颜色相同的水泥嵌缝。

⑫ 养护、清理

镶贴后的面砖应防冻、防烈日暴晒，以免砂浆酥松。完工24h后，墙面应洒水湿润，以防早期脱水。施工现场、地面的残留水泥浆应及时铲除干净，多余面砖应集中堆放。

（2）外墙饰面砖施工

外墙饰面砖施工的工艺流程：基层处理→抹底、中层灰并找平→选砖→预排→分格弹线→铺贴→勾缝。

（3）陶瓷锦砖施工

陶瓷锦砖施工的工艺流程：基层处理→抹找平层→排砖、分格、放线→铺贴→揭纸→调整→擦缝。

2. 饰面板工程施工

（1）木饰面工程施工

木饰面工程施工的工艺流程：基层检查与处理→固定木龙骨→铺装木质板材

① 施工准备

木质饰面板施工，应在墙面隐蔽工程、抹灰工程及吊顶工程完成并经过验收合格后进行。

木质饰面板主要有木胶合板、装饰防火胶板、微薄木贴面、纤维板、刨花板、大漆装饰板、竹胶合板、细木工板等材料。所用木材的树种、材质及规格等，均应符合设计的要求，应避免木材的以次充优或者大材小用、长材短用的优材劣用等现象。

② 基层检查与处理

木龙骨安装前，应认真检查和处理结构主体及其表面，墙面要求平整、垂直、阴阳角方正，符合安装工程的要求。

③ 固定木龙骨

墙基体有预埋防腐木砖的，可将木龙骨钉固于木砖部位，要钉平、钉牢。

④ 铺装木质板材罩面

采用显示木纹图案的饰面板作为罩面时，铺装前先选配板材，使其颜色、木纹自然协调、基本一致；有木纹拼花要求的罩面应按设计规定的图案分块试排，按照预排编号铺装。

（2）石材饰面板工程施工

根据规格大小的不同，饰面板分为小规格和大规格两种。

小规格饰面板边长小于等于4m，安装高度不超过3m，可采用水泥砂浆粘贴法，其施工工艺与面砖镶贴基本相同。

大规格饰面板的安装主要有干挂施工法、钢筋钩挂贴施工法、粘贴施工法等。

① 干挂施工法

干挂施工法的工艺流程：墙面修整→弹线→墙面涂防水涂料→打孔→固定连接件→调

整固定→顶部板安装→嵌缝→清理。

② 钢筋钩挂贴施工法

钢筋钩挂贴施工法的工艺流程：基层处理→墙体钻孔→饰面板选材编号→饰面板钻孔剔槽→安装饰面板→灌浆→清理→灌缝→打蜡。

③ 粘贴施工法

大力胶粘贴法是当代石材饰面装修快捷、经济的一种新型施工工艺，对于一些形状复杂的墙面和柱面特别适用。

粘贴施工法的工艺流程：基层处理→检查墙身垂直、平整度→饰面板编号→上胶处磨净、磨粗→调胶→涂胶(点涂)→饰面石板就位→加胶补强→清理、嵌缝→打蜡上光。

(3) 金属饰面板工程施工

金属饰面板工程一般采用铝合金板、彩色压型钢板和不锈钢板做饰面板，由型钢或铝型材做骨架。金属饰面板的形式可以是平板，也可以制成凹凸形花纹，以增加板的刚度并使施工方便。

① 不锈钢板饰面施工

原建筑方柱装饰成圆柱的不锈钢包面施工的工艺流程：弹线→制作骨架→制作骨架基层→饰面板安装。

② 铝塑板墙板施工

铝塑板墙面装修做法有多种，不管哪种做法，均不允许将高级铝塑板直接贴于抹灰找平层上，最好是贴于纸面石膏板、耐燃型胶合板等比较平整的基层上或铝合金扁管做成的框架上。

铝塑板在基层板(或框架)上的粘贴施工的工艺流程：弹线→翻样、试拼、裁切、编号→安装、粘贴→修整→板缝处理。

4.6.6 门窗工程施工

1. 木门窗的安装

(1) 门窗框的安装

安装门窗框有先立口和后塞口两种方法。

先立口，就是在砌墙前把门窗框按图纸位置立直找正后固定好。因其存在很多的弊端，所以现在很少采用这种安装方法。

后塞口，在墙体施工时，门窗洞口预先按图纸上的位置和尺寸留出，洞口比门口每边大15～20mm。砌墙时，洞口两侧按规定砌入木砖，每边2～3块，间距不应大于1.2m。安装门窗框时，先把门窗框塞进洞口，用木楔临时固定，用线坠和水平尺校正。校正后，用钉子把门窗框钉牢在木砖上，每个木砖上最少应钉两颗钉子，钉帽打扁冲入梃内。

(2) 门窗扇的安装

安装门窗扇前，要检查门窗框上、中、下三部分风缝是否一样宽，如果相差超过2mm，就必须修整。另外要核对门窗扇的开启方向，并做记号。

先量出门窗框口的净尺寸，考虑风缝的大小，再确定扇的宽度和高度，并进行修刨。修刨时，高度方向上主要修刨冒头边，宽度方向上的修刨，应将门扇立于门窗框中，检查扇与门窗框配合的松紧度。

一般门扇对口处竖缝留 1.5～2.5mm，窗扇竖缝留 2mm。并按此尺寸进行修刨。

门窗扇安装时，合页安装位置距上、下边的距离宜为门窗扇高度的 1/10。

剔好合页槽后，放入合页进行固定。上下合页先各拧一颗螺丝钉把扇挂上，检查缝隙是否符合要求，扇与框是否齐平，扇能否关住。检查合格后，再把螺丝钉全部上齐。

2. 铝合金门窗的安装

铝合金门窗的安装的工艺流程：门窗框安装→填塞缝隙→门窗扇安装→玻璃安装→打胶清理。

3. 塑料门窗的制作与安装

塑料门窗的安装的工艺流程：连接件固定→门窗框安装固定→门窗扇安装

(1) 安装固定连接件

连接件采用厚度≥1.5mm、宽度≥15mm 的镀锌钢板。连接件的位置应距窗角、中竖框、中横框至少 150～200mm，连接件之间的距离不得大于 600mm。

(2) 门窗框安装

门窗框安装在门窗框的上下框、中横框及四角的对称位置，用木楔塞住，做临时固定。

4.7 建筑安装工程

4.7.1 建筑给排水工程

1. 室内给水管道的安装程序及方法

室内给水管道的安装，一般按引入管→水平干管→立管→横支管→支管的顺序施工

(1) 室内给水管道安装的基本技术要求

① 管道穿越建筑物基础、墙、楼板的孔洞和暗装时管道的墙槽，应配合土建预留。

② 钢管穿楼板应做钢套管，套管直径比管径大 2 号，套管顶部高出地面 20mm，套管底部与楼板底面相平，套管与管道间应用石棉绳或沥青油封填。

③ 生活热水管、生活给水管、消防管应根据需要及设计要求，进行保温处理，以防止热量损失及结露。

④ 镀锌钢管在套丝操作以后，被损坏的镀锌层表面，主要是螺纹连接的外露部分，为避免发生锈蚀，需及时涂上红丹防锈漆。

⑤ 室内给水管道，特别是暗装管道，是在管道与卫生设备连接时进行压力试验，即卫生设备上的各种水龙头、阀门以及填料连接短管都不参与压力试验，在压力试验前都应用丝堵堵好。

⑥ 室内给水管道的安装允许偏差应符合有关的规定。

(2) 引入管的安装

① 挖管沟。管沟深度根据城市给水管网埋深来确定，施工方法与室外管沟类似。

② 注意引入管穿入穿过基础时的施工措施。基础施工时，应按设计要求预留孔洞，并按要求进行构造处理。

③ 引入管底部应采用三通管件连接，三通底部装泄水阀或管堵，以利管道系统试验

及冲洗时排水。

④ 管道敷设完毕后，在甩出地面的接口处做盲板或管堵，进行试水打压，经打压合格后，将打压排空即可进行回填。

(3) 干管的安装

根据干管的位置，可将给水系统分为在地下室楼板下、地沟或沿一层地面下安装的下分式系统和明装于顶层楼板下或暗装于屋顶内、吊顶内或技术层内的上分式。

① 干管安装一般在支架安装完毕后进行。先定干管的标高、位置、坡度、管径等，正确按尺寸埋好支架，支架有钩钉、管卡、吊环、托架等，较小管径多用竹卡或钩钉，大管径用吊环或托架。

② 管子和管件可现在地面组装，长度以方便吊装为宜。起吊后，轻轻滚落在支架上，并用事先准备好的U形卡将管子固定，以防滚落伤人。

③ 预制好的管子要小心保护好螺纹，上管时不得碰撞，可用加装临时管件的方法加以保护。地下干管在上管前，应将各分支口堵好，防止泥浆进入管内。

④ 干管安装后，要进行拨正调直，再用水平尺在每段上复核，防止局部管段出现"塌腰"或"拱起"的现象。

(4) 立管的安装

① 给水立管可分为明装或暗装于管道竖井内或墙槽内的安装。

② 给水立管应集中预制，并在立管预制及安装前，打通各楼层孔洞，自顶层向底层吊线坠，用"粉囊"在墙面上弹画出立管安装的垂直中心线，作为预制量尺及现场安装中的基准线。

③ 根据立管卡的高度在垂直线上确定出立管卡的位置，并画好横线，再根据横线和垂线的交点打洞栽卡。

④ 预制和组装好的立管，应在检查和调直后方可进行安装。

(5) 支管的安装

① 在墙面上弹出支管位置线，但是必须在所接的设备安装定位后才可以连接。

② 连接多个卫生器具的给水横支管是由数个管段连接而成的，根据标准图确定各管段的长度后，可用比量法进行下料、预制，连接成整体横支管后，应根据具体情况进行调直。

③ 给水支管安装时一般先做到卫生器具的进水阀处，下部与卫生器具的连接，应在卫生器具安装后方可进行。

④ 支管应以不小于0.002的坡度坡向立管，以便修理时防水。

⑤ 支管安装好后，应最后检查支架和管头，清除残丝及污物，并应随即用堵头或官帽将各个管口堵好，以防止污物进入并为充水试压做好准备。

2. 室内排水管道安装程序及方法

室内排水管道的安装：底层埋地排水横管→底层器具排水支管→隐蔽排水管灌水试验及验收→排水立管→各楼层排水横管→器具排水支管的程序进行。

(1) 排出管安装

在施工中，一般因试验和提前验收隐蔽的需要，而将排出管在室内做至一层立管检查口，在室外做出到建筑物外1m。

① 排出管应经尺量及比量法下料，预制成整体管道后，穿入基础留孔洞安装，以确保安装的严密度。

② 排出管与立管的连接应采用两个 45°弯头或弯曲半径不小于 4 倍管径的 90°弯头。

③ 排出管插入检查井时不能低于井的流水槽。

④ 排出管安装完毕，经位置校正和固定后，应妥善填留孔洞。其做法是用不透水的材料如沥青油或沥青玛蹄酯封填，并在内外两侧用 1∶2 的水泥砂浆封口。

(2) 排水横管的安装

底层排水横管敷设多为埋地，或以托架或吊架敷设于地下室顶棚下或地沟内，其他层都是吊在楼板下。

① 由于在上层内或楼板下操作不便，一般是在地面做大量的预制工作，待接口达到强度后再进行安装。

② 将吊卡装在楼板上，并按横管的长度和规范的要求坡度调整好吊卡高度，再开始吊卡。吊卡的间距不得大于 2m，且必须装在承口部位。

(3) 器具支管安装

器具直观的长度，由于横管有坡度，因此即使卫生器具相同，其支管长度也各不相同，它的尺寸需要量出。测量时应从伸出长度，加上楼板厚度及横管三通承口内的总长度计算，在地面上切割即可进行安装。

(4) 立管的安装

① 因立管距离很近，捻口操作难度较大，习惯上采用半预制的方法，以减少固定接口的捻口操作。管的半预制施工，应注意预制段不宜过长，以能顺利穿过楼板洞为限。

② 立管每安装一层，就要用事先埋好的角钢和圆钢制作的 U 形管卡支架将立管固定，管卡设在承口的下部并紧靠承口下缘，一般情况是层高不超过 3m 时，每层安装一个。

③ 安装立管时，一定要注意将三通口的方向对准横管方向，以免在安装横管时由于三通口的偏斜而影响安装质量。

④ 在立管上应按图纸要求设置检查口，如无设计要求则应每两层设一个检查口，但在最底层和有卫生器具的最高层必须设置，检查口中心距地面 1m，检查口朝向便于检修的方向，检查口盖 3mm 厚的橡胶垫，再用螺栓紧固。

⑤ 通气管应在安装立管的同时做出屋面，并且应在土建施工屋面保温和防水之前完成。为了美观，超出屋面的部分尽量不应有承口露面。

⑥ 立管安装完毕后，应由土建单位支模并浇筑不低于楼板等级的细石混凝土堵洞。

3. 管道的试压与清洗

水暖管道安装完毕投入使用前，应按设计规定或规范要求对系统进行压力试验，简称试压。对于非压力管道（如排水管）则只进行灌水试验、渗水量试验或通水试验等严密性试验。

管道试压合格后，再进行管道冲洗。冲洗时应注意以下几点：

(1) 冲洗时水的流速不小于 1.5m/s；

(2) 冲洗应连续进行；

(3) 生活给水管道在交付使用前必须消毒；

(4) 用饮用水冲洗，经有关部门取样检验，符合国家《生活饮用水卫生标准》(GB 5749—

2006)方可使用。

4. 阀门的安装

(1) 阀门安装前的检验

首先进行阀门的外观检查，其次，在安装前要进行清洗和压力试验。

(2) 阀门的安装

① 安装阀门时，应仔细核对阀门的型号、规格是否符合设计要求。

② 一般阀门的阀体上有标志，箭头所指方向即介质的流向，不得装反。

③ 水平管道上的阀门，其阀杆一般应安装在上半周范围内，不允许阀杆向下安装，避免仰脸操作。

④ 阀门的安装位置不应妨碍设备和管道及阀门本身的拆装和检修。明杆阀门不能埋地安装，以防阀杆锈蚀。阀门安装高度应方便操作和检修，一般距地坪1.2m为宜，当阀门中心距地坪1.8m以上时，宜集中布置，并设置固定平台。

⑤ 法兰或螺纹连接的阀门应在关闭状态下安装，法兰式阀门应保证连接管上的两法兰端面平行和同心。螺纹连接的阀门在邻近处设活接头，以便拆装。

⑥ 同一工程中宜采用相同类型的阀门，以便于识别及检修时部件的代换。在同一房间内，同一设备上阀门，应使其排列对称、整齐美观。对并排水平管道上的阀门应错开安装，以减少管道间距；对并排垂直管道上的阀门应装在同一高度，并保持手轮之间的净距不小于100mm。

⑦ 阀门的安装应使阀门和两侧连接的管道处在同一中心线上。当因管螺纹加工的偏斜、法兰与管子焊接的不垂直，使连接中心线出现偏差时，在阀门处严禁用蛮力调直，以免使铸铁阀体损坏。

⑧ 直径较小的阀门，运输和使用时不得随手抛掷；较大直径的阀门吊装时，钢丝绳应系在阀体上。

⑨ 安装螺纹阀门时，不要把用作填料的麻丝挤到阀门里面去；安装法兰阀门时，不得使用双垫，紧螺栓时要对称进行，均匀用力。

5. 水表的安装

安装水表时应注意以下事项：

(1) 选择水表：要根据管径、流速等选择相应规格的水表，避免因负荷过大而损坏。水表的规格为其接口的基本直径，一般按管槽的基本直径配置水表，不会使其流量超过其最大流量。

(2) 确定安装地点：水表安装在查看方便、不受暴晒、不致受冻和不受污染的地方，一般引入管上的水表装在室外表井、地下室或专用的房间内；家庭独用的小水表，明装于每户的进水总管上。水表前应有阀门，水表外壳距墙面不得大于30mm，水表中心距另一墙面(端面)的距离为450~500mm，安装高度为600~1200mm。为确保水表计量准确，螺翼式水表的上游端应有8~10倍水表基本直径的直线管段，其他型水表的前后亦应有不小于300mm的直线管段。水表前后直管段长度大于300mm时，其超出管段应用弯头引靠到墙面，沿墙面敷设，管中心距离墙距20~25mm。

(3) 管道除污：水表安装前，应先除净管道中的污物，以免阻塞，最好在水表前加装过滤器。

(4) 方向、位置：水表只能安装在水平管道上，保持刻度盘的水平，并使水表外壳上的箭头方向与水流方向一致，切勿装反。水表前后应装设阀门，对于不允许停水或没有消防管道的建筑，还应设旁通管道，此时水表后侧要装止回阀，旁通管上的阀门要设有铅封。

(5) 连接方式：$DN \leqslant 40$ 时，采用螺纹连接；$DN \geqslant 50$ 时，采用法兰连接。

6. 常用卫生器具安装施工程序

(1) 蹲式大便器安装

① 大便器安装

高水箱蹲式大便器安装在砖砌坑台中，安装时装存水弯，铸铁存水弯采用 S 式或 P 式。铸铁 S 式存水弯装在底层埋于地坪内，P 式存水弯装在楼层。大便器的安装应在排水管横管和支管上面的存水弯装好之后进行，具体操作方法是：

A. 按已安装好的排水短管中心，确定出大便器的安装中心线，并将此线引至便器后背墙上，弹出高位水箱、冲洗管的安装中心线。

B. 将胶皮碗的一端套在大便器进水口上，另一端套在水箱出水管上，应套正套实，并用 14 号铜丝分别捆扎两道，两道铜丝不得在同一条线上，拧扣要错开 90°。

C. 在排水管承口内抹上湿灰，把适量的白灰膏铺在排水管承口周围及大便器的下面，而后将大便器出水口插入承口内并稳住。用水平尺找平，大便器两侧用砖砌好，并用砂浆将大便器两面填实堵牢，接口处用油灰抹平、抹光，最后将大便器内的出水口堵好，待通水试验时再拿开。注意：大便器调整找平后，要求后边底部应比出水口处稍低，以便在使用时有少量存水。

② 高位水箱安装

A. 高位水箱安装前，应先将水箱的冲洗洁具在水箱内接好，连接时，上部进水口及下部出水口的连接处均应垫衬橡皮，并盛水试漏。安装时应用活扳子，不能用管钳，以免其表面留下咬痕。

B. 在大便器的后墙上，根据已就位的大便器的中心线弹好粉线，按规定的高度及水箱后背上部孔洞的数量，先埋上木砖或预埋螺栓，然后将试漏合格的水箱用 3" 木螺丝或 M10 螺母在墙上拧紧。螺丝和水箱之间，用铅皮垫圈隔离，防止在螺丝上紧用力时损坏瓷面。

③ 冲洗管安装

高位水箱和大便器之间用冲洗管连接，目前一般使用 DN32 的硬聚氯乙烯塑料管。安装时，先将管子上端插入高位水箱的出水口里，下端套上胶皮碗的小头，同时将胶皮碗的大头翻过来。当把胶皮碗与大便器进水口对准后，稍稍锁紧水箱出水口的填料压盖，把冲洗管固定。再将胶皮碗翻回原状，使之包在大便器的进水口上，用 14 号铜丝分别将胶皮碗的大头和小头绑扎两道，扎头错开。重新松开高水箱出水口的填料压盖。胶皮碗四周填以细砂，并在冲洗管上安设立管卡子一个。

(2) 坐式大便器安装

坐式大便器是直接安装在室内地坪上的，大便器和低位水箱的安装程序如下：

① 大便器安装

A. 按已做好的排水短管的位置，在地面上画出大便器安装的中心线，并引至后墙面。

即为水箱安装的中心线。

B. 大便器就位时应将油灰或纸筋水泥(纸筋与水泥的配合比约为2：8)抹在污水口周围和大便器底面,对准插入污水管口,将填料压实且稳正,用木螺丝、垫铅皮圈等方法固定。

② 低位水箱安装

安装低位水箱时,应先将箱内铜器组装好,再根据确定好的大便器中心线和安装高度水平线以木螺丝、垫铅皮圈等方法固定在光墙面上;再以白漆麻丝为填料,用锁母拧紧的方法,将冲洗管与水箱出口和大便器进水口连接好。

大便器和低位水箱及冲洗管安装完毕后,进行试水检漏,合格后便可安装大便器的塑料盖、座圈。

(3) 挂式小便器安装

① 按已做好的排水支管中心线,在墙面上画出小便器安装中心线,根据安装高度和小便器耳孔位置画出十字线,并栽入木砖。把小便器中心对准墙上中心线,用木螺丝垫着铅皮穿过耳孔拧在木砖上,也可采用膨胀螺栓固定。

② 给水管道的连接:给水管道明装时,用截止阀、镀锌短管和小便器进水口压盖连接;当给水管道暗装时,采用钢角式阀门,铜管和小便器进水口锁母和压盖连接。

③ 排水管存水弯的连接:存水弯上端与小便器排水口连接,下端插入预留的排水系统支管,用油灰填塞密封。

(4) 立式小便器安装

立式小便器的安装方法与挂式小便斗类似,但需注意以下两点:

① 在小便器排水孔上用 3mm 橡胶垫圈和锁母装好排水栓,并在排水栓和小便器底部周围空隙处以白灰膏填平。

② 在已做好的排水短管承口周围抹上油灰,抬起小便器,对正位置,将小便器座于排水短管承口上,使小便器上排水栓插入承口,抹平油灰即可。

(5) 方形洗脸盆安装

① 在墙上弹出洗脸盆安装位置中心线,以脸盆的宽度分别在中心线的两侧画出脸盆架的垂线,垂线上按规定的高度画出盆架孔眼的十字线,在十字线的位置牢固地埋入木砖,表面与墙面平。

② 将盆架用木螺丝拧紧在木砖上,也可以用膨胀螺栓固定。固定对,要同时用水平尺找平,然后将脸盆固定在架上。

③ 洗脸盆稳固后,便可将冷、热水嘴及排水栓装上,进水一般由进水管三通通过铜管与脸盆水嘴连接;排水用的下水口通过短管接存水弯,短管与脸盆间用橡皮垫密封,它们之间的空隙用锁母锁紧,使之密封;存水弯插入已做好管道的预留口,其间隙用油灰填入密封。

(6) 立式洗脸盆安装

① 确定并画出洗脸盆安装中心线。

② 实测洗脸盆背部安装孔的高度和孔间距,确定紧固件位置。

③ 预埋紧固件,可用木螺栓或膨胀螺栓。

④ 按立柱下部外轮廓,在地面铺 10mm 油灰,按安装位置摆好立柱并压实油灰;在

立柱上部凹形槽内亦填塞油灰。将洗脸盆摆在立柱上，使其全结合紧密，拧紧背部螺栓，刮去多余油灰。

⑤ 用P形或瓶形存水弯，置于空心立柱内，通过侧孔和排水短管暗装。控制排水栓启闭的控制杆也通过侧孔与脸盆上的控件连接。给水管的连接与方形洗脸盆类似。

(7) 浴盆安装

浴盆按质地可分为铸铁搪瓷、陶瓷、玻璃钢、聚丙烯塑料等多种产品；按外形尺寸又有大号、小号之分，规格不尽相同；按安装形式又可分为铸铁盆脚支撑和砖砌体（外贴瓷砖或马赛克）支撑，按使用情况又分不带淋浴器、带固定淋浴器和带活动淋浴器等几种形式。

浴盆一般置于墙角处，定位找平后即可连接给、排水管道。所用配件多为配套产品。浴盆排水包括盆侧上方的溢水管和盆底部的排水管。连接时，溢水口处及三通结合处均应加橡胶垫圈，用锁母紧固。排水管端部缠石棉绳抹油灰后插入排水短管。

给水管可明设或暗设。暗设时在配水件上先加套压盖，以丝接与墙上管箍连接，用油灰把压盖紧贴在墙面上。浴盆淋浴喷头和混合器连接为锁母连接，应垫以石棉绳。固定喷头立管须设一立管卡固定；活动喷头用的喷头架紧固在预埋件上。

7. 防腐、保温

(1) 涂刷油漆防腐施工

① 金属材料表面除污：为了使油漆能和金属材料表面很好结合，在涂刷油漆之前，必须对钢管、设备等金属表面上的灰尘、污垢、油渍、锈斑等清除干净，并保持干燥。否则油漆涂刷后，漆膜下被封闭的空气将继续氧化金属，即继续生锈，使漆膜破坏，加剧锈蚀。常用的除物方法有：人工除污、喷砂除污。

人工除污一般使用钢丝刷、沙布、废砂轮片等摩擦金属材料表面，使金属材料表面无锈斑，再用干净废棉纱或废布擦干净，露出金属光泽为合格。对于金属管道的内表面可用圆形钢丝刷来回擦，用压缩空气吹洗干净。

喷砂除污一般适用于加工厂或预制场里大批量金属材料除污。它是采用0.4~0.6MPa的压缩空气，把粒度为0.5~2.0mm的砂子喷射到有锈污的金属材料表面上，靠砂子的打击使金属材料表面的污物去掉，露出金属光泽，再用干净废棉纱或废布擦干净。

② 金属材料表面涂油漆：涂刷底层漆或面层漆应根据需要决定每层涂膜厚度。一般可涂刷一遍或多遍。多遍涂刷时必须在前一遍油漆干燥后进行。油漆涂刷的厚度应均匀，不得有脱皮、起泡、流淌和漏涂现象。涂刷的方法主要有手工涂刷或空气喷涂。

手工涂刷是用油漆刷自上而下，从左至右，先甲后外，先斜后直，先难后易，纵横交错地进行。使漆层厚薄均匀一致，无漏刷。该方法操作简单，适应性强，但效率低，涂刷质量受操作者技术水平的影响。

空气喷涂是用喷枪的压缩空气通过喷嘴时产生高速气流，将漆罐内漆液引射混合成雾状、喷涂于物体表面。喷枪所用空气压力一般为0.2~0.4MPa，喷嘴距被涂物件的距离控制在300~400mm范围为宜，喷嘴移动速度一般为10~15m/min。这种方法的效率高，漆膜厚薄均匀，表面平整。适合用大面积物体表面的油漆涂刷。

(2) 保温层施工

管道、设备和容器的保温应在防锈层及水压试验合格后进行。常用的保温方法有以下几种形式。

① 涂抹法保温：涂抹法保温是将不定型的散状保温材料按一定比例用水调或胶泥，分层涂抹于需要保温的管道或设备上。它适用于石棉硅藻土、碳酸镁石棉灰、石棉粉等保温材料。这种保温方法施工简单，保温结构整体性好，无接缝，保温层与保温面结合紧密，不受被保温物体形状的限制。由于是手工操作，故工作效率低，结构的机械强度不高，质量不易保证。

② 充填法保温：充填法保温是将不定型的松散状保温材料充填于四周由支撑环和镀锌铁丝网等组成的网笼空间内。它适用于矿渣棉、玻璃棉、超细玻璃棉等保温材料。这种保温方法所用散装材料重量轻、导热系数小、保温效果好、支撑环和外包铁丝网笼不易开裂。但施工麻烦，消耗金属且增加了额外热损失。

③ 包扎法保温：包扎法保温是将卷装的软质保温材料包扎一层或几层于管道上。它适用于矿渣棉毡、玻璃棉毡、超细玻璃棉毡等保温材料。这种保温方法施工简单，修补方便，耐振动。但棉毡等弹性大，很难做成坚固的保护层，因而易产生裂缝，使棉毡受潮，增大热损失。

④ 预制块保温：预制块保温是将预制成半圆形管壳、弧形瓦或板块保温材料拼装覆盖于管道或设备上，用铁丝捆扎。它适用于水泥珍珠岩、超细玻璃棉、玻璃棉、水泥蛭石等能预制成型的保温材料。由于它是由工厂预制而成，施工方便、保证质量、机械强度好而广泛采用。但因拼装时有纵横接缝易导致热损失，预制件在搬运和施工过程中易损耗，异形表面的保温施工难度大。

4.7.2　建筑电气工程

1. 配管工程

（1）明配管的安装

主要内容是测位、划线、打眼、埋螺栓、锯管、套丝、煨弯、配管、接地、刷漆。安装时管子的排列应整齐，间距要相等，转弯部分应按同心圆弧的形式进行排列。管子不允许焊接在支架或设备上。成排管并列时，接地、接零线和跨接线应使用圆钢或扁钢进行焊接，不允许在管缝间隙直接焊接。电气管应敷设在热水管或蒸汽管下面。

（2）暗配管的安装

安装工作内容为测位、划线、锯管、套丝、煨弯、配管、接地、刷漆。在混凝土内暗设管子时，管子不得穿越基础和伸缩缝，如必须穿过时应改为明配管，并用金属软管作为补偿。配合土建施工做好预埋的工作，埋入混凝土地面内的管子应尽量不深入土层中，出地管口高度（设计有规定者除外）不宜低于 200mm。金属软管适用于电气设备与管路之间的连接，或温差较大的塔区平台管与管之间的连接，并且必须是明配管的连接，不得穿墙或穿过楼板，更不得用于暗配管。

2. 线槽、桥架施工

（1）线槽施工

施工工艺：弹线定位→支吊架安装→线槽安装→保护地线安装。

（2）桥架施工

施工工艺：弹线定位→支吊架安装→桥架安装→电缆桥架接地。

电缆桥架安装应符合下列规定：

直线段钢制电缆桥架长度超过 30m、铝合金或玻璃钢制电缆桥架长度超过 15m 设有伸缩节；电缆桥架跨越建筑物变形缝处设置补偿装置；

电缆桥架转弯处的弯曲半径，不小于桥架内电缆最小允许弯曲半径。

当设计无要求时，电缆桥架水平安装的支架间距为 1.5~3m；垂直安装的支架间距不大于 2m。

桥架与支架间螺栓、桥架连接板螺栓固定紧固无遗漏，螺母位于桥架外侧；当铝合金桥架与钢支架固定时，有相互间绝缘的防电化腐蚀措施。

电缆桥架敷设在易燃易爆气体管道和热力管道的下方，当设计无要求时，与管道的最小净距应符合规范要求。

敷设在竖井内和穿越不同防火区的桥架，按设计要求位置，有防火隔堵措施。

支架与预埋件焊接固定时，焊缝饱满；膨胀螺栓固定时，选用螺栓适配，连接紧固，防松零件齐全。

3. 配线工程

（1）穿管配线

① 穿线前应当用破布或空气压缩机将管内的杂物、水分清除干净。

② 电线接头必须放在接线盒内，不允许在管内有接头和打结，并有足够的余留长度。

③ 管内穿线应在土建施工喷浆粉刷之后进行。

④ 穿在管内的绝缘导线的额定电压不应低于 500V。

⑤ 不同回路、不同电压和交流与直流的导线，不得穿入同一管子内。

（2）槽板配线

槽板配线包括木槽板配线和塑料槽板配线两种。木槽板和塑料槽板又分为二线式和三线式。槽板配线是先将槽板的底板用木螺丝固定于棚、墙壁上，将电线放入底板之槽内，然后将盖板盖在底板上并用木螺丝固定。具体要求如下：

① 塑料槽板及木槽板适用于干燥房屋内明设，使用的额定电压不应大于 500V。

② 塑料槽板与木槽板安装要求相同。木槽板内外应光滑，无棱刺，刷有绝缘漆。

（3）瓷夹、瓷瓶配线

瓷夹、瓷瓶配线应按规定要求进行施工，瓷夹、瓷瓶配线只适用于室内外明配线。室内绝缘导线与建筑物表面的最小距离，瓷夹板配线不应小于 5mm、瓷瓶配线不应小于 10mm。

（4）导线连接

导线连接的方法很多，有铰接、焊接、压接和螺栓连接等。各种连接方法适用于不同导线及不同的工作地点。导线连接是一道非常重要的工序，安装线路能否安全可靠地运行，在很大程度上取决于导线质量。

4. 桥架内电缆敷设

桥架内电缆敷设应符合下列规定：

① 大于 45°倾斜敷设的电缆每隔 2m 处设固定点；

② 电缆出入电缆沟、竖井、建筑物、柜（盘）、台处以及管子管口处等做密封处理；

③ 电缆敷设排列整齐，水平敷设的电缆，首尾两端、转弯两侧及每隔 5~10m 处设固

定点；敷设于垂直桥架内的电缆固定点间距，应符合规范的规定。

5. 防雷系统

属于防雷系统的有避雷网、避雷针、独立避雷针、避雷针引下线等。

(1) 避雷网安装

① 沿混凝土块敷设

A. 混凝土块为一正方梯形体，在土建做屋面层之前按照图纸及规定的间距把混凝土块做好(混凝土块为预制)，待土建施工完毕，混凝土块基本牢固，然后将避雷带焊接或用卡子固定于混凝土块的支架上。

B. 在屋脊上水平敷设时，要求支座间距为1m，转弯处为0.5m。

② 沿支架敷设。根据建筑物结构和形状的不同分为沿天沟敷设、沿女儿墙敷设。所有防雷装置的各种金属件必须镀锌。水平敷设时要求支架间距为1m，转弯处为0.5m。

(2) 避雷针安装

① 在烟囱上安装。根据烟囱的不同高度，一般安装1~3根避雷针，要求在引下线离地面1.8m处加断接卡子，并用角钢加以保护，避雷针应热镀锌。

② 在建筑物上安装。避雷针在屋顶上及侧墙上安装应参照有关标准进行施工。避雷针制作应考虑底板、肋板、螺栓等的全部重量。避雷针由安装施工单位根据图纸自行制作。

③ 在金属容器上的安装。避雷针在金属容器顶上及油罐壁上安装应按有关标准要求进行。

(3) 避雷针引下线安装

避雷针、避雷网与引下线的连接应采用焊接。当焊接有困难时，可采用螺栓连接，但接触面最好热镀锌或垫硬铅垫。在引下线距地面1.8m处设断接卡子，避雷针引下线是固定在支架上的，支架预埋在建筑物、构筑物壁上，引下线与支架的固定有焊接、螺栓连接、卡接三种方法。

6. 接地系统

接地系统包括接地极、户外接地母线、户内接地母线、接地跨接线、构架接地、防静电等。

接地系统常用的材料有等边角钢、圆钢、扁钢、镀锌等边角钢、镀锌圆钢、镀锌扁钢、铜板、裸铜线、钢管等。

(1) 接地极制作安装

接地极制作安装分为钢管接地极、角钢接地极、圆钢接地极、扁钢接地极等。常用的为钢管接地极和角钢接地极。

① 接地极垂直敷设

A. 角钢接地极垂直敷设的做法及要求

首先根据接地平面图中的户外接地母线位置连接地沟，一般沟深为0.8m，下口宽为0.4m，上口宽为0.5m。再将角钢接地极的一端削尖，将有尖的一头立放在已挖好的沟底上，垂直打入土沟内2m深，在沟底上部余留50mm。然后继续按上述方法将图纸规定的数量敷设完，再用扁钢将角钢接地极连接起来，即将接地极牢固地焊接在预留沟底上(50mm)的角钢接地极上(一般接地极长为2.5m，垂直接地极的间距不宜小于其长度的2

倍，通常为5m），焊接处应涂沥青，最后回填土。

B. 钢管接地极垂直敷设的做法及要求

做法及要求与角钢接地极相同。钢管的一头也是削尖，采用锯口或锻造。

② 接地极水平敷设

在土壤条件极差的山石地区采用接地极水平敷设。首先在山石地段开挖接地沟（采用爆破方法），一般沟长为15m，宽为0.8m，深为1.5m，沟内全部回填黄黏土并分别夯实。从底部分层夯实至0.5m标高时，将接地扁钢按图纸的要求水平排列三根，间距为160mm，长度为1.5m，再用40mm×4mm×700mm的扁钢，以垂直方向与上述三根水平排列的扁钢用焊接连接起来，每隔1.5m的间距焊接一根，要求接地装置全部采用镀锌扁钢，所有焊接点处均刷沥青。接地电阻应小于4Ω，超过时，应补增接地装置的长度。

③ 高土壤电阻率地区降低接地电阻的措施

换土；对土壤进行处理，常用的材料有炉渣、木炭、电石渣、石灰、食盐等；利用长效降阻剂；深埋接地体（岩石以下5m）；污水引入；深井埋地20m。

(2) 户外接地母线敷设

户外接地母线大部分采用埋地敷设。接地线的连接采用搭接焊，其搭接长度是：扁钢为厚度的两倍（且至少三个棱连焊接）；圆钢为直径的六倍；圆钢与扁钢连接时，其长度为圆钢直径的六倍；扁钢与钢管或角钢焊接时，为了连接可靠，除应在其接触部位两侧进行焊接外，还应焊以由钢带弯成的弧形卡子，或直接用钢带弯成弧形（或直角形）与钢管或角钢焊接。回填土时，不应夹有石块、建筑材料或垃圾等。

(3) 户内接地母线敷设

户内接地母线大多数是明设，分支线与设备连接的部分大多数为埋设。

① 明设时应符合下列要求：

A. 便于检查。

B. 敷设位置不应妨碍设备的检修。

C. 支持件间的水平距离为1.5m，垂直部分为1.5～2m，转弯处为0.5m。

D. 接地线应按水平或垂直敷设，亦可与建筑物倾斜结构平行，在直线上不应有高低起伏及弯曲等情况。

E. 接地母线沿建筑物墙壁水平敷设时，离地面应保持250～300mm的距离，接地线与建筑物墙壁间应有10～15mm的间隙。

F. 明设的接地线表面要求涂黑漆。

② 室内接地母线过门的做法。分为接地母线从门上走过和从门下走过两种方法。从门上走过时，距离门框的距离为300～500mm；从门下走过则埋设于室内地坪，距地面距离为50～200mm。

③ 由户内接地母线引至设备的分支线做法。分支线由室内接地母线引入地下再引至设备，埋地深度为50～200mm。

④ 户（室）内母线引至室外接地的接地线与室内接地母线的连接采用螺栓连接，穿墙时应加保护套管（直径为50mm，长度为墙的厚度+20mm）。

⑤ 设备接地线的做法是将接地线接至设备的地脚螺栓或地螺栓上，经地下引至户内接地母线上。

⑥ 金属壳体接地的做法是先将接地焊接在金属壳体上，然后将连接片与接地耳用螺栓连接固定，再将接地线焊接在连接片上。接地线的另一端引入地面内再引至户内接地母线上。

（4）避雷接地系统安装

避雷引下线均需预先埋好支架（烟囱、水塔除外），然后将引下线用螺栓或焊接方式固定。在离地 1.8m 的断接卡子处，定期测量接地电阻，并用角钢保护。

（5）接地跨接线安装

接地跨接线主要用于建筑物的伸缩缝或沉降缝、管道法兰之间、管道防静电等。

① 接地线过伸缩缝或沉降缝的做法及要求。接地母线敷设到距伸缩缝 500mm 时断开，即伸缩缝两边的母线相距为 1m，然后用同规格的母线弯成半圆状与两边的接地线母线相焊接，使用的扁钢向上弯曲，弯曲半径为 70mm。

② 管道法兰防静电跨接线安装：

A. 固定式法兰盘跨接线安装，是用扁钢跨接在两个固定式的法兰盘上，用螺栓紧固。

B. 卷边松套法兰盘跨接线安装，其做法是在松套法兰盘两边的管道上各焊接一条 25mm×4mm 的扁钢，然后将两条扁钢用螺栓连接起来即为跨接线。

C. 不锈钢管法兰盘跨接线，做法是在不锈钢法兰盘两边的不锈钢管上各套上一个卡箍，然后用扁钢将两个卡箍连接起来，即为跨接线。

③ 管道防静电跨接线安装。多根管道平行敷设的跨接线安装，利用直径 5mm 圆钢作为连接线。

7. 有线电视系统安装

（1）前端箱

有线电视的频道放大器、衰减器、混合器、宽带放大器、电源和分配器等，是集中布置在一个铁箱内，俗称前端箱。前端箱有箱式、台式、柜式三种。箱式前端安装于墙上，有明装和暗装。

（2）分配器、分支器、干线放大器

分配器、分支器、干线放大器也有明装和暗装之分，明装多用于已有建筑物的补装。新建建筑物线路多采用暗敷设，分配器、分支器、干线放大器亦应暗装。

（3）用户盒

用户盒也有明装和暗装。明装用户盒是用塑料胀管和木螺丝固定在墙上。暗装用户盒是在土建施工时就将盒及电缆保护管埋入墙内，如同照明工程中插座盒、开关盒的安装。

（4）防雷接地

电视天线也应有防雷措施。在建筑物屋顶面上，不得明敷设天线馈线或电缆，也不能利用建筑物的避雷做支架敷设。

（5）系统供电

有线电视系统采用 50Hz、220V 电源作为系统工作电源。工作电源一般是从最近的照明配电箱直接引入电视系统供电。

（6）线路敷设

CATV 系统中的同轴电缆的敷设分为明敷设和暗敷设两种。明敷是用卡子明敷在室内墙壁上，或布放在吊顶上。暗敷一般埋入方式如下：

① 公共建筑物一般有专用管道井，有线电视系统电缆一般也设计敷设在这里。
② 没有专用管道井的建筑，可在土建施工时将管道预埋在砖墙或钢筋混凝土构件中。

8. 电话通信系统安装

(1) 分线箱（盒）的装设

建筑物内的分线箱（盒）多在墙壁上安装。可分为明装和暗装两种。

① 明装

分线箱（盒）明装在墙壁表面应用木钉固定在墙壁的木背板上，木板四周应比分线箱盒各边长 2cm，木板上应至少用 3 个膨胀螺栓固定在墙上，分线箱（盒）底部距地面一般不低于 2.5cm。

② 暗装

电缆分线箱、电缆接头箱和过路箱暗敷在墙内，可供电话电缆在上升管路及楼层管路内分支、接续、安装分线端子板用。分线箱是内部仅有端子板的弱电箱之一。

(2) 交接箱安装

交接箱的安装有架空式和落地式两种，主要安装在建筑物外。

(3) 电话机安装

电话机是通过电话接线盒与电话线路连接的，接线盒有明装与暗装两种。

室内采用线路暗敷，电话机接至墙壁式出线盒上，这种接线盒有的需将电话机引线接入盒内接线柱上，有的则用插头插座连接。

(4) 信息插座安装要求：

① 安装在活动地板或地面上，应固定在接线盒内，插座面板有直立和水平等形式；接线盒盖应与地面齐平。

② 安装在墙体上宜高出地面 300mm，如地面采用活动地板时，应加上活动地板内净高尺寸。

③ 信息插座底座的固定方法以施工现场条件而定，宜采用扩张螺钉、射钉等方式。

④ 固定螺丝需拧紧，不应产生松动现象。

⑤ 信息插座应有标签，以颜色、图形、文字表示所接终端设备类型。

⑥ 安装位置应符合设计要求。

4.7.3 建筑供暖通风工程

1. 建筑供暖施工技术

(1) 工艺流程

安装准备→预制加工→卡架安装→干管安装→立管安装→支管安装→试压→冲洗→防腐→保温→调试。

(2) 操作工艺

① 干管安装

A. 干管安装按管道定位、画线（或挂线）、支架安装、管子上架、接口连接、立管短管开孔焊接、水压试验、防腐保温等施工顺序进行。按施工草图，进行管段的加工预制，包括断管、套丝、上零件、调直、核对尺寸，按环路分组编号，码放整齐。

B. 安装卡架，按设计要求或规定间距安装，将在墙上画出的管道定位坡度线按照管中心与墙、柱的距离水平外移，挂线作为卡架安装的基准线。吊环按间距位置套在管上，再把管抬起穿上螺栓拧上螺母，将管固定。安装托架上的管道时，先把管就位在托架上，把第一节管装好 U 形卡，然后安装第二节管，以后各节管均照此进行，紧固好螺栓。

C. 干管安装应从进户或分支路开始，装管前要检查管腔并通过拉扫（钢丝缠布）清理干净。在丝头处涂好铅油缠好麻，一人在末端扶平管道，用管钳咬住前节管件，用另一把管钳转动管至松紧适度，对准调直时的标记，要求丝扣外露 2~3 扣，并清掉麻头。依此方法装完为止（管道穿过伸缩缝或过沟处，必须先穿好钢套管）。

D. 遇有伸缩器，应在预制时按规范要求做好预拉伸，并作好记录。按位置固定，与管道连接好。波纹伸缩器应按要求位置安装好导向支架和固定支架。并分别安装阀门、集气罐等附属设备。

E. 管道安装后，检查坐标、标高、预留口位置和管道变径等是否正确，然后找直，用水平尺校对复核坡度，调整合格后，再调整吊卡螺栓 U 形卡，使其松紧适度，平正一致，最后焊牢固定卡处的止动板。

F. 摆正或安装管道穿结构处的套管，填堵管洞口，预留口处应加临时管堵。

G. 为避免干管坡度不均匀，注意严格按照坡度线安装牢固，尽量避免干管安装后开口，接口以后不调直。

H. 安装好的干管不得做吊拉负荷或做支撑使用。

② 立管安装

A. 为保证立管垂直度，仔细核对各层预留孔洞位置是否垂直，吊线、剔眼、栽卡子。将预制好的管道按编号顺序运到安装地点。

B. 安装前先卸下阀门盖，有钢套管的先穿到管上，注意套管高出地面 2cm（厨卫间 5cm），按编号从第一节开始安装。涂铅油缠麻将立管对准接口转动入扣，一把管钳咬住管件，一把管钳拧管，拧到松紧适度，对准调直时的标记要求，丝扣外露 2~3 扣，预留到正确为止，并清净麻头。

C. 检查立管的每个预留口标高、方向、半圆弯等是否准确。将事先栽好的管卡子松开，把管放入卡内拧紧螺栓，用吊杆、线坠从第一节管开始找好垂直度，扶正钢套管，最后填堵孔洞，预留口必须安装临时丝堵。

③ 支管安装

A. 检查散热器安装位置及立管预留口是否准确、坡度是否合适。量出支管尺寸和灯叉弯的大小（散热器中心距墙与立管预留口中心距墙之差）。

B. 配支管，按量出支管的尺寸，减去灯叉弯的量，然后断管、套丝、煨灯叉弯和调直。将灯叉弯两头抹铅油编麻，装好油任，连接散热器，把麻头清净。

C. 暗装或半暗装的散热器灯叉弯必须与炉片槽墙角相适应，达到美观。

D. 用钢尺、水平尺、线坠校对支管的坡度和平行距墙尺寸，并复查立管及散热器有无移动。

E. 立支管变径，不得使用铸铁补芯，应使用变径管箍或焊接法。

F. 安装好的支管不得蹬踩、做支撑。

④ 套管安装

暖气管道穿墙、穿楼板应设置钢套管或铁皮套管，下料后套管内刷防锈漆一遍，用于穿楼板套管应在适当部位焊接架铁。

穿楼板套管根据楼板厚度宜分成两截，两内头套扣，用管箍连接，保证上部出楼板高度以及底部和楼板相平。

⑤ 试压

试压分单项试压和系统试压。单项试压：干管敷设后或隐蔽部位的管道安装完毕后按设计和规范要求进行水压试验。系统试压：采暖系统安装完毕，管道保温之前应按设计和规范要求进行系统水压试验。

蒸汽、热水采暖系统，应以系统顶点工作压力加 0.1MPa 做水压试验，同时在系统顶点的试验压力不小于 0.3MPa。

高温热水采暖系统，试验压力应以系统顶点工作压力加 0.4MPa。

使用塑料管及复合管的热水采暖系统，应以系统顶点工作压力加 0.2MPa 做水压试验，同时在系统顶点的试验压力不小于 0.4MPa。

⑥ 冲洗

A. 系统投入使用前必须冲洗，冲洗前将管道上安装的流量孔板、滤网、温度计、调节阀及恒温阀等拆除，待冲洗合格后再装上。

B. 热水管道供回水管及凝结水管用清水冲洗，冲洗时以系统能达到的最大压力和流量进行，直到出水口水色和透明度与入水口目测一致为合格。

C. 冲洗后泄水。

⑦ 管道防腐和保温

设计无要求时，应按照下列要求：

A. 管道明装：一丹二银（一遍防锈漆，二遍面漆）；

B. 暗装：二丹（二遍面漆）；

C. 潮湿房间明装：二丹二银；

D. 采暖管道敷设在地沟、吊顶内、易冻的过厅、楼梯间及非采暖间均应做保温；

E. 穿越壁橱、吊柜内采暖管道均应采取保温措施，保温材料由设计确定，不得使用对环境及人体有害保温材料。

⑧ 通暖

A. 首先联系好热源，根据供暖面积确定通暖范围，制定通暖人员分工，检查供暖系统中的泄水阀门是否关闭，干、立、支管的阀门是否打开。

B. 向系统内充软化水，开始先打开系统最高点的放风阀，安排专人看管。慢慢打开系统回水干管的阀门，待最高点的放风阀见水后即关闭放风阀，再开总进口的供水管阀门高点放风阀，要反复开放几次，使系统中的冷风排净为止。

C. 正常运行半小时后，开始检查全系统，遇有不热处应先查明原因，需冲洗检修时，则关闭供回水阀门泄水，然后分别用先后开关供回水阀门放水冲洗，冲净后再按照上述程序通暖运行，直到正常为止。

D. 冬季通暖时，必须采取临时取暖措施，使室温保持+5℃以上才可进行。遇有热度不均，应调整各分路立管、支管上的阀门，使其基本达到平衡后，进行正式检查验收，并办理验收手续。

2. 建筑通风施工技术

(1) 通风管道安装工程

工艺流程图见图 4-10。

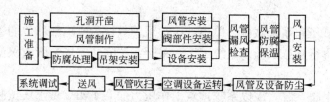

图 4-10 通风管道安装工艺流程

(2) 风管及部件的安装

工艺流程见图 4-11。

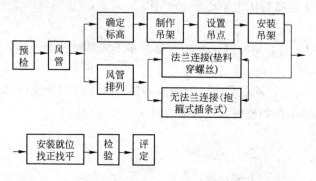

图 4-11 风管及部件安装工艺流程图

(3) 通风部件安装

① 风口的安装

土建吊顶时配合土建留设阀门检视门处人孔及风量、风温测定孔处人孔。通风空调系统在建筑物交付使用后主要可见部分为明露于室内的风口，所以必须注意风口的美观效果。风口安装时应横平竖直，表面平整，明露于室内部分与室内线条平行，对于各种吸顶安装的散流器，应使风口与平顶平行，凡有调节和转动装置的风口，在安装好后仍应保护原来的灵活程度。

② 风阀安装

各类风阀必须有出厂合格证明书及厂家生产资质，防火阀安装，方向位置正确，易熔件迎向气流方向，安装后做动作试验，其阀板的启闭灵活，动作可靠。防火阀安装时单独设支架。正压风口和排烟口的安装注意易熔片的温度标识，防止安装差错造成阀体变形；风阀安装设置固定点。止回阀安装于风机的压出段上，开启方向与气流方向一致。

依据设计要求的位置安装排烟阀、排烟口及手控装置(包括预埋导管)，排烟阀安装后做动作试验，检查其手动、电动操作是否灵敏、可靠、阀体关闭是否严密。

③ 柔性短管安装

柔性短管的长度，一般宜为 150～250mm，其连接处应严密、牢固可靠。

柔性短管不宜作为找平、找正异径连接管使用。

④ 测孔、检查门

检查门应平整、启闭应灵活、关闭应严密，其与风管或空气处理室的连接处应采取密封措施，无明显渗漏。

⑤ 通风管道保温

工艺流程见图 4-12。

图 4-12 风管保温工艺流程

⑥ 风机的安装

工艺流程见图 4-13。

图 4-13 风机安装工艺流程图

⑦ 消声器安装

消声器进场必须有出厂合格证及厂家生产资质，运输、存放过程中不得损坏及受潮，安装方向正确，单独设置支吊架，连接消声器的进出端平滑。

⑧ 新风换气机的安装

工艺流程见图 4-14。

图 4-14 空调机组的安装工艺流程

⑨ 组合式空调机组安装

组合式空调机组安装：检查机组基础，要求基础符合设计要求、平整，基础高于机房地平面；按照设计顺序将机组各段组装成型，同时清理机组内部；机组下部的冷凝水排放管应设置水封，与外管路连接正确；各功能段连接严密，整体平直，检查门开启灵活，水路畅通。

4.8 市政公用工程

4.8.1 城市道路工程

1. 一般路基施工技术

按路基施工的技术特点，路基施工的基本方法大致可分为：人力及简易机械化、机械化和综合机械化，水力机械化(多用于公路)、爆破方法(多用于公路)等。

施工方法的选择,应根据工程性质、施工期限、现有条件等因素而定,而且应因地制宜将各种方法综合使用。

(1) 路基施工的准备工作

施工准备工作千头万绪,涉及面广,必须有计划、按步骤、分阶段进行,才能在较短的时间内为工程的开工创造必要的条件。准备工作的基本任务是了解施工的客观条件,根据工程的特点、进度要求,合理安排施工力量,从人力、物资、技术和施工组织等方面为工程施工创造一切必要条件。主要包括:组织准备、物质准备、技术准备、场地准备。

一般对路堤,包括填石路堤、土石路堤、特殊地段路堤、特殊填料路堤、拟采用新技术、新工艺、新材料的路堤都应铺筑试验路。试验路段应选择在地质条件、断面形式等工程特点具有代表性的地段,路段长度不宜小于100m。

(2) 填方路基施工技术

① 基底处理

路堤一般都是在天然地基上利用当地土石做填料、按一定方案在原地面上填筑起来的。为保证路堤的填筑质量、保证路堤具有足够的强度和稳定性,必须对基底的处理严格控制。

填方路堤,如基底为坡面时,在荷载作用下,粒料极易失稳而沿坡面产生滑移,因此在施工前必须注意对基底坡面处理后方能填筑。经验表明,当坡度在1:10～1:5之间时,只需清除坡面上的树、草杂物后,将翻松的表层压实后即可保证坡面的稳定。但当坡度在1:5～1:2.5之间时,应将坡面做成台阶形,一般宽度不宜小于2m,高度最小为1.0m,而且台阶顶面应做成向堤内倾斜3‰～5‰的坡度。如果基底坡面超过1:2.5时,则应采用修护墙、护脚等措施对外坡脚进行特殊处理。

当路基稳定受到地下水影响时,应予拦截或排除,引地下水至路堤基础范围之外再进行填方压实。

② 土质路堤的填筑

路堤基本填筑方案有分层填筑法、竖向填筑法和混合填筑法三种。土质路堤的填筑的基本要求有:

A. 性质不同的填料,应水平分层、分段填筑,分层压实。同一水平层路基的全宽应采用同一种填料,不得混合填筑。每种填料的填筑层压实后的连续厚度不宜小于500mm。填筑路床顶最后一层时,压实后的厚度应不小于100mm。在填筑效果方面,使用不同的填料应采用适宜的施工工艺,不合理的施工工艺会造成路基出现不均匀沉降、水囊现象和不稳定的滑动面等病害。

B. 潮湿或冻融敏感性小的填料应填筑在路基上层。强度较小的填料应填筑在下层。在有地下水的路段或临水路基范围内,宜填筑透水性好的填料。

C. 在透水性不好的压实层上填筑透水性较好的填料前,应在其表面设2%～4%的双向横坡,并采取相应的防水措施。不得在透水性较好的填料所填筑的路堤边坡上覆盖透水性不好的填料。

D. 每种填料的松铺厚度应通过试验确定,并考虑工后削坡预留宽度。

E. 土质路基如按设计断面尺寸填筑,路基边缘部分的压实度很难达到规定要求,实际上等于缩小了路基断面，使路基质量受到影响，因此应适当增加碾压宽度，保证全断面的压实质量，保证每一填筑层压实后的宽度不小于设计宽度。

F. 路堤填筑时，应从最低处起分层填筑，逐层压实；当原地面纵坡大于12%或横坡陡于1:5时，应按设计要求挖台阶，以保证填方土体的稳定。每级台阶高度可取压实机具一层压实厚度的整倍数。

G. 填方分几个作业段施工时，接头部分如不能交替填筑，则先填路段，应按1:1坡度分层留台阶；如能交替填筑，则应分层相互交替搭接，搭接长度不小于2m。

③ 桥涵台背填土

为保证桥头路堤稳定，防止产生不均匀沉降，台背填土除设计文件另有规定外，一般应用砂性土或其他渗水性良好的材料填筑。在渗水材料缺乏的地方，采用细粒土填筑时，宜用石灰、水泥、粉煤灰等无机结合料进行处置。

填土长度：一般在上部距翼墙尾端不小于台高加2m，下部为距基础内沿不小于2m。

填土高度：从路堤顶面起向下计算，在冰冻地区一般不小于2.5m；无冰冻地区到高水位，均应填以渗水性材料，其余部分可用与路堤相同的土填筑，并在其上设横向排水盲沟或铺向外倾斜的黏土或胶泥层。

填土应分层夯实到要求的压实度，每层的松铺厚度不得超过20cm。

桥台台背的填土应与锥坡填土同时进行，并认真做到水平分层铺筑和压实。涵洞两侧应水平分层对称地向上填筑，分层压实，并注意压实度的均匀性。

④ 填石路堤的填筑

填石路堤的填筑方式有逐层填筑压实和倾填(含抛填)两种。抛填又可分为石块从岩面爆破后直接散落在准备填的路堤内和用推土机将爆破后堆放在半路堑上的石块以及用自卸汽车从远处运来的爆破石块推入路堤两种情况。

(3) 挖方路基施工技术

① 土质路堑施工

施工方法

路堑开挖施工，除需考虑当地的地形条件、采用的机具等因素外，还需考虑土层的分布。在路堑开挖前，应做好现场伐树除根等清理和排水工作。如果移挖做填时，还应将表土单独掘弃，或按不同的土层分层挖掘，以满足路堤填筑的要求。路堑的开挖方法根据路堑高度、纵向长短及现场施工条件，可采用横向挖掘法、纵向挖掘法、混合式挖掘法三种方法。

注意事项

深挖掘中特别需要注意的问题是保证施工过程或竣工后的有效排水。一般应先开挖排水沟槽，并要求与永久性构造物相结合，并设法排除一切可能影响边坡稳定的地面水和地下水，为此，路堑开挖作业时应注意以下几点：

A. 不论采取何种开挖方法，均应保证施工中及竣工后的有效排水，确保施工作业面不积水。开挖路堑时，要在路堑的线路方向保持一定的纵坡度，以利于排水和提高运输效率。

B. 开挖时应按照横断面自上而下，依照设计边坡逐层进行，防止因开挖不当而引起边坡失稳崩塌。当开挖至零填、路堑路床部分后，应尽快进行路床施工，如不能及时进行，宜在设计路床顶标高以上预留至少 300mm 的保护层。

C. 开挖过程中，应采取措施保证边坡稳定。开挖至边坡线前，应预留一定宽度，预留的宽度应保证刷坡过程中设计边坡线外的土层不受扰动。

D. 路堑弃土应及时运出现场。如现场堆放应按要求整齐地堆在路基一侧或两侧或弃土堆内侧坡脚(靠路堑一侧)，至路堑边坡顶端距离不得小于规定限度。

E. 弃土运往他处时，挖掘工作面的运输散落土料要及时清除，尤其是每个工作日作业结束时，更要注意及时用推土机将散落土清除干净，以防土遇雨积水，造成滑坡损害，以至于发生滑塌事故。

F. 松软土地带或其他不符合要求的土质地段，要采取各种稳定处理措施，并注意地下水的上升情况，根据需要设置排水盲沟等。

② 石质路堑施工

石质路堑是道路通过山区与丘陵地区的一种常见路基形式，由于是开挖建造，结构物的整体稳定是路堑设计、施工的中心问题。

路基边坡的形状，一般可分为直线、折线和台阶形三种。当挖方边坡较高时，可根据不同的土质、岩石性质和稳定要求开挖成折线式或台阶式边坡，边沟外侧应设置碎落台，其宽度不宜小于 1.0m；台阶式边坡中部应设置边坡平台，边坡平台的宽度不宜小于 2m。

当土质挖方边坡高度超过 20m、岩石挖方边坡高度超过 30m 以及不良地质地段路堑边坡，应按有关规定，进行路基高边坡个别处理设计。

对于岩土的破碎开挖，主要采用两种方法：一是松土机械作业法，二是爆破作业法。

(4) 软弱路基施工技术

① 垫层与浅层地基处理

垫层与浅层处置的目的是增加地基强度，防止地基产生局部变形。当软土层的厚度小于 3m 且软土层在表层时，可采用垫层或用生石灰等浅层拌合、换填、抛石等方法进行浅层处理。

② 反压护道法

反压护道法主要是当路堤在施工过程中，达不到要求的稳定安全系数容许值时，用主路堤两侧的反压护道达到使路堤稳定的目的。可在路堤的两侧或一侧设置反压护道。

③ 土工合成材料处理

土工合成材料具有加筋、防护、过滤、排水、隔离等功能，利用土工合成材料的抗拉抗剪强度好，改善施工机械的作业条件，均匀支承路堤荷载，减小地基的沉降和侧向位移，提高地基的承载力。土工合成材料的种类有：土工网、土工格栅、土工袋、土工织物、土工复合排水材料、土工垫等。

④ 塑料排水板

塑料排水板是由芯板和滤膜组成的复合体，或是由单一材料制成的多孔管道无滤套板带。

⑤ 碎石桩

碎石桩是采用碎石材料做桩料并依靠振动沉管机、水振冲器等在软土地基层内做成。碎石桩与桩间的软土形成复合地基，碎石桩对地基起加固、置换作用，可提高地基承载能力，减少最终的地基固结沉降量。

⑥ 加固土桩

加固土桩是用某种专用机械将软土地基内局部范围的软土主体用无机结合料加固、稳定，使桩体与桩间的软土形成复合地基。改良后的加固土桩起置换作用和应力集中效应，以减少地基的总沉降。

（5）路基压实

① 影响路基压实的主要因素

影响路基压实的主要因素有：含水量、土质、压实功、压实机具、压实方法。

② 路基压实标准

路基压实标准通常用压实度来表征。土的压实度是现场压实后土的干密度与室内用压实标准仪测定的土的最大干密度的比值百分数。

城市道路通常采用重型击式和轻型击式两种标准。

③ 路基的压实施工

A. 压实前的准备工作

正确地选择压路机的类型和压实功，确定最佳压实厚度，最佳碾压遍数，最佳含水量，严格控制松铺层厚度，作好各项技术交底。

B. 路基压实的基本原则

在路基压实过程中，应遵循"先轻后重、先慢后快、先边后中、先低后高、注意重叠"的原则。

C. 路基的压实

路基的压实一般按初压、复压和终压三个步骤进行。

D. 边坡的压实

路堤填土的坡面应该充分压实，而且要符合设计截面。如果边坡面层和路堤整体相比压得不够密实，下雨时，由于表层流水的洗刷和渗透，而发生滑坡、崩溃和路侧下沉等现象。因此，边坡亦必须给予充分压实，不可忽视。

边坡面施工有剥土坡面施工和堆土坡面施工两种方法

E. 台背回填的压实

桥梁、箱形涵洞等构筑物和填土相连接部分，一般在行车后，连接部发生不同沉陷，使路面产生高差导致损坏，影响正常交通。究其原因，除基础地基和填土下沉外，碾压不足亦为其一，因此台背回填的压实工作必须认真做好。

台背回填用土最好采用容易压实的压缩性小的材料。当能用大型压实机械进行充分压实时，选用粒度分布良好者即可。

2. 路面基层（底基层）施工技术

（1）级配碎石基层（底基层）

级配碎石是一种古典的路面结构层，常用几种粒径不同的粗、中、细碎石和石屑掺配拌制而成路面结构形式，分为骨架密实型与连续型。它适应于各级道路路的基层和底基层，以减轻或消除半刚性基层开裂对沥青面层的影响，避免反射裂缝。采用级配碎石是柔性与半刚性两类基层结构的优化组合以满足新形势下的交通需求。

级配碎石基层的施工流程

级配碎石的施工有路拌法和中心站集中场拌法两种。其主要施工流程为：备料→运输与摊铺集料→拌合及整形→碾压→横缝的处理→纵缝的处理→养护。

(2) 稳定类基层(底基层)

凡是用水硬性结合料(我国又称之为无机结合料)稳定的各种土,当其强度符合规定的要求时,都称作半刚性基层材料,它包括水泥稳定土、石灰稳定土、石灰稳定工业废渣和综合稳定土。

半刚性类基层稳定路面具有稳定性好、抗冻性能强、结构本身自成板体等特点,但其耐磨性差。因此,广泛用于修筑路路面结构层的基层或底基层。较厚的半刚性材料层可以抵消土基强度的巨大差别。

① 石灰稳定土基层施工流程

石灰稳定土施工分为:路拌法和场拌(或集中拌合)法两种。我国石灰稳定土的施工主要采用路拌法施工(南京规定为场拌或集中拌合),在少数地区和某些高等级道路的路面施工中,采用中心站集中拌合法施工的工程越来越多。路拌法施工主要流程为:准备工作→摊铺集料→整型轻压→摊铺石灰→拌合与洒水→接缝和调头处的处理→碾压→养生与交通管理。

② 水泥稳定类基层施工流程

水泥稳定土按照颗粒的粒径大小和组成,将土分为三种:粗粒土、中粒土、细粒土。常用的水泥稳定材料有:水泥碎石、水泥砂砾、水泥土等。

水泥剂量不宜超过6%。必要时,应首先改善集料的级配,然后用水泥稳定,以达到要求的压实度。

水泥稳定类基层施工主要流程为:准备工作→摊铺集料→洒水预湿→整平和轻压→摆放和摊铺水泥→干拌→加水并湿拌→整形→碾压→接缝和调头处的处理→养生。

③ 石灰工业废渣稳定土(二灰碎石)施工流程

石灰工业废渣稳定土可分为两大类:石灰粉煤灰、石灰其他废渣。二灰碎石(或二灰集料)在道路工程路面结构层中得到广泛应用。

二灰碎石基层所用材料来源广泛,可就地取材,且施工方便,强度高。形成板体后,具有类似贫混凝土的性质,水稳性、抗裂性也较好。由于这些优点,使二灰碎石基层得到广泛应用。

二灰碎石施工的重点是控制好后台的质量检测工作,每天一开机就要进行混合料的筛分以及灰剂量、含水量的检测工作,各项指标合格后才能进行正式拌合。采用灌砂法进行现场压实度的检测,在碾压过程中试验人员跟踪定点检测,直至达到压实度要求。采用生石灰粉进行施工时,试验室制作强度试件要首先进行焖料,每隔1~2h应掺拌一次,使生石灰颗粒充分消解,否则试件容易炸裂。

二灰碎石基层施工主要流程为:准备下承层→施工放样→备料→集中拌合→运输→摊铺→焖料→碾压→养生。

3. 沥青路面施工技术

沥青路面俗称"黑色路面",又称柔性路面。

沥青路面面层直接承受车辆和大气因素的作用,而沥青材料自身的性质受气候和时间影响很大,这是沥青路面使用中的一个重要特点。因此沥青路面必须满足高温稳定性、低温抗裂性、耐久性、抗滑能力、抗渗能力。

由于沥青面层与水泥混凝土路面相比，沥青路面具有表面平整、无接缝、行车舒适、耐磨、振动小、噪声低、施工期短、养护维修简便等优点。

(1) 沥青表面处治

由于沥青表面处治层很薄，一般不起提高强度作用，其主要作用是抵抗行车的磨耗、增强防水性、提高平整度以及改善路面的行车条件。沥青表面处治宜在干燥和较热的季节施工，并应在雨期及日最高温度低于15℃到来以前半个月结束，使表面处治层通过开放交通压实，成型稳定。

双层式沥青表面处治施工程序：

层铺法沥青表面处治施工，一般采用所谓"先油后料"法，即先洒布一层沥青，后铺撒一层矿料。施工程序为：备料→清理基层及放样→浇洒透层沥青→洒布第一次沥青→铺撒第一层矿料→碾压→洒布第二次沥青→铺撒第二层矿料→碾压→初期养护。

单层式和三层式沥青表面处治的施工程序与双层式相同，仅需相应地减少或增加一次洒布沥青、铺撒矿料和碾压工序。

(2) 沥青透层、粘层与封层

透层、粘层和封层是沥青混合料路面施工的辅助层，可以起到过渡、粘结或提高道路性能的作用。

① 透层

沥青混合料面层下多采用半刚性基层（用水泥、石灰、粉煤灰去拌土、石形成稳定土和稳定粒料），以提高沥青路面的整体强度。在铺筑沥青混合料面层前，应在基层表面浇洒透层沥青（简称透层油）。用于非沥青材料与沥青结构层连接。

透层的作用：沥青混合料面层属于柔性路面，与非沥青材料铺筑的基层力学特性是不同的，浇洒透层沥青，并渗透到基层 5~10mm，使沥青面层与半刚性基层材料粘结成为一体，使基层表面具有沥青路面的特性，以起到过渡作用，同时车轮荷载通过柔性路面面层能均匀地传递到基层，改善道路的受力状况，提高路面的承载力。

透层的施工要求：沥青路面各类基层都必须喷洒透层油，沥青层必须在透层油完全渗透入基层后方可铺筑。基层上设置下封层时，透层油不宜省略。气温低于10℃或大风、即将降雨时不得喷洒透层油。用于半刚性基层的透层油宜紧接在基层碾压成型后表面稍变干燥、但尚未硬化的情况下喷洒。在无结合料粒料基层上洒布透层油时，宜在铺筑沥青层前1~2d洒布。

② 粘层

双层式或三层式沥青混合料路面，底面层铺筑完成后，铺筑中面层和表面层前必须先铺设粘层沥青（简称粘层油）。用于沥青结构层与层之间连接。

粘层的作用：粘层的作用是在层与层之间铺设一层薄沥青层，将层与层之间的混合料牢牢粘成一个整体，提高路面的整体强度。如果粘结不牢，车辆加速或制动时产生的横向力就会造成层与层之间的横向滑移，影响路面整体受力性能，从而降低路面强度与使用寿命，也会使沥青路面上出现壅包或波浪。粘层油品种和用量，应根据下卧层的类型通过试洒确定，并符合相应要求。当粘层油上铺筑薄层大空隙排水路面时，粘层油的用量宜增加到 $0.6~1.0l/m^2$。在沥青层之间兼作封层而喷洒的粘层油宜采用改性沥青或改性乳化沥青，其用量宜不少于 $1.0l/m^2$。

粘层的施工要求：热拌热铺沥青混合料路面由双层式或三层式组成，当不能连续摊铺沥青层时，应彻底清扫下层表面的灰尘、泥土、油污等有可能产生影响层间结合的物质，然后在沥青结构层之间撒布粘层沥青。

③ 封层

封层的作用是使道路表面密封，防止雨水浸入道路，保护路面结构层，防止表面磨耗损坏。封层分为下封层和上封层。

下封层：下封层铺筑在沥青面层的下面。在多雨地区的高速公路、一级公路的沥青路面空隙较大时，有严重渗水可能，可能对基层造成损坏，或铺筑基层不能及时铺筑沥青面层而需要通行车辆时，宜在基层上喷洒透层油后铺筑下封层。可以起到保护基层的作用，防止雨水侵蚀，造成基层破坏，待施工条件成熟后，再在下封层上铺筑沥青混合料面层。下封层的厚度不宜小于6mm，且做到完全密水。

上封层：上封层铺筑在沥青面层的上表面。对二级及二级以下公路的旧沥青路面出现裂缝，造成严重透水时，铺筑上封层可以防止路面透水。多采用普通的乳化沥青稀浆封层，也可在喷洒道路石油沥青后撒布一层高耐磨性石屑(砂)后碾压作为封层，以改善道路表面的防滑性能或提高耐磨性能。

封层的施工要求：封层的施工方法可以采用沥青表面处治层铺法、热拌沥青混合料施工法和乳化沥青稀浆封层等施工方法。

（3）沥青混凝土路面

热拌沥青混合料适用于各种等级道路的沥青面层。高速公路、一级公路和城市快速路、主干路的沥青面层的上面层、中面层及下面层应采用沥青混凝土混合料铺筑，沥青碎石混合料仅适用于过渡层及整平层。其他等级道路的沥青面层的上面层宜采用沥青混合料铺筑。

① 分类

沥青混合料必须在沥青拌合厂(站)采用拌合机械拌制，运至施工现场，经摊铺压实修筑路面的施工方法。

厂拌法按混合料铺筑时的温度不同，又可分为热拌热铺和热拌冷铺两种。

厂拌法拌制的沥青碎石及沥青混凝土混合料拌制与现场施工工艺基本相同。

这里仅介绍沥青混凝土的施工要点。

② 拌合温度及摊铺温度

普通沥青结合料的施工(摊铺)温度宜通过在135℃及175℃条件下测定的黏度—温度曲线按规范确定。

③ 沥青混凝土路面施工程序

沥青混凝土施工过程可分为沥青混合料的拌制与运输及现场铺筑两个阶段。

沥青混凝土路面施工的主要流程为：沥青混合料的拌制与运输(略)→基层准备和放样→洒布透层沥青与粘层沥青→摊铺(包括机械摊铺和人工摊铺)→碾压→接缝施工→开放交通。

4. 水泥混凝土路面施工技术

（1）施工准备

① 选择混凝土拌合场地

② 进行材料试验和混凝土配合比设计

③ 基层的检查与整修

④ 洒水润湿

(2) 小型机具铺筑施工程序

小型机具铺筑是指采用固定模板，人工布料，手持振动棒、平板振动器或振动梁振实，用修复尺、抹刀整平，且对其表面进行了抗滑处理的水泥混凝土路面。

小型机具施工主要设备有：配备自动重量计量设备的强制式搅拌机、插入式振动棒、平板振动器和振动梁等振捣工具；提浆滚杆、叶片式或圆盘式抹面机、3m刮尺和抹刀等整平工具；拉毛机、工作桥、刻槽机等抗滑构造设备以及运输车辆。

水泥混凝土小型机具施工主要流程为：施工放样→安装模板→设置传力杆和拉杆→混凝土混合料的制备与运输→摊铺与振捣→抹面与设置防滑措施→接缝→养生与填缝→开放交通。

(3) 滑模摊铺机施工程序

水泥混凝土滑模摊铺机施工主要流程为：施工准备→滑模摊铺机的设置→初始摊铺→拉杆施工→摊铺→摊铺结束后的工作。

4.8.2 桥涵工程

1. 施工前的准备

(1) 图纸会审和技术交底

(2) 编制施工组织设计

(3) 施工测量放样

2. 桥梁基础施工技术

桥梁基础是桥梁结构物直接与地基接触的最下部分，是桥梁下部结构的重要组成部分。桥梁基础根据埋置深度可分为浅基础（一般小于5m）和深基础两类（一般埋深大于5m）。浅基础一般采用明挖工程，深基础可采用多种方法施工，如打(沉)入桩、钻孔灌注桩、沉井、沉箱等。

(1) 浅基础施工

桥梁工程中的浅基础又称为明挖基础，可分为柔性基础和刚性扩大基础。柔性基础一般采用钢筋混凝土筑成；刚性扩大基础不需配置钢筋，一般采用圬工材料砌筑。在天然土层上直接建造桥梁浅基础，可采用明挖法，即不用任何支撑的一种开挖方式；当地基土层较软，放坡受施工条件限制时，可采用各种坑壁支撑。采用明挖法施工特点是工作面大、施工简便。

其施工程序：基坑定位放样→基坑围堰→基坑排水→基坑开挖→基底检验与处理→基础砌筑。

① 基坑排水

明挖基础施工中一般应采用排降水措施，保持基坑底不被水淹没，基坑排水多采用汇水井排水法和井点降水法，也可采用改沟、渡槽和冻结法等。

② 基坑开挖

基坑的开挖应根据土质条件、基坑深度、施工期限以及有无地表水或地下水等因素，采用适当的施工方法。

基坑开挖有坑壁有支撑和坑壁无支撑两种形式。

常用的坑壁支撑形式有：挡板支撑护壁、喷射混凝土护壁、混凝土围圈护壁以及其他形式的支撑(如锚桩式、锚杆式、锚碇板式、斜撑式等)。

③ 基础砌筑

在基坑中砌筑基础可分为无水砌筑、排水砌筑和混凝土封底再排水砌筑等几种情况，基础用料应在挖基完成前准备好，以保证能及时砌筑。

(2) 深基础(钻孔灌注桩)施工

钻孔灌注桩是采用不同的钻孔(或挖孔)方法，在土中形成一定直径的井孔，达到设计标高后，将钢筋骨架吊入井孔中，灌注混凝土(有地下水时灌注水下混凝土)，成为桩基础的一种工艺。钻孔灌注桩基础在如今的桥梁建设，特别是城市桥梁的建设中得到了广泛的应用。

钻孔灌注桩施工的主要流程为：施工准备→埋设护筒→制备泥浆→钻孔→清孔→钢筋骨架→灌注混凝土等。

① 埋设护筒

常见的护筒有木护筒、钢护筒和钢筋混凝土护筒三种，一般常用钢护筒。护筒要求坚固、耐用、不漏水，其内径应比钻孔直径大(旋转钻约大20cm，潜水钻、冲击或冲抓锥约大40cm)，每节长度为2~3m。一般钢护筒可取出重复使用。

② 制备泥浆

钻孔泥浆一般由水、黏土(或膨润土)和添加剂按适当配合比配制而成，具有浮悬钻渣，冷却钻头，润滑钻具，增大静水压力，并在孔壁形成泥皮，隔断孔内外渗流，防止坍孔等作用。

③ 钻孔

A. 冲击钻机钻孔

在不同的地层应采取不同的冲击方法和措施。一般在紧密的砂、砂砾石、砂卵石及砾石、卵石粒径较大的土层中钻进，宜采用高冲程(100cm)。在松散的砂、砂砾石或砂卵石土层中钻进，宜采用中冲程(约为75cm)。冲程过高对孔底振动大，易引起坍孔。在黏性土、黏质粉土、粉质黏土中钻进，宜采用中冲程。在易坍塌或流砂地段宜用小冲程，并应提高泥浆的黏度和密度。

B. 冲抓钻孔机钻孔

先用冲抓锥在钻孔位置抓出浅孔，吊入带有切削齿的第一节套管，使用夹紧和压入套管的装置，将套管左右摇动并压入土中，再用冲抓锥抓出孔内砂土(或先下第一节套管强力旋压入土再行冲抓)，第一节下到位后吊接第二节套管，用锁销螺栓牢固再继续冲抓出土和压旋套管入土，重复进行，依此接入第三节和以后的各节套管，直到预定的标高。

C. 螺旋钻机钻孔

分为正循环回转钻机钻孔、泵吸式反循环回转钻机钻孔。

启动主机试运转后即可正式钻进，钻头入土后，钻渣即沿螺旋叶片上升从护筒顶部的溜槽溜入运输车内。正常钻进时边钻进边出渣。钻到设计标高后，边旋转边提钻杆边清渣，将钻杆全部提出；检查孔径及孔深，符合设计要求后，移开钻机即可吊装钢筋骨架和灌注混凝土。

④ 清孔

A. 清孔目的

清孔的目的是抽、换孔内泥浆，清除钻渣和沉淀层，尽量减少孔底沉淀厚度，防止桩底存留过厚沉淀土而降低桩的承载力。其次，清孔还为灌注水下混凝土创造良好条件，使探测正确，灌注顺利。

B. 常见的清孔方法有抽浆法、换浆法和掏渣法等。

⑤ 钢筋骨架

A. 起吊、入孔

钢筋骨架可利用钻机的塔架或吊车等吊起放入桩孔中，为防止骨架变形，除在制作时增设加强箍筋、临时十字撑外，还可沿骨架附以杉篙、方木以增加其刚度。

B. 接头方法

分段制作的骨架，接头方法很多，如单面搭接焊、双面搭接焊、帮条焊、气压焊、绑扎接头等。

⑥ 灌注混凝土

A. 首批灌注混凝土的数量应能满足导管首次埋置深度($\geqslant 1.0$m)和填充导管底部的需要。

B. 首批混凝土可用剪球法或开启活门的办法泄放。

C. 每次拆除导管前后应保持下端被埋置深度在 $2\sim 6$m。

D. 为确保桩顶质量，在桩顶设计标高以上应加灌一定的高度，以便灌注结束清除此段混凝土后，即能显露出合格的混凝土。

3. 桥墩(台)施工技术

桥墩的施工是桥梁建造中的一个重要部分，目前桥墩建设的常用材料有石料、混凝土、钢筋混凝土、预应力混凝土等。桥墩的施工方法通常分为两大类：一类是现场就地浇筑，另一类是预制墩柱装配构件安装。

(1) 现场就地浇筑施工

就地浇筑桥墩多为钢筋混凝土桥墩形式，其施工过程主要包括钢筋工程、模板工程、混凝土工程等几个方面。模板工程在桥墩的施工当中非常重要，它是保证桥墩施工精度的基础，同时在施工过程中受力复杂多变，必须保证其有足够的强度和刚度。

混凝土的浇筑的一般要求与注意事项：

① 浇筑混凝土前，应对支架、模板、钢筋和预埋件进行检查，模板内的杂物、积水和钢筋上的污垢应清理干净；模板如有缝隙，应填塞严密，模板内面应涂刷脱模剂。

② 浇筑混凝土前，应检查混凝土的均匀性和坍落度。

③ 应根据墩所处位置、混凝土用量、拌合设备等情况合理选用运输和浇筑方法。

④ 对高墩浇筑混凝土使用的脚手架，应便于人员与料具上下，且必须保证安全。

⑤ 在每层混凝土浇筑前，应将已浇混凝土表面泥土、石屑等清扫干净。

⑥ 墩基础第一层混凝土浇筑前，基底为非黏性土或干土时，应将其润湿；如为过湿土，应在基底设计标高下夯填一层 $10\sim 15$cm 厚片石或(卵)石层；基底面为岩石时，应加

以润湿，铺一层厚 2～3cm 水泥砂浆，然后于水泥砂浆凝结前浇筑第一层混凝土。

⑦ 混凝土应按一定厚度、顺序和方向分层浇筑。

⑧ 浇筑混凝土时，除少量塑性混凝土可用人工捣实外，一般应采用振动器振实。

⑨ 混凝土的浇筑应连续进行，如因故必须间断时，其间断时间应小于前层混凝土的初凝时间或能重塑时间。

(2) 预制墩柱装配构件安装要点：

① 预制墩柱构件与基础顶面预留杯形基座应编号，并检查各个墩高度和基座标高是否符合设计要求；杯口四周与柱边的空隙不得小于 2cm。

② 在钢筋混凝土承台或条形扩大基础施工时，浇筑混凝土杯口，杯口模板位置要准确，杯底标高要略低于设计标高，并须采取防止杯模上浮措施。

③ 预制墩柱吊入杯口内就位时，应在纵、横方向测量，使柱身竖直度或倾斜度以及平面位置均符合设计要求；对重大、细长的墩柱，需用风缆或撑木固定后，方可摘除吊钩。

④ 预制墩柱顶安装盖梁前，应先检查盖梁口预留槽眼位置是否符合设计要求。

⑤ 预制柱身与盖梁(顶帽)安装完毕并检查符合要求后，可在基杯空隙与盖梁槽眼处灌注稀砂浆，待其硬化后，撤除楔子、支撑或风缆，再在楔子孔中灌填砂浆。

⑥ 根据运输道路、运输设备、吊装设备及施工场地条件等情况尽量为预制安装创造条件，一般高度在 15m 以内，重量小于 20t，有条件吊装都可以采用预制安装的方法施工。

(3) 桥台施工方法与桥墩并无太大区别。同桥墩一样，桥台的施工方法通常分为现场就地浇筑与砌筑和拼装预制的混凝土砌块、钢筋混凝土或预应力混凝土构件两大类。

4. 钢筋混凝土简支梁桥施工技术

(1) 模板与支架工程

模板与支架属于施工中的临时结构，在桥梁施工中大量使用。特别是现浇桥梁上部承载结构时，模板和支架是确保工程施工质量、进度、安全的重要技术措施，必须予以足够的重视，避免施工过程中的垮塌事故。支架、模板等临时结构应由施工单位技术部门专门设计，验算其强度、变形、稳定性符合规范要求后，方可施工。对模板、支架的要求：

① 模板、支架、拱架虽然是临时结构，但它要承受大部分共恒荷载，为保证结构位置和尺寸的准确，因此必须有足够的强度、刚度和稳定性。支架、模板等受力要明确，计算图应简单、明了。为了减少变形，构件应主要选用受压或受拉形式，并减少构件接缝数量。

② 在河道中施工的支架，要充分考虑洪水和漂流物以及通过船只(队)的影响，要有足够的安全措施；同时在安排施工进度时，尽量避免在高水位情况下施工。

③ 支架、拱架在受荷载后会产生变形与挠度，在安装前要有充分的估计和计算，并在安装时设置预拱度，使就地浇筑的桥跨结构线形符合设计要求。

④ 模板的接缝必须密合，如有缝隙，须用胶带纸、泡沫塑料等塞堵严密，以免漏浆。

⑤ 为减少施工现场的安装和拆卸工作，便于周转使用，模板、支架、拱架应尽量做成装配式组件或块件。

⑥ 具有必需的强度、刚度和稳定性，能可靠地承受施工过程中可能产生的各项荷载，

保证结构物各部形状、尺寸准确。

⑦ 尽可能采用组合钢模板或大模板，以节约木材，提高模板的适应性的周转率。

⑧ 模板面要求平整，接缝严密不漏浆；装拆容易，施工操作方便，保证安全。

（2）普通混凝土工程

普通混凝土浇筑的施工工艺为：浇筑前的准备工作→混凝土的搅拌→混凝土的运输→混凝土的浇捣→混凝土的养护。

（3）泵送混凝土的质量控制，应符合下列要求

① 混凝土的可泵性应符合要求，满足泵送要求

② 混凝土强度的检验评定，应符合国家现行标准《混凝土强度检验评定标准》（GB/T 50107—2010）的规定。

③ 混凝土入泵时的坍落度应符合规定的误差要求，当所需坍落度≤100mm 时，允许误差为±20mm；当所需坍落度＞100mm 时，允许误差为±30mm。

④ 其他质量要求，应符合国家现行标准《预拌混凝土》（GB/T 14902—2012）及相应标准的有关规定。

泵送混凝土施工操作中，施工人员应严格执行施工安全操作规程。混凝土泵送施工现场，应统一指挥和调度，以保证顺利施工。混凝土泵的安全使用及操作，应严格执行使用说明书和其他有关规定，同时应根据使用说明书编制专门操作要点。混凝土泵的操作人员必须经过专门培训合格后，方可上岗独立操作。

泵机运转时，严禁把手伸入料斗或用手抓握分配阀。若要在料斗或分配阀上工作时，应先关闭电动机和消除蓄能器压力。作业中不可随意调整液压系统压力。炎热季节要防止油温过高，如油温达到 70℃时，应停止运行。寒冷季节要采取防冻措施。输送管路要固定、垫实，严禁将输送软管弯曲，以免软管爆炸。

清洗混凝土泵和输送管时，必须要有专人统一指挥，认真执行有关清洗的操作规程，以确保安全。作业完毕后要释放蓄能器的压力。

（4）钢筋工程

钢筋工程主要包括钢筋的加工制作、钢筋的连接、焊接（或绑扎）钢筋骨架以及钢筋的配料和下料、钢筋代换计算等施工过程。

5. 预应力混凝土梁桥施工技术

（1）先张法的制梁工艺是在灌注混凝土前张拉预应力筋，将其临时锚固在张拉台座上，再立模浇筑混凝土，待混凝土达到规定强度（不得低于设计强度的70%）时，逐渐将预应力筋放松，这样就因预应力筋的弹性回缩通过其与混凝土之间的粘结作用，使混凝土获得预压应力。

为了减少预应力筋的应力松弛损失，通常采用超张拉的方法进行张拉。

碳素钢丝、钢绞线为：0→初应力 $105\%\delta_k$（持荷 2min）→δ_k（锚固）

预应力筋的放松必须待混凝土养护达到设计规定的强度（一般为混凝土强度的70%～80%）以后才可以进行。

（2）后张法制梁的步骤是先制作留有预应力筋孔道的梁体，待其混凝土达到规定强度后，再在孔道内穿入预应力筋进行张拉并锚固，最后进行孔道压浆并浇灌梁端封头混凝土。

当梁体混凝土的强度达到设计强度的70%以上时，才可进行穿束张拉。穿束前，可用空压机吹风等方法清理孔道内的污物和积水，以确保孔道畅通。

预应力筋张拉时，应按顺序对称地进行，以防过大偏心压力导致梁体出现较大的侧弯现象。分批张拉时，先张拉的预应力筋应考虑后张拉其他预应力筋所引起弹性压缩的预应力损失。

6. 预应力连续梁悬臂施工技术

悬臂施工法也称为分段施工法。

（1）悬臂浇筑（简称悬浇）

采用移动式挂篮作为主要施工设备，以桥墩为中心，对称向两岸利用挂篮浇筑梁段混凝土。

悬臂浇筑每个节段长度一般2～6m。

悬臂浇筑施工程序：

① 在墩顶托架上浇筑0号块并实施墩梁临时固结系统。

② 在0号块上安装悬臂挂篮，向两侧依次对称地分段浇筑主梁至合龙段。

③ 在临时支架或梁端与边墩间临时托架上支模板浇筑现浇梁段。当现浇梁段较短时，可利用挂篮浇筑；当与现浇相接的连接桥是采用顶推施工时，可将现浇梁段锚固在顶推梁前端施工，并顶推到位。此法不需要支撑，省料省工。

④ 主梁合龙段可在改装的简支挂篮托架上浇筑。多跨合龙段浇筑顺序按设计或施工要求进行。

（2）悬臂拼装法（简称悬拼）

是悬臂施工法的一种，它是利用移动式悬拼吊机将预制梁段起吊至桥位，然后采用环氧树脂胶和预应力钢丝束连接成整体。采用逐段拼装，一个节段张拉锚固后，再拼装下一节段。悬臂拼装的分段，主要决定于悬拼吊机的起重能力，一般节段长2～5m。节段过长则自重大，需要悬拼吊机起重能力大，节段过短则拼装接缝多，工期也延长。一般在悬臂根部，因截面积较大，预制长度比较短，以后逐渐增长。悬拼施工适用于预制场地及运吊条件好，特别是工程量大和工期较短的梁桥工程。

7. 拱桥施工技术

拱桥施工总体上可分为有支架施工和无支架施工两大类。有支架施工常用于砖、石和混凝土预制块拱桥的砌筑施工以及混凝土拱圈的浇筑施工，而无支架施工主要用于肋拱桥、双曲拱桥、箱形拱桥、桁架拱桥和钢管混凝土拱桥等。

（1）砌筑施工方法

拱圈放样、拱架、砖石（混凝土块）拱圈的砌筑、拱圈合龙。

（2）现浇施工方法

拱圈的浇筑一般可分成三个阶段进行：第一阶段浇筑拱圈及拱上立柱的柱脚；第二阶段浇筑拱上立柱、联结系及横梁等；第三阶段浇筑桥面系。后一阶段的混凝土应在前一阶段混凝土具有一定强度后才能浇筑。拱圈的拱架，可在拱圈混凝土强度达到设计值的70%以上后，在第二阶段或第三阶段开始前拆除，但应事先对拆除拱架后拱圈的稳定性进行验算。

浇筑方法可采用连续浇筑和分段浇筑。

(3) 无支架施工方法

拱桥的无支架施工有很多方法，常见的有缆索吊装施工、转体施工、悬臂施工、劲性骨架施工等。

4.8.3 隧道工程

公路隧道多为山岭隧道，常用的施工方法为矿山法。矿山法因最早应用于采矿坑道而得名，在矿山中，多数情况下都需采用钻眼爆破进行开挖，故又称钻爆法。从隧道工程的发展趋势来看，钻爆法仍将是今后山岭隧道最常用的开挖方法之一。

在矿山法中，坑道开挖后的支护方法，大致可以分为钢木构件支撑和锚杆喷射混凝土支护两类。作为隧道施工方法，人们习惯上将采用钻爆开挖加钢木构件支撑的施工方法称为"传统的矿山法"；而将采用钻爆开挖加锚喷支护的施工方法称之为"新奥法"。

1. 矿山法

(1) 矿山法施工的基本原则

传统矿山法施工的基本原则是：少扰动、早支撑、慎撤换、快衬砌，即"十二字"原则。

(2) 矿山法施工顺序

传统矿山法的施工顺序，可按衬砌的施作顺序分为：先墙后拱法和先拱后墙法。

2. 新奥法

新奥法以既有隧道工程经验和岩体力学的理论为基础，以维护和利用围岩自稳能力为基点，将锚杆和喷射混凝土组合在一起作为主要支护手段，及时进行支护，以便控制围岩的变形与松弛，使围岩成为支护体系的一部分，形成了锚杆、喷射混凝土和隧道围岩组成的三位一体的承载结构，共同支承岩体压力。新奥法通过对围岩和支护结构的现场量测，及时反馈围岩—支护复合体系的力学动态及其变化状况，为二次支护提供合理的架设时机，通过监控量测及时反馈的信息来指导隧道的设计和施工。

(1) 新奥法施工的基本原则可以归纳为：少扰动、早喷锚、勤量测、紧封闭的"十二字"原则。

(2) 新奥法施工的基本要点

① 开挖作业多采用光面爆破和预裂爆破，并尽量采用大断面或较大断面开挖，以减少对围岩的扰动；

② 隧道开挖后，尽量利用围岩的自承能力，充分发挥围岩自身的支护作用；

③ 根据围岩的特征，采用不同的支护类型和参数，适时施作密贴于围岩的柔性喷射混凝土和锚杆初期支护，以控制围岩的变形和松弛；

④ 在软弱破碎围岩地段，使断面及早闭合，以有效地发挥支护体系的作用，保证隧道的稳定；

⑤ 二次衬砌是在围岩与初期支护变形基本稳定的条件下修筑的，围岩与支护结构形成一个整体，因而提高了支护体系的安全度；

⑥ 尽量使隧道断面周边轮廓圆顺，避免棱角突变处应力集中；

⑦ 通过施工中对围岩和支护结构的动态观察、量测，合理安排施工程序，进行隧道工程的信息化设计、施工与管理。

3. 隧道开挖施工方法

隧道开挖的基本原则是：在保证围岩稳定或减少围岩振动的前提条件下，选择恰当的开挖方法和掘进方式，并尽量提高掘进速度。在选择开挖方法和掘进方式时一方面应考虑隧道围岩的地质条件及其变化情况，选择能很好适应地质条件及其变化，并能保持围岩稳定的方式和方法；另一方面应考虑隧道范围内岩体的坚硬程度，选择快速掘进，并能减少对围岩扰动的方式和方法。

（1）隧道开挖方式按隧道施工的封闭程度可分为明挖、半明挖和暗挖三大类。

（2）隧道开挖方式按隧道建造过程中地层整体振动影响程度可分为两种：第一种为机械开挖法，又称为"地层整体无振动开挖"，第二种为爆破开挖法，又称为"地层整体有振动开挖"。

（3）隧道开挖方法实际上是指开挖成形方法，按开挖隧道的横断面分部情形可分为全断面开挖法、台阶开挖法、分部开挖法三大类及若干变化开挖方案。

4. 隧道施工辅助方法

由于初期喷锚支护强度的增长不能满足洞体稳定的要求，可能导致洞体失稳，或由于大面积淋水、涌水，难以保证洞体稳定时，可采用辅助施工措施对地层进行预加固、超前支护或止水。

施工中必须坚持"先支护(或强支护)、后开挖、短进度、弱爆破、快封闭、勤测量"的施工原则。隧道施工中常用的辅助稳定措施有：超前锚杆、管棚加强支护、超前小导管注浆、超前深孔帷幕注浆等。

5. 盾构施工

盾构是不开槽施工时用于地下掘进和拼装衬砌的施工设备。使用盾构开挖隧道的方法就是盾构法。

（1）盾构组成

盾构一般由掘进系统、推进系统、拼装衬砌系统三部分组成。

（2）施工工艺要点

盾构法施工工艺主要包括盾构的始顶；盾构掘进的挖土、出土及顶进；衬砌和灌浆。

（3）盾构施工注意事项

能否有效控制地层位移是盾构法施工成败的关键之一。减少地层位移一般应考虑以下几个环节：

① 合理确定盾构千斤顶的总顶力；
② 控制盾构前进速度；
③ 合理确定土舱内压；
④ 控制盾构姿态和偏差量；
⑤ 控制土方的挖掘和运输；
⑥ 控制管片拼砌的环面平整度；
⑦ 控制注浆压力和压浆量。

第 5 章 建筑工程定额与预算

5.1 建筑工程定额概述

5.1.1 建筑工程定额的概念

建筑工程定额是指在正常的施工条件下，完成单位合格产品所必须消耗的人工、材料、机械台班及其资金的数量标准。

不同的产品有不同的质量要求，因此不能把定额看成是单纯的数量关系，而应看成是质和量的统一体。

考察个别的生产过程中的因素不能形成定额，只有从考察总体生产过程中的各个生产因素，归结出社会平均必需的数量标准，才能形成定额。同时定额反映一定时期的社会生产力水平。

5.1.2 建筑工程定额的性质

1. 定额的科学性

定额的科学性，表现为定额的编制是在认真研究客观规律的基础上，用科学的方法确定的各项消耗量标准。

2. 定额的指导性

以前，建筑工程定额是经国家、地方主管部门或授权单位颁发，各地区及有关建筑施工企业都必须严格遵守和执行，即它具有法令性。随着改革开放的不断深入和工程量清单计价规范的实施，建筑工程定额的管理方法也逐渐与世界接轨，它的法令性随之淡化，而指导性进一步显现。建筑工程定额最终将被建设行政主管部门发布的社会平均消耗量定额和企业定额所取代。

3. 定额的群众性

定额的拟定和执行，都要有广泛的群众基础。定额的拟定，通常采取工人、技术人员和专职定额人员三结合的方式，使拟定定额时能从实际出发，并保持一定的先进性。

4. 定额的稳定性和时效性

建筑工程定额在一段时间内表现出稳定状态，根据具体情况，稳定时间有长有短，一般在 5~10 年之间。随着科学技术的发展、设备的改进和更新，定额不再起到它应有的作用时，就要对它进行修订，所以定额具有一定的时效性。

5.1.3 建筑工程定额的作用

1. 定额是编制计划的基础

工程建设活动的各种计划的编制往往需要计算人工、材料、机械、资金等资源需要量，这些资源需要量要根据定额来确定。

2. 定额是确定工程造价的依据和评价设计方案经济合理性的尺度

工程造价是根据设计文件规定的工程规模、工程数量相应的人工、材料、机械、资金等资源消耗量来确定的，而这些资源消耗量又是根据定额计算出来的。

3. 定额是组织和管理施工的依据

建筑企业要计算、平衡资源需要量，组织材料供应，调配劳动力，签发施工任务单，考核工程消耗和劳动生产率，实行按劳分配等，都要利用定额。

4. 定额是总结先进生产方法的手段

定额是通过对施工生产过程的观察、分析、综合制定的，它科学地反映出生产技术和劳动组织的先进合理程度。我们通过对同一建筑产品在同一施工操作条件下的不同生产方式进行观察、分析和总结，与定额对比，从而得到先进生产方法，在施工生产中推广应用，使劳动生产率得到提高。

5.1.4 建筑工程定额的分类

建筑工程定额的种类很多，按照编制程序和定额的用途不同、生产要素不同、专业及费用性质不同、主编单位和执行范围不同可分为以下五类：

（1）按定额编制程序和用途来分，可分为施工定额、预算定额、概算定额、概算指标和估算指标。

（2）按生产要素来分，可分为劳动定额、材料消耗定额、机械台班使用定额。

（3）按费用性质来分，可分为直接费定额、间接费定额。

（4）按专业来分，可分为建筑工程定额、安装工程定额、其他工程定额等。

（5）按主编单位和执行范围来分，可分为全国统一定额、行业统一定额、地方统一定额、企业定额等。

5.1.5 施工定额

1. 施工定额的概念

施工定额是指在正常的施工条件下，以施工过程为标定对象而规定的单位合格产品所需消耗的劳动力、材料、机械台班的数量标准。它是建筑企业中用于工程施工管理的定额。

施工定额由劳动定额、材料消耗定额和机械台班定额三部分组成。施工定额是建筑工程定额中分得最细、定额子目最多的一种定额。

2. 施工定额的作用

（1）施工定额是编制施工预算的主要依据；

（2）施工定额是编制施工组织设计、施工作业计划和劳动力计划的依据；

（3）施工定额是衡量工人劳动生产率的主要标准；

(4) 施工定额是施工企业内部经济核算、进行"两算"对比、加强成本管理的依据；
(5) 施工定额是签发限额领料单和施工任务单及节约材料奖励的依据；
(6) 施工定额是编制预算定额和单位估价表的基础资料。

3. 劳动定额

劳动定额也称人工定额，是指在正常的施工技术和生产组织条件下，完成单位合格建筑产品所必需的劳动消耗量的标准。

劳动定额由于表示形式的不同，可以分为时间定额和产量定额两种。

(1) 时间定额

时间定额是指某种专业的工人班组或个人，在合理的劳动组织与合理使用材料的条件下，完成符合质量要求的单位产品所必需的工作时间（工日）。时间定额以工日为单位，每一工日按8h计算。时间定额计算公式如下：

$$单位产品时间定额(工日) = \frac{1}{每工产量}$$

如果以小组来计算

$$单位产品的时间定额(工日) = \frac{小组成员工日数总和}{小组每班产量}$$

(2) 产量定额

产量定额是指某种专业的工人班组或个人，在合理的劳动组织与合理使用材料的条件下，在单位时间内（工日）应完成符合质量要求的产品数量。

产量定额的计量单位，以单位时间的产品计量单位表示，如：m^3、m^2、t、块、根等。

产量定额的计算公式如下：

$$每工产量定额 = \frac{1}{单位产品时间定额(工日)}$$

如果以小组来计算：

$$每班产量定额 = \frac{小组成员工日数总和}{单位产品时间定额(工日)}$$

(3) 时间定额与产量定额的关系

从上面的计算公式可以看出：时间定额与产量定额二者是互为倒数关系即：

$$时间定额 = \frac{1}{产量定额} \quad 或 \quad 产量定额 = \frac{1}{时间定额}$$

劳动定额的表现形式可分为时间定额和产量定额两种，通常采用复式表的形式来表示，横线下方数字表示单位时间的产量定额，横线上方数字表示单位产品的时间定额。

例1： 某住宅楼，有砌一砖标准砖内墙的施工任务 $500m^3$，每天有60个工人参加施工。其时间定额为 0.96 工日$/m^3$。试计算完成该任务的定额的天数。

解： 完成 $500m^3$ 砌墙的总工日数 $=500×0.96=480(工日)$

需要的施工天数 $=480÷60=8(d)$

答： 完成该任务需要8d。

例2： 某承包商的装修项目部，共有50个工人，承包了一幢办公楼贴地砖的施工任务，该施工任务要求 25d 完成。(设贴地砖的产量定额为 $1.82m^2$/工日)试求该承包商承接了多少贴地砖的施工任务。

解： 完成该任务所需的工日数＝25×50＝1250 工日

应完成贴地砖的面积＝1250×1.82＝$2275m^2$

答： 该承包商承接了 $2275m^2$ 的贴地砖的施工任务。

4. 材料消耗定额

材料消耗定额简称材料定额，是指在合理使用材料的条件下，生产质量合格的单位产品所必须消耗的一定规格的建筑材料、半成品或构配件的数量标准。包括：半成品、燃料、配件和水、电等，这些消耗中还包括不可避免的损耗数量。

材料消耗定额可分为两部分：一部分是直接用于建筑安装工程的材料，称为材料净用量；另一部分是操作过程中不可避免的损耗，称为材料损耗量。

确定材料消耗量的基本方法：①现场观察；②试验法；③统计法；④理论计算法。

5. 机械台班消耗定额

机械台班消耗定额是指完成单位产品所必需的机械台班消耗的数量标准。它可分为机械时间定额和机械产量定额两种形式。

5.1.6 预算定额

1. 预算定额的概念

建筑工程预算定额是确定一定计量单位的分项工程或结构构件的人工、材料和施工机械台班消耗的数量标准以及用货币来表现建筑安装工程预算成本的额度。它是土建工程预算定额和通用设备安装工程预算定额的总称。

预算定额除表示完成一定计量单位分项工程或结构构件的人工、材料、机械台班消耗量标准外，还包括工程内容、施工方法、质量和安全等方面的要求。如江苏省现行的《江苏省建筑与装饰工程计价表》3-29 子目（见表 5-1）中，除了规定完成 $1m^3$ 砌 1 砖外墙需用人工 1.38 工日、标准红砖 5.36 百块、M5 混合砂浆 $0.234m^3$ 等材料用量和 0.047(灰浆拌合机 200L)机械台班外，还规定了工作内容：①清理地槽、递砖、调制砂浆、砌砖。②砌砖过梁、砌平拱、模板制作、安装、拆除。③安放预制过梁板、垫块、木砖。

计量单位：m^3 表 5-1

项目		单位	单价	1 砖外墙 标准砖	
				数量	合价
基 价			元	197.70	
其中	人工费		元	35.88	
	材料费		元	145.22	
	机械费		元	2.42	
	管理费		元	9.58	
	利润		元	4.60	

续表

项目		单位	单价	定额编号	3-29
				1砖外墙	
				标准砖	
				数量	合价
二类工		工日	26.00	1.38	35.88
材料	201008	标准砖 240×115×53	百块	21.42	5.36	114.81
	301023	水泥 32.5 级	kg	0.28	0.30	0.08
	401035	周转木材	m³	1249.0	0.0002	0.25
	511533	铁钉	kg	3.60	0.002	0.01
	613206	水	m³	2.80	0.107	0.30
机械	06016	灰浆拌合机 200L	台班	51.43	0.047	2.42
		小计				153.75
1	012004	水泥砂浆 M10 合计	m³	132.86	(0.234)	(31.09)(184.84)
5	012007	混合砂浆 M7.5 合计	m³	131.82	(0.234)	(30.85)(184.60)
6	012006	混合砂浆 M5 合计	m³	127.22	0.234	29.77 183.52

注：砖砌圆形水池按弧形外墙定额执行。

预算定额是工程建设中一项重要的技术经济文件，也是一个综合性定额。这种综合是符合一般的设计和施工情况的，对一些设计和施工中变化多、影响造价大的重要因素，预算定额使用规则规定，可以根据设计和施工的实际情况进行换算、补充。这就使预算定额在统一的原则下，具备了必要的灵活性，从而使这个技术经济文件能够更好地符合建筑工程的客观情况；也有利于理顺工程建设有关各方的经济关系和利益关系。例《江苏省建筑与装饰工程计价表》中砌标准砖砖外墙定额子目工作内容：①清理地槽、递砖、调制砂浆、砌砖。②砌砖过梁、砌平拱、模板制作、安装、拆除。③安放预制过梁板、垫块、木砖。

2. 预算定额的作用

（1）是编制施工图预算、确定工程造价的依据。

（2）是编制招标标底、投标报价的基础。

（3）是编制施工组织设计、确定劳动力、建筑材料、成品、半成品和建筑机械需要量的依据。

（4）是编制概算定额和概算指标的基础。

（5）是拨付工程价款和进行工程竣工结算的依据。

（6）是施工企业进行经济核算和经济活动分析的依据。

（7）是对设计方案、施工方案进行技术经济分析、比较的依据。

3. 预算定额的组成

我国幅员辽阔，各地区人工工资标准、材料预算价格和机械台班费不相一致，故各地区根据1995年国家建设部编制的《全国统一建筑工程基础定额》和《工程量清单计价规范》并结合各自的实际情况，分别编制了地区性的建筑工程定额、计价表。这样，不同地区的建筑工程预算定额，在内容、形式、工程量计算方法及定额水平等方面存在一些差异。

为了加深对预算定额的认识，现以江苏省2004年8月1日起执行的《江苏省建筑与装饰工程计价表》为例介绍如下：

(1) 计价表的组成

《江苏省建筑与装饰工程计价表》是由目录、总说明、分部工程说明、工程量计算规则、定额表、附注和有关附录等组成。

计价表的项目划分是按建筑结构、施工顺序、工程内容及使用材料按章、节、项排列的。

每一章又按工程内容、施工方法、使用材料等分成若干分项工程。如第十二章楼地面工程有垫层；找平层；整体面层；块料面层；木地板、栏杆、扶手；散水、斜坡、明沟等组成。

每一节再按工程性质、材料类别等分成若干个项目(即子目)。

为了便于查阅和方便地使用定额，提高管理水平，章、节、子目都有固定的编号。《江苏省建筑与装饰工程计价表》，采用两个号码的方法编制，第一个号码表示分部编号，第二个号码表示子目编号，其形式如下：

分部编号　　子目编号

例如"12-4"，第一个"12"字表示十二分部，即楼地面工程，第二个"4"字表示第4个子目，即用1∶1砂石做垫层。

(2) 总说明

在总说明中，主要阐述了编制"计价表"的指导思想、原则、编制依据、定额的适用范围、作用、编制计价表时已考虑的因素和没有考虑的因素，以及有关的规定和使用方法。因此，在使用前，应认真阅读总说明的内容并加以领会。

(3) 分部工程说明

计价表的分部工程都列有分部说明，它主要说明各分部工程的适用范围，所包括的主要项目及工作内容，有关规定和要求，特殊情况的处理。

(4) 工程量计算规则

工程量计算规则规定了建筑面积的计算规则、各分部分项工程的工程量计算规则。

(5) 定额表

定额表由工作内容、计量单位、项目表、附注组成，是计价表主要构成部分。它反映了各个工程项目的综合单价、人工费、材料费、机械费、管理费和利润以及人工、材料、机械台班的消耗量。定额项目表下部，有的还列有附注，说明当设计项目与定额不符时，如何调整或换算以及其他应该说明的问题。

(6) 附录

附录在计价表的最后，包括：

① 混凝土及钢筋混凝土构件模板、钢筋含量表。
② 机械台班预算单价取定表。
③ 混凝土、特种混凝土配合比表。
④ 砌筑砂浆、抹灰砂浆、其他砂浆配合比表。
⑤ 防腐耐酸砂浆配合比表。
⑥ 主要建筑材料预算价格取定表。
⑦ 抹灰分层厚度及砂浆种类表。
⑧ 主要材料、半成品损耗率取定表。
⑨ 常用钢材理论重量及形体公式计算表。

(7) 定额中的用语和符号的含义
① 定额表内"（ ）"括号者，则应注意"（ ）"内的数据代表的意义是什么；
② "××"以内、以下表示包括"××"本身；"××"以外、以上表示不包括"××"本身。

4. 预算定额的应用

预算定额是编制施工图预算、确定工程造价、办理竣工结算、编制施工作业计划的主要依据。预算定额运用是否正确，直接影响建筑工程造价，影响整个施工计划。预算工作人员都应当很好地学习预算定额，以不断加深对预算定额的认识。

在编制预算应用定额时，常碰到以下三种情况：第一是设计要求与预算定额条件完全相符，则可直接套用预算定额（大多数情况可直接套用）；第二是根据设计要求不能直接使用预算定额上的资料，须按预算定额的有关规定进行换算，才能使用；第三是预算定额中没有的项目，需要编制补充预算定额。

(1) 预算定额的直接套用

在应用预算定额时，大多数情况是分项工程的设计要求与定额条件完全相符，可以直接套用定额。但在使用定额时，应对工程内容、技术特征和施工方法等进行仔细核对，看定额与设计是否一致，以正确使用定额。

例3：用标准砖砌1砖混水外墙1000m^3，砌筑砂浆为M5混合砂浆。试计算完成该工程所需的综合单价、人工费、材料费、机械费、管理费和利润。

解：查计价表3-39

综合单价197.7，人工费35.88，材料费145.22，机械费2.42，管理费9.58，利润4.6。

则完成该工程的综合单价197.7×1000＝197700元

人工费35.88×1000＝35880元

材料费145.22×1000＝145220元

机械费2.42×1000＝2420元

管理费9.58×1000＝9580元

利润4.6×1000＝4600元

所以：综合单价为197700元；人工费为35880元；材料费为145220元；机械费为2420元；管理费为9580元；利润为4600元。

(2) 预算定额的换算

当设计要求与定额的工作内容、材料规格等条件不相符时,则应视具体情况,根据定额的规定加以换算,而不能直接套用预算定额。经过换算的定额编号在其下端应写一个"换"字。

预算定额的换算一般有三种情况:强度等级的换算、乘系数的换算和其他换算。

一般分砂浆强度等级的换算和混凝土强度等级的换算有两种。其换算公式如下:

$$M_1 = M_0 + Q(V_1 - V_0)$$

其中:M_1——换算后的定额基价。

M_0——换算前的定额基价。

Q——应换算砂浆(混凝土)的定额用量。

V_1——换算后的砂浆(混凝土)单价。

V_0——换算前的砂浆(混凝土)单价。

① 砂浆强度等级的换算

砂浆一般分为砌筑用砂浆和抹灰用砂浆两种。砌体工程和抹灰工程各子项工程预算价格,通常是按某一强度等级砌筑砂浆或按某一配合比抹灰砂浆的预算单价编制,如果设计要求与定额规定的砂浆强度等级或配合比不同时,预算综合单价需要经过换算才可套用。

② 混凝土强度等级的换算

现浇和预制的混凝土和钢筋混凝土工程,由于混凝土强度等级的不同而需要换算。

(3) 定额的补充

当分项工程的设计要求与定额条件完全不相符时或由于设计采用新结构、新材料、新工艺及新方法时,预算定额中没有这类项目,属于定额项目缺项时,可编制补充预算定额。

5. 预算定额的编制

(1) 预算定额的编制原则

编制预算定额应根据党和政府对经济建设的要求,要结合历年定额水平,也要照顾到新技术、新工艺、新材料不断发展的实际情况,使预算定额符合客观规律。一般应遵循以下原则:

① 贯彻技术先进和平均合理的原则;

② 贯彻简明、适用性原则;

③ 贯彻经济合理的原则;

④ 统一性和差别性相结合的原则。

(2) 预算定额的编制依据

① 国家现行的基建方针、政策;建筑工程设计、施工及验收规范;质量评定标准和安全操作规程。

② 现行的《全国统一劳动定额》、《全国统一建筑工程基础定额》、施工材料消耗定额、施工机械台班使用定额。

③ 通用的标准图集、定型设计图纸和具有代表性的设计图纸。

④ 新技术、新结构、新材料和先进施工经验,现行预算定额的基础资料。

⑤ 现行的工资标准和材料预算价格、机械台班单价。

⑥ 可靠的统计资料、科学实验报告、经验分析资料。

上述各种资料收集齐全，有利于加快预算定额的编制速度，对预算定额的质量也起着重要的作用。

（3）预算定额的编制步骤

编制预算定额，一般分三个阶段进行：

① 准备阶段；

② 编制初稿阶段；

③ 测定定额水平和审查定稿阶段。

（4）预算定额人工、材料、机械台班消耗量指标的确定

① 人工消耗指标的确定

预算定额中人工消耗指标，包括完成每一计量单位的工程子目所必需的各个工序的用工量，即基本用工和其他用工（辅助用工、超运距用工、人工幅度差）。

② 材料消耗指标的确定

材料消耗指标，包括主要材料的净用量和在现场内的各种损耗（操作损耗和现场损耗）。其中还应考虑不是由于施工原因所造成的材料质量不符合标准和材料数量不足的影响。它的确定，应根据材料消耗定额和编制预算定额的原则、依据，采用理论与实践相结合，图纸计算与施工现场测算相结合等方法进行计算。

③ 机械台班指标的确定

预算定额中的施工机械台班消耗指标，是以台班为单位进行计算的。每一个台班为八个工作小时，定额的机械水平，应以多数施工企业采用和已推广的先进方法为标准。

编制预算定额时，以统一劳动定额中各种机械施工项目的台班产量为基础进行计算，还应考虑在合理的施工组织设计条件下，机械的停歇因素，增加一定的机械幅度差。

预算定额中，大型机械施工的土石方、打桩、构件吊装及运输项目，定额内编制机械台班数量和单价，其余项目使用的中小机械在定额内以"机械使用费"表示，不再分别编制机械台班数量和单价。

5.1.7 概算定额

1. 概算定额的概念

概算定额也叫做扩大结构定额，它是规定完成一定计量单位的扩大结构构件或扩大分项工程所需的人工、材料和机械台班的消耗量和资金的数量标准。它是在预算定额的基础上，把预算定额中的若干相关项目合并、综合和扩大编制而成。

2. 概算定额的作用

（1）概算定额是初步设计阶段编制设计概算和技术设计阶段编制修正概算的依据。

（2）概算定额是设计方案比选的依据。

（3）概算定额是编制主要材料需要量的基础。

（4）概算定额是编制概算指标和投资估算指标的依据。

5.1.8 概算指标

1. 概算指标的概念

概算指标是以整个建筑物或构筑物为对象，以单位建筑面积（m^2 或 $100m^2$）、单位建

筑体积(m^3、$100m^3$ 或 $1000 m^3$)及单位构筑物(座)为计算单位,规定所需的人工、材料、机械台班消耗量和资金数量的指标。它是比概算定额更综合、扩大性更强的一种定额指标。

2. 概算指标的作用

(1) 概算指标是编制初步设计概算的主要依据。
(2) 概算指标是在建设项目可行性研究阶段编制投资估算的依据。
(3) 概算指标是建设单位编制基本建设计划、投资贷款和编写主要材料计划的依据。
(4) 概算指标是对工程方案进行可行性论证和设计方案进行技术经济分析的依据。

5.1.9 估算指标

1. 估算指标的概念

估算指标是以独立的单项工程或完整的工程项目为对象,确定建设工程项目在建设全过程中的全部投资支出的技术经济指标。它具有较强的综合性和概括性。其范围涉及建设前期、建设实施期和竣工验收交付使用期等各阶段的费用支出。其内容包括工程费用和工程建设其他费用。

估算指标既有能反映整个建设项目全部投资及其构成(建筑工程费用、安装工程费用、设备工器具购置费用和其他费用)的指标,又有组成建设工程项目投资的各单项工程投资(主要生产设施投资、辅助生产设施投资、公用设施投资、生产福利设施投资)的指标。既能综合使用,也能个别分解使用。

2. 估算指标的作用

(1) 估算指标是项目可行性研究阶段多方案比选、正确编制投资估算、合理确定项目投资额的重要依据。
(2) 估算指标是项目决策阶段评价建设项目可行性和分析投资经济效益的主要经济指标。
(3) 估算指标是项目实施阶段限额设计和工程造价控制的约束标准。

5.2 建筑安装工程费用项目组成

建筑安装工程费用项目组成见图 5-1。建筑安装工程费包括直接费、间接费、利润和税金四个部分。直接费由直接工程费和措施费两部分组成。间接费由规费和企业管理费两部分组成。

1. 直接工程费

直接工程费包括人工费、材料费和施工机械使用费。

(1) 人工费

人工费是指直接从事建筑安装工程施工的生产工人开支的各项费用,包括以下内容

① 基本工资:是指发放给生产工人的基本工资。
② 工资性补贴:是指按规定标准发放的物价补贴,煤、燃气补贴,交通补贴,住房补贴,流动施工津贴等。

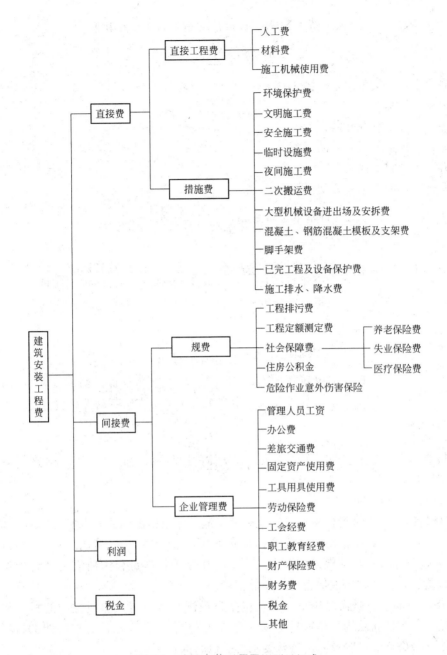

图 5-1 建筑安装工程费用项目组成

③ 生产工人辅助工资：是指生产工人年有效施工天数以外非作业天数的工资，包括职工学习、培训期间的工资，调动工作、探亲、休假期间的工资，因气候影响的停工工资，女工哺乳期间的工资，病假在六个月以内的工资以及产、婚、丧假期的工资。

④ 职工福利费：是指按规定标准计提的职工福利费。

⑤ 生产工人劳动保护费：是指按规定标准发放的劳动保护用品的购置费及修理费，徒工服装补贴、防暑降温费、在有碍身体健康环境中施工的保健费用等。

单位工程量人工费的计算公式为：

$$人工费 = \Sigma(人工定额消耗量 \times 日工资单价) \tag{5-1}$$

$$G = \sum_{i=1}^{5} G_i \tag{5-2}$$

式中　G——日工资单价；

　　　G_1——日基本工资；

　　　G_2——日工资性补贴；

　　　G_3——日生产工人辅助工资；

　　　G_4——日职工福利费；

　　　G_5——日生产工人劳动保护费。

① $$日基本工资 = \frac{生产工人平均月工资}{年平均每月法定工作日} \tag{5-3}$$

② $$日工资性补贴 = \frac{\Sigma 年发放标准}{全年日历日 - 法定假日} + \frac{\Sigma 月发放标准}{年平均每月法定工作日} + 每工作日发放标准 \tag{5-4}$$

③ $$日生产工人辅助工资 = \frac{全年无效工作日 \times (G_1 + G_2)}{全年日历日 - 法定假日} \tag{5-5}$$

④ $$日职工福利费 = (G_1 + G_2 + G_3) \times 福利费计提比例 \tag{5-6}$$

⑤ $$日生产工人劳动保护费 = \frac{生产工人年平均支出劳动保护费}{全年日历日 - 法定假日} \tag{5-7}$$

(2) 材料费

材料费是指施工过程中耗用的构成工程实体的原材料、辅助材料、构配件、零件、半成品的费用，包括以下内容。

① 材料原价(或供应价格)

② 材料运杂费：是指材料自来源地运至工地仓库或指定堆放地点所发生的全部费用。

③ 运输损耗费：是指材料在运输装卸过程中不可避免的损耗费用。

④ 采购及保管费：是指为组织采购，供应和保管材料过程中所需要的各项费用；包括：采购费、仓储费、工地保管费、仓储损耗。

⑤ 检验试验费：是指对建筑材料，包括自设试验室进行试验所耗用的材料和化学药品等费用。不包括新结构、新材料的试验费和建设单位对具有出厂合格证明的材料进行检验，对构件做破坏性试验及其他特殊要求检验试验的费用。

单位工程量材料费的计算公式为：

$$材料费 = \Sigma(材料定额消耗量 \times 材料基价) + 检验试验费 \tag{5-8}$$

$$材料基价 = [(供应价格 + 运杂费) \times (1 + 运输损耗率)] \times (1 + 采购保管费率) \tag{5-9}$$

$$检验试验费 = \Sigma(单位材料量检验试验费 \times 材料消耗量) \tag{5-10}$$

(3) 施工机械使用费

施工机械使用费，是指施工机械作业所发生的机械使用费以及机械安拆费和场外运费。

单位工程量施工机械使用费的计算公式为：

$$\text{施工机械使用费} = \sum(\text{施工机械台班定额消耗量} \times \text{机械台班单价}) \tag{5-11}$$

$$\begin{aligned}\text{机械台班单价} =\ & \text{台班折旧费} + \text{台班大修费} + \text{台班经常修理费} + \\ & \text{台班安拆费及场外运费} + \text{台班人工费} + \\ & \text{台班燃料动力费} + \text{台班养路费及车船使用税}\end{aligned} \tag{5-12}$$

① 折旧费:指施工机械在规定的使用年限内,陆续收回其原值的费用,其计算公式为:

$$\text{台班折旧费} = \frac{\text{机械预算价格} \times (1 - \text{残值率})}{\text{耐用总台班数}} \tag{5-13}$$

$$\text{耐用总台班数} = \text{折旧年限} \times \text{年工作台班} \tag{5-14}$$

② 大修理费:指施工机械按规定的大修理间隔台班进行必要的大修,以恢复其正常功能所需的费用。其计算公式为:

$$\text{台班大修理费} = \frac{\text{一次大修理费} \times \text{大修次数}}{\text{耐用总台班数}} \tag{5-15}$$

③ 经常修理费:指施工机械除大修理以外的各级保养和临时故障排除所需的费用。包括为保障机械正常运转所需替换设备与随机配备工具附具的摊销和维护费用,机械运转中日常保养所需润滑与擦拭的材料费用及机械停滞期间的维护和保养费用等。

④ 安拆费及场外运费:安拆费指施工机械在现场进行安装与拆卸所需的人工、材料、机械和试运转费用以及机械辅助设施的折旧、搭设、拆除等费用;场外运费指施工机械整体或分体自停放地点运至施工现场或由一施工地点运至另一施工地点的运输、装卸、辅助材料及架线等费用。

⑤ 人工费:指机上司机(司炉)和其他操作人员的工作日人工费及上述人员在施工机械规定的年工作台班以外的人工费。

⑥ 燃料动力费:指施工机械在运转作业中所消耗的固体燃料(煤、木柴)、液体燃料(汽油、柴油)及水、电等。

⑦ 养路费及车船使用税:指施工机械按照国家规定和有关部门规定应缴纳的养路费、车船使用税、保险费及年检费等。

2. 措施费

措施费是指为完成工程项目施工,发生于该工程施工前和施工过程中非工程实体项目的费用,一般包括下列项目。

(1) 环境保护费

环境保护费是指施工现场为达到环保部门要求所需要的各项费用。

$$\text{环境保护费} = \text{直接工程费} \times \text{环境保护费费率} \tag{5-16}$$

$$\text{环境保护费费率} = \frac{\text{本项费用年度平均支出}}{\text{全年建安产值} \times \text{直接工程费占总造价比例}} \tag{5-17}$$

(2) 文明施工费

文明施工费是指施工现场文明施工所需要的各项费用。

$$\text{文明施工费} = \text{直接工程费} \times \text{文明施工费费率} \tag{5-18}$$

(3) 安全施工费

安全施工费是指施工现场安全施工所需要的各项费用。

$$\text{安全施工费} = \text{直接工程费} \times \text{安全施工费费率} \tag{5-19}$$

(4) 临时设施费

临时设施费是指施工企业为进行建筑安装工程施工所必须搭设的生活和生产用的临时建筑物、构筑物和其他临时设施费用等；临时设施包括：临时宿舍、文化福利及公用事业房屋与构筑物，仓库、办公室，加工厂以及规定范围内道路、水、电、管线等临时设施和小型临时设施；临时设施费用包括：临时设施的搭设、维修、拆除费或摊销费。

$$\text{临时设施费} = (\text{周转使用临建费} + \text{一次性使用临建费}) \times (1 + \text{其他临时设施所占比例}) \tag{5-20}$$

式中：① 周转使用临建费 $= \Sigma\left[\dfrac{\text{临时面积} \times \text{每平方米造价}}{\text{使用年限} \times 365 \times \text{利用率}} \times \text{工期(天)}\right] + \text{一次性拆除费}$ (5-21)

② 一次性使用临建费 $= \Sigma$ 临建面积乘以每平方米造价 $\times (1 - \text{残值率}) + \text{一次性拆除费}$ (5-22)

③ 其他：临时设施所占比例，可由各地区造价管理部门依据典型施工企业的成本资料经分析后综合测定。

(5) 夜间施工增加费

夜间施工增加费是指因夜间施工所发生的夜班补助费、夜间施工降效、夜间施工照明设备摊销及照明用电等费用。

$$\text{夜间施工增加费} = \left(1 - \dfrac{\text{合同工期}}{\text{定额工期}}\right) \times \dfrac{\text{直接工程费中的人工费合计}}{\text{平均日工资单价}} \times \text{每工日夜间施工费开支} \tag{5-23}$$

(6) 二次搬运费

二次搬运费是指因施工场地狭小等特殊情况而发生的二次搬运费用。

$$\text{二次搬运费} = \text{直接工程费} \times \text{二次搬运费费率} \tag{5-24}$$

$$\text{二次搬运费率} = \dfrac{\text{年平均二次搬运费开支额}}{\text{全年建安产值} \times \text{直接工程费占总造价的比例}} \tag{5-25}$$

(7) 大型机械设备进出场及安拆费

大型机械设备进出场及安装拆费是指机械整体或分体自停放场地运至施工现场或由一个施工地点运至另一个施工地点，所发生的机械进出场运输及转移费用及机械在施工现场进行安装、拆卸所需的人工费、材料费、机械费、试运转费和安装所需的辅助设施的费用。

(8) 混凝土、钢筋混凝土模板及支架费

混凝土、钢筋混凝土模板及支架费是指混凝土施工过程中需要的各种钢模板、木板、支架等的支、拆、运输费用及模板、支架的摊销(或租赁)费用。

$$\text{模板及支架费} = \text{模板摊销量} \times \text{模板价格} + \text{支、拆、运输费} \tag{5-26}$$

$$\text{摊销量} = \text{一次使用量} \times (1 + \text{施工损耗}) \times [1 + (\text{周转次数} - 1) \\ \times \text{补损率}/\text{周转次数} - (1 - \text{补损率}) \times 50\%/\text{周转次数}] \tag{5-27}$$

租赁费： 模板使用量 $\times$ 使用日期 $\times$ 租赁价格 $+$ 支、拆、运输费 (5-28)

(9) 脚手架费

脚手架费是指施工需要的各种脚手架搭、拆、运输费用及脚手架的摊销（或租赁）费用。

$$脚手架搭拆费 = 脚手架摊销量 \times 脚手架价格 + 搭、拆、运输费 \qquad (5-29)$$

$$脚手架摊销量 = \frac{单位一次使用量 \times (1 - 残值率)}{耐用期} \times 一次使用期 \qquad (5-30)$$

$$租赁费 = 脚手架每日租金 \times 搭设周期 + 搭、拆、运输费 \qquad (5-31)$$

(10) 已完工程及设备保护费

已完工程及设备保护费是指竣工验收前，对已完工程及设备进行保护所需费用。

$$已完工程及设备保护费 = 成品保护所需机械费 + 材料费 + 人工费 \qquad (5-32)$$

(11) 施工排水降水费

施工排水降水费是指为确保工程在正常条件下施工，采取各种排水、降水措施所发生的各种费用。

$$排水降水费 = \sum 排水降水机械台班费 \times 排水降水周期 + 排水降水使用材料费、人工费 \qquad (5-33)$$

3. 规费

(1) 规费的内容

规费是指政府和有关权力部门规定必须缴纳的费用（简称规费），包括以下内容。

① 工程排污费

工程排污费是指施工现场按规定缴纳的工程排污费。

② 工程定额测定费

工程定额测定费是指按按规定支付工程造价（定额）管理部门的定额测定费。

③ 社会保障费

社会保障费包括养老保险费、失业保险费、医疗保险费。其中：养老保险费是指企业按规定标准为职工缴纳的基本养老保险费；失业保险费是指企业按照国家规定标准为职工缴纳的失业保险费；医疗保险费是指企业按照规定标准为职工缴纳的基本医疗保险费。

④ 住房公积金

住房公积金是指企业按规定标准为职工缴纳的住房公积金。

⑤ 危险作业意外伤害保险

危险作业意外伤害保险是指按照建筑法规定，企业为从事危险作业的建筑安装施工人员支付的意外伤害保险费。

(2) 规费的计算

规费的计算公式为：

$$规费 = 计算基数 \times 规费费率 \qquad (5-34)$$

规费的计算可采用以"直接费"、"人工费和机械费合计"或"人工费"为计算基数，投标人在投标报价时，规费一般按国家及有关部门规定的计算公式及费率标准执行。

4. 企业管理费

(1) 企业管理费的内容

企业管理费是指建筑安装企业组织施工生产和经营管理所需费用，包括以下内容。

① 管理人员工资

管理人员工资是指管理人员的基本工资、工资性补贴、职工福利费、劳动保护费等。

② 办公费

办公费是指企业管理办公用的文具、纸张、账表、印制、邮电、书报、会议、水电、烧水和集体取暖(包括现场临时宿舍取暖)用煤等费用。

③ 差旅交通费

差旅交通费是指职工因公出差、调动工作的差旅费、住勤补助费，市内交通费和误餐补助费，职工探亲路费，劳动力招募费，职工离退休、退职与一次性路费，工伤人员就医路费，工地转移费以及管理部门使用的交通工具的油料、燃料、养路费及牌照费。

④ 固定资产使用费

固定资产使用费是指管理和试验部门及附属生产单位使用的属于固定资产的房屋、设备仪器等的折旧、大修、维修和租赁等。

⑤ 工具用具使用费

工具用具使用费是指管理使用的不属于固定资产的生产工具、器具、家具、交通工具和检验、试验、测绘、消防用具等的购置、维修和摊销费。

⑥ 劳动保险费

劳动保险费是指由企业支付离退休职工的易地安家补助费、职工退职金、六个月以上的病假人员工资、职工死亡丧葬补助费、抚恤费、按规定支付给离休干部的各项经费。

⑦ 工会经费

工会经费是指企业按职工工资总额计提的工会经费。

⑧ 职工教育经费

职工教育经费是指企业为职工学习先进技术和提高文化水平，按职工资总额计提的费用。

⑨ 财产保险费

财产保险费是指施工管理用财产、车辆保险费。

⑩ 财务费

财务费是指企业为筹集资金而发生的各种费用。

⑪ 税金

税金是指企业按规定缴纳的房产税、车船使用税、土地使用税、印花税等。

⑫ 其他

其他包括技术转让费、技术开发费、业务招待费、绿化费、广告费、公证费、法律顾问顾、审计费、咨询费等。

(2) 企业管理费的计算

企业管理费的计算主要有两种方法：公式计算法和费用分析法。

公式计算法是利用公式计算企业管理费的方法比较简单，也是投标人经常采用的一种计算方法，其计算公工为：

$$企业管理费 = 计算基数 \times 企业管理费费率 \tag{5-35}$$

其中企业管理费费率的计算因计算基数不同，分为三种。

① 以直接费为计算基数

$$\text{企业管理费费率} = \frac{\text{生产工人年平均管理费}}{\text{年有效施工天数} \times \text{人工单价}} \times \text{人工费占直接费比例} \quad (5\text{-}36)$$

② 以人工费和机械费合计为计算基数

$$\text{企业管理费费率} = \frac{\text{生产工人年平均管理费}}{\text{年有效施工天数} \times (\text{人工单价} + \text{每一工日机械使用费})} \times 100\% \quad (5\text{-}37)$$

③ 以人工费为计算基数

$$\text{企业管理费费率} = \frac{\text{生产工人年平均管理费}}{\text{年有效施工天数} \times \text{人工单价}} \times 100\% \quad (5\text{-}38)$$

费用分析法是根据企业管理费的构成，结合具体的工程项目确定各项费用的发生额，计算公式为：

$$\begin{aligned}\text{企业管理费} = &\text{管理人员工资} + \text{办公费} + \text{差旅交通费} + \text{固定资产使用费} + \\ &\text{工具用具使用费} + \text{劳动保险费} + \text{工会经费} + \text{职工教育经费} + \\ &\text{财产保险费} + \text{财务费} + \text{税金} + \text{其他} \end{aligned} \quad (5\text{-}39)$$

5. 利润

利润是指施工企业完成所承包工程获得的盈利。按照不同的计价程序，利润的计算方法有所不同。具体计算公式为：

$$\text{利润} = \text{计算基数} \times \text{利润率} \quad (5\text{-}40)$$

计算基数可采用：

① 以直接费和间接费合计为计算基数；

② 以人工费和机械费合计为计算基数；

③ 以人工费为计算基数。

随着市场经济的进一步发展，企业决定利润率水平的自主权将会更大。在投标报价时企业可以根据工程的难易程度，市场竞争情况和自身的经营管理水平自行确定合理的利润率。

6. 税金

建筑安装工程税金是指国家税法规定的应计入建筑安装工程造价的营业税、城市维护建设税及教育费附加。

(1) 营业税

营业税的税额为营业额的3%。计算公式为：

$$\text{营业税} = \text{营业额} \times 3\% \quad (5\text{-}41)$$

其中营业额是指从事建筑、安装、修缮、装饰及其他工程作业收取的全部收入，还包括建筑、修缮、装饰工程所用原材料及其他物资和动力的价款，当安装设备的价值作为安装工程产值时，亦包括所安装设备的价款。但建筑业的总承包人将工程分包或转包给他人的，其营业额中不包括付给分包或转包人的价款。

(2) 城市维护建设税

城市维护建设税是国家为了加强城乡的维护建设，扩大和稳定城市、乡镇维护建设资金来源，而对有经营收入的单位和个人征收的一种税。

城市维护建设税应纳税额的计算公式为：

$$\text{应纳税额} = \text{应纳营业税额} \times \text{适用税率} \quad (5\text{-}42)$$

城市维护建设税的纳税人所在地为市区的,按营业税的7%征收;所在地为县镇的,按营业税的5%征收;所在地为农村的,按营业税的1%征收。

(3) 教育费附加

教育费附加税额为营业税的3%,计算公式为:

$$应纳税额=应纳营业税额\times3\% \tag{5-43}$$

为了计算上的方便,可将营业税、城市维护建设税和教育费附加合并在一起计算,以工程成本加利润为基数计算税金。即:

$$税金=(直接费+间接费+利润)\times税率 \tag{5-44}$$

$$税率(计税系数)=\{1/[1-营业税税率\times(1+城市维护建设税税率+教育费附加税率)]-1\}\times100\% \tag{5-45}$$

如果纳税人所在地为市区的,则:

$$税率(计税系数)=\left[\frac{1}{1-3\%\times(1+7\%+3\%)}-1\right]\times100\%=3.41\%$$

如果纳税人所在地为县镇的,则:

$$税率(计税系数)=\left[\frac{1}{1-3\%\times(1+5\%+3\%)}-1\right]\times100\%=3.35\%$$

如果纳税人所在地为农村的,则:

$$税率(计税系数)=\left[\frac{1}{1-3\%\times(1+1\%+3\%)}-1\right]\times100\%=3.22\%$$

5.3 建筑安装工程费用计算

根据建设部第107号部令《建筑工程施工发包与承包计价管理办法》的规定,发包与承包价的计算方法分为工料单价法和综合单价法,其计价程序如下。

5.3.1 工料单价法计价程序

工料单价法是计算出分部分项工程量后乘以工料单价,合计得到直接工程费,直接工程费汇总后再加措施费、间接费、利润和税金生成工程承发包价,其计算程序分为三种。

1. 以直接费为计算基础

以直接费为计算基础的工料单价法计价程序见表5-2。

以直接费为计算基础的工料单价法计价程序　　　　表5-2

序号	费用项目	计算方法	备注
1	直接工程费	按预算表	
2	措施费	按规定标准计算	
3	小计(直接费)	(1)+(2)	
4	间接费	(3)×相应费率	
5	利润	[(3)+(4)]×相应利润率	
6	合计	(3)+(4)+(5)	
7	含税造价	(6)×(1+相应税率)	

例 4 某土方工程直接工程费为 300 万元，以直接费为计算基础计算建筑安装工程费，其中措施费为直接工程费的 5%，间接费费率为 8%，利润率为 4%，综合计税系数为 3.41%。列表计算该工程的建筑安装工程造价。

建筑安装工程造价计算过程见表 5-3。

以直接费为计算基础的工料单价法计价程序　　　　　表 5-3

序号	费用项目	计算方法
(1)	直接工程费	300
(2)	措施费	(1)×5%=15
(3)	直接费	(1)+(2)=300+15=315
(4)	间接费	(3)×8%=315×8%=25.2
(5)	利润	[(3)+(4)]×4%=(315+25.2)×4%=13.608
(6)	不含税造价	(3)+(4)+(5)=315+25.2+13.608=353.808
(7)	税金	(6)×3.41%=353.808×3.41%=12.065
(8)	含税造价	(6)+(7)=353.808+12.065=365.873

2. 以人工费和机械费为计算基础

以人工费和机械费为计算基础的工料单价法计价程序见表 5-4。

以人工费和机械费为计算基础的工料单价法计价程序　　　　　表 5-4

序号	费用项目	计算方法	备注
1	直接工程费	按预算表	
2	其中人工费和机械费	按预算表	
3	措施费	按规定标准计算	
4	其中人工费和机械	按规定标准计算	
5	小计	(1)+(3)	
6	人工费和机械费小计	(2)+(4)	
7	间接费	(6)×相应费率	
8	利润	(6)×相应利润率	
9	合计	(5)+(7)+(8)	
10	含税造价	(9)×(1+相应税率)	

3. 以人工费为计算基础

以人工费为计算基础的工料单价法计价程序见表 5-5。

以人工费为计算基础的工料单价法计价程序　　　　　表 5-5

序号	费用项目	计算方法	备注
1	直接工程费	按预算表	
2	直接工程费中人工费	按预算表	

续表

序号	费用项目	计算方法	备注
3	措施费	按规定标准计算	
4	措施费中人工费	按规定标准计算	
5	小计	(1)+(3)	
6	人工费小计	(2)+(4)	
7	间接费	(6)×相应费率	
8	利润	(6)×相应利润率	
9	合计	(5)+(7)+(8)	
10	含税造价	(9)×(1+相应税率)	

5.3.2 综合单价法计价程序

综合单价分为全费用综合单价和部分费用综合单价,全费用综合单价其单价内容包括直接工程费、措施费、间接费、利润和税金。由于大多数情况下措施费由投资人单独报价,而不包括在综合单价中,此时综合单价仅包括直接工程费、间接费、利润和税金。

综合单价如果是全费用综合单价,则综合单价乘以各分项工程量汇总后,就生成工程承发包价格。如果综合单价是部分费用综合单价,如综合单价不包括措施费,则综合单价乘以各分项工程量汇总后,还需加上措施费才得到工程承发包价格。

由于各分部分项工程中的人工、材料、机械含量的比例不同,各分项工程可根据其材料费占人工费、材料费、机械费合计的比例(以字母"C"代表该项比值)在以下三种计算程序中选择一种计算不含措施费的综合单价。

当$C>C_0$(C_0为本地区原费用定额测算所选典型工程材料费占人工费、材料费和机械费合计的比例)时,可采用以人工费、材料费、机械费合计(直接工程费)为基数计算该分项的间接费和利润,见表5-6。

以直接工程费为计算基础的综合单价法计价程序　　　　表5-6

序号	费用项目	计算方法	备注
1	分项直接工程费	人工费+材料费+机械费	
2	间接费	(1)×相应费率	
3	利润	[(1)+(2)]×相应利润率	
4	合计	(1)+(2)+(3)	
5	含税单价	(4)×(1+相应税率)	

当$C<C_0$时,可采用以人工费和机械费合计为基数计算该分项的间接费和利润,见表5-7。

以人工费和机械费为计算基础的综合单价法计价程序　　　　表 5-7

序号	费用项目	计算方法	备注
1	分项直接工程费	人工费＋材料费＋机械费	
2	其中人工费和机械费	人工费＋机械费	
3	间接费	(2)×相应费率	
4	利润	(2)×相应利润率	
5	合计	(1)+(3)+(4)	
6	含税单价	(5)×(1+相应税率)	

如该分项的直接工程费仅为人工费，无材料费和机械费时，可采用以人工费为基数计算该分项的间接费和利润，见表 5-8。

以人工费为计算基础的综合单价法计价程序　　　　表 5-8

序号	费用项目	计算方法	备注
1	分项直接工程费	人工费＋材料费＋机械费	
2	其中工程费中人工费	人工费	
3	间接费	(2)×相应费率	
4	利润	(2)×相应利润率	
5	合计	(1)+(3)+(4)	
6	含税单价	(5)×(1+相应税率)	

5.4　工程量清单计价

5.4.1　工程量清单的定义

工程量清单是表现拟建工程的分部分项工程项目、措施项目、其他项目的名称和相应数量以及规费、税金项目等内容的明细清单，包括分部分项工程量清单、措施项目清单、其他项目清单。工程量清单计价是指投标人完成由招标人提供的工程量清单所需的全部费用，包括分部分项工程费、措施项目费、其他项目费和规费、税金。工程量清单计价方法是在建设工程招标投标中，招标人或委托具有资质的中介机构编制反映工程实体消耗和措施性消耗的工程量清单，并作为招标文件的一部分提供给投标人，由投标人依据工程量清单自主报价的计价方式。在工程招标投标中采用工程量清单计价是国际上较为通行的做法。

工程量清单计价方法的主旨就是在全国范围内，统一项目编码、统一项目名称、统一计量单位和统一工程量计算规则。

5.4.2　工程量清单的编制

1. 一般规定

(1) 工程量清单应由具有编制能力的招标人或受其委托、具有相应资质的工程造价咨询人编制。

(2) 采用工程量清单方式招标，工程量清单必须作为招标文件的组成部分，其准确性和完整性由招标人负责。

(3) 工程量清单是工程量清单计价的基础，应作为编制招标控制价、投标报价、计算或调整工程量、索赔等的依据之一。

(4) 招标工程量清单应以单位(项)工程为单位编制，应由分部分项工程量清单、措施项目清单、其他项目清单、规费和税金项目清单组成。

2. 编制工程量清单的依据

(1)《建设工程工程量清单计价规范》(GB 50500—2013)和相关工程的现行国家计量规范。

(2) 国家或省级、行业建设主管部门颁发的计价依据和办法。

(3) 建设工程设计文件及相关资料。

(4) 与建设工程有关的标准、规范、技术资料。

(5) 拟定的招标文件。

(6) 施工现场情况、地勘水文资料、工程特点及常规施工方案。

(7) 其他相关资料。

3. 分部分项工程量清单

(1) 分部分项工程量清单应包括项目编码、项目名称、项目特征、计量单位和工程量。

(2) 分部分项工程量清单应根据相关工程现行国家计量规范附录规定的项目编码、项目名称、计量单位和工程量计算规则进行编制。

(3) 分部分项工程量清单的项目编码，应采用十二位阿拉伯数字表示。一～九位应按附录规定设置；十～十二位应根据拟建工程的工程量清单项目名称和项目特征设置。同一招标工程的项目编码不得有重码。

(4) 分部分项工程量清单的项目名称应按附录的项目名称结合拟建工程的实际确定。

(5) 分部分项工程量清单中所列的工程量应按附录中规定的工程量计算规则计算。

(6) 分部分项工程量清单的计量单位应按附录中规定的计量单位确定。

(7) 分部分项工程量清单的项目特征应按附录中规定的项目特征结合拟建工程项目的实际予以描述。

(8) 编制工程量清单时出现附录中未包括的项目，编制人应进行补充，并报省级或行业工程造价管理机构备案，省级或行业工程造价管理机构应汇总报住房和城乡建设部标准定额研究所。

补充项目的编码由相关工程现行国家计量规范的代码与B和三位阿拉伯数字组成，并应从 XB001 起顺序编制，同一招标工程的项目不得重码。工程量清单中需附有补充项目的名称、项目特征、计量单位、工程量计算规则、工程内容。

4. 措施项目清单

(1) 措施项目清单必须根据相关工程现行国家计量规范的规定编制。应根据拟建工程的实际情况列项。

(2) 措施项目中列出了项目编码、项目名称、项目特征、计量单位和工程量计算规则的项目，编制工程量清单时，应按相关计量规范中分部分项工程的规定执行。措施项目中仅列出项目编码、项目名称，未列出项目特征、计量单位、工程量计算规则的项目，编制工程量清单时，应按相关计量规范中措施项目规定的项目编码、项目名称确定。

5. 其他项目清单

其他项目清单宜按照下列内容列项：

（1）暂列金额

招标人在工程量清单中暂定并包括在合同价款中的一笔款项。用于工程合同签订时尚未确定或者不可预见的所需材料、工程设备、服务的采购，施工中可能发生的工程变更、合同约定调整因素出现时的合同价款调整以及发生的索赔、现场签证确认等的费用。

（2）暂估价：包括材料暂估单价、工程设备暂估单价、专业工程暂估价。

（3）计日工

在施工过程中，承包人完成发包人提出的工程合同范围以外的零星项目或工作，按合同中约定的单价计价的一种方式。

（4）总承包服务费

总承包人为配合协调发包人进行的专业工程发包，对发包人自行采购的材料、工程设备等进行保管以及施工现场管理、竣工资料汇总整理等服务所需的费用。

出现上述未列的项目，可根据工程实际情况补充。

6. 规费项目清单

规费项目清单应包括下列内容：

（1）社会保险费：包括养老保险费、失业保险费、医疗保险费、工伤保险费、生育保险费。

（2）住房公积金。

（3）工程排污费。

出现上述未列的项目，应根据省级政府或省级有关权力部门的规定列项。

7. 税金项目清单

税金项目清单应包括下列内容：

（1）营业税。

（2）城市维护建设税。

（3）教育费附加。

（4）地方教育附加。

出现上述未列的项目，应根据税务部门的规定列项。

5.4.3 工程量清单计价项目

1. 一般规定

（1）采用工程量清单计价，建设工程造价由分部分项工程费、措施项目费、其他项目费、规费和税金组成。

（2）分部分项工程量清单应采用综合单价计价。

（3）招标文件中的工程量清单标明的工程量是投标人投标报价的共同基础，竣工结算的工程量按发、承包双方在合同中约定应予计量且实际完成的工程量确定。

(4) 措施项目清单计价应根据拟建工程的施工组织设计,可以计算工程量的措施项目,应按分部分项工程量清单的方式采用综合单价计价;其余的措施项目可以"项"为单位的方式计价,应包括除规费、税金外的全部费用。

(5) 措施项目清单中的安全文明施工费应按照国家或省级、行业建设主管部门的规定计价,不得作为竞争性费用。

(6) 规费和税金应按国家或省级、行业建设主管部门的规定计算,不得作为竞争性费用。

(7) 采用工程量清单计价的工程,应在招标文件或合同中明确风险内容及其范围(幅度),不得采用无限风险、所有风险或类似语句规定风险内容及其范围(幅度)。

2. 招标控制价

(1) 国有资金投资的建设工程招标,招标人必须编制招标控制价。招标控制价应按照计价规范的规定编制,不应上调或下浮。招标控制价超过批准的概算时,招标人应将其报原概算审批部门审核。招标人应在发布招标文件时公布招标控制价。投标人的投标报价高于招标控制价的应予以废标。

(2) 招标控制价应由具有编制能力的招标人,或受其委托具有相应资质的工程造价咨询人编制。

(3) 招标控制价应根据下列依据编制与复核
① 《建设工程工程量清单计价规范》(GB 50500—2013)。
② 国家或省级、行业建设主管部门颁发的计价定额和计价办法。
③ 建设工程设计文件及相关资料。
④ 招标文件中的工程量清单及有关要求。
⑤ 与建设项目相关的标准、规范、技术资料。
⑥ 施工现场情况、工程特点及常规施工方案。
⑦ 工程造价管理机构发布的工程造价信息;工程造价信息没有发布的参照市场价。
⑧ 其他的相关资料。

(4) 综合单价中应包括招标文件中划分的应由投标人承担的风险范围及其费用。招标文件中没有明确的,如是工程造价咨询人编制,应提请招标人明确;如是招标人编制,应予明确。

(5) 分部分项工程和措施项目中的单价项目,应根据拟定的招标文件和招标工程量清单项目中的特征描述及有关要求确定综合单价计算。措施项目中的总价项目应根据拟定的招标文件和常规施工方案按相关规定计价。

(6) 其他项目费应按下列规定计价
① 暂列金额应按招标工程量清单中列出的金额填写。
② 暂估价中的材料、工程设备单价应按招标工程量清单中列出的单价计入综合单价。
③ 暂估价中的专业工程金额应按招标工程量清单中列出的金额填写。
④ 计日工应按招标工程量清单中列出的项目根据工程特点和有关计价依据确定综合单价计算。
⑤ 总承包服务费应按招标工程量清单列出的内容和要求估算。

(7) 规费和税金应按《建设工程工程量清单计价规范》(GB 50500—2013)的规定

计算。

(8) 招标控制价应在招标时公布，不应上调或下浮，招标人应将招标控制价及有关资料报送工程所在地工程造价管理机构备查。

(9) 投标人经复核认为招标人公布的招标控制价未按照《建设工程工程量清单计价规范》(GB 50500—2013)的规定进行编制的，应在招标控制价公布后 5 天向招标投标监督机构和工程造价管理机构投诉。招标投标监督机构应会同工程造价管理机构对投诉进行处理，发现确有错误的，应责成招标人修改。

3. 投标价

(1) 投标价由投标人自主确定。投标价应由投标人或受其委托具有相应资质的工程造价咨询人编制。

(2) 投标人必须按招标工程量清单填报价格。项目编码、项目名称、项目特征、计量单位、工程量必须与招标工程量清单一致。投标报价不得低于工程成本。

(3) 投标报价应根据下列依据编制

① 《建设工程工程量清单计价规范》(GB 50500—2013)。

② 国家或省级、行业建设主管部门颁发的计价办法。

③ 企业定额，国家或省级、行业建设主管部门颁发的计价定额。

④ 招标文件、工程量清单及其补充通知、答疑纪要。

⑤ 建设工程设计文件及相关资料。

⑥ 施工现场情况、工程特点及拟定的投标施工组织设计或施工方案。

⑦ 与建设项目相关的标准、规范等技术资料。

⑧ 市场价格信息或工程造价管理机构发布的工程造价信息。

⑨ 其他的相关资料。

(4) 综合单价中应包括招标文件中划分的应由投标人承担的风险范围及其费用。招标文件中没有明确的，应提请招标人明确。

(5) 分部分项工程和措施项目中的单价项目，应根据招标文件和招标工程量清单项目中的特征描述确定综合单价计算。措施项目中的总价项目金额应根据招标文件和投标时拟定的施工组织设计或施工方案，按相关规定自主确定。

(6) 其他项目费应按下列规定报价

① 暂列金额应按招标工程量清单中列出的金额填写。

② 材料、工程设备暂估价应按招标工程量清单中列出的单价计入综合单价。

③ 专业工程暂估价应按招标工程量清单中列出的金额填写。

④ 计日工应按招标工程量清单中列出的项目和数量，自主确定综合单价并计算计日工金额。

⑤ 总承包服务费根据招标工程量清单中列出的内容和提出的要求自主确定。

(7) 规费和税金应按《建设工程工程量清单计价规范》(GB 50500—2013)的规定确定。

(8) 招标工程量清单与计价表中列明的所有需要填写单价和合价的项目，投标人均应填写且只允许有一个报价。未填写单价和合价的项目，可视为此项目费用已包含在已标价工程量清单中其他项目的单价和合价之中。当竣工结算时，此项目不得重新组价予以调整。

(9) 投标总价应当与分部分项工程费、措施项目费、其他项目费和规费、税金的合计金额一致。

4. 工程合同价款的约定

(1) 实行招标的工程合同价款应在中标通知书发出之日起 30d 内,由发、承包双方依据招标文件和中标人的投标文件在书面合同中约定。

不实行招标的工程合同价款,在发、承包双方认可的工程价款基础上,由发、承包双方在合同中约定。

(2) 实行招标的工程,合同约定不得违背招标投标文件中关于工期、造价、质量等方面的实质性内容。招标文件与中标人投标文件不一致的地方,以投标文件为准。

(3) 实行工程量清单计价的工程,宜采用单价合同。

(4) 发、承包双方应在合同条款中对下列事项进行约定;合同中没有约定或约定不明的,若发承包双方在合同履行中发生争议由双方协商确定;协商不能达成一致的,按《建设工程工程量清单计价规范》(GB 50500—2013)执行。

① 预付工程款的数额、支付时间及抵扣方式。

② 安全文明施工措施的支付计划、使用要求等。

③ 工程计量与支付工程进度款的方式、数额及时间。

④ 工程价款的调整因素、方法、程序、支付及时间。

⑤ 索赔与现场签证的程序、金额确认与支付时间。

⑥ 承担风险的内容、范围以及超出约定内容、范围的调整办法。

⑦ 工程竣工价款结算编制与核对、支付及时间。

⑧ 工程质量保证金的数额、预扣方式及时间。

⑨ 违约责任及发生合同价款争议的解决方法及时间。

⑩ 与履行合同、支付价款有关的其他事项等。

5. 工程计量与价款支付

(1) 工程量应当按照相关工程的现行国家计量规范规定的工程量计算规则计算。

(2) 工程计量可选择按月或按工程形象进度分段计量,具体计量周期在合同中约定。

(3) 因承包人原因造成的超范围施工或返工的工程量,发包人不予计量。

(4) 工程计量时,若发现招标工程量清单中出现缺项、工程量偏差,或因工程变更引起工程量增减,应按承包人在履行合同过程中完成的工程量计算。

(5) 承包人应当按照合同约定的计量周期和时间,向发包人提交当期已完工程量报告。发包人应在收到报告后 7d 内核实,并将核实计量结果通知承包人。发包人未在约定时间内进行核实的,则承包人提交的计量报告中所列的工程量视为承包人实际完成的工程量。

(6) 发包人应按照合同约定支付工程预付款。支付的工程预付款,按照合同约定在工程进度款中抵扣。

(7) 包工包料工程的预付款的支付比例不得低于签约合同价(扣除暂列金额)的 10%,不宜高于签约合同价(扣除暂列金额)的 30%。

(8) 发包人支付工程进度款,应按照合同约定计量和支付,支付周期同计量周期。

（9）进度款的支付比例按照合同约定，按期中结算价款总额计，不低于60%，不高于90%。

（10）承包人应在每个计量周期到期后的7d内向发包人提交已完工程进度款支付申请一式四份，详细说明此周期自己认为有权得到的款额，包括分包人已完工程的价款。支付申请的内容包括：

① 累计已完成的合同价款。

② 累计已实际支付的合同价款。

③ 本周期合计完成的合同价款。

④ 本周期合计应扣减的金额。

⑤ 本周期实际应支付的合同价款。

（11）发包人应在收到承包人进度款支付申请后的14d内根据计量结果和合同约定对申请内容予以核实。确认后向承包人出具进度款支付证书。

（12）发包人应在签发进度款支付证书后的14d内，按照支付证书列明的金额向承包人支付进度款。

（13）若发包人逾期未签发进度款支付证书，则视为承包人提交的进度款支付申请已被发包人认可，承包人可向发包人发出催告付款的通知。发包人应在收到通知后的14d内，按照承包人支付申请阐明的金额向承包人支付进度款。

（14）发包人未按照规定支付进度款的，承包人可催告发包人支付，并有权获得延迟支付的利息；发包人在付款期满后的7d内仍未支付的，承包人可在付款期满后的第8d起暂停施工。发包人应承担由此增加的费用和（或）延误的工期，向承包人支付合理利润，并承担违约责任。

6. 索赔与现场签证

（1）合同一方向另一方提出索赔时，应有正当的索赔理由和有效证据，并应符合合同的相关约定。

（2）根据合同约定，承包人认为非承包人原因发生的事件造成了承包人的损失，应按以下程序向发包人提出索赔：

① 承包人应在索赔事件发生后28d内，向发包人提交索赔意向通知书，说明发生索赔事件的事由。承包人逾期未发出索赔意向通知书的，丧失索赔的权利；

② 承包人应在发出索赔意向通知书后28d内，向发包人正式提交索赔通知书。索赔通知书应详细说明索赔理由和要求，并附必要的记录和证明材料；

③ 索赔事件具有连续影响的，承包人应继续提交延续索赔通知，说明连续影响的实际情况和记录；

④ 在索赔事件影响结束后的28d内，承包人应向发包人提交最终索赔通知书，说明最终索赔要求，并附必要的记录和证明材料。

（3）承包人索赔按下列程序处理：

① 发包人收到承包人的索赔通知书后，应及时查验承包人的记录和证明材料；

② 发包人应在收到索赔通知书或有关索赔的进一步证明材料后28d内，将索赔处理结果答复承包人，如果发包人逾期未作出答复，视为承包人索赔要求已经发包人认可；

③ 承包人接受索赔处理结果的，索赔款项在当期进度款中进行支付；承包人不接受

索赔处理结果的，按合同约定的争议解决方式办理。

(4) 若承包人的费用索赔与工程延期索赔要求相关联时，发包人在作出费用索赔的批准决定时，应结合工程延期的批准，综合作出费用索赔和工程延期的决定。

(5) 承包人应发包人要求完成合同以外的零星项目、非承包人责任事件等工作的，发包人应及时以书面形式向承包人发出指令，提供所需的相关资料；承包人在收到指令后，应及时向发包人提出现场签证要求。

(6) 承包人应在收到发包人指令后的 7d 内，向发包人提交现场签证报告，报告中应写明所需的人工、材料和施工机械台班的消耗量等内容。发包人应在收到现场签证报告后的 48h 内对报告内容进行核实，予以确认或提出修改意见。发包人在收到承包人现场签证报告后的 48h 内未确认也未提出修改意见的，视为承包人提交的现场签证报告已被发包人认可。

(7) 现场签证工作完成后的 7d 内，承包人应按照现场签证内容计算价款，报送发包人确认后，作为追加合同价款，与工程进度款同期支付。

7. 合同价款调整

(1) 以下事项(但不限于)发生，发承包双方应当按照合同约定调整合同价款：
① 法律法规变化；
② 工程变更；
③ 项目特征描述不符；
④ 工程量清单缺项；
⑤ 工程量偏差；
⑥ 物价变化；
⑦ 暂估价；
⑧ 计日工；
⑨ 现场签证；
⑩ 不可抗力；
⑪ 提前竣工(赶工补偿)；
⑫ 误期赔偿；
⑬ 施工索赔；
⑭ 暂列金额；
⑮ 发承包双方约定的其他调整事项。

(2) 出现合同价款调增事项(不含工程量偏差、计日工、现场签证、施工索赔)后的 14d 内，承包人应向发包人提交合同价款调增报告并附上相关资料，若承包人在 14d 内未提交合同价款调增报告的，视为承包人对该事项不存在调整价款请求。

(3) 出现合同价款调减事项(不含工程量偏差、索赔)后的 14d 内，发包人应向承包人提交合同价款调减报告并附相关资料，发包人在 14d 内未提交合同价款调减报告的，视为发包人对该事项不存在调整价款请求。

(4) 发(承)包人应在收到承(发)包人合同价款调增(减)报告及相关资料之日起 14d 内对其核实，予以确认的应书面通知承(发)包人。如有疑问，应向承(发)包人提出协商意见。发(承)包人在收到合同价款调增(减)报告之日起 14d 内未确认也未提出协商意见的，视为承(发)包人提交的合同价款调增(减)报告已被发(承)包人认可。发(承)包人提出协商意见的,承(发)包人应在收到协商意见后的 14d 内对其核实,予以确认的应书面通知发(承)包人。如承(发)包人在收到发(承)包人的协商意见后 14d 内既不确认也未提出不同意见的,视为发(承)包人提出的意见已被承(发)包人认可。

(5) 如发包人与承包人对不同意见不能达成一致的,只要对发承包双方履约不产生实质影响,双方应继续履行合同义务,直到其按照合同约定的争议解决方式得到处理。

(6) 因不可抗力事件导致的费用,发、承包双方应按以下原则分别承担并调整工程价款。

① 工程本身的损害,因工程损害导致第三方人员伤亡和财产损失,以及运至施工场地用于施工的材料和待安装的设备的损害,由发包人承担。

② 发包人与承包人的人员伤亡由其所在单位负责,并承担相应费用。

③ 承包人的施工机械设备损坏及停工损失,由承包人承担。

④ 停工期间,承包人应发包人要求留在施工场地的必要的管理人员及保卫人员的费用,由发包人承担。

⑤ 工程所需清理、修复费用,由发包人承担。

(7) 工程变更引起已标价工程量清单项目或其工程数量发生变化,应按照下列规定调整。

① 已标价工程量清单中有适用于变更工程项目的,采用该项目的单价;但当工程变更导致该清单项目的工程数量发生变化,且工程量偏差超过 15%,此时,该项目单价应按规定调整。

② 已标价工程量清单中没有适用、但有类似于变更工程项目的,可在合理范围内参照类似项目的单价。

③ 已标价工程量清单中没有适用也没有类似于变更工程项目的,由承包人根据变更工程资料、计量规则和计价办法、工程造价管理机构发布的信息价格和承包人报价浮动率提出变更工程项目的单价,报发包人确认后调整。

(8) 对于任一招标工程量清单项目,如果工程量偏差和工程变更等原因导致工程量偏差超过 15% 时,可进行调整。调整的原则为:当工程量增加 15% 以上时,其增加部分的工程量的综合单价应予调低;当工程量减少 15% 以上时,减少后剩余部分的工程量的综合单价应予调高。此时,按下列公式调整结算分部分项工程费:

① 当 $Q_1 > 1.15 Q_0$ 时,$S = 1.15 Q_0 \times P_0 + (Q_1 - 1.15 Q_0) \times P_1$

② 当 $Q_1 < 0.85 Q_0$ 时,$S = Q_1 \times P_1$

式中 S——调整后的某一分部分项工程费结算价;

Q_1——最终完成的工程量;

Q_0——招标工程量清单中列出的工程量;

P_1——按照最终完成工程量重新调整后的综合单价;

P_0——承包人在工程量清单中填报的综合单价。

(9) 经发承包双方确认调整的合同价款,作为追加(减)合同价款,与工程进度款或结算款同期支付。

8. 竣工结算

(1) 工程完工后,发、承包双方应在合同约定时间内办理工程竣工结算。

(2) 工程竣工结算由承包人或受其委托具有相应资质的工程造价咨询人编制,由发包人或受其委托具有相应资质的工程造价咨询人核对。

(3) 工程竣工结算的依据主要以下几个方面:

① 《建设工程工程量清单计价规范》(GB 50500—2013)。

② 工程合同。

③ 发承包双方实施过程中已确认的工程量及结算的合同价款。

④ 发承包双方实施过程中已确认调整后追加(减)的合同价款。

⑤ 建设工程设计文件及相关资料。

⑥ 投标文件。

⑦ 其他依据。

(4) 分部分项工程和措施项目中的单价项目应依据发承包双方确认的工程量与已标价工程量清单的综合单价计算,发生调整的,以发承包双方确认调整的综合单价计算。

(5) 措施项目中的总价项目应依据已标价工程量清单的项目和金额计算;发生调整的,以发承包双方确认调整的金额计算,其中安全文明施工费应按《建设工程工程量清单计价规范》(GB 50500—2013)的规定计算。

(6) 其他项目费用应按下列规定计算:

① 计日工应按发包人实际签证确认的事项计算。

② 暂估价应按《建设工程工程量清单计价规范》(GB 50500—2013)的规定计算。

③ 总承包服务费应依据已标价工程量清单金额计算,发生调整的,以发承包双方确认调整的金额计算。

④ 索赔费用应依据发承包双方确认的索赔事项和金额计算。

⑤ 现场签证费用应依据发承包双方签证资料确认的金额计算。

⑥ 暂列金额应减去工程价款调整(包括索赔、现场签证)金额计算,如有余额归发包人。

(7) 合同工程完工后,承包人应在提交竣工验收申请前编制完成竣工结算文件,并在提交竣工验收申请的同时向发包人提交竣工结算文件。

承包人未在规定的时间内提交竣工结算文件,经发包人催告后 14d 内仍未提交或没有明确答复的,发包人有权根据已有资料编制竣工结算文件,作为办理竣工结算和支付结算款的依据,承包人应予以认可。

(8) 发包人应在收到承包人提交的竣工结算文件后的 28d 内核对。发包人经核实,认为承包人还应进一步补充资料和修改结算文件,应在上述时限内向承包人提出核实意见,承包人在收到核实意见后的 14d 内按照发包人提出的合理要求补充资料,修改竣工结算文件,并再次提交给发包人复核后批准。

(9) 发包人应在收到承包人再次提交的竣工结算文件后的 28d 内予以复核,并将复核结果通知承包人。

① 发包人、承包人对复核结果无异议的,应在 7d 内在竣工结算文件上签字确认,竣工结算办理完毕;

② 发包人或承包人对复核结果认为有误的，无异议部分按照本条第 1 款规定办理不完全竣工结算；

有异议部分由发承包双方协商解决，协商不成的，按照合同约定的争议解决方式处理。

(10) 发包人在收到承包人竣工结算文件后的 28d 内，不审核竣工结算或未提出审核意见的，视为承包人提交的竣工结算文件已被发包人认可，竣工结算办理完毕。

(11) 承包人在收到发包人提出的核实意见后的 28d 内，不确认也未提出异议的，视为发包人提出的核实意见已被承包人认可，竣工结算办理完毕。

(12) 承包人应根据办理的竣工结算文件，向发包人提交竣工结算款支付申请。该申请应包括下列内容：

① 竣工结算合同价款总额；

② 累计已实际支付的合同价款；

③ 应预留的质量保证金；

④ 实际应支付的竣工结算金额。

(13) 发包人应在收到承包人提交竣工结算款支付申请后 7d 内予以核实，向承包人签发竣工结算支付证书。

(14) 发包人签发竣工结算支付证书后的 14d 内，按照竣工结算支付证书列明的金额向承包人支付结算款。

(15) 发包人在收到承包人提交的竣工结算款支付申请后 7d 内不予核实，不向承包人签发竣工结算支付证书的，视为承包人的竣工结算款支付申请已被发包人认可；发包人应在收到承包人提交的竣工结算支付申请 7d 后的 14d 内，按照承包人提交的竣工结算支付申请列明的金额向承包人支付结算款。

(16) 发包人未按照规范规定支付竣工结算款的，承包人可催告发包人支付，并有权获得延迟支付的利息。发包人在竣工结算支付证书签发后或者在收到承包人提交的竣工结算款支付申请 7d 后的 56d 内仍未支付的，除法律另有规定外，承包人可与发包人协商将该工程折价，也可直接向人民法院申请将该工程依法拍卖。承包人就该工程折价或拍卖的价款优先受偿。

(17) 竣工结算办理完毕，发包人应将竣工结算文件报送工程所在地或有该工程管辖权的行业管理部门的工程造价管理机构备案。竣工结算书作为工程竣工验收备案、交付使用的必备文件。

9. 合同价款争议的解决

(1) 若发包人和承包人之间就工程质量、进度、价款支付与扣除、工期延期、索赔、价款调整等发生任何法律上、经济上或技术上的争议，首先应根据已签约合同的规定，提交合同约定职责范围内的总监理工程师或造价工程师解决，并抄给另一方。总监理工程师或造价工程师在收到此提交件后 14d 之内应将暂定结果通知发包人和承包人。发承包双方对暂定结果认可的，应以书面形式予以确认，暂定结果成为最终决定。

(2) 发承包双方在收到总监理工程师或造价工程师的暂定结果通知之后的 14d 内，未对暂定结果予以确认也未提出不同意见的，视为发承包双方已认可该暂定结果。

(3) 发承包双方或一方不同意暂定结果的，应以书面形式向总监理工程师或造价工程师提出，说明自己认为正确的结果，同时抄送另一方，此时该暂定结果成为争议。在暂定结果不实质影响发承包双方当事人履约的前提下，发承包双方应实施该结果，直到按照发承包双方认可的争议解决办法被改变为止。

（4）合同价款争议发生后，发承包双方可就工程计价依据的争议以书面形式提请工程造价管理机构对争议以书面文件进行解释或认定。发承包双方或一方在收到管理机构书面解释或认定后仍可按照合同约定的争议解决方式提请仲裁或诉讼。

（5）发承包双方发生工程造价合同纠纷时，应通过下列办法解决：

① 双方协商。

② 提请调解，工程造价管理机构负责调解工程造价问题。

③ 按合同约定向仲裁机构申请仲裁或向人民法院起诉。

（6）在合同纠纷案件处理中，需进行工程造价鉴定的，应委托具有相应资质的工程造价咨询人进行。

第6章 施工项目管理

6.1 施工项目管理概论

6.1.1 施工项目的概念

1. 项目

项目是由一组有起止时间的、相互协调和受控的活动所组成的特定过程,该过程要达到符合规定要求的目标,包括时间、成本、进度和资源的约束条件。

项目具有如下特性:

(1) 项目的特定性。项目的特定性也称为单件性或一次性。每个项目都有自己的特定过程,都有自己的明确目标和内容,只能单件生产或处置。项目不能批量生产,不具有重复性。

(2) 项目具有明确的目标和一定的约束条件。项目的目标有成果性目标和约束性目标。成果性目标指项目应达到的功能性要求;约束性目标是指项目的约束条件,项目都有约束条件,约束条件是项目目标完成的前提,项目只有满足约束条件才能成功。一般项目的约束条件包括时间、资源和质量标准。

(3) 项目具有特定的生命周期。项目过程的一次性决定了每个项目都具有自己的生命周期。建设项目的生命周期包括:项目建议书、可行性研究、设计、建设准备、施工、竣工验收与交付使用。施工项目的生命周期包括:投标与签订合同、施工准备、组织施工、竣工验收、保修。

(4) 项目具有一个管理对象的整体性。一个项目,是一个管理对象,在按其需要配置生产要素时,必须以总体效益的提高为标准。由于内外环境是变化的,所以管理和生产要素的配置是动态的。项目中的一切活动都是相关的,并构成一个整体。

(5) 项目的不可逆性。项目按照一定的程序进行,其过程不可逆转,必须一次成功,失败了便不可挽回,因此项目的风险很大。

2. 建设项目

建设项目是项目中重要的一类,是指为完成依法立项的新建、扩建、改建等各类工程而进行的,有起止日期的,达到规定要求的一组相关联的受控活动组成的特定过程,包括策划、勘察、设计、采购、施工、试运行、竣工验收和考核评价等。

建设项目具有如下特性:

(1) 在一个总体设计或初步设计范围内,由一个或若干个互相有内在联系的单项工程组成,在建设中统一核算、统一管理。

(2) 在一定的约束条件下,以形成固定资产为特定目标。

(3) 需要遵循必要的建设程序和经过特定的建设过程。

(4) 按照特定的任务，具有一次性特点的组织方式。表现为建设组织的一次性，资金的一次性投入，建设地点的一次性固定，设计的独特性和施工的单件性。

(5) 具有投资限额标准。只有达到一定限额投资的才能作为建设项目，否则称为零星固定资产购置。

3. 施工项目

施工项目是建筑施工企业自投标开始到保修期满为止的全过程完成的项目。它的产出物可能是建设项目，也可能是其中的一个单项工程或单位工程。

施工项目具有如下特性：

(1) 它是建设项目或其中的单项工程、单位工程的施工活动过程。

(2) 以建筑业企业为管理主体。

(3) 项目的任务范围是由施工合同界定的。

(4) 产品具有多样性、固定性、体积庞大的特点。

6.1.2 施工项目管理的概念

施工项目管理是建筑施工企业运用系统的理论和方法对施工项目进行的计划、组织、监督、协调、控制等的专业化活动。

施工项目管理具有以下特征：

(1) 施工项目的管理者是建筑施工企业。建设单位和设计单位都不进行施工项目管理，由建设单位或监理单位进行的工程项目管理涉及到的施工阶段管理仍属于建设项目管理，不能算作施工项目管理。

(2) 施工项目管理的对象是施工项目。施工项目管理的周期就是施工项目的周期。

(3) 施工项目管理的内容是按阶段变化的。随时间的推移，施工内容的变化，施工项目管理的内容也随之而变化，因此管理者必须要进行有针对性的动态管理，以提高施工效率和施工效益。

(4) 施工项目管理要求强化组织协调工作。由于施工项目的生产活动的独特性，组织工作量大，工期长，需要的资源多，同时要涉及复杂的经济关系、技术关系、法律关系、行政关系和人事关系，故施工项目管理中的组织协调工作最为艰难、复杂、多变，必须通过强化组织协调才能保证施工的顺利进行。

6.1.3 施工项目管理程序

施工项目管理程序可以划分为五个阶段，即：

(1) 投标和签订合同阶段

建设单位对建设项目进行设计和建设准备，具备招标条件后，便发出招标公告（或投标邀请函），施工单位见到招标公告（或接到投标邀请函）后，从做出投标决策到中标签约，这是施工项目管理的开始。本阶段管理的最终目标是签订工程承包合同。

(2) 施工准备阶段

施工单位与招标单位签订工程承包合同，确定工程承包关系后，成立项目管理部，然后由项目经理部与企业管理层、建设（监理）单位配合，进行施工准备，使工程具备开工和连续施工的基本条件。

(3) 施工阶段

施工阶段即自开工至竣工的实施过程,在这一阶段,项目经理部既是决策机构,又是责任机构。施工阶段的目标是完成合同约定的全部施工任务,达到竣工、交付使用的条件。

(4) 验收、交付与结算阶段

这一阶段可称为施工项目结束阶段,其目标是对项目成果进行总结评价,对外结清债权债务。

(5) 用后服务阶段

这是施工项目管理的最后阶段,即在竣工验收后,按照合同规定的责任期进行用后服务、回访与保修,其目的是保证使用单位正常使用,发挥效益。

6.1.4 施工项目管理的目标

由于建筑施工企业是根据建设单位的要求(一般由合同约定)承担工程建设任务,施工企业必须树立服务观念,为项目和建设单位提供建设服务。同时,合同也规定了施工企业的责任和义务,因此施工企业作为项目建设的一个重要参与方,其项目管理不仅应服务于施工企业本身的利益,也必须服务于项目的整体利益。项目的整体利益与施工企业的利益是对立统一的关系,两者有其统一的一面,也有其矛盾的一面。

施工项目管理的目标应符合合同的要求,其主要内容包括:

(1) 施工的质量目标;

(2) 施工的成本目标;

(3) 施工的进度目标;

(4) 施工的安全管理目标。

如果采用工程施工总承包或工程施工总承包管理模式,施工总承包企业或施工总承包管理企业必须按工程合同规定的工期目标和质量目标完成建设任务。施工总承包企业或施工总承包管理企业的成本目标是由施工企业根据其生产和经营情况自行确定的。分包企业则必须按工程分包合同规定的工期和质量目标完成建设任务;分包企业的成本目标是分包企业内部自行确定的。

施工的安全管理目标是施工项目在施工过程中,通过对生产要素具体的状态控制,使生产因素的不安全行为和状态减少或消除,不引发为事故,尤其是不引发为使人受到伤害的事故。它是施工项目各项目标得以实现的保证。

6.1.5 施工项目管理的内容

在施工项目实施的全过程中,为了使各阶段的目标和最终目标的实现,必须充分发挥以施工项目经理为首的项目经理部的作用,加强管理工作,保证管理工作取得实效。

1. 建立施工项目管理组织

(1) 由企业采用适当的方式选聘称职的项目经理。

项目经理是施工企业法定代表人在施工项目上的授权委托代表人;项目经理应由施工企业法定代表人任命,并根据法定代表人授权的范围、期限和内容履行管理职责,并对项目实施全过程、全面管理。施工企业项目经理不应同时承担两个或两个以上未完项目领导岗位工作。

（2）根据施工项目的特点，选用适当的组织形式，组建项目管理机构，明确责任、权限和义务。

（3）根据实际情况，制定相应的施工项目管理制度。

2. 编制施工项目管理规划

施工项目管理规划是指导施工项目管理工作的纲领性文件，施工项目管理规划应确定施工项目管理的目标、组织、内容、方法、资源、程序和控制措施等。施工项目管理规划的主要内容有：

（1）进行工程项目分解，确定阶段控制目标，然后从局部到整体实施和管理。

（2）建立施工项目管理工作体系，确定管理工作流程。

（3）建立系统文件，以利执行。

3. 进行施工项目目标控制

由于施工项目在实施过程中会不断受到各种主客观因素的干扰，因此，施工项目目标控制必须采用动态控制。项目目标的动态控制是项目管理的最基本的方法论。

4. 对施工项目施工现场的生产要素进行优化配置和动态管理

施工项目的生产要素包括人力资源、材料、设备、资金和技术，生产要素是施工项目目标得以实现的保障。根据施工项目的进展情况必须对施工现场的生产要素及时优化配置和调整。

5. 施工项目合同管理

施工单位和建设单位之间的关系是合同关系，因此必须依法签订合同，对合同的内容进行正确的分析，在施工项目实施过程中严格按照合同约定履行义务，正确处理变更和索赔。

6. 施工项目的信息管理

由于施工项目的规模一般较大，需要进行大量的数据的收集和处理，因此信息管理工作是施工项目管理不可缺少的组成部分。采用计算机辅助的手段可解决信息的及时、高效、准确、共享问题，有利于施工项目目标的控制。

7. 组织协调

施工项目组织协调是以一定的组织形式、手段和方法，对施工项目管理中产生的各种关系进行疏通，对产生的干扰和障碍予以排除的过程。协调为顺利进行目标控制服务，协调也是为了保证项目目标的实现。

6.1.6 施工项目管理的组织

1. 组织的概念

组织有两种含义，组织的第一种含义指组织机构。组织机构是按一定领导体制、部门协调、层次划分、职责分工、规章制度和信息系统等构成的有机整体，是社会的结合体，可以完成一定的任务，并为此而处理人与人、人与事、人与物的关系。组织的第二种含义指组织行为（活动），即通过一定权力和影响力，为达到一定目的，对所需资源进行合理配置，处理人与人、人与事、人与物的行为（活动）。

施工项目管理的组织,是指为进行施工项目管理、实现组织职能而进行组织系统的设计与建立、组织运行和组织调整三个方面的总称。

2. 组织的职能

组织职能是项目管理的基本职能之一,其目的是通过合理设计职权关系结构来使各方面工作协调一致。项目管理的组织职能包括五个方面:

(1) 组织设计。组织设计是选定一个合理的组织系统,划分各部门的权限和职责,确立各种规章制度。组织设计包括生产指挥系统组织设计、职能部门组织设计等。

(2) 组织联系。就是规定组织机构中各部门的相互关系,明确信息流通和信息反馈的渠道,以及它们之间的协调原则和方法。

(3) 组织运行。组织运行是按分担的责任完成各自的工作,规定组织体的工作顺序和业务管理活动的运行过程。组织运行要抓好三个关键性问题,一是人员配置,二是业务接口关系,三是信息反馈。

(4) 组织行为。就是指应用行为科学、社会学及社会心理学原理来研究、理解和影响组织中人们的行为、言语、组织过程、管理风格以及组织变更等。

(5) 组织调整。组织调整是指根据工作需要、环境的变化,分析原有的工程项目组织系统的缺陷、适应性和效率性,对组织系统进行调整和重新组合,包括组织形式的变化、人员的变动、规章制度的修订或废止、责任系统的调整以及信息流通系统的调整等。

3. 施工项目经理部

(1) 施工项目经理部的定义

施工项目经理部是由项目经理在施工企业法定代表人授权和职能部门的支持下组建并领导进行项目管理的组织机构。施工项目经理部应接受施工企业职能部门的指导、监督、检查、服务和考核,并负责对施工项目资源进行合理使用和动态管理。施工项目经理部是施工项目现场管理的一次性具有弹性的施工生产组织机构,既是施工企业某一施工项目的管理层,又对劳务作业层负有管理和服务的双重职能。

施工项目经理部由项目经理、项目副经理以及其他技术和管理人员组成。施工项目经理部各方人员的选聘,先由项目经理或施工企业人事部门推荐,或由本人自荐,经项目经理与施工企业法定代表人或企业管理组织协商同意后按组织程序聘任。对于企业紧缺的少数专业技术管理人员,也可向社会招聘。

(2) 施工项目经理部的作用

① 负责施工项目从开工到竣工的全过程施工生产经营的管理,对作业层负有管理与服务的双重职能。

② 为项目经理决策提供信息依据,当好参谋,同时要执行项目经理的决策意图,向项目经理全面负责。

③ 施工项目经理部作为组织体,应完成施工企业所赋予的基本任务——项目管理任务。即凝聚管理人员的力量,调动其积极性,促进管理人员的合作,建立为事业献身的精神;协调部门之间、管理人员之间的关系,发挥每个人的岗位作用,为共同目标进行工作;影响和改变管理人员的观念和行为,使个人的思想、行为变为组织文化的积极因素;实行责任制,搞好管理;沟通部门之间、项目经理部与作业队之间、与公司之间、与环境之间的关系。

④ 施工项目经理部是代表施工企业履行工程承包合同的主体，对项目产品生产全过程负责，使项目经理部成为市场竞争的主体成员。

(3) 施工项目经理部设立的基本原则

① 要根据项目组织形式设置施工项目经理部。项目组织形式与施工企业对施工项目管理有关，与企业对项目经理的授权有关，不同的组织形式对施工项目经理部的管理力量和管理职责提出不同的要求，同时也提供了不同的管理环境。

② 要根据施工项目的规模、复杂程度和专业特点设置施工项目经理部。

③ 施工项目经理部是一个具有弹性的一次性管理组织，随着工程项目的开工而组建，随着工程项目的竣工而解体，不应搞成一级固定性组织。

④ 项目经理部的人员配置应面向现场，满足现场的计划与实施、技术与质量、成本与核算、劳务与物资、安全与文明施工的需要，而不应设置专管经营与咨询、研究与发展、政工与人事等与项目施工关系较少的非生产性管理部门。

(4) 施工项目经理部的组织层次

① 决策层。即以项目经理为首的并有项目副经理、技术、安全负责人参加的项目管理领导班子。施工项目在实施过程中的一切决策行为都集中于决策层。

② 监督管理层。是指在项目经理的直接领导下的项目经理部中的各个职能部门或部门负责人。监督管理层是施工项目具体实施的直接指挥者，并对劳务作业层按劳务分包合同进行管理和监督。

③ 业务实施层。是在施工项目经理部中由各个职能部门负责人所直接指挥的部门专业人员，是项目的底层管理者。

(5) 施工项目经理部的运行机制

施工项目经理部的运行应实行岗位责任制度，明确各成员的责、权、利，设立岗位考核指标。项目经理应根据项目管理人员岗位责任制度对管理人员的责任目标进行检查、考核和奖惩。施工项目经理部应对作业队伍和分包人实行合同管理，并应加强目标控制与工作协调。

(6) 施工项目经理部的工作内容

① 在项目经理的领导下制定项目管理实施规划及项目管理的各项规章制度。

② 以进入项目的资源和生产要素进行优化配置与动态管理。

③ 有效控制项目工期、质量、成本和安全等目标。

④ 协调施工企业内部、项目内部以及项目与外部各系统之间的关系，增进项目有关各部门之间的沟通，提高工作效率。

⑤ 对施工项目目标和管理行为进行分析、考核和评价，并对各类责任制度执行结果实施奖惩。

(7) 施工项目经理部的动态管理

施工项目经理部的组织和人员构成不应是一成不变的，而应随着项目的进展、变化以及管理需要及时进行优化调整，从而使其更能适应项目管理的新的需求，使得部门的设置始终与目标的实现相统一，这就是施工项目经理部的动态管理。

施工项目经理部的动态管理的决策者是项目经理，项目经理可根据项目实施情况及时调整经理部构成，更换或任免项目经理部成员，甚至改变其工作职能，总的原则是确保项目经理部运行的高效率。

(8) 施工项目经理部的解体

施工项目经理部作为一个一次性的组织,在工程项目目标实现后应及时解体。项目经理部解体应具备下列条件:

① 工程已经竣工验收符合相关要求。

② 与各分包单位已经结算完毕。

③ 已协助施工企业管理层与建设单位签订了"工程质量保修书"。

④ "项目管理目标责任书"已经履行完成,经施工企业管理层审计合格。

⑤ 已与施工企业管理层办理了有关手续。主要是向相关职能部门交接清楚项目管理文件资料、核算账册、现场办公设备、公章保管、领借的工器具及劳动防护用品、项目管理人员的业绩考核评价材料等。

⑥ 现场清理完毕。

6.1.7 施工组织设计

1. 施工组织设计的基本内容

施工组织设计的内容要结合工程对象的实际特点、施工条件和技术水平进行综合考虑,一般包括以下基本内容。

(1) 工程概况

① 建设项目的性质、规模、建设地点、结构特点、建设期限、分批交付使用的条件和合同条件。

② 项目所在地区地形、地质、水文和气象情况。

③ 施工力量、劳动力、机具、材料和构件等资源供应情况。

④ 施工环境及施工条件等。

(2) 施工部署及施工方案

① 根据工程情况,结合人力、材料、机械设备、资金和施工方法等条件,全面部署施工任务,合理安排施工顺序,确定主要工程的施工方案。

② 对拟建工程可能采用的几个施工方案进行定性、定量的分析,通过技术经济评价,选择最佳方案。

(3) 施工进度计划

① 施工进度计划反映了最佳施工方案在时间上的安排,采用计划的形式,使工期、成本、资源等方面通过计算和调整达到优化配置,符合项目目标的要求。

② 使工序有序地进行,使工期、成本和资源等通过优化调整达到既定目标。在此基础上,编制相应的人力和时间安排计划、资源需求计划和施工准备计划。

(4) 施工平面图

施工平面图是施工方案及施工进度计划在空间上的全面安排。它把投入的各种资源、材料、构件、机械、道路、水电供应网络、生产、生活活动场地及各种临时工程设施合理地布置在施工现场,使整个现场能有组织地进行文明施工。

(5) 主要技术经济指标

技术经济指标用以衡量组织施工水平,它是对施工组织设计文件的技术经济效益进行全面评价。

2. 施工组织设计的分类及其内容

(1) 施工组织设计的分类

根据施工组织设计编制的广度、深度和作用的不同，可分为：

① 施工组织总设计；

② 单位工程施工组织设计；

③ 分部(分项)工程施工组织设计。

(2) 施工组织总设计

施工组织总设计是以整个建设工程项目为对象(如一个工厂、一个机场、一个道路工程、一个居住小区等)而编制的。它是整个建设工程项目施工的战略部署，是指导全局性施工的技术和经济纲领文件。

施工组织总设计的主要内容有：

① 建设项目的工程概况。

② 施工部署及主要建筑物或构筑物的施工方案。

③ 全场性施工准备工作计划。

④ 施工总进度计划。

⑤ 各项资源需要量计划。

⑥ 全场性施工总平面图设计。

⑦ 主要技术经济指标。

(3) 单位工程施工组织设计

单位工程施工组织设计是以单位工程(如一栋楼房、一个烟囱、一段道路或一座桥等)为对象编制的，在施工组织总设计的指导下，由直接组织施工的单位根据施工图设计进行编制，用以直接指导单位工程的施工活动，是施工单位编制分部(分项)工程施工组织设计和季、月、旬施工计划的依据。

单位工程施工组织设计根据工程规模和技术复杂程度不同，其编制内容的深度和广度也有所不同。对于简单的工程，一般只编制施工方案，并附以施工进度计划和施工平面图。

单位工程施工组织设计的主要内容有

① 工程概况及其施工特点的分析。

② 施工方案的选择。

③ 单位工程施工准备工作计划。

④ 单位工程施工进度计划。

⑤ 各项资源需要量计划。

⑥ 单位工程施工平面图设计。

⑦ 质量、安全、节约及冬雨期施工的技术组织保证措施。

⑧ 主要技术经济指标。

(4) 分部(分项)工程施工组织设计

分部(分项)工程施工组织设计针对某些特别重要的、技术复杂的或采用新工艺、新技术施工的分部(分项)工程，如深基础、无粘结预应力混凝土、特大构件的吊装、大量土石方工程和定向爆破工程等为对象编制的，内容具体、详细，可操作性强，是直接指导分部(分项)工程施工的依据。

分部(分项)工程施工组织设计的主要内容有：

① 工程概况及其施工特点的分析。

② 施工方法及施工机械的选择。

③ 分部(分项)工程施工准备工作计划。

④ 分部(分项)工程施工进度计划。

⑤ 劳动力、材料和机具等需要量计划。

⑥ 质量、安全和节约等技术组织保证措施。

⑦ 作业区施工平面布置图设计。

3. 施工组织设计的编制原则

(1) 重视工程的组织对施工的作用。

(2) 提高施工的工业化程度。

(3) 重视管理创新和技术创新。

(4) 重视工程施工的目标创新。

(5) 积极采用国内外先进的施工技术。

(6) 充分利用时间和空间，合理安排施工顺序，提高施工的连续性和均衡性。

(7) 合理部署施工现场，实现文明施工。

4. 施工组织总设计和单位工程施工组织设计的编制依据

(1) 施工组织总设计的编制依据

① 计划文件。

② 设计文件。

③ 合同文件。

④ 建设地区基础资料。

⑤ 有关的标准、规范和法律。

⑥ 类似建设工程项目的资料和经验。

(2) 单位工程施工组织设计的编制依据

① 建设单位的意图和要求，如工期、质量和预算要求等。

② 工程的施工图纸及标准图。

③ 施工组织总设计对本单位工程的工期、质量和成本的控制要求。

④ 资源配置情况。

⑤ 建筑环境、场地条件及地质、气象资料，如工程地质勘测报告、地形图和测量控制等。

⑥ 有关的标准、规范和法律。

⑦ 有关技术新成果和类似建设工程项目的资料和经验。

5. 施工组织总设计的编制程序

(1) 收集和熟悉编制施工组织总设计所需的有关资料和图纸，进行项目特点和施工条件的调查研究。

(2) 计算主要工种工程的工程量。

(3) 确定施工的总体部署。
(4) 拟定施工方案。
(5) 编制施工总进度计划。
(6) 编制资源需求量计划。
(7) 编制施工准备工作计划。
(8) 施工总平面图设计。
(9) 计算主要技术经济指标。

单位工程施工组织设计的编制程序与施工组织总设计的编制程序非常类似,在此不赘述。

6.1.8 建设工程监理

1. 建设工程监理概述

(1) 建设工程监理的概念。建设工程监理是指监理单位受项目法人的委托,依据国家批准的工程项目建设文件、有关工程建设的法律、法规和工程建设监理合同及其他工程建设合同,对工程建设实施的监督管理。

(2) 我国推行建设工程监理制度的目的
① 确保工程建设质量。
② 提高工程建设水平。
③ 充分发挥投资效益。

(3) 必须实施工程项目监理的范围
① 国家重点建设工程。
② 大、中型公用事业工程。
③ 成片开发建设的住宅小区工程。
④ 利用外国政府或者国际组织贷款、援助资金的工程。
⑤ 国家规定必须实行监理的其他工程。

(4) 监理单位与相关单位的关系。监理单位与项目法人之间是委托与被委托的合同关系,与被监理单位是监理与被监理关系。

(5) 建设工程监理的工作原则。从事工程建设监理活动,应当遵循守法、诚信、公正和科学的原则。

2. 建设工程监理的工作性质

(1) 监理单位是建筑市场的主体之一,建设监理是一种高智能的有偿技术服务,在国际上把这类服务归为工程咨询(工程顾问)服务。

(2) 工程监理单位不按照委托监理合同的约定履行监理义务,对应当监督检查的项目不检查或者不按照规定检查,给建设单位造成损失的,应当承担相应的赔偿责任。工程监理单位与承包单位串通,为承包单位谋取非法利益,给建设单位造成损失的,应当与承包单位承担连带赔偿责任。

3. 建设工程监理的工作任务

(1) 建设工程监理的主要内容是控制工程建设的投资、建设工期和工程质量,进行工程建设合同管理,协调有关单位间的工作关系。

(2) 建筑工程监理应当依照法律、行政法规及有关的技术标准、设计文件和建筑工程承包合同，对承包单位在施工质量、建设工期和建设资金使用等方面，代表建设单位实施监督。

4. 建设工程监理的工作方法

(1) 实施建筑工程监理前，建设单位应当将委托的工程监理单位、监理的内容及监理权限，书面通知被监理的建筑施工企业。

(2) 建设工程监理一般应按下列程序进行

① 确定项目总监理工程师，成立项目监理机构。

② 编制工程建设监理规划。

③ 按工程建设进度，分专业编制工程建设监理细则。

④ 按照建设监理细则进行建设监理。

⑤ 参与工程竣工预验收，签署建设监理意见。

⑥ 建设监理业务完成后，向项目法人提交工程建设监理档案资料。

⑦ 监理工作总结。

(3) 工程监理人员认为工程施工有不符合工程设计要求、施工技术标准和合同约定的，有权要求建筑施工企业改正。工程监理人员如发现工程设计有不符合建筑工程质量标准或者合同约定的质量要求的，应当报告建设单位，要求设计单位改正。

5. 旁站监理

(1) 旁站监理的概念

旁站监理是指监理人员在房屋建筑工程施工阶段监理中，对关键部位、关键工序的施工质量实施全过程现场跟班的监督活动。

(2) 旁站监理工作范围

旁站监理规定的房屋建筑工程的关键部位、关键工序，在基础工程方面包括：土方回填，混凝土灌注桩浇筑，地下连续墙、土钉墙、后浇带及其他结构混凝土、防水混凝土浇筑，卷材防水层细部构造处理，钢结构安装；在主体结构工程方面包括：梁柱节点钢筋隐蔽过程，混凝土浇筑，预应力张拉，装配式结构安装，钢结构安装，网架结构安装和索膜安装。

(3) 旁站监理的主要职责

① 检查施工企业现场管理人员、质检人员的到岗情况，特殊工种人员持证上岗情况，检查施工机械、建筑材料的准备情况。

② 检查施工方案中关键部位、关键工序的执行情况，有无违反强制性条文规定。

③ 核查进场建筑材料、建筑构配件、商品混凝土质量检验报告等，并在现场监督施工方进行检验或委托具有资格的第三方进行复验。

④ 做好旁站监理记录和监理日记，保存旁站监理原始资料。

(4) 旁站监理的记录内容

① 记录旁站日期、天气情况和气温。

② 记录旁站起止时间。

③ 记录旁站部位、关键部位和关键工序的施工方法和工艺，检查发现存在的问题、处理意见和复查结果。

④ 原材料、构配件进场规格、数量，生产厂家。

（5）旁站监理的工作要求

① 旁站监理人员应当认真履行职责，对需要实施旁站监理的关键部位、关键工序在施工现场跟班监督，及时发现和处理旁站监理过程中出现的质量问题，如实准确地做好旁站监理记录，凡旁站监理人员和施工企业现场质检人员未在旁站监理记录上签字的，不得进行下一道工序施工。

② 旁站监理人员实施旁站监理时，发现施工企业有违反工程建设强制性标准行为的，有权责令施工企业立即整改，发现其施工活动已经或者危及工程质量的，应当及时向监理工程师或总监理工程师报告，由总监理工程师下达局部暂停施工令或者采取其他应急措施。

③ 旁站监理记录是监理工程师或者总监理工程师依法行使有关签字的重要依据。对于需要旁站监理的关键部位、关键工序施工，凡没有实施旁站监理或没有旁站监理记录的，监理工程师或者总监理工程师不得在相应文件上签字。

④ 工程竣工验收后，监理单位应当将旁站监理记录存档备查。

6.2 施工项目质量管理

6.2.1 质量管理概述

1. 质量的概念

《质量管理体系　基础和术语》（GB/T 19000—2008）标准中质量的定义是：一组固有特性满足要求的程度。

上述定义可以从以下几方面去理解：

（1）质量不仅是指产品质量，也可以是某项活动或过程的工作质量，还可以是质量管理体系运行的质量。

（2）特性是指区分的特征。特性可以是固有的或赋予的，可以是定性的或定量的。特性有各种类型，如一般有性能、寿命、安全性、经济性、可靠性和美学性等。

（3）满足要求就是应满足明示的（如合同、规范、标准、技术、文件、图纸中明确规定的）、通常隐含的（如组织的惯例、一般习惯）或必须履行的（如法律、法规、行业规则）的需要和期望。与要求相比较，满足要求的程度才反映为质量的好坏。对质量的要求除考虑满足顾客的需要外，还应考虑其他相关方，即组织自身利益、提供原材料和零部件等的供方的利益和社会的利益等多种需求。

（4）顾客和其他相关方对产品、过程或体系的质量要求是动态的、发展的和相对的。

2. 质量管理的概念

我国国家标准《质量管理体系　基础和术语》（GB/T 19000—2008）对质量管理的定义是：在质量方面指挥和控制组织的协调活动。

在质量方面指挥和控制组织的协调活动，通常包括制定质量方针和质量目标以及质量策划、质量控制、质量保证和质量改进。

质量管理是一个企业全部管理职能的一个重要组成部分，其职能是确定质量方针和质量目标，确定岗位职责和权限，建立质量体系并使之有效运行；质量体系涉及质量策划、质量控制、质量保证和质量改进。

3. 施工项目质量的影响因素

全面质量管理要坚持"预防为主、防治结合"的基本思路，将管理重点放在影响工作质量的人、机、料、方法和环境等因素。

（1）人

人是质量活动的主体，这里泛指与工程有关的单位、组织及个人，包括建设、勘察设计、施工、监理及咨询服务单位，也包括政府主管及工程质量监督、检测单位，单位组织的施工项目的决策者、管理者和作业者等。

人的素质，包括人的文化、技术、决策、管理、身体素质及职业道德等，这些都将直接和间接地对质量产生影响，而规划、决策是否正确，设计、施工能否满足质量要求，是否符合合同、规范、技术标准的要求等，都将对施工项目质量产生不同程度的影响。所以，人是影响施工项目质量的第一个重要因素。

（2）材料

材料控制包括原材料、成品、半成品和构配件等的控制，应严把质量验收关，保证材料正确合理使用，建立管理台账，进行收、发、储、运等各环节的技术管理，避免混料和材料混用。

① 材料质量控制的要点

A. 获取最新材料信息，选择最合适的供货厂家。

B. 合理组织材料供应，确保施工正常进行。

C. 合理地组织材料使用，最大限度减少材料的损失。

D. 加强材料检查验收，严把进场材料质量关。

E. 要重视材料的使用认证，以防错用或使用不合格的材料。

F. 加强对现场材料的管理。

② 材料质量控制的内容

材料质量控制的内容：主要有材料的质量标准，材料的性能，材料的取样、试验方法，材料的适用范围和施工要求等。

③ 材料的选择和使用要求

材料的选择和使用不当，会严重影响工程质量甚至造成质量事故。为此，必须针对工程特点，根据材料的性能、质量标准、适用范围结合本工程对施工要求等方面进行综合考虑，慎重地选择和使用材料。

（3）机械设备

施工机械设备的选用，除了需要考虑施工现场的条件、建筑结构类型、机械设备性能等方面的因素外，还应结合施工工艺和方法、施工组织与管理和建筑技术经济等各种影响因素，进行多方案论证比较，力求获得较好的综合经济效益。

机械设备的选用，应着重从机械设备的选型、机械设备的主要性能参数和机械设备的使用操作要求等三方面予以控制。

要健全"人机固定"制度、"操作证"制度、岗位责任制度、交接班制度、"技术保养"制度、"安全使用"制度和机械设备检查制度等，确保机械设备处于最佳使用状态。

对于生产设备，主要是控制设备的购置、设备的检查验收、设备的安装质量和设备的试车运转。

（4）工艺方法

施工项目建设期内所采取的技术方案、工艺流程、组织实施、检测手段和施工组织设计等都属于工艺方法的范畴。

对工艺方法的控制，尤其是施工方案的正确合理选择，是直接影响施工项目的进度控制、质量控制和投资控制三大目标能否顺利实现的关键。为此，在制定和审核施工方案时，必须结合工程实际，从技术、组织、经济和安全等方面进行全面分析、综合考虑，力求方案在技术可行、经济合理、工艺先进、措施得力、操作方便的前提下，有利于提高工程质量、加快工期进度、降低实际成本。

（5）环境

影响施工项目质量的环境因素较多，有工程技术环境、工程管理环境、劳动环境。环境因素对质量的影响，具有复杂而多变的特点。因此，根据工程特点和具体条件，应对影响质量的环境因素，采取有效的措施严加控制。尤其是施工现场，应建立文明施工和文明生产的环境，保持材料工件堆放有序，道路畅通，工作场所清洁整齐，施工程序井井有条，为确保质量、安全创造良好条件。

4. 施工项目质量管理的基本原理

（1）PDCA 循环原理

PDCA 循环，是人们在管理实践中形成的基本理论方法。从实践论的角度看，管理就是确定目标，并按照 PDCA 循环原理来实现预期目标。PDCA 是目标管理的基本方法。

① 计划 P。可以理解为质量计划阶段，明确目标并制定实现目标的行动方案。在建设工程项目的实施阶段，"计划"是指各相关主体根据其任务目标和责任范围，确定质量控制的组织制度、工作程序、技术方法、业务流程、资源配置、检验试验要求、质量记录方式、不合格处理、管理措施等具体内容和做法的文件，同时还须对其实现预期目标的可行性、有效性、经济合理性进行分析论证，按照规定的程序和权限审批。

② 实施 D。包含两个环节，即计划行动方案的交底和按计划规定的方法与要求展开工程作业技术活动。

③ 检查 C。指对计划实施过程进行各种检查。各类检查都包含两个方面：一是检查是否严格执行了计划方案，实施条件是否发生了变化，不执行的原因。二是检查计划执行的结果，即产出品的质量是否达到质量标准的要求，对此进行评定和确认。

④ 处置 A。对于质量检查所发现的质量问题或质量不合格，及时进行原因分析，采取必要的措施，予以纠正，保持质量形成的受控状态。

（2）三阶段控制原理

三阶段控制是指事前控制、事中控制、事后控制。这三阶段控制构成了质量控制的系统过程。

① 事前控制。要求预先进行周密的质量计划。尤其是工程项目施工阶段，制定质量计划或编制施工组织设计或施工项目管理规划，都必须建立在切实可行，有效实现预期质量目标的基础上，作为一种方案进行施工部署。

事前控制，其内涵包括两层意思，一是强调质量目标的计划预控，二是按质量计划进行质量活动前的准备工作状态的控制。

② 事中控制。首先是对质量产生过程中各项技术作业活动操作者在相关制度的管理下自我约束的同时，充分发挥其技术能力，去完成预定质量目标的作业任务；其次是对质量活动过程和结果，来自他人的监督控制。

③ 事后控制。包括对质量活动结果的评价和对质量偏差的纠正。当出现实际质量值与目标值之间超出允许偏差时，必须分析原因，采取措施纠正偏差，保持质量处于受控状态。

事前控制、事中控制、事后控制不是孤立的，它们之间构成有机的系统过程。

(3) 三全控制管理

三全控制管理是来自于全面质量管理 TQC 的思想，同时融在质量体系标准中，它指生产企业的质量管理应该是全面、全过程、全员参与的管理。

① 全面质量管理。是指工程（产品）质量和工作质量的全面控制。工作质量是产品质量的保证，工作质量直接影响产品质量的形成。对于建设工程项目而言，还包括建设工程参建各方主体的工程质量和工作质量的全面控制。

② 全过程质量管理。全过程的质量管理是指产品的质量取决于设计、制造、使用等全过程，产品质量起源于市场，决定于设计，产生于制造，体现于使用，要防止片面认识。对于施工项目而言，全过程的质量管理主要表现在对工序、分项工程、分部工程、单位工程等形成的全过程和所涉及的各种要素进行全面的管理。

③ 全员参与质量管理。全员参与质量管理的主要方式是开展全员范围内的"QC 小组"活动，开展质量攻关和质量服务等群众性活动，生产线上的每一个员工均有责任及时发现问题并寻找其根源，不让任何质量缺陷的加工件进入下一工序，在每一位员工心中都要树立"质量第一"、"质量就是产品或服务的生命"的观点。

6.2.2 质量管理体系

1. 质量管理的八项原则

《质量管理体系 基础和术语》（GB/T 19000—2008）质量管理体系标准是我国按等同原则、从 2008 版 ISO 9000 族国际标准化而成的质量管理体系标准。

八项质量管理原则是 2008 版 ISO 9000 族标准的编制基础，是近年来在质量管理理论和实践的基础上提出来的，是做好质量管理工作必须遵循的准则。八项质量管理原则已成为改进组织业绩的框架，可帮助组织达到持续成功。质量管理八项原则的具体内容如下：

(1) 以顾客为关注焦点

组织依存于其顾客。因此，组织应理解顾客当前和未来的需求，满足顾客的要求并争取超越顾客的期望。

组织贯彻实施以顾客为关注焦点的质量管理原则，有助于掌握市场动向，提高市场占有率，提高企业经营效益。以顾客为中心不仅可以稳定老顾客、吸引新顾客，而且可以招来回头客。

(2) 领导作用

强调领导作用的原则，是因为质量管理体系是最高管理者推动的，质量方针和目标是领导组织策划的,组织机构和职能分配是领导确定的,资源配置和管理是领导决定安排的,顾客和相关方要求是领导确认的,企业环境和技术进步、质量管理体系改进和提高是领导决策的。所以,领导者应将本组织的宗旨、方向和内部环境统一起来,并创造使员工能够充分参与实现组织目标的环境。

(3) 全员参与

各级人员是组织之本。只有他们的充分参与,才能使他们的才干为组织带来收益。

质量管理是一个系统工程,关系到过程中的每一个岗位和每一个人。实施全员参与这一质量管理原则,将会调动全体员工的积极性和创造性,努力工作,勇于负责,持续改进,做出贡献,这对提高质量管理体系的有效性和效率,具有极其重要的作用。

(4) 过程方法

过程方法是将活动和相关的资源作为过程进行管理,可以更高效地得到期望的结果。因为过程概念反映了从输入到输出具有完整的质量概念,过程管理强调活动与资源结合,具有投入产出的概念。过程概念体现了用 PDCA 循环改进质量活动的思想。过程管理有利于适时进行测量,保证上下工序的质量。通过过程管理可以降低成本、缩短周期,从而可更高效地获得预期效果。

(5) 管理的系统方法

管理的系统方法是将相互关联的过程作为系统加以识别、理解和管理,有助于组织提高实现目标的有效性和效率。

系统方法包括系统分析、系统工程和系统管理三大环节。系统分析是运用数据、资料或客观事实,确定要达到的优化目标。然后通过系统工程,设计或策划为达到目标而采取的措施和步骤,以及进行资源配置。最后在实施中通过系统管理而取得高效性和高效率。

在质量管理中采用系统方法,就是要把质量管理体系作为一个大系统,对组成质量管理体系的各个过程加以识别、理解和管理,以实现质量方针和质量目标。

(6) 持续改进

持续改进是组织永恒的追求、永恒的目标、永恒的活动。为了满足顾客和其他相关方对质量更高期望的要求,为了赢得竞争的优势,必须不断地改进和提高产品及服务的质量。

(7) 基于事实的决策方法

有效决策建立在数据和信息分析的基础上。基于事实的决策方法,首先应明确规定收集信息的种类、渠道和职责,保证资料能够为使用者得到。通过对得到的资料和信息分析,保证其准确、可靠。通过对事实分析、判断,结合过去的经验做出决策并采取行动。

(8) 与供方互利的关系

供方是产品和服务供应链上的第一环节,供方的过程是质量形成过程的组成部分。供方的质量影响产品和服务的质量,在组织的质量效益中包含有供方的贡献。供方应按组织的要求也建立质量管理体系。通过互利关系,可以增强组织及供方创造价值的能力,也有利于降低成本和优化资源配置,并增强对付风险的能力。

上述 8 项质量管理原则之间是相互联系和相互影响的。其中,以顾客为关注焦点是主要的,是满足顾客要求的核心。为了以顾客为关注焦点,必须持续改进,才能不断地满足顾客不断提高的要求。而持续改进又是依靠领导作用、全员参与和互利的供方关系来完成的。所采用的方法是过程方法(控制论)、管理的系统方法(系统论)和基于事实的决策方法(信息论)。可见，这8项质量管理原则体现了现代管理理论和实践发展的成果，并被人们普遍接受。

2. 质量管理体系文件的构成

(1) 质量管理体系文件的内容

在《质量管理体系　基础和术语》(GB/T19000—2008)中规定，质量管理体系文件应包括以下内容：

① 形成文件的质量方针和质量目标。

② 质量手册。

③ 质量管理标准所要求的各种生产、工作和管理的程序性文件。

④ 为确保其过程的有效策划、运行和控制所需的文件。

⑤ 质量管理所要求的质量记录。

(2) 质量方针和质量目标

质量方针是组织的质量宗旨和质量方向，是实施和改进组织质量管理体系的推动力。质量方针提供了质量目标制定和评审的框架，是评价质量管理体系有效性的基础。质量方针一般均以简洁的文字来表述，应反映用户及社会对工程质量的要求及企业对质量水平和服务的承诺。

质量目标是指在质量方面所追求的目的。质量目标在质量方针给定框架内制定并展开，也是组织各职能和层次上所追求并加以实现的主要工作任务。

(3) 质量手册

① 质量手册定义

质量手册是质量体系建立和实施中所用主要文件的典型形式。

质量手册是阐明企业的质量政策、质量管理体系和质量实践的文件，它对质量体系作概括的表达，是质量体系文件中的主要文件。它是确定和达到工程产品质量要求所必需的全部职能和活动的管理文件，是企业的质量法规，也是实施和保持质量管理体系过程中应长期遵循的纲领性文件。

② 质量手册的性质

企业的质量手册应具备指令性、系统性、协调性、先进性、可操作性和可检查性。

③ 质量手册的作用

A. 质量手册是企业质量工作的指南，使企业的质量工作有明确的方向。

B. 质量手册是企业的质量法规，使企业的质量工作能从"人治"走向"法治"。

C. 有了质量手册，企业质量体系审核和评价就有了依据。

D. 有了质量手册，使投资者(需方)在招标和选择施工单位时，对施工企业的质量保证能力、质量控制水平有充分的了解，并提供了见证。

(4) 程序文件

质量管理体系程序文件是质量手册的支持性文件，是企业各职能部门为落实质量手册要求而规定的细则。

为确保过程的有效运行和控制，在程序文件的指导下，尚可按管理需要编制相关文件，如作业指导书、具体工程的质量计划等。

（5）质量记录

质量记录可提供产品、过程和体系符合要求及体系有效运行的证据。组织应制定形成文件的程序，以控制对质量记录的标识（可用颜色、编号等方式）、贮存（如环境要适宜）、保护（包括保管的要求）、检索（包括对编目、归档和查阅的规定）、保存期限（应根据工程特点、法规要求及合同要求等决定保存期）和处置（包括最终如何销毁）。

质量记录应清晰、完整地反映质量活动实施、验证和评审的情况，并记载关键活动的过程参数，具有可追溯性的特点。

3. 质量管理体系的建立和运行

（1）建立质量管理体系的基本工作

建立质量管理体系的基本工作主要有：确定质量管理体系过程，明确和完善体系结构，质量管理体系要文件化，要定期进行质量管理体系审核与质量管理体系复审。

① 确定质量管理体系过程

A. 工程调研和任务承接。

B. 施工准备。

C. 材料采购。

D. 施工生产。

E. 试验与检验。

F. 建筑物功能试验。

G. 交工验收。

H. 回访与维修。

② 完善质量管理体系结构，并使之有效运行

企业决策层领导及有关管理人员要负责质量管理体系的建立、完善、实施和保持各项工作的开展，使企业质量管理体系达到预期目标。

③ 质量管理体系要文件化

文件是质量管理体系中必需的要素。质量管理文件能够起到沟通意图和统一行动的作用。

质量管理体系的文件共有4种。

A. 质量手册：规定组织质量管理体系的文件，也是向组织内部和外部提供关于质量管理体系的信息文件。

B. 质量计划：规定用于某一具体情况的质量管理体系要素和资源的文件，也是表述质量管理体系用于特定产品、项目或合同的文件。

C. 程序文件：提供如何完成活动的信息文件。

D. 质量记录：对完成的活动或达到的结果提供客观证据的文件。

④ 定期质量审核

质量管理体系能够发挥作用，并不断改进提高工作质量，主要是在建立体系后能坚持质量管理体系的审核和评审活动。

为了查明质量管理体系的实施效果是否达到了规定的目标要求，企业管理者应制订内部审核计划，定期进行质量管理体系审核。

质量管理体系审核由企业胜任的管理人员对体系各项活动进行客观评价,这些人员独立于被审核的部门和活动范围。

质量管理体系审核一般以质量管理体系运行中各项工作文件的实施程度及产品质量水平为主要工作对象,一般为符合性评价。

⑤ 质量管理体系评审和评价

质量管理体系的评审和评价,一般称为管理者评审,它是由上层领导亲自组织的,对质量管理体系、质量方针和质量目标等各项工作所开展的适合性评价。

与质量管理体系审核不同的是,质量管理体系评审更侧重于质量管理体系的适合性(质量管理体系审核侧重符合性),而且,一般评审与评价活动要由企业领导直接组织。

(2) 质量管理体系的建立和运行

① 建立和完善质量管理体系的程序

按照国家标准《质量管理体系 基础和术语》(GB/T 19000—2008)建立一个新的质量管理体系或更新、完善现行的质量管理体系,一般有以下步骤。

A. 企业领导决策

B. 编制工作计划

工作计划包括培训教育、体系分析、职能分配、文件编制和配备仪器仪表设备等内容。

C. 分层次教育培训

组织学习《质量管理体系 基础和术语》(GB/T 1900—2008)系列标准,结合本企业的特点,了解建立质量管理体系的目的和作用,详细研究与本职工作有直接联系的要素,提出控制要素的办法。

D. 分析企业特点

结合建筑施工企业的特点和具体情况,确定采用哪些要素和采用程度。质量管理体系中的要素要对控制工程实体质量起主要作用,能保证工程的适用性、符合性。

E. 落实各项要素

企业在选好合适质量管理体系要素后,进行二级要素展开,制订实施二级要素所必需的质量活动计划,并把各项质量活动落实到具体部门或个人。

在各级要素和活动分配落实后,为了便于实施、检查和考核,还要把工作程序文件化,即把企业的各项管理标准、工作标准、质量责任制、岗位责任制形成与各级要素和活动相对应的有效运行的文件。

F. 编制质量管理体系文件

质量管理体系文件按其作用可分为法规性文件和见证性文件两类。质量管理体系法规性文件是用以规定质量管理工作的原则,阐述质量管理体系的构成,明确有关部门和人员的质量职能,规定各项活动的目的要求、内容和程序的文件。在合同环境下,这些文件是供方向需方证实质量管理体系适用性的证据。质量管理体系的见证性文件是用以表明质量管理体系的运行情况和证实其有效性的文件(如质量记录、报告等)。这些文件记载了各质量管理体系要素的实施情况和工程实体质量的状态,是质量管理体系运行的见证。

② 质量管理体系的运行

质量管理体系运行是执行质量体系文件、实现质量目标、保持质量管理体系持续有效和不断优化的过程。

质量管理体系的有效运行是依靠体系的组织机构进行组织协调、实施质量监督、开展信息反馈、进行质量管理体系审核和复审来实现的。

4. 质量管理体系认证与监督

质量管理体系认证是指根据有关的质量保证模式标准，由第三方机构对供方（承包方）的质量管理体系进行评定和注册的活动。这里的第三方机构指的是经国家质量监督检验检疫总局质量管理体系认可委员会认可的质量管理体系认证机构。质量管理体系认证机构是个专职机构，各认证机构具有自己的认证章程、程序、注册证书和认证合格标志。国家质量监督检验检疫总局对质量认证工作实行统一管理。

(1) 质量管理体系认证的特征

① 认证的对象是质量管理体系而不是工程实体。

② 认证的依据是质量保证模式标准，而不是工程的质量标准。

③ 认证的结论不是证明工程实体是否符合有关的技术标准，而是质量管理体系是否符合标准，是否具有按规范要求保证工程质量的能力。

④ 认证合格标志只能用于宣传，不得用于工程实体。

⑤ 认证由第三方进行，与第一方（供方或承包单位）和第二方（需方或业主）既无行政隶属关系，也无经济上的利益关系，以确保认证工作的公正性。

(2) 企业质量管理体系认证的意义

企业质量管理体系的认证具有以下意义。

① 促使企业认真按《质量管理体系 基础和术语》（GB/T 19000—2008）族标准去建立、健全质量管理体系，提高企业的质量管理水平，保证施工项目质量。由于认证是第三方的权威性的公正机构对质量管理体系的评审，企业达不到认证的基本条件不可能通过认证，这就可以避免形式主义地去"贯标"，或用其他不正当手段获取认证的可能性。

② 提高企业的信誉和竞争能力。企业通过了质量管理体系认证机构的认证，就获得了权威性机构的认可，证明其具有保证工程实体的能力。因此，获得认证的企业信誉提高，大大增强了市场竞争能力。

③ 加快双方的经济技术合作。在工程的招投标中，不同业主对同一个承包单位的质量管理体系的评审中，80%以上的评审内容和质量管理体系要素是重复的。若投标单位的质量管理体系通过了认证，对其评定的工作量就大大减少，省时、省钱，避免了不同业主对同一承包单位进行的重复评定，加快了合作的进展，有利于选择合格的承包方。

④ 有利于保护业主和承包单位双方的利益。企业通过认证，证明了它具有保证工程实体的能力，保护了业主的利益。同时，一旦发生了质量争议，也是承包单位自我保护的措施。

⑤ 有利于国际交往。在国际工程的招投标工作中，要求经过《质量管理体系 基础和术语》（GB/T 19000—2008）标准认证已是惯用的作法，由此可见，企业只有取得质量管理体系的认证才能打入国际市场。

(3) 质量管理体系的申报及批准程序

① 提出申请

申请认证者按照规定的内容和格式向体系认证机构提出书面申请，并提交质量手册和其他必要的资料。认证机构由申请认证者自己选择。

认证机构在收到认证申请之日起 60d 内作出是否受理申请的决定,并书面通知申请者;如果不受理申请应说明理由。

② 体系审核

由体系认证机构指派审核组对申请的质量管理体系进行文件审查和现场审核。文件审查的目的主要是审查申请者提交的质量手册的规定是否满足所申请的质量保证标准的要求;如果不能满足,应进行补充或修改。只有当文件审查通过后方可进行现场审核,现场审核的主要目的是通过收集客观证据检查评定质量管理体系的运行与质量手册的规定是否一致,证实其符合质量保证标准要求的程度,作出审核结论,向体系认证机构提交审核报告。

③ 审批发证

体系认证机构审查审核组提交的审核报告,对符合规定要求的批准认证,向申请者颁发体系认证证书,证书有效期三年。对不符合规定要求的亦应书面通知申请者。体系认证机构应公布证书持有者的注册名录。

④ 监督管理

对获准认证后的监督管理有以下几项规定

A. 标志的使用。体系认证证书的持有者应按体系认证机构的规定使用其专用的标志,不得将标志使用在产品上。

B. 通报。证书持有者改变其认证审核质量管理体系,应及时将更改情况报体系认证机构。体系认证机构根据具体情况决定是否需要重新评定。

C. 监督审核。体系认证机构对证书持有者的质量管理体系每年至少进行一次监督审核,以使其质量管理体系继续保持。

D. 监督后的处置。通过对证书持有者的质量管理体系的监督审查,如果符合规定要求,则保持其认证资格;如果不符合要求,则视其不符合的严重程度,由体系认证机构决定暂停使用认证证书和标志,或撤销认证资格,收回其体系认证证书。

E. 换发证书。在证书有效期内,如果遇到质量管理体系标准变更,或者体系认证的范围变更,或者证书的持有者变更时,证书持有者可申请换发证书,认证机构决定作必要的补充审核。

F. 注销证书。在证书有效期内,由于体系认证规则或体系标准变更或其他原因,证书的持有者不愿保持其认证资格的,体系认证机构应收回认证证书,并注销认证资格。

6.2.3 施工项目质量控制

1. 施工项目质量控制的特点

(1) 影响质量的因素多

设计、材料、机械、地形、地质、水文、气象、施工工艺、操作方法、技术措施、管理制度和水平等,均影响施工项目的质量。

(2) 容易产生质量变异

由于施工项目本身的特点,加之影响施工项目质量的偶然性因素和系统性因素都较多,因此很容易产生质量变异。当使用材料的品种、规格有误,施工方法不妥,操作不按规程、机械故障、设计错误等，则会引起系统性因素的质量变异。为此，施工中要严防出现系统性因素的质量变异，要把质量的变异控制在偶然性因素范围内。

(3) 容易产生第一、二判断错误

施工项目由于工序交接多，中间产品多，隐蔽工程多，若不及时检查实质，事后再看表面，就容易产生第二判断错误。也就是说，容易将不合格的产品，认为是合格的产品；反之，若检查不认真，测量仪表有误，读数有误，则会产生第一判断错误，即把合格产品判定为不合格产品。

(4) 质量检查不能解体、拆卸

工程建成后，不可能像某些工业产品那样，再拆卸或解体检查内在的质量，或重新更换零件；即使发现质量问题，也不可能像工业产品那样实行"包换"或"退款"。

(5) 质量受投资、进度的制约

施工项目质量受投资、进度的制约较大。因此，必须正确处理质量、投资、进度三者之间的相互关系，使其达到对立的统一。

2. 施工项目质量控制的原则

在进行施工项目质量控制过程中，应遵循以下几点原则

(1) 坚持"质量第一，用户至上"

建筑产品作为一种特殊商品，使用年限较长，是"百年大计"，直接关系到人民生命财产安全。所以，工程项目在施工中应自始至终把"质量第一，用户至上"作为质量控制的基本原则。

(2) 坚持"以人为核心"

人是质量的创造者，质量控制必须坚持"以人为核心"，把人作为控制的动力，调动人的积极性、创造性；增强人的责任感，树立"质量第一"的观念；提高人的素质，避免人的失误；以人的工作质量保工序质量，促工程质量。

(3) 坚持"以预防为主"

"以预防为主"就是要加强质量的事前控制和事中控制，从对产品质量的事后检查把关，转向对工作质量的检查，对工序质量的检查，对中间过程的质量检查；并根据经验和具体情况预测可能出现的质量问题，事先制定预防措施，防止出现质量问题。

(4) 坚持质量标准，一切以数据说话

质量标准是评价产品质量的尺度，数据是质量控制的基础和依据。产品质量是否符合质量标准，必须通过严格检查，用数据说话。

(5) 贯彻科学、公正、守法的职业规范

施工项目管理人员，在处理质量问题的过程中，要尊重事实，尊重科学，正直、公正、不偏见；遵纪、守法，杜绝不正之风。既要坚持原则，严格要求，又要实事求是，以理服人。

3. 施工项目质量控制的过程

施工项目质量控制的过程，包括施工准备阶段质量控制、施工过程质量控制和施工验收质量控制。

施工准备质量控制是指工程项目开工前的全面施工准备和施工过程中各分部分项工程施工作业前的施工准备的控制，还包括季节性的特殊施工准备。

施工过程的质量控制是指施工作业技术活动的投入与产出过程的质量控制，其内涵包括全过程施工生产及其中的分部分项工程的施工作业过程。

施工验收质量控制是指对已完工程验收时的质量控制，即工程产品质量控制。包括隐蔽工程验收、检验批验收、分项工程验收、分部工程验收、单位工程验收和整个建设项目竣工验收过程的质量控制。

4. 施工准备阶段质量控制

施工准备阶段的质量控制是指项目正式施工活动开始前，对项目施工各项准备工作及影响项目质量的各因素和有关方面进行的质量控制。

施工准备是为保证施工生产正常进行而必须事先做好的工作。施工准备工作不仅涉及工程开工准备时期，而且贯穿于整个施工过程。施工准备的基本任务就是为施工项目建立一切必要的施工条件，确保施工生产顺利进行，确保工程质量符合要求。

（1）技术资料、文件准备的质量控制

① 施工项目所在地的自然条件及技术经济条件调查资料

对施工项目所在地的自然条件以及技术经济条件的调查，是为选择施工技术与组织方案收集基础资料，并以此作为施工准备工作的依据。具体收集的资料包括：地形与环境条件、地质条件、地震级别、工程水文地质情况、气象条件以及当地水、电、能源供应条件、交通运输条件和材料供应条件等。

② 施工组织设计

施工组织设计是指导施工准备和组织施工的全面性技术经济文件。对施工组织设计要进行两方面的控制：一是在选定施工方案后，在制定施工进度时，必须考虑施工顺序、施工流向以及主要是分部分项工程的施工方法、特殊项目的施工方法和技术措施；二是在制定施工方案时，必须进行技术经济比较，使施工项目满足符合性、有效性和可靠性要求，不仅使得施工工期短、成本低，还要达到安全生产、效益提高的经济质量效益。

③ 质量控制的依据

国家及政府有关部门颁布的有关质量管理方面的法律、法规性文件及质量验收标准质量管理方面的法律、法规，规定了工程建设参与各方的质量责任和义务，质量管理体系建立的要求、标准，质量问题处理的要求、质量验收标准等，这些是进行质量控制的重要依据。

④ 工程测量控制资料

施工现场的原始基准点、基准线、参考标高及施工控制网等数据资料，是施工之前进行质量控制的基础，这些数据资料是进行工程测量控制的重要内容。

（2）设计交底和图纸审核的质量控制

设计图纸是进行质量控制的重要依据。为使施工单位熟悉有关的设计图纸，充分了解拟建项目的特点、设计意图和工艺与质量要求，最大程度上减少图纸的差错，并消灭图纸中的质量隐患，必须要做好设计交底和图纸审核工作。

① 设计交底

工程施工前，由设计单位向施工单位有关技术人员进行设计交底，其主要内容包括：

A. 地形、地貌、水文气象、工程地质及水文地质等自然条件。

B. 施工图设计依据，包括初步设计文件，规划、环境等要求，设计规范。

C. 设计意图，包括设计思想、设计方案比较、基础处理方案、结构设计意图、设备安装和调试要求、施工进度安排等。

D. 施工注意事项，包括对基础处理的要求，对建筑材料的要求，采用新结构、新工艺的要求，施工组织和技术保证措施等。

交底后，由施工单位提出图纸中的问题和疑点，并结合工程特点提出要解决的技术难题。经双方协商研究，拟定出解决办法。

② 图纸审核

图纸审核是设计单位和施工单位进行质量控制的重要手段，也是使施工单位通过审查熟悉设计图纸，明确设计意图和关键部位的工程质量要求，发现和减少设计差错，保证工程质量。图纸审核的主要内容包括：

A. 对设计者的资质进行认定。

B. 设计是否满足抗震、防火、环境卫生等要求。

C. 图纸与说明是否齐全。

D. 图纸中有无遗漏、差错或相互矛盾之处，图纸表示方法是否清楚，是否符合标准要求。

E. 地质及水文地质等资料是否充分、可靠。

F. 所需材料来源有无保证，能否替代。

G. 施工工艺、方法是否合理，是否切合实际，是否便于施工，能否保证质量要求。

H. 施工图及说明书中涉及各种标准、图册、规范和规程等，施工单位是否具备。

(3) 采购质量控制

采购质量控制主要包括对采购产品及其供货方的质量控制，不仅要制订采购要求和验证采购产品。对于建设项目中的工程分包，也应符合规定的采购要求。

① 物资采购

采购物资应符合设计文件、标准、规范、相关法规及承包合同要求，如果项目部另有附加的质量要求，也应予以满足。

对于重要物资、大批量物资、新型材料以及对工程最终质量有重要影响的物资，可由企业主管部门对可供选用的供货方进行逐个评价，并确定合格供方名单。

② 分包服务

对各种分包服务选用的控制标准应根据其规模、控制的复杂程度区别对待。一般通过分包合同，对项目的分包服务进行动态控制。评价及选择分包方应考虑的原则如下：

A. 有合法的资质，外地单位应经本地主管部门核准。

B. 与本组织或其他组织合作的业绩、信誉。

C. 分包方质量管理体系对按要求如期提供稳定质量的产品的保证能力。

D. 对采购物资的样品、说明书或检验、试验结果进行评定。

③ 采购要求

采购要求是采购产品控制的重要内容。采购要求的形式可以是合同、订单、技术协议、询价单及采购计划等。采购要求包括：

A. 有关产品的质量要求或外包服务要求。

B. 有关产品提供的程序性要求。

C. 对供方人员资格的要求。
D. 对供方质量管理体系的要求。

④ 采购产品验证

A. 对采购产品的验证有多种方式，如在供方现场检验、进货检验，查验供方提供的合格证据等。组织应根据不同产品或服务的验证要求，规定验证的主管部门及验证方式，并严格执行。

B. 当组织或其顾客拟在供方现场实施验证时，组织应在采购要求中事先作出规定。

(4) 质量教育与培训

通过教育培训和其他措施提高员工的能力，增强质量和顾客意识，使员工满足所从事的质量工作对员工能力的要求。

项目领导班子应着重以下几方面的培训。

① 质量意识教育。
② 充分理解和掌握质量方针和目标。
③ 质量管理体系有关方面的内容。
④ 质量保持和持续改进意识。

5. 施工作业过程质量控制

(1) 技术交底

按照工程重要程度，单位工程开工前，应由企业或项目技术负责人向承担施工的负责人或分包人进行全面技术交底。工程复杂、工期长的工程可分为基础、结构、装修几个阶段分别组织技术交底。各分项工程施工前，应由项目技术负责人向参加该项目施工的所有班组和配合工种进行交底。

技术交底的主要内容包括图纸交底、施工组织设计交底、分项工程技术交底和安全交底等。通过交底明确对轴线、尺寸、标高、预留孔洞、预埋件、材料规格及配合比等要求，安排工序搭接、工种配合、施工方法、进度等施工安排，明确质量、安全、节约措施。交底的形式有书面、口头、会议、挂牌、样板、示范操作等。

(2) 测量控制

① 对于有关部门提供的原始基准点、基准线和参考标高等的测量控制点应做好复核工作，经审核批准后，才能进行后续相关工序的施工。

② 复测施工测量控制网。在复测施工测量控制网时，应抽检建筑方格网、控制高程的水准网点以及标桩埋设位置等。

(3) 材料控制

① 对供货方质量保证能力进行评定

对供货方质量保证能力评定原则包括

A. 材料供应的表现状况，如材料质量、交货期等。
B. 供货方质量管理体系对于满足如期交货的能力。
C. 供货方的顾客满意程度。
D. 供货方交付材料之后的服务和支持能力。
E. 其他因素，如价格、履约能力等方面的条件。

② 建立材料管理制度，减少材料损失、变质

对材料的采购、加工、运输、贮存通过建立管理制度，优化材料的周转，减少不必要的材料损耗，最大限度降低工程成本。

③ 对原材料、半成品和构配件进行标识

进入施工现场的原材料、半成品、构配件应按型号、品种分区堆放，予以标识；对有防湿、防潮要求的材料，要有防雨防潮措施，并有标识；对容易损坏的材料、设备，要采取必要的保护措施做好防护；对有保质期要求的材料，要定期检查，以防过期，并做好标识。

④ 加强材料检查验收

对于工程的主要材料，进场时必须配备正确的出厂合格证和材质化验单。凡标志不清或认为质量有问题的材料，要进行重新检验，确保质量。未经检验和检验不合格的原材料、半成品、构配件以及工程设备不能投入使用。

⑤ 发包人提供的原材料、半成品、构配件和设备

发包人所提供的原材料、半成品、构配件和设备用于工程时，项目组织应对其做出专门的标识，接受时进行验证，贮存或使用时给予保护和维护，并得到正确的使用。上述材料经验证不合格，不得用于工程。发包人对其提供合格的原材料、半成品、构配件和设备承担质量责任。

⑥ 材料质量抽样和检验方法

材料质量抽样应按规定的部位、数量及采选的操作要求进行。材料质量的检验项目分为一般试验项目和其他试验项目。材料质量检验方法有书面检验、外观检验、理化检验和无损检验等。

(4) 机械设备控制

① 机械设备的使用形式

施工项目上所使用的机械设备应根据项目特点和工程需要，按必要性、可能性和经济性的原则合理选择其使用形式。机械设备的使用形式包括自行采购、租赁、承包和调配等。

② 注意机械配套

机械配套有两层含义：其一，是一个工种的全部过程和作业环节的配套；其二，是主导机械与辅助机械在规格、数量和生产能力上的配套。

③ 机械设备的合理使用

合理使用机械设备，按照要求正确操作，是保证项目施工质量的重要环节。应贯彻人机固定原则，实行定机、定人、定岗位责任的"三定"制度。要合理划分施工段，组织好机械设备的流水施工。当一个项目有多个单位工程时，应使机械在单位工程之间流水，减少进出场时间和装卸费用。做到机械设备的综合利用，应控制好交叉作业面的机械作业，充分发挥机械效率。

④ 机械设备的保养与维修

为了保持机械设备的良好技术状态，确保设备运转的可靠性和安全性，减少零件的磨损，延长使用寿命，提高机械施工的经济效益，应定期做好机械设备的保养。保养分为例行保养和强制保养。例行保养的主要内容：有保持机械的清洁、检查运转情况、防止机械腐蚀和按技术要求润滑等。强制保养是按照一定周期和内容分级进行保养。

对机械设备的维修可以保证机械维持较高的使用效率，延长使用寿命。机械设备修理是对机械设备的自然损耗进行修复，排除机械运行的故障，对损坏的零部件进行更换、修复，确保机械设备正常运转。

(5) 环境控制

① 建立环境管理体系，实施环境监控

环境管理体系是整个管理体系的一个组成部分，包括为制定、实施、实现、评审和保持环境方针所需的组织结构、计划活动、职责、惯例、程序、过程和资源。

实施环境监控时，应确定环境因素，并对环境做出评价，具体包括：

A. 项目的活动、产品和服务中包含的环境因素。

B. 项目的活动、产品和服务对环境产生的影响。

C. 项目组织评价新项目环境影响的程序。

D. 项目所在地的环境要求。

E. 对项目的活动、产品和服务所作出的更改或补充。

F. 如果一个过程失效，其产生的环境影响。

G. 可能造成环境影响的事件。

H. 在影响、可能性、严重性和频率方面的重要的环境影响因素。

I. 这些重大环境影响因素的影响范围。

在环境管理体系运行中，应根据项目的环境目标和指标，建立对实际环境表现进行测量和监测的系统，其中包括对遵循环境法律和法规的情况进行评价。还应对测量的结果做出分析，必要时进行纠正和改进。管理者应确保这些纠正和预防措施的贯彻，并采取系统的后续措施来确保它们的有效性。

② 对影响施工项目质量的环境因素的控制包括工程技术环境、工程管理环境和劳动环境的控制。

A. 工程技术环境：工程技术环境包括工程地质、水文地质、气象等状况。施工时需要对工程技术环境进行调查研究。工程地质方面要摸清建设地区的钻孔布置图、工程地质剖面图及土壤试验报告；在水文地质方面，则需要掌握建设地区全年不同季节的地下水位变化、流向及水的化学成分，以及附近河流和洪水情况等；对于气象要查询建设地区历年同期的气温、风速、风向、降雨量和雨季月份等相关资料。

B. 工程管理环境：工程管理环境包括质量管理体系、环境管理体系、安全管理体系和财务管理体系等。只有各管理体系的及时建立与正常运行，才能确保项目各项活动的正常、有序进行，它是搞好工程质量的必要条件之一。

C. 劳动环境：劳动环境包括劳动组织、劳动工具、劳动保护与安全施工等方面的内容。

劳动组织的基础是分工和协作，分工得当既有利于提高工人的熟练程度，也有利于劳动力的组织与运用。协作最基本的问题是配套，即各工种和不同等级工人之间互相匹配，从而避免停工窝工，获得最高的劳动生产率。劳动工具的数量、质量、种类应便于操作、使用，有利于提高劳动生产率。劳动保护与安全施工，是指在施工过程中，为改善劳动条件、保证员工的生产安全和保护劳动者的健康而采取的一些管理活动，这些活动有利于发挥员工的积极性和提高劳动生产率。

(6) 计量控制

施工中的计量工作,包括施工生产时的投料计量、施工测算监测计量以及对项目、产品或过程的测试、检验和分析计量等。

计量控制的主要任务是统一计量单位制度,组织量值传递,保证量值的统一。这些工作有利于控制施工生产工艺过程,完善施工生产技术水平,提高施工项目的整体效益。因此,计量不仅是保证施工项目质量的重要手段和方法,同时也是施工项目开展质量管理的一项重要基础工作。

为做好计量控制工作,应抓好以下几项工作
① 建立计量管理部门和配备计量人员。
② 建立健全和完善计量管理的规章制度。
③ 积极开展计量意识教育,完善监督机制。
④ 严格按照有效计算器具使用、保管和检验。

(7) 工序控制

工序是工程项目建设过程基本环节,也是组织生产过程的基本单位。一道工序,是指一个(或一组)工人在一个工作地对一个(或几个)劳动对象(工程、产品、构配件)所完成的一切连续活动的总和。

工序质量是指工序过程的质量。对于现场工人来说,工作质量通常表现为工序质量。一般来说,工序质量是指工序的成果符合设计、工艺(技术标准)要求符合规定的程序。人、材料、机械、方法和环境等五种因素对工序质量有不同程度的直接影响。

在施工过程中,测得的工序特性数据是有波动的,产生波动的原因有两种,因此,波动也分为两类。一类是操作人员在相同的技术条件下,按照工艺标准去做,可是不同的产品却存在着波动。这种波动在目前的技术条件下还不能控制,在科学上是由无数类似的原因引起的,所以称为偶然因素。另一类是在施工过程中发生了异常现象。这类因素经有关人员共同努力,在技术上是可以避免的。工序管理就是去分析和发现影响施工中每道工序质量的这两类因素中影响质量的异常因素,并采取相应的技术和管理措施,使这些因素被控制在允许的范围内,从而保证每道工序的质量。工序管理的实质是工序质量控制,即使工序处于稳定受控状态。

工序质量控制是为把工序质量的波动限制在要求的界限内所进行的质量控制活动。工序质量控制的最终目的是要保证稳定地生产合格产品。

(8) 特殊过程控制

特殊过程是指该施工过程或工序施工质量不易或不能通过其后的检验和试验而得到充分的验证,或者万一发生质量事故则难以挽救的施工过程。

特殊过程是施工质量控制的重点,通过设置质量控制点就是要根据施工项目的特点,抓住影响工序施工质量的主要因素进行特殊过程的强化控制。

① 施工质量控制点的设置种类
A. 以质量特性值为对象来设置。
B. 以工序为对象来设置。
C. 以设备为对象来设置。
D. 以管理工作为对象来设置。

② 施工质量控制点的设置步骤

在设置质量控制点时，首先应对工程项目施工对象进行全面分析、比较，以明确特殊过程质量控制点，然后进一步分析该控制点在施工中可能出现的质量问题，查明问题原因并相应地提出对策措施予以预防。由此可见，设置质量控制点，是对工程质量进行预控的有力措施。

质量控制点的设置是保证施工过程质量的有力措施，也是进行质量控制的重要手段，其设置示例详见表6-1。

质量控制点的设置示例 表6-1

分项工程	质量控制点
工程测量定位	标准轴线桩、水平桩、龙门板、定位轴线、标高
地基、基础（含设备基础）	基坑(槽)尺寸、标高、土质、地基承载力、基础垫层标高，基础位置、尺寸、标高，预留洞孔，预埋件的位置、规格、数量，基础墙皮数杆及标高、标底弹线
砌体	砌体轴线，皮数杆，砂浆配合比，预留洞孔，预埋件位置、数量，砌块排列
模板	位置、尺寸、标高，预埋件位置，预留洞孔尺寸、位置，模板承载力及稳定性，模板内部清理及润湿情况
钢筋混凝土	水泥品种、强度等级、砂石质量，混凝土配合比，外加剂比例，混凝土振捣，钢筋品种、规格、尺寸、搭接长度，钢筋焊接，预留洞孔及预埋件规格、数量、尺寸、位置，预制构件吊装或出场(脱模)强度，吊装位置、标高、支撑长度、焊缝长度
吊装	吊装设备起重能力、吊具、索具、地锚
钢结构	翻样图、放大样
焊接	焊接条件，焊接工艺
装修	视具体情况而定

(9) 工程变更控制

① 工程变更的含义

对于施工项目任何形式上、质量上、数量上的实质性变动，都称为工程变更，它既包括了工程具体项目的改动，也包括了合同文件内容的某种改动。

② 工程变更的范围

A. 设计变更：设计变更的原因主要是投资者对投资规模的改变导致变更，是对已交付的设计图纸提出新的设计要求，需要对原设计进行修改。

B. 工程量的变动：工程量清单中数量上的工程在增加或减少。

C. 施工时间的变更：对已批准的承包商施工进度计划中安排的施工时间或工期的变动。

D. 施工合同文件变更。

E. 施工图的变更。

F. 承包方提出修改设计的合理化建议，节约价值而引起的变更分配。

G. 由于不可抗力或双方事先未能预料而无法防止的事件发生，允许进行合同变更。

③ 工程变更控制

工程变更可能导致项目工期、成本以及质量的改变。对于工程变更必须进行严格的管理和控制。

在工程变更控制中，应考虑以下几个方面：

A. 注意控制和管理那些能够引起工程变更的因素和条件。

B. 分析论证各方面提出的工程变更要求的合理性和可行性。

C. 当工程变更发生时，应对其进行严格的跟踪管理和控制。

D. 分析工程变更而引起的风险并采取必要的防范措施。

(10) 成品保护

在施工项目施工中，某些部位已完成，而其他部位还正在施工，在这种情况下，施工单位必须对已完成部位或成品，采取妥善的措施加以保护，防止对已完部分工程造成损伤，影响工程质量；更加防止有些损伤难以恢复原状，而成为永久性的缺陷。

加强成品保护，要从两个方面着手，首先需要加强教育，提高全体员工的成品保护意识。同时要合理安排施工顺序，采取有效的保护措施。

成品保护的措施

① 护

护就是提前保护，防止对成品的污染及损伤。如外檐水刷石大角或柱子要立板固定保护。为了防止清水墙面污染，应在相应部位提前钉上塑料布或纸板。

② 包

包就是进行包裹，防止对成品的污染及损伤。如在喷浆前对电气开关、插座和灯具等设备进行包裹。铝合金门窗应用塑料布包扎。

③ 盖

盖就是表面覆盖，防止堵塞、损伤。如高级水磨石地面或大理石地面完成后，应用苫布覆盖。落水口、排水管安好后应加覆盖，以防堵塞。

④ 封

封就是局部封闭。如室内塑料墙纸、木地板油漆完成后，应立即锁门封闭。屋面防水完成后，应封闭上屋面的楼梯门或出入口。

6. 施工验收质量控制

(1) 施工质量验收标准

根据《建筑工程施工质量验收统一标准》(GB 50300—2013)，建筑工程施工质量应按下列要求进行验收

① 工程质量验收均应在施工单位自检合格的基础上进行。

② 参加工程施工质量验收的各方人员应具备规定的资格。

③ 检验批的质量应按主控项目和一般项目验收。

④ 对涉及结构安全、节能、环境保护和主要使用功能的试块、试件及材料，应在进场时或施工中按规定进行见证检验。

⑤ 隐蔽工程在隐蔽前应由施工单位通知监理单位进行验收，并应形成验收文件，验收合格后方可继续施工。

⑥ 对涉及结构安全、节能、环境保护和使用功能的重要分部工程，应在验收前按规定进行抽样检验。

⑦ 工程观感质量应由验收人员现场检查，并应共同确认。

验收标准将建筑工程质量验收划分为检验批、分项工程、分部(子分部)工程和单位(子单位)工程几个部分。检验批可根据施工及质量控制和专业验收需要，按工程量、楼层、施工段、变形缝进行划分。分项工程可按主要工种、材料、施工工艺、设备类别进行划分。分部工程可按专业性质、工程部位确定；当分部工程较大或较复杂时，可按材料种类、施工特点、施工程序、专业系统及类别将分部工程划分为若干子分部工程。具备独立施工条件并能形成独立使用功能的建筑物或构筑物为一个单位工程；对于建筑规模较大的单位工程，可按照其能形成独立使用功能的部分划分为一个子单位工程。

（2）最终质量检验和试验

单位工程质量验收也称质量竣工验收，是建筑工程投入使用前的最后一次验收，也是最重要的一次验收。验收合格的条件有五个，除了构成单位工程的各分部工程应该合格和有关的资料文件应完整以外，还须进行以下三个方面的检查：

其一，对涉及安全节能、环境保护和主要使用功能的分部工程检验资料进行复查。要全面检查其完整性。

其二，对主要使用功能进行抽查。使用功能的检查是对建筑工程和设备安装工程最终质量的综合检验，应在分项、分部工程验收合格的基础上，对主要使用功能再作全面检查。抽查项目是在检查资料文件的基础上由参加验收的各方人员商量，并用计量、计数的抽样方法确定检查部位。检查要求按有关专业工程施工质量验收标准的要求严格开展。

其三，由参加验收的各方人员共同对工程项目进行观感质量检查。观感质量验收，往往难以定量，只能以观察、触摸或简单量测的方式进行。

单位工程技术负责人应按编制竣工资料的要求收集和整理原材料、构件、零配件和设备的质量合格证明材料、验收材料，各种材料的试验检验资料，隐蔽工程、分项工程和竣工工程验收记录以及其他的施工记录等，以供工程质量竣工验收和以后备案之用。

（3）技术资料的整理

① 施工项目开工报告。

② 施工项目竣工报告。

③ 图纸会审和设计交底记录。

④ 设计变更通知单。

⑤ 技术变更核定单。

⑥ 工程质量事故发生后调查和处理资料。

⑦ 水准点位置、定位测量记录、沉降及位移观测记录。

⑧ 材料、设备、构件的质量合格证明资料。

⑨ 试验、检验报告。

⑩ 隐蔽工程验收记录及施工日志。

⑪ 竣工图。

⑫ 质量验收评定资料。

⑬ 工程竣工验收资料。

监理工程师应对上述技术资料进行严格审查，并请建设单位及有关人员对技术资料进行检查验证。

(4) 工程竣工文件的编制和移交准备

工程竣工文件的主要内容包括

① 项目可行性研究报告；项目立项批准书；土地、规划批准文件；设计任务书；初步(或扩大初步)设计；工程概算等。

② 竣工图；竣工决算。

③ 竣工验收报告；建设项目总说明；技术档案建立情况；建设情况；效益情况；存在和遗留问题等。

④ 竣工验收报告书的主要附件：竣工项目概况一览表；已完单位工程一览表；已完设备一览表；应完未完设备一览表；竣工项目财务决算综合表；概算调整与执行情况一览表；交付使用(生产)单位财产总表及交付使用(生产)财产一览表；单位工程质量汇总项目总体质量评价表。

施工项目交接是在工程质量验收之后，由承包单位向业主进行移交项目所有权的过程。施工项目移交前，施工单位要负责编制竣工结算书，并将成套工程技术资料进行分类整理，编目建档。

(5) 产品防护

竣工验收期要定人定岗，采取有效防护措施，保护已完工程，发生损坏时应及时补救。设备、设施未经允许不得擅自启用，保证设备设施符合项目使用要求。

(6) 撤场计划

工程交工后，项目经理部应编制完整的撤场计划，其内容主要包括：施工机具、暂设工程、建筑工程剩余构件的撤离计划，场清地平；有绿化要求的，达到树活草青。

6.2.4 施工项目质量问题的分析与处理

1. 常见质量问题的成因

(1) 违背建设程序。建设程序是工程项目建设过程及其客观规律的反映，不按建设程序办事，如未搞清地质情况就仓促开工；边设计，边施工；无图施工等常常是导致工程质量问题的重要原因。

(2) 违反法规行为。例如，无证设计，无证施工；越级设计，越级施工；工程招投标中不公平竞争，超常低价中标；违法分包、非法转包、挂靠；擅自修改设计的行为。

(3) 工程地质勘察失真。例如，未认真进行地质勘察或勘探时钻孔深度、间距、范围不符合规定要求，地质勘察报告不详细、不准确、不能全面反映地基情况等，从而使地下情况不明，或对基岩起伏、土层分布误判，未查清地下软土层、墓穴、孔洞等，这些均会导致采用不恰当或错误的基础方案，造成地基不均匀沉降、失稳，使上部结构或墙体开裂、破坏，或引起建筑物倾斜、倒塌等质量问题。

(4) 设计差错。例如，盲目套用图纸，采取不正确的结构方案，计算简图与实际受力状态不符，荷载取值过小，内力分析有误，变形缝设置不当，悬挑结构未进行抗倾覆验算，以及计算错误，都是引起质量问题的原因。

(5) 施工与管理不到位。不按图施工或未经设计单位同意擅自更改设计；不按有关施工规范和操作规程施工；施工管理紊乱，不熟悉施工图纸，盲目施工；施工方案考虑不周，甚至无施工方案，施工顺序颠倒；图纸未经会审，仓促施工；技术交底不清，违章作业；疏于检查、验收等，均可能导致质量问题。

(6) 使用不合格的原材料、制品及设备。进场材料、制品未经验收而投入使用,复检材料未按规定抽样复检,原材料、制品保管及使用不当,设备安装后未经验收而投入使用等均可造成工程质量问题。

(7) 自然环境因素。空气温度、湿度、暴雨、大风、洪水、雷电、日晒和浪潮等均可能成为质量问题的诱因。

2. 常见质量问题成因的分析

(1) 分析的基本步骤。

① 进行细致的现场调查研究,观察记录全部实况,充分了解与掌握引发质量问题的现象和特征。

② 收集调查与质量有关的全部设计和施工资料,分析摸清工程在施工过程中所处的环境及面临的各种条件和情况。

③ 找出可能产生质量问题的所有因素。

④ 分析、比较和判断,找出最可能造成质量问题的原因。

⑤ 进行必要的计算分析和模拟试验予以论证确认。

(2) 分析的要领。

① 确定质量问题的初始点,即所谓原点,它是一系列独立原因集合起来形成的爆发点。因其反映质量问题的直接原因,因而在分析过程中具有关键性作用。

② 围绕原点对现场各种现象和特征进行分析,区别导致同类质量问题的不同原因,逐步揭示质量问题萌生、发展和最终形成的过程。

③ 综合考虑原因的复杂性,确定诱发质量问题的起因点。

3. 质量问题的处理程序

(1) 调查取证,写出质量调查报告。

不论是工程师发现或自我检查发现的质量问题,都必须尽快进行质量问题调查并完成报告编写。

调查的主要目的是明确质量问题的范围、程度、性质、影响和原因,为问题处理提供依据,调查应力求全面、详细、客观准确。

调查报告的主要内容应包括

① 与质量问题相关的工程情况;

② 质量问题发生的时间、地点、部位、性质、现状及发展变化等详细情况;

③ 调查中的有关数据和资料;

④ 原因分析与判断;

⑤ 是否需要采取的临时防护措施;

⑥ 质量问题处理补救的建议方案;

⑦ 涉及的有关人员和责任及预防该质量问题重复出现的措施。

(2) 向建设(监理)单位提交调查报告。

(3) 建设(监理)单位的工程师组织有关单位进行原因分析,在原因分析的基础上确定质量问题处理方案。

(4) 进行质量问题处理。

(5) 检查、鉴定、验收,写出质量问题处理报告。

质量问题处理报告的主要内容包括
① 基本处理过程描述；
② 调查与核查情况，包括调查的有关数据、资料；
③ 原因分析结果；
④ 处理的依据；
⑤ 审核认可的质量问题处理方案；
⑥ 实施处理中的有关数据、验收记录、资料；
⑦ 对处理结果的检查、鉴定和验收结论；
⑧ 质量问题处理结论。

4. 质量问题的处理方案

当出现了工程质量问题，必须进行处理。工程质量问题的处理，必须事先制定处理方案，报建设(监理)单位审批后予以实施。

对于工程质量问题可采用的处理方案有

(1) 修补处理。当工程的某些部分的质量未达到规定的规范、标准或设计要求，存在一定的缺陷，但经过修补后还可以达到要求的标准，又不影响使用功能或外观要求的，可以做出进行修补的处理决定。如混凝土结构表面蜂窝麻面。

(2) 加固补强。对于某些质量问题，在不影响使用功能或外观要求的前提下，以设计验算可采用一定的加固补强措施进行加固处理。

(3) 返工处理。当某些质量未达到规定标准或要求，对结构的使用和安全有重大影响，而又无法通过修补或加固等方法给予纠正时，可以做出返工处理的决定。

(4) 限制使用。当工程质量缺陷按修补方式处理无法保证达到规定的使用要求和安全，而又无法返工处理的情况下，不得已时可以做出结构卸荷、减荷及限制使用的决定。

(5) 不做处理。对于某些质量缺陷虽不符合规定的要求或标准，但其情况不严重，经过分析、论证和慎重考虑后，可以做出不做处理的决定。可以不做处理的情况有：不影响结构安全和使用要求；经过后续工序可以弥补的不严重的质量缺陷；经复核验算，仍能满足设计要求的质量缺陷。

5. 工程质量事故处理的依据

进行工程质量事故处理的主要依据有

(1) 质量事故的实际情况资料；

(2) 具有法律效力的，得到有关当事工程承包合同、设计委托合同、材料或设备购销合同、分包合同以及监理委托合同等合同文件；

(3) 有关的技术文件、档案；

(4) 相关的建设法规。

在四个方面的依据中，前三者是与特定的工程项目密切相关的具有特定性质的依据。第四种法规性依据，是具有很高权威性、约束性、通用性和普遍性的依据，因而它在工程质量事故的处理事务中，也具有其重要的、不容置疑的作用。

6. 工程质量事故处理的程序

(1) 工程质量事故发生后，应停止进行质量缺陷部位和与其有关联部位及下道工序的施工，施工单位应采取必要的措施防止事故扩大并保护好现场。同时，事故发生单位迅速按类别和等级向相应的主管部门上报,并于24h内写出书面报告。

质量事故报告应包括以下主要内容
① 事故发生的单位名称,工程(产品)名称、部位、时间、地点;
② 事故概况和初步估计的直接损失;
③ 事故发生原因的初步分析;
④ 事故发生后采取的措施;
⑤ 相关各种资料(有条件时)。

(2) 各级主管部门按照事故处理权限组成调查组,开展事故调查工作,并写出事故调查报告。

(3) 建设(监理)单位根据调查组提出的技术处理意见,组织相关单位进行研究,并责成相关单位完成技术处理方案。

(4) 施工单位根据签订的技术处理方案,编制详细的施工方案设计,并报建设(监理)单位审批。

(5) 施工单位根据审批的施工方案组织技术处理。

(6) 施工单位完工自检后报建设(监理)单位组织有关各方进行检查验收,必要时应进行处理结果鉴定。事故单位整理编写质量事故处理报告。

质量事故处理报告的主要内容
① 工程质量事故情况、调查情况、原因分析(选自质量事故调查报告);
② 质量事故处理的依据;
③ 质量事故技术处理方案;
④ 实施技术处理施工中有关问题和资料;
⑤ 对处理结果的检查鉴定和验收;
⑥ 质量事故处理结论。

6.2.5 施工项目质量的政府监督

1. 施工项目质量政府监督的职能

为加强对建设工程质量的管理,我国《建筑法》及《建设工程质量管理条例》明确政府行政主管部门设立专门机构对建设工程质量行使监督职能,其目的是保证建设工程质量、保证建设工程的使用安全及环境质量。国务院建设行政主管部门对全国建设工程质量实行统一监督管理,国务院铁路、交通、水利等有关部门按照规定的职责分工,负责对全国有关专业建设工程质量的监督管理。

各级政府质量监督机构对建设工程质量监督的依据是国家、地方和各专业建设管理部门颁发的法律、法规及各类规范和强制性标准。

政府对建设工程质量监督的职能包括两大方面:一是监督工程建设的各方主体(包括建设单位、施工单位、材料设备供应单位、设计勘察单位和监理单位等)的质量行为是否符合国家法律法规及各项制度的规定;二是监督检查工程实体的施工质量,尤其是地基基础、土体结构、专业设备安装等涉及结构安全和使用功能的施工质量。

2. 建设工程项目质量政府监督的内容

(1) 建设工程的质量监督申报工作

在工程开工前，政府质量监督机构在受理建设工程质量监督的申报手续时，对建设单位提供的文件资料进行审查，审查合格后签发有关质量监督文件。

(2) 开工前的质量监督

开工前召开项目参与各方参加的首次监督会议，并进行第一次监督检查。

(3) 在施工期间的质量监督

在工程施工期间，按照监督方案对施工情况进行定期不定期的检查。

(4) 竣工阶段的质量监督

做好竣工验收前的质量复查；参与竣工验收会议；编制单位工程质量监督报告；建立建设工程质量监督档案。

3. 施工项目质量政府监督验收

建设工程质量验收是对已完工的工程实体的外观质量及内在质量按规定程序检查后，确认其是否符合设计及各项验收标准的要求、是否可交付使用的一个重要环节。正确地进行工程项目质量检查评定和验收，是保证工程质量的重要手段。

工程质量验收分为过程验收和竣工验收，其程序及组织包括

(1) 施工过程中，隐蔽工程在隐蔽前及时通知建设单位（或工程监理单位）进行验收，并形成验收文件。

(2) 分部分项工程完成后，应在施工单位自行验收合格后，通知建设单位（或工程监理单位）验收，重要的分部分项应请设计单位参加验收。

(3) 单位工程完工后，施工单位应自行组织检查、评定，符合验收标准后，向建设单位提交验收申请。

(4) 建设单位收到验收申请后，应组织施工、勘察、设计、监理单位有关人员进行单位工程验收，明确验收结果，并形成验收报告。

(5) 按国家现行管理制度，房屋建筑工程及市政基础设施工程验收合格后，还需在规定时间内，将验收文件报政府管理部门备案。

工程质量不符合要求时，应按规定进行处理

(1) 经返工或更换设备的工程，应该重新检查验收。

(2) 经有资质的检测单位检测鉴定，能达到设计要求的工程，应予以验收。

(3) 经返修或加固处理的工程，虽局部尺寸等不符合设计要求，但仍然能满足使用要求，可按技术处理方案和协商文件进行验收。

(4) 经返修和加固后仍不能满足使用要求的工程严禁验收。

6.2.6 工程质量验收备案与回访保修

1. 工程验收备案的依据

工程验收备案的依据有《建设工程质量管理条例》、中华人民共和国建设部第78号令《房屋建筑工程和市政基础设施工竣工验收备案管理暂行办法》和中华人民共和国国家标准《建筑工程施工质量验收统一标准》（GB 50300—2013）、《混凝土结构工程施工质量验收规范》（GB 50204—2002）、《砌体工程施工质量验收规范》（GB 50203—2011）、《钢结构工程施工质量验收规范》（GB 50205—2001）。

2. 竣工验收备案需提交的材料

(1) 工程竣工验收通知书

(2) 单位工程竣工报告

(3) 规划许可证

(4) 施工许可证

(5) 设计审查批文(施工图纸审查报告、抗震设防审批许可证)

(6) 规划备案通知书

(7) 公安、消防备案通知书

(8) 建设、勘察、设计、施工、监理等单位签署的质量合格文件

(9) 验收方案

(10) 验收程序

(11) 验收委员会签字表

(12) 工程竣工验收报告

(13) 观感评定验收表等资料

(14) 整改通知书

(15) 整改报告

(16) 施工单位签署的工程质量保修书

(17)《房屋质量保证书》

(18)《房屋使用说明书》

(19) 档案初验合格证

(20) 档案合格证

(21) 工程款支付情况证明

(22) 工程竣工验收备案证书

3. 竣工验收备案的相关规定

(1) 国务院建设行政主管部门负责全国房屋建筑工程和市政基础设施工程的竣工验收备案管理工作。县级以上地方人民政府建设行政主管部门负责本行政区域内工程的竣工验收备案管理工作。

(2) 建设单位应当自工程竣工验收合格之日起 15 日内，依照本办法规定，向工程所在地的县级以上地方人民政府建设行政主管部门(以下简称备案机关)备案。

(3) 建设单位办理工程竣工验收备案应当提交下列文件

① 工程竣工验收备案表。

② 工程竣工验收报告。竣工验收报告应当包括工程报建日期、施工许可证号、施工图设计文件审查意见，勘察、设计、施工、工程监理等单位分别签署的质量合格文件及验收人员签署的竣工验收原始文件，市政基础设施的有关质量检测和功能性试验资料以及备案机关认为需要提供的有关资料。

③ 法律、行政法规规定应当由规划、公安消防、环保等部门出具的认可文件或者准许使用文件。

④ 施工单位签署的工程质量保修书。

⑤ 法规、规章规定必须提供的其他文件。商品住宅还应当提交《住宅质量保证书》

和《住宅使用说明书》。

（4）备案机关收到建设单位报送的竣工验收备案文件，验证文件齐全后，应当在工程竣工验收备案表上签署文件收讫。工程竣工验收备案表一式二份，一份由建设单位保存，一份留备案机关存档。

（5）工程质量监督机构应当在工程竣工验收之日起5日内，向备案机关提交工程质量监督报告。

（6）备案机关发现建设单位在竣工验收过程中有违反国家有关建设工程质量管理规定行为的，应当在收讫竣工验收备案文件15日内，责令停止使用，重新组织竣工验收。

（7）建设单位在工程竣工验收合格之日起15日内，未办理工程竣工验收备案的，备案机关责令限期改正，处20万元以上50万元以下罚款。

（8）建设单位将备案机关决定重新组织竣工验收的工程，在重新组织竣工验收前，擅自使用的，备案机关责令停止使用，处工程合同价款2%以上4%以下罚款。

（9）建设单位采用虚假证明文件办理工程竣工验收备案的，工程竣工验收无效，备案机关责令停止使用，重新组织竣工验收，处20万元以上50万元以下罚款；构成犯罪的，依法追究刑事责任。

（10）备案机关决定重新组织竣工验收并责令停止使用的工程，建设单位在备案之前已投入使用或者建设单位擅自继续使用造成使用人损失的，由建设单位依法承担赔偿责任。

4. 项目回访保修的意义

工程交工后回访用户是一种"售后服务"方式，工程交工后保修是我国一项基本法律制度。通过建立和完善回访保修服务机制，贯彻"顾客至上"的服务宗旨，可以展示企业良好的形象。

贯彻回访保修服务制度，要求承包人在工程交付使用后，自签署工程质量保修书起的一定期限内，应对发包人和使用人进行工程回访，发现由施工原因造成的质量问题，承包人应负责工程保修，直到在正常使用条件下，建设工程质量保修期结束为止。

《建设工程质量管理条例》规定，建设工程实行质量保修制度。实行工程质量保修制度，对于促进承包人加强工程施工质量管理，保护用户及消费者的合法权益可以起到重要的保障作用。

承包人进行工程回访保修有如下重要意义

（1）有利于项目经理部重视项目管理，提高工程质量。

（2）有利于承包人听取用户意见，履行回访保修承诺。

（3）有利于改进服务方式，增强用户对承包人的信任感。

5. 项目回访保修的程序与工作方法

《建设工程项目管理规范》（GB/T 50326—2006）规定："承包人应建立与发包人及用户的服务联系网络，及时取得信息，并按计划、实施、验证、报告的程序，搞好回访与保修工作。"

进行工程回访保修的工作方法如下

（1）总的指导原则是瞄准建设市场，提高工程质量，与发包人建立良好的公共关系，并将回访保修工作纳入计划实施。

(2) 适时召开一些易于融洽、有益双方交流的座谈会、经验交流会、佳庆茶话会,以加强联系,增进双方友好感和依赖感。

(3) 及时研究解决施工问题、质量问题,听取发包人对工程质量、保修管理、在建工程的意见,不断改善项目管理,真正提高工程质量水平。

(4) 千方百计为发包人提供各种跟踪服务,不断满足提出的各种变更修改要求,建立健全工程项目登记、变更、修改等技术质量管理基础资料,把管理工作做得扎扎实实。

(5) 妥善处理与发包人、监理人和外部环境的关系,捕捉机会,创造有利条件,精心组织,细心管理,形成"我精心,你放心,他安心"的"三位一体"工程质量保证机制。

(6) 组织发放有关工程质量保修、维修的注意事项等资料,切实贯彻企业服务宗旨进行工程质量问卷调查,收集反馈工程质量保修信息,对实施效果应有验证和总结报告。

6. 工程质量保修期

(1) 工程质量保修期的规定

《建设工程项目管理规范》(GB/T 50326—2006)规定:"保修期为自竣工验收合格之日起计算,在正常使用条件下的最低保修期限。"

《建设工程质量管理条例》第四十条规定,在正常使用条件下,建设工程的最低保修期限为:

① 基础设施工程、房屋建筑的地基基础工程和主体结构工程,为设计文件规定的该工程的合理使用年限;

② 屋面防水工程、有防水要求的卫生间、房间和外墙面的防渗漏,为5年;

③ 供热与供冷系统,为2个采暖期、供冷期;

④ 电气管线、给排水管道、设备安装和装修工程,为2年。

其他项目的保修期限由发包方与承包方约定。

(2) 工程保修责任

工程质量缺陷,是产生工程质量保修的根源。进行工程质量保修,必须分清经济责任,由质量缺陷的责任方承担工程的保修经济责任。一般有以下几种情况:

① 由于承包人未严格按照国家现行施工及验收规范、工程质量验收标准、设计文件要求和合同约定组织施工,造成的工程质量缺陷,所产生的工程质量保修,应当由承包人负责修理并承担经济责任。

② 由于设计原因造成的质量缺陷,应由设计人承担经济责任。当由承包人进行修理时,其费用数额可以按合同约定,通过发包人向设计人索赔,不足部分由发包人补偿。

③ 由于发包人供应的建筑材料、构配件或设备不合格造成的工程质量缺陷,或由发包人指定的分包人造成的质量缺陷,均应由发包人自行承担经济责任。

④ 由于使用人未经许可自行改建造成的质量缺陷,或由于使用人使用不当造成的损坏,均应由使用人自行承担经济责任。

⑤ 由于地震、洪水、台风等不可抗力原因造成的损坏或非施工原因造成的事故,不属于规定的保修范围,承包人不承担经济责任。

⑥ 当使用人需要责任以外的修理维护服务时,承包人应提供相应的服务,并在双方协议中明确服务的内容和质量要求,费用由使用人支付。

（3）工程保修程序及要求

房屋建筑工程在保修期限内出现质量缺陷，建设单位或者房屋建筑所有人应当向施工单位发出保修通知。施工单位接到保修通知后，应当到现场核查情况，在保修书约定的时间内予以保修。发生涉及结构安全或者严重影响使用功能的紧急抢修事故，施工单位接到保修通知后，应当立即到达现场抢修。

发生涉及结构安全的质量缺陷，建设单位或者房屋建筑所有人应当立即向当地建设行政主管部门报告，采取安全防范措施；由原设计单位或者具有相应资质等级的设计单位提出保修方案，施工单位实施保修，原工程质量监督机构负责监督。保修完后，由建设单位或者房屋建筑所有人组织验收。涉及结构安全的，应当报当地建设行政主管部门备案。

6.3 施工项目进度管理

6.3.1 施工项目进度管理概述

1. 施工项目进度管理概念

施工项目进度管理，就是在既定的工期内，根据施工项目技术经济特征和具体生产条件，研究和确定进度目标，分析决定施工工期的主要因素，编制出最优的施工进度计划，在执行施工进度计划的施工过程中，经常检查施工实际进度情况，并与进度计划相比较，若出现偏差，便分析产生的原因和对工期的影响程度，找出必要的调整措施，修改原计划，不断如此循环，直至工程竣工验收。施工进度管理以实现施工合同约定的竣工日期为最终目标。

2. 影响施工进度的不利因素

（1）业主因素。如业主按照使用要求改变设计造成的设计变更；应提供的施工场地条件不能及时提供或所提供的场地不能满足工程正常需要；不能及时向施工单位或材料供应商付款等。

（2）勘察设计因素。如勘察资料不准确，特别是地质资料错误或遗漏；设计内容不完善，规范应用不恰当，设计有缺陷或错误；设计对施工的可能性未考虑或考虑不周；施工图纸供应不及时，不配套，或出现重大差错等。

（3）施工技术因素。如施工工艺错误；不合理的施工方案；施工安全措施不当；不可靠技术的应用等。

（4）自然环境因素。如复杂的工程地质条件；不明的水文气象条件；地下埋藏文物的保护、处理；洪水、地震、台风等不可抗力。

（5）社会环境因素。如外单位临近工程施工干扰；节假日交通、市容整顿的限制；临时停水、停电、断路；以及在国内外常见的法律及制度的变化，经济制裁、战争、骚乱、罢工、企业倒闭等。

（6）组织管理因素。如向有关部门提出各种申请审批手续申报延误；合同签订时遗漏条款、表达失当；计划安排不周密，组织协调不力，导致停工待料、相关作业脱节；领导不力，指挥失当，使参加工程建设的各个单位、各个专业、各个施工过程之间交接及配合上发生矛盾等。

(7) 材料、设备因素。如材料、构配件、机具、设备供应环节的差错，品种、规格、质量、数量、时间不能满足工程的需要；特殊材料及新材料的不合理使用；施工设备不配套，选型失当，安装失误，有故障等。

(8) 资金因素。如有关方拖欠资金，资金不到位，资金短缺；汇率浮动和通货膨胀等。

3. 施工进度控制的原理

(1) 动态控制原理

施工项目是在动态条件下实施的，进度控制也就必须是一个动态的管理过程。不管进度计划的周密程度如何，它毕竟是人们的主观设想，在其实施过程中，必然会因为新情况的产生、各种干扰因素和风险因素的作用而发生变化，使人们难以执行原定的进度计划。因此，进度控制人员必须掌握动态控制原理，在计划执行过程中来不断检查建设工程实际进展情况，并将实际情况与计划安排进行对比，从中得出偏离计划的信息，然后在分析偏差及其产生原因的基础上，通过采取组织、技术、经济等措施，维持原计划，使之能正常实施。这样在进度计划的执行过程中不断地检查和调整，以保证建设工程进度得到有效控制。施工进度动态控制基本原理如图 6-1 所示。

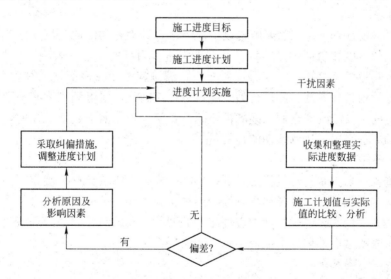

图 6-1 施工进度动态控制基本原理图

(2) 系统原理

① 施工项目计划系统。为了对施工项目实行进度计划控制，首先必须编制施工项目的各种进度计划。其中有施工项目总进度计划、单位工程进度计划、分部分项工程进度计划、季度和月(旬)作业计划，这些计划组成一个施工项目进度计划系统。计划的编制对象由大到小，计划的作用由宏观控制到具体指导，计划的内容从粗到细。编制时从总体计划到局部计划，逐层对计划控制目标进行分解，以保证总进度计划控制目标的实现和落实。执行计划时，从月(旬)作业计划开始实施，逐层按目标控制，从而达到对施工项目整体进度控制。

② 施工项目进度实施组织系统。施工项目实施全过程的各专业队伍都是遵照计划规

定的目标去努力完成一个个任务的。施工项目经理和有关劳动调配、材料设备、采购运输等各职能部门都按照施工进度规定的要求进行严格管理、落实和完成各自的任务。施工组织各级负责人，从项目经理、施工管理人员、班组长及其所属全体人员组成了施工项目实施的完整组织系统。

③ 施工项目进度控制的组织系统。为了保证施工项目进度实施还应有一个项目进度的检查控制系统。从公司、项目部，一直到作业班组都设有专门职能部门或人员负责检查汇报，统计整理实际施工进度的资料，并与计划进度进行比较分析和进行调整。当然不同层次的人员负有不同的进度控制职责，分工协作，形成一个纵横连接的施工项目进度控制组织系统。

(3) 信息反馈原理

信息反馈是施工项目进度控制的依据，施工的实际进度通过信息反馈给基层的施工项目进度控制的工作人员，在分工的职责范围内，经过加工，再将信息逐层向上反馈，直到主控制室，主控制室整理统计各方面的信息，经过比较分析做出决策，调整进度计划，使其符合预定的工期目标。若不应用信息反馈原理不断地进行信息反馈，则无法进行计划控制。施工项目进度控制的过程就是信息反馈的过程。

(4) 弹性原理

施工项目进度计划工期长、影响进度的原因多，其中有的已被人们掌握，根据统计经验估计出影响的程度和出现的可能性，并在确定进度目标时，进行实现目标的风险分析。在计划编制者具备了这些知识和实践经验之后，编制施工项目进度计划时就会留有余地，即使施工进度计划具有弹性。在进行施工项目进度控制时，便可利用这些弹性空间，缩短有关工作的时间，或者改变它们之间的搭接关系，使检查之前拖延了工期的，通过缩短剩余计划工期的方法，仍可达到预期的计划目标。

(5) 封闭循环原理

项目的进度计划控制的全过程是计划、实施、检查、比较分析、确定调整措施、再计划的过程。从编制项目施工进度计划开始，经过实施过程的跟踪检查，收集有关实际进度的信息，比较和分析实际进度与计划进度之间的偏差，找出产生的原因和解决办法，确定调整措施，再修改进度计划，形成一个封闭的循环系统。

(6) 网络计划技术原理

在施工项目进度的控制中，利用网络计划技术原理编制进度计划，根据收集实际进度信息，比较和分析进度计划，利用网络计划的工期优化、工期与成本优化和资源优化的理论调整计划。网络计划技术原理是施工项目进度控制和分析计划的理论基础。

6.3.2 施工进度控制目标

1. 施工进度控制目标体系

施工进度总目标和分解目标构成了施工进度控制的目标体系。施工进度控制目标体系如图 6-2 所示。

从图 6-2 可以看出，建设工程不但要有项目建成交付使用的确切日期这个总目标，还要有各单位工程交工动用的分目标以及按承包单位、施工阶段和不同计划期划分的分目标。各目标之间相互联系，共同构成建设工程施工进度控制目标体系。其中，下级目标受

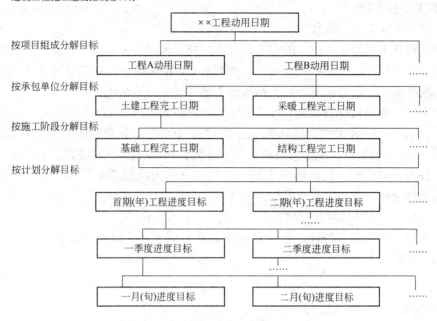

图 6-2　建设工程施工进度目标分解图

上级目标的制约，下级目标保证上级目标，最终保证施工进度总目标的实现。

（1）按项目组成分解，确定各单位工程开工及动用日期

各单位工程的进度目标在工程项目建设总进度计划及建设工程年度计划中都有体现。在施工阶段应进一步明确各单位工程的开工和交工动用日期，以确保施工总进度目标的实现。

（2）按承包单位分解，明确分工条件和承包责任

在一个单位工程中有多个承包单位参加施工时，应按承包单位将单位工程的进度目标分解，确定出各分包单位的进度目标，列入分包合同，以便落实分包责任，并根据各专业工程交叉施工方案和前后衔接条件，明确不同承包单位工作面交接的条件和时间。

（3）按施工阶段分解，划分进度控制分界点

根据工程项目的特点，应将其施工分成几个阶段，如土建工程可分为基础、结构和内外装修阶段。每个阶段的起止时间都要有明确的标志。特别是不同单位承包的不同施工段之间，更要明确划定时间分界点，以此作为形象进度的控制标志，从而使单位工程动用目标具体化。

（4）按计划期分解，组织综合施工

将工程项目的施工进度控制目标按年度、季度、月（或旬）进行分解，并用实物工程量、货币工作量及形象进度表示，将更有利于项目进度管理部门明确对各承包单位的进度要求；同时，还可以据此监督其实施，检查其完成情况。计划期越短，进度目标越细，进度跟踪就越及时，发生进度偏差时就更能有效地采取措施予以纠正。这样，就形成一个有计划、有步骤地协调施工，长期目标对短期目标自上而下逐级控制，短期目标对长期目标自下而上逐级保证，逐步趋近进度总目标的局面，最终达到工程项目按期竣工交付使用的

目的。

2. 施工项目工期

(1) 施工项目工期的概念

工期是指从工程开工到竣工的施工期限,以施工合同约定的竣工日期为目标。一定的施工进度必然有相应的工期结果。反之,在工期一定的情况下,必然要有相应的施工进度来保证工期的实现。因此,工程的工期和施工进度管理是紧密相关的。

施工工期一般是以单位工程为计算对象,其工期天数指单位工程从基础工程破土开工起至完成全部工程设计所规定的内容,并达到国家验收标准为止所需的全部日历天数。《建筑安装工程工期定额》按不同结构类型、不同建筑面积、不同层数、不同施工地区分别规定了各类不同建筑工程的施工工期。该定额可作为编制施工组织设计、安排施工计划、编制招标文件、签订工程承发包合同和考核施工工期的依据。

(2) 工期、成本和质量目标的关系

施工进度目标与成本目标、质量目标的关系组成了一个既统一又相互制约的目标系统。如图 6-3 所示。

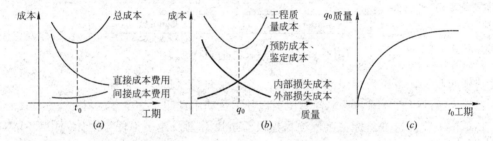

图 6-3　工期、成果和质量目标关系
(a)成本和工期;(b)成本和质量;(c)质量和工期

在图 6-3(a)中,工程总成本由直接成本费用和间接成本费用两部分叠加而成一条下凹的曲线。t_0 为最低工程总成本所对应的工期。

在图 6-3(b)中,工程质量成本由预防成本、鉴定成本、内部损失成本和外部损失成本所组成。从图中可以看出,预防和鉴定成本随工程质量提高而不断增加,而内部和外部损失成本随工程质量提高而不断下降,工程质量成本就是这两部分曲线叠加的结果,其中工程质量成本最低点,称适宜的工程质量成本。在实际工程中,若确定太高或太低的质量目标,都会加大工程成本。

在图 6-3(c)中,工程质量曲线关系表明,施工工期太紧,会造成施工中片面追求进度,降低工程质量;反之,施工工期太松,工程质量也不会有太大的提高。

因此,在确定施工进度目标时,应同时考虑对工程成本和质量目标的影响,进行多方面的分析和比较,做到施工目标系统的整体最优。

(3) 施工目标工期的决策分析

为了控制施工进度,必须采用科学的决策分析方法,首先明确施工目标工期。施工目标工期的确立,既受到工程施工条件的制约,也受到工程合同或指令性计划工期的限制,并且还需结合企业的组织管理水平和效益要求一并考虑。通常从以下几方面进行决策分析:

① 以正常工期为施工目标工期

正常工期是指与正常施工速度相对应的工期。正常施工速度是根据现有施工条件下制定的施工方案和企业经营的利润目标确定的，用以保证施工活动必要的劳动生产率，从而实现工程的施工计划。

② 以最优工期为施工目标工期

所谓最优工期，即工程总成本最低的工期，它可采用以正常工期为基础，应用工期成本优化的方法求解。

工期成本优化的基本思想，就是在网络计划的关键线路上选择费用率最低的工作，并不断从这些工作的持续时间和费用关系中，找出能使计划工期缩短而又能使直接费用增加最少的工作，缩短其持续时间，然后考虑间接费用随着工期缩短而减小的影响，把不同工期下的直接费用和间接费用分别叠加，形成工程工期成本曲线，可求出工程成本最低点所相应的最优工期，作为施工目标工期。

③ 以合同工期或指令工期为施工目标工期

通常情况下，建筑施工承包合同中有明确的施工期限，或者国家实施的工程任务规定了指令工期。那么，施工目标工期可参照合同工期或指令工期，结合施工生产能力和资源条件确定，并充分估计各种可能的影响因素及风险，适当留有余地，保持一定提前量。这样，施工过程中即使发生不可预见的意外事件，也不会使施工工期产生太大的偏差。

6.3.3 施工进度计划

1. 施工进度计划分类

施工单位的进度计划包括：施工准备工作计划、施工总进度计划、单位工程施工进度计划及分部分项工程进度计划。

（1）施工准备工作计划。施工准备工作的主要任务是为建设工程的施工创造必要的技术和物资条件，统筹安排施工力量和施工现场。施工准备的工作内容通常包括：技术准备、物资准备、劳动组织准备、施工现场准备和施工场外准备。为落实各项施工准备工作，加强检查和监督，应根据各项施工准备工作的内容、时间和人员，编制施工准备工作计划（见表 6-2）。

施工准备工作计划　　　　　　　表 6-2

序号	施工准备项目	简要内容	负责单位	负责人	开始日期	完成日期	备注

（2）施工总进度计划。施工总进度计划是根据施工部署中施工方案和工程项目的开展程序，对整个工程项目中所有单位工程做出时间上的安排。其目的在于确定各单位工程及整个工程项目施工期限及开、竣工日期，进而确定施工现场劳动力、材料、成品、半成品、施工机械的需要数量和调配情况，以及现场临时设施的数量、水电供应量和能源、交通需求量。因此，科学、合理地编制施工总进度计划是保证整个建设工程按期交付使用，充分发挥投资效益，降低建设工程成本的重要条件。

（3）单位工程施工进度计划。单位工程施工进度计划是在既定施工方案的基础上，根据规定的工期和各种资源供应条件，遵循各施工过程的合理施工顺序，对单位工程中的各施工过程做出时间和空间上的安排，并以此为依据，确定施工作业所需的劳动力、施工机具和材料供应计划。因此，合理安排单位工程施工进度，是保证在规定工期内完成符合质量要求的工程任务的重要前提。同时，为编制各种资源需要量计划和施工准备工作计划提供依据。

（4）分部分项工程进度计划。分部分项工程进度计划是针对工程量较大或施工技术比较复杂的分部分项工程，在依据工程具体情况所制定的施工方案的基础上，对其各施工过程做出的时间安排。如：大型基础土方工程、复杂基础加固工程、大体积混凝土工程、大面积预制构件吊装工程等，均应编制详细的进度计划，以保证单位工程施工进度计划的顺利实施。

2. 施工进度计划表示方法

施工进度计划的表示方法有多种，常用的有横道图和网络图两种方法。

（1）横道图。表6-3是用横道图表示的某桥梁工程施工进度计划，从中可以看出，横道图一般包括两个部分，即横向的工作起止时间和纵向的工作名称。横道图形象、直观、易于编制和理解。横道图明确地表示出各项工作的划分、工作的开始时间和完成时间、工作的持续时间、工作之间的相互搭接关系，以及整个工程项目的开工时间、完工时间和总工期。

某桥梁工程施工进度横道图计划　　　　　　　表6-3

序号	工作名称	持续天数	进度（天）
1	施工准备	5	0–5
2	预制梁	20	5–25
3	运输梁	2	28–30
4	东侧桥基	10	5–15
5	东侧桥台	8	15–23
6	东桥填土	5	23–28
7	西侧桥基	25	5–30
8	西侧桥台	8	30–38
9	西桥填土	5	38–43
10	架梁	7	43–50
11	路基连接	5	50–55

(2) 网络图。又称网络计划。我国《工程网络计划技术规程》(JGJ/T 121—99) 推荐的常用工程网络计划类型包括双代号网络计划、单代号网络计划、双代号时标网络计划和单代号搭接网络计划。图 6-4 为某桥梁工程双代号网络计划，图 6-5 为某桥梁工程单代号网络计划。网络计划能够清楚反映各项工作之间的逻辑关系，可以通过时间参数的计算确定计划的关键工作、关键线路与总时差，可以利用计算机对计划进行调整和优化，适应进度目标的动态控制。

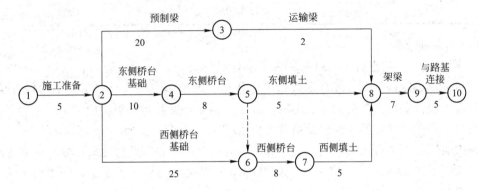

图 6-4 某桥梁工程施工进度双代号网络计划
(注：图中圆括号中的数字表示工作序号，其他数字为持续天数)

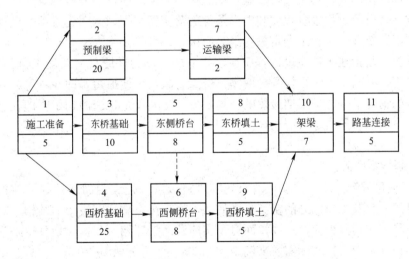

图 6-5 某桥梁工程施工进度单代号网络计划
(注：图中的上排数字表示序号，下排数字表示持续天数)

3. 施工进度计划编制程序

施工进度计划是进度控制的依据，如何编制施工进度计划以提高进度控制的质量是进度控制的关键问题。当应用网络计划技术编制建设工程进度计划时，其编制程序一般包括四个阶段十个步骤，见表 6-4。

建设工程施工进度计划编制程序 表6-4

编制阶段	编制步骤	编制阶段	编制步骤
Ⅰ 计划准备阶段	1. 调查研究	Ⅲ 计算时间参数及确定关键线路阶段	6. 计算工作持续时间
	2. 确定网络计划目标		7. 计算网络计划时间参数
Ⅱ 绘制网络图阶段	3. 进行项目分解		8. 确定关键线路、关键工作
	4. 分析逻辑关系	Ⅳ 网络计划优化阶段	9. 优化网络计划
	5. 绘制网络图		10. 编制优化后的网络计划

(1) 计划准备阶段

① 调查研究。调查研究的目的是为了掌握足够充分、准确的资料，从而为确定合理的进度目标、编制科学的进度计划提供可靠依据。调查研究的内容包括：工程任务情况、实施条件、设计资料；有关标准、定额、规定、制度；资源需求与供应情况；资金需求与供应情况；有关统计资料、经验总结及历史资料等。

调查研究的方法有：实际观察、测算、询问；会议调查；资料检索；分析预测等。

② 确定网络计划目标。网络计划的目标由工程项目的目标所决定，一般可分为时间目标、时间—资源目标、时间—成本目标三类。

时间目标也称工期目标，是指建设工程合同中规定的工期或有关主管部门要求的工期。工程目标的确定应以建筑安装工程工期定额为依据，同时充分考虑类似工程实际进展情况、气候条件以及工程难易程度和建设条件的落实情况等因素。建设项目设计和施工进度安排必须以建筑安装工程工期定额为最高时限。

所谓资源，是指在工程建设过程中所需投入的劳动力、原材料及施工机具和资金等。在一般情况下，时间—资源目标分为两类：资源有限，工期最短，即在一种或几种资源供应能力有限的情况下，寻求工期最短的计划安排；工期固定，资源均衡，即在工期固定的前提下，寻求资源需用量尽可能均衡的计划安排。时间—成本目标是指以限定的工期寻求最低成本或最低成本时的工期安排。

(2) 绘制网络图阶段

① 进行项目分解。将工程项目由粗到细进行分解，是编制网络计划的前提。如何进行工程项目的分解及工作划分的粗细程度如何，将直接影响到网络图的结构。对于控制性网络计划，其工作划分得应粗一些，而对于实施性网络计划，工作应划分得细一些。工作划分的粗细程度，应根据实际需要来确定。

② 分析逻辑关系。分析各项工作之间的逻辑关系时，既要考虑施工程序或工艺技术过程，又要考虑组织安排或资源调配需要。对施工进度计划而言，分析其工作之间的逻辑关系，应考虑六个方面：施工工艺的要求、施工方法和施工机械的要求、施工组织的要求、施工质量的要求、当地的气候条件、安全技术的要求。分析逻辑关系的主要依据是施工方案、有关资源供应情况和施工经验等。

③ 绘制网络图。根据已确定的逻辑关系，即可按绘图规则绘制网络图。既可以绘制单代号网络图，也可以绘制双代号网络图。还可根据需要，绘制双代号时标网络计划。

(3) 计算时间参数及确定关键线路阶段

① 计算工作持续时间。工作持续时间是指完成该工作所花费的时间。其计算方法有

多种。既可以凭以往的经验进行估算,也可以通过试验推算。当有定额可用时,还可以利用时间定额或产量定额并考虑工作面及合理的劳动组织进行计算。

对于搭接网络计划,还需要按最优施工顺序及施工需要,确定出各项工作之间的搭接时间。如果有些工作有时限要求,则应确定其时限。

② 计算网络计划时间参数。网络计划是在网络图上加注各项工作的时间参数而成的工作进度计划。网络计划时间参数一般包括:工作最早开始时间、工作最早完成时间、工作最迟开始时间、工作最迟完成时间、工作总时差、工作自由时差、节点最早时间、节点最迟时间、相邻两项工作之间的时间间隔、计算工期等。应根据网络计划的类型及其使用要求选取计算上述时间参数。网络计划时间参数的计算方法有:图上计算法、列表计算法、公式法等。

③ 确定关键线路和关键工作。在计算网络计划时间参数的基础上,便可根据有关时间参数确定网络计划中的关键线路和关键工作。

(4) 网络计划优化阶段

① 优化网络计划。当初始网络计划的工期满足所要求的工期及资源需求量能得到满足而无须进行网络优化时,初始网络计划即可成为正式的网络计划。否则,需要对初始网络计划进行优化。根据所追求的目标不同,网络计划的优化分为三类:第一,工期优化。工期优化是指网络计划的计算工期不满足要求工期时,通过压缩关键工作的持续时间以满足要求工期目标的过程。第二,费用优化。费用优化又称工期成本优化,是指寻求工程总成本最低时的工期安排,或按要求工期寻求最低成本的计划安排的过程。第三,资源优化。资源优化分为两种,即"资源有限,工期最短"的优化和"工期固定,资源均衡"的优化。前者是通过调整计划安排,在满足资源限制的条件下,使其工期延长最少的过程;后者是通过调整计划安排,在工期保持不变的条件下,使资源需用量尽可能均衡的过程。

② 编制优化后的网络计划。根据网络计划的优化结果,便可绘制优化后的网络计划,同时编制网络计划说明书。网络计划说明书的内容应包括:编制原则和依据、主要计划指标一览表、执行计划的关键问题、需要解决的主要问题及其主要措施以及其他需要说明的问题。

6.3.4 施工项目进度控制的程序和方法

1. 施工项目进度控制的程序和工作内容

施工项目进度控制的程序是根据合同确定的开工日期、总工期和竣工日期确定施工进度控制目标,编制施工进度计划,申请开工并按指令日期开工,实施施工进度计划,实施过程的检查与调整,进度控制总结。

施工项目进度控制工作从编制施工进度计划开始,直至工程竣工验收交付使用为止,其工作内容主要有:

(1) 编制施工进度计划并按程序报审

为了保证工程项目施工任务按期完成,在签订了施工承包合同,完成项目经理部的组建之后,项目经理必须组织项目部有关职能部门认真编制施工项目进度计划。

项目施工进度计划编制完成后,经项目经理审签后,报企业技术负责人审核后,再报工程项目监理机构审批。施工进度计划未经审批,不得予以实施,批准时间即为生效日。

施工进度计划审核的内容主要有
① 进度安排是否符合工程项目建设总进度计划中总目标和分目标的要求，是否符合施工合同中开工、竣工日期的规定。
② 施工总进度计划中的项目是否有遗漏，分期施工是否满足分批动用的需要和配套动用的要求。
③ 施工顺序的安排是否符合施工工艺的要求。
④ 劳动力、材料、构配件、设备及施工机具、水、电等生产要素的供应计划是否能保证施工进度计划的实现，供应是否均衡，需求高峰期是否有足够能力实现计划供应。
⑤ 总包、分包单位分别编制的各项单位工程施工进度计划之间是否相协调，专业分工与计划衔接是否明确合理。

(2) 编制施工进度控制工作细则

施工进度控制工作细则是在工程项目规划指导下，由项目进度控制部门负责编制的更具有实施性和操作性的业务文件。它对进度控制的实务工作起着具体的指导作用。其主要内容包括：
① 施工进度控制目标分解并绘制目标分解图。
② 确定施工进度控制的主要工作内容和深度。
③ 进度工作人员的职责分工。
④ 确定与进度控制有关的各项工作的时间安排及工作流程。
⑤ 确定进度控制的方法(包括进度检查周期、数据采集方式、进度报表格式、统计分析方法等)。
⑥ 制定进度控制的具体措施(包括组织措施、技术措施、经济措施及合同措施等)。
⑦ 对施工进度控制目标实现的风险分析。
⑧ 尚待解决的有关问题。

(3) 做好施工准备工作，及时申请开工令

项目施工进度计划一经审核批准，施工单位必须按照施工准备工作计划尽快做好施工准备工作。一旦具备开工条件，应及时向现场监理机构(建设单位)申请开工令，确保工程按期开工。

(4) 施工进度计划的实施、检查与调整

在施工进度计划实施过程中，项目进度控制工作部门应全面启动进度控制系统，对计划的实施进行检查，当发现进度计划执行受到干扰时，应分析原因，采取相应措施予以纠偏。在进度计划实施的检查过程中，应在计划图上做好实际进度记录，跟踪记录每个施工过程的开始日期、完成日期，记录每日完成的数量、施工现场发生的情况、干扰因素的排除情况。进度控制工作部门落实控制进度措施应具体到人、目标、任务、检查方法和考核方法，跟踪形象进度对工程量，总产值，耗用的人工、材料和机械台班等的数量进行统计与分析，编制统计报表。在对工程实际进度资料进行整理的基础上，应将其与计划进度相比较，以判定实际进度是否出现偏差，如果出现偏差，应进一步分析此偏差对进度控制目标的影响程度及其产生的原因，以便研究对策，采取纠偏措施。必要时还应对后期工程进度计划做适当调整。

(5) 整理工程进度资料，做好进度控制工作总结

在工程完工后，项目经理部应及时进行施工进度控制总结。同时将工程进度资料收集起来，进行归类、编目和建档，以便为今后其他类似工程项目的进度控制提供参考。

总结时应依据下列资料：施工进度计划、施工进度计划指标的实际记录、施工进度计划检查结果、施工进度计划的调整资料。

施工进度控制总体应包括下列内容：合同工期月标及计划工期目标完成情况、施工进度控制经验、施工进度控制中存在的问题及分析、科学的施工进度计划方法的应用情况、施工进度控制的改进意见。

2. 施工进度控制的措施

为了实施进度控制，项目经理部必须根据建设工程的具体情况，认真制定进度控制措施，以确定建设工程控制目标的实现。进度控制的措施主要包括组织措施、管理措施、经济措施和技术措施。

（1）组织措施

施工进度控制的组织措施主要包括

① 建立进度控制目标体系。组织是目标能否实现的决定性因素，为了实现项目进度目标，应充分重视健全项目管理的组织体系。如图6-6所示。在项目组织结构中应由专门的工作部门和符合进度控制岗位资格的专人负责进度控制工作。明确进度控制人员及其职责分工。

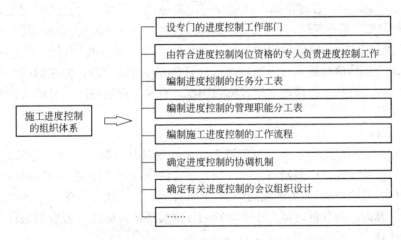

图6-6 进度控制的组织体系

② 建立工程进度报告制度及信息沟通网络。

③ 进度控制环节包括进度目标的分析和论证、编制施工进度计划、定期跟踪进度计划的执行情况、采取纠偏措施以及调整进度计划。这些工作任务和相应的管理职能应在项目管理组织设计的任务分工表和管理职能分工表中表示并落实。建立工程进度计划审核制度和进度计划实施中的检查分析制度。

④ 应编制施工进度的工作流程，如：定义施工进度计划系统（由多个相互关联的施工进度计划组成的系统）的组成，各类进度计划的编制程序、审批程序和计划调整等。

⑤ 进度控制工作包含了大量的组织和协调工作，而会议是组织和协调的重要手段，应进行有关进度控制会议的组织设计，以明确下列内容：会议的类型，各类会议的主持人

和参加单位及人员,各类会议的召开时间,各类会议文件的整理、分发和确认等。建立图纸审查、工程变更和设计变更管理制度。

(2) 管理措施

施工进度控制的管理措施涉及管理的思想、管理的方法、管理的手段、承发包模式、合同管理和风险管理等。在理顺组织的前提下,科学和严谨的管理十分重要。

① 施工进度控制在管理观念方面存在的主要问题是:缺乏进度计划系统的观念——往往分别编制各种独立而互不关联的计划,这样就形成不了计划系统;缺乏动态控制的观念——只重视计划的编制,而不重视及时地进行计划的动态调整;缺乏进度计划多方案比较和选优的观念——合理的进度计划应体现资源的合理使用,工作面的合理安排,有利于提高质量,有利于文明施工和有利于合理地缩短建设周期。

② 用工程网络计划的方法编制进度计划必须很严谨地分析和考虑工作之间的逻辑关系,通过工程网络的计算可发现关键工作和关键线路,也可知道非关键工作可使用的时差,工程网络计划的方法有利于实现进度控制的科学化。

③ 承发包模式的选择直接关系到工程实施的组织和协调。为了实现进度目标,应选择合理的合同结构,以避免过多的合同交接而影响工程的进展。工程物资的采购模式对进度也有直接的影响,对此应做比较分析。

④ 为实现进度目标,不但应进行进度控制,而且应注意分析影响工程进度的风险,并在分析的基础上采取风险管理措施,以减少进度失控的风险量。常见的影响工程进度的风险,如:组织风险,管理风险,合同风险,资源(人力、物力和财力)风险,技术风险等。

⑤ 应重视信息技术(包括相应的软件、局域网、互联网以及数据处理设备等)在进度控制中的应用。虽然信息技术对进度控制而言只是一种管理手段,但它的应用有利于提高进度处理的效率,有利于提高进度处理的透明度,有利于促进进度信息的交流和项目各参与方的协同工作。

(3) 经济措施

施工进度控制的经济措施涉及工程资金需求计划和加快施工进度的经济激励措施等。为确保进度目标的实现,应编制与进度计划相适应的资源需求计划(资源进度计划),包括资金需求计划和其他资源(人力和物力资源)需求计划,以反映工程施工的各时段所需要的资源。通过资源需求的分析,可发现所编制的计划实现的可能性,若资源条件不具备,则应调整进度计划。

在编制工程成本计划时,应考虑加快工程进度所需要的资金,其中包括为实现施工进度目标将要采取的经济激励措施所需的费用。

(4) 技术措施

施工进度控制的技术措施涉及对实现施工进度目标有利的设计技术和施工技术的选用。

不同的设计理念、设计方案、设计技术路线对工程进度都会产生不同的影响,在工程进度受阻时,应分析是否存在设计技术的影响因素,为了实现进度目标,研究一下是否有设计变更的必要和是否可能变更。

施工方案对工程进度有直接的影响,在决策其选用时,不仅应分析技术的先进性和经济合理性,还应考虑其对进度的影响。在工程进度受阻时,应分析是否存在施工技术的影响因素，为实现进度目标有无改变施工技术、施工方法和施工机械的可能性。

3. 施工进度计划的检查与调整

（1）施工进度的检查

跟踪检查施工实际进度是分析施工进度、调整施工进度的前提。其目的是收集实际施工进度的有关数据。跟踪检查的时间、方式、内容和收集数据的质量，将直接影响控制工作的质量和效果。

① 对施工进度计划进行检查应依据施工进度计划实施记录进行。施工进度计划检查分日检查或定期检查。检查和收集资料的方式可采取经常、定期地收集进度报表资料，定期召开进度工作汇报会，或派驻现场代表检查进度的实际执行情况等方式进行。检查的内容一般包括：检查期内实际完成和累计完成工程量；实际参加施工的人力、机械数量及生产效率；窝工人数、窝工机械台班数及其原因分析；进度偏差情况；进度管理情况；影响进度的特殊原因及分析。

② 施工进度检查，要建立报告制度。进度控制报告是把检查比较的结果，有关施工进度现状和发展趋势，以最简练的书面报告形式提供给项目经理及各级业务职能负责人。

进度报告的编写，原则上由计划负责人或进度管理人员负责与其他管理人员协作编写。进度报告一般每月报告一次，重要的、复杂项目每旬一次。施工进度报告应包括：进度执行情况的综合描述；实际施工进度图；工程变更、价格调整、索赔及工程款收支情况；进度偏差的状况和导致偏差的原因分析；解决问题措施；计划调整意见。

（2）施工项目进度比较分析方法

施工项目进度的比较分析是计划是否需要调整以及如何调整的依据和前提。常用的比较分析方法有以下几种。

① 横道图记录比较法。横道图记录比较法是把在项目施工中检查实际进度收集的信息，经整理后直接用横道线并列标于原计划的横道线一起，进行直观比较的一种方法。这种方法简明直观，编制方法简单，使用方便，是人们常用的方法。

某混凝土基础工程的实际进度与计划进度比较见表6-5。其中粗实线表示工程施工的实际进度。从比较中可以看出，在第8天末进行施工检查时，挖土方工程已经完成；支模板的工程按进度计划应当完成，但实际进度只完成了83%，已经拖后了17%；绑扎钢筋工程已完成32%，与计划进度一致。

某钢筋混凝土基础工程施工实施进度与计划进度比较表　　　　表6-5

序号	工作名称	工作时间(d)	施工进度 1	2	3	4	5	6	7	8	9	10	11	12	13	14	15	16	17
1	挖土方	6	══	══	══	══	══	══											
2	支模板	6				══	══	══	══	══	══								
3	绑扎钢筋	9						══	══	══	══	══	══	══	══	══			
4	浇混凝土	6																	
5	回填土	6																	

检查日期

通过上述记录与比较，为进度控制者提供了实际进度与计划进度之间的偏差，为采取调整措施提供了明确的任务。

② S形曲线比较法。S形曲线比较法是在一个以横坐标表示进度时间，纵坐标表示累计完成任务量的坐标体系上，首先按计划时间和任务量绘制一条累计完成任务量的曲线（即S形曲线），然后将施工进度中各检查时间时的实际完成任务量也绘在此坐标上，并与S形曲线进行比较的一种方法。

对于大多数工程项目来说，从整个施工全过程来看，其单位时间消耗的资源量，通常是中间多而两头少，即资源的投入开始阶段较少，随着时间的增加而逐渐增多，在施工中的某一时期达到高峰后又逐渐减少直至项目完成，其变化过程可用图6-7(a)表示。而随时间进展累计完成的任务量便形成一条中间陡而两头平缓的S形变化曲线，故称S形曲线，如图6-7(b)所示。

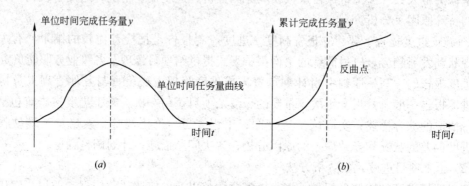

图 6-7 时间与完成任务量关系曲线
(a)单位时间消耗资源量；(b)S形曲线

S形曲线比较法，同横道图记录比较法一样，是在图上直观地进行施工项目实际进度与计划进度相比较。一般情况下，进度计划控制人员在计划实施前绘制出S形曲线。在项目施工过程中，按规定时间将检查的实际完成情况，与计划S形曲线绘制在同一张图上。可得出实际进度S形曲线如图6-8所示。

比较S形曲线可以得到如下信息：

A. 项目实际进度与计划进度比较。当实际工程进展点落在计划S形曲线左侧则表示此时实际进度比计划进度超前；若落在右侧，则表示拖后；若刚好落在其上，则表示二者一致。

B. 项目实际进度比计划进度超前或拖后的时间。如图6-8所示，ΔT_a 表示 T_a 时刻实际进度超前的时间；ΔT_b 表示 T_b 时刻实际进度拖后的时间。

C. 项目实际进度比计划进度超额或拖欠的任务量。如图6-8所示 ΔQ_a 表示 T_a 时刻超额完成的任务量；ΔQ_b 表示 T_b

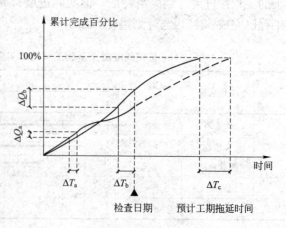

图 6-8 S形曲线比较图

时刻拖欠的任务量。

③ 香蕉形曲线比较法。香蕉形曲线实际上是两条 S 形曲线组合成的闭合曲线，如图 6-9 所示。一般情况下，任何一个施工项目的网络计划，都可以绘制出两条具有同一开始时间和同一结束时间的 S 形曲线：其一是计划以各项工作的最早开始时间安排进度所绘制的 S 形曲线，简称 ES 曲线；其二是计划以各项工作的最迟开始时间安排进度所绘制的 S 形曲线，简称 LS 曲线。由于两条 S 形曲线都是相同的开始点和结束点，因此两条曲线是封闭的。除此而外，ES 曲线上各点均落在 LS 曲线相应时间对应点的左侧，由于这两条曲线形成一个形如香蕉的曲线，故称此为香蕉型曲线。只要实际完成量曲线在两条曲线之间，则不影响总的进度。

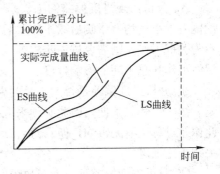

图 6-9 香蕉形曲线比较图

④ 前锋线比较法。当工程项目的进度计划用时标网络计划表达时，还可以用实际进度前锋线进行实际进度与计划进度的比较。如图 6-10 所示。前锋线比较法是从计划检查时间的坐标点出发，用点划线依次连接各项工作的实际进度点，最后到计划检查时间的坐标点为止，形成前锋线，按前锋线与工作箭线交点的位置判定施工实际进度与计划进度的偏差。凡前锋线与工作箭线的交点在检查日期的右侧，表示提前完成计划进度(图 6-10D 工作)；若其点在检查日期的左侧，表示进度拖后(图 6-10C 工作)；若其点与检查日期重合，表示工作实际进度与计划进度一致(图 6-10E 工作)。

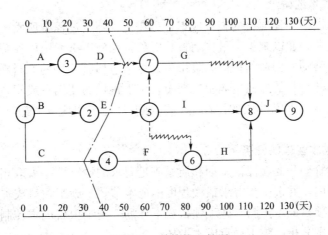

图 6-10 前锋线比较图

⑤ 列表比较法。当采用无时间坐标网络计划时，也可以采用列表比较法。即根据记录检查时，将正在进行的工作名称和已进行的天数列于表内，然后在表上计算有关参数，再依据原有总时差和尚有总时差判断实际进度与计划进度的差别，以及分析对后期工作及总工期的影响程度。

(3) 施工项目进度计划的调整

分析进度偏差的影响，并确定对应的措施。

当实际进度与计划进度进行比较，判断出现偏差时，首先应分析该偏差对后续工作和对总工期的影响程度，然后才能决定是否调整以及调整的方法与措施。具体分析步骤如下：

A. 分析出现进度偏差的工作是否为关键工作。若出现偏差的工作为关键工作，则无论偏差大小，均会影响后续工作及总工期，必须采取相应的调整措施。若出现偏差的工作不为关键工作，则需要进一步根据偏差值与总时差和自由时差进行比较分析，才能确定对后续工作和总工期的影响程度。

B. 分析进度偏差是否大于总时差。若偏差值大于总时差，说明此工作的偏差必将影响后续工作和总工期，因此必须采取措施进行调整。若偏差值小于该工作的总时差，说明此偏差对总工期无影响，但它对后续工作的影响程度，尚需分析此偏差与自由时差的大小关系才能确定。

C. 分析进度偏差是否大于自由时差。若工作的进度偏差大于该工作的自由时差，说明此偏差必然对后续工作产生影响，应该如何调整，应根据后续工作的允许影响程度而定。若工作的进度偏差小于该工作的自由时差，说明此偏差对后续工作不产生影响，则不必对原计划调整。

6.4 施工项目成本管理

6.4.1 施工项目成本管理概述

1. 施工项目成本的概念

施工项目成本是指工程项目的施工成本，是在工程施工过程中所发生的全部生产费用的总和。也是建筑业企业以施工项目作为核算对象，在施工过程中所耗费的生产资料转移价值和劳动者必要劳动所创造的价值的货币形式。它包括所消耗的原材料、辅助材料、构配件等的费用，周转材料的摊销费或租赁费等，施工机械的使用费或租赁费等，支付给生产工人的工资、奖金、工资性质的津贴等，以及进行施工组织与管理所发生的全部费用支出。

2. 施工项目成本管理的任务

施工项目成本管理是要在保证工期和质量满足要求的情况下，采取相关管理措施把成本控制在计划范围内，并进一步寻求最大程度的成本节约。施工项目成本管理的任务和环节主要包括：施工项目成本预测、施工项目成本计划、施工项目成本控制、施工项目成本核算、施工项目成本分析、施工项目成本考核。

（1）施工项目成本预测

施工项目成本预测就是根据成本信息和施工项目的具体情况，运用一定的专门方法，对未来的成本水平及其可能发展趋势做出科学的估计，它是在工程施工以前对成本进行的估算。通过成本预测，可以在满足项目业主和本企业要求的前提下，选择成本低、效益好的最佳成本方案，并能够在施工项目成本形成过程中，针对薄弱环节，加强成本控制，克服盲目性，提高预见性。因此，施工项目成本预测是施工项目成本决策与计划的依据。施工成本预测，通常是对施工项目计划工期内影响其成本变化的各个因素进行分析，比照近期已完工施工项目或将完工施工项目的成本(单位成本)，预测这些因素对工程成本中有关项目(成本项目)的影响程度，预测出工程的单位成本或总成本。

（2）施工项目成本计划

施工项目成本计划是以货币形式编制施工项目在计划期内的生产费用、成本水平、成本降低率以及为降低成本所采取的主要措施和规划的书面方案，它是建立施工项目成本管理责任制、开展成本控制和核算的基础。一般来说，一个施工项目成本计划应包括从开工到竣工所必需的施工成本，它是该施工项目降低成本的指导文件，是设立目标成本的依据。可以说，成本计划是目标成本的一种形式。

（3）施工项目成本控制

施工项目成本控制是指在施工过程中，对影响项目施工成本的各种因素加强管理，并采取各种有效措施，将施工中实际发生的各种消耗和支出严格控制在成本计划范围内，随时揭示并及时反馈，严格审查各项费用是否符合标准，计算实际成本和计划成本之间的差异并进行分析，进而采取多种形式，消除施工中的损失浪费现象，发现和总结先进经验。

施工项目成本控制应贯穿于施工项目从投标阶段开始直到项目竣工验收的全过程，它是企业全面成本管理的重要环节。施工成本控制可分为事先控制、事中控制(过程控制)和事后控制。在项目的施工过程中，需按动态控制原理对实际施工成本的发生过程进行有效控制。因此，必须明确各级管理组织和各级人员的责任和权限，这是成本控制的基础之一，必须给以足够的重视。

（4）施工项目成本核算

施工项目成本核算包括两个基本环节：一是按照规定的成本开支范围对施工费用进行归集的分配，计算出施工费用的实际发生额；二是根据成本核算对象，采用适当的方法，计算出该施工项目的总成本和单位成本。施工项目成本管理需要正确及时地核算施工过程中发生的各项费用，计算施工项目的实际成本。施工项目成本核算所提供的各种成本信息，是成本预测、成本计划、成本控制、成本分析和成本考核等各个环节的依据。

施工项目成本一般以单位工程为成本核算对象，但也可以按照承包工程项目的规模、工期、结构类型、施工组织和施工现场等情况，结合成本管理要求，灵活划分核算对象。施工成本核算的基本内容包括：人工费核算、材料费核算、周转材料费核算、构件费核算、机械使用费核算、其他措施费核算、分包工程成本核算、间接费核算、项目月度施工成本报告编制。

（5）施工项目成本分析

施工项目成本分析是在施工成本核算的基础上，对成本的形成过程和影响成本升降的因素进行分析，以寻求进一步降低成本的途径，包括有利偏差的挖掘和不利偏差的纠正。施工成本分析贯穿于施工成本管理的全过程，它是在成本的形成过程中，主要利用施工项目的成本核算资料(成本信息)，与目标成本、预算成本以及类似的施工项目的实际成本等进行比较，了解成本的变动情况。同时也要分析主要技术经济指标对成本的影响，系统地研究成本变动的因素，施工项目成本变动的因素有两个：一是外部的属于市场经济的因素，二是内部的属于企业经营管理的因素。将施工项目成本分析的重点放在影响施工项目成本升降的内部因素上。检查成本计划的合理性，并通过成本分析，深入提示成本变动的规律，寻找降低施工项目成本的途径，以便有效地进行成本控制。成本偏差的控制，分析是关键，纠偏是核心，要针对分析得出的偏差发生原因，采取切实措施，加以纠正。

(6) 施工项目成本考核

施工项目成本考核是指在施工项目完成后，对施工项目成本形成中的各责任者，按施工项目成本目标责任制的有关规定，将成本的实际指标与计划、定额、预算进行对比和考核，评定施工项目成本计划的完成情况和各责任者的业绩，并以此给以相应的奖励和处罚。通过成本考核，做到有奖有惩，赏罚分明，才能有效地调动每一位员工在各自施工岗位上努力完成目标成本的积极性，为降低施工项目成本和增加企业的积累，做出自己的贡献。

施工项目成本考核是衡量成本降低的实际成果，也是对成本核算指标完成情况的总结和评价。施工成本考核的工作内容包括：企业对项目经理的考核，项目经理对各部门及专业管理人员的考核，项目管理效益的评价，施工成本管理的奖罚。

施工项目成本管理的每一环节都是相互联系和相互作用的。成本预测是成本决策的前提，成本计划是成本决策所确定目标的具体化。成本计划实施则是对成本计划的实施控制和监督，保证决策的成本目标的实现，而成本核算又是对成本计划是否实现的最后检验，它所提供的成本核算又对下一个施工项目预测和决策提供基础资料。成本考核是实现成本目标责任制的保证和实现决策目标的重要手段。

6.4.2　施工项目成本预测与计划

1. 施工项目成本预测

(1) 施工项目预测的作用

① 投标决策的依据

建筑施工企业在选择投标项目过程中，往往需要根据项目是否赢利、利润大小等因素确定是否对工程投标。这样在投标决策时就要估计项目施工成本情况，通过与施工图预算比较，才能分析出项目是否赢利、利润大小等。

② 编制成本计划的基础

计划是管理的关键的第一步。因此编制可靠的计划具有十分重要的意义。但要编制出正确可靠的施工项目成本计划，必须遵循客观经济规律，从实际出发，对施工项目未来进行科学的预测。在编制成本计划前，要在搜集、整理和分析有关施工项目成本、市场行情和施工消耗等资料的基础上，对施工项目进展过程中的物价变动等情况和施工项目成本做出符合实际的预测，这样才能保证施工项目成本计划不脱离实际，切实起到控制施工项目成本的作用。

③ 项目成本管理的重要环节

成本预测是在分析项目施工过程中各种经济与技术要素对成本升降的影响基础上，推算出成本水平变化的趋势及其规律性，预测施工项目的实际成本。它是预测和分析的有机结合，是事后反馈与事前控制的结合。通过成本预测，有利于及时发现问题，找出施工项目成本管理中的薄弱环节，采取措施，控制成本。

(2) 施工项目成本预测过程

科学的准确的预测必须遵循合理的预测程序。成本预测过程如图 6-11 所示。

① 制定预测计划

制定预测计划是预测工作顺利进行的保证。预测计划的主要内容包括：组织领导及工作布置、配合的部门、时间进程、搜集材料范围等。如果在预测过程中发现新情况和发觉计划有缺陷时，应及时修正预测计划，以保证预测工作顺利进行并获得较好的预测质量。

② 搜集整理预测资料

搜集预测资料是进行预测的重要条件。预测资料分为纵向和横向两个方面的数据，纵向资料是施工单位各类材料的消耗及价格的历史数据，据以分析发

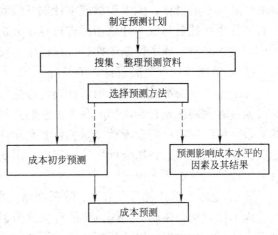

图 6-11　成本预测过程示意图

展趋势；横向资料是指同类施工项目的成本资料，据以分析所预测项目与同类项目的差异，并做出估计。预测资料必须完整、连续、真实。对搜集来的资料要按照各指标的口径进行核算、汇集、整理，以便于比较预测。

③ 成本初步预测

主要是根据定性预测的方法及一些横向资料的定量预测，对施工项目成本进行初步估计。这一步的结果往往比较粗糙，需要结合现在的成本水平进行修正，才能保证预测成本结果的质量。

④ 预测影响成本水平的因素

主要是对物价变化、劳动生产率、物料消耗指标、项目管理办公费开支等，根据近期内其他工程实施情况、本企业职工及当地分包企业情况、市场行情等，推测其对施工项目的成本生产水平的影响。

⑤ 成本预测

根据初步的成本预测以及对成本水平变化因素预测结果，确定该项目的成本情况。包括人工费、材料费、机械使用费和其他直接费等。

⑥ 分析预测误差

成本预测是对施工项目实施之前的成本预计和推断，这往往与实施过程中及以后的实际成本有出入，而产生预测误差。预测误差的大小，反映预测的准确程度。

(3) 施工项目成本预测的方法

施工项目成本预测的方法可以归纳为两类：第一类是近似预测法，即以过去的类似工程作为参考，预测目前施工项目成本，这类方法主要有时间序列法和指数回归法；第二类是详细预测法，即以近期内的类似工程成本为基数，通过结构与建筑差异调整，以及人工费、材料费等直接费和间接费的修正来测算目前施工项目的成本。

2. 施工项目成本计划

(1) 施工项目成本计划的作用

① 是对生产消耗进行控制、分析和考核的重要依据

成本计划既体现了市场经济对成本核算单位降低成本的客观要求，也反映了核算单位降低产品成本的目标。施工项目成本计划一经确定，就应层层落实到部门、班组，并经常性将实际生产耗费与成本计划指标进行对比分析，揭示执行过程中存在的问题，及时采取措施，改进和完善成本控制工作，以保证施工项目成本计划各项指标得以实现。

② 是编制其他有关经营计划的基础

每个施工项目都有自己的项目计划，这是一个完整的体系。在这个体系中，成本计划与其他各方面的计划有着密切的联系。它们之间既相互独立，又有着相互依存和相互制约的关系。如编制项目资金流动计划、企业利润计划等都需要成本计划的资料，同时成本计划也需要以施工方案、物资计划等为基础。因此，正确编制施工成本计划，是综合平衡项目的生产经营的重要保证。

③ 是全体职工开展增产节约、降低产品成本的活动目标

成本计划是全体职工共同奋斗的目标。为了保证成本计划的实际，企业必须加强成本管理责任制，把成本计划的各项指标进行分解，落实到各部门、班组乃至个人，实行归口管理并做到责、权、利相结合，检查评比和奖励惩罚有根有据，使开展增产节约、降低产品成本、执行和完成各项计划指标成为上下一致、左右协调、人人自觉的共同行动。

(2) 项目经理部的责任目标成本

在施工合同签订后，由企业根据合同造价、施工图和招标文件中的工程量清单，确定正常情况下的企业管理费、财务费用和制造成本。将正常情况下的制造成本确定为项目经理的可控成本，形成项目经理的责任目标成本。

责任目标成本是以施工图预算为依据，其确定的过程和方法如下：

① 按投标报价时所编制的工程估价单中，将各项单价换成企业价格，就构成直接费用中的材料费、人工费的目标成本。

② 以施工组织设计为依据，确定机械台班和周转设备材料的使用量。

③ 其他直接费用中的各子项目均按具体情况或内部价格来确定。

④ 现场施工管理费，也按各子项目视项目的具体情况来加以确定。

⑤ 投标中压价让利的部分也要加以考虑。

以上确定的过程，应在仔细研究投标报价时的各项清单、估价的基础上，由公司主管部门主持，有关部门共同参与分析研究确定。

(3) 项目经理部的计划目标成本

项目经理在接受企业法定代表人委托之后，应通过主持项目管理实施规划寻求降低成本的途径，组织编制施工预算，确定项目的计划目标成本。

项目经理部编制施工预算应符合下列规定

① 以施工方案和管理措施为依据，按照本企业的管理水平、消耗定额、作业效率等进行工料分析，根据市场价格信息，编制施工预算。

② 当某些环节或分部分项工程条件尚不明确时，可按照类似工程施工经验或招标文件所提供的计量依据计算暂估费用。

③ 施工预算中各分部分项的划分尽量做到与合同预算的分部分项工程划分一致或对应，为以后成本控制逐项对应比较创造条件。

④ 施工预算应在工程开工前编制完成。对于一些编制条件不成熟的分项工程，也要

先进行估算，待条件成熟时再做调整。

⑤ 施工预算编成后，要结合项目管理评审，进行可行性和合理性的论证评价，并在措施上进行必要的补充。

(4) 施工项目成本计划的编制

① 施工项目成本计划的编制依据

施工项目成本计划的编制依据包括：合同报价书，施工预算，施工组织设计或施工方案，人、机市场价格，公司颁布的材料指导价格，公司内部机械台班价格，劳动力内部挂牌价格，周转设备内部租赁价格，摊销损耗标准，已签订的工程合同、分包合同，结构件外加工计划和合同，有关财务成本核算制度和财务历史资料，以及其他相关资料。

② 施工成本计划的编制方法

A. 按施工成本组成编制施工成本计划。施工成本可以按成本构成分解为人工费、材料费、施工机械使用费、措施费和间接费。如图6-12所示。

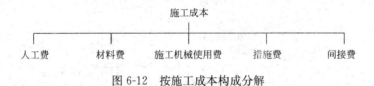

图6-12　按施工成本构成分解

B. 按子项目组成编制施工成本计划。大中型的工程项目通常是由若干单项工程构成的，而每个单项工程包括了多个单位工程，多个单位工程又是由若干个分部分项工程构成。因此，首先要把项目总施工成本分解到单项工程和单位工程中，再进一步分解为分部工程和分项工程。如图6-13所示。

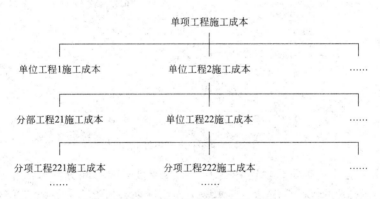

图6-13　按子项目分解施工成本

C. 按工程进度编制施工成本计划。工程项目的投资总是分阶段、分期支出的，资金应用是否合理与资金的时间安排有密切关系。为了编制项目资金使用计划，并据此筹措资金，尽可能减少资金占用和利息支出，有必要将项目总投资按其使用时间进行分解。

三种编制施工成本计划的方法并不是相互独立的。在实践中各地往往是将几种方法结合起来使用，从而达到扬长避短的效果。

③ 施工成本资金使用计划的形式

A. 按子项目分解得到的施工成本资金使用计划表。在完成工程项目施工成本目标分解之后,接下来就要具体地分配投资,编制分项工程的投资支出计划,从而得到详细的施工成本资金使用计划表。其内容一般包括:工程分项编码、工程内容、计量单位、工程数量、计划综合单价、本分项总计。

B. 时间—投资累计曲线。通过对项目施工成本目标按时间进行分解,在网络计划的基础上,可获得项目进度计划的横道图。并在此基础上编制施工成本资金使用计划。其表示方法有两种:一种是在总体控制时标网络图中表示,如图6-14所示;另一种是利用时间—投资曲线(S形曲线)表示,如图6-15所示。

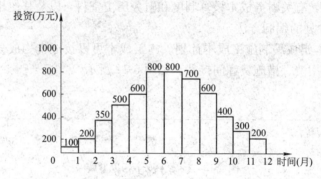

图6-14 时标网络图上按月编制的资金使用计划

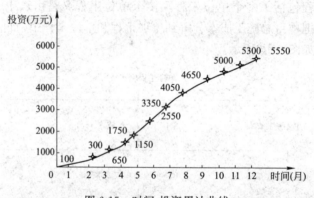

图6-15 时间-投资累计曲线

C. 综合分解施工成本资金使用计划表。将投资目标的不同分解方法相结合,会得到比前者更详尽、有效的综合分解施工成本资金使用计划表。综合分解施工成本资金使用计划表,一方面有助于检查各单项工程和单位工程的投资构成是否合理,有无缺陷或重复计算;另一方面也可以检查各项具体的投资支出的对象是否明确和落实,并可校核分解的结果是否正确。

6.4.3 施工项目成本控制

1. 施工项目成本控制原则

(1) 开源与节流相结合的原则

降低项目成本,需要一面增加收入,一面节约支出。因此,在成本控制中,也应坚持开源与节流相结合的原则。要求做到：每发生一笔较大的费用，都要查一查有无相对应的预算收入，是否支大于收；在经常性的分部分项工程成本核算和月度成本核算中，也要进行实际成本与预算收入的对比分析，以便从中探索成本节超的原因，纠正项目成本的不利偏差，提高项目成本的降低水平。

(2) 全面控制原则

全面控制原则主要体现在对项目成本的全员控制和项目成本的全过程控制。施工项目的成本是一项综合性指标，它涉及项目组织的各部门、各班组的工作业绩，也与每个职工的切身利益有关。因此，项目成本的高低需要大家关心，施工项目成本控制也需要项目参与者群策群力。同时，成本控制工作要随着项目施工进展的各阶段连续进行，既不能疏漏，又不能时紧时松，使施工项目成本自始至终置于有效的控制之下。

(3) 中间控制原则

中间控制原则，又称动态控制原则，是把成本的重点放在施工项目各主要施工段上，及时发现偏差，及时纠正偏差，在生产过程中进行动态控制。

(4) 目标管理原则

目标管理是贯彻执行计划的一种方法，它把计划的方针、任务、目的和措施等进行分解，提出进一步的具体要求，并分别落实到执行计划的部门、单位甚至个人。目标管理的内容包括：目标的设定和分解，目标的责任到位和执行，检查目标的执行结果，评价目标和修正目标，形成目标管理的 P(计划)、D(实施)、C(检查)、A(处理)循环。

(5) 责、权、利相结合的原则

要使成本控制真正发挥及时有效的作用，必须严格按照经济责任制的要求，贯彻责、权、利相结合的原则。

2. 施工成本控制的依据

施工成本控制的依据包括以下内容

(1) 工程承包合同。施工成本控制要以工程承包合同为依据，围绕降低工程成本这个目标，从预算收入和实际成本两方面，努力挖掘增收节支潜力，以求获得最大的经济效益。

(2) 施工成本计划。施工成本计划是根据施工项目的具体情况制定的施工成本控制方案，既包括预定的具体成本控制目标，又包括实现控制目标的措施和规划，是施工成本的指导文件。

(3) 进度报告。进度报告提供了每一时刻工程实际完成量、工程施工成本实际支付情况等重要信息。施工成本控制工作正是通过实际情况与施工成本计划相比较，找出二者之间的差别，分析偏差产生的原因，从而采取措施改进以后的工作。此外，进度报告还有助于管理者及时发现工程实施中存在的隐患，并在事态还未造成重大损失之前采取有效措施，尽量避免损失。

(4) 工程变更。在项目的实施过程中，由于各方面的原因，工程变更是很难避免的。工程变更一般包括设计变更、进度计划变更、施工条件变更、技术规范与标准变更、施工次序变更、工程数量变更等。一旦出现变更，工程量、工期、成本都发生变化，从而使得施工成本控制工作变得更加复杂和困难。因此，施工成本管理人员就应当通过对变更要求当中各类数据的计算、分析，随时掌握变更情况，包括已发生工程量、将要发生工程量、工期是否拖延、支付情况等重要信息,判断变更以及变更可能带来的索赔额度等。

除了上述几种施工成本控制工作的主要依据以外,有关施工组织计划、分包合同文本等也都是施工成本控制的依据。

3. 施工成本控制的步骤

在确定了施工成本计划之后,必须定期地进行施工成本计划值与实际值的比较,当实际值偏离计划值时,分析产生偏差的原因,采取适当的纠偏措施,以确保施工成本控制目标的实现。其步骤如下:

(1)比较。按照某种确定的方式将施工成本计划值与实际值逐项进行比较,以发现施工成本是否超支。

(2)分析。在比较的基础上,对比较的结果进行分析,以确定偏差的严重性及偏差产生的原因,这一步是施工成本控制工作的核心。其主要目的在于找出产生偏差的原因,从而采取有针对性的措施,减少或避免相同原因的再次发生或减少由此造成的损失。

(3)预测。根据项目实施情况估算整个项目完成时的施工成本。预测的目的在于为决策提供支持。

(4)纠偏。当工程项目成本出现了偏差,应当根据工程的具体情况、偏差分析和预测的结果,采取适当的措施,以期达到使施工成本尽可能小的目的。纠偏是施工成本控制中最具实质性的一步。只有通过纠偏,才能最终达到有效控制施工成本的目的。

(5)检查。它是指对工程的进展进行跟踪和检查,及时了解工程进展状况以及纠偏措施的执行情况和效果,为今后的工作积累经验。

4. 施工项目成本控制措施

(1)组织措施

成本管理是全企业的活动,为使项目成本消耗保持在最低限度,实现对项目成本的有效控制,项目经理部应将成本责任分解落实到各个岗位,落实到专人,对成本进行全过程管理、全员管理、动态管理。形成一个分工明确、责任到人的成本管理责任体系。

进行成本控制的另一个组织措施应该是确定合理的工作流程。成本管理工作只有建立在科学管理的基础上,具备合格的管理体制,完善的规章制度,稳定的作业程序,准确的信息传递,才能取得成效。

(2)技术措施

在施工准备阶段应多做不同施工方案的技术经济分析。这方面的方法有 VE(价值工程)法、OK 法、统筹方法、ABC 分析法、量本利分析法等。由于施工的干扰因素多,做方案比较时,应认真考虑不同方案对各种干扰因素的敏感性。

在施工进展的全过程应注意在技术上采取措施,以降低成本。如在保证工程质量的前提下,通过材料代用、改变配合比、使用添加剂等降低材料消耗的费用;采用新技术,简化施工程序,方便施工,提高劳动效率等。

(3)经济措施

① 认真做好成本的预测和各种计划成本。由于工程成本的不稳定性、不确定性以及施工过程中会受到各种不利因素干扰等特点,所以成本计划应尽量准确。认真做好合同预算成本、施工预算成本(两算),并在施工之前做好两算对比,为成本的管理打下基础。

② 对各种支出,应认真做好资金的使用计划,并在施工中严格控制各项开支。

③ 及时准确地记录、收集、整理、核算实际发生的成本。
④ 对各种变更，及时做好增减账，及时找到业主签证。
⑤ 及时结算工程款。
（4）合同措施

选用合适的合同结构对项目的合同管理至关重要，在施工项目任务组织的模式中，有多种合同结构模式。在使用时，必须分析、比较，要选择适合于工程的规模、性质和特点的合同结构模式。

采用合同措施控制项目成本，应贯彻在合同期，包括从合同谈判开始到合同终结的整个过程。

5. 施工项目成本控制的运行

（1）科学的计划管理和施工高度，应重点做到以下几点
① 周密地进行施工部署，使各专业工种连续均衡施工。
② 随时掌握施工作业进度变化及时差利用状况，健全施工例会，及时加强施工调度，搞好施工协调。
③ 合理配备主辅施工机械，明确划分使用范围和作业任务，提高其利用率和使用效率。
④ 合理确定劳动力和机构设备的进场和退场时间，减少盲目调集而造成的窝工损失。

（2）项目经理部在抓好生产要素的成本控制的同时，还必须做好施工现场管理费用的控制管理。现场施工管理费在项目成本中占有一定的比例，其控制和核算都较难把握，在使用和开支时弹性较大，主要采取以下控制措施：

① 根据现场施工管理费占施工项目计划总成本的比重，确定施工项目经理部管理费总额。
② 在项目经理的领导下，编制项目经理部施工管理费总额预算和各职能部门施工管理费预算，作为现场施工管理费控制的依据。
③ 制定施工项目管理开支标准和范围，落实岗位控制责任。
④ 制定并严格执行施工管理费使用的审批、报销程序。

在项目成本控制过程中，项目经理部应加强施工合同管理和施工索赔管理，及时按规定程序做好变更签证、施工索赔所引起的施工费用增减变化的调整处理，防止施工效益流失。

6.4.4 施工成本的核算与分析

1. 施工项目成本核算的任务

施工项目成本核算是施工项目进行成本分析和成本考核的基本依据。因而，施工项目成本核算应完成以下基本任务：

（1）执行国家有关成本开支范围、费用开支标准、工程预算定额、企业施工预算和成本计划的有关规定，控制费用，促使项目合理，节约使用人力、物力和财力。这是施工项目成本核算的前提和首要任务。

（2）正确及时地核算施工过程中发生的各项费用，计算施工项目实际成本。这是项目成本核算的主体和中心任务。

(3) 反映和监督施工项目成本计划的完成情况，为项目成本预测，为参与项目施工生产、技术和经营决策提供可靠的成本报告和有关资料，促使项目改善经营管理，降低成本，提高经济效益。这是施工项目成本核算的根本目的。

2. 施工项目成本核算的原则

为了发挥施工项目成本管理职能，提高施工项目管理水平，施工项目成本核算就必须讲求质量，才能提供对决策有用的成本信息。要提高成本核算质量，必须遵循成本核算原则。

(1) 确认原则。这是指对各项经济业务中发生的成本，都必须按一定的标准和范围加以认定和记录。只要是为了经营目的所发生的或预期要发生的，并要求得以补偿的一切支出都应作为成本加以确认。

(2) 分期核算原则。施工生产是不间断地进行，项目为了取得一定时期的施工项目成本，就必须将施工生产活动划分为若干时期，并分期计算各期项目成本。《企业会计通则》指出："成本计算一般按月进行"，这就明确了成本核算的基本原则。

(3) 相关性原则。施工项目成本核算要为项目成本管理目的服务，成本核算不只是简单的计算问题，要与管理融为一体，算为管用。

(4) 连贯性原则。这是指项目成本核算所采用的方法应前后一致。《企业会计通则》指出："企业可以根据生产经营特点、生产经营组织类型和成本管理要求自行确定成本计算方法。但一经确定，不得随意变动。"只有这样，才能使企业各时期成本核算资料口径统一，前后连贯，相互可比。

(5) 实际成本核算原则。这是指施工项目成本核算要采用实际成本计价。

(6) 及时性原则。指项目成本的核算、结转和成本信息的提供应当在要求时期内完成。

(7) 配比原则。这是指营业收入与其应结的成本、费用应当配合。为取得本期收入而发生的成本和费用，应与本期实际的收入在同一时期内入账，不得脱节，也不得提前或拖后，以便正确计算和考核项目经营成果。

(8) 权责发生制原则。这是指，凡是在当期已经实现的收入和已经发生或应负担的费用，不论款项是否收付，都应作为当期的收入和费用；凡是不属于当期的收入和费用，即使款项已经当期收付，也不应作为当期的收入和费用。

3. 施工项目成本核算的要求

(1) 每一个月为一个核算期，在月末进行。

(2) 核算对象按单位工程划分，并与责任目标成本的界定范围相一致。

(3) 坚持形象进度、施工产值统计、实际成本归集"三同步"。

(4) 采取会计核算、统计核算、业务核算"三算结合"的方法。

(5) 在核算中做好实际成本与责任目标成本的对比分析、实际成本与计划目标成本的对比分析。

(6) 编制月度项目成本报告上报企业，以接受指导、检查和考核。

(7) 每月末预测后期成本的变化趋势和状况，制定改善成本控制的措施。

(8) 搞好施工产值和实际成本的归集。包括月工程结算收入、人工成本、材料成本、机械使用成本、其他直接费和现场管理费。

4. 施工项目成本分析依据

(1) 会计核算

会计核算主要是价值核算。会计是对一定单位的经济业务进行计量、记录、分析和检查，做出预测，参与决策，实行监督，旨在实现最优经济效益的一种管理活动。它通过设置账户、复式记账、填制和审核凭证、登记账簿、成本计算、财产清查和编制会计报表等一系列有组织有系统的方法，来记录企业的一切生产经营活动，然后据以提出一些用货币来反映的有关各种综合性的数据。资产、负债、所有者权益、营业收入、成本、利润等会计六要素指标，是施工成本分析的重要依据。

(2) 业务核算

业务核算是各业务部门根据业务工作的需要而建立的核算制度，它包括原始记录和核算登记表，如单位工程及分部分项工程进度登记、质量登记、工效、定额计算登记、物资消耗定额记录、测试记录等。业务核算的范围比会计、统计核算广，会计和统计核算一般是对已经发生的经济活动进行核算，而业务核算，不但可以对已经发生的，而且还可以对尚未发生的或正在发生的经济活动进行核算，看是否可以做，是否有经济效果。它的特点是，对个别的经济业务进行单项核算。例如各种技术措施、新工艺等项目，可以核算已经完成的项目是否达到原定的目标，取得预期的效果，也可以对准备采取措施的项目进行核算和审查，看是否有效果，值不值得采纳。业务核算的目的，在于迅速取得资料，在经济活动中及时采取措施进行调整。

(3) 统计核算

统计核算是利用会计核算资料和业务核算资料，把企业生产经营活动客观现状的大量数据，按统计方法加以系统整理，表明其规律性。它的计量尺度比会计宽，可以用货币计算，也可以用实物或劳动量计算。它通过全面调查和抽样调查等特有的方法，不仅能提供绝对数指标，还能提供相对数和平均数指标，可以计算当前的实际水平，确定变动速度，预测发展的趋势。

5. 施工项目成本分析方法

(1) 成本分析的基本方法

① 对比分析法。该法贯彻量价分离原则，分析影响成本节超的主要因素。包括：实际成本与两种目标成本对比分析、实施工程量和工程量清单对比分析、实际消耗量与计划消耗量对比分析、实际采用价格与计划价格对比分析、各种费用实际发生额与计划支出额的对比分析。

② 因素分析法。因素分析法又称连环替代法。该法可以对影响成本节超的各种因素的影响程度进行数量分析。例如，影响人工成本的因素是工程量、劳动量（工日）和日工资单价。如果实际人工成本与计划人工成本发生差异，则可用此法分析三个因素各有多少影响。计算时先列式计算计划数，再用实际的工程量代替计划工程量计算，得数与前者相减，即得出工程量对人工成本偏差的影响。然后依次替代劳动量、单价数进行计算，并各与前者相减，得出人工的影响数和单价的影响数。利用此法的关键是要排好替代的顺序，规则是：先替代绝对数，后替代相对数；先替代实物量，后替代货币量。

③ 差额计算法。此法与连环替代法本质相同，是连环替代法的简化计算法，是直接用因素的实际数与计划数相减的差额计算对成本的影响量分析的方法。

④ 挣值法。此法又称费用偏差分析法或盈利值法。可用来分析项目在成本支出和时间方面是否符合原计划要求。它要求计算 3 个关键数值，即计划工作成本（B_{cws}）、已完工作实际成本（A_{cwp}）和已完工作计划成本（B_{cwp}）（即"挣值"）然后用这 3 个数进行以下计算：

成本偏差 $C_v = B_{cwp} - A_{cwp}$。该项差值大于零时，表示项目未超支。

进度偏差 $S_v = B_{cwp} - B_{cws}$。该项差值大于零时，表示项目进度提前。

成本实施指数 $C_{Pl} = B_{cwp}/A_{cwp}$。该项指数大于 1 时，表示项目成本未超支。

进度实施指数 $S_{pl} = B_{cwp}/B_{cws}$。该项指数大于 1 时，表示项目进度正常。

(2) 综合成本的分析方法

所谓综合成本，是指涉及多种生产要素，并受多种因素影响的成本费用，如分部分项工程成本，月（季）度成本、年度成本等。由于这些成本都是随着项目施工的进展而逐步形成的，与生产经营有着密切的关系。因此，做好上述成本的分析工作，无疑将促进项目的生产经营管理，提高项目的经济效益。

① 分部分项工程成本分析

分部分项工程成本分析是施工项目成本分析的基础。分部分项工程成本分析的对象为已完成分部分项工程。分析的方法是：进行预算成本、目标成本和实际成本的"三算"对比，分别计算实际偏差，分析偏差产生的原因，为今后的分部分项工程成本寻求节约途径。

分部分项工程成本分析的资料来源是：预算成本来自投标报价成本，目标成本来自施工预算，实际成本来自施工任务单的实际工程量、实耗人工和限额领料单的实耗材料。

由于施工项目包括很多分部分项工程，不可能也没有必要对每一个分部分项工程都进行成本分析，特别是一些工程量小、成本费用微不足道的零星工程。但是，对于那些主要分部分项工程则必须进行成本分析，而且做到从开工到竣工都要进行系统的成本分析，这是一项很有意义的工作。因为通过主要分部分项工程成本的系统分析，可以基本上了解项目成本形成的全过程，为竣工成本分析和今后的项目成本管理提供一份宝贵的参考资料。

② 月（季）度成本分析

月（季）度成本分析，是施工项目定期的、经常性的中间成本分析。对于具有一次性特点的施工项目来说，有着特别重要的意义。因为通过月（季）成本分析，可以及时发现问题，以便按照成本目标指定的方向进行监督和控制，保证项目成本目标的实现。

月（季）度成本分析的依据是当月（季）的成本报表。通常从以下几个方面进行分析。

A. 通过实际成本与预算成本的对比，分析当月（季）的成本降低水平；通过累计实际成本与累计预算成本对比，分析累计的成本降低水平，预测实际项目成本目标的前景。

B. 通过实际成本与目标成本的对比，分析目标成本的落实情况，以及目标管理中的问题和不足，进而采取措施，加强成本管理，保证成本目标的落实。

C. 通过对各成本项目的成本分析，可以了解成本总量的构成比例和成本管理的薄弱环节。例如：在成本分析中，发现人工费、机械费和间接费等项目大幅度超支，就应该对这些项目费用的收支关系认真研究，并采取对应的增收支措施，防止今后再超支。如果属于规定的"政策性"亏损，则应从控制支出着手，把超支额压缩到最低限度。

D. 通过主要技术经济指标的实际与目标对比，分析产量、工期、质量、"三材"（水泥、钢材、木材）节约率、机械利用率等对成本的影响。

E. 通过对技术组织措施执行效果分析，寻求更加有效的节约途径。

F. 分析其他有利条件和不利条件对成本的影响。

③ 年度成本分析。

企业成本要求一年结算一次，不得将本年成本转入下一年度。而项目成本则以项目的寿命周期为结算期，要求从开工到竣工到保修结束连续计算，最后结算出成本总量及其盈亏。由于项目的施工周期一般较长，除进行月（季）度成本核算和分析外，还要进行年度成本的核算和分析。这不仅仅是为了满足企业汇编年度成本报表的需要，同时更是项目成本管理的需要。因为通过年度成本的综合分析，可以总结一年来成本管理的成绩和不足，为今后的成本管理提供经验和教训，从而可对项目成本进行更有效的管理。

年度成本分析的依据是年度成本报表。年度成本分析的内容，除了月（季）度成本分析的六个方面以外，重点是针对下一年度的施工进展情况规划切实可行的成本管理措施，以保证施工项目成本目标的实现。

④ 竣工成本的综合分析。

凡是有几个单位工程而且是单独进行成本核算（即成本核算对象）的施工项目，其竣工成本分析应以各单位工程竣工成本分析资料为基础，再加上项目经理部的经营效益（如资金调度、对外分包等所产生的效益）进行综合分析。如果施工项目只有一个成本核算对象（单位工程），就以该成本核算对象的竣工成本资料作为成本分析的依据。

单位工程竣工成本分析，应包括三方面内容：即竣工成本分析；主要资源节超对比分析；主要技术节约措施及经济效果分析。

(3) 成本项目的分析方法

① 人工费分析

在实行管理层和作业层分离的情况下，项目施工所需要的人工和人工费，由项目经理部与劳务分包企业签订劳务承包合同，明确承包范围、承包金额和双方的权利、义务。对项目经理部来说，除了按合同规定支付劳务费以外，还可能发生一些其他人工费支出，如工程量增减而调整的人工和人工费，定额以外的估点工工资，对班组或个人的奖励费用等。项目经理部应根据具体情况，结合劳务合同的管理进行分析。

② 材料费分析

材料费分析包括主要材料、周转材料使用费的分析以及材料储备的分析。

A. 主要材料费用的高低，主要受价格和消耗数量的影响。而材料价格的变动，又要受采购价格、运输费用、路途损耗等因素的影响。材料消耗数量的变动，也要受操作损耗、管理损耗和返工损失等因素的影响，可在价格变动较大和数量超用异常的时候再做深入分析。为了分析材料价格和消耗数量的变化对材料费用的影响程度，可按下列公式计算：

因材料价格变动对材料费的影响＝（预算单价－实际单价）×消耗数量

因消耗数量变动对材料费的影响＝（预算用量－实际用量）×预算价格

B. 对于周转材料使用费主要是分析其利用率和损耗率。实际计算中可采用"差额分析法"来计算周转率对周转材料使用费的影响程度。

C. 材料储备分析主要是对采保费用和材料储备资金占用的分析。具体可用因素分析法来进行。

③ 机械使用费分析

影响机械使用费的因素主要是机械利用率。造成机械利用率不高的因素,是机械调度不当和机械完好率不高。因此在机械设备使用中,必须充分发挥机械的效用,加强机械设备的平衡调度,做好机械设备平时的维修保养工作,提高机械的完好率,保证机械的正常运转。

④ 施工间接费分析

施工间接费就是施工项目经理部为管理施工而发生的现场经费。因此,进行施工间接费分析,需要运用计划与实际对比的方法。施工间接费实际发生数的资料来源为工程项目的施工间接费明细账。

通过以上分析,可以全面了解单位工程的成本构成和降低成本的来源,对今后同类工程的成本管理很有参考价值。

6. 施工项目成本考核

(1) 施工项目成本考核的目的、内容及要求

施工项目成本考核是贯彻项目成本责任制的重要手段,也是项目管理激励机制的体现。施工项目成本考核的目的是通过衡量项目成本降低的实际成果,对成本指标完成情况进行总结和评价。

项目成本考核的内容应包括责任成本完成情况考核和成本管理工作业绩考核。

施工项目成本考核的做法是分层进行,企业对项目经理部进行成本管理考核,项目经理部对项目内部各岗位及各作业队进行成本管理考核。因此企业和项目经理部都应建立健全项目成本考核的组织,公正、公平、真实、准确地评价项目经理部及管理人员的工作业绩和问题。

项目成本考核应按照下列要求进行:

① 企业对施工项目经理部进行考核时,应以确定的责任目标成本为依据。
② 项目经理部应以控制过程的考核为重点,控制过程的考核应与竣工考核相结合。
③ 各级成本考核应与进度、质量、安全等指标完成情况相联系。
④ 项目成本考核的结果应形成文件,为奖惩责任人提供依据。

(2) 项目成本考核的实施

① 施工项目的成本考核采取评分制

具体方法为:先按考核内容评分,然后按一定的比例(假设为 7:3)加权平均。即责任成本完成情况的评分占 70%,成本管理工作业绩占 30%。

② 施工项目成本考核要与相关指标的完成情况相结合

即成本考核的评分是奖罚的依据,相关指标的完成情况为奖罚的条件。与成本考核相关的指标,一般有进度、质量、安全和现场管理等。

③ 强调项目成本的中间考核

项目成本的中间考核分为月度成本考核和阶段成本考核。

在月度成本考核时,不能单凭报表数据,要结合成本分析资料和施工生产、成本管理的实际情况,然后做出正确的评价,带动今后的成本管理工作,保证项目成本目标的实现。

施工项目的阶段,一般分为基础、结构主体、装饰装修、总体四个阶段,高层结构可

对结构主体分层进行成本考核。

在施工告一段落后的成本考核，可与施工阶段其他指标的考核结合得更好，也更能反映施工项目的管理水平。

④ 正确考核施工项目的竣工成本

施工项目的竣工成本，是在工程竣工和工程款结算的基础上编制的，它是竣工成本考核的依据。

施工项目的竣工成本是项目经济效益的最终反映。它既是上缴利税的依据，又是进行职工分配的依据。由于施工项目竣工成本关系到企业和职工的利益，必须做到核算清楚，考核正确。

⑤ 施工项目成本的奖罚

施工项目成本考核的结果，必须要有一定经济奖罚措施，这样才能调动职工的积极性，才能发挥全员成本管理的作用。

施工项目成本奖罚的标准，应通过经济合同的形式明确规定。一方面，经济合同规定的奖罚标准具有法律效力，任何人无权中途变更，或者拒不执行。另一方面，通过经济合同明确奖罚标准以后，职工就有了争取的目标，能在实现项目成本目标中发挥更积极的作用。

在确定施工项目成本奖罚标准时，必须从本项目的实际情况出发，既要考虑职工的利益，又要考虑项目成本的承受能力。

此外，企业领导和项目经理还要对完成项目成本目标有突出贡献的部门、班级和个人进行随机奖励。这是项目成本奖励的另一种形式，不属于上述奖罚范围。这种形式，往往更能起到立竿见影的效果。

6.5 施工项目安全管理

6.5.1 安全生产管理概述

1. 安全生产管理的相关概念

"安全"，指没有危险，不出事故，未造成人身伤亡或资产损失。因此，安全不但包括人身安全，还包括资产安全。

"安全生产"是指生产过程处于避免人身伤害、设备损坏及其他不可接受的损害风险（危险）的状态。不可接受的风险（危险）通常是指：超出了法律、法规和规章的要求，超出了方针、目标和企业规定的其他要求，超出了人们普遍接受（通常是隐含的）的要求。

"安全生产管理"，是指经营管理者对安全生产工作进行的策划、组织、指挥、协调、控制和改进的一系列活动，目的是保证在生产经营活动中的人身安全、资产安全，促进生产的发展，保持社会的稳定。

施工项目安全生产管理就是利用现代管理的科学知识，结合施工项目安全生产的目标要求，对施工过程中各动态因素进行预测、计划、控制、处理，以提高安全管理工作的水平，顺利实现项目目标。

2. 安全生产方针

我国安全生产方针经历了一个从"生产必须安全、安全为了生产"、"安全第一、预防为主"到"安全第一、预防为主、综合治理"的产生和发展过程。因此,对于我国安全生产方针的含义,应从这一方针的产生与发展去理解,归纳起来主要有以下几方面的内容:

(1) 安全生产的重要性。生产过程中的安全是生产发展的客观需要,特别是现代化生产,更不允许有所疏忽,必须强化安全生产,在生产活动中把安全工作放在第一位,尤其是当生产与安全发生矛盾时,生产必须服从安全。

(2) 安全与生产的辩证关系。安全与生产的关系是辩证统一的关系,而不是对立的、矛盾的关系。在生产建设过程中,必须用辩证统一的观点去处理好安全与生产的关系。安全与生产互为联系,互相依存,互为条件。要正确贯彻安全生产方针,就必须按照辩证法办事,克服思想的片面性。

(3) 安全生产工作必须强调预防为主。安全生产工作的预防为主是现代化生产发展的需要。预防为主,就是要事前做好安全工作,防患于未然。依靠科技进步,加强安全科学管理,搞好科学预测与分析工作,把工伤事故和职业的危害消灭在萌芽状态之中。

(4) 安全生产工作必须坚持综合治理。只有认真治理隐患,有效防范事故,才能把安全第一落到实处。事故源于隐患,防范事故的有效办法,就是主动排查,综合治理各类隐患。综合治理是安全生产方针的基石,是安全生产工作的重心所在。

3. 安全生产管理的基本原则

(1) 管生产同时管安全。安全寓于生产之中,并对生产发挥促进与保证作用。因此,安全与生产虽然有时会出现矛盾,但安全、生产管理的目标、目的,表现出高度的一致和完全的统一。

管生产同时管安全,不仅是对各级领导人员明确安全管理责任,同时也向一切与生产有关的机构、人员,明确了业务范围内的安全管理责任。由此可见,一切与生产有关的机构、人员都必须参与安全管理并在管理中承担责任。各级人员安全生产责任制的建立,管理责任的落实,体现了管理生产同时管安全。

(2) 坚持安全管理的目的性。安全管理的内容是对生产中的人、物、环境等因素状态的管理,有效地控制人的不安全行为和物的不安全状态,消除或避免事故,达到保护劳动者的安全与健康的目的。

(3) 必须贯彻预防为主的方针。安全生产的方针是"安全第一,预防为主、综合治理"。安全第一是从保护生产力的角度和高度,表明在生产范围内,安全与生产的关系,肯定安全在生产活动中的位置和重要性。

贯彻预防为主,首先要端正对生产中不安全因素的认识,端正消除不安全因素的态度,选准消除不安全因素的时机。在安排和布置生产的同时,要针对生产中可能出现的不安全因素,采取措施予以消除,这才是最佳选择。在生产活动中,经常检查,及时发现不安全因素,采取措施,尽快地、坚决地予以消除,是安全管理应有的鲜明态度。

坚持综合治理就是综合运用经济手段、法律手段和必要的行政手段,从发展规划、行业管理、安全投入、科技进步、经济政策、教育培训、安全立法、激励约束、企业管理、监管机制等多方面着手,解决安全生产的历史性、深层次问题,建立安全生产长效机制。

(4) 坚持"三全"动态管理。安全管理不是少数人和安全管理机构的事,而是一切与生产有关的人共同的事。缺乏全员的参与，安全管理不会有生气，不会出现好的管理效果。

安全管理涉及生产活动的方方面面，涉及从开工至竣工交付的全部生产过程，涉及全部的生产时间，涉及一切变化的生产因素。因此，生产活动中必须坚持全员、全过程、全方位的动态管理。

（5）安全管理重在控制。进行安全管理的目的是预防、消灭事故，防止或消除事故伤害，保护劳动者的安全与健康。在安全管理的四项主要内容中，虽然都是为了达到安全管理的目的，但是对生产因素状态的控制，与安全管理目的关系更直接，显得更为突出。因此，对生产中人的不安全行为和物的不安全状态的控制，必须看作是动态的安全管理的重点。事故的发生，是由于人的不安全行为的运动轨迹与物的不安全状态的运动轨迹的交叉。事故发生的原理也说明了对生产因素状态的控制，应该是安全管理重点。

（6）在管理中发展、提高。既然安全管理是在变化着的生产活动中的管理，是一种动态的管理，其管理就意味着是不断发展、不断变化的，以适应变化着的生产活动，消除新的危险因素。然而更为需要的是不间断地摸索新的规律，总结管理、控制的办法与经验，指导新的变化后的管理，从而使安全管理不断上升到新的高度。

4. 施工安全保证体系

（1）施工安全保证体系的概念

施工安全保证体系是指为了避免或减少一般安全事故和轻伤事故，杜绝重大、特大安全事故和伤亡事故的发生，最大限度地确保施工中劳动者的人身和财产安全，采取的组织、技术、经济、管理措施等的总集成。

（2）施工安全保证体系的构成

① 施工安全的组织保证体系

施工安全的组织保证体系是负责施工安全工作的组织管理系统，一般包括最高权力机构、专职管理机构的设置和专兼职安全管理人员的配备（如企业的主要负责人，专职安全管理人员，企业、项目部主管安全的管理人员以及班组长、班组安全员）。

② 施工安全的制度保证体系

施工安全的制度保证体系是为贯彻执行安全生产法律、法规、强制性标准、工程施工设计和安全技术措施，确保施工安全而提供制度的支持与保证体系。

③ 施工安全的技术保证体系

为了达到施工状态安全、施工行为安全以及安全生产管理到位的安全目的，施工安全的技术保证，就是为上述安全要求提供安全技术的保证，确保在施工中准确判断其安全的可靠性，对避免出现危险状况、事态做出限制和控制规定，对施工安全保险与排险措施给予规定以及对一切施工生产给予安全保证。

施工安全技术保证由专项工程、专项技术、专项管理、专项治理构成，每种类别又有若干项目，每个项目都包括安全可靠性技术、安全限控技术、安全保险与排险技术和安全保护技术等技术，建立并形成如表6-6所示的安全技术保证体系。

④ 施工安全投入保证体系

施工安全投入保证体系是确保施工安全应有与其要求相适应的人力、物力和财力投

制度保证体系的制度项目构成 表6-6

序次	类别	制度名称
1	岗位管理	安全生产组织制度（即组织保证体系的人员设置构成）
2		安全生产责任制度
3		安全生产教育培训制度
4		安全生产岗位认证制度
5		安全生产值班制度
6		特种作业人员管理制度
7		外协单位和外协人员安全管理制度
8		专、兼职安全管理人员管理制度
9		安全生产奖惩制度
10	措施管理	安全作业环境和条件管理制度
11		安全施工技术措施的编制和审批制度
12		安全技术措施实施的管理制度
13		安全技术措施的总结和评价制度
14	投入和物资管理	安全作业环境和安全施工措施费用编制、审核、办理及使用管理制度
15		劳动保护用品的购入、发放与管理制度
16		特种劳动防护用品使用管理制度
17		应急救援设备和物资管理制度
18		机械、设备、工具和设施的供应、维修、报废管理制度
19	日常管理	安全生产检查制度
20		安全生产验收制度
21		安全生产交接班制度
22		安全隐患处理和安全整改工作的备案制度
23		异常情况、事故征兆、突发事态报告、处置和备案管理制度
24		安全生产事故报告、处置、分析和备案制度
25		安全生产信息资料收集和归档管理制度

入，并发挥其投入效果的保证体系。其中，人力投入可在施工安全组织保证体系中解决，而物力和财力的投入则需要解决相应的资金问题。其资金来源为工程费用中的机械装备费、措施费（如脚手架费、环境保护费、安全文明施工费、临时设施费等）、管理费和劳动保险支出等。

⑤ 施工安全信息保证体系

施工安全工作中的信息主要有文件信息、标准信息、管理信息、技术信息、安全施工状况信息及事故信息等，这些信息对于企业搞好安全施工工作具有重要的指导和参考作用。因此，企业应把这些信息作为安全施工的基础资料保存，建立起施工安全的信息保证体系，以便为施工安全工作提供有力的安全信息支持。

施工安全信息保证体系由信息工作条件、信息收集、信息处理和信息服务等工作内容组成，如图6-16所示。

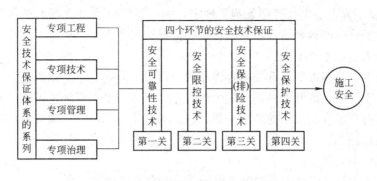

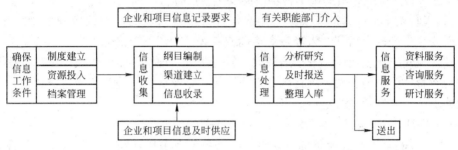

图 6-16 施工安全信息保证体系

施工安全保证体系的总构成中,关键是安全管理和安全技术,以及是否正常运行。

6.5.2 安全生产管理制度

1. 安全生产责任制度

安全生产责任制是最基本的安全管理制度,是所有安全生产管理制度的核心。安全生产责任制是按照安全生产管理方针和"管生产的同时必须管安全"的原则,将各级负责人员、各职能部门及其工作人员和各岗位生产工人在安全生产方面应做的事情及应负的责任加以明确规定的一种制度。

2. 安全教育培训制度

安全教育培训制度,是指对从业人员进行安全生产的教育和安全生产技能的培训,并将这种教育和培训制度化、规范化,以提高全体人员的安全意识和安全生产的管理水平,减少和防止生产安全事故的发生。

《建筑法》规定,建筑施工企业应当建立健全劳动安全生产教育培训制度,加强对职工安全生产的教育培训;未经安全生产教育培训的人员,不得上岗作业。

住建部《建筑业企业职工安全培训教育暂行规定》规定,企业安全教育一般包括对管理人员、特种作业人员和企业员工的安全教育。

(1)施工单位三类管理人员的考核

《建设工程安全生产管理条例》规定,施工单位的主要负责人、项目负责人、专业安全生产管理人员应当经建设行政主管部门或者其他部门考核合格后方可任职。

(2)施工单位全员安全生产教育培训

《建设工程安全生产管理条例》规定，施工单位应当对管理人员和作业人员每年至少进行一次安全生产教育培训，其教育培训情况记入个人工作档案。安全生产教育培训考核不合格的人员，不得上岗。

公安部、住建部等九部委联合颁布的《社会消防安全教育培训规定》中规定，在建工程的施工单位应当展开下列消防安全教育工作：①建设工程施工前应当对施工人员进行消防安全教育；②在建设工地醒目位置、施工人员集中住宿场所设置消防安全宣传栏，悬挂消防安全挂图和消防安全警示标识；③对明火作业人员进行经常性的消防安全教育；④组织灭火和应急疏散演练。

（3）进入新岗位或者新的施工现场前的安全生产教育培训

《建设工程安全生产管理条例》规定，作业人员进入新的岗位或者新的施工现场前，应当接受安全生产教育培训。未经教育培训或者教育培训不合格的人员，不得上岗作业。

住建部《建筑业企业职工安全培训教育暂行规定》规定，企业新员工上岗前必须进行三级安全教育，分别为公司、项目部和班组三级；企业员工须按规定通过三级安全教育和实际操作训练，并经考核合格后方可上岗。

（4）采用新技术、新材料、新工艺、新设备前的安全教育培训

《建设工程安全生产管理条例》规定，施工单位在采用新技术、新工艺、新设备、新材料时，应当对作业人员进行相应的安全生产教育培训。

（5）特种作业人员的安全教育培训

根据国家安全生产监督管理总局《特种作业人员安全技术培训考核管理规定》的规定，特种作业是指容易发生事故，对操作者本人、他人的安全健康及设备、设施的安全可能造成重大危害的作业。特种作业人员是指从事特种作业的从业人员。特种作业的范围包括电工作业（不含电力系统进网作业）、焊接与热切割作业、高处作业、制冷与空调作业、煤矿安全作业、金属非金属矿山安全作业、石油天然气安全作业、冶金（有色）生产安全作业、危险化学品安全作业、烟花爆竹安全作业等。

《建设工程安全生产管理条例》规定，垂直运输机械作业人员、安装拆卸工、爆破作业人员、起重信号工、登高架设作业人员等特种作业人员，必须按照国家有关规定经过专门的安全作业培训，并取得特种作业操作资格证书后，方可上岗作业。

3. 安全检查制度

安全检查制度是清除隐患、防止事故、改善劳动条件的重要手段，是企业安全生产管理工作的一项重要内容。通过安全检查可以发现企业及生产过程中的危险因素，以便有计划地采取措施，保证安全生产。

安全检查要深入生产的现场，主要针对生产过程中的劳动条件、生产设备以及相应的安全卫生设施和员工的操作行为是否符合安全生产的要求进行检查。为保证检查的效果，应根据检查的目的和内容成立一个适应安全生产检查工作需要的检查组，配备适当的力量，决不能敷衍走过场。

4. 安全措施计划制度

安全措施计划制度是指企业进行生产活动时，必须编制安全措施计划，它是企业有计划地改善劳动条件和安全卫生设施，防止工伤事故和职业病的重要措施之一，对企业加强劳动保护，改善劳动条件，保障职工的安全和健康，促进企业生产经营的发展都起着积极

作用。

(1) 安全措施计划的范围

安全技术措施计划的范围应包括改善劳动条件、防止事故发生、预防职业病和职业中毒等内容,具体包括:

① 安全技术措施

安全技术措施是预防企业员工在工作过程中发生工伤事故的各项措施,包括防护装置、保险装置、信号装置和防爆炸装置等。

② 职业卫生措施

职业卫生措施是预防职业病和改善职业卫生环境的必要措施,其中包括防尘、防毒、防噪声、通风、照明、取暖、降温等措施。

③ 辅助用房间及设施

辅助用房间及设施是为了保证生产过程安全卫生所必需的房间及一切设施,包括更衣室、休息室、淋浴室、消毒室、妇女卫生室、厕所和冬期作业取暖室等。

④ 安全宣传教育措施

安全宣传教育措施是为了宣传普及有关安全生产法律、法规、基本知识所需要的措施,其主要内容包括:安全生产教材、图书、资料,安全生产展览,安全生产规章制度,安全操作法训练设施,劳动保护和安全技术的研究与实验等。

(2) 编制安全措施计划的依据

① 国家发布的有关职业健康安全政策、法规和标准;

② 在安全检查中发现的尚未解决的问题;

③ 造成伤亡事故和职业病的主要原因和所采取的措施;

④ 生产发展需要所应采取的安全技术措施;

⑤ 安全技术革新项目和员工提出的合理化建议。

(3) 编制安全技术措施计划的一般步骤

编制安全技术措施计划可以按照下列步骤进行:

① 工作活动分类;

② 危险源识别;

③ 风险确定;

④ 风险评价;

⑤ 制定安全技术措施计划;

⑥ 评价安全技术措施计划的充分性。

5. 安全监察制度

安全监察制度是指国家法律、法规授权的行政部门,代表政府对企业的生产过程实施职业安全卫生监察,以政府的名义,运用国家权力对生产单位在履行职业安全卫生职责和执行职业安全卫生政策、法律、法规和标准的情况依法进行监督、检举和惩戒制度。

6. 伤亡事故和职业病统计报告处理制度

伤亡事故和职业病统计报告及处理制度是我国职业健康安全的一项重要制度。这项制度的内容包括:

(1) 依照国家法规的规定进行事故的报告;

(2) 依照国家法规的规定进行事故的统计；
(3) 依照国家法规的规定进行事故的调查和处理。

7. "三同时"制度

"三同时"制度是指凡是我国境内新建、改建、扩建的基本建设项目（工程），技术改建项目（工程）和引进的建设项目，其安全生产设施必须符合国家规定的标准，必须与主体工程同时设计、同时施工、同时投入生产和使用。安全生产设施主要是指安全技术方面的设施、职业卫生方面的设施、生产辅助性设施。

8. 安全预评价制度

安全预评价是在建设工程项目前期，应用安全评价的原理和方法对工程项目的危险性、危害性进行预测性评价。

开展安全预评价工作，是贯彻落实"安全第一，预防为主"方针的重要手段，是企业实施科学化、规范化安全管理的工作基础。科学、系统地开展安全评价工作，不仅直接起到了消除危险有害因素、减少事故发生的作用，有利于全面提高企业的安全管理水平，而且有利于系统地、有针对性地加强对不安全状况的治理、改造，最大限度地降低安全生产风险。

6.5.3 施工安全技术措施

1. 施工安全技术措施的概念

施工安全技术措施是在施工项目生产活动中，根据工程特点、规模、结构复杂程度、工期、施工现场环境、劳动组织、施工方法、施工机械设备、变配电设施、架设工具以及各项安全防护设施等，针对施工中存在的不安全因素进行预测和分析。找出危险点，为消除和控制危险隐患，从技术和管理上采取措施加以防范，消除不安全因素，防止事故发生，确保施工项目安全施工。

2. 施工安全技术措施的编制要求

（1）施工安全技术措施在施工前必须编制好，并且经过审批后正式下达施工单位指导施工。设计和施工发生变更时，安全技术措施必须及时变更或做补充。

（2）根据不同分部分项工程的施工方法和施工工艺可能给施工带来的不安全因素，制定相应的施工安全技术措施，真正做到从技术上采取措施保证其安全实施。

① 主要的分部分项工程，如土石方工程、基础工程（含桩基础）、砌筑工程、钢筋混凝土工程、钢门窗工程、结构吊装工程及脚手架工程等都必须编制单独的分部分项工程施工安全技术措施。

② 编制施工组织设计或施工方案时，在使用新技术、新工艺、新设备、新材料的同时，必须考虑相应的施工安全技术措施。

（3）编制各种机械动力设备、用电设备的安全技术措施。

（4）对于有毒、有害、易燃、易爆等项目的施工作业，必须考虑防止可能给施工人员造成危害的安全技术措施。

（5）对于施工现场的周围环境中可能给施工人员及周围居民带来的不安全因素，以及由于施工现场狭小导致材料、构件、设备运输的困难和危险因素，制定相应的施工安全技术措施。

(6) 针对季节性施工的特点，必须制定相应的安全技术措施。夏季要制定防暑降温措施；雨期施工要制定防触电、防雷、防坍塌措施；冬期施工要制定防风、防火、防滑、防煤气和防亚硝酸钠中毒措施。

(7) 施工安全技术措施中要有施工总平面图，在图中必须对危险的油库、易燃材料库以及材料、构件的堆放位置、垂直运输设备、变电设备、搅拌站的位置等，按照施工需要和安全规程的要求明确定位，并提出具体要求。

(8) 制定的施工安全技术措施必须符合国家颁发的施工安全技术法规、规范及标准。

3. 施工安全技术措施的主要内容

施工安全技术措施可按施工准备阶段和施工阶段编写。

(1) 施工准备阶段安全技术措施

① 技术准备

A. 了解工程设计对安全施工的要求。

B. 调查工程的自然环境（水文、地质、气候、洪水、雷击等）和施工环境（粉尘、噪声、地下设施、管道和电缆的分布、走向等）对施工安全及施工对周围环境安全的影响。

C. 改扩建工程施工与建设单位使用、生产发生交叉，可能造成双方伤害时，双方应签订安全施工协议，搞好施工与生产的协调，明确双方责任，共同遵守安全事项。

D. 在施工组织设计中，编制切实可行、行之有效的安全技术措施，并严格履行审批手续，送安全部门备案。

② 物质准备

A. 及时供应质量合格的安全防护用品（安全帽、安全带、安全网等），并满足施工需要。

B. 保证特殊工种（电工、焊工、爆破工、起重工等）使用工具、器械质量合格，技术性能良好。

C. 施工机具、设备（起重机、卷扬机、电锯、平面刨、电气设备等）、车辆等，须经安全技术性能检测，鉴定合格，防护装置齐全，制动装置可靠，方可进厂使用。

D. 施工周转材料（脚手杆、扣件、跳板等）须经认真挑选，不符合安全要求禁止使用。

③ 施工现场准备

A. 按施工总平面图要求做好现场施工准备。

B. 现场各种临时设施、库房，特别是炸药库、油库的布置，易燃易爆品存放都必须符合安全规定和消防要求，并经公安消防部门批准。

C. 电气线路、配电设备符合安全要求，有安全用电防护措施。

D. 场内道路畅通，设交通标志，危险地带设危险信号及禁止通行标志，保证行人、车辆通行安全。

E. 现场周围和陡坡、沟坑处设围栏、防护板，现场入口处设"无关人员禁止入内"的警示标志。

F. 塔式起重机等起重设备安置要与输电线路、永久或临设工程间有足够的安全距离，避免碰撞，以保证搭设脚手架、安全网的施工距离。

G. 现场设消防栓，有足够的有效的灭火器材、设施。

④ 施工队伍准备

A. 总包单位及分包单位都应持有《施工企业安全资格审查认可证》方可组织施工。
B. 新工人、特殊工种工人须经岗位技术培训、安全教育后,持合格证上岗。
C. 高险难作业工人须经身体检查合格,具有安全生产资格,方可施工作业。
D. 特殊工种作业人员,必须持有《特种作业操作证》方可上岗。

(2) 施工阶段安全技术措施

① 一般工程

A. 单项工程、单位工程均有安全技术措施,分部分项工程有安全技术具体措施,施工前由技术负责人向参加施工的有关人员进行安全技术交底,并应逐级和保存"安全交底任务单"。
B. 安全技术应与施工生产技术统一,各项安全技术措施必须在相应的工序施工前落实好。
C. 操作者严格遵守相应的操作规程,实行标准化作业。
D. 针对采用的新工艺、新技术、新设备、新结构制定专门的施工安全技术措施。
E. 在明火作业现场(焊接、切割、熬沥青等)有防火、防爆措施。
F. 考虑不同季节的气候对施工生产带来的不安全因素可能造成的各种突发性事故,从防护上、技术上、管理上有预防自然灾害的专门安全技术措施。

② 特殊工程

A. 对于结构复杂、危险性大的特殊工程,应编制单项的安全技术措施。
B. 安全技术措施中应注明设计依据,并附有计算、详图和文字说明。

③ 拆除工程

A. 详细调查拆除工程的结构特点、结构强度、电线线路、管道设施等现状,制定可靠的安全技术方案。
B. 拆除建筑物、构筑物之前,在工程周围划定危险警戒区域,设立安全围栏,禁止无关人员进入作业现场。
C. 拆除工作开始前,先切断被拆除建筑物、构筑物的电线、供水、供热、供煤气的通道。
D. 拆除工作应自上而下顺序进行,禁止数层同时拆除,必要时要对底层或下部结构进行加固。
E. 栏杆、楼梯、平台应与主体拆除程序配合进行,不能先行拆除。
F. 拆除作业工人应站在脚手架或稳固的结构部分上操作,拆除承重梁、柱之前应拆除其承重的全部结构,并防止其他部分坍塌。
G. 拆下的材料要及时清理运走,不得在旧楼板上集中堆放,以免超负荷。
H. 拆除建筑物、构筑物内需要保留的部分或设备,要事先搭好防护棚。
I. 一般不采用推倒方法拆除建筑物,必须采用推倒方法时,应采取特殊安全措施。

4. 安全技术交底

(1) 安全技术措施交底的基本要求

① 项目经理部必须实行逐级安全技术交底制度,纵向延伸到班组全体作业人员。
② 技术交底必须具体、明确,针对性强。
③ 技术交底的内容应针对分部分项工程施工中给作业人员带来的潜在危害和存在

问题。

④ 应优先采用新的安全技术措施。

⑤ 应将工程概况、施工方法、施工程序、安全技术措施等向工长、班组长进行详细交底。

⑥ 定期向由两个以上作业队和多工种进行交叉施工的作业队伍进行书面交底。

⑦ 保持书面安全技术交底签字记录。

(2) 安全技术交底主要内容

① 安全生产六大纪律

A. 进入现场应戴好安全帽，系好帽带，并正确使用个人劳动防护用品。

B. 2m以上的高处、悬空作业、无安全设施的，必须系好安全带，扣好保险钩。

C. 高处作业时，不准往下或向上乱抛材料和工具等物件。

D. 各种电动机械设备应有可靠有效的安全接地和防雷装置，才可启动使用。

E. 不懂电气和机械的人员，严禁使用和摆弄机电设备。

F. 吊装区域非操作人员严禁入内，吊装机械性能应完好，把杆垂直下方不准站人。

② 安全技术操作规程一般规定

A. 施工现场

B. 机电设备

C. 高处作业

D. 季节施工

E. 高处作业防护

F. 洞口临边防护

③ 机电设备

A. 垂直运输设备防护

B. 现场安全用电

C. 中小型机具

④ 起重吊装"十不吊"规定

⑤ 气割、电焊"十不烧"规定

⑥ 分部分项工程安全技术

6.5.4 施工安全检查

工程项目安全检查的目的是为了消除隐患、防止事故，它是改善劳动条件及提高员工安全生产意识的重要手段，是安全控制工作的一项重要内容。通过安全检查可以发现工程中的危险因素，以便有计划地采取措施，保证安全生产。施工项目的安全检查应由项目经理组织，定期进行。

1. 安全检查的类型

安全检查可分为日常性检查、专业性检查、季节性检查、节假日前后的检查和不定期检查。

(1) 日常性检查：日常性检查即经常的、普遍的检查。企业一般每年进行1～4次；工程项目部、科室每月至少进行一次；班组每周、每班次都进行检查。专职安全技术人员的日常检查应该有计划，针对重点部位周期性地进行。

（2）专业性检查：专业性检查是针对特种作业、特种设备、特殊场所进行的检查，如电焊、气焊、起重设备、运输车辆、锅炉压力容器、易燃易爆场所等。

（3）季节性检查：季节性检查是指根据季节特点，为保障安全生产的特殊要求所进行的检查。如春季风大，要着重防火、防爆；夏季高温，雨雷电，要着重防暑、降温、防汛、防雷击、防触电；冬期着重防寒、防冻等。

（4）节假日前后的检查：节假日前后的检查是针对节假日期间容易产生麻痹思想的特点而进行的安全检查，包括节日前进行安全生产综合检查，节日后要进行遵章守纪的检查等。

（5）不定期检查：不定期检查是指在工程或设备开工和停工前，检修中，工程或设备竣工及试运转时进行的安全检查。

2. 安全检查的注意事项

（1）安全检查要深入基层，紧紧依靠职工，坚持领导与群众相结合的原则，组织好检查工作。

（2）建立检查的组织领导机构，配合适当的检查力量，挑选具有较高技术业务水平的专业人员参加。

（3）做好检查的各项准备工作，包括思想、业务知识、法规政策和检查设备、奖金的准备。

（4）明确检查的目的和要求。既要严格要求，又要防止一刀切，要从实际出发，分清主次矛盾，力求实效。

（5）把自查与互查有机结合起来，基层以自检为主，企业内相应部门互相检查，取长补短，互相学习和借鉴。

（6）坚持查改结合。检查不是目的，只是一种手段，整改才是最终目标。发现问题，要及时采取切实有效的防范措施。

（7）建立检查档案。结合安全检查表的实施，逐步建立健全检查档案，收集基本的数据，掌握基本安全状况，为及时消除隐患提供数据，同时也为以后的职业健康安全检查奠定基础。

（8）在制定安全检查表时，应根据用途和目的具体确定安全检查表的种类。安全检查表的主要种类有：设计用安全检查表；车间安全检查表；班组及岗位安全检查表；专业安全检查表等。制定安全检查表要在安全技术部门的指导下，充分依靠职工来进行。初步制定出来的检查表，要经过群众的讨论，反复试行，再加以修订，最后由安全技术部门审定后方可正式实行。

3. 安全检查的主要内容

（1）查思想：主要检查企业的领导和职工对安全生产工作的认识。

（2）查管理：主要检查工程的安全生产管理是否有效。主要内容包括：安全生产责任制，安全技术措施计划，安全组织机构，安全保证措施，安全技术交底，安全教育，持证上岗，安全设施，安全标识，操作规程，违规行为，安全记录等。

（3）查隐患：主要检查作业现场是否符合安全生产、文明生产的要求。

（4）查整改：主要检查对过去提出问题的整改情况。

(5)查事故处理：对安全事故的处理应达到查找事故原因、明确责任并对责任者作出处理、明确和落实整改措施等要求。同时还应检查对伤亡事故是否及时报告、认真调查、严肃处理。

安全检查的重点是违章指挥和违章作业。安全检查后应编制安全检查报告，说明已达标项目、未达标项目、存在问题、原因分析、纠正和预防措施。

4. 项目经理部安全检查的主要规定

(1)定期对安全控制计划的执行情况进行检查、记录、评价和考核，对作业中存在的不安全行为和隐患，签发安全整改通知，由相关部门制定整改方案，落实整改措施，实施整改后应予复查。

(2)根据施工过程的特点和安全目标的要求确定安全检查的内容。

(3)安全检查应配备必要的设备或器具，确定检查负责人和检查人员，并明确检查的方法和要求。

(4)检查应采取随机抽样、现场观察和实地检测的方法，并记录检查结果，纠正违章指挥和违章作业。

(5)对检查结果进行分析，找出安全隐患，确定危险程度。

(6)编写安全检查报告并上报。

5. 安全检查评分方法

住房与城乡建设部于2011年12月颁发了《建筑施工安全检查标准》（JGJ 59—2011）（以下简称"标准"），并自2012年7月1日起实施。《标准》共分五章，分别为总则、术语、检查评定项目、检查评分方法和检查评定等级，并附设附录A和附录B两类检查评分表，附录A为建筑施工安全检查评分汇总表，附录B为建筑施工安全分项检查评分表。

(1)检查分类

①《标准》将检查评定项目分为十九项，分别为安全管理、文明施工、扣件式钢管脚手架、悬挑式脚手架、门式钢管脚手架、碗扣式钢管脚手架、附着式升降脚手架、承插型盘扣式钢管脚手架、高处作业吊篮、满堂式脚手架、基坑工程、模板支架、高处作业、施工用电、物料提升机、施工升降机、塔式起重机、起重吊装和施工机具，并编制了对应的分项检查评分表，即附录B建筑施工安全分项检查评分表。

②《标准》对十九个检查评定项目按专业进一步归类，归列为十大计分项目，即附录A建筑施工安全检查评分汇总表中的十个计分项目，分别为安全管理、文明施工、脚手架、基坑工程、模板支架、高处作业、施工用电、物料提升机与施工升降机、塔式起重机与起重吊装、施工机具。

③《标准》对十个计分项目中的安全管理、文明施工、脚手架、基坑工程、模板支架、施工用电、物料提升机与施工升降机、塔式起重机与起重吊装等八项对应的分项检查评分表设立了保证项目和一般项目，保证项目应是安全检查的重点和关键，在建筑施工安全检查评定中，保证项目应全数检查。

(2)评分方法及分值比例

① 检查评分汇总表满分分值为100分，十大计分项目在汇总表中所占的满分分值分别为：安全管理10分、文明施工15分、脚手架10分、基坑工程10分、高处作业10分、模板支架10分、施工用电10分、物料提升机与施工升降机10分、塔式起重机与起重吊

装 10 分、施工机具 5 分。在汇总表中，各分项项目实得分数应按下式计算：

各分项项目实得分数＝汇总表中该项应得满分分值×该项检查评分表实得分数/100。汇总表总得分应为表中各分项项目实得分数之和。

② 各分项检查评分表中，满分为 100 分。表中各检查项目得分为按规定检查内容所得分数之和。每张表总得分应为各自表内各检查项目实得分数之和。

③ 评分应采用扣减分值的方法，扣减分值总和不得超过该检查项目的应得分值。

④ 当按分项检查评分表评分时，保证项目中有一项未得分或保证项目小计得分不足 40 分，此分项检查评分表不得分。

⑤ 脚手架（扣件式钢管脚手架、悬挑式脚手架、门式钢管脚手架、碗扣式钢管脚手架、附着式升降脚手架、承插型盘扣式钢管脚手架、高处作业吊篮、满堂式脚手架）、物料提升机与施工升降机、塔式起重机与起重吊装项目的实得分值，应为所对应专业的分项检查评定表实得分值的算术平均值。

⑥ 检查中遇有缺项时，汇总表总得分应按下式换算。

汇总表总得分＝（实查项目在汇总表中按各对应的实得分值之和/实查项目在汇总表中应得满分的分值之和）×100

(3) 检查评定等级

建筑施工安全检查评分，应以汇总表的总得分和分项检查评分表的得分，对建筑施工安全检查评定等级，分为优良、合格、不合格 3 个等级。

① 优良

分项检查评分表无零分，检查评分汇总表得分值应在 80 分及以上。

② 合格

分项检查评分表无零分，检查评分汇总表得分值应在 80 分以下、70 分及以上。

③ 不合格

A. 当检查评分汇总表得分值不足 70 分。

B. 当有一分项检查评分表得零分时。

当建筑施工安全检查评定的等级为不合格时，必须限期整改达到合格。

(4) 安全检查的方法

①"看"：主要查看管理记录、持证上岗、现场标识、交接验收资料、"三宝"使用情况、"洞口"、"临边"防护情况和设备防护装置等。

②"量"：主要是用尺进行实测实量。

③"测"：用仪器、仪表实地进行测量。

④"现场操作"：由司机对各种限位装置进行实际动作，检验其灵敏程度。能测量的数据或操作试验，不能用估计、步量或"差不多"等来代替，要尽量采用定量方法检查。

第 7 章　公文写作与处理

7.1　公　文　概　论

7.1.1　公文的概念、特点和功能

1. 公文的概念

公文是公务文书或公务文件的简称，习惯上也统称为文件，是法定机关与组织在公务活动中，按照特定的体式，经过一定的处理程序和使用的书面文字材料，是传达贯彻党和国家政策、方针，发布行政法规和规章，施行行政措施，指示和答复问题，指导、布置和商洽工作，报告情况，交流经验的重要工具。

2. 公文的特点

(1) 公文由法定作者制发并具有法定的权威性

公文的法定作者，指依法成立并能以自己的名义行使职权和承担义务的国家机构与其他社会组织(统称为机关)，公文必须以这些机关的名义或其法定代表人的名义制发。

公文具有法定的权威性，是指公文在法定的时间与空间范围内能够对受文者的行为产生强制性影响，而且具有其他任何文献形式所无法替代的凭证功能。

(2) 公文具有法定的现实执行效用

公文既是制发机关用于发布指示、法规，传送决策意图的重要手段，同时是受文者进行工作的依据，是维系国家各类、各层次机关之间、机关与广大群众之间正常联系的基本形式，它在国家管理中发挥承上启下、协调配合、沟通信息的执行效用。

(3) 公文具有规范的体式

为了维系公文的权威性、准确性与有效性，方便公文的写作与处理，国家有关机构以法规、标准等形式，对公文的文体、结构、格式进行了统一规范，这是公文区别于其他文献的明显标志，公文制发者必须认真遵守这些规范。

(4) 公文的制发与生效需要履行法定的程序

为了保证公文的有效性，国家有关机构规定了各类公文的生成程序，必须履行这些程序公文才能产生法定效用。

3. 公文的功能

公文是能够逾越时间与空间的限制，有效记载、传递与存储公务活动所需要的信息，是机关行使职能的重要工具。这一功能主要表现为以下几个方面：

(1) 公文是加强集中领导，维护政令统一，保证工作步伐整齐一致的有效形式。因为党和国家的方针政策和各项指令是通过公文传递贯彻的，公文在机关公务活动中发挥领导和指导的作用。

(2) 公文在国家行政管理与维护社会主义建设秩序方面发挥着规范作用。因为公文用于发布行政法规与规章，它使国家各项管理活动有法可依，有规可循，从而实现管理活动的法制化、规范化。

(3) 公文是下级机关请示、报告工作，反映情况，沟通自下而上纵向联系的基本手段。通过公文，使下情上达，为领导机关制定决策提供依据，同时，有利于对发生的问题进行及时处理。

(4) 公文是机关之间横向联系的桥梁与纽带。通过公文，机关之间能够相互交流信息、商洽事务，在工作中相互协调与配合。

(5) 公文在国家建设与管理中发挥着阐明事理、启发觉悟和提高认识水平的宣传教育作用。因为公文具有较强的政策性、理论性，是教育干部和群众的好教材。

(6) 公文具有重要的凭证作用。公文是社会活动的真实记录，它印证了公文作者的合法身份，记录了各项管理活动的性质、状态。

7.1.2 公文的种类

1. 公文的分类

(1) 根据公文的形成和作用的公务活动领域分为通用公文和专用公文。

① 通用公文，又称行政公文，指各类各级机关和人民团体、企事业单位普遍使用的文件，如请示、报告、函等。

② 专用公文，指在一定专业机关、部门和业务范围专门使用的文件，如外交文件、司法文件、军事文件、会计文件等。

(2) 根据公文内容涉及国家秘密的程度分为对外公开、限国内公开、内部使用、秘密、机密、绝密六类文件。

① 对外公开文件，指内容不涉及国家秘密，可直接对国内外公开发布的文件。

② 限国内公开文件，指内容不涉及国家秘密，但不宜或不必向国外公布，只在国内公开发布的文件。

③ 内部使用文件，指内容虽不涉及国家秘密，但不宜对社会公开，只限在机关内部使用的文件。

④ 秘密文件，指含有一般的国家秘密，泄露会使国家的安全和利益遭受损害的文件。

⑤ 机密文件，指含有重要的国家秘密，泄露会使国家的安全和利益遭受严重损害的文件。

⑥ 绝密文件，指含有最重要的国家秘密，泄露会使国家的安全和利益遭受特别严重损害的文件。

(3) 根据公文制发机关的行文方向分为上行文、下行文和平行文。

① 上行文，指向具有隶属关系的上级领导、指导机关报送的文件。

② 下行文，指向所属被领导、指导的下级机关发送的文件。

③ 平行文，指向同一组织系统的同级机关或非同一组织系统的任何机关发送的文件。

(4) 根据公文处理时限要求，分为平件、急件和特急件。

① 平件，指无特殊时间要求，可作常规依次处理的文件。

② 急件，指内容重要、紧急，需打破常规，优先传递处理的文件。

③ 特急件，指内容至关重要并特别紧急，已临近规定的办结时限，需要立即优先迅速传递处理的文件。

(5) 根据公文内容的性质分为规范类文件、指挥类文件、报请类文件和知照类文件。

① 规范类文件，是指以强制力推行的，用以规定各种行为规范的法规、规章等。

② 指挥类文件，是指由领导、指导机关制发的，用以颁布方针政策、法规规章，指导、布置工作，阐明领导指导原则的文件。

③ 报请类文件，是指用于汇报工作，陈述情况，提出建议，请求指示或批准的文件。

④ 知照类文件，包括公布性文件，商洽性文件，证明性文件和会议文件。

A. 公布性文件，是指直接向国内外公开发布的文件。

B. 商洽性文件，是指无传递方向限制，用于探讨协商一般事项的函件等。

C. 证明性文件，是指对某组织或个人的使命、身份、经历或某事件提供证据和对有关各方面的权利、义务、责任作出规定的文件。

D. 会议文件，一般指会议纪要。

2. 通用公文的文种

文种，又称公文的名称，用以表明公文的性质、适用范围和作者职能权限以及制发公文的目的要求等。在公文中正确标明文种，有利于维护公文的权威性与有效性，并为公文的撰写、处理提供便利。

我国通用公文的文种，主要有：

(1) 规范类文件，包括条例、规定、规则、办法等。

(2) 指挥类文件，包括命令(令)、决定、批复、决议、意见等。

(3) 知照类文件，包括公报、公告、通告、通知、通报、函、纪要等。

(4) 报请类文件，包括报告、请示、议案等。

2012年4月6日，中共中央办公厅、国务院办公厅联合印发了《党政机关公文处理工作条例》，规定公文种类15种，分别为决议、决定、命令(令)、公报、公告、通告、意见、通知、通报、报告、请示、批复、议案、函、纪要，分别隶属于指挥类、知照类和报请类公文。

7.1.3 公文的文体、格式与稿本

1. 公文的文体

公文的文体，指公文的表达方式。公文属应用文体，应具有应用文体的基本属性，即具有直接应用性。从本质到现象，从总体到细节的全面真实性与严格遵守国家统一规定，保证公文内容完整、标记明显的格式规范性。

公文文体又不同于一般的应用文，具有其自身的特殊属性：

(1) 公文被规定以现代汉语的书面形式(即白话文)作为必须使用的符号系统。

(2) 公文兼有说明、叙述、议论三种表达方式。只是不同文种因其性质与行文目的的不同而在三种表达方式的运用上，各有侧重。

2. 公文的格式

公文格式，指公文的数据构成与对各数据项目的编排。公文格式具有相对稳定性和规范性的特点，主要表现在：第一，所有公文必须具备指定的基本数据项目，如发文机关、

标题、正文、印章或签署、成文日期。第二，对公文各数据项目的编排必须遵循国家的有关规定。第三，在确保公文结构完整的同时，相同文种的公文，其数据构成应保持大体一致。

(1) 基本数据项目

① 发文机关。用于表现公文的责任者，展示公文的法定权威性。标识发文机关有两种形式：一是由发文机关的全称或规范化简称加"文件"二字构成。这种形式又称版头、文头，采用大号黑变体字或初号宋体字在公文首页上端套红标识。另一种是在公文落款处标明发文机关的全称或规范性简称。以领导人名义制发的公文，须标明领导人职务，这种形式又称署名。几个机关联合行文时，应将主办机关排在前。

② 标题。是标明某一公文主要内容的概括性名称。一般由发文机关名称、内容与文种三部分构成。有文头的公文，标题中可省略发文机关名称；公布性、知照类公文可只标明文种。标题要求准确、简明，标题中除法规、规章的名称加注书名号外，一般不用标点符号。

③ 正文。它是公文的主体部分，一般要求一文一事。

④ 印章或签署。在公文上盖印或签署，用以证实作者的合法性和公文的法定效力。行政公文除公文纪要外，均需加盖印章。联合上报的非法规性文件，由主办机关加盖印章。联合下发的公文，联合发文机关均应加盖印章。盖印应端正、清晰，做到上不压正文，下压成文日期。

⑤ 成文日期。用于表明公文开始发挥效用的时间。确定成文日期，以领导人签发的日期为准；联合行文，以最后签发机关领导人的签发日期为准。标注成文日期要求用汉字写全具体的年、月、日。

(2) 供选择的数据项目

供选择的数据项目是根据文种、行文目的、阅读对象以及版面编排的需要而特别填制的项目。

① 发文字号。由机关代字、发文年号与发文顺序号组成。一件公文只有一个发文字号，联合行文时，只标注主办单位的发文字号。

② 签发人标志。指于发文字号右侧注签公文的领导人姓名，用于上行文。作用在于表明机关发文的具体责任者，并为直接联系与查询有关事宜提供方便。

③ 主送机关。即收受公文并对公文负主办或答复责任的机关全称、规范化简称或统称。于标题之下靠左顶格标注。作用在于表明公文的空间效力范围，明确对公文负法定办理或答复责任的机关。

④ 附件说明。指在正文左下方作出的附件标注，用以注明附件的序号、标题，适用于具有附件的公文。标注附件的作用在于方便查阅和保护附件。

⑤ 附注。指以公文中某些内容或有关事项的注解与说明，其作用在于简化公文正文，便于阅读与理解。标注于主题词上方。

⑥ 主题词。指用于提示公文主要内容并经规范化处理的词与词组。用于为按主题检索公文提供检索标识，为以现代信息处理手段和管理公文奠定基础。

⑦ 抄送机关。指收受公文并需了解公文内容或协助办理公文的机关全称、规范化简称或统称。目的在于使有关机关了解公文内容，以便在必要时给予配合。

⑧ 印发说明。又称版记，用于标识公文印发部门名称、印发日期与印发数量等。目的在于明确公文印制的责任，便于受文者与公文印发部门直接联系。

⑨ 份号。指对依据同一文稿印制的若干份公文依次编制的顺序代码。适用于机密、绝密公文。

⑩ 密级。于公文上方分别用汉字注明"绝密"、"机密"、"秘密"。

⑪ 紧急程度。即表明公文送达和办理时限要求的标识符号。适用于"特急"、"急件"公文。

⑫ 无正文说明。是公文的生效标志未与正文同处一页时所作的说明。用于维护公文的完整性与有效性。

⑬ 题注。指对标题的注解和说明。用于注明法规、规章或其他经会议讨论通过公文产生的法定程序与时间。一般用圆括号标注于标题下方。

(3)数据项目的安排

①公文用纸幅面尺寸与区域划分。公文用纸幅面尺寸一般为 16 开型（长 260mm，宽 184mm）；也可采用国际标准 A4 型(长 297mm，宽 210mm)，左侧装订。张贴的公文用纸大小，根据实际需要确定。公文用纸划分为图文区与白边区。

② 公文符号的书写与排版。公文的文字符号从左到右横写横排。

③ 主要数据项目的编排。编排的次序为：发文机关、份号、秘密等级、紧急程度、发文字号、签发人、标题、主送机关、正文、附件说明(标记)、签名(签署)、成文日期、附注、主题词、抄送机关、印发机关和时间。

3. 公文的稿本

(1) 草稿。是公文的原始文稿，包括讨论稿、送审稿、征求意见稿、草案等多种形式，均供讨论、征求意见和修改审核使用，不具备正式公文的效用。

(2) 定稿。又称原稿。是已经履行法定生效程序的最后完成稿，即业经机关领导人审核并签发，正式公文讨论通过，或经上级机关审核批准的文稿。具备正式公文的法定效用，是制作公文正本的标准依据。

(3) 正本。是供受文者使用的具有法定效用的正式文本，格式规范并具备各种生效标志。

(4) 副本。是再现正本内容及全部或部分外形特征的公文复制本或正本的复份。备存查、知照使用。

(5) 试行本。法规文件正本的一种特殊形式，在试验推行期间具有法定效用。

(6) 暂行本。法规文件正本的一种特殊形式，在暂时实行期间具有法定效用。

(7) 修订本。以已经发布生效的文件进行修订改正再行发布使用的文体，修订本具有法定效用。

(8) 不同文字稿本。同一公文在形成过程中，需要两种或两种以上文字撰制时，不同文字所形成的内容相同的文稿或文本在效用上相同。

7.1.4 公文的行文规则和写作要求

1. 公文的行文规则

所谓公文的行文规则，是国家制定的控制行文及行文方向、行文方式的有关规定。其目的主要是确保公文迅速而准确地传递，避免行文紊乱，防止公文"旅行"，尽快发挥公文的效用。

行文规则的内容主要有：

(1) 根据机关之间的工作关系准确行文。机关之间的工作关系主要有四种类型，即隶属关系、业务指导与被指导关系、平行关系和不相隶属关系。对于隶属关系和业务指导与被指导关系，处于被领导、指导的下级机关(部门)应向上级领导、指导机关(部门)报送上行文；而处于领导、指导地位的上级机关(部门)可以向被领导、指导的下级机关(部门)发送下行文；对于具有平行关系和不相隶属关系的机关之间传递平行文。

(2) 选择适宜的行文方式。行文方式主要有逐级行文、多级行文、越级行文和直接行文等。一般情况下不应越级行文。因特殊情况如情况紧急，逐级上报下达会延误时机造成重大损失；经多次请示直接上级机关而长期未予解决的问题；上级机关交办并指定直接越级上报的具体事项；需要直接询问、答复或联系的具体事项；检举、控告直接上级机关等越级行文时，一般应抄送越过的机关。

(3) 正确选择主送机关与抄送机关。除普发性公文外，通常一件公文只选择一个主送机关，防止由于多头主送而贻误处理。除领导人直接交办的事项外，不应将公文直接报送领导者个人。选择抄送机关时，应注意不要扩大抄送范围。

(4) 坚持"党政分开"的原则。

(5) 联合行文时，作者应是"同级机关"。

(6) 行文前必须对有关问题协商一致。不能协商一致不得各自按照自己的意见下行文。

(7) "请示"与"报告"分开。"请示"应当一事一文，一般只写一个主送机关；"报告"中不得夹带请示事项。

(8) 严格控制公文数量，简化行文手续。

2. 公文的写作要求

公文是一种特殊的文章，其写作过程具有一些特殊的规律，因此，要写好公文，除了必须遵从文理通顺、观点与材料统一、层次分明、结构合理等文章写作通则外，还必须遵循下列一些基本要求：

(1) 符合党和国家的路线、方针、政策和法律、法规以及有关规定，具有合法性。

(2) 实事求是，讲求实效。

①从实际出发，根据客观需要制发公文，公文写作要具有明确的目的性，具有合法性。

②公文的内容务求符合客观实际，反映客观事物的本来面目，并从实际出发，提出切实可行的工作原则与方法，使公文具有真实性与可行性。

③注重实效。公文写作必须及时迅速、把握时机，紧密适应机关行政管理的需要，提高机关工作效率。

(3) 主题明确，结构完整，格式规范。

(4) 用语庄重严谨，简明通顺，平实得体。

7.2 指挥类公文写作

7.2.1 命令(令)

1. 命令(令)的概念

命令(令)是指由国家权力机关或权力机关负责人颁布的具有强制性、权威性和指令性的文件。

2. 命令(令)的适用范围

根据《国家行政机关公文处理办法》第九条规定,命令(令)"适用于依照有关法律公布行政法规和规章;宣布施行重大强制性措施;嘉奖有关单位及人员"。从中可以看出,人民团体、企事业单位无权发布命令(令)。

3. 命令(令)的种类

命令(令)有以下几种:

(1) 公布令。又称发布令或颁布令,是命令中属于国家最高权力机关或国家元首根据国家最高权力机关的决定,颁布宪法、法律、法令以及其他法规性文件而采用的一种公文文体。

(2) 行政令。是指国务院及其各部门、县以上人民政府宣布施行重大强制性行政措施,实行行政领导与指导时使用的文种。

(3) 任免令。是指用于任免领导干部和其他工作人员时使用的一种下行文。

(4) 嘉奖令。是指宣布奖励事项时使用的一种公文。

(5) 惩戒令。又称惩处令,是指特定权力机关对违法者进行惩处的命令。惩戒令主要用于司法机关,党政机关和社会团体在惩处违法者时使用的一种公文。

(6) 通缉令。是指公安机关动员和组织人民群众共同堵截、查找、追捕在逃犯归案而发布的命令。

(7) 指令。是指发布指示性和规定性相结合的措施或要求所使用的公文。

(8) 通令。是指上级机关把同一命令发到所属的若干地方、部门,也指发往各处的同一命令,或传达命令。通令是告知某些行政性法令的一种命令公文,它介于行政令和奖惩令之间,因而兼有宣布法令和禁令处罚的内容。它的送达和阅读范围很广,所属全体人员均可阅知,故称通令。

(9) 其他命令(令)。包括撤销令、动员令等。

4. 命令(令)的写作技巧

(1) 命令(令)的写作格式

命令(令)的结构分标题、发文字号、开头、主体、结尾和落款六个部分。

① 标题。命令(令)的标题通常有四种写法,即"发文机关+事由+文种"、"发文机关+文种"、"事由+文种"、"文种"。

② 发文字号。命令(令)的发文字号写法有两种,一种是由"机关代号+年份+序号"组成;第二种是以令号(发文机关发布命令的顺序号)作为发文字号。

③ 开头。开头要写明命令(令)发布的缘由,即发布命令(令)的原因、目的、根据和

意义。

④ 主体。即命令(令)的事项。要求准确写出决断性、强制性的规定或措施。

⑤ 结尾。通常写明对命令(令)事项的补充说明或向受命者提出希望和要求。有些命令(令)也可根据内容不写执行要求。

⑥ 落款。包括署名和发文时间两项内容。在正文后右下方写明发令机关的全称或发令人的领导职务和姓名。

(2) 命令(令)的写作要求

① 必须按规定权限行文。

② 要体现强制性。

③ 语言要朴实，文字要准确。

7.2.2 决定

1. 决定的概念

决定，是指用于对重要事项做出决策或者安排，变更或者撤销下级不适当决定事项的一种公文。是针对全局性、普遍性、倾向性问题做出决策。一般具有法规性或行动约束力，要求下级遵照执行。

2. 决定的适用范围

根据《国家行政机关公文处理办法》第九条规定，决定"适用于对重要事项或者重大行动做出安排，奖惩有关单位及人员，变更或者撤销下级机关不适当的决定事项"。

在党的机关，决定用于对重要事项做出决策和安排。

党政机关、社会团体或企事业单位对某些重要事项或重大行动做出安排，都可以使用决定文种。

3. 决定的种类

常见的决定有以下几种：

(1) 公布性决定。是指在会议上直接公布某个议案具体内容时使用的公文。

(2) 部署性决定和决策性决定。是指党和国家行政机关为部署所属全局工作，或采取某项重大举措而使用的一种公文。

(3) 事项性决定。是宣布某一重大问题的处理结果或对某项工作做出重大安排的决定。

(4) 表彰性决定和惩处性决定。对有突出贡献的先进集体、先进个人进行表彰的决定称为表彰性决定；对一些影响较大、群众关心的事故和错误进行处理的决定称为惩处性决定。

(5) 任免性决定。是对人事任免做出安排的决定。

4. 决定的写作技巧

(1) 决定的写作格式

① 标题。决定的标题一般由"发文机关＋主要内容＋文种"组成。如果决定是会议通过或批准的，要用全标题，并在标题下写明通过日期和经什么会议通过或批准，用圆括号加入。

② 正文。决定的正文一般由三个部分组成，分别为开头、主体和结尾。开头主要写

明制发决定的概括即发布决定的背景、依据、目的、意义。主体即决定的事项。如果是用于指挥工作的决定，要提出工作任务、措施、方案、要求等；如果是用于批准事项的决定，要表达批准意见；如果是用于表彰或惩戒的决定，则要写明表彰的决定和项目或处罚方法等。结尾即执行要求。

③ 发文日期。有的标题没有发文机关，则在正文后右下方除了写上发文日期，还要在它的上方注写发文机关。

(2) 决定的写作要求

① 依据正文写缘由，强调决定的合法、合理、合情。

② 基于事实作决策，不主观臆断和任意发挥。

③ 切合实际写要求，一切从实际出发，有针对性地提出要求、措施。

7.2.3 批复

1. 批复的概念

批复是答复性的下行文书，它是上级机关答复下级机关请示事项的指导性文件。

批复必须以下级机关的请示或报告为存在的前提条件。没有请示，也就无所谓批复。

2. 批复的适用范围

批复适用于答复下级机关的请示事项。下级机关用请示向上级机关行文，上级机关用批复作出相应的答复。以批复形式答复的请示事项，一般是比较重要但涉及面不是很广的事项。

3. 批复的特点

(1) 具有专向性，批复专对着请示行文。

(2) 具有针对性，是上级机关针对下级机关请示的某一具体问题作出的答复。

(3) 具有指令性，下级机关必须遵照执行。

(4) 具有政策性，批复是以党和国家的政策为依据。

(5) 具有单一性，批复的发文对象是请示单位，批复的内容是下级请示的事项。

(6) 具有结论性，上级机关的批复必须是明确的、结论性的意见。

(7) 具有时效性，上级机关的批复必须及时，以提高办事效率。

4. 批复的种类

(1) 决定性批复。是批准下级机关的请示事项，作出行政决定的批复。

(2) 指示性批复。是上级机关不但同意下级机关的请示，而且就请示事项的落实、执行或就事项的重要性、意义提出指示性意见。

(3) 解答性批复。是上级机关对下级提出的关于法律、政策、规定、措施等的询问请示做出的批复。

(4) 其他批复。包括审批法规批复、政策批复、研究报告批复等。

5. 批复的写作技巧

(1) 批复的写作格式

批复通常由标题、正文两部分组成。

① 标题。批复的标题一般为"发文机关＋主要内容＋文种"组成。批复中的主要内容一项中，须明确表示对请求事项的意见和态度，而一般公文标题中的主要内容部分

一般只点明文件指向的中心事件或问题,多数不明确表示态度和意见,这是他们的不同之处。

② 正文。正文由批复依据、批复事项、执行要求三部分构成。

(2) 拟写批复应注意的问题

① 拟写批复时要严肃、具体而明确。

② 要有正式的书面请示才能批复。

③ 批复一般只下发给来文请示的单位,如有普遍意义,可以抄送所属各单位。

④ 拟写批复要有理有据。

⑤ 行文要简洁。

⑥ 坚持一请示一批复的原则。

⑦ 批复的意见要态度明朗。

7.2.4 决议

1. 决议的概念

决议是党的领导机关作出重要决策事项的公文,是在党的高级领导机构的会议上研究、讨论后形成,代表发文机关的意旨,一经发布,其下属党组织和党员必须严格遵守,认真落实,不得违背,具有很强的权威性。

2. 决议的适用范围

《中国共产党机关公文处理条例》指出:决议用于经会议讨论通过的重要决策事项。从中可以看出,决议的决策者是党的领导机关;决议的内容必须是重要的决策事项;决议的形成必须经会议讨论、表决通过。

3. 决议的种类

决议根据内容主要有公布性决议、部署性决议、批准性决议、纪要性决议、阐述性决议等。

4. 决议的写作技巧

(1) 决议的写作格式

决议一般由标题、成文日期和正文三部分组成。

① 标题。决议的标题的写法有三种即"发文机关＋主要内容＋文种"、"会议名称＋主要内容＋文种"和"主要内容＋文种"。

② 成文日期。决议的成文日期需加括号注写在标题之下居中位置。如果公文标题中已包括会议名称,成文日期只需在括号内写明"××××年××月××日通过"字样即可;如果公文标题中没有会议名称,成文日期在括号内要写明"××委员会第×次会议×××年××月××日通过"字样。

③ 正文。决议的正文由开头、主体和结尾三部分组成。开头一般写明决议的根据,即会议听取了什么、学习讨论了什么、审议了什么、批准或通过了什么、自何时生效等。主体根据内容而有所区别,如果是批准事项或通过文件的决议,多是强调意义,提出号召和要求;如果是安排工作的决议,要写明工作的内容、措施、要求;如果是阐述原则问题的决议,多是采用夹叙夹议的写法。结尾有时有,有时没有,如有时一般多以希望、号召结束全文。

(2) 决议的写作要求
① 文风严谨准确。决议要忠实于会议的主题，把握会议的中心，定性准确，评价适当。
② 文字要简明扼要。
③ 格式书写要规范。
④ 注意成文的时效性。

7.2.5 意见

1. 意见的概念

意见，是指上级机关或主管部门针对当前即将进行的主要工作和亟待解决的重大问题，提出原则性的要求和具体的处理办法，并直接发至下级机关或转发到有关部门遵照执行的一种公文。

2. 意见的适用范围

意见既可用于向上行文，又可用于向下行文，既有报请性又有指挥性。意见作为上行文，类似于请示，可向上级汇报提出对某个重要问题的见解和处理方法，如上级机关认可，可批复下发贯彻执行，但适用范围没有请示广泛，只限于对重要问题提出见解和处理方法。意见作为下行公文，类似于指示，可对下级机关布置工作，明确处理问题的办法；但指示只提出原则和要求，具有方向性，而意见提出具体的处理办法，具有可操作性。

意见的使用主要有三种情况：
(1) 对重要事项提出指导性的见解。
(2) 对一个阶段的工作提出原则性的要求。
(3) 对带有全局性的问题提出处理办法和政策性措施。

3. 意见的特点

(1) 具有实施性。意见是上级机关对重大问题所持的观点、见解、看法、态度，有较强的实施性。

(2) 具有指导性。意见的最大特点是它的政策指导性较强，所以意见既要符合党的路线、方针、政策，又要结合具体实际情况，理论联系实际。

(3) 具有针对性。意见的制发是针对工作中亟待解决的问题或必须克服的倾向，具有针对性。

(4) 具有明确性。意见要明确，不能含糊其辞，不能有歧义。

(5) 具有可操作性。意见要有法可依，有据可查，切实可行。

4. 意见的种类

意见主要有以下几种：

(1) 直发性意见。是指可以直接下发的意见，通常是上级机关对下级机关的工作提出要求和规定时使用的意见。

(2) 请批性意见。是指行文单位对自己主管的工作提出指导性意见，先呈报给执行单位共同的上级机关，再由上级机关批转给有关单位执行的意见。

(3) 建议性意见。是指下级机关对重大问题提出建议，要求上级机关予以批复的一种上行公文。

(4) 指导性意见。是指用于上级机关或有关主管部门阐述和说明开展某项工作的基本思想、原则、要求，并对工作提出原则性指导意见的一种公文。

(5) 规划性意见。是指用于上级机关或业务主管部门制定开展某项工作的部署、要求、安排、具体措施，并带有工作计划特点的一种公文。

(6) 其他意见。包括实施性意见、指示性意见、政策性意见等。

5. 意见的写作技巧

(1) 意见的写作格式

意见一般由标题、主送机关、开头、主体、结尾、落款六个部分组成。

① 标题。一般由"发文机关＋事由＋文种"组成。

② 主送机关。直接下发的意见，要标注主送机关。如果主送机关已标注在批转通知中，则不再标注主送机关。

③ 开头。意见的开头，主要写明发布意见的背景、根据、目的、意义等内容，最后以"现提出以下意见"、"特制定本实施意见"等语句承上启下，引入正文。

④ 主体。是意见的主要部分，要把对重要问题的见解或处理办法一一写明。

⑤ 结尾。篇幅较长的意见通常以提出号召、希望、督查要求为结尾。局部性意见大多没有专设的结尾，而是自然结束正文。

⑥ 落款。即署名和标注成文日期。直发性意见，一般都在文后署名和标注成文日期；转发性意见，通常不在文后落款，而将发文机关名称署于标题之下。

(2) 写作意见应注意的问题

写作意见时要注意，观点要鲜明，措施要切实可行，行文要庄重，语气要缓和，多用说理方式，同时要注意选题。

7.3 知照类公文写作

7.3.1 公告

1. 公告的概念

公告是通过网站登录、张贴或广播的形式公开发表，公布国家权力机关的重要决策，有关重大问题的处理事项，宣布国内外人士都需要知道的事项，以及对国内外有重大影响的礼仪活动安排等的重要文告。

公告的发布者一般是国家立法机关或行政领导机关，具有较强的权威性，有些还有强制性。公告的受文者十分广泛。

2. 公告的种类

公告的种类主要有：事项性公告、强制性公告、知照性公告、发布性公告、招标公告、选举公告等。

3. 公告的适用范围

公告是国家机关向国内外宣布重要事项或法定事项的文种。人民团体、企事业单位除针对特定事项外，不宜采用公告，而要视事项的性质和内容的不同，分别采用通告、布告、启事、海报、通知等文种。

4. 公告的特点

公告具有庄重性、严肃性、广泛性以及法定作者的限定性等特点。

5. 公告的写作技巧

（1）公告的写作格式

公告一般由标题、正文、签署、落款和编号五个部分组成。

① 标题。主要有三种形式：一是"发文机关＋文种"的形式；二是"事由＋文种"的形式；三是只写公文文种"公告"二字，而将发文机关的名称置于正文之后。

② 正文。一般是由公告的依据和公告事项两部分组成。最后以"现予公告"、"特此公告"结尾，也可不写结尾。

③ 签署。即在正文之下写上公告机关名称的全称，若以个人名义发布，在姓名前要冠以职务名称。

④ 落款。以"公告"或"事由＋文种"做标题时，应写明发布公告的单位名称及时间。如以"发文机关＋文种"做标题时，只要注写发布公告的时间。

⑤ 编号。公告在标题下有时单独编出顺序号，如"第一号"、"第二号"等。

（2）写作公告应注意的问题

① 行文要郑重，用语要规范。

② 宣布的事项应具体明确，一般不写事情的经过，也无须阐发道理。

③ 篇幅尽量短小，文字简明易懂。

7.3.2 通告

1. 通告的概念

通告是在一定的范围内公布各机关、团体、企事业单位与广大群众需要遵守或周知的政策、措施与行为规范，或其他需要引起警觉与注意的事项的文告。

2. 通告的适用范围

通告的发布者可以是国家机关，也可以是企事业单位和人民团体。通告用于公布社会各有关方面应当遵守或周知的事项。

3. 通告的特点

① 具有广泛性。通告的内容可涉及国家的法令、政策，也可以是社会生活中的一些具体事务。

② 具有普遍性。通告的使用对象可以是各级党政机关，也可以是人民团体、企事业单位。

③ 具有法规性和约束力。通告是行文单位根据自己的职权范围发布的，它所通告的事项，有关单位或人员必须严格遵守或者周知，具有一定的法规性和行政约束力。

4. 通告的种类

根据通告的内容，通告一般分为法规性通告、工作性通告、表彰性通告、招聘性通告、强制性通告、事项性通告等。

5. 通告的写作技巧

（1）通告的写作格式

通告一般由标题、正文、落款三部分组成。

① 标题。通告的标题通常有三种：一是"发文单位名称＋事由＋文种"；二是"发文单位名称＋文种"；三是只写"通告"两字。

② 正文。一般包括发布通告的目的、依据、通告事项、执行通告事项的要求与结语（"本通告自发布之日起实施"或"特此通告"）等。

③ 落款。以"通告"做标题时，应写明发布通告的单位名称及成文日期。如以"发文单位名称＋事由＋文种"或是"发文单位名称＋文种"做标题时，只要注写发布通告的成文日期。

(2) 写作通告应注意的问题

① 通告的内容应明确具体。

② 通告一般用分条列项的形式表述，用语要求简明易懂。

③ 通告是正式公文，应注意维护其严肃性。

7.3.3 通知

1. 通知的概念

通知是机关、企事业单位和人民团体向特定的受文对象告知有关事项的晓谕性公文。

2. 通知的适用范围

通知适用于批转下级机关的公文，转发上级机关和不相隶属机关的公文，传达要求下级机关办理和需要有关单位周知或执行的事项及任免聘用人员。

通知用途广泛，使用频率很高。

3. 通知的特点

① 功能的多样性。通知可以用来发布法规规章、传达指示、布置工作、批转转发文件、晓谕事项、任免人员等。

② 应用的广泛性。通知的使用范围广，任何单位、部门都可以使用通知。通知内容涉及面广，可以是国家大事，也可以是具体的工作事项。

③ 时间性。通知有明显的时间要求，只能在一定的时间内产生效力。

4. 通知的种类

(1) 指示性通知。亦称布置工作的通知，主要用于：

①传达上级机关的决定或指示；②布置需要执行与办理的一般性工作或具体事项；③上级主管业务部门向下级主管业务部门对口指导业务事项；④一般基层单位用于布置具体工作。

(2) 知照性通知。用于知照有关单位需要周知而不需办理的事项。

(3) 转发性通知。用于转发上级机关、同级机关和不相隶属机关公文的通知。

(4) 批转性通知。是当上级机关对下级机关报来的公文，认为具有广泛印发的必要性和重要性时即加上批语以通知的形式向下转发。

(5) 发布性通知。是指用通知发布规章，以提高规章的法定效力，使执行单位认真贯彻的一种带有命令性和规定性的下行公文。

(6) 任免性通知。是指上级机关在任免下级机关领导人或上级机关有关任免事项需要下级机关知道时发布的一种下行公文。

(7) 会议通知。是指用于召开某次会议而提前发文通知有关与会人员做好参会准备的公文。

（8）紧急通知。是指党政机关对所属范围内的下级机关和单位，告知某些紧急事项而作出相应的指示部署时使用的一种公文。

5. 通知的写作技巧

（1）通知的写作格式

通知一般由标题、主送机关、正文、落款和日期构成。

① 标题。通知标题一般由发文机关名称、事由和文种三部分组成。有的还要根据具体情况写明"联合通知"、"紧急通知"、"重要通知"、"补充通知"等。非正式文件处理的一般性通知，标题可直接标出文种。

② 主送机关。在标题下、正文前顶格写受文单位或个人。

③ 正文。通知正文一般包括通知缘由、通知事项、通知要求三部分。不同种类的通知其正文的写作有所不同：A. 发布性通知的正文一般写明发布的意义和目的，提出执行的要求。B. 指示性通知的正文包括两个部分即开头和内容；开头部分写明通知的缘由，可以写当前存在的问题，发本通知的意义，也可写"特发本通知"或"特通知如下"转入通知的内容；内容部分大多采用分条列项法，具体提出要求和措施、办法。C. 会议通知的正文一般包括：召开会议的机关、会议名称、会议起止时间、地点、会议的内容和任务、参加会议的人员范围和人数、入场凭证、报到时间及地点、与会人员须携带的文件材料、其他要求事项等内容。D. 任免通知的正文包括决定任免的时间、机关、会议或依据文件以及任免人员的具体职务等。

④ 落款和日期。在正文的右下方写发文机关名称和发文日期。

（2）写作通知应注意的问题

① 要熟悉通知的内容。

② 要运用适当的表达方式。

③ 注意语言的准确性。

7.3.4　通报

1. 通报的概念

通报，属于普发性下行文，是指党政机关和部门用以表彰先进、批评错误、传达重要精神或交流重要情况时使用的一种公文文种。

2. 通报的适用范围

通报适用于表彰先进、批评错误、传达重要精神或交流重要情况。通报文种灵活，使用频率高。

3. 通报的特点

（1）具有教育性。

（2）侧重于叙事，在叙事的基础上阐明道理。

（3）具有较强的时效性。

4. 通报的种类

（1）事故通报。

（2）情况通报。

(3) 表彰通报。
(4) 批评通报。
(5) 专题通报。

5. 通报的写作技巧

(1) 通报的写作结构

通报的结构包括标题、主送机关、正文、成文日期四个部分。

① 标题。标题由"发文机关＋事由＋文种"或"事由＋文种"表示，有时也可以只写出文种即"通报"作为标题。

② 主送机关。一般通报都有主送机关，少数普发性通报可以不写此项。

③ 正文。一般由引言、事实、分析及处理三部分组成；引言部分主要是概括通报的内容、性质、作用和要求。

④ 成文日期。一般在正文右下方注写。

(2) 写作通报应注意的问题

① 事例要典型。
② 材料要真实。
③ 行文要及时。
④ 要突出教育性，注意掌握政策。
⑤ 应使用说明与叙述的表达方式。

7.3.5 函

1. 函的概念

函是指平行机关或不相隶属机关之间，商洽和联系工作、询问和答复问题时所使用的一种公文。

2. 函的特点

(1) 灵活性。主要表现在两个方面：第一，行文关系灵活；函不受作者职权范围与级别层次高低的制约。第二，内容灵活；函不受内容繁简轻重差别的严格限制。

(2) 使用频率高，并且类别繁多。

(3) 具有公文的法定效率。函有正式公函与便函之分，正式公函为正式公文的一种，不论是用于商洽公务、询问与答复问题，还是向有关主管部门请示批准，均代表了法定作者的意志与权威，要求受文者予以办理与配合。

3. 函的适用范围

函既可以在平行机关及不相隶属机关之间使用，也可以在上下级机关之间使用。

函可以用于商洽公务、接洽工作、询问事情、征求意见、答复问题、请求帮助及告知情况、催办事务等。

4. 函的种类

根据函件的内容和作用划分，函可以分为以下几类：

(1) 商洽函。主要用于机关或部门之间联系和商洽工作时使用。

(2) 询问函。主要是向对方询问有关问题，请求对方给予答复时使用。

(3) 答复函。主要是答复对方来函所询问的问题时使用。

(4) 其他函。包括协调函、合作函等。

5. 函的写作技巧

(1) 函的结构

① 标题。通常为"发文机关＋事由＋文种"的形式，有时发文机关名称可省略。如属回复问题的函，则多在"函"前加"复"字即"复函"。

② 发文字号。有的公函有正规的发文字号，其写法与一般公文相同，由"机关代号＋年号＋顺序号"组成。

③ 主送机关。一般函的发文对象是明确的、单一的，所以多数函的主送机关只有一个。但有时函的内容涉及多个部门，则有排列多个主送机关的情况。

④ 正文。一般包括三个部分即制发函的根据与理由、商洽或询问（答复）以及请求批准的具体事项、结尾。结尾通常使用致意性的词语，如"敬请予以大力支持"、"烦请尽快函复为盼"、"致以敬礼"等。

⑤ 发函机关名称与成文日期。

(2) 函的写作要求

① 行文郑重，格式规范。

② 直陈其事，言简意明。

③ 用语谦和，讲究礼貌。

7.3.6 纪要

1. 纪要的概念

纪要是指在会议后期，根据会议记录、会议文件等材料加以归纳、整理所撰写的传达贯彻会议主要精神和议定事项，一般需要与会单位共同遵守执行的公文。

2. 纪要的适用范围

纪要适用于记录和传达会议情况和议定事项，一般要求与会单位共同遵守和执行时采用。

3. 纪要的特点

(1) 具有较强的提要性。纪要对会议的内容要点进行综合整理和提炼概括。

(2) 具有法定的权威性。纪要一经下发，便对有关单位和人员产生约束力。

(3) 具有存查备案的作用。

4. 纪要的种类

根据纪要议定事项、与会单位的关系及要求，纪要可分为以下几类：

(1) 决议性纪要。一般是具有一定权力的机关召开的研究工作的会议，纪要记载会议的主要精神和议决事项，作为传达和部署工作的依据，对今后工作有指导意义。

(2) 协议性纪要。由代表不同方面的不同单位或部门联合召开的商讨共同关心问题的会议，纪要主要记载各方取得的一致意见，对各方今后的工作有约束力。

(3) 研讨性纪要。主要用于研讨问题或交流情况、介绍经验的会议，不需要统一意见，不需要作决议，纪要只是把各方的主要观点、意见或情况记下即可。

5. 纪要的写作技巧

(1) 纪要的结构

纪要一般由标题、开头、主体、结尾四部分组成。

① 标题。一般需写明会议名称和文种。有些纪要还要标明会议召开单位。

② 开头。简要介绍会议的基本情况，包括召开会议的根据、目的、会议名称、会议的起止时间、会议的地点、与会人员、会议的基本议程、会议的成果等。

③ 主体。主要介绍会议讨论与决定的事项。一般应首先写明对会议讨论事项的分析与评价，而后写关于今后工作的指导原则与具体安排或对有关事项的处理意见。

④ 结尾。写明会议的希望、要求或发出号召。有的纪要也可省略。

(2) 纪要正文的几种写法

① 条项式写法。即把会议讨论的问题和决定的事项，分条分项写出。

② 综合式写法。即把会议内容，按性质综合为若干部分，然后逐一写出。

③ 摘录式写法。即摘要记录会上发言内容，按发言顺序或按内容性质归类写出。

(3) 纪要的写作要求

① 实事求是、真实准确地反映会议的各项内容。

② 突出重点，简明精炼。

③ 层次分明，条理清楚。

7.4　报请类公文写作

7.4.1　报告

1. 报告的概念

报告属于陈述性公文，用于向上级机关反馈本机关或部门工作情况或收集的信息，总结经验教训，为上级机关制定决策和指导工作提供依据。

2. 报告的特点

(1) 报告是上行公文，是上下级纵向联系、沟通的一种重要形式。

(2) 报告不要求批复。

(3) 报告表述方式以叙述为主。

3. 报告的适用范围

报告适用于向上级机关汇报工作，反映情况，答复上级机关的询问。报告的用途十分广泛。

4. 报告的种类

报告按内容和性质划分，可以分为以下几种：

(1) 工作报告。工作报告主要用于向上级机关汇报工作，反映情况，提出意见和建议。可分为综合性报告与专题性报告。

(2) 呈转性报告。呈转性报告侧重于针对工作中存在的问题，提出具体的解决方案与建议，报请上级机关批准，并转给有关地区或机关执行。它一经上级批准即具有了对受文单位的权威性。

(3) 调查报告。是根据调研的成果写成的用于揭示事物真相与规律的报告。主要是为向上级机关反馈信息，辅助决策，核查决策执行情况使用。

(4) 答复询问报告。是下级机关答复上级机关询问时使用的文种。

5. 报告的写作技巧

(1) 报告的结构。报告主要由标题、主送机关、正文、落款和日期四个部分组成。

① 标题。报告的标题有两种写法：一是"事由＋文种"；二是"发文机关＋事由＋文种"。有的报告内容紧急，则在文种前冠以"紧急"字样。

② 主送机关。当行政机关受多重领导时，主送机关可以不止一个。

③ 正文。报告的正文分引据、主体和结语三部分。引据是先概括说明全文主旨，然后用"现将有关情况报告如下"承上启下，引领主体。主体即报告事项部分，是正文的核心，要叙述报告的具体内容。结语常用"特此报告"、"以上报告，如有不妥，请指正"等。

④ 落款和日期。即在正文的右下方写上发文单位和成文日期。

(2) 报告的写作要求

① 要总结出有规律的内容。

② 注意个体材料和整体材料的配合使用。

③ 反映的情况要真实、具体。

④ 重点要突出。

⑤ 报告中不得夹带请示事项。

(3) 报告写作应注意的问题

① 材料要真实。

② 主旨要鲜明。

③ 报告不得与请示混用。

④ 要注明签发人。

7.4.2 请示

1. 请示的概念

请示是下级机关向上级机关或业务主管机关请示某项工作中的问题，明确某项政策界限，审核批准某事项时使用的上行公文。

2. 请示的适用范围

请示适用于下级机关向上级机关请求指示、批准。下级机关遇到无权处理或无力处理解决的问题，都可以通过向上级机关呈送请示的形式，请求上级机关予以批准或者给予指示。

3. 请示的特点

(1) 请示具有强制回复的性质。请示一般是带有迫切性的、并需要上级机关批示、批准的事项，要求上级机关批复。

(2) 请示具有单一性。请示一般一文一事，不可将多项内容放在同一文中请示。

(3) 请示具有预先性。请示要求在事前行文，不允许先斩后奏。

(4) 请示具有定向性。请示是一种上行文，只在向上行文时使用。对不是上级领导机关的业务主管机关或其他不相隶属单位，一般不使用请示文种。

4. 请示的种类

（1）求准性请示。是下级机关遇到工作中的具体问题，请求上级机关批准自己要求时使用的一种公文。

（2）请求指示的请示。是请示单位对管辖区域的变更、机构设置、人员定编、人事安排、资产购置、资金动用等问题向上级机关请示办理的一种公文。

（3）请求解决问题的请示。是请示单位呈报因工作中遇到无力解决的困难，要求上级机关提供帮助的一种公文。

（4）批转性请示。是请求上级机关对自己单位给下属机关或其他不相隶属的同级机关的请示、文件予以批准，并转发的一种公文。

5. 请示的写作技巧

（1）请示的结构。请示的结构一般由标题、主送机关、正文、制发机关名称和成文日期组成。

① 标题。请示的标题有两种写法：一是"事由＋文种"；二是"发文机关＋事由＋文种"。

② 主送机关。请示的主送机关就是负责受理和答复请示的机关。

③ 正文。请示的正文一般由开头、主体、结语三部分组成。开头主要表述请示的缘由，是上级机关批准答复的主要依据。主体是表明请示事项的部分，是请示的核心。结语是表明请示的具体要求，一般按程式化的语言写出，如"妥否，请批示"、"以上请示如无不妥，请批转（×××）执行"等。

④ 制发机关和成文日期。一般写在正文的右下方。

（2）请示写作时应注意的问题

① 请示不得与报告混淆，标题不要写成"请示报告"。

② 必须事先请示。

③ 必须一文一事。

④ 请示一般只写一个主送机关，如需同时送达其他机关，应当采用抄送的形式。

⑤ 请示观点应明确，理由与事项要清楚具体。

⑥ 要向主管部门请示，不得越级请示，也不要多方请示。

7.5 公 文 处 理

7.5.1 公文处理及其任务

1. 公文处理的概念

公文处理，从广义上说，是指对公文的撰写传递与管理，它是使公文得以形成并产生实际效用的全部活动，是机关实现其管理职能的重要形式。公文处理具体包括：公文的拟写、制作、处理、传递、保管、提供利用以及对公文处理的监督控制和组织管理。

2. 公文处理的任务

公文处理的基本任务是准确、及时、安全、有效地拟制、传递、处理和管理公文，以便为机关公务活动提供适用的信息，充分发挥公文的效用。

公文处理的具体任务是：

(1) 拟写与制作公文。包括拟稿、会商、审核、签发、缮印、校对直至用印或签署，形成正式公文。

(2) 传递公文。将拟制成的公文，根据公文性质与时限要求以多种方式传递给收受公文的机关。

(3) 办理公文。对于收文予以执行、办理或撰拟新的公文作出答复，批转或转发的处理。

(4) 处置办毕公文。是对已办理完毕的公文采取立卷归档、清退、销毁与暂存等方法进行处置。

(5) 管理公文。指对公文的平时分类保管与提供查阅。

(6) 对公文拟制办理的组织管理与监督控制。

7.5.2 公文处理的基本原则

公文处理必须遵循下列基本原则：

1. 法制原则

要求在公文处理过程中全面立法，坚决依照法律、法规与各种规章办事。

2. 质量原则

要求准确、严密地处理公文，追求公文处理活动的全部构成要素、全部过程与全部质量指标的优化。

3. 时效原则

要求及时、快捷地处理公文、维护公文的时效。

4. 保密原则

要求安全可靠地传递、处理与管理公文，保证不失密、不泄密，不丢失公文。

5. 精简原则

要求公文精简，讲求实效，在保证有效的前提下努力简化公文的格式与语言表述，简化公文处理的程序手续与方法。

6. 集中统一原则

要求对机关与其下属机关的公文处理实行统一领导与指导，防止各行其是，放任自流。

7. 实事求是原则

从实际出发，解决实际问题，反映真实情况，判断合乎实际，方法切实可行。

8. 党政分开原则

明确党政不同责任范围，使党政文件分开。

7.5.3 收文处理

所谓收文处理是指对来自本机关外部的公文所实施的处置与管理活动。收文处理包括：

1. 签收

是指对收文的鉴别、清点、核对、检查与履行签注手续并接收公文的活动。要求认真核对公文的收文机关、公文数量,检查公文封装的情况,是否按规定时限送达等。在确认无误后签字(盖章)并注明收文时间。

2. 收文登记

指登录反映公文有关数据的过程。其作用是便于掌握公文运转办理的情况;为查阅公文提供线索和依据;可作为公文交换的凭证,有利于分清责任,加强管理。公文登记的形式有:簿式、卡片式、联单式及电脑登记等。

3. 分办

指根据一定的标准和要求,将收文分送给有关部门和人员阅办的活动。分办的主要依据是:文件的性质、重要程度、涉密程度、缓急时限要求、内容所涉及的职责范围等。

4. 拟办

指由主管部门或综合部门有关人员对公文如何处理提出建议性处理意见,供领导者审核定夺,是辅助决策的活动。

5. 批办

即机关或部门的领导人对来文办理提出处置意见的活动,具有决策性。

6. 承办

即具体承接办理文件内容所针对的事务和问题的活动。公文只有经过承办才能产生切实的效用。

7. 催办、查办

即根据承办时限和有关要求,对公文承办所实施的监督控制并促使文件精神得以落实的活动。

8. 注办

指由承办人签注文件承办经过与结果的活动。注办由承办人随手完成,主要签注承办的方式与结果,并签注姓名和日期。

7.5.4 发文处理

所谓的发文处理是指机关内部为制发公文所进行的拟制、处置与管理活动。

发文处理的一般程序为:文稿的形成、公文的制作、公文的传递等。

1. 文稿的形成

具体包括:拟稿、会商、核稿、签发。

(1)拟稿。即撰拟公文文稿。拟稿是机关各级工作人员的职责,不仅各类具体工作人员应积极参与,各级领导者也应亲自动手草拟各类重要公文。

(2)会商。指当公文内容涉及其他有关同级或不相隶属机关或部门的职权范围,需征得其同意或配合时所进行的协商活动。

(3)核稿。指拟就的文稿在送交有关领导签发或会议讨论通过之前,由部门负责人或经验丰富、水平较高的秘书人员对文稿所做的全面审查工作。

(4)签发。指由机关领导人或被授以专门权限的部门负责人对文稿终审核准之后,批注正式定稿和发出意见并签注姓名、日期的活动。除一些规范性及重要领导指导性公文须经有关正式会议通过,或再由负责人签署即可生效外,其他的公文的文稿,一经履行签发手续即为定稿,即有正式公文的效用,为此,签发是绝大多数公文生效的必备条件。

2. 公文的制作

具体包括：注发、缮印、用印或签署。

（1）注发。即指在定稿形成后，批注缮写印发要求的活动，其作用是使签发意见进一步具体化、技术化。

（2）缮印。即文稿的缮写与印刷。为保证公文的质量，在缮印过程中，必须建立起严格的检查、核对与复核制度。

（3）用印或签署。即在印毕的公文上加盖发文机关的印章，或请有关领导者在公文正本上签注姓名。其作用均为表明公文的正式性质和法定效力。

3. 公文的传递

包括分装、发出等环节。

（1）分装。指按照规定具体拣配和封装公文。

（2）发出。将已封装完毕的公文以适宜的方式发送给受文者。

7.5.5 办毕公文的处置

办毕公文的处置包括立卷归档、清退、销毁和暂存。

1. 立卷归档

即将机关在工作活动中形成的办理完毕具体查考价值的文件材料，按其一定的联系、性质和保存价值分类整理编立成案卷，并移交档案部门保管。

立卷原则：遵循文件材料形成的特点与规律、保持文件之间的历史联系，区分不同价值，便于保管与利用。

立卷方法：把握文件的特征，进行科学的分类、组合与编目。要保证立卷文件的齐全、完整，能正确反映本机关的主要工作情况。

立卷归档的程序：编制立卷类目（分类归档方案）、平时归档、年终调整、排列卷内文件与编号、填写卷内文件目录与备考表、拟写案卷标题、填写封皮与装订、案卷排列与编目、归档。

2. 清退

即向原发文机关或指定的其他机关退还属于清退范围的公文。

3. 销毁

即对已不具备留存价值的公文，在履行审批手续之后予以销毁。

4. 暂存

即对不属于上述范围的公文暂时予以妥善保存。

第 8 章 职 业 道 德

8.1 概 述

8.1.1 基本概念

道德是以善恶为标准,通过社会舆论、内心信念和传统习惯来评价人的行为,调整人与人之间以及个人与社会之间相互关系的行为规范的总和。只涉及个人、个人之间、家庭等的私人关系的道德,称为私德;涉及社会公共部分的道德,称为社会公德。一个社会一般有社会公认的道德规范,不过,不同的时代,不同的社会,往往有一些不同的道德观念;不同的文化中,所重视的道德元素以及优先性、所持的道德标准也常常会有所差异。

1. 道德与法纪的区别和联系

遵守道德是指按照社会道德规范行事,不做损害他人的事。遵守法纪是指遵守纪律和法律,按照规定行事,不违背纪律和法律的规定条文。法纪与道德既有区别也有联系。它们是两种重要的社会调控手段,自人类进入文明社会以来,任何社会在建立与维持秩序时,都必须借助于这两种手段。遵守道德与遵守法纪是这两种规范的实现形式,两者是相辅相成、相互促进、相互推动的。

(1) 法纪属于制度范畴,而道德属于社会意识形态范畴。道德侧重于自我约束,是行为主体"应当"的选择,依靠人们的内心信念、传统习惯和社会舆论发挥其作用和功能,不具有强制力;而法纪则侧重于国家或组织的强制,是国家或组织制定和颁布,用以调整、约束和规范人们行为的权威性规则。

(2) 遵守法纪是遵守道德的最低要求。道德可分为两类:第一类是社会有序化要求的道德,是维系社会稳定所必不可少的最低限度的道德,如不得暴力伤害他人、不得用欺诈手段谋取利益、不得危害公共安全等;第二类是那些有助于提高生活质量、增进人与人之间紧密关系的原则,如博爱、无私、乐于助人、不损人利己等。第一类道德通常会上升为法纪,通过制裁、处分或奖励的方法得以推行。而第二类道德是对人性较高要求的道德,一般不宜转化为法纪,需要通过教育、宣传和引导等手段来推行。法纪是道德的演化产物,其内容是道德范畴中最基本的要求,因此遵纪守法是遵守道德的最低要求。

(3) 遵守道德是遵守法纪的坚强后盾。首先,法纪应包含最低限度的道德,没有道德基础的法纪,是一种"恶法",是无法获得人们的尊重和自觉遵守的。其次,道德对法纪的实施有保障作用,"徒善不足以为政,徒法不足以自行",执法者职业道德的提高,守法者的法律意识、道德观念的加强,都对法纪的实施起着推动的作用。再者,道德对法纪有补充作用,有些不宜由法纪调整的,或本应由法纪调整但因立法的滞后而尚"无法可依"的,道德约束往往起到了补充作用。

2. 公民道德的主要内容

公民道德主要包括社会公德、职业道德和家庭美德三个方面。

(1) 社会公德。社会公德是全体公民在社会交往和公共生活中应该遵循的行为准则，涵盖了人与人、人与社会、人与自然之间的关系。在现代社会，公共生活领域不断扩大，人们相互交往日益频繁，社会公德在维护公众利益、公共秩序和保持社会稳定方面的作用更加突出，成为公民个人道德修养和社会文明程度的重要表现。以文明礼貌、助人为乐、爱护公物、保护环境、遵纪守法为主要内容的社会公德，旨在鼓励人们在社会上做一个好公民。

(2) 职业道德。职业道德是所有从业人员在职业活动中应该遵循的行为准则，涵盖了从业人员与服务对象、职业与职工、职业与职业之间的关系。随着现代社会分工的发展和专业化程度的增强，市场竞争日趋激烈，整个社会对从业人员职业观念、职业态度、职业技能、职业纪律和职业作风的要求越来越高。以爱岗敬业、诚实守信、办事公道、服务群众、奉献社会为主要内容的职业道德，旨在鼓励人们在工作中做一个好建设者。

(3) 家庭美德。家庭美德是每个公民在家庭生活中应该遵循的行为准则，涵盖了夫妻、长幼、邻里之间的关系。家庭生活与社会生活有着密切的联系，正确对待和处理家庭问题，共同培养和发展夫妻爱情、长幼亲情、邻里友情，不仅关系到每个家庭的美满幸福，也有利于社会的安定和谐。以尊老爱幼、男女平等、夫妻和睦、勤俭持家、邻里团结为主要内容的家庭美德，旨在鼓励人们在家庭里做一个好成员。

党的十八大对未来我国道德建设也作出了重要部署。强调要坚持依法治国和以德治国相结合，加强社会公德、职业道德、家庭美德、个人品德教育，弘扬中华传统美德，弘扬时代新风，指出了道德修养的"四位一体"性。"十八大"报告中"推进公民道德建设工程，弘扬真善美、贬斥假恶丑，引导人们自觉履行法定义务、社会责任、家庭责任，营造劳动光荣、创造伟大的社会氛围，培育知荣辱、讲正气、作奉献、促和谐的良好风尚"，强调了社会氛围和社会风尚对公民道德品质的塑造；"深入开展道德领域突出问题专项教育和治理，加强政务诚信、商务诚信、社会诚信和司法公信建设"，突出了"诚信"这个道德建设的核心。

3. 职业道德的概念

所谓职业道德，是指从事一定职业的人们在其特定职业活动中所应遵循的符合职业特点所要求的道德准则、行为规范、道德情操与道德品质的总和。职业道德是对从事这个职业所有人员的普遍要求，它不仅是所有从业人员在其职业活动中行为的具体表现，同时也是本职业对社会所负的道德责任与义务，是社会公德在职业生活中的具体化。每个从业人员，不论是从事哪种职业，在职业活动中都要遵守职业道德，如教师要遵守教书育人、为人师表的职业道德；医生要遵守救死扶伤的职业道德；企业经营者要遵守诚实守信、公平竞争、合法经营职业道德等。具体来讲，职业道德的含义主要包括以下八个方面：

(1) 职业道德是一种职业规范，受社会普遍的认可。

(2) 职业道德是长期以来自然形成的。

(3) 职业道德没有确定形式，通常体现为观念、习惯、信念等。

(4) 职业道德依靠文化、内心信念和习惯，通过职工的自律来实现。

(5) 职业道德大多没有实质的约束力和强制力。

(6) 职业道德的主要内容是对职业人员义务的要求。
(7) 职业道德标准多元化，代表了不同企业可能具有不同的价值观。
(8) 职业道德承载着企业文化和凝聚力，影响深远。

8.1.2 职业道德的基本特征

职业道德是从业人员在一定的职业活动中应遵循的、具有自身职业特征的道德要求和行为规范。根据《中华人民共和国公民道德建设实施纲要》，我国现阶段各行各业普遍使用的职业道德的基本内容包括"爱岗敬业、诚实守信、办事公道、服务群众、奉献社会"。上述职业道德内容具有以下基本特征。

1. 职业性

职业道德的内容与职业实践活动紧密相连，反映着特定职业活动对从业人员行为的道德要求。每一种职业道德都只能规范本行业从业人员的执业行为，在特定的职业范围内发挥作用。由于职业分工的不同，各行各业都有各自不同特点的职业道德要求。如医护人员有以"救死扶伤"为主要内容的职业道德，营业员有以"优质服务"为主要内容的职业道德。建设领域特种作业人员的职业道德则集中体现在"遵章守纪，安全第一"上。职业道德总是要鲜明地表达职业义务、职业责任以及职业行为上的道德准则，反映职业、行业以至产业特殊利益的要求；它往往表现为某一职业特有的道德传统和道德习惯，表现为从事某一职业的人们所特有的道德心理和道德品质。甚至形成从事不同职业的人们在道德品貌上的差异。如人们常说，某人有"军人作风"、"工人性格"等。

2. 继承性

在长期实践过程中形成的职业道德内容，会被作为经验和传统继承下来。即使在不同的社会经济发展阶段，同样一种职业，虽然服务对象、服务手段、职业利益、职业责任有所变化，但是职业道德基本内容仍保持相对稳定，与职业行为有关的道德要求的核心内容将被继承和发扬，从而形成了被不同社会发展阶段普遍认同的职业道德规范。如"有教无类"、"学而不厌，诲人不倦"，从古至今都是教师的职业道德。

3. 多样性

不同的行业和不同的职业，有不同的职业道德标准，且表现形式灵活，涉及范围广泛。职业道德的表现形式总是从本职业的交流活动实际出发，采用制度、守则、公约、承诺、誓言、条例，以至标语口号之类来加以体现，既易于为从业人员所接受和实行，而且便于形成一种职业的道德习惯。

4. 纪律性

纪律也是一种行为规范，但它是介于法律和道德之间的一种特殊的规范。它既要求人们能自觉遵守，又带有一定的强制性。就前者而言，它具有道德色彩；就对后者而言，又带有一定的法律色彩。就是说，一方面遵守纪律是一种美德，另一方面，遵守纪律又带有强制性，具有法令的要求。例如，工人必须执行操作规程和安全规定；军人要有严明的纪律等。因此，职业道德有时又以制度、章程、条例的形式表达，让从业人员既认识到职业道德又具有纪律的约束性。

8.1.3 职业道德建设的必要性和意义

在现代社会里，人人都是服务对象，人人又都为他人服务。社会对人的关心、社会的安宁和人们之间关系的和谐，是同各个岗位上的服务态度、服务质量密切相关的。在构建和谐社会的新形势下，大力加强社会主义的职业道德建设，具有十分重要的意义，一个人对社会贡献的大小，主要体现在职业实践中。

1. 加强职业道德建设，是提高职业人员责任心的重要途径

行业、企业的发展有赖于好的经济效益，而好的经济效益源于好的员工素质。员工素质主要包含知识、能力、责任心三个方面，其中责任心即是职业道德的体现。职业道德水平高的从业人员其责任心必然很强，因此，职业道德能促进行业企业的发展。职业道德建设要把共同理想同各行各业、各个单位的发展目标结合起来，同个人的职业理想和岗位职责结合起来，这样才能增强员工的职业观念、职业事业心和职业责任感。职业道德要求员工在本职工作中不怕艰苦，勤奋工作，既讲团结协作，又争个人贡献；既讲经济效益，又讲社会效益。

在现代社会里，各行各业都有它的地位和作用，也都有自己的责任和权力。有些人凭借职权钻空子，谋私利，这是缺乏职业道德的表现。加强职业道德建设，就要紧密联系本行业本单位的实际，有针对性地解决存在的问题。比如，建筑行业要针对高估多算、转包工程从中渔利等不正之风，重点解决好提高质量、降低消耗、缩短工期、杜绝敲诈勒索和拖欠农民工工资等问题；商业系统要针对经营商品以次充好、以假乱真和虚假广告等不正之风，重点解决好全心全意为顾客服务的问题；运输行业要针对野蛮装卸、以车谋私和违章超载等不正之风，重点解决好"人民交通为人民"的问题。当职业人员的职业道德修养提升了，就能做到干一行，爱一行，脚踏实地工作，尽心尽责地为企业为单位创造效益。

2. 加强职业道德建设，是促进企业和谐发展的迫切要求

职业道德的基本职能是调节职能。它一方面可以调节从业人员内部的关系，即运用职业道德规范约束职业内部人员的行为，促进职业内部人员的团结与合作，加强职业、行业内部人员的凝聚力。如职业道德规范要求各行各业的从业人员，都要团结、互助、爱岗、敬业、齐心协力地为发展本行业、本职业服务。另一方面职业道德又可以调节从业人员和服务对象之间的关系，用来塑造本职业从业人员的社会形象。

企业是具有社会性的经济组织，在企业内部存在着各种复杂的关系。这些关系既有相互协调的一面，也有矛盾冲突的一面，如果解决不好，将会影响企业的凝聚力。这就要求企业所有的员工都应从大局出发，光明磊落、相互谅解、相互宽容、相互信赖、同舟共济，而不能意气用事、互相拆台。总之，要求职工必须具有较高的职业道德觉悟。

现在，各行各业从宏观到微观都建立了经济责任制，并与企业、个人的经济利益挂钩，从业者的竞争观念、效益观念、信息观念、时间观念、物质利益观念、效率观念都很强，这使得各行各业产生了新的生机和活力。但另一方面，由于社会观念的相对转弱，又往往会产生只顾小集体利益，不顾大集体利益；只顾本企业利益，不顾国家利益；只顾个人利益，不顾他人利益；只顾眼前利益，不顾长远利益等问题。因此，加强职业道德建设，教育员工顾大局、识大体，正确处理国家、集体和个人三者之间的关系，防止各种旧思想、旧道德对员工的腐蚀就显得尤为重要。要促进企业内部党政之间、上下级之间、干群之间团结协作，使企业真正成为一个具有社会主义精神风貌的和谐集体。

3. 加强职业道德建设，是提高企业竞争力的必要措施

当前市场竞争激烈，各行各业都讲经济效益，这就促使企业的经营者在竞争中不断开拓创新。但行业之间为了自身的利益，会产生很多新的矛盾，形成自我力量的抵消，使一些企业的经营者在竞争中单纯追求利润、产值，不求质量，或者以次充好、以假乱真，不顾社会效益，损害国家、人民和消费者的利益。这只能给企业带来短暂的收益，当企业失去了消费者的信任，也就失去了生存和发展的源泉，难以在竞争的激流中不倒。在企业中加强职业道德建设，可使企业在追求自身利润的同时，创造社会效益，从而提升企业形象，赢得持久而稳定的市场份额；同时，可使企业内部员工之间相互尊重、相互信任、相互合作，从而提高企业凝聚力。如此，企业方能在竞争中稳步发展。

现阶段的企业，在人财物、产供销方面都有极大的自主权。但粗放型经济增长方式在建设、生产、流通等各个领域，突出表现为管理水平低、物资消耗高、科技含量低、资金周转慢、经济效益差，新旧经济体制的转变已进入了交替的胶着状态，旧经济体制在许多方面失去了效应，而新经济体制还没有完全建立起来。同时，人们在认识上缺乏科学的发展观念。解决这些问题，当然要坚定不移地推进改革，进一步完善经济、法制、行政的调节机制，但运用道德手段来调节和规范企业及员工的经济行为也是合乎民心的极其重要的工作。因此，随着改革的深入，人们的道德责任感应当加强而不是削弱。

4. 加强职业道德建设，是个人健康发展的基本保障

市场经济对于职业道德建设有其积极一面，也有消极的一面，它的自发性、自由性、注重经济效益的特性，诱惑一些人"一切向钱看"，唯利是图，不择手段追求经济效益，从而走上不归路，断送前程。通过加强职业道德建设，提高从业人员的道德素质，使其树立职业理想，增强职业责任感，形成良好的职业行为。当从业人员具备职业道德精神，将职业道德作为行为准则时，就能抵抗物欲诱惑，而不被利益所熏心，脚踏实地在本行业中追求进步。在社会主义市场经济条件下，弄虚作假、以权谋私、损人利己的人不但给社会、国家利益造成损害，自身发展也会受到影响，只有具备"爱岗敬业、诚实守信、办事公道、服务群众、奉献社会"职业道德精神的从业人员，才能在社会中站稳脚跟，成为社会的栋梁之材，在为社会创造效益的同时，也保障了自身的健康发展。

5. 加强职业道德建设，是提高全社会道德水平的重要手段

职业道德是整个社会道德的主要内容，它一方面涉及每个从业者如何对待职业，如何对待工作，同时也是一个从业人员的生活态度、价值观念的表现，是一个人的道德意识和道德行为发展到成熟阶段的体现，具有较强的稳定性和连续性。另一方面职业道德也是一个职业集体甚至一个行业全体人员的行为表现，如果每个行业、每个职业集体都具备优良的道德，那么对整个社会道德水平的提高就会发挥重要作用。

8.2 建设行业从业人员的职业道德

对于建设行业从业人员来说，一般职业道德要求主要有忠于职守、热爱本职，质量第

一、信誉至上，遵纪守法、安全生产，文明施工、勤俭节约，钻研业务、提高技能等内容，这些都需要全体人员共同遵守。对于建设行业不同专业、不同岗位从业人员，还有更加具有针对性和更加具体的职业道德要求。

8.2.1 一般职业道德要求

1. 忠于职守、热爱本职

一个从业人员不能尽职尽责，忠于职守，就会影响整个企业或单位的工作进程。严重的还会给企业和国家带来损失，甚至还会在国际上造成不良影响。因此，应当培养高度的职业责任感，以主人翁的态度对待自己的工作，从认识上、情感上、信念上、意志乃至习惯上养成"忠于职守"的自觉性。

（1）忠实履行岗位职责，认真做好本职工作

岗位责任一般包括：岗位的职能范围与工作内容；在规定的时间内完成的工作数量和质量。忠实履行岗位职责是国家对每个从业人员的基本要求，也是职工对国家、对企业必须履行的义务。

（2）反对玩忽职守的渎职行为

玩忽职守，渎职失责的行为，不仅影响企事业单位的正常活动，还会使公共财产、国家和人民的利益遭受损失，严重的将构成渎职罪、玩忽职守罪、重大责任事故罪，而受到法律的制裁。作为一个建设行业从业人员，就要从一砖一瓦做起，忠实履行自己的岗位职责。

2. 质量第一、信誉至上

"质量第一"就是在施工时要对建设单位（用户）负责，从每个人做起，严把质量关，做到所承建的工程不出次品，更不能出废品，争创全优工程。建筑工程的质量问题不仅是建筑企业生产经营管理的核心问题，也是企业职业道德建设中的一个重大课题。

（1）建筑工程的质量是建筑企业的生命

建筑企业要向企业全体职工，特别是第一线职工反复地进行"百年大计，质量第一"的宣传教育，增强执行"质量第一"的自觉性，同时要"奖优罚劣"，严格制度，检查考核。

（2）诚实守信、实践合同

信誉，是信用和名誉两者在职业活动中的统一。一旦签订合同，就要严格认真履行，不能"见利忘义"，"取财无道"，"不守信用"。"信招天下客，誉从信中来"，企业生产经营要真诚待客，服务周到，产品上乘，质量良好，以获得社会肯定。

建设行业职工应该从我做起，抓职业道德建设，抓诚信教育，使诚实守信成为每个建筑企业的精神，成为每个建筑职工进行职业活动的灵魂。

3. 遵纪守法、安全生产

遵纪守法，是一种高尚的道德行为，作为一个建筑业的从业人员，更应强调在日常施工生产中遵守劳动纪律。自觉遵守劳动纪律，维护生产秩序，不仅是企业规章制度的要求，也是建筑行业职业道德的要求。

严格遵守劳动纪律，要求做到：听从指挥，服从调配，按时、按质、按量完成上级交给的生产劳动任务；保证劳动时间，不迟到、不早退、不旷工，遵守考勤制度；认真

执行岗位责任制和承包责任制，坚守工作岗位，不玩忽职守，在施工劳动中精力要集中，不"磨洋工"，不干私活，不拉扯闲谈开玩笑，不做与本职工作无关的事；要文明施工、安全生产，严格遵守操作规程，不违章指挥、违章作业；做遵纪守法、维护生产秩序的模范。

4. 文明施工、勤俭节约

文明施工就是坚持合理的施工程序，按既定的施工组织设计，科学地组织施工，严格地执行现场管理制度，做到经常性的监督检查，保证现场整洁，工完场清，材料堆放整齐，施工秩序良好。

勤俭就是勤劳俭朴，节约就是把不必使用的节省下来。换句话说，一方面要多劳动、多学习、多开拓、多创造社会财富；另一方面又要俭朴办企业，合理使用人力、物力、财力，精打细算，节省开支，减少消耗，降低成本、提高劳动生产率，提高资金利用率，严格执行各项规章制度；避免浪费和无谓的损失。

5. 钻研业务、提高技能

当前，我国建立了社会主义市场经济体制，建筑企业要在优胜劣汰的竞争中立于不败之地，并保持蓬勃的生机和活力，从内因来看，很大程度上取决于企业是否拥有现代化建设所需要的各种适用人才。企业要实现技术先进、管理科学、产品优良，关键是要有人才优势。企业的职工素质优劣（包括文化、科学、技术、业务水平的高低，政治思想、职业道德品质的好坏）往往决定了企业的兴衰。科学技术越进步，人才在生产力发展中的作用也就越大，作为建设行业从业人员，要努力学习先进技术和专门知识，了解行业发展方向，适应新的时代要求。

8.2.2 个性化职业道德要求

在遵守一般职业道德要求的基础上，建设行业从业人员还应遵守各自的特殊、详细职业道德要求。为进一步加强建筑业社会主义精神文明建设，提高全行业的整体素质，树立良好的行业形象，一九九七年九月，中华人民共和国建设部建筑业司组织起草了《建筑业从业人员职业道德规范（试行）》，并下发施行。其中，重点对项目经理、工程技术人员、管理人员、工程质量监督人员、工程招标投标管理人员、建筑施工安全监督人员、施工作业人员的职业道德规范提出了要求。

对于项目经理，重点要求有：强化管理，争创效益，对项目的人财物进行科学管理；加强成本核算，实行成本否决，厉行节约，精打细算，努力降低物资和人工消耗；讲求质量，重视安全，加强劳动保护措施，对国家财产和施工人员的生命安全负责，不违章指挥，及时发现并坚决制止违章作业，检查和消除各类事故隐患；关心职工，平等待人，不拖欠工资，不敲诈用户，不索要回扣，不多签或少签工程量或工资，搞好职工的生活，保障职工的身心健康；发扬民主，主动接受监督，不利用职务之便谋取私利，不用公款请客送礼；用户至上，诚信服务，积极采纳用户的合理要求和建议，建设用户满意工程，坚持保修回访制度，为用户排忧解难，维护企业的信誉。

对于工程技术人员，重点要求有：热爱科技，献身事业，不断更新业务知识，勤奋钻研，掌握新技术、新工艺；深入实际，勇于攻关，不断解决施工生产中的技术难题提高生产效率和经济效益；一丝不苟，精益求精，严格执行建筑技术规范，认真编制施工组织设计，积极推广和运用新技术、新工艺、新材料、新设备，不断提高建筑科学技术水平；以身作则，培育新人，既当好科学技术带头人，又做好施工科技知识在职工中的普及工作；严谨求实，坚持真理，在参与可行性研究时，协助领导进行科学决策；在参与投标时，以合理造价和合理工期进行投标；在施工中，严格执行施工程序、技术规范、操作规程和质量安全标准。

对于管理人员，重点要求有：遵纪守法，为人表率，自觉遵守法律、法规和企业的规章制度，办事公道；钻研业务，爱岗敬业，努力学习业务知识，精通本职业务，不断提高工作效率和工作能力；深入现场，服务基层，积极主动为基层单位服务，为工程项目服务；团结协作，互相配合，树立全局观念和整体意识，遇事多商量、多通气，互相配合，互相支持，不推、不扯皮，不搞本位主义；廉洁奉公，不谋私利，不利用工作和职务之便吃拿卡要。

对于工程质量监督人员，重点要求有：遵纪守法，秉公办事，贯彻执行国家有关工程质量监督管理的方针、政策和法规，依法监督，秉公办事，树立良好的信誉和职业形象；敬业爱岗，严格监督，严格按照有关技术标准规范实行监督，严格按照标准核定工程质量等级；提高效率，热情服务，严格履行工作程序，提高办事效率，监督工作及时到位；公正严明，接受监督，公开办事程序，接受社会监督、群众监督和上级主管部门监督，提高质量监督、检测工作的透明度，保证监督、检测结果的公正性、准确性；严格自律，不谋私利，严格执行监督、检测人员工作守则，不在建筑业企业和监理企业中兼职，不利用工作之便介绍工程进行有偿咨询活动。

对于工程招标投标管理人员，重点要求有：遵纪守法，秉公办事，在招标投标各个环节要依法管理、依法监督，保证招标投标工作的公开、公平，公正；敬业爱岗，优质服务，以服务带管理，以服务促管理，寓管理于服务之中。接受监督，保守秘密，公开办事程序和办事结果，接受社会监督、群众监督及上级主管部门的监督，维护建筑市场各方的合法权益；廉洁奉公，不谋私利，不吃宴请，不收礼金，不指定投标队伍，不准泄露标底，不参加有妨碍公务的各种活动。

对于建筑施工安全监督人员，重点要求有：依法监督，坚持原则，宣传和贯彻"安全第一，预防为主"的方针，认真执行有关安全生产的法律、法规、标准和规范；敬业爱岗、忠于职守，以减少伤亡事故为本，大胆管理。实事求是，调查研究，深入施工现场，提出安全生产工作的改进措施和意见，保障广大职工群众的安全和健康；努力钻研，提高水平，学习安全专业技术知识，积累和丰富工作经验，推动安全生产技术工作的不断发展和完善。

对于施工作业人员，重点要求有：苦练硬功，扎实工作，刻苦钻研技术，熟练掌握本工作的基本技能，努力学习和运用先进的施工方法，练就过硬本领，立志岗位成才；热爱本职工作，不怕苦、不怕累，认认真真，精心操作；精心施工，确保质量，严格按照设计图纸和技术规范操作，坚持自检、互检、交接检制度，确保工程质量；安全生产，文明施工，树立安全生产意识，严格执行安全操作规程，杜绝一切违章作业现象；维护施工现场整洁，不乱倒垃圾，做到工完场清；不断提高文化素质和道德修养；遵守各项规章制度，发扬劳动者的主人翁精神，维护国家利益和集体荣誉，服务从上级领导和有关部门的管理，争做文明职工。

8.3 建设行业职业道德的核心内容

8.3.1 爱岗敬业

爱岗敬业，顾名思义就是认真对待自己的岗位，对自己的岗位职责负责到底，无论在任何时候，都尊重自己的岗位职责，对自己的岗位勤奋有加。

爱岗敬业是人类社会最为普遍的奉献精神，它看似平凡，实则伟大。一份职业，一个工作岗位，都是一个人赖以生存和发展的基本保障。同时，一个工作岗位的存在，往往也是人类社会存在和发展的需要。所以，爱岗敬业不仅是个人生存和发展的需要，也是社会存在和发展的需要。爱岗敬业是一种普遍的奉献精神。只有爱岗敬业的人，才会在自己的工作岗位上勤勤恳恳，不断地钻研学习，一丝不苟，精益求精，才有可能为社会为国家作出崇高而伟大的奉献。

热爱本职工作、热爱自己的单位。职工要做到爱岗敬业，首先应该热爱单位，树立坚定的事业心。只有真正做到甘愿为实现自己的社会价值而自觉投身这种平凡，对事业心存敬重，甚至可以以苦为乐、以苦为趣才能产生巨大的拼搏奋斗的动力。我们的劳动是平凡的，但要求是很高的。人的一生应该有明确的工作和生活目标，为理想而奋斗虽苦然乐在其中，热爱事业，关心单位事业发展，这是每个职工都应具备的。

爱岗敬业需要有强烈的责任心。责任心是指对事情能敢于负责、主动负责的态度；责任心，是一种舍己为人的态度。一个人的责任心如何，决定着他在工作中的态度，决定着其工作的好坏和成败。如果一个人没有责任心，即使他有再大的能耐，也不一定能做出好的成绩来。有了责任心，才会认真地思考，勤奋地工作，细致踏实，实事求是；才会按时、按质、按量完成任务，圆满解决问题；才能主动处理好分内与分外的相关工作，从事业出发，以工作为重，有人监督与无人监督都能主动承担责任而不推卸责任。

8.3.2 诚实守信

诚实守信就是指言行一致，表里如一，真实无欺，相互信任，遵守诺言，信守约定，践行规约，注重信用，忠实的履行自己应当承担的责任和义务。诚实守信作为社会主义职业道德的基本规范，是和谐社会发展的必然要求，对推进社会主义市场经济体制建立和发展具有十分重要的作用。它不仅是建筑行业职工安身立命的基础，也是企业赖以生存和发展的基石。

在公民道德建设中，把"诚实守信"融入职业道德的各个领域和各个方面，使各行各业的从业人员，都能在各自的职业中，培养诚实守信的观念，忠诚于自己从事的职业，信守自己的承诺。对一个人来说，"诚实守信"既是一种道德品质和道德信念，也是每个公民的道德责任，更是一种崇高的"人格力量"，因此"诚实守信"是做人的"立足点"。对一个团体来说，它是一种"形象"，一种品牌，一种信誉，一个使企业兴旺发达的基础。对一个国家和政府来说，"诚实守信"是"国格"的体现，对国内，它是人民拥护政府、支持政府、赞成政府的一个重要的支撑；对国际，它是显示国家地位和国家尊严的象征，是国家自立自强于世界民族之林的重要力量,也是良好"国际形象"和"国际信誉"的标志。

"以诚实守信为荣,以见利忘义为耻",是社会主义荣辱观的重要内容。市场经济是交换经济、竞争经济,又是一种契约经济。保证契约双方履行自己的义务,是维护市场经济秩序的关键。而"诚实守信"对保证市场经济沿着社会主义道路向前发展,有着特殊的指向作用。一些企业之所以能兴旺发达,在世界市场占有重要地位,尽管原因很多,但"以诚信为本",是其中的一个决定的因素;相反,如果为了追求最大利润而弄虚作假、以次充好、假冒伪劣和不讲信用,尽管也可能得益于一时,但最终必将身败名裂、自食其果。在前一段时期,我国的一些地方、企业和个人,曾以失去"诚实守信"而导致"信誉扫地",在经济上、形象上蒙受了重大损失。一些地方和企业,"痛定思痛",不得不以更大的代价,重新铸造自己"诚实守信"形象,这个沉痛教训,是值得认真吸取的。

一个行业、一个企业的信誉,也就是它们的形象、信用和声誉,是指企业及其产品与服务在社会公众中的信任程度,提高企业的信誉主要靠产品的质量和服务质量,而从业人员职业道德水平高是产品质量和服务质量的有效保证。如江苏省的建筑队伍,由于素质过硬,吃苦耐劳,能征善战,狠抓工程质量、工程进度和安全生产,在全国建造了众多荣获鲁班奖的地标建筑,被誉为江苏建筑铁军。这支队伍在世博会的建设上再展风采,江苏建筑铁军凭借过硬的质量、创新的科技、可靠的信誉和一流的素质,成为世博会场馆建设的主力军。江苏建筑企业承接完成了英国馆、比利时馆、奥地利馆、阿曼馆、俄罗斯馆、沙特馆、爱尔兰馆、意大利馆和震旦馆、万科馆、气象馆、航空馆、H1世博村酒店等14个世博会展馆和附属工程的总包项目,63个分包项目,合同额总计28.8亿元。江苏是除上海以外,承担场馆建设项目最多、工程科技含量最大、施工技术要求最高的省份,江苏铁军为国家再立新功。

8.3.3 安全生产

近年来,建筑工程领域对工程的要求由原来的三"控"(质量,工期,成本)变成"四控"(质量,工期,成本,安全),特别增加了对安全的控制,可见安全越来越成为建筑业一个不可忽视的要素。

安全,通常是指各种(指天然的或人为的)事物对人不产生危害、不导致危险、不造成损失、不发生事故、运行正常、进展顺利等状态。近年来,随着安全科学(技术)学科的创立及其研究领域的扩展,安全科学(技术)所研究的问题已不再仅局限于生产过程中的狭义安全内容,而是包括人们从事生产、生活以及可能活动的一切领域、场所中的所有安全问题,即称为广义的安全。这是因为,在人的各种活动领域或场所中,发生事故或产生危害的潜在危险和外部环境有害因素始终是存在的,即事故发生的普遍性不受时空的限制,只要有人和危害人身心安全与健康的外部因素同时存在的地方,就始终存在着安全与否的问题。换句话说,安全问题存在于人的一切活动领域中,伤亡事故发生的可能性始终存在,人类遭受意外伤害的风险也永远存在。

虽然目前我国已经建立了一套较为完整的建筑安全管理组织体系,建筑安全管理工作也取得了较为显著的成绩,但整体形势依然严峻。近十年来我国建筑业百亿元产值死亡率一直呈下降趋势,然而从绝对数上看死亡人数和事故发生数却一直居高不下。因此安全第一、预防为主、综合治理就成了建设行业一项十分重要的工作。

文明生产是指以高尚的道德规范为准则,按现代化生产的客观要求进行生产活动的行为,具体表现为物质文明和精神文明两个方面。在这里物质文明是指为社会生产出优质的符合要求的建筑或为住户提供优质的服务。精神文明体现出来的是建筑员工的思想道德素质和精神面貌。安全施工就是在施工过程中强调安全第一,没有安全的施工,随时都会给生命带来危害、给财产造成损失。文明生产、安全施工是社会主义文明社会对建筑行业的要求,也是建筑行业员工的岗位规范要求。

要达到文明生产、安全施工的要求,一些最基本的要求首先必须做到:

(1) 相互协作,默契配合。在生产施工中,各工序、工种之间、员工与领导之间要发扬协作精神,互相学习,互相支援。处理好工地上土建与水电施工之间经常会出现的进度不一、各不相让的局面,使工程能够按时按质的完成。

(2) 严格遵守操作规程。从业人员在施工中要强化安全意识,认真执行有关安全生产的法律、法规、标准和规范,严格遵守操作规程和施工程序,进入工地要戴安全帽,不违章作业,不野蛮施工,不乱堆乱扔。

(3) 讲究施工环境优美,做到优质、高效、低耗。做到不乱排污水,不乱倒垃圾,不遗撒渣土,不影响交通,不扰民施工。

8.3.4 勤俭节约

勤俭节约是指在施工、生产中严格履行节省的方针,爱惜公共财物和社会财物以及生产资料。降低企业成本是指企业在日常工作中将成本降低,通过技术、提高效率、减少人员投入、降低人员工资或提高设备性能或批量生产等方法,将成本降低。作为建筑施工企业的施工员,必须要做到杜绝资源的浪费。资源是有限的,但人类利用资源的潜力是无限的,我们应该杜绝不合理的浪费资源现象的发生。在当今建筑施工企业竞争日益激烈的局面中,勤俭节约,降低成本是每一个从业人员都应该努力做到的。员工与公司的关系实质上是同舟共济,并肩前进的关系,只有每个员工都从自身做起,严格要求自己,我们的建筑施工企业才能不断发展壮大。

人才也是重要的社会资源,建筑企业要充分发挥员工的才能,让员工在合适的岗位上做出相应的业绩。企业更应当采取各种措施培养人才,留住人才,避免人才流动频繁。每一个员工也都应该关心本企业的发展,以积极向上的精神奉献社会。

8.3.5 钻研技术

技术、技巧、能力和知识是为职业服务的最基本的"工具",是提高工作效率的客观需要,同时也是搞好各项工作的必要前提。从业人员要努力学习科学文化知识,刻苦钻研专业技术,精通本岗位业务。创新是人类发展之本,从业人员应该在实际中不断探索适于本职工作的新知识,掌握新本领,才能更好的获得人生最大的价值。

8.4 建设行业职业道德建设的现状、特点与措施

8.4.1 建设行业职业道德建设现状

(1) 质量安全问题频发,敲响职业道德建设警钟。从目前我国建筑业总的发展形势来看,总体上各方面还是好的,无论是工程规模、业绩、质量、效益、技术等都取得了很大突破。虽然行业的主流是好的,但出现的一些问题必须引起人们的高度重视。因为,作为百年大计的建筑物产品,如果质量差,则损失和危害无法估量。例如5·12汶川大地震中某些倒塌的问题房屋,杭州地铁坍塌,上海、石家庄在建楼房倒楼事件,以及由于其他一些因为房屋质量、施工技术问题引发的工程事故频发,对建设行业敲响了职业道德建设警钟。

(2) 营造市场经济良好环境,急切呼唤职业道德。众所周知,一座建筑物的诞生需要有良好的设计、周密的施工、合格的建筑材料和严格的检验与监督。然而,在一段时间内许多设计不仅结构不合理、计算偏差,而且根本不考虑相关因素,埋下很大隐患;施工过程中秩序混乱;建筑材料伪劣产品层出不穷,人情关系和金钱等因素严重干扰建筑工程监督的严肃性。这一系列环节中的问题,使我国近几年的建筑工程质量事故屡见不鲜。影响建筑工程质量的因素很多,但是道德因素是重要因素之一,所以,新形势下的社会主义市场经济急切呼唤职业道德。

面对市场经济大潮,建筑企业逐渐从传统的计划经济体制中走了出来。面对市场竞争,人们要追求经济效益,要讲竞争手段。我国的建筑市场竞争激烈,特别是我国各省市发展不平衡,建筑行业的法规不够健全,在竞争中引发出一些职业道德病。每当我国大规模建设高潮到来时,总伴随着工程质量问题的增加。一些建筑企业为了拿到工程项目,使用各种手段,其中手段之一就是盲目压价,用根本无法完成工程的价格去投标。中标后就在设计、施工、材料等方面做文章,启用非法设计人员搞黑设计;施工中偷工减料;材料上买低价伪劣产品,最终,使建筑物的"百年大计"大大打了折扣。

搞社会主义市场经济,不仅要重视经济效益,也要重视社会效益,并且,这两种效益密不可分。一个建筑企业如果只重视经济效益,而不重视社会效益,最终必然垮台。实践证明,许多企业并不是垮在技术方面,而是垮在思想道德方面。我国的建筑业要振兴,必须大力加强建筑行业职业道德建设。否则,有可能给中华大地留下一堆堆建筑垃圾,建筑业的发展和繁荣最终成为一句空话。一个企业不仅要在施工技术和经营管理方面有发展,在企业员工职业道德建设方面也不可忽视。两个品牌建设都要创。我国的建筑业要振兴,必须大力加强建筑行业职业道德建设。否则,将会严重影响我们国家的社会主义经济建设的发展。

8.4.2 建设行业职业道德建设的特点

开展建设行业职业道德建设,要注意结合行业自身的特点。以建筑行业为例,职业道德建设具有以下几个方面特点。

1. 人员多、专业多、岗位多、工种多

我国建筑行业有着逾千万人员，40多个专业，30多个岗位，100多个职业工种。在众多工种的从业人员中，80％左右来自全国各地的广大农村，语言不一，普遍文化程度较低，基本上从业前没有受过专门专业的岗位培训教育，综合素质相对不高。对这些员工来讲应该积极参加各类教育培训、认真学习文化、专业知识、努力提高职业技能和道德素质。

2. 条件艰苦，工作任务繁重

建筑行业大部分属于露天作业、高空作业，有些工地差不多在人烟荒芜地带，工人常年日晒雨淋，生产生活场所条件艰苦，作业人员缺乏必要的安全作业生产培训，安全作业存在隐患，安全设施落后和不足，安全事故频发。随着经济社会的不断发展和国家社会越来越注重以人为本的理念，经济发达地区的企业对于现场工地人员的生活条件有了明显改善。同时对建筑行业中房屋的质量、工期、人员安全要求也更高，加强职业道德建设成为一项必要的内容。

3. 施工面大，人员流动性大

建筑行业从业人员的工作地点很难长期固定在一个地方，人员来自全国各地又流向全国各地，随着一个施工项目的完工，建设者又会转移到别的地方，可以说这些人是四海为家，随处奔波。很难长期定点接受一定的职业道德教育培训教育。

4. 各工种之间联系紧密

建筑行业职业的各专业、岗位和工种之间有一种承前启后的紧密联系。所有工程的建设，都是由多个专业、岗位、工种共同来完成的。每个职业所完成的每项任务，既是对上一个岗位的承接，也是对下一个岗位的延续，直到工程竣工验收。

5. 社会性

一座建筑物的完工，凝聚了多方面的努力，体现了其社会价值和经济价值。同时，建筑行业随着国民经济的发展，其行业地位和作用也越来越重要，行业发展关乎国计民生。建筑工程项目生产过程中，几乎与国民经济中所有部门都有协作关系，而且一旦建成为商品，其功能应满足社会的需要，满足国民经济发展的需要。建筑物只有在体现出自身的社会价值之后才能体现出自身的经济价值。

因此，开展建筑行业的职业道德建设，一定要联系上述特点，因地制宜地实施行业的职业道德建设。要以人为本，遵守职业道德规范，一切为了社会广大人民和子孙后代的利益，坚持社会主义、集体主义原则，发挥行业人员优秀品质，严谨务实，艰苦奋斗、团结协作，多出精品优质工程，体现其社会价值和经济价值。

8.4.3 加强建设行业职业道德建设的措施

职业道德建设是塑造建筑行业员工行业风貌的一个窗口，也是提高行业竞争力和发展势头的重要保证。职业道德建设涉及政府部门、行业企业、职工队伍等方方面面，需要齐抓共管，共同参与，各司其职，各负其责。

（1）发挥政府职能作用，加强监督监管和引导指导。政府各级建设主管部门要加强监督和引导，要重视对建设行业职业道德标准的建立完善，在行政立法上约束那些不守职业道德规范的员工，建立健全建设行业职业道德规范和制度。坚持"教育是基础"，编制相关教材，开展骨干培训，积极采用广播电视网络开展宣传教育。不但要努力贯彻实施住房和城乡建设部制定颁布的行业职业道德准则，有条件的可以下企业了解并制定和健全不同行业、工种、岗位的职业道德规范，并把企业的职业道德建设作为企业年度评优的重要参考内容。

（2）发挥企业主体作用，抓好工作落实和服务保障。企业要把员工职业道德建设作为自身发展的重要工作来抓，领导班子和管理者首先要有对职业道德建设重要性的充分认识，要起模范带头作用。企业领导应关注职业道德建设的具体工作落实情况，企业的相关部门要各负其责，抓好和布置具体活动计划，使企业的职业道德建设工作有序开展。

（3）改进教学手段，创新方式方法。由于目前建设行业特别是建筑行业自身的特点，建筑队伍素质整体上文化水平不是很高，大部分职工在接受文化教育能力有限。因此，在教育时要改进教学手段，创新方式方法，尽量采用一些通俗易懂的方法，防止生硬、呆板、枯燥的教学方式，努力营造良好的学习教育氛围，增加职工对职业道德学习的兴趣。可以采用报纸、讲演、座谈、黑板报、企业报、网络新闻电视传媒等多种有效的宣传教育形式，使职工队伍学习到更多的施工技术、科学文化、道德法律等方面知识。可以充分利用工地民工学校这样便捷的教育场地，在时间和教育安排上利用员工工作的业余时间或集中专门培训；岗位业务培训和职业道德教育培训相结合；班前班后上岗针对性安全技术教育培训等，使广大员工受到全面有效的职业技能和职业道德教育学习，从而为行业员工队伍建设打好坚实基础。

（4）结合项目现场管理，突出职业道德建设效果。项目部等施工现场作为建设行业的第一线，是反映建设行业职业道德建设的窗口，在开展职业道德建设中要认真做好施工现场管理工作，做到现场道路畅通，材料堆放整齐，防护设备完备，周围环境整洁，努力创建安全文明样板工地，充分展示建设工地新形象。把提高项目工程质量目标、信守合同作为职业道德建设的一个重要一环，高度注重：施工前为用户着想；施工中对用户负责；完工后使用户满意。把它作为建设企业职业道德建设工作实践的重要环节来抓。

（5）开展典型性教育，发挥惩奖激励机制作用。在职业道德教育中，应当大力宣传身边的先进典型，用先进人物的精神、品质和风格去激发职工的工作热情。此外，应当在项目建设中建立惩奖激励机制。一个品质项目的诞生，离不开那些有着特别贡献的员工，要充分调动广大员工的积极性和主动性，激发其创新潜能和发挥其奉献精神，对优秀施工班组和先进个人实行物质精神奖励，作为其他员工的学习榜样。同时，对于不遵章守规、作风不良的应该曝光、批评，指出缺点错误，使其在接受教育中逐步改变原来的陈规陋习，得到正确的职业道德教育。

（6）倡导以人为本理念，改善职工工作生活环境。随着经济社会的发展，政府和社会对人的关心、关怀变的更加重视，确保广大职工有一个良好的工作生活环境，为他们解决生产生活方面的困难，如夏季的降温解暑工作，冬天供热保暖工作，每年春节、中秋等节假日的慰问、团拜工作，以及其他一些业余文化活动，使广大职工感觉到企业和社会对他们的关爱，更加热爱这份职业，更能在实现自身价值中充分展现职业道德风貌。

8.5 加强职业道德修养

当前我国社会职业道德方面存在的问题相当严重,凸显了加强职业道德修养的必要性和紧迫性。职业人员为了个人或小团体利益,违背职业道德的现象频频出现,如官场的"钱权交易",市场的"缺德交易",文场的"钱文交易"。一些政府官员以权谋私,将人民赋予的权力当做牟利的工具,严重影响了政府的公信力;医疗卫生行业,收受红包、回扣,乱开药,乱收费,草率误诊,小病大治,服务态度恶劣等现象屡禁不止;企业之间恶性竞争,制造销售各种假冒伪劣商品,类似"染色馒头"、"地沟油"、"瘦肉精"、"毒奶粉"等事件屡屡发生,消费者利益甚至生命安全都受到了威胁;在建筑行业,施工单位围标、串标、低价抢标、中标后,通过各种途径更改投标文件,违规建设、偷工减料、以次充好,以牺牲工程质量和安全为代价赚取利润,以致工程事故时有发生,建筑企业或个人的"挂靠"行为盛行,有资质的企业或工程师"以资质换收益"而不是通过提供技术服务来获取所得,这种行为容易造成工程质量劣质,给工程带来了安全隐患;学术界中,一些学者由于急功近利,捏造、篡改研究数据,抄袭他人成果,恶意一稿多投的行为也层出不穷,严重影响了学术尊严。我国正处在经济转型阶段,市场经济的自由交易带来经济的快速发展,然而,在利益面前,道德越来越被人们所忽视,各行各业的职业道德缺失问题愈演愈烈,这必然会阻碍我国经济社会的健康发展,企业和个人的自身发展也将会受到威胁。

职业道德修养,它是一个从业者头脑中进行的两种不同思想的斗争。用形象一点的话来说,就是自己重视思想建设,用儒家的话来说就是"内省",也就是做好自我批评,发扬优点,改正缺点。正是由于这种特点,必须随时随地认真培养自己的道德情感,充分发挥思想道德上正确方面的主导作用,促使"为他"的职业道德观念去战胜"为己"的职业道德观念,认真检查自己的一切言论和行动,改正一切不符合社会主义职业道德的东西,才能达到不断提高自己职业道德的水平。

8.5.1 加强职业道德修养的途径

首先,树立正确的人生观是职业道德修养的前提。其次,职业道德修养要从培养自己良好的行为习惯着手。最后,要学习先进人物的优秀品质,不断激励自己。职业道德修养是一个从业人员形成良好的职业道德品质的基础和内在因素。一个从业人员只知道什么是职业道德规范而不进行职业道德修养,是不可能形成良好职业道德品质的。

8.5.2 加强职业道德修养的方法

(1) 学习职业道德规范、掌握职业道德知识。
(2) 努力学习现代科学文化知识和专业技能,提高文化素养。
(3) 经常进行自我反思,增强自律性。
(4) 提高精神境界,努力做到"慎独"。"慎独"一词出于我国古籍《礼记·中庸》:"道也者,不可须臾离也,可离非道也。事故君子戒慎乎其所不睹,恐惧乎其所不闻。莫见乎隐,莫显乎微,故君子慎其独也"。意思是说,道德原则是一时一刻也不能离开的,时时刻刻检查自己的行动，一个有道德的人在独自一人，无人监督时，也是小心谨慎地不做任何不道德的事。在提倡"慎独"的同时，提倡"积善成德"。就是精心保持自己的善行，使其不断积累和壮大。我国战国时哲学家荀况曾说："积土成山，风土兴焉；积水成渊，蛟龙生焉；积善成德，而神明自得，圣心备焉。故不积跬步，无以至千里；不积小流，无以成江河。"高尚的道德人格和道德品质，不是一夜之间能够养成的，它需要一个长期的积善过程。

参 考 文 献

[1] 王增长. 建筑给排水工程（第六版）[M]. 北京：中国建筑工业出版社，2011.
[2] 李涛，李小雄. 建筑给排水安装施工员手册 [M]. 广州：广东科技出版社，2009.
[3] 陆亚俊、马最良、邹平华. 暖通空调 [M]. 北京：中国建筑工业出版社，2007.
[4] 丁容仪. 暖通空调安装工程施工与组织管理 [M]. 北京：中国电力出版社，2009.
[5] 方潜生、牟志平、赵彦强. 建筑电气 [M]. 北京：中国建筑工业出版社，2010.
[6] 唐海. 建筑电气设计与施工 [M]. 北京：中国建筑工业出版社，2010.
[7] 建设部城建档案办公室. 建设工程文件归档整理规范 GB/T 50328—2001 [S]. 北京：中国建筑工业出版社，2001.
[8] 中国建筑科学研究院. 混凝土结构工程施工质量验收规范（2010版）. GB 50204—2002 [S]. 北京：中国建筑工业出版社，2002.
[9] 砌体结构工程施工质量验收规范 GB 50203—2011 [S]. 北京：中国建筑工业出版社，2012.
[10] 建筑地面工程施工质量验收规范 GB 50209—2010 [S]. 北京：中国建筑工业出版社，2010.
[11] 地下防水工程施工质量验收规范 GB 50208—2011 [S]. 北京：中国建筑工业出版社，2011.
[12] 中国建筑科学研究院. 建筑装饰装修工程质量验收规范 GB 50210—2001 [S]. 北京：中国建筑工业出版社，2001.
[13] 中国建筑科学研究院. 建筑工程施工质量验收统一标准 GB 50300—2013 [S]. 北京：中国建筑工业出版社，2001.
[14] 中国建筑科学研究院. 混凝土结构设计规范 GB 50010—2010 [S]. 北京：中国建筑工业出版社，2010.
[15] 施工手册（第五版）[M]. 北京：中国建筑工业出版社，2012年.
[16] 北京市政集团有限公司. 城镇道路工程施工与质量验收规范 CJJ 1—2008 [S]. 北京：中国建筑工业出版社，2008.
[17] 城市道路工程设计规范 CJJ 37—2012 [S]. 北京：中国建筑工业出版社，2012.
[18] 城镇道路路面设计规程. CJJ 169—2011 [S]. 北京：中国建筑工业出版社，2011.
[19] 北京市政工程设计研究总院. 城市快速路设计规程 CJJ 129—2009 [S]. 北京：中国建筑工业出版社，2009.
[20] 上海市政工程设计研究总院. 城市桥梁设计规范 CJJ 11—2011 [S]. 北京：中国建筑工业出版社，2011.